浦阳江流域考古报告之二

楼 家 桥
蚩 塘 山 背
尖 山 湾

浙江省文物考古研究所
诸 暨 博 物 馆
浦 江 博 物 馆

文物出版社

2010 · 北京

封面设计　张希广
责任印制　陆　联
责任编辑　李克能

图书在版编目（CIP）数据

楼家桥、蚂塘山背、尖山湾: 浦阳江流域考古报告之二/
浙江省文物考古研究所. —北京: 文物出版社，2010.12
　ISBN 978-7-5010-3088-0

　Ⅰ.①楼… Ⅱ.①浙… Ⅲ.①文化遗址－发掘报告－杭州
市 Ⅳ.① K878.05

中国版本图书馆 CIP 数据核字（2010）第 220253 号

浦阳江流域考古报告之二

楼家桥　蚂塘山背　尖山湾

浙江省文物考古研究所
诸　暨　博　物　馆
浦　江　博　物　馆

＊

文 物 出 版 社 出 版 发 行
北京市东直门内北小街 2 号楼
邮政编码：100007
http：//www.wenwu.com
E-mail：web@wenwu.com
北京燕泰美术制版印刷有限责任公司　印制
新 华 书 店 经 销
889 × 1194　1/16　印张：27
2010 年 12 月第 1 版　　2010 年 12 月第 1 次印刷
ISBN　978-7-5010-3088-0　定价：280.00 元

Archaeological Report of Puyang River Valley Ⅱ

LOU JIA QIAO
KUO TANG SHAN BEI
JIAN SHAN WAN

by

Zhejiang Provincial Institute of Cultural Relics and Archaeology

Zhuji Museum

Pujiang Museum

Cultural Relics Publishing House

2010 · Beijing

本报告为"浦阳江流域新石器时代遗址的调查与研究"课题成果之一，研究计划获得国家文物局"全国文博事业人文社会科学研究课题"基金资助。

主　编：蒋乐平

编　委：孙国平　郑建明　郑云飞　毛桂舟　方志良
　　　　盛丹平　芮顺淦

执　笔：蒋乐平　郑建明　郑云飞　吴　蝶　赵立平
　　　　郑　永　宋美英　张智强　黄　琦

This report is the outcome of one of research topics in the project "Investigation and Study of Neolithic Sites in the Puyang River Valley".The research received funding from the National Project for Cultural Relics and Museumology in the Humanities and Social Sciences, established by the State Bureau of Cultural Relics.

目　次

Contents

插图目录

图表目录

彩版目录

图版目录

第一章 前 言

第一节 浦阳江

浦阳江，钱塘江支流。发源于浙江省浦江县花桥乡天灵岩（海拔818米）南麓岭脚大园湾，自南（偏西）向北流经浦江县、诸暨市、萧山区，至萧山闻堰镇南侧小砾山注入钱塘江。干流长149.7公里，集水面积3451.5平方公里。多年平均年径流量24.6亿立方米。上游河宽22～75米，下游河宽80～120米。流域在会稽山脉与龙门山脉之间。从地形看，浙江山脉均呈西南——东北走向，北部由西向东分别为天目山脉、龙门山脉、会稽山脉、四明山脉等，这些山脉孕育了钱塘江、浦阳江、曹娥江等水系。

历史上浦阳江或曾独立入海（杭州湾），因列"吴越三江"之一。三江者，《吴越春秋》记为"浙江（钱塘江）、浦江（浦阳江）、剡江（曹娥江）"，《国语》韦昭注为"松江（沪淞江）、浙江、浦江"。明清以来，学者多沿旧说，认为浦阳江下游古道原从萧山临浦镇北走，再东折，经钱清镇而在绍兴注入杭州湾，至明代凿通碛堰山，始北出萧山。今人陈桥驿倾向于浦阳江从史前以来就走萧山，否认东折绍兴的说法。《汉书·地理志》："余暨，萧山，潘水所出，东入海。"按潘水即浦水、浦阳江。陈桥驿进一步考证，从晋至南北朝，浦阳江下游的水文地势颇合"东南地卑，万流所凑，涛湖泛决，触地成川，枝津交渠"的描述，江水下游与临浦、渔浦等湖泊汇成一片，并通过临浦入钱塘江。北宋中期以后，临浦等湖泊湮废，河床抬高，浦阳江几度借道钱清江从绍兴三江口入海。明成化年间会稽郡守戴琥兴修水利，浦阳江复归萧山旧道①。

考古发现并未完全支持陈桥驿的证述。从一些遗址、遗迹的位置看，浦阳江下游古道并未与现行河道相合则是肯定的。萧山欢潭乡（今进化镇泥桥头村）茅草山遗址（本报告附录），分布范围从东侧河滩一直延伸到河堤之外，从调查情况看，西侧堤坝外仍有良渚文化遗物发现。可以肯定两岸的遗址是延续一体的，后来被浦阳江一分为二。茅草山遗址年代从良渚晚期、春秋战国一直延续到六朝，说明浦阳江在这一时段并未通过这里。义桥新坝一带也有新石器时代遗址分布在河道两侧及河床，判断原为一个遗址。该遗址的上部叠压有商周地层及六朝水井等遗迹，在河道底部被侵蚀、冲决，可见及至汉、六朝时期，这里尚不是浦阳江河道的准确位置②。新坝遗址近碛堰山，从某种意义上给陈氏结论提供了反面的证据。但河道的摇摆可能在一定范围之内，因此考古发现也并未直接支持浦阳江东出三江口的旧说。

① 陈桥驿《论历史时期浦阳江下游的河道变迁》，《吴越文化论丛》，中华书局，1999年。
② 浙江省文物考古研究所发掘资料。

浦阳江上游落差大，源短流急，河道陡峻，来水迅猛。中下游两岸地势低洼，河道弯曲，易受内涝；下游受钱塘江潮水顶托，水流宣泄不畅，一遇暴雨则决堤为患，历来为洪涝重灾地区。因堤坝屡决屡筑，河床抬升，下游渐成地上河，故有"小黄河"之称。这种特殊的水文环境一直可以追溯到7000年前。位于浦阳江下游跨湖桥遗址的湮废，全新世海平面的上涨仅仅是大背景，江口波涌潮托的小环境则是遗址之上厚达4米多海湾相沉积形成的根本原因。尔后的楼家桥遗址（本报告之一）、茅草山遗址、新坝遗址中，均在不同阶段的地层中发现具有共同成因的淤泥厚积层。可以认为，历史上该地区人类生产、生活内容所构筑的文化传统必然地打上了浦阳江的烙印。

浦阳江流域宽阔，其上游谷地与仙霞岭、千里岗山之间的衢江河谷通连，成为浙东、浙北平原通向华南腹地的交通要道，浙赣铁路及从沪、杭直通西南的高速公路均铺设在这一线。这一交通优势可能在史前时代就开始发生作用，如良渚文化的大本营在太湖南域，作为具有强大辐射能力的史前文明中心，向南转播的渠道在哪呢？从目前的发现看，钱塘江以南规模最大的良渚文化墓地——浦江诸塘山背遗址（本报告之一）、龙游寺邸园良渚文化墓葬[1]和具有明显良渚文化因素的江西修水山背遗址[2]、被公认为良渚文化因素最南分布的广东曲江石峡遗址[3]均可排列在这条通道及其延伸线上。学术界认为，跨湖桥文化与洞庭湖皂市下层文化有诸多相似性，可以从文化传播上寻找联系。如果得到证实，跨湖桥遗址正处在通道的海口远端，亦并非巧合。不唯如此，万年前上山文化[4]在这一带的孕育，又何尝不能看作是原始的狩猎采集者在这一通达之所的自然聚集呢？往近处看，号称春秋五霸之一的越国亦立国于浦阳江中下游的诸暨一带。

浦阳江流域是中国东南沿海地区史前文明与历史时期文明重要的孕育与发展之地。

第二节 诸暨与浦江

一、诸暨的自然地理与历史沿革

诸暨是本报告楼家桥遗址、尖山湾遗址所在地。

诸暨位于浙江省中部偏北，地理坐标为东经119°53′~120°32′，北纬29°21′~29°59′，境域面积2318平方公里，其东边与绍兴市、嵊州市接邻；南面与东阳市、义乌市交界；西毗浦江县、桐庐县、富阳市；北邻杭州萧山区，人口106万。地处浙东平原和浙西北丘陵山区两大地貌的交接地带，由东部会稽山低山丘陵、西部龙门山低山丘陵、中部浦阳江河谷盆地和北部河网平原组成。四周群山环抱，地势由南向北渐次倾斜，形成北向开口的通道式断陷盆地。东部会稽山脉，主峰东白山太白尖海拔1194.6米，为境内最高峰；西部龙门山脉，主峰三界尖海拔1015.2米，为境西部最高峰。中部为河

---

① 浙江省文物考古研究所发掘资料。

② 彭适凡：《试论山背文化》，《考古》1982年第1期。

③ 苏秉琦：《石峡文化初论》，《文物》1978年第7期。

④ 浙江省文物考古研究所、浦江县博物馆：《浙江浦江县上山遗址发掘简报》，《考古》2007年第9期。

谷盆地，多沃土良田；北部为河网平原，水资源充沛。浦阳江纵贯南北，境内干流长67.6公里，东西8条支流呈叶脉形展开。

诸暨地属中北亚热带季风区，年平均气温16.2℃，平均降水量1346.7毫米，平均雨日158.7天，无霜期236天。气候温和，四季分明，雨水较多，光照充足，小气候差距显著，具有典型的丘陵山地气候特征。

境内土壤有红壤（丘陵山地的主要土壤类型）、黄壤（海拔500米以上丘陵山地主要土壤类型）、岩性土（浦阳江河谷两侧低丘）、潮土（浦阳江干、支流沿江两侧，沟谷溪边和山口洪积扇）和水稻土。植被类型为东亚植物区系华东地区成分，以针叶林和常绿阔叶混交林为主，种类主要有松科、杉科、壳斗科、樟科、山茶科、蔷薇科、豆科等。

诸暨历史悠久，然上古传说与史实并杂，难以尽释。夏少康封庶子无余于越，封地即在县域北面"埤中"，及至允常，埤中长期作为越国早期都城。史载允常时越国疆土南至勾无、北至御儿、东至鄞、西至姑蔑，勾无即诸暨南部的勾乘山。诸暨为越国古地，庶几无误。苎萝美女西施，亦诸暨人也。

"诸暨"名词由来，更可"远溯诸夏商周而上"（《光绪诸暨县志》）。明《隆庆诸暨县志》认为，"诸暨之得名……或曰禹会计而诸侯毕及也"，"诸者，众也；暨者，及也。"另说诸暨源自祝融八姓之诸稽氏，诸稽受封于浙，始有诸暨（稽）国。清《乾隆诸暨县志》："诸暨者，诸暨国之地也"；宋《路史》亦将诸暨作为一个方国载入《国名记》。《国语·吴语·疏》："诸稽之裔，以国为氏。"直至商代，诸稽国才灭亡。韦昭云："彭姓诸稽，则商灭之"（《国语·郑语》）。清人郭凤沼认为："诸暨即诸稽"，"夫古赐土姓，胙之土，而命之氏。稽暨声近，同音假借"。故而诸暨国早于越国，至商灭诸暨后，地遂属越。"按少康庶子所封，初在县北一隅，与今山阴、会稽两县连界，自外皆诸暨地也，及商灭诸稽，而夏后氏并有其地，以至于允常，此实录也。"[1]以此诸暨的上古史似可颇合逻辑地宣告成立。然时间远去，史迹漫漶，后人渐无确信过往的足履，追而溯之，妄猜附议者多，以至歧义纷出，真假莫辨。据邑人杨士安考证，诸暨之义除上述两种，尚有"诸山、暨浦"地名说、越王无诸教化所及（暨）说、古越语说等六种解释[2]。

秦王政二十五年（公元前222年），始设诸暨县，属会稽郡（全国三十六郡之一）。汉武帝元封五年（公元前106年），属杨州刺史部会稽郡。新莽时改称疏虏（卤），建武初复旧。汉至唐，所属之会稽、杨州区划建置或有所动，但诸暨县建置一直未变。汉末，县西南一部曾分析置入汉宁县（三国改吴宁）、丰安县（即后浦江县）。隋废吴宁县，旧地复归。唐属越州，唐末改称暨阳县，吴越国天宝元年复称诸暨县。宋属两浙东路，乾道八年（1172年）析置义安县，三年即废。元成宗元贞元年（1295年）升诸暨县为诸暨州，属江浙等处中书省绍兴路。至正十九年（1395年），胡大海克诸暨，改诸暨州为诸全州。明洪武二年（公元1369年）降州为县，仍复旧名。属浙江等处承宣布政司绍兴府。清袭明制，诸暨县属浙江省（布政司和按察司）绍兴府。民国初年属浙江省会稽道，1927年道制废，直属浙江省。

1949年中华人民共和国成立后，诸暨县先后归属绍兴、金华、宁波专区。1964年后一直属绍兴专区（市）管辖。1989年，经国务院批准，撤诸暨县，设诸暨市（县级）[3]。

① ［清］郭凤沼：《诸暨青梅词注》，1850年。
② 杨士安：《也谈"诸暨"的由来》，《诸暨史志》1986年5期。
③ 诸暨县志编撰委员会办公室：《诸暨县志》，浙江人民出版社，1993年。

二、浦江的自然地理与历史沿革

浦江县为本报告茜塘山背遗址所在地。

浦江位于浦阳江上游。境域面积899.57平方公里，人口约38万。东南界义乌，东北连诸暨，西南与兰溪毗邻，西北和建德、桐庐接壤。浦江县在大地构造上属于钱塘江凹陷的中东部，为丘陵地区。地形以低山丘陵为主，约占全县总面积的81%。县内主要山脉为北、中、南三支。北支为龙门山脉，其中朝天门海拔1050米，为县域最高峰；中支山脉属龙门山系，俗名北山，由东向西横亘浦江中部；南支山脉属会稽山系，蜿蜒于与义乌、兰溪交界。南支山脉与中支山脉对峙，中间为浦阳江河谷盆地。

浦江气候属中亚热带季风性气候区，气候温暖，雨量充沛，年平均气温16.4摄氏度，年平均降水量为1412.2毫米。主要气象灾害有大风、冰雹、洪涝和干旱。洪涝多在梅雨汛期的5、6月和台风影响季节的8、9月。干旱主要在盛夏的7、8月。

浦江地质构造属浙西构造单元，几经沧海桑田，历中生代燕山地壳运动褶皱成山，断陷成盆地。地层较为齐全，元古代至新生代地层均有暴露。岩石以火山凝灰岩分布最广，还有沉积砂岩、页岩、红色黏土以及变质千枚岩、板岩等。土壤有红壤、黄壤、岩性土、潮土、水稻土五大类。

浦江县历史悠久，春秋战国时期，初为姑蔑之地，后姑蔑为越所灭，归属越地。战国越为楚所败，又属楚。秦王政二十五年，浦江属乌伤、太末两县地，属会稽郡。东汉献帝兴平二年（195年），分太末、诸暨立丰安县，为浦江建县之始。三国时，丰安县属扬州之东阳郡（会稽郡析置）。南朝陈天嘉三年（562年）东阳郡改金华郡，浦江县属金华郡。隋开皇九年（589年），废丰安以其地入吴宁（金华），立为婺州戍镇。唐天宝十三年（754年），又析义乌、兰溪及富阳置浦阳县，以境内浦阳江得名。吴越天宝三年（910年），改名浦江县，县名一直沿用至今。宋元时属婺州，明清时属金华府，民国时属金华道，后直属浙江省。

1949年中华人民共和国成立。浦江县属金华专区（市）。1960年撤销浦江县建置，大部并入义乌县，1967年恢复浦江县[①]。

第三节　考古工作概述

一、楼家桥遗址的发现与发掘

1996年4月~7月，浙江省文物考古研究所配合杭金衢高速公路建设，委派蒋乐平、黎毓馨等对拟建中高速公路沿线进行考古调查。6月，在进行萧山段调查时，由萧山博物馆倪秉章提供线索，在萧山、诸暨交界位置发现遗址。旋即确认所在位置属于诸暨市次坞镇楼家桥村，因名楼家桥遗址。遗址

---

① 浦江县县志编撰委员会办公室、浦江县城乡建设环境保护局：《浦江县地名志》，1986年。

因村民掘土暴露数块泥质红陶、夹砂褐陶片和半截鼎足，初步定为河姆渡、马家浜文化时期遗址。楼家桥遗址的发现点在高速公路东面150多米处的庙后山东侧，预计遗址范围向高速公路延伸，濒临建设性破坏，因列为抢救性考古发掘点。1998年秋，浙江省文物考古研究所对包括楼家桥遗址在内的高速公路沿线文物点进行复查，确认楼家桥遗址为重点发掘项目。

1999年春，经国家文物局批准，浙江省文物考古研究所组成考古队，对楼家桥遗址进行考古发掘。考古队成员为蒋乐平、郑建明、张海真、夏朝日，蒋乐平任领队。诸暨市文化局方志良、次坞镇文化站吕关海参与了发掘工作的组织协调。

4月19日，考古队正式进点发掘，但一个意外的情况差点使发掘工作半途而废。当考古队员来到楼家桥村东北部的遗址点时，发现这里竟然是"汪洋一片"，预想中的发掘区成为了"泡影"。这是怎么回事呢？原来，遗址东南侧有一条小河（俗称诸萧河）通过，这条小河流向浦阳江下游的一条支流——凰桐江，受钱塘江潮水顶托，江水回潮一直可以抵达这里，特别是春夏季节。据村民介绍，遗址位置总会出现每月二大潮（阴历月初初一至初八与月中十四至二十）、每天又有小潮的自然现象，遗址将有一半时间处于淹没状态。蒋乐平此前两次到达遗址现场，恰逢潮落期，因此对此毫无准备。这也解释了他心头的一个疑问：遗址发现位置俗名叫"十八亩头"，为一片低平之地，当地农民却没有开辟为耕地。

怎么办？这次考古发掘除了配合高速公路建设，还有一个明确的学术目标，就是想探索浦阳江流域新石器时代文化的演变问题，特别想弄清河姆渡文化阶段这一地区的考古学文化特征。1990年萧山跨湖桥遗址发现①，经碳十四测定其年代为距今8000年，超过河姆渡遗址，但学术界一直对此抱有怀疑态度。楼家桥遗址与跨湖桥遗址同处浦阳江下游地区，它们将会是怎样的关系？过去习惯将浙江新石器时代文化划分为钱塘江以北的马家浜——良渚文化与钱塘江以南的河姆渡文化，位于钱塘江以南的楼家桥遗址能够简单地归划到河姆渡文化吗？实际上，钱塘江北、南的史前文化概念不过是杭嘉湖平原和宁绍平原的泛化，因为过去的考古工作大多集中在这两个地区，整个浙西南乃至浙中地区的新石器时代考古工作基本没有开展。楼家桥遗址的位置恰好处在浙东平原与浙中山地的过渡地带，通过该遗址，是否能够揭开浙中、浙西南原始文化真实面纱之一角呢？考古队希望通过发掘解决这些问题，因此并不想轻言放弃。

在诸暨市文化局、次坞镇文化站的协调和村委会的大力支持下，考古队决定在庙后山西侧水稻田进行探掘，结果发现这一带也有遗存分布。其时正是蓄水插秧季节，通过对村民的说服、引导和适当的经济赔偿，并经过艰难的排水沥田，考古发掘终得以在这里开辟新的发掘区。新开辟的发掘区定为遗址西区，庙后山东面（遗址最初发现位置）定为遗址东区。

遗址西区共布5×10米探方4个，编号为T1、T2、T3、T4。发掘时间从4月下旬延续到6月下旬，但该区域遗迹现象稀少，遗物也不甚丰富，并非遗址中心区域。与此同时，考古队对遗址东区环境进行了更深入的考察，发现在一般情况下，潮水并不能淹没庙后山东坡的一片桑园地。为了解东区遗存的堆积情况，决定在这片桑园地进行探掘。给村民适当赔偿后，考古队在桑园地布下东西向2×9米探沟一条，编号TS1，由郑建明负责发掘。东区地层堆积远比西区深厚，约在深4米处，出现一层淤泥

① 浙江省文物考古研究所：《萧山跨湖桥遗址发掘简报》，《浙江省文物考古研究所学刊》，长征出版社，1997年。

层。由于发掘空间已十分狭窄，考古队员冒着塌方的危险在淤泥层下探得夹炭黑陶片若干，确认有更早的文化层存在，这使考古队深受鼓舞。2米宽、4米深的探沟还是在一场雨水过后坍塌了，由于早有所警觉，除了一柄锄头被埋，没有人员受伤，可谓有惊无险。抱着更大的希望，考古队不但决定全部清理出坍塌物，而且决定将探沟进一步向东延伸。这样，探沟的东端已经超出了桑园地、到了潮水可以抵达的下级台地。为抵挡潮水，又采取围土筑堤的措施，利用发掘土将探沟围堵起来（这一方法，后来又应用到正式发掘中）。通过这样的办法，考古队克服潮水带来的困难，坚持完成了发掘。发掘的重要成果是在淤泥层下发现了河姆渡文化的典型器——夹炭绳纹带脊釜，说明遗址早期可以早到河姆渡文化早期。令人惊奇的是，楼家桥遗址特有的一种带脊棱的柱状足鼎在遗址早期居然已经出现，在过去发现的河姆渡早期阶段的遗址中，绝不见鼎。另外，淤泥层下还发现了动物骨头和木质遗物。

发掘期间，房东柴国兴家后院打井，在深2米多处发现有楼家桥遗址同类型陶片出土，该位置在庙后山西约500米。发掘临近结束时，蒋乐平、郑建明在遗址北边的江堤上，发现散落的黑泥以及与楼家桥TS1底层出土的特征一致的陶片。通过跟踪访问，探知楼家桥遗址东北向约1公里的萧山浦阳镇舜湖里村有村民掘井，前去调查，井已掘好，泥土中发现与楼家桥遗址共同特征的陶片和动物骨头。这两处遗址点说明一个聚落群的分布范围。

1999年上半年楼家桥发掘的实际面积为200平方米。7月14日，发掘结束。

东区的探掘成果坚定了考古队继续将遗址发掘下去的决心。蒋乐平利用盛夏休整的时间，将楼家桥遗址的发掘成果整理成书面材料，向浙江省文物考古研究所刘军所长汇报并陈述了遗址发现的意义及进一步发掘的必要性，得到了领导的认可与支持，计划下半年继续进行遗址发掘。

1999年10月8日～2000年1月9日，楼家桥遗址进行第二期发掘。参加发掘的除蒋乐平、郑建明、夏朝日、张海真 外，还有陕西省考古研究所技工杨科民、刘天运、邓来善，蒋乐平继续担任领队。发掘共布10×10米探方6个，以象限法编号，分别为T0707、T0708、T0807、T0808、T0809、T8010。这期发掘，考虑到遗址出土陶片碎散严重，陶器修复比较困难，因而安排 张海真 、邓来善 边采集、边修复，力图提高修复效率。该期发掘的核心收获，是认定楼家桥遗址早期文化层中出土的以柱状（或带扁棱）足鼎、隔沿深腹缸和夹砂陶器上流行的以猴头为主的动物堆塑，与河姆渡文化、马家浜文化的典型陶器绳纹有脊釜、泥质红陶豆、单耳罐共存，反映了在距今6000多年前，浦阳江下游地区存在一种与浙东北平原的新石器时代文化有密切联系，但又具有鲜明自身特色的地域文化类型。

2000年3月22日～6月20日，对楼家桥遗址进行第三期发掘。参加发掘的有蒋乐平、郑建明、夏朝日、张海真 、胡少波。蒋乐平为领队。这次发掘共布10×10米探方4个，编号为T0607、T0709、T0710、T0811，与第二期发掘区相连。发掘期间，又对遗址南面约1公里的猪山北侧耕地进行探掘，出土鸡冠板、扁棱足、石锛等遗物。

至此，楼家桥遗址三期发掘工作结束。

楼家桥遗址的发掘工作得到了诸暨市政府、次坞镇政府和楼家桥村的大力支持，也得到了浙江省文物考古研究所领导、同事的密切关注。诸暨市文化局领导张尧国、葛波儿等多次到遗址现场协调工作。浙江省文物考古所所长刘军、考古室主任陈元甫、学术委员会副主任王明达和王海明、芮国耀、赵晔、孙国平、方向明等领导、同事也多次到现场考察发掘工作。同时，多学科的研究工作也初步开展起来。第一、第二期发掘期间，浙江农业大学郑云飞博士两次来到遗址现场，就遗址的水稻遗存进行考察并做了标本的浮选、采集。第三次发掘期间，浙江自然博物馆金幸生来现场对遗址出土的动物标本进行了考察，并选走部分标本进行研究。考古队还委托金幸生采集地层土样到南京大学进行孢粉分析，以便取得环境研究的资料。

二、浦阳江流域考古调查与菴塘山背、尖山湾遗址的发掘

楼家桥遗址的发掘成果表明，浦阳江下游地区新石器时代遗址的文化面貌具有地域特色。为进一步扩大考古成果，以期对这一地区的原始文化有更进一步的认识，浙江省文物考古研究所同意楼家桥遗址考古队的要求，决定以"浦阳江流域"作为一个拟想中的地理文化单元，进行比较系统的针对新石器时代遗址的考古调查工作。

2000年9月，由蒋乐平（领队）、郑建明、张海真、夏朝日、胡少波组成的考古队，一边进行楼家桥遗址发掘资料的整理工作，一边对浦阳江流域进行考古调查，至2001年1月上旬结束。调查工作得到浦江县、诸暨市、萧山区三地文物部门的大力支持。事实证明，这次调查收获巨大，浦江上山遗址的发现与发掘、萧山跨湖桥遗址的再发掘都是这次调查带来的机会，菴塘山背、尖山湾遗址的发掘也是这次调查工作的延伸。

菴塘山背、尖山湾遗址均为浦江、诸暨两地文物部门早已确定的遗址点。菴塘山背遗址为20世纪80年代初发现，定为新石器时代遗址，并列为县级文物保护单位。尖山湾遗址于1981年发现，判定为新石器时代晚期遗址。以原有的遗址线索展开进一步的调查、探掘，是这次调查的一个基本方法。调查一开始，调查队就到两遗址的现场进行实地考察。现就工作的先后分别介绍菴塘山背遗址和尖山湾遗址的考古工作情况。

（一）菴塘山背的调查与发掘

2000年9月21日，蒋乐平在浦江县文物管理委员会办公室主任芮顺淦的引领下来到黄宅镇渠南村菴塘山背遗址现场，与村支部书记周来水接洽后，决定立即进行试掘。第二天，调查队正式安排张海真和胡少波进点试掘。陆续开布3个试掘坑，编号为TS1、TS2、TS3。由于遗址点在村舍中间，TS1、TS2的位置局促在村庄道路与屋舍的狭窄处，TS3在一片葡萄园里。不同位置的探掘目的是了解遗址的分布及保存情况。结果除地势稍高的TS3没发现文化层，TS1和TS2均发现商周及良渚文化阶段地层。调查工作继续向周围延伸。首先尝试的是村庄西面的一片高地，高地上种满庄稼，给农户赔偿适当青苗费后，布下1×2米探坑1个，编号TS4，由张海真负责试掘。后来又安排郑建明到西面、北面的两个高地探掘，并发现长地和上山两个遗址。9月28日，TS4②层下发现墓葬M1，随葬品具有良渚文化特征。小小面积的探掘居然"捕捉"到一座墓葬，心情十分振奋。我们预测发现了一处良渚文化墓地。由于埋葬深度不过20厘米，发掘方便，为证实我们的推测，决定扩大探掘面积。10下旬，在M1北侧的庄稼稀少位置，另布10×10米探方1个，由夏朝日、郑建明负责发掘，后又增加了1个

10 × 10 米探方。至 11 月中旬，共清理良渚文化时期墓葬 11 座。张海真 及时修复了出土的陶器随葬品。

在不大的范围内发现数量不少的墓葬，证明了这是一个规模不小的墓地。钱塘江以南地区从未发掘过完整的良渚文化墓地，这次发现可以说是一个突破。在听取考古调查队的汇报后，浙江省文物考古研究所与浦江县文物管理委员会一致决定于 2001 年进行正式发掘。经县文物部门的努力，蚤塘山背良渚文化墓地的发掘被列为浦江县政府 2001 年重点工程，落实发掘经费。

2001 年 2 月 15 日～5 月 20 日，经国家文物局批准，浙江省文物考古研究所、浦江县文物管理委员会对蚤塘山背墓地进行了正式发掘。参加发掘的有蒋乐平、孟国平、郑建明、张海真、夏朝日、胡少波、张农、屈学芳，蒋乐平任领队。浦江县文物管理委员会办公室芮顺淦、黄琦、张雪松、黄玉珏等参与了发掘工作的组织协调和后勤工作。发掘共布 10 × 10 米探方 13 个（包含探掘阶段的探方、探沟），实际发掘面积 1200 平方米。共清理良渚文化墓葬 33 座，连同 2000 年试掘清理的 11 座，整个墓地共发现墓葬 44 座。

（二）尖山湾遗址的调查与发掘

考古调查队关注诸暨尖山湾遗址的时间要更早些。楼家桥遗址发掘伊始，考古队就积极了解诸暨的史前遗址信息。诸暨市文化局文物科方志良是一位老文物干部，一一向考古队介绍了相关情况。1999 年 5 月 25 日，蒋乐平、郑建明在发掘中抽出时间，在方志良的带领下来到位于陈宅乡沙塔村的尖山湾遗址，在遗址现场发现了石箭镞、泥质灰陶、夹砂陶等遗物。2000 年下半年的调查工作，是与楼家桥遗址的整理同时进行的，诸暨博物馆就成为调查队的大本营。调查工作首先也是从诸暨开始。

9 月 20 日，蒋乐平、夏朝日在诸暨博物馆郑永的带领下抵达沙塔村，联系妥当后，留下夏朝日负责遗址的探掘。探掘表明，遗址主体是一种"早于商周、晚于良渚"的遗存堆积。判断依据是出土物中既不见印纹陶、也不见良渚文化典型陶器，炊器以瘦长圆锥形、条形足鼎为主。其时，上海博物馆已提出"广富林类型"的后良渚文化概念，调查队判断尖山湾遗址也属于这个阶段。由于后良渚文化的实体概念提出不久，学术界还在探讨之中，尖山湾遗址的发现激起了考古调查队进一步发掘的愿望，以期深化对这一阶段文化面貌的认识。这一愿望在尔后几年里时常向省文物考古研究所领导、同事提起，但由于跨湖桥遗址、上山遗址考古工作繁忙，一直没有时间去实现。

2005 年春夏之际，诸（暨）永（嘉）高速公路建设通过尖山湾遗址，浙江省文物考古研究所对尖山湾遗址进行抢救性考古发掘。蒋乐平因去澳大利亚作学术访问而没有参加这次发掘。参加发掘的有孙国平、张农、屈学芳、郑永等，孙国平任领队。诸暨博物馆赵立平等也参加了发掘的后勤工作。发掘从 2005 年 5 月开始，6 月结束，共布 5 × 10 米探方 5 个，发掘面积 250 平方米。发掘表明，遗址包含新石器时代和历史时期遗存。考古队对新石器时代遗存的性质判定为良渚文化。

发掘期间，浙江省文物考古研究所科技考古室郑云飞到现场进行了植物遗存的浮选和孢粉分析土样的采集工作。

三、三个遗址的资料整理和报告编写

楼家桥遗址第二期发掘期间，考古队开始安排 张海真 等负责出土器物的修复工作，杨科民也开始对部分陶器和石器进行绘图。第三期发掘期间，工作人员继续进行器物修复，并开始进行陶片的分类统计工作。2000年9～12月，在浦阳江流域调查期间，蒋乐平、郑建明、胡少波、夏朝日、张海真均在调查工作的间隙参加了楼家桥遗址的整理。浙江省文物考古研究所邵海琴完成了器物标本的拍摄。尔后，考古队安排郑建明编写楼家桥遗址"遗物"部分的初稿。

2001年上半年菁塘山背遗址发掘期间，考虑到陶器随葬品易碎，而搬动会造成更多损耗，考古队采取了边发掘边修复、修复人员参与随葬品提取的方式开展工作。在发掘期间，张海真就完成了大部分陶器的修复，屈学芳也开始陶器随葬品的绘图工作。在此期间，屈学芳也完成了楼家桥遗址器物图的描图。2001年下半年，在整理跨湖桥遗址资料的同时，蒋乐平、郑建明对菁塘山背墓葬资料进行了初步的整理，郑建明还对墓葬部分进行了尝试性的报告编写。2003年夏，刘军幸对部分未得到修复的陶器随葬品进行了补充性绘图，并完成器物的描图工作。

为保持浦阳江流域考古工作的延续性，尖山湾遗址考古队将遗址的整理与报告编写任务移交。2007年6～7月间，蒋乐平、王春明、张农在诸暨博物馆对尖山湾遗址2005年发掘资料进行了整理。浙江省文物考古研究所曹锦炎、牟永抗、王海明、刘斌、芮国耀、赵晔、丁品、方向明到整理现场观摩了尖山湾新石器时代遗物，并对其文化性质和年代问题进行了探讨，认定其与后良渚文化时期的钱山漾文化类型有密切关系。在此期间，初步完成了遗物部分的报告编写。

2008年2月至2009年1月（夏季略为休整），蒋乐平、张农、李佑生、屈学芳在浦江博物馆和诸暨博物馆完成了楼家桥、菁塘山背、尖山湾遗址资料的补充整理及报告编写。2008年5月12日，刘斌、赵晔、孙国平、丁品、方向明到浦江博物馆观摩菁塘山背墓葬资料，并对整理工作提出了宝贵意见。菁塘山背墓地资料的编写在原有基础上做了较大规模的改动。在此期间，屈学芳做了全面的补充性绘图、描图工作，张雪松拍摄了菁塘山背、尖山湾遗址的器物。

报告第一章第一节、第二节由蒋乐平、吴蝶、赵立平、张智强执笔；第三节由蒋乐平、郑永、黄琦、宋美英执笔。第二章、第三章由蒋乐平、郑建明、郑云飞执笔。第四章由蒋乐平、郑云飞执笔。第五章由蒋乐平执笔。最后由蒋乐平作通稿完成。

技工李佑生、张农、屈学芳等为报告的资料整合、文本录入、统计核对做了大量的工作。

诸暨博物馆楼绍龙、冯力军、陈晓玲、陈群英、魏建梅、孟琼晖、赵雅笙，次坞镇文化站吕关海，浦江博物馆蒋理仓、张雪松、何爱民、黄玉珏、张旭惠、徐光华、黄杨胜、金海云、俞仙平、张国萍、傅文哲等均为发掘与整理工作的顺利完成，做了不少的协助性工作。美国哈佛大学曹音博士、浙江省文物考古研究所郑云飞研究员分别为本报告的目录、英文提要和日文提要做了翻译。在此一并表示感谢。

另外，萧山茅草山遗址的资料已在《东南文化》2003年第9期单独发表。因其同属浦阳江流域考古的一部分，收为本报告的附录。

以下章节分别报告楼家桥、菁塘山背、尖山湾三个遗址发掘收获（图一）。

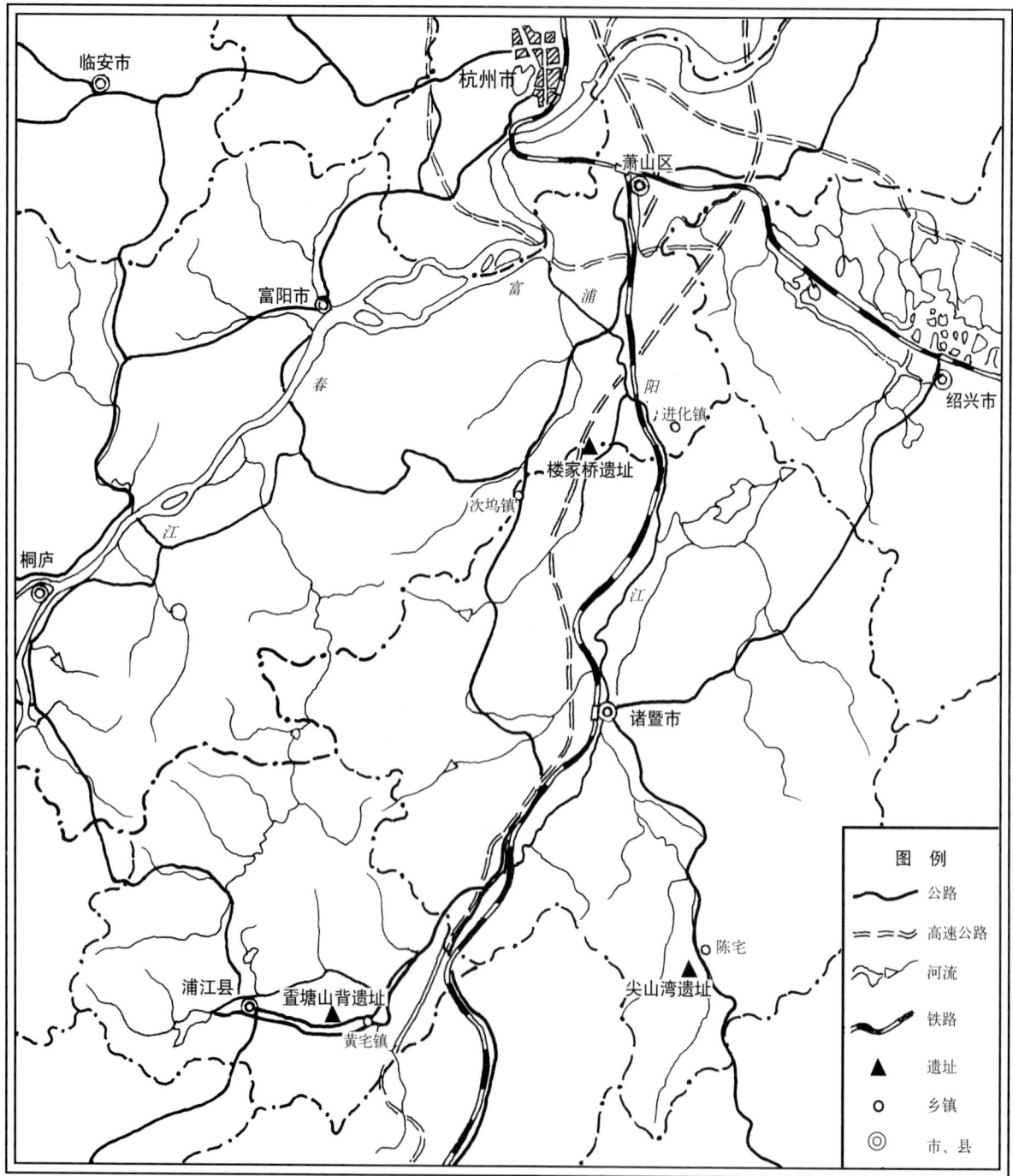

临安市

杭州市

萧山区

富阳市

富

浦

春

阳

进化镇

楼家桥遗址

次坞镇

江

江

桐庐

绍兴市

诸暨市

陈宅

尖山湾遗址

浦江县

茜塘山背遗址

黄宅镇

图　例

公路

高速公路

河流

铁路

遗址

乡镇

市、县

0　　　　6公里

图一　楼家桥、茜塘山背和尖山湾遗址地理位置图

第二章　楼家桥遗址

第一节　遗址概述

一、地理位置与遗址分布

楼家桥遗址位于诸暨市次坞镇楼家桥村，地理位置为东经120°13′43″，北纬29°56′31″，往北几十米即属杭州市萧山区浦阳镇地界。杭金衢高速公路在遗址西侧由北向南通过。浦阳江支流凰桐江在遗址的东侧1300米处自南向北流过，在距遗址东北约6000米处汇入浦阳江。遗址的北侧、东侧，有凰桐江支流（俗称诸萧河）经过。

遗址的具体位置在村东北的庙后山麓。庙后山为一座海拔21.3米，最长跨径不过160米的小山，在庙后山的北侧与南侧，另有两座小山。通过发掘与探掘，确认庙后山周围均有遗址分布（彩版一，1）。

在庙后山东面，遗址跨越海拔6米和5.5米两个台地。较高台地为庙后山的自然延伸，被村民整治为桑地；较低台地因常年受潮水湮没，为一片与诸萧河相连的平坦荒地。东发掘区兼跨这两级台地（彩版一，2）。其北端以东约35米处，在枯水时段也作过探掘，地层3米深以内均为青淤泥，不见文化层，判断遗址没有到达此处。由此证明遗址是沿山分布，东北侧不远处为诸萧河。庙后山西南侧也进行了发掘，即发掘区的西区，海拔约6米，现为平坦的水田，文化层堆积不及东区厚，但分布比较均匀。在向南70米处的沿村道路边，也进行了探掘，没有遗址分布。庙后山北侧也进行了探掘，遗址文化层堆积不足0.5米。根据上述发掘与探掘的线索估算，若以庙后山为中心，遗址的分布面积超过10000平方米（图二）。

从调查的情况看，在遗址西南面约500米处、靠近后山的村舍之间，村民打井也曾发现同类型文化遗物，说明这一带存在不相连续的遗址点。遗址南面1000米处猪山遗址和遗址东北1000米处舜湖里遗址的发现，更证明了凰桐江流域存在着一个文化内涵独特的遗址聚落群。

二、地层堆积与时代划分

（一）地层堆积

1.西区

共布5×10米探方4个，编号T1、T2、T3、T4（图三）。实际发掘面积170平方米。以T1南壁、

北

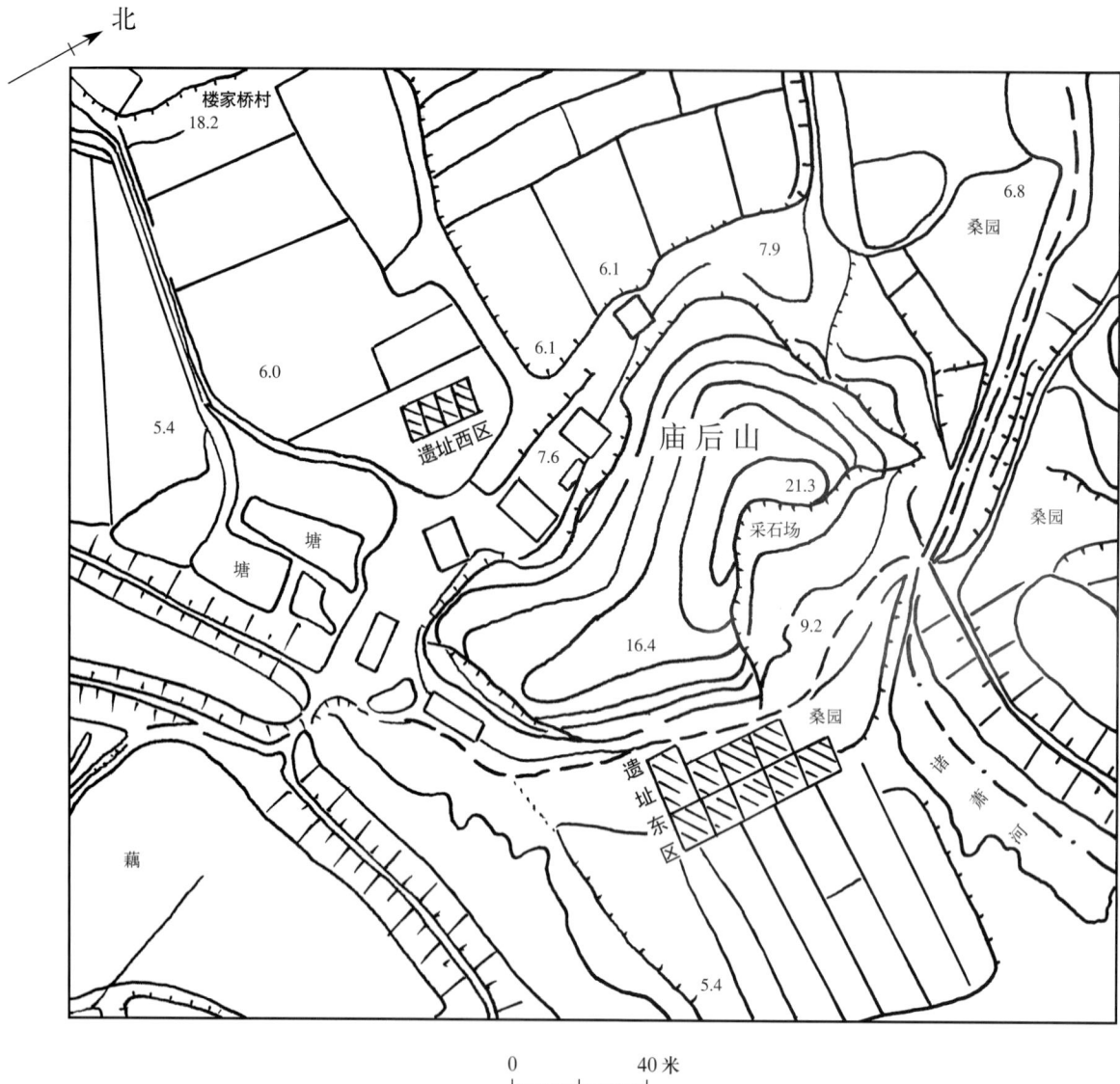

0　　　　40 米

图二　楼家桥遗址发掘区位置图

北

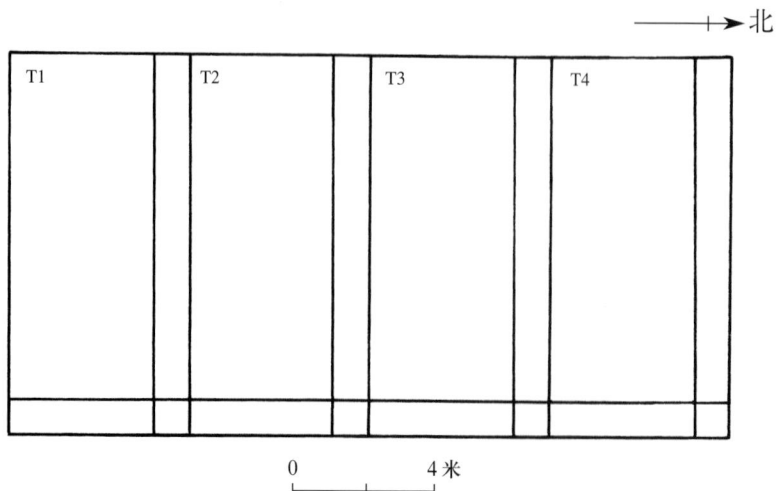

0　　　　4 米

图三　楼家桥遗址西区探方平面图

T1、T2 东壁剖面为例分别介绍如下：

T1 南壁（图四，1）。

第①层　耕土层。厚35厘米左右，含植物根系。

第②层　浅黄色土，较纯净。厚20厘米左右。出土少量近现代砖瓦块。

第③层　黑黏土。厚1～70厘米。分布在探方西部，继续向西延伸。出有陶片、扁圆锥形鼎足等遗物。

第④层　深黄色，粉沙土。厚1～15厘米。分布在探方东部，继续向东延伸。出土曲折纹、绳纹硬陶，有鼎足、圜底器等。

第⑤层　灰黄土，质较细腻。厚1～25厘米。分布于探方西部并逐渐消失。出土硬陶罐、陶豆、原始瓷片等。

第⑥层　灰褐土，含粗砂，质地硬结。厚1～25厘米。由东向西倾斜。出土印纹陶片及圆锥形夹砂鼎足等。

第⑦层　褐黄土，夹红烧土粒。厚1～20厘米。由东向西倾斜逐渐消失。以夹砂陶为多，夹炭陶和泥质红陶次之。有带扁棱鼎足、鸡冠耳、牛鼻耳及豆柄等。

第⑧层　灰黄土，稍带粉砂。厚1～30厘米。由东向西倾斜并消失。出土物以夹砂陶为主，夹炭陶、红衣陶和泥质红陶较少。有牛鼻耳、釜支座、纺轮、喇叭形豆等。

第⑨层　褐色土。厚10～30厘米。布满全探方。出土夹砂红陶，有残石锛、石斧、鸡冠錾、牛鼻耳、釜支座、纺轮、豆等。

第⑩层　黄褐土。厚10～40厘米。布满全探方。出土数量相近的夹砂陶与夹炭陶，不见泥质红陶。有较多的鸡冠錾、牛鼻耳，还有舌形錾、豆、带隔器、釜支座等。纹饰有弦纹和波浪纹。

第⑪层　青灰土。厚20～30厘米。布满全探方。出夹炭陶为主，有鸡冠錾、牛鼻耳、舌形錾、豆等。

第⑫层　黑色土，土壤结构近似农耕层，硅酸体含量较多。厚20厘米。出陶片较少。本层之下为生土。

T1、T2 东壁（图四，2）。

第①层　耕土层。厚23～35厘米。含植物根系及近、现代瓦片等。

第②层　浅黄色土，较纯净。厚15～30厘米。出土少量近、现代砖瓦块。

第③层　本层于此处消失。

第④层　深黄色，粉砂土。厚1～15厘米。分布在T2东南部，于T2南端残留长65厘米。出土曲折纹、绳纹等印文硬陶片，有瘦长圆锥形鼎足等。

第⑤层　本层此处未见。

第⑥层　本层此处未见。

第⑦层　褐黄土，夹杂红烧土粒。厚5～20厘米。出土陶片以夹砂陶为主，夹炭陶和泥红陶次之。有带扁棱鼎足、鸡冠錾、牛鼻耳、豆柄、腰沿釜片、袋足等。

第⑧层　灰黄土，稍带粉砂。厚1～35厘米。由东向西倾斜并消失。出土陶片以夹砂陶为主，有少量夹炭陶、红衣陶和泥质红陶。有牛鼻耳、釜支座、纺轮、喇叭形豆等。其中，带扁棱的圆柱或圆锥形鼎足较多，还有带嘴器等。

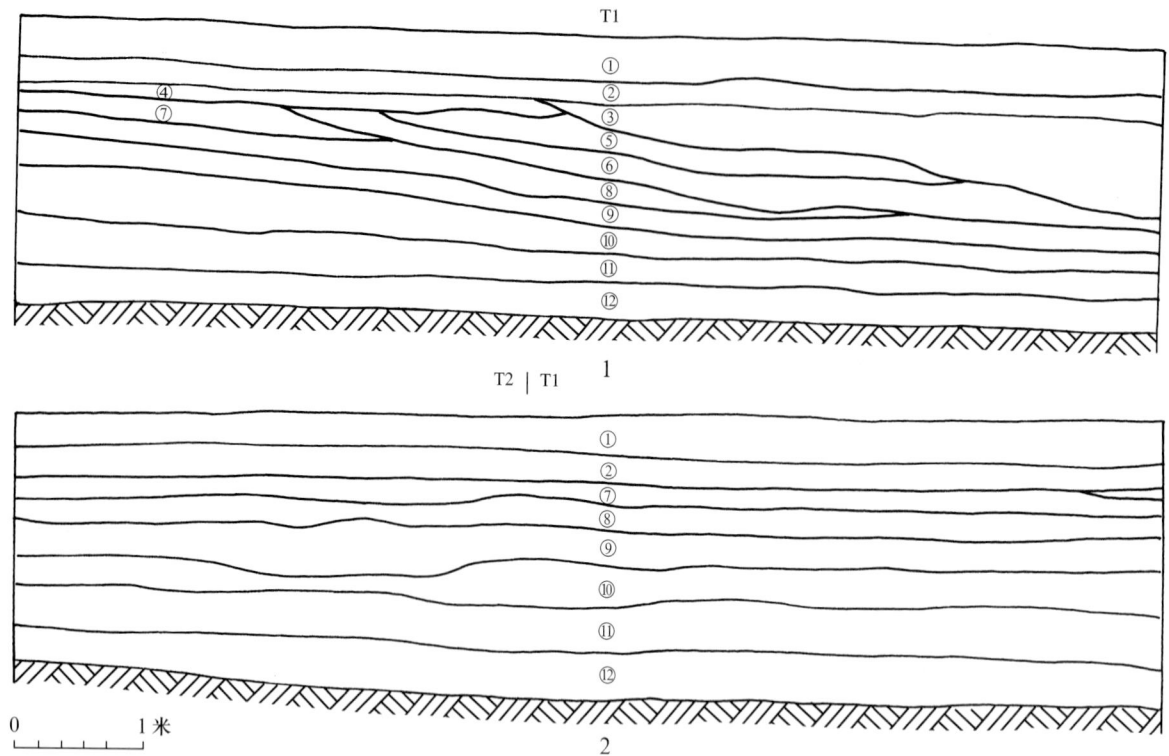

图四　楼家桥遗址西区地层剖面图
1、T1南壁　2、T1、T2东壁

第⑨层　褐色土。厚10~35厘米。分布于全探方。出土陶片以夹砂红陶为主，有少量夹炭红衣陶和泥质红陶。有带隔残片、扁棱足、鸡冠錾、牛鼻耳、釜支座、纺轮、喇叭豆等。

第⑩层　黄褐土。厚10~40厘米。分布于全探方。出土夹砂陶与夹炭陶数量接近。不见泥质红陶。鸡冠錾、牛鼻耳较多，还见舌形錾、豆、带隔器、釜支座、残石锛、石斧、石凿等。纹饰以弦纹、波浪纹为主。

第⑪层　青灰土。厚20~55厘米。分布全探方。以夹炭陶为主，夹砂陶次之。有鸡冠錾、牛鼻耳、舌形錾、豆、石锛等。

第⑫层　黑土层。土壤结构近似农耕层。厚20~30厘米。分布全探方。出土陶片稀少。本层之下为生土。

2.东区

共布10×10米探方10个，分别为T0807、T0808、T0809、T0810、T0811、T0707、T0708、T0709、T0710、T0607，象限法编号（图五）。其中T0607、T0710、T0811为不完全探方。TS1归入T0807、T0707范围。东区实际发掘面积约900平方米（彩版二，1）。

以T0809、T0810东壁，T0809、T0709南壁为例介绍（图六）。

T0809、T0810东壁（图六，1）：

第①层　表土层，褐色土，质地松软。厚40~180厘米。内含石器、硬陶片、瓷片和近、现代砖瓦残块等。

第②A层　本层此处缺失。

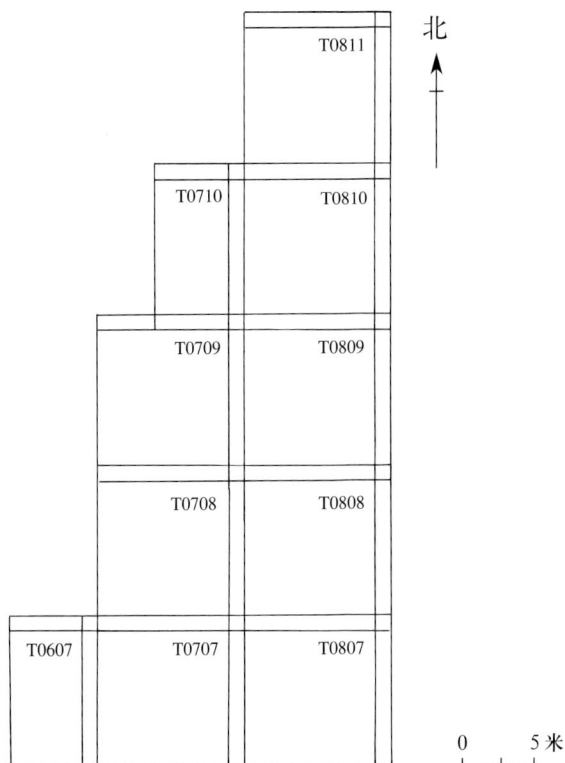

图五　楼家桥遗址东区探方平面图

第②B层　红褐色土，土质较硬。厚1～25厘米。只见于北端。内含有较多的印纹陶和夹砂陶。

第③层　浅白灰色土，土质较软。厚1～25厘米。内含印纹陶及少量夹砂陶。该层下开口的遗迹有灰坑（H8）。

第④A层　青黄色土，土质较硬。厚5～15厘米。仅见于南端。出较多陶片，陶色有红、灰之分。有罐、鼎、石锛等残片。

第④B层　于此处消失。

第⑤A层　浅灰色土，土质较硬。厚1～15厘米。只见于北端。出较多陶片，少部分为印纹陶，还有石锛等。该层下开口的遗迹有H9及柱洞等。

第⑥层　此处缺失。

第⑦层　青灰色土，土质较硬。厚8～30厘米。出土鱼鳍形鼎足、豆盖、釜及石刀、石锛等。该层下有柱洞1个（D1）。

第⑧层　此处缺失。

第⑨层　此处缺失。

第⑩层　褐色土，土质较硬。厚1～30厘米。只见于北端，由北向南倾斜并消失。出土夹砂陶、泥质陶。有豆、罐、鱼鳍形鼎足等。

第⑪层　此处缺失。

第⑫层　此处缺失。

第⑬层　青黄色土，土质较硬。厚1～30厘米。含较多的夹砂和泥质红陶。出土有豆、罐、牛鼻耳、

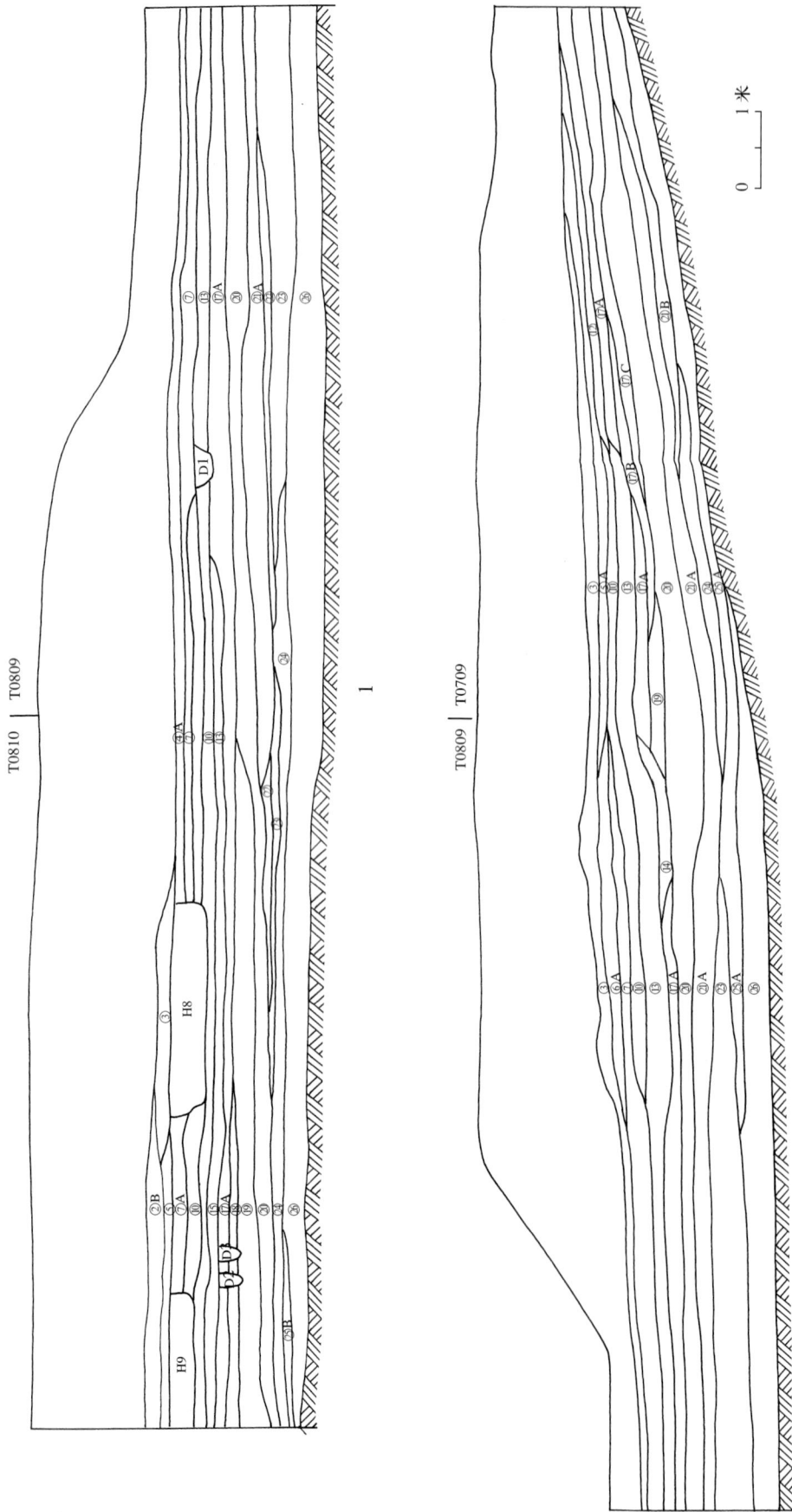

图六　楼家桥遗址东区地层剖面图
1.T0809、T0810东壁　2.T0709、T0809南壁

圈足器、鱼鳍形鼎足及石刀、石斧、砺石等。

第⑭层　此处缺失。

第⑮层　土质较硬，含粉砂。厚1～20厘米。陶片以泥质和夹砂红陶为主，还有夹炭陶等。出土有豆、牛鼻耳、舌形鋬、鼎足、石刀等。该层下有柱洞2个（D2、D3）。

第⑯层　此处缺失。

第⑰A层　青灰色土，质地较硬。厚1～35厘米。分布范围较大。出土陶片以夹砂陶、泥质陶为主，夹炭陶次之。红陶较多，褐陶略少。陶器有罐、釜、钵、牛鼻耳、扁棱鼎足、豆等。石器有石刀、石锛、砺石等。还发现动物堆塑标本。

第⑰B层　此处缺失。

第⑰C层　此处缺失。

第⑱层　黑青色土，质地较硬。厚1～40厘米。只见于北端。以夹砂、夹炭和泥质红陶较多。纹饰有水波纹和堆纹。有豆、牛鼻耳、鼎足、釜支座及石锛、石刀等。

第⑲层　青灰色，质地较软。厚1～55厘米。以夹砂、夹炭和泥质陶为主，器形有豆、牛鼻耳、扁棱鼎足、鸡冠鋬、舌形鋬及石锛、石纺轮等。

第⑳层　灰褐色，土质较硬，夹杂红烧土块。厚1～60厘米。堆积丰富，分布范围广。陶片以夹砂红陶为主，泥质红陶次之。器形有釜、鼎足、罐、豆、纺轮，还有石锛、石刀，砺石等。出土较多的动物堆塑标本。

第㉑A层　棕褐色土，含粉砂及红烧土颗粒，土质较硬。厚1～35厘米。出土物较多，内含同上。仅见于南端，由南向北倾斜并消失。

第㉑B层　此处缺失。

第㉒层　深灰色土，含砂较多，土质较硬。厚1～10厘米。北部消失。内含夹砂、夹炭红陶和夹炭黑陶。素面较多。

第㉓层　间歇层，土质纯净、细软，属自然淤积。厚1～45厘米。无包含物。

第㉔层　灰黄色土，含砂较多，土质较硬。厚1～25厘米。由北向南延伸并消失。内含夹炭陶、夹砂陶。器形有釜、豆、牛鼻耳、釜支座、鼎足、环底器、石器等。

第㉕A层　此处缺失。

第㉕B层　黄色土。厚1～10厘米。仅见于北端。以夹炭陶为主。有豆、柱状有脊和无脊鼎足等。

第㉖层　青灰色土，质地较软。厚10～50厘米。出土有夹砂和夹炭陶。陶色以红为主、褐、黑色较少。大多为素面，有少量绳纹和堆纹。器形有圈足盆、豆盘、釜、器盖等。还有兽骨、木块等。本层之下为生土。

T0709、T0809南壁（图六，2；彩版二，2）：

第①层　表土层。黄褐色灰土。土质较松。厚40～180厘米。含少量陶片、现代砖瓦残片及植物根系等。

第②层　此处缺失。

第③层　浅白灰色土，土质较硬。厚5～30厘米。西端消失。夹杂红烧土颗粒，出土陶片较多，以硬灰陶为主。

　　第④层　此处缺失。

　　第⑤A层　浅灰色土，土质较软。厚1～20厘米，此层仅见于西端。含印纹硬陶较多。

　　第⑤B层　此处缺失。

　　第⑥A层　黄灰色土，土质较硬。厚1～20厘米。此层仅见中部。出土陶片以夹砂陶为主，器形有罐、釜，还有石器及石块等。

　　第⑥B层　此处缺失。

　　第⑦层　青褐色土，土质较硬。厚1～30厘米。由东向西倾斜，西端消失。出土夹砂红陶较多，褐陶较少。器形有罐、釜、鼎足，还有少量石刀和石锛等。

　　第⑧层　此处缺失。

　　第⑨层　此处缺失。

　　第⑩层　黑褐色土，土质较硬。厚1～30厘米。仅见于中部。含夹砂及泥质陶。器形有罐、釜、鱼鳍形鼎足、石刀和残石器等。

　　第⑪层　此处缺失。

　　第⑫层　浅红色土，质地较硬。厚1～15厘米。仅存西端。陶片有泥质和夹砂陶。器形有鱼鳍形鼎足，石刀等。

　　第⑬层　青黄色土，土质较硬，夹杂砂粒较多。厚1～30厘米。东部倾斜，西端消失。出土陶片以夹砂红陶为主，泥质红陶、夹砂灰陶次之。器形有罐、釜、豆、鱼鳍形鼎足等。

　　第⑭层　棕黄色土，土质较硬，含有砂粒。厚1～18厘米。仅见于中部。出土陶片较多，以夹砂、泥质红陶为主，夹炭陶次之。器形有罐、钵、豆、鼎足、石锛、石斧、石刀等。素面较多，弦纹略少。

　　第⑮层　此处缺失。

　　第⑯层　此处缺失。

　　第⑰A层　青红色土，土质较硬，含砂粒较多。厚1～25厘米。由东向西倾斜，中间部分消失。出土陶片以夹砂红陶为主，夹砂灰陶次之。器形有罐、釜、钵、豆、器耳、鼎足等。

　　第⑰B层　灰白色土，土质较硬，土层较薄。厚1～5厘米。分布于中部。含陶片较少，有夹砂、夹炭红陶。有带扁棱鼎足等。

　　第⑰C层　略红色土，土质较硬，含砂粒。厚1～25厘米。自西向东倾斜消失。陶片以夹砂红陶为主，器形有豆、平底器、扁棱状鼎足，还有石锛、石斧、石铲等。

　　第⑱层　此处缺失。

　　第⑲层　黄灰色土，土质较硬，夹杂少量砂粒及红烧土颗粒。厚1～20厘米。仅在中部出现。含大量陶片，有夹砂、泥质和夹炭红陶。器形有釜、钵、豆等。纹饰主要有堆纹。

　　第⑳层　灰褐色土，土质较硬。厚5～50厘米，本层堆积最厚，覆盖整个发掘区。是出土陶片最多的层位，以夹砂红陶为主，泥质红陶次之，夹炭陶最少。器形有扁棱鼎足、钵、釜、罐、豆、纺轮及"8"字形器盖，还有完整陶器两件，石器有锛、石刀等。堆塑较多，以猴头最为明显。

　　第㉑A层　棕褐色土，含砂粒及红烧土颗粒，土质较硬。厚1～30厘米。由东向西倾斜，西端消失。

含物同上。

第㉑B层　浅白色土，土质略软，含细砂较多。厚1～30厘米。仅见于西部。出土陶片以夹砂红陶、夹炭陶为主。器形有平底器、鼎足、砺石、石斧、穿孔石器等。

第㉒层　此处缺失。

第㉓层　淤积土，质地纯净、细软，遗物极少，应属间歇层。厚1～50厘米。仅见于东部。

第㉔层　灰白色土，略带粉砂，土质较软，夹杂木炭，灰性较大。厚1～25厘米。居于中部。出土夹炭陶较多，夹砂陶略少。器形有豆、柱状鼎足、舌形鬶、残石器等。

第㉕A层　深灰色土，含粉砂，质地较硬。厚1～40厘米。仅见于西端。出土夹炭红衣陶最多，夹砂红陶、褐黑陶依次减少。器形有钵、豆、柱状鼎足、扁状鼎足、舌形鬶。该层下发现建筑遗迹（F1）、灰坑（H21）。

第㉕B层　此处缺失。

第㉖层　灰白色，质地较软。厚1～45厘米。东低西高，西端消失。内含陶片较多，以夹砂、夹炭红陶为主，黑陶、褐陶较少。器形有圈足盆、釜、豆盘、器耳、器盖、陶支座等。

根据出土遗物的分析，遗址东、西两区堆积过程大致相同，西区缺乏相当于东区10～13层的内涵。对照如下（表一）：

表一　楼家桥遗址东区、西区地层对照表

西区地层	东区地层
③层～⑥层	②A层～⑨层
	⑩层～⑬层
⑦层～⑨层	⑭层～㉒层
	㉓层
⑩层～⑫层	㉔层～㉖层

（二）时代划分

根据地层堆积情况，结合两区第②～㉖层及各遗迹单位出土遗物的情况变化，我们将楼家桥遗址分成三个不同阶段的文化遗存。

1．**楼家桥文化类型遗存**　可分早期和晚期。早期包括东区第㉔～㉖层、西区第⑩～⑫层和F1、H21等遗迹。出土陶片较多，以夹砂红陶为主，还有夹砂黑陶和红衣夹炭陶等。纹饰以绳纹为主，还有附加堆纹、凹弦纹、水波纹等。修复完整者极少，口沿较多。可辨器形的有鼎、钵、盆、釜及支垫等。鼎足呈柱状，或见纵向平脊。釜为绳纹带脊釜。另有石斧、石锛、砺石和石锤。晚期地层包括东区第⑭～㉒层、西区第⑦～⑨层和F2、F3、石器作坊等遗迹。器物纹饰中绳纹较少，水波纹、弦纹均较普遍，附加堆纹发达。动物堆塑有形象生动逼真的猴、猫、兔等。器形有豆、扁棱鼎足、钵、釜支坐、盘等。从整体文化特征上看，虽然具有马家浜、河姆渡文化的因素，但仍有自身的鲜明特征。

2．良渚文化遗存　主要分布于东区第⑩～⑬层位。有灰坑3座（H11、H12、H13）。西区无此文化层。出土陶器中夹砂红陶较多，泥质陶略少。器形主要有鱼鳍形足鼎、罐、圈足器、牛鼻耳、豆、石刀、石斧、砺石等。

3．商周文化遗存　地层堆积东区为第②A～⑨层；西区为第③～⑥层。有灰坑18座（H1、H2、H3、H4、H5、H6、H7、H8、H9、H10、H16、H17、H18、H22、H23、H24、H26、H27）。本期文化层以出土硬陶为特征，器形有罐、豆、钵、盘、瓮、石刀、石锛、石镞和玉管等。纹饰有曲折纹、米字纹、席纹、绳纹、叶脉纹等。

第二节　楼家桥文化类型遗存

一、遗迹与遗物

（一）遗　迹

1.建筑基址

F1

位于T0709北部、T0710及其扩方部分。叠压于㉕A层下打破㉖层。原居住面已侵蚀无存。现存柱洞面残长11.9米，残宽4.6米，单元不清。我们首先观察到的是比较零乱的柱洞D1～D32，但其中有两排呈西南——东北走向，且基本平行。西北一排，长9.1米，7个（D1～D6、D19）；东南一排，长10.2米，9个（D7—14、D22）。两排长短不一，数量有别，但其中有10个（D2与D7；D4与D8；D5与D10；D6与D11；D12与D19）两两相对很有规律。两排间距约为1.9～2.2米（图七；图版一，1）。柱洞平面有圆、椭圆形之分，一般均为直壁弧底。洞中多置石块，有承重的础石和加固的侧石（表二）。值得注意的是，两排柱洞周围有较多的陶器残片，以夹炭红衣陶居多，器形有豆、柱状及扁圆状鼎足、舌形錾、红衣陶杯等。

F1位于山体斜坡与水域之间相对狭窄的地带，走向与山体基本平行。房址东南（低位）5米外是含砂较多的黑淤泥沼泽地带。在基址的东侧保留有冲刷下来的木质构件。残存的柱洞和破碎的陶片显示，该处应是一早期人类居住的"吊脚楼"式杆栏建筑基址。向阳、近水，具有一定的生活空间，符合古人选择居住地的规律。

F2

位于T0607西北部，开口在⑱层下，打破⑲B层。平面略呈方形（图八；彩版三，1），残基面为西北高、东南底的斜坡，长约2.02米，宽约1.8米。遗迹由柱坑、柱洞、护石等部分构成。4个柱洞分别位于四角，多为不规则椭圆形，斜壁，圆底或平底。填土为松散的黑灰土，显然是建筑废弃后的填充物。D1位于基址东角，洞沿东置石一块。直径40～47厘米，深46厘米；D2位于基址南角，可分辨柱洞、柱坑，

北

T0710

0　　　　　　　160厘米

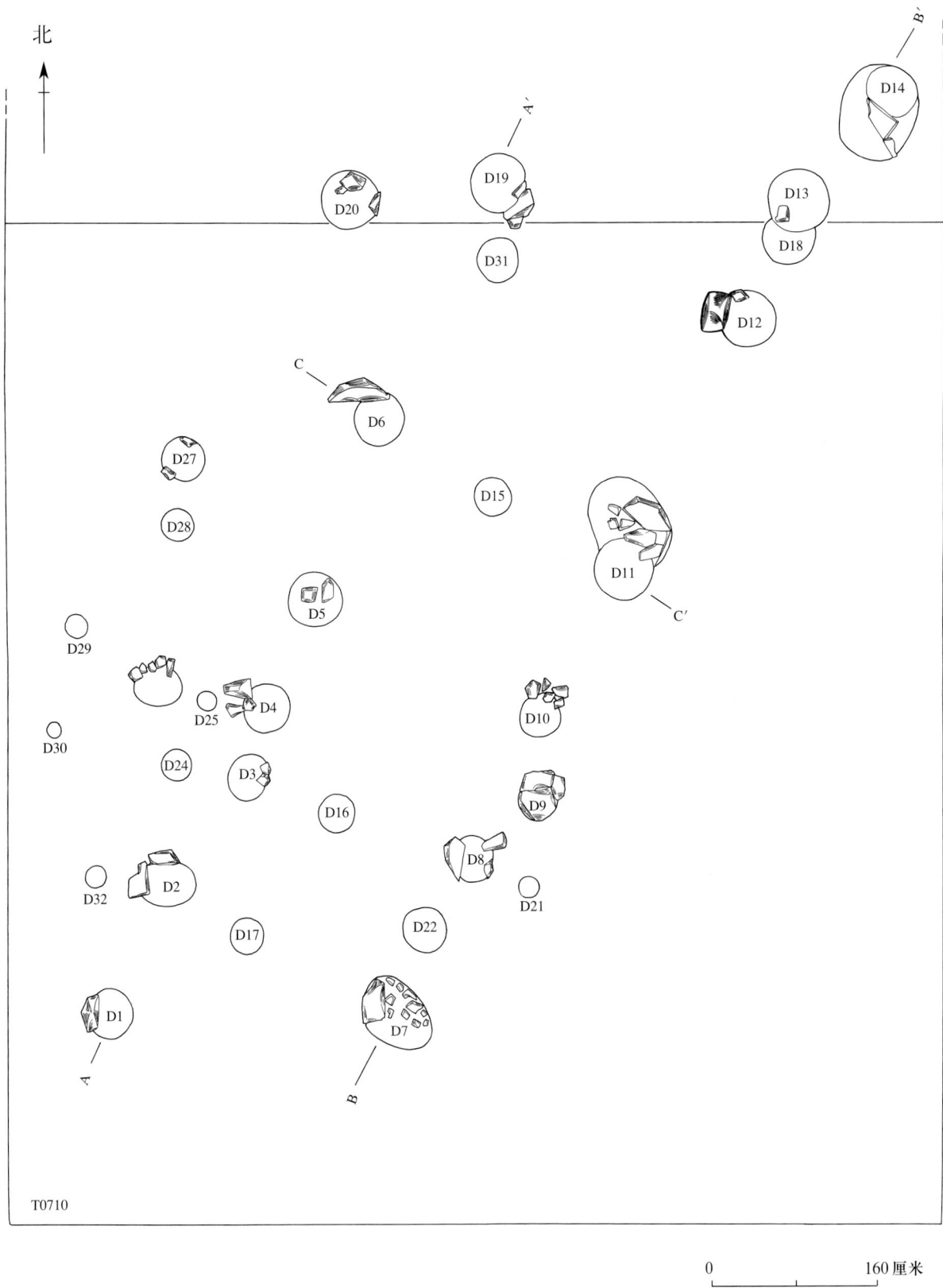

图七-1　楼家桥遗址F1平面图

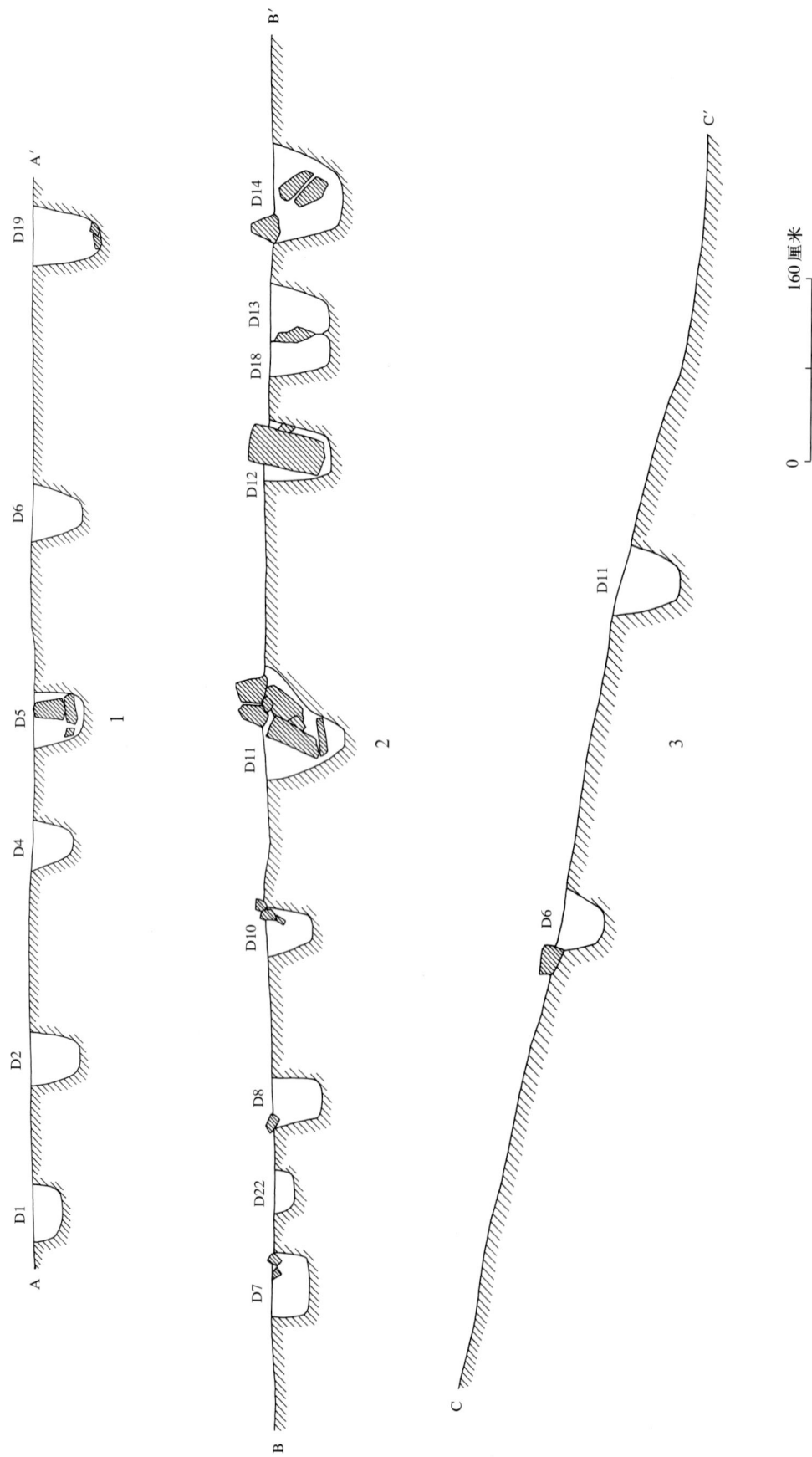

图七-2　楼家桥遗址 F1 剖面图

1.A—A′剖面图　2.B—B′剖面图　3.C—C′剖面图

表二 F1柱洞统计表（单位：厘米）

编号\名称	形状	直径	深度	备注
D1	圆形	50	20	块石置柱洞西侧
D2	椭圆形	40～50	35	块石置柱洞西侧
D3	椭圆形	38～45	20	块石置柱洞北侧
D4	圆形	46	30	块石置柱洞西侧
D5	圆形	52～54	30	块石置柱洞底部
D6	圆形	28～30	32	块石置柱洞西侧
D7	椭圆形	58～78	12	块石置柱洞西侧及底部
D8	圆形	40～42	21	块石对称置东西两侧
D9	圆形	40	15	块石置柱洞北侧
D10	圆形	40	26	块石置柱洞北侧
D11	圆形	58	25	块石置柱洞北侧
D12	圆形	52	28	块石置柱洞西侧
D13	圆形	58	32	块石置柱洞南侧
D14	椭圆形	42～50	28	块石置柱洞东南侧
D15	圆形	36～38	20	
D16	圆形	34～36	22	
D17	圆形	22～24	25	
D18	圆形	32～52	28	北部被D13打破
D19	圆形	50～56	30	块石置柱洞西南
D20	圆形	56	5	块石置柱洞底部
D21	圆形	20	10	
D22	圆形	40～42	15	
D23	椭圆形	72～90	20	南部被D11打破
D24	圆形	30	22	
D25	圆形	18～20	18	
D26	椭圆形	35～48	45	块石置柱洞北侧
D27	圆形	40～42	10	块石对称置南北两侧
D28	圆形	50	47	
D29	圆形	22	20	
D30	圆形	14	10	
D31	圆形	40～42	18	
D32	圆形	20	10	

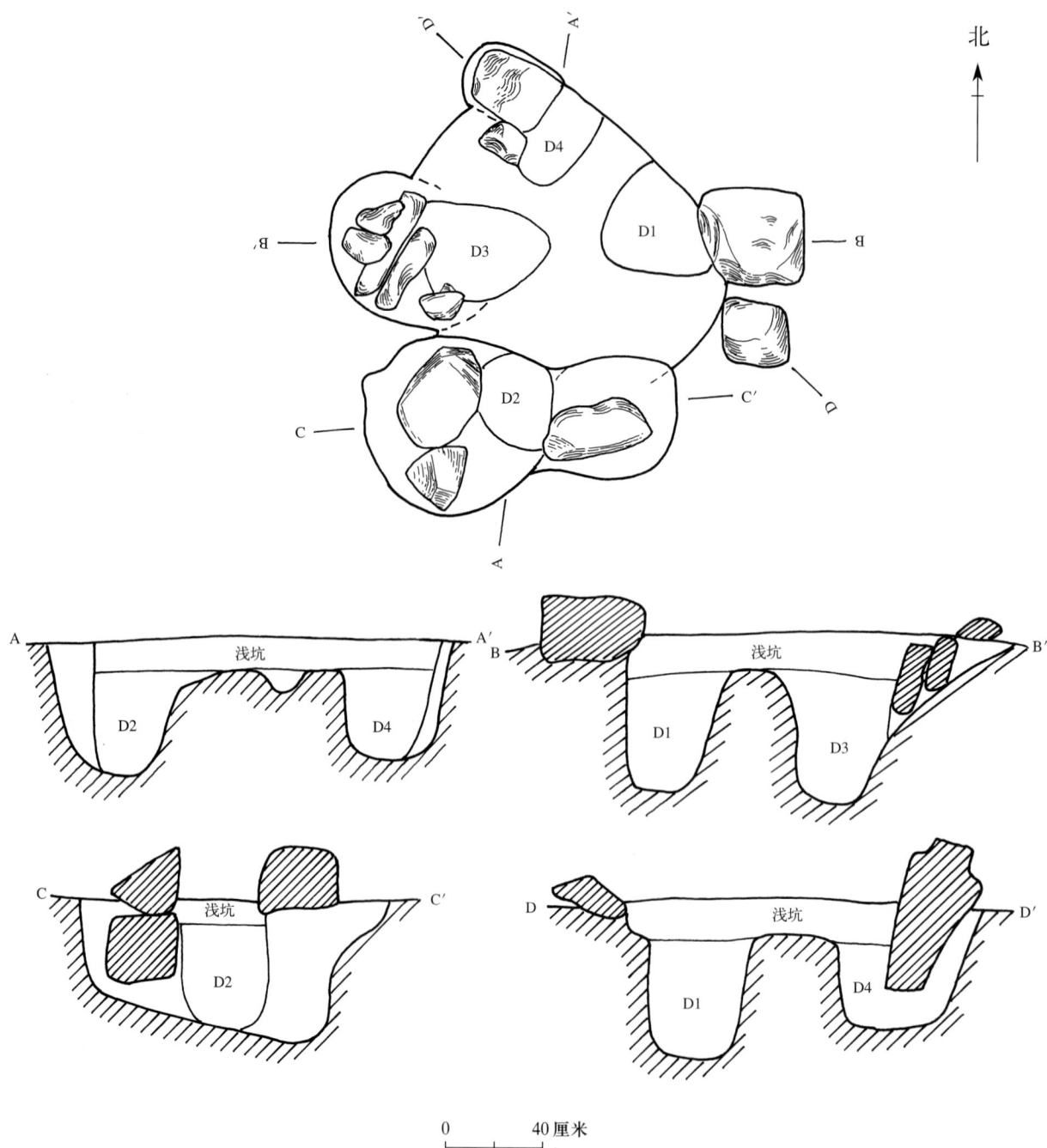

图八　楼家桥遗址F2平、剖面图

柱洞平面近似桃形，东、西两侧置石。直径30~45厘米，深45厘米。柱坑呈葫芦形，长125厘米，宽48~72厘米，深38~52厘米；D3位于基址西北部角，可分辨柱洞、柱坑，柱洞西侧竖置摆放比较规整的大石块，外侧有序堆压小石。洞西壁竖靠小石两块。直径40~50厘米，深40厘米。柱坑呈椭圆行，长55~75厘米，深68厘米；D4位于基址北角，柱洞西北壁靠近底部竖置两石块。直径30~35厘米，深34厘米。这些护石块均起固定木柱的作用。四柱间有一浅坑，略呈方形，口大底小，斜壁内收，底同地表基本平行，直径1.1~1.32米，深11~18厘米。填土沙性较重，出土以夹砂陶为主的少量陶片，还有残石器一件。

从遗迹现象观察，F2的营建过程分几个步骤，首先于地表挖坑4个，坑内立柱，柱周围固石填土。待建筑构架形成后，再在四立柱间挖浅坑一个，坑内填有细沙，用途不明。

本遗迹结构特殊，占地面积很小，推测为塔楼式建筑，可能为村落的瞭望台。

F3

位于T0811中部，开口于第⑲层下，打破第㉔层。该基址以出大量柱洞为特征。柱洞呈西南——东北方向，排列较乱，残长8.2米，宽3.6米（图九；图版一，2）。结构特征有两点判断：1）西南角似有一定规律，长约3.6米，宽2.1米，由5个（D5、D6、D7、D8、D9）柱洞组成。D5、D6、D8、D9组成西南 — 东北向长方形的四角，D7可能是中心柱。建筑性质不明。2）D2、D5、D9、D10和D6、D8、D11分别组成平行的两行，长4.9～7.4米。D2与D5之间有两小柱洞D3、D4，可能对该建筑起加固作用。柱洞有圆形和椭圆形之分，直壁或斜壁、平底或弧底之别。有一侧或多侧置石。堆积多为黑灰、松散土（表三）。同F1的结构特点相似，可能为同山体相平行的长方形建筑。

表三 F3柱洞统计表（单位：厘米）

名称 编号	形状	直径	深度	备注
D1	椭圆形	28～50	26	
D2	椭圆形	38～52	32	块石置柱洞南侧
D3	圆形	16-18	10	
D4	椭圆形	38～45	11	块石置柱洞南侧
D5	椭圆形	55～80	32	块石置柱洞中部及西南侧
D6	椭圆形	32～56	30	块石置柱洞北侧
D7	椭圆形	55～98	18	块石置柱洞西北侧
D8	不规则	66～75	16	块石置柱洞中部
D9	圆角长方形	32～45	24	块石置柱洞西北侧
D10	圆角三角形	55～65	33	
D11	长方形	48×58	17	块石置柱洞底及西南侧
D12	圆形	20～22	12	
D13	圆形	20～22	12	块石置柱洞东侧
D14	圆形	18	13	
D15	圆形	34	16	

2.石器作坊

该遗迹跨越T0707、T0807、T0808三个探方。开口于第⑰A层之下，叠压第⑲层。平面呈不规则分布，东西长16.6米，南北宽16.5米，面积约300平方米。遗迹表面残留有未加工的原始石料、半成品及加工工具。其分布略有规律，在东南角（T0807）较小的范围内有摆放规整的石砧5块。石砧体大（最

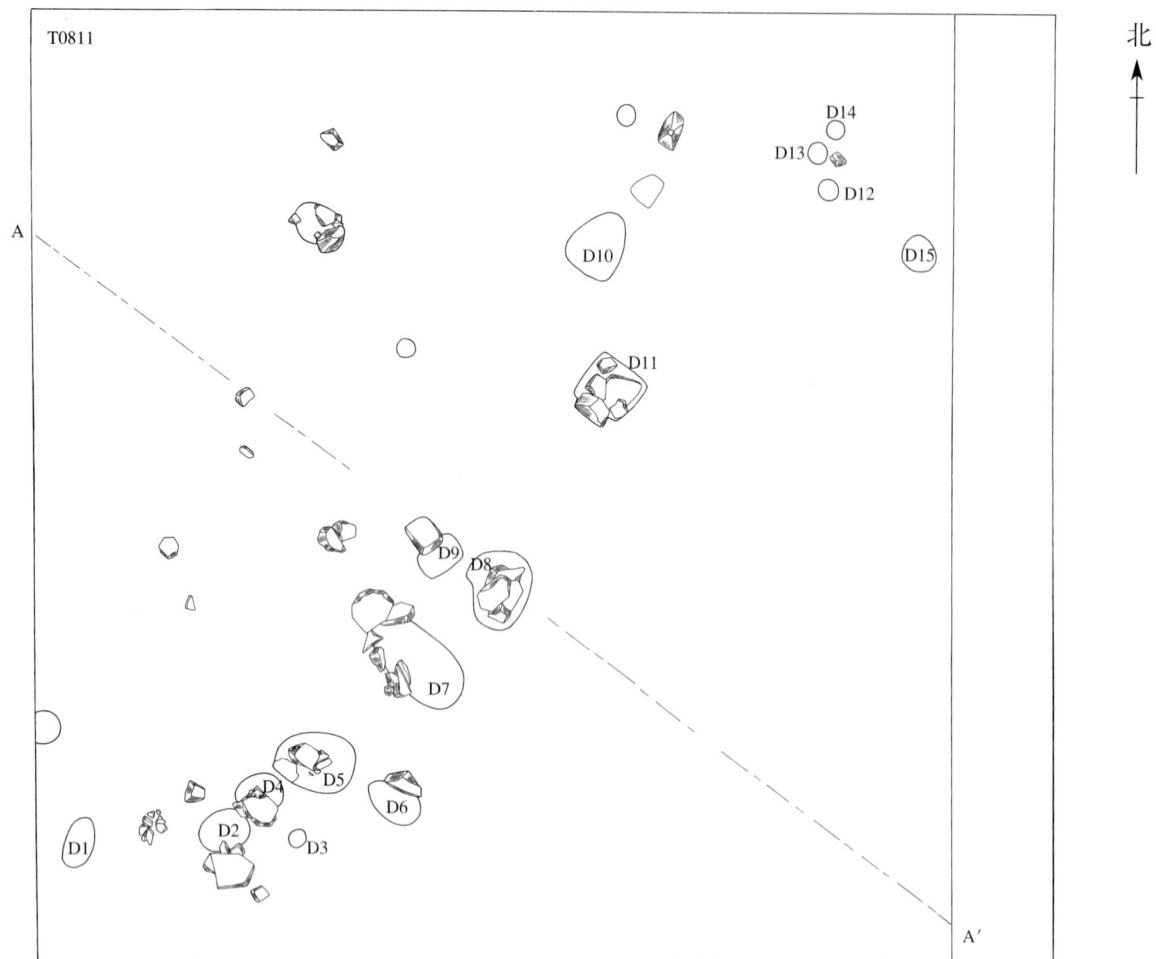

1

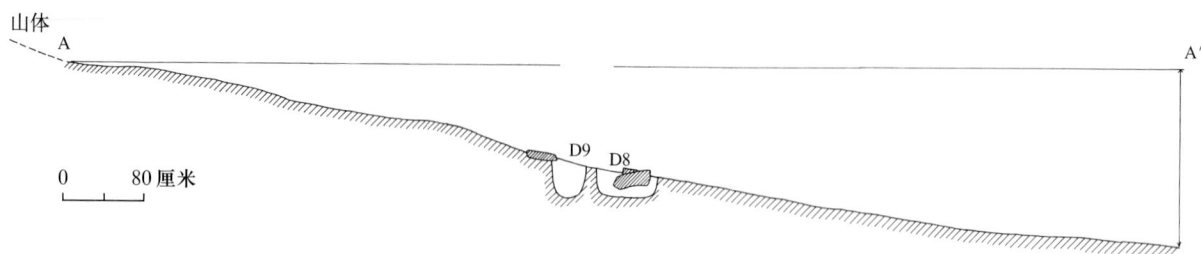

2

图九　楼家桥遗址 F3 平、剖面图

大一块44×40×25厘米），坚硬，比较规整，但台面被击的疤痕累累。底置起支垫作用的石块或陶片。以石砧为中心，周围一般有石锤、石器雏形、石料、石片、石渣和砺石等。东北角（T0808）集中出有较多砺石，可能为石器的修整区；西南角有大量碎石残片，极少的砺石和大块石料，可能是综合区域（图一〇，1~3；图版二，1）。

从所获得的资料可知出土遗物中以砺石为最多，计有29件。石砧较少，仅为5件，石锤和成形的石器更少。石片、石渣却遍地皆是。从石砧、砺石的分布情况分析，该处可能为早期人类的石器加工场所。

3.灰坑

共8座（H14 、H15 、H19、H20、H21、H25、H28、H29）。有圆形、椭圆形、不规则形和长条形几种。

H14　位于T0810西部南。开口于第14层下，打破第16层。平面呈不规则形。东壁较直，西壁被H11打破。底部略平。口径210~350厘米，深26厘米（图一一）。坑内堆积较为松软，灰白色土。出土物中以物有夹砂、泥质红陶片。可辨器形有鼎、罐、釜、豆等器形。

H15　位于T0810东北部。开口于第14层下，打破第15层。平面呈不规则形，直壁内收，底部略平。口径76~160厘米，深36厘米（图 一二 ）。坑内堆积为灰褐色土，土质较松。出土夹砂红陶为主。出土陶片中可辨器形有釜、罐、钵、豆、扁棱柱状鼎足等。

H19　位于T0709西北角。开口于第17C层下，打破第21B层。平面呈圆形，壁较直，底略平。口径70厘米，深12厘米（图一三）。坑内堆积为浅灰色土，较松散。有分布较散、结构紧密的红烧土块。坑东壁斜置一长条形石块，用途不详。石块长42厘米，厚24厘米。

H20　位于T0707西北部。开口于第18层下，打破第19A层。该坑结构较为特殊，由大坑与小坑（围石）两部分组成。大坑平面略呈圆形，四壁斜收于小坑口，直径160厘米，深约5厘米。小坑呈圆形，直径75、深10厘米，内有围石较为特殊。石高17、竖石高45厘米。围石呈双层叠置状，叠石顶部高于坑沿。置于坑中的石块原本并非此样，现为遗迹遭毁后倒落下的状况。特别是西侧一块竖石有意竖直，背后有石块拥靠住，中间缝隙加塞石块使之稳固。遗迹的位置处于山体坡根，而这块竖石正好背山而置。故该遗址应属一种"祭祀"性设置。坑西侧有两个柱洞应与本遗迹同体。柱洞呈圆锥形，距H20约有60厘米。D1直径24、深15厘米；D2直径22、深15厘米。柱洞间距150厘米（图一四，彩版三，2）。

H21　位于T0709偏西部，部分压在西壁之下。开口在第25A层下，深入生土。平面呈圆形，口大底小，斜壁向内微收，底略平。直径75厘米，深22厘米（图一五）。堆积为灰色土，质地较软。内含以夹炭、夹砂红陶为主。

H25　位于T0710西北部。开口于第⑬层下，打破第⑰层。平面呈长条形。南北狭长，东西较窄，弧壁向下斜收，底部略呈斜坡状。长500厘米，宽145厘米，深20~46厘米（图一六；图版二，2）。坑内堆积为深褐色土，质地较硬。出土物以夹砂红陶为主，陶片较碎，无法辨认器形。残留有少量螺丝壳。

H28　位于T0607偏东部。开口于第17层下。打破第18层。平面呈圆角长方形，斜壁内收，底西高东低呈坡状。长90厘米，宽65厘米，深30厘米（图一七）。坑内堆积为灰黄土，土质较松散。出土

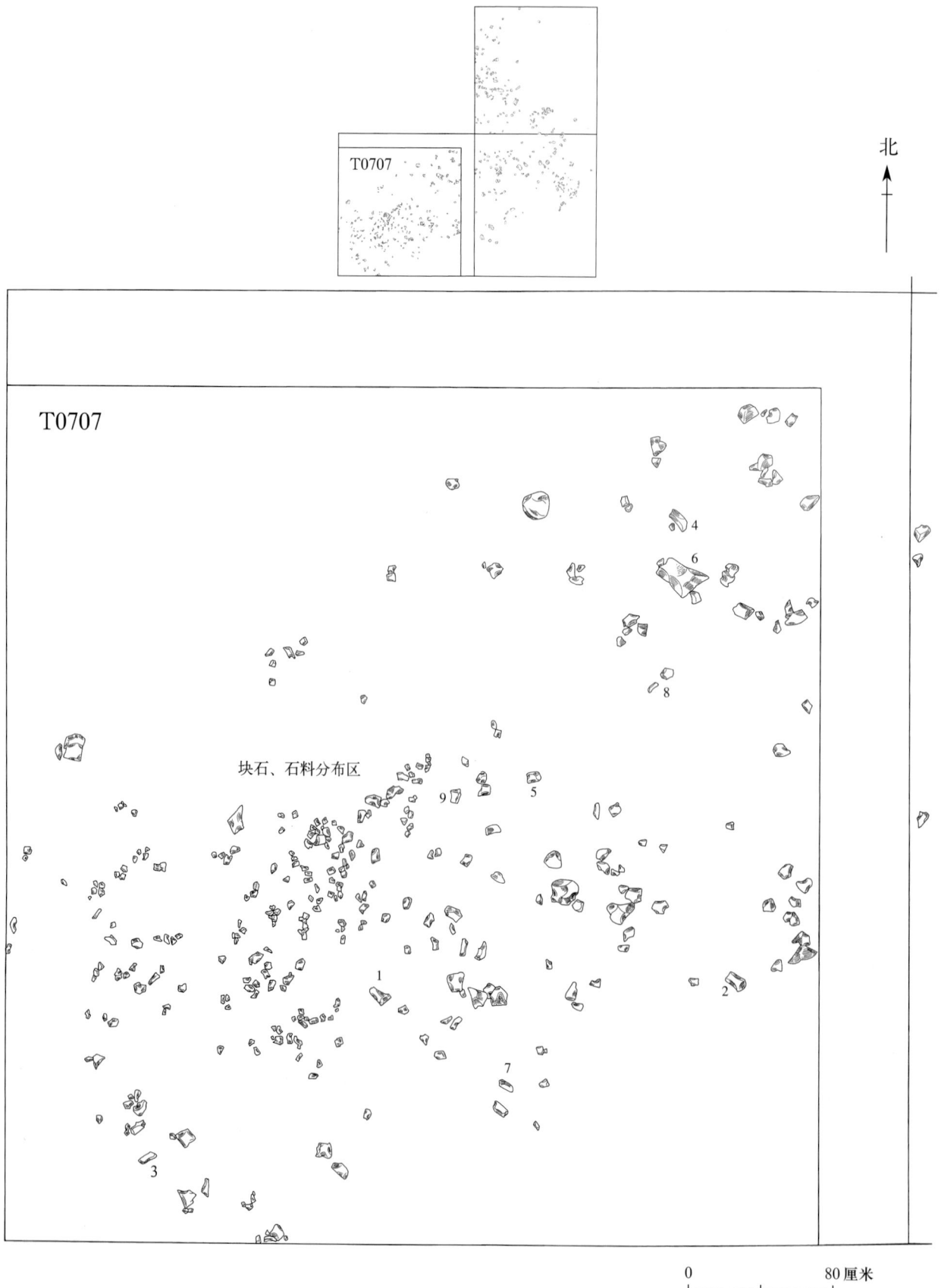

北

0　　　　　　　　80厘米

图一〇-1　楼家桥遗址石器作坊平面图

1~9.砺石

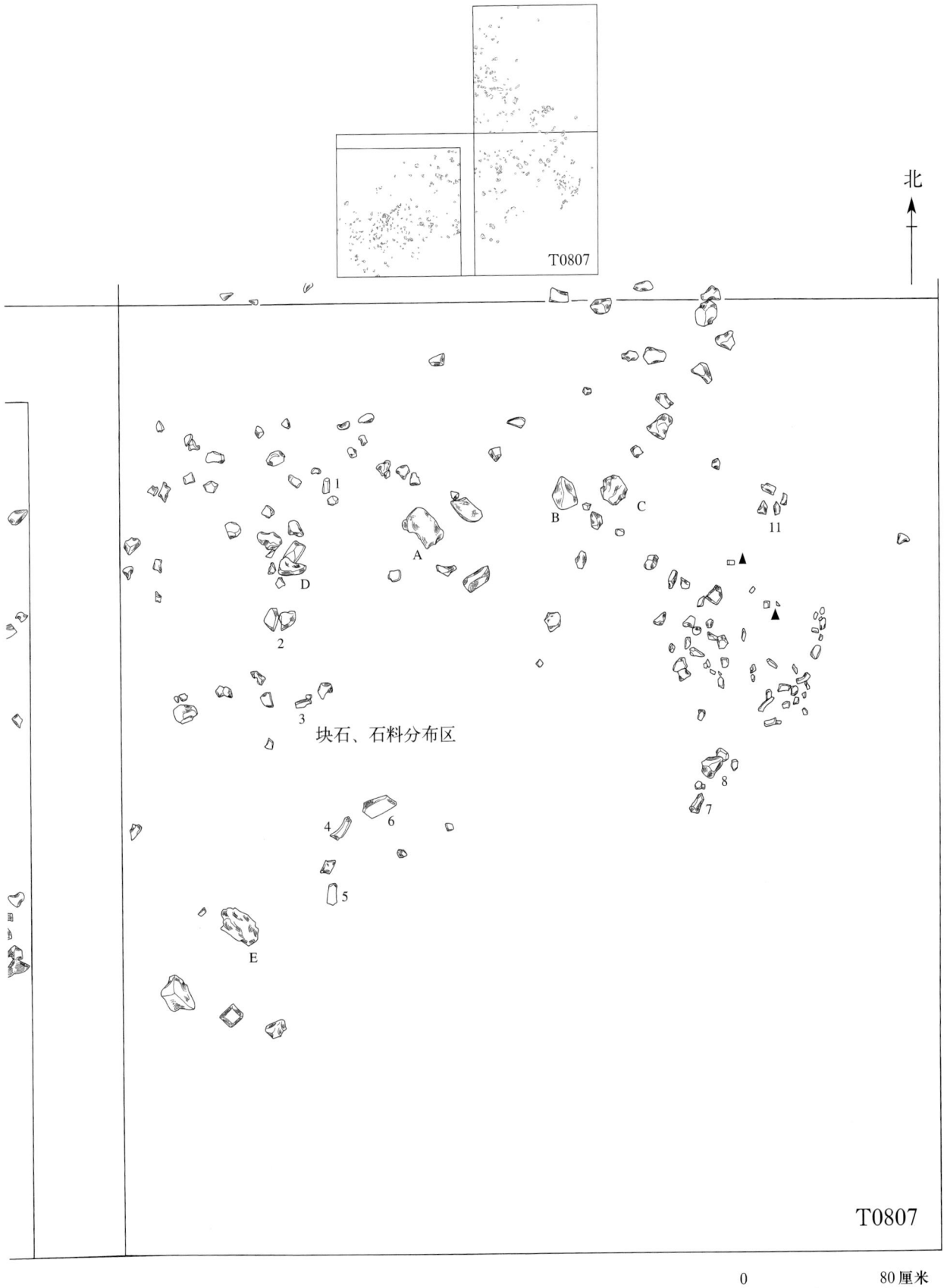

北

T0807

块石、石料分布区

T0807

0　　　　　　80厘米

图一〇－2　楼家桥遗址石器作坊平面图

A~E.石砧　1~8.砺石　▲ 残石器

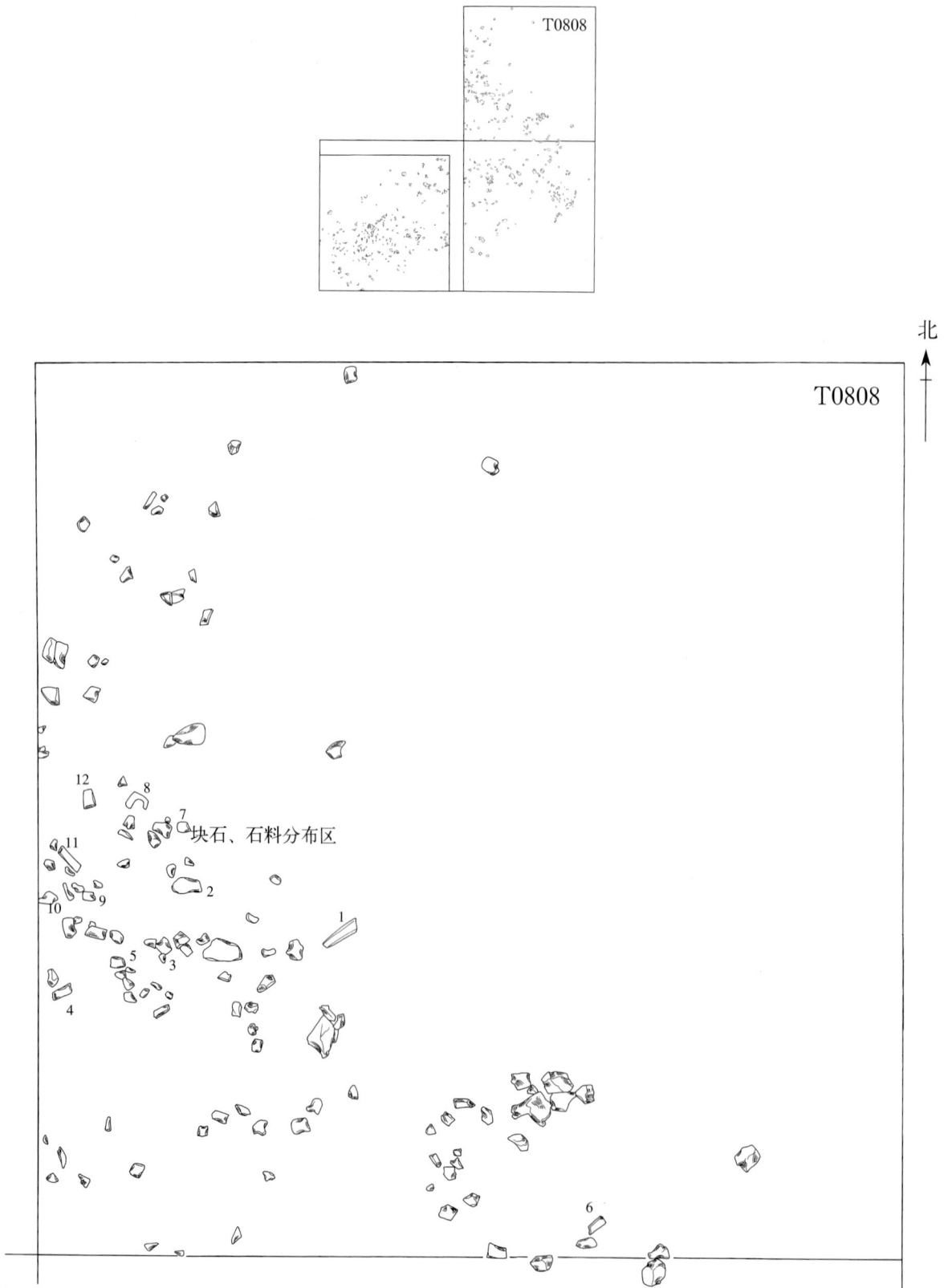

图一〇-3　楼家桥遗址石器作坊平面图

1~12.砺石

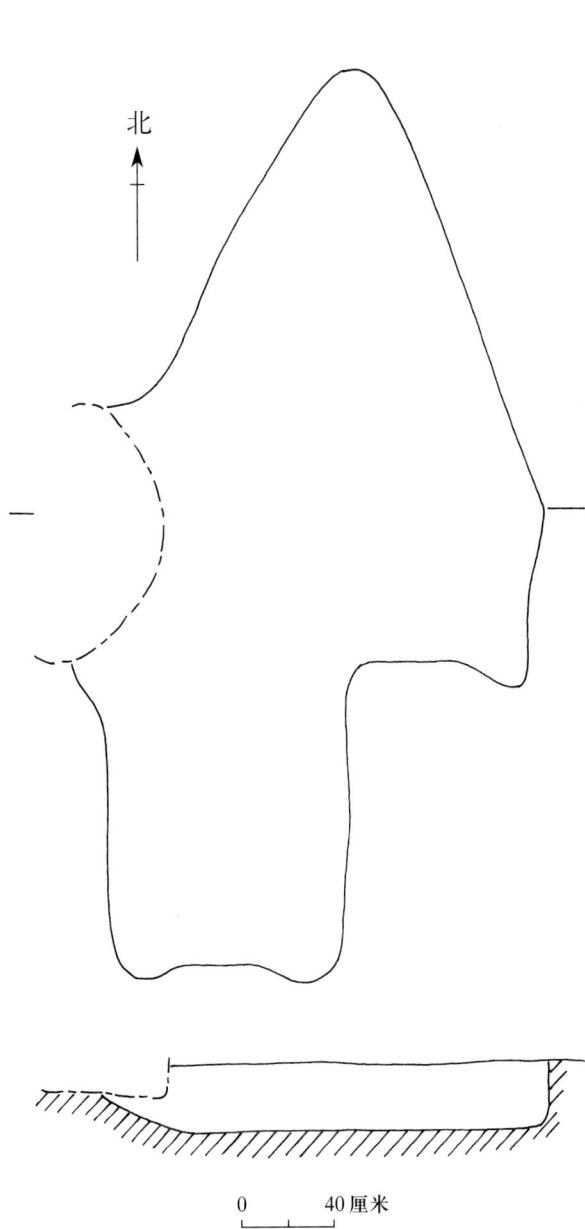

图一一　楼家桥遗址 H14 平、剖面图

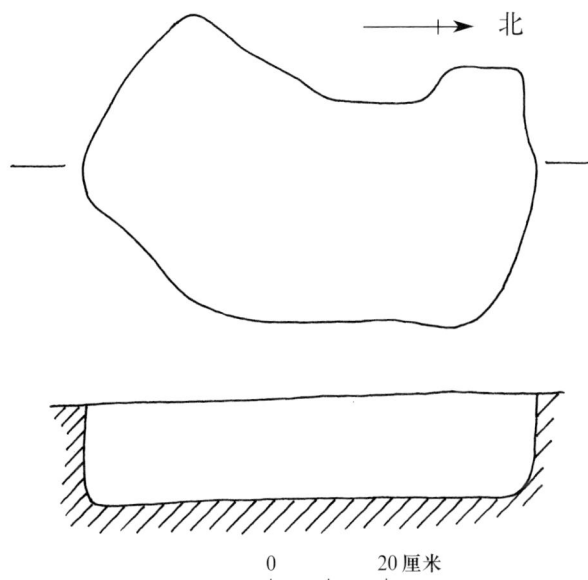

图一二　楼家桥遗址 H15 平、剖面图

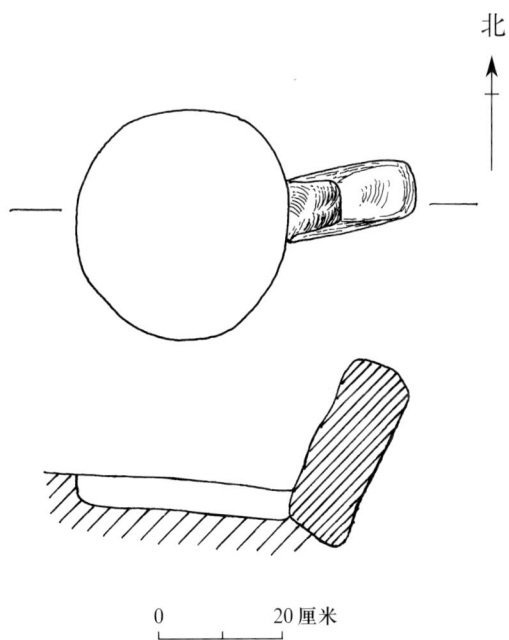

图一三　楼家桥遗址 H19 平、剖面图

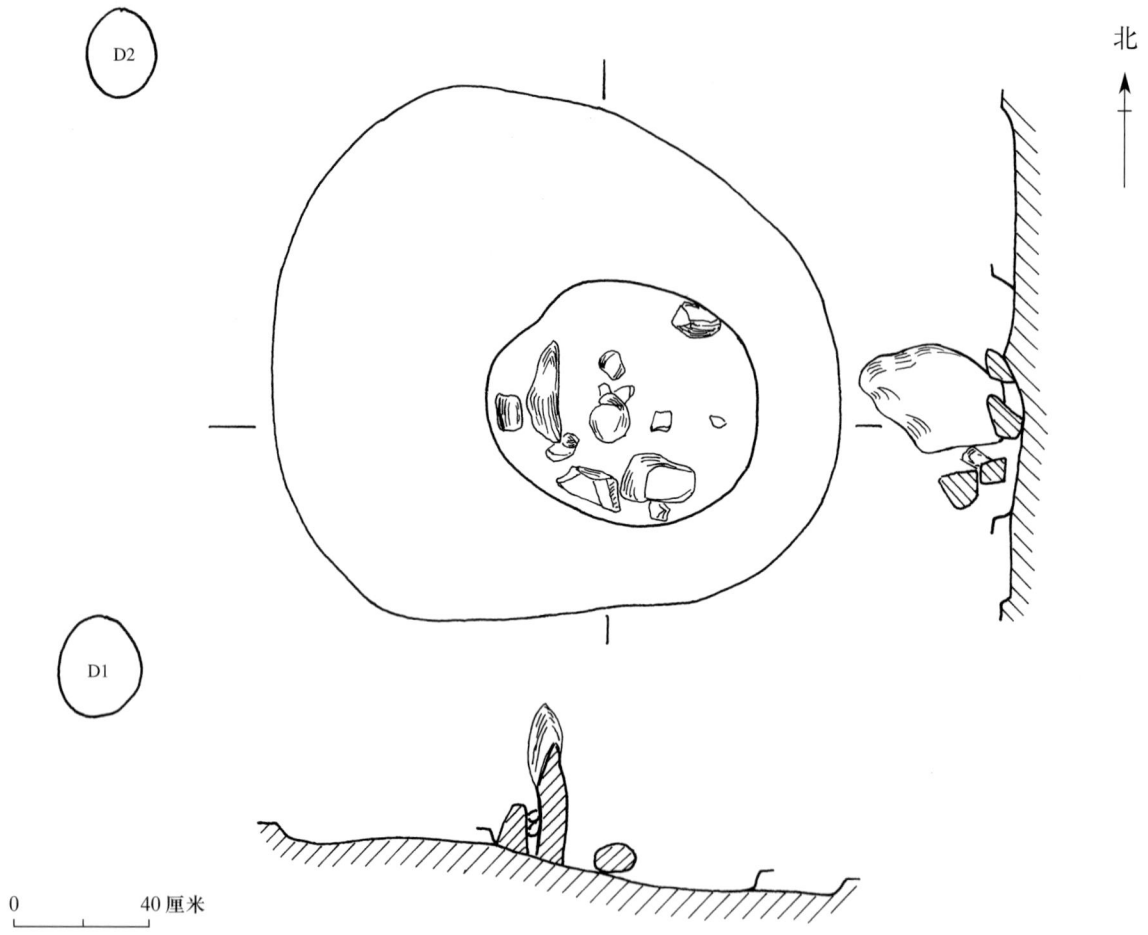

图一四　楼家桥遗址 H20 平、剖面图

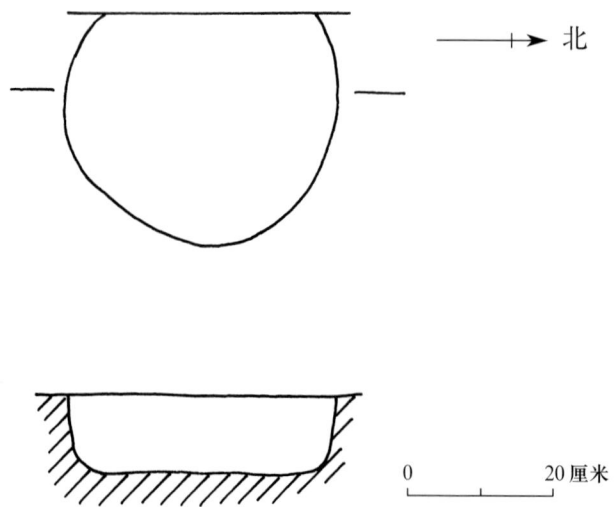

图一五　楼家桥遗址 H21 平、剖面图

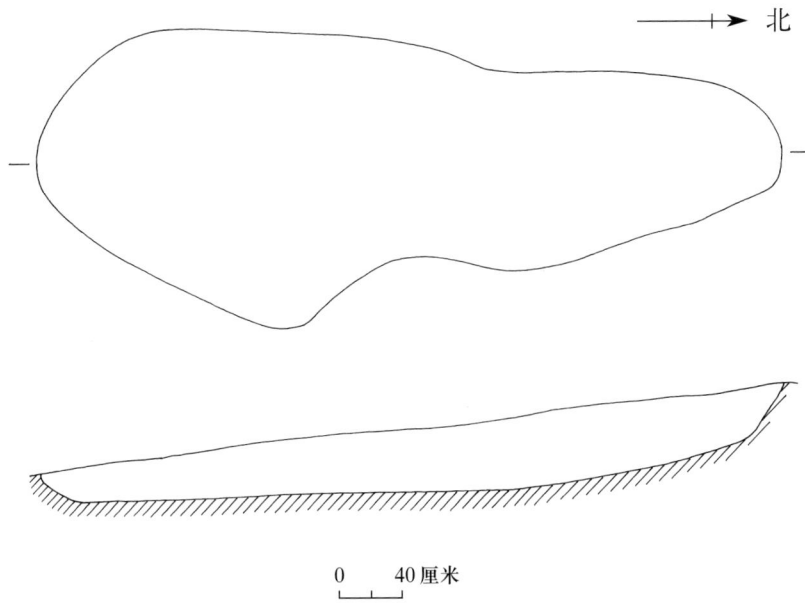

图一六 楼家桥遗址 H25 平、剖面图

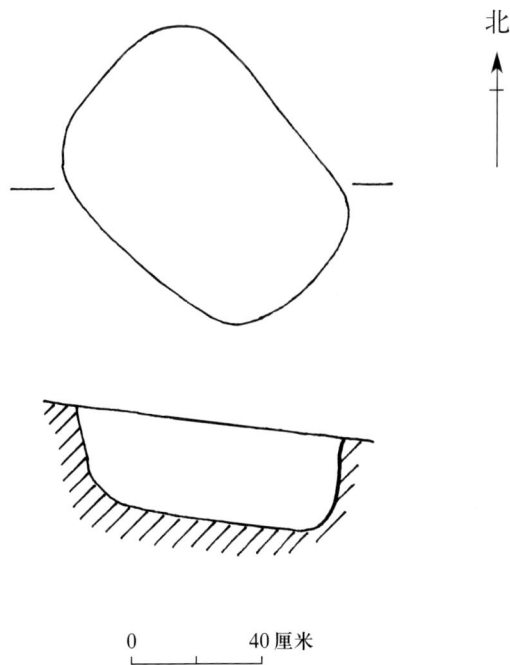

图一七 楼家桥遗址 H28 平、剖面图

物较少，以夹砂陶为主，有完整夹砂黑陶釜一件。

（二）遗　物

楼家桥文化类型遗存所出遗物以陶器为主，此外还有一定数量的石器、玉器和骨器。现按质料分别介绍。

1.陶器

（1）陶系

陶质陶色，以夹砂红陶和夹炭黑陶为主，夹砂灰黑陶次之，再次为夹砂黑陶、泥质红陶。夹砂褐陶、泥质灰陶数量最少。早期夹炭陶数量较多，但较集中为豆、有脊釜等器物。晚期泥质陶出现并在数量上超过夹炭陶，有脊釜消失，陶豆的质地演变为以泥质为主。陶器复原率很低，但从器物各部位可以大致了解陶系的基本内涵（表四、表五）。夹砂红陶胎料羼入沙粒，并在氧化焰中烧制而成，如鼎、釜、钵、罐等。夹炭黑陶在胎料中掺入稻茎、稻壳等草木灰。豆等器物存在外施红衣的现象。夹砂灰黑陶以鼎、钵最为多见，其次为釜、盘、流、缸等。泥质红陶以豆、盘为主。

表四　楼家桥文化类型早期陶器统计表（T0808）

陶质	陶色	口沿	有脊棱	普通	釜支座	豆柄	豆盘	牛鼻耳	舌形	鸡首	流	平底	圆底	器盖	碎片	小计	合计	百分比
夹砂	红	191	13	39	35			11	7	31	1	13	17	2	2136	2496	3147	65
	褐	58							3	20		1	5		564	651		
夹炭	红	19				36	126	9	1			9	6	5	1164	1375	1694	35
	黑	10				8	31	2	1			20	8	1	238	319		
小　计		278	13	39	35	44	157	22	12	51	1	43	36	8		484		
合　计		278	52		35	201		22	63		1	79		8	4102	4841	4796	100%

表五　楼家桥文化类型晚期陶器统计表（T0808）

陶质	陶色	口沿	有脊棱	普通	豆柄	豆盘	器盖	牛鼻耳	舌形	鸡首	流	平底	圆底	把手	陶片	小计	合计	百分比
夹砂	红	108	141	94			2	29	7	5		32	17		950	1385	2103	51
	褐	65					5		1	2		18	9		172	272		
	灰	37				4	1		1						403	446		
泥质	红	33			11	10	1	3	3			17	4		888	970	1088	26.4
	褐	7			17	4		1			1	3	5		80	118		
夹质	红	4				5		9				10	3		301	332	926	22.5
	褐	21				7		7							410	445		
	黑					5		3				22	1	2	116	149		
小　计		275	141	94	28	35	4	57	12	7	1	102	39	2	3320			
合　计		275	235		9		4	57	19		1	106	78	2	3320	4117	4117	100%

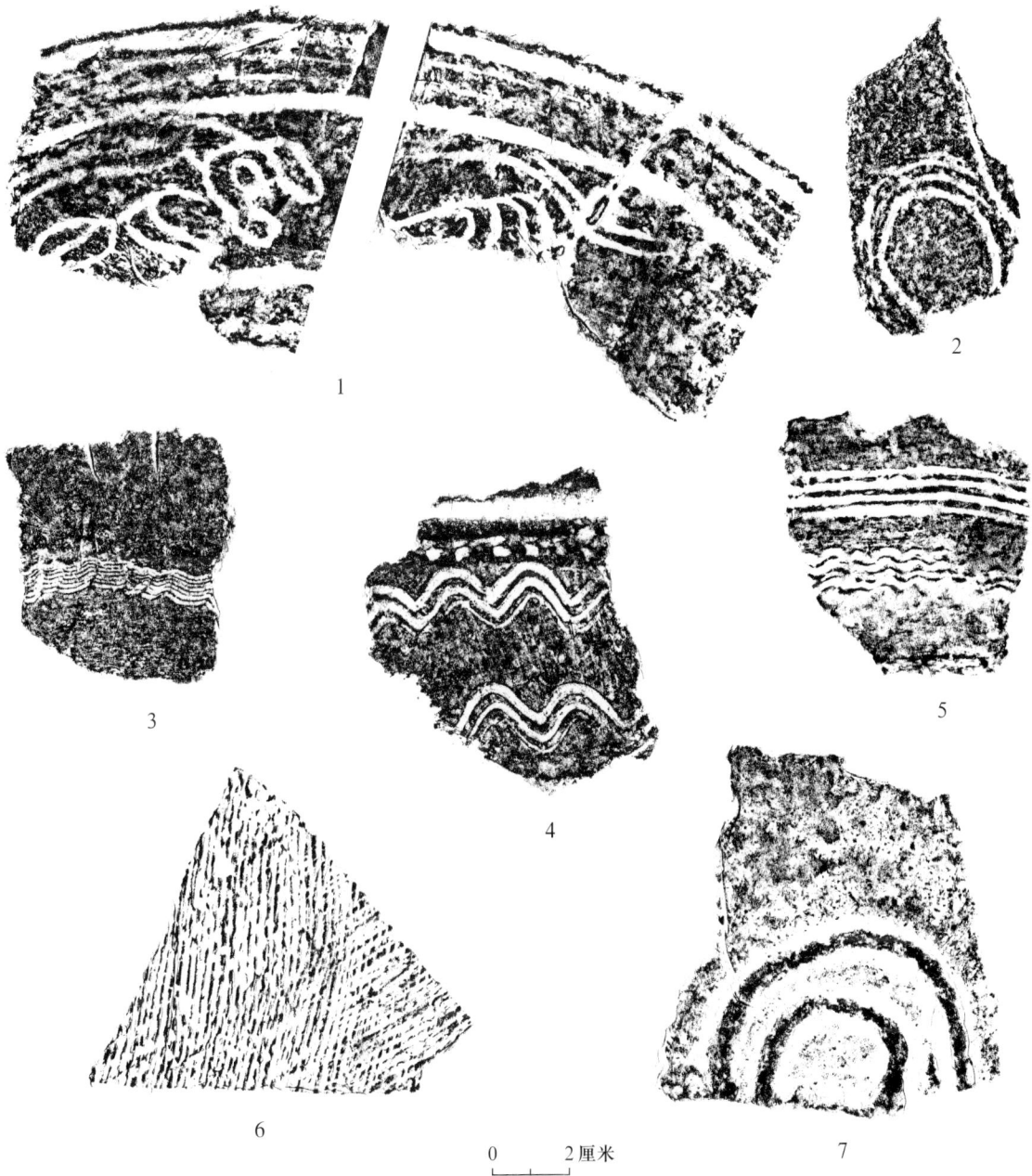

图一八 楼家桥文化类型陶器纹饰拓片
1.刻划"龙"图案（T0809⑰A：1） 2.剔刺重圈纹（T0810㉓A：12） 3.贝划纹（T0807⑰A：2） 4.水波、瓦楞、锯齿纹（T0810⑲A：18） 5.水波、凹弦纹（T0807㉑A：3） 6.绳纹（T0807⑲A：24） 7.堆塑重圈纹（T0810⑰A：2）

（2）纹饰

器物表面纹饰多样。以刻划、按压、剔刺、堆塑等方法而施之。以弦纹最为普遍（图一八，5），还有重圈纹（图一八，2）、水波纹（图一八，5）、绳纹（图一八，6）、剔刺纹（图一八，4上）、堆塑重圈纹（图一八，7）等。刻划方格纹以及水波纹常与绳纹、堆塑、凹弦纹等组合使用。凹弦纹一般饰于器肩之上，以唇上最为多见。主要器形有鼎和釜。瓦楞纹多施于鼎、钵、盘沿下，多数比较明显，模糊极少。绳纹较少，且比较单纯，均饰于有脊釜的外圆底。晚期绳纹明显稀少。剔刺纹均饰于器肩。水波纹较多，但常与凹旋纹、堆纹等组合使用，一般饰于鼎的肩部。附加堆纹略多，主要饰于有脊釜的脊和器物之沿、肩部。以粗大锯齿纹居多，齿状纹较少，一般饰于釜沿下。凹窝纹常饰于釜支垫，饰于器之沿面者则极少。一件圈足盘腹部还刻划了"龙"形图案（图一八，1；图二〇，1；彩版四，1、2）。

器表装饰还有折棱、錾、凹槽、扉棱和镂孔等。折棱较多，一般饰于钵、盘的口腹之间。錾分为鸡冠状、月牙形和舌形等。鸡冠状、月牙形多分部在鼎、釜的上部以及器盖的两侧。小錾均饰于钵的中腹部及口沿。凹槽极少刻于盘之沿部。扉棱常饰于鼎足。鼎足形状多异，以夹砂红陶为主，夹炭黑陶少见。小孔饰于器身各部位均有发现，其中以器腹镂孔为最多，底镂孔甚少。器物隔档有孔最具特点，说明此器可能为蒸煮的炊器。

装饰最具特点的是堆塑。以猴头、鸡冠、蜥蜴为最多，还有猫头、人头、兔头、双环状等。猴头周围一般有鸡冠状堆塑。蜥蜴于器壁内外均有且形状各异。这些动物堆塑一般是制后附加于器表，大多造型比较逼真，偶见有不清者如口、眼等部位，一般用竹刀等工具进行局部刺划加工修饰，形象逼真、栩栩如生。如猴头即是。

堆塑　15件。以猴头为主，此外还有猫头、兔头及各种堆饰等。

蜥蜴　3件。标本T0808⑯：1，夹炭黑陶，堆塑于器物的外腹部。尖圆头，细尖尾，双足后卷。长约6厘米（图一九，7；图二一，5；图版三，1）。标本T0808⑱：19，夹炭黑陶。位于器物腹部。三角形头，尖尾，双足前抱。长约4.3厘米（图一九，1）。标本T0809㉓A：11，夹炭黑陶。位于器物外腹部。三角形头，尖尾，双足后伸。长约7厘米（图二〇，3）。

猴头　5件。多为夹砂红陶，少量泥质红陶。猴脸上剔出眼睛和嘴，无耳与鼻，脖子下有纵向泥条一道，多鸡冠状，两侧各有上卷半圆形泥条一个。标本T0607⑱：13，夹砂红陶。位于器物的外腹部。猴脸两侧各有半圆形泥条一个。猴脸长2.8厘米，最宽约2.6厘米（图一九，6；彩版四，3）。标本T0809㉑A：15，夹砂红陶。位于器物的外腹部。猴脸下侧有纵向鸡冠状堆塑一道，两侧各有半圆形泥条一个，已残。猴脸长约2.1厘米，最宽约2.3厘米（图一九，3）。标本T0810⑰A：1，夹砂红陶。位于器物的外腹部，猴脸左侧有半圆形泥条一个，右侧已残，猴脸长3、最宽1.5厘米（图一九，2；图二一，3；图版三，2）。标本T0809㉑A：16，夹砂红陶。位于折腹类器物的内部折腹处，左侧有横向鸡冠状堆塑一道，右边及下边均已残。猴脸长1.9、最宽1.9厘米（图二〇，2；图二一，4；图版三，3）。标本T0809㉑A：17，夹砂红陶。位于折腹类器物内部折腹处。猴脸左侧有横向鸡冠状堆塑一道，猴脸以下已残，从残存情况看，应为纵向泥条与左右半圆形泥条的组合。猴脸长2.3、最宽2厘米（图二〇，8；图二一，2；图版三，4）。

兔头　1件。标本T0707⑲A：6，立体堆塑。竖耳，两耳中间有一道纵向鸡冠状凸起，鼻孔内凹，嘴已残。残高约7厘米（图二〇，7；图版三，9）。

猫头　1件。标本T0809⑰A：1，夹砂红陶。双立耳，鼻、嘴及下巴已残。下巴左右各有上卷的半环形鸡冠状堆塑一个。最宽约2厘米（图一九，8；图二一，1；图版三，8）。

人头　2件。标本T0811⑮：3，立雕，高鼻，嘴不明显，带冠，冠有沿（可能也是猴头），细长脖

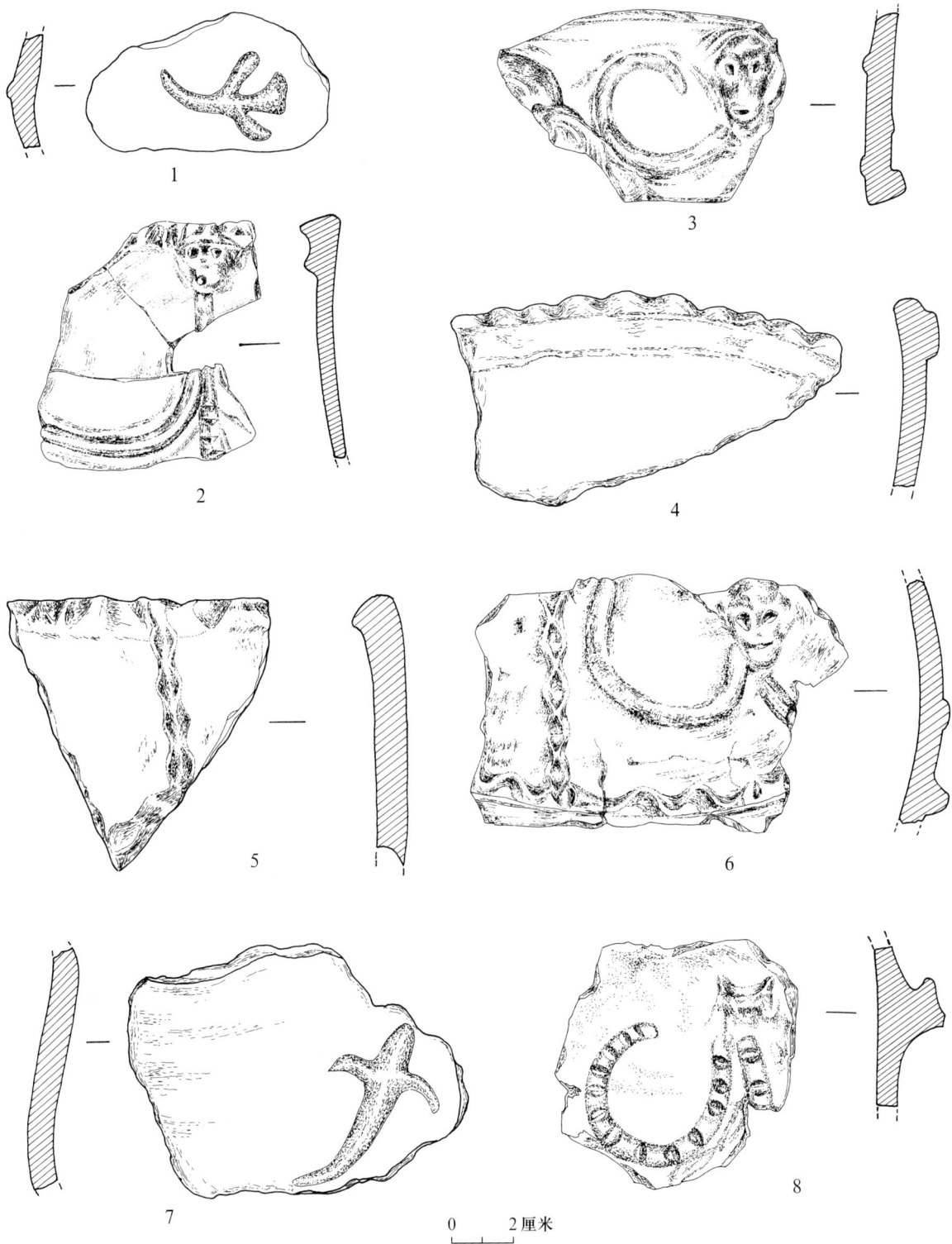

图一九　楼家桥文化类型陶器堆塑

1、7.蜥蜴状堆塑（T0808⑱：19、T0808⑯：1）　2、3、6.猴头堆塑（T0810⑰A：1、T0809㉑A：15、
T0607⑱：13）　4、5.锯齿状条饰（T0607⑥A：1、T0810⑩：10）　8.猫头堆塑（T0809⑰A：1）

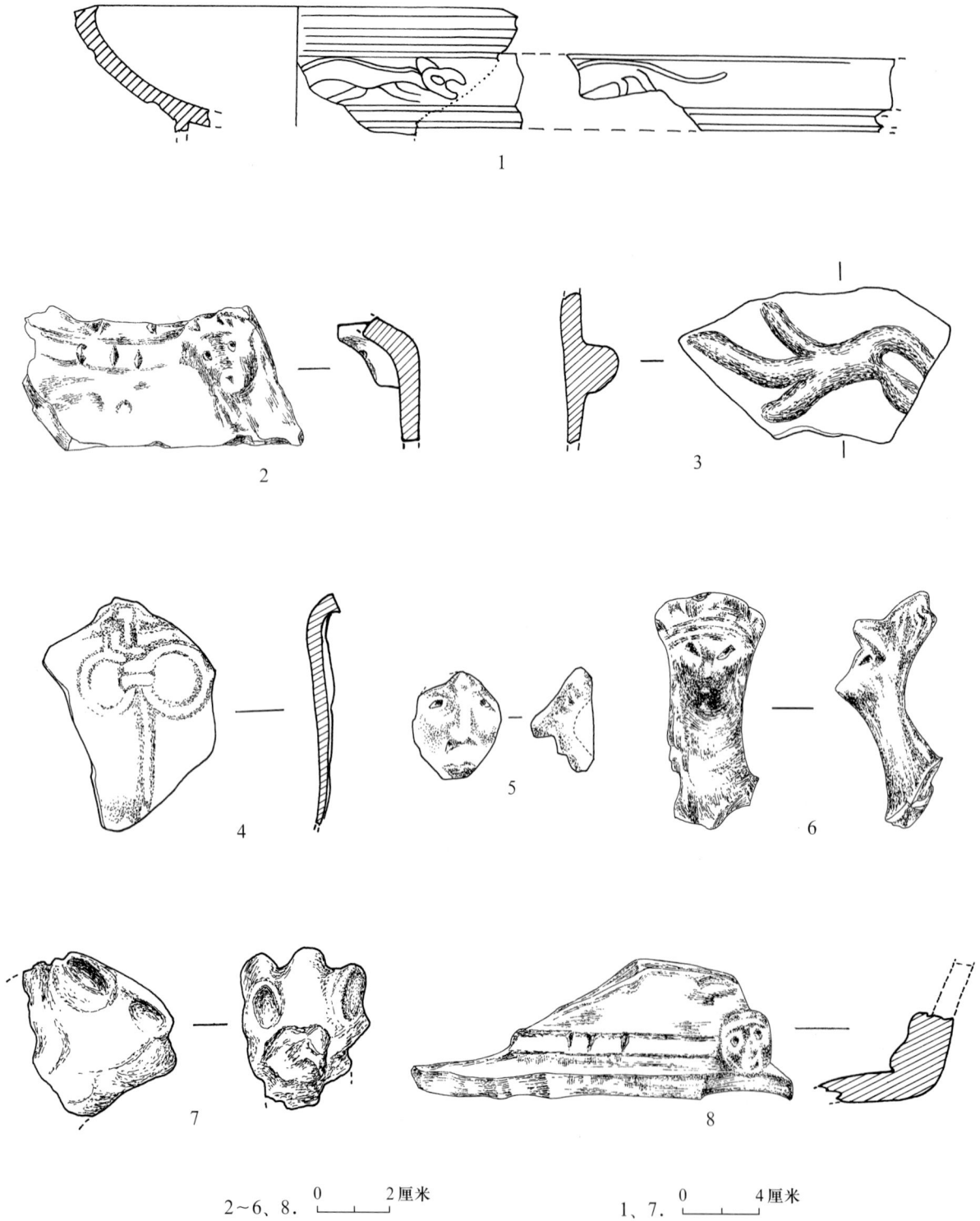

图二〇　楼家桥文化类型陶器堆塑、"龙"形图案

1."龙"形图案（T0809⑰A：1）　　2、8.猴头堆塑（T0809㉑A：16、T0809㉑A：17）　　3.蜥蜴状堆塑（T0809㉓A：11）

4.双环结堆纹（T0707⑲B：13）　　5～6.人头堆塑（T0809㉑：14　T0811⑮：3）　　7.兔头堆塑（T0707⑲A：6）

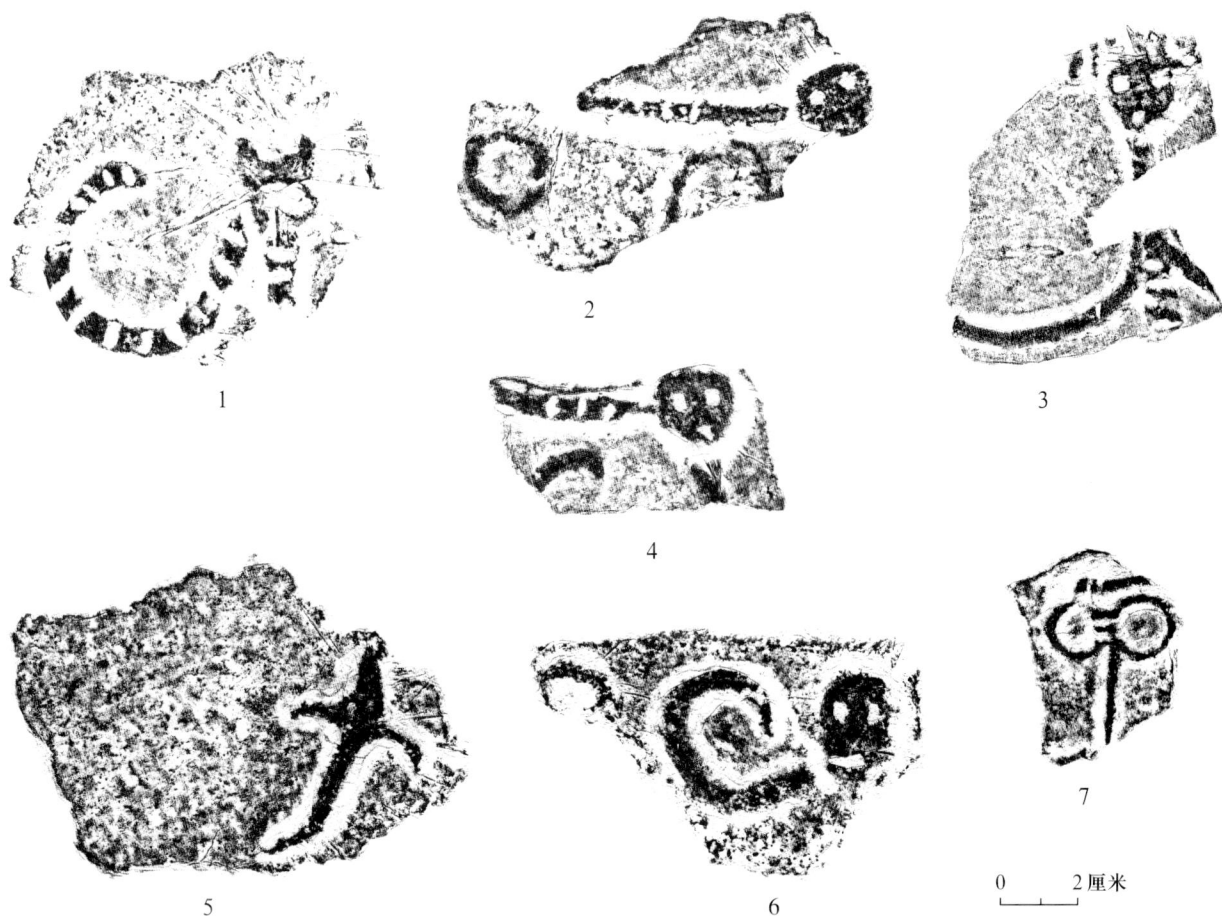

图二一 楼家桥文化类型陶器堆塑拓片

1.猫头（T0809⑰A：1） 2~4、6.猴头（T0809㉑A：17、T0810⑰A：1、T0809㉑A：16、T0809㉑A：15）
5.蜥蜴（T0808⑯：1） 7.双环结堆饰（T0707⑲B：13）

子，脖子下已残。残高约6厘米（图二〇，6；图版三，5、6）。标本T0809㉑：14，高鼻。脸长2.7、宽2.5厘米（图二〇，5）。

锯齿状条饰 2件。口、腹部均有，常数道组合一起。标本T0810⑩：10，夹砂红陶。位于直腹类器物的外部。口沿横向一道，腹部纵向一道与之相交。横向残长约8.7厘米（图一九，5）。标本T0607⑥A：1，位于器物的外口沿处。残长13.2厘米（图一九，4）。

双环结堆饰 1件。标本T0707⑲B：13，长5、最宽约3.8厘米（图二〇，4；图二一，7；图版三，10）。

另外，还有陶塑人腿和其他动物形残件（图版三，7；彩版四，6、7）。

（3）器形

陶器种类繁多，类型多变。但所选标本数量较少，已修复完整器更少。有相当数量的碎片无法辨认和拼对，所以实际器物数量要远多于统计数字。器形有鼎、釜、罐、盆、钵、豆、盘、器盖、缸、甑等。

鼎 30件。多残，复原1件。由于鼎足数量多，而鼎足与鼎身连接的参考标本少，判定上可能出现误差。不排除其中部分标本属釜、罐类。分四型。

A型 11件。小侈沿。以夹砂灰黑陶与夹砂红陶为主。早期以夹砂灰黑陶为主，器表大多一致。晚期则演变成胎灰黑，内外表为红色，并且夹砂红陶到晚期取代夹砂灰黑陶占据第一位。晚期分化为折沿的 Aa Ⅱ 式和唇沿变厚的 Ab Ⅱ 式。

A Ⅰ 式　3件。沿微卷，束颈，圆肩或溜肩，鼓腹，底多残，推测多为圆底。标本 T0808㉕A：5，夹砂灰黑陶。圜底，足残。口径16.8、腹高20厘米（图二二，2）。标本 T0807㉕A：7，夹砂灰黑陶，外施红衣。溜肩，腹略鼓，腹中部有鸡冠鋬。口径24、残高15.8厘米（图二四，7）。标本 T0809⑳：35，夹砂灰黑陶，内外表均为红色。肩上半部为数道凹弦纹，凹弦纹下为数道水波纹。口径24、残高4厘米（图二三，2）。

Aa Ⅱ 式　3件。折沿。标本 T0810⑲A：17，复原。圜底，三扁棱鼎足较高。口径20、通高26.8厘米（图二二，1；彩版五，3）。标本 T0809⑳：32，夹砂灰黑陶。素面。口径24、残高6.4厘米（图二三，7）。标本 T0707⑲B：11，夹砂红陶。肩部有水波纹数道，水波纹下为泥条堆塑，堆塑上有圆形小凹窝。口径24、残高10厘米（图二四，4）。

Ab Ⅱ 式　5件。卷沿，唇沿变厚。标本 T0707⑳：6，沿部较厚实。胎灰黑，内外表为红色。素面。口径28、残高4厘米（图二三，4）。标本 T0809⑳：28，夹砂灰黑陶。鼓腹，上腹部有锯齿状堆塑一圈。口径26、残高9厘米（图二四，2）。标本 T0808⑱：18，夹砂灰黑陶，外施红衣，器表光亮。口沿内行有两道凹弦纹。鼓腹，上腹部有鸡冠鋬。口径20、残高12厘米（图二四，5）。标本 T0809⑳B：1，沿面有两道凹弦纹，肩部有剔刺小凹窝一圈。口径28、残高4厘米（图二三，9）。标本 T0707⑱：20，夹砂红陶。肩饰水波纹。口径26、残高4.4厘米（图二三，10）。

B 型　12件。翻沿，沿面较宽，束颈，溜肩或圆肩，鼓腹。以夹砂红陶为主，其次为夹砂灰黑陶。多为素面，颈、肩部见有水波与堆纹组合纹饰。晚期演变为带领状。

B Ⅰ 式　6件。窄颈。标本 T0708㉔A：4，夹砂红陶，外施红衣。口沿有一道凹弦纹。口径12、残高3.6厘米（图二二，5）。标本 T0808㉖：16，夹砂灰黑陶。肩部有鸡冠鋬，形体较大。口径32、残高9.6厘米（图二三，11）。标本 T0707㉔A：8，夹炭黑陶，内外红衣。口沿有一道凹弦纹。口径11、残高4厘米（图二二，4）。标本 T0707㉕A：10，夹砂红陶，外红衣，陶色不均。尖圆唇。口径24、残高6厘米（图二三，8）。标本 T0810㉔A：1，夹砂灰黑陶。尖圆唇。口径16、残高7厘米（图二二，6）。标本 T0808㉖：40，夹砂灰黑陶。口沿部位有四道凹弦纹。口径22、残高4.5厘米（图二二，8）。

B Ⅱ 式　6件。起领。标本 T0808㉑A：7，口径26、残高12厘米（图二四，6）。标本 T0809㉑A：12，夹砂灰黑陶，胎灰黑，内外红色。肩部有一扁平鋬。口径24、残高6.4厘米（图二三，12）。标本 T0810⑲A：15，夹砂灰黑陶。鼓腹。肩部有数道水波纹，水波纹下有凹弦纹。口径21、残高5.2厘米（图二三，1）。标本 T0707㉓A：5，素面。口径24、残高6.8厘米（图二二，3）。标本 T0809㉑A：11，肩部饰附加堆纹，上半部呈鸡冠状，下半部为扁平泥条，其上有两个一组的宽扁小泥耳贴附。口径28、残高10.6厘米（图二二，11）。标本 T0707⑳：5，夹砂灰黑陶，胎灰黑，内外表均灰红色。圆唇。口径20、残高4厘米（图二二，9）。

C 型　4件。凹沿。由直口向侈口演变，肩、腹由鼓凸向溜平演变。质地有夹砂灰黑陶或夹炭黑陶，素面，夹炭黑陶常见红衣，数量较少，早晚期均有。

C Ⅰ 式　1件。直口。广肩。标本 T0809㉖：9，夹砂灰黑陶。直口，束颈。口部有凹弦纹一道。口

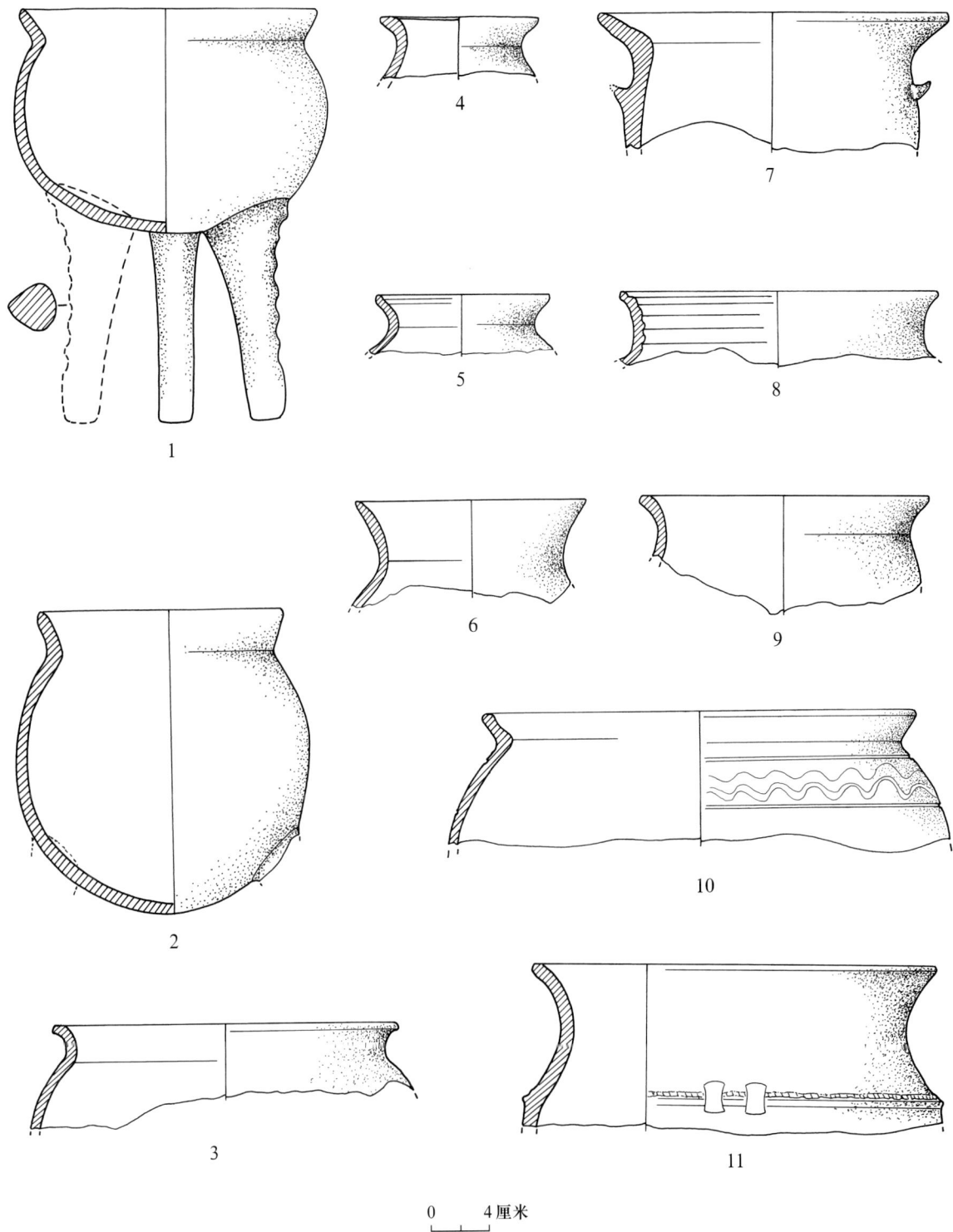

图二二　楼家桥文化类型陶鼎

1.Aa Ⅱ式鼎（T0810⑲A：17）　2.A Ⅰ式鼎（T0808㉕A：5）　3、9、11.B Ⅱ式鼎（T0707㉓A：5、
T0707㉑：5、T0809㉑A：11）　4、5、6、8.B Ⅰ式鼎（T0707㉔A：8　T0708㉔A：4　T0810㉔A：1、
T0808㉖：40）　7.D型鼎（T0810⑲A：16）　10.C Ⅱ式鼎（T0809㉑：34）

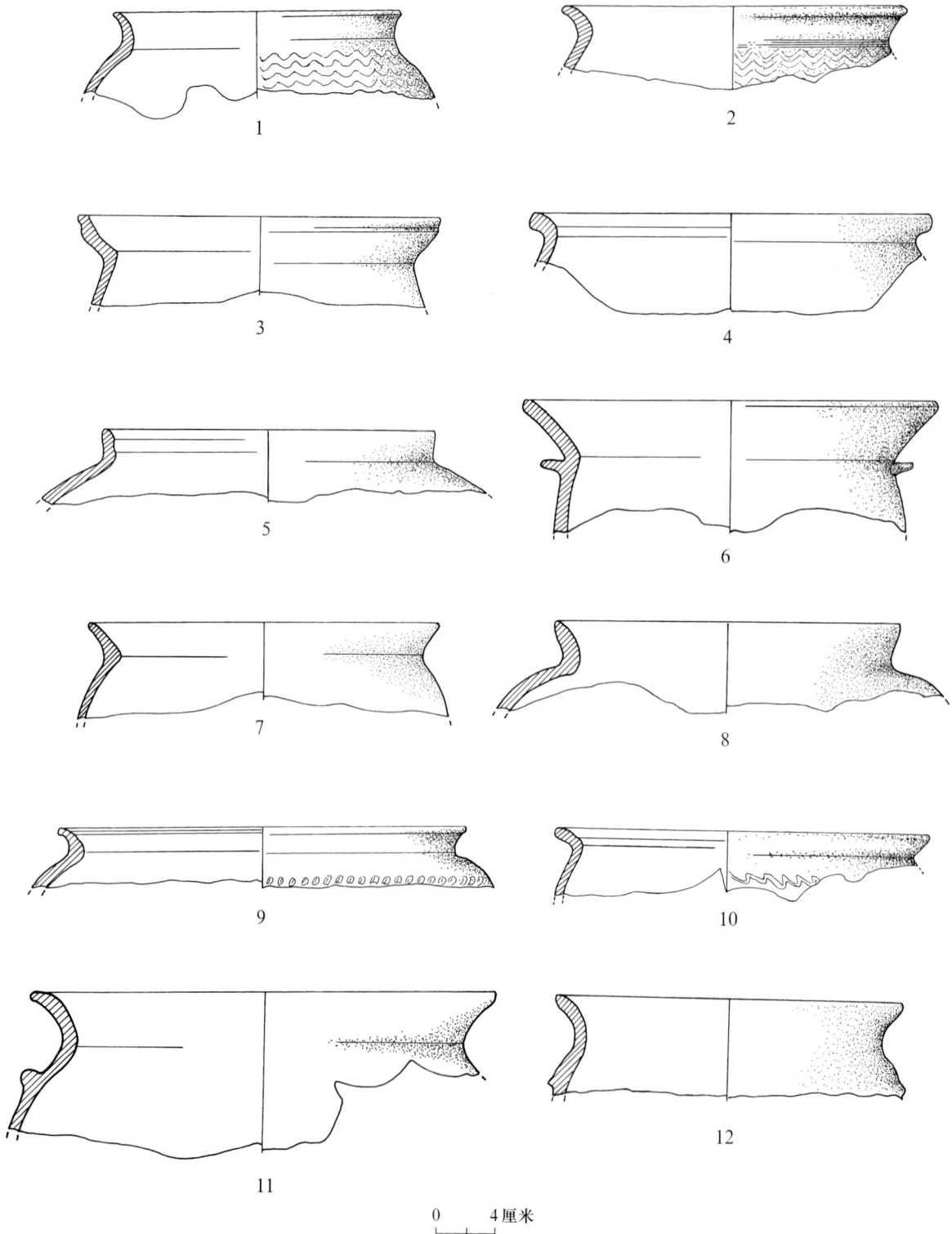

图二三　楼家桥文化类型陶鼎

1、12.B Ⅱ式鼎（T0808⑲A：15、T0809㉑A：12）　2.AI式鼎（T0809⑳：35）　3.C Ⅱ式鼎
（T0809⑲A：1）　4、9、10.Ab Ⅱ式鼎（T0707㉑：6、T0809⑳B：1、T0707⑱20）　5.C I式
鼎（T0808㉖：9）　6.D 型鼎（T0809㉑A：13）　7.Aa Ⅱ式鼎（T0809㉚：32）　8、11.B I式
鼎（T0707㉕A：10、T0808㉕：16）

径23、残高5厘米（图二三，5）。

C Ⅱ式　3件。侈口，溜肩。标本 T0809㉑：34，夹砂红陶。肩饰水波纹，水波纹上下再饰凹弦纹。口径29.6、残高8.8厘米（图二二，10）。标本 T0809⑰A：6，夹砂红陶。方唇，唇下有一道不明显凹痕，腹微鼓，口径大于腹径。口径28.8、残高12厘米（图二四，1）。标本 T0809⑲A：1，夹砂红陶。方唇，唇沿下有明显凹痕一道。口径25、残高6厘米（图二三，3）。

D型　2件。敞口，腹较直。标本 T0810⑲A：16，夹砂灰黑陶，内外均红。肩部有小錾。口径24、残高9厘米（图二二，7）。标本 T0809㉑A：13，夹砂灰黑陶，外红里黑。肩部有舌形小錾。口径28.8、残高8.8厘米（图二三，6）。

鼎足　分四型。

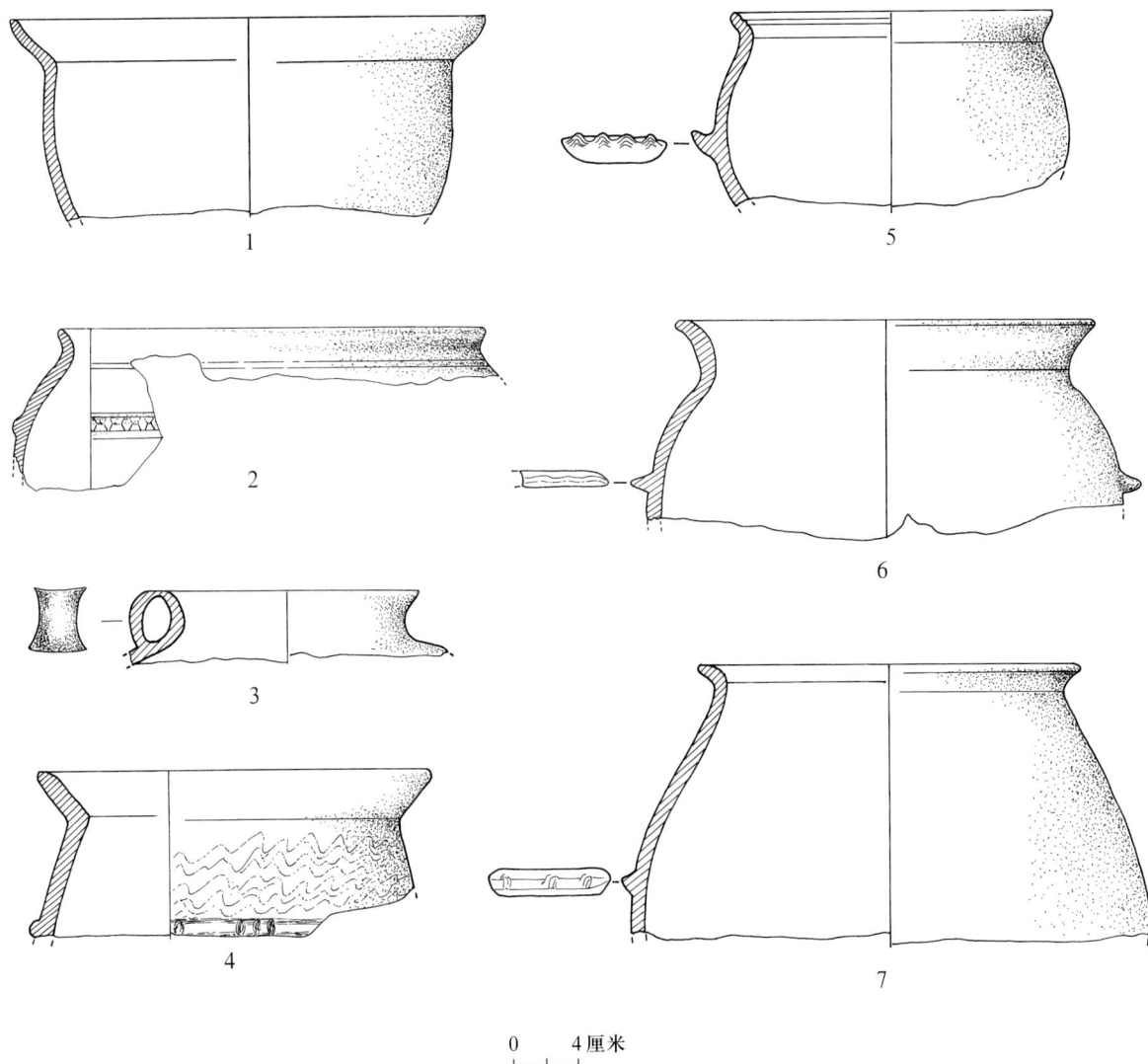

图二四　楼家桥文化类型陶鼎

1.C Ⅱ式鼎（T0809⑰A：6）　　2、5.Ab Ⅱ式鼎（T0809㉑：28、T0808⑱：18）　　3.B 型罐（T0810㉑：7）
4.Aa Ⅱ式鼎（T0707⑲B：11）　　6.B Ⅱ式鼎（T0808㉑A：7）　　7.A Ⅰ式鼎（T0807㉕A：7）

A型　6件。柱状足。

AⅠ式　3件。足跟与足端较粗，中间略细，足面平且向一侧略撇，形成马蹄状。标本T0807㉕A：5，夹砂灰黑陶。体瘦长。长约13.2、直径约3厘米（图二五，3）。标本T0811㉔A：11，夹砂灰黑陶。体细短。长约8.8、直径2.3厘米（图二五，7）。标本H13：2，夹砂红陶。体粗短。长8.2、直径3.3厘米（图二六，6）。

AⅡ式　3件。足端渐收，略呈锥体。标本T0807⑲A：23，夹砂灰黑砂陶。形体较小，足尖外撇。长10.4厘米（图二六，8）。标本T0707⑱：22，夹砂红陶。香蕉形，形体较大。残长14厘米（图二六，

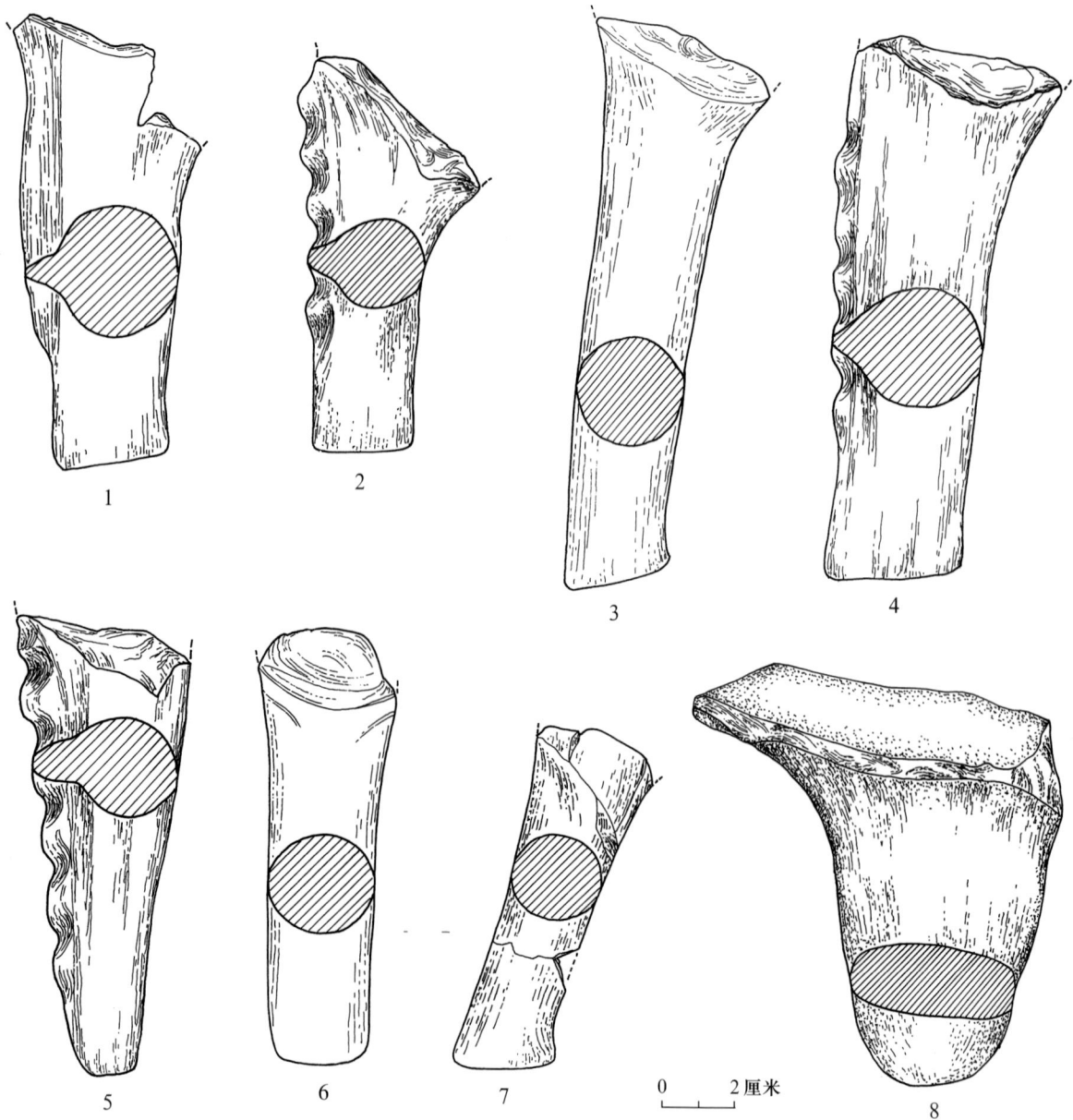

0　　　2厘米

图二五　楼家桥文化类型陶鼎足

1.BⅠ式鼎足（T0707㉔A：2）　2、4、5.BⅡ式鼎足（T0707⑲A：7、T0809㉑：38、T0809⑫：7）　3、7.AⅠ式鼎足（T0807㉕A：5、7T0811㉔A：11）　6.AⅡ式鼎足（T0607㉑A：11）　8.CⅠ式鼎足（T0808㉖：35）

4）。标本T0607㉑A：11，夹砂红陶。长10.5、直径约3厘米（图二五，6）。

B型　7件。柱状，外侧带纵向脊棱。

BⅠ式　3件。脊棱为平脊，且仅靠足跟一截。足端多宽平。T0707㉔A：2，夹砂褐陶。马蹄形根部有脊。长约12、直径约3.5厘米（图二五，1；彩版五，1）。标本T0808㉖：34，夹砂灰黑陶。圆柱形。长约8.5、直径约2厘米（图二六，3）。标本T0809㉒：8，夹炭黑陶，外施红衣。马蹄形。长约6.7、直径约2厘米（图二六，7）。

BⅡ式　4件。脊棱多呈鸡冠状，且多拉长至足端，足端多变小，呈锥体倾向。标本T0708⑲A：3，夹砂灰黑陶。圆锥形鼎足，形体较大，扁棱从足根到足尖均有。长约17、直径约3.8厘米（图二六，2，彩版五，2）。标本T0707⑲A：7，夹砂灰黑陶。马蹄形，扁棱限于大半个足。长约9.3、直径约2.4厘米（图二五，2）。标本T0809㉒：38，夹砂灰黑陶。马蹄形，扁棱未到足尖。长约13.6、直径约3.2厘

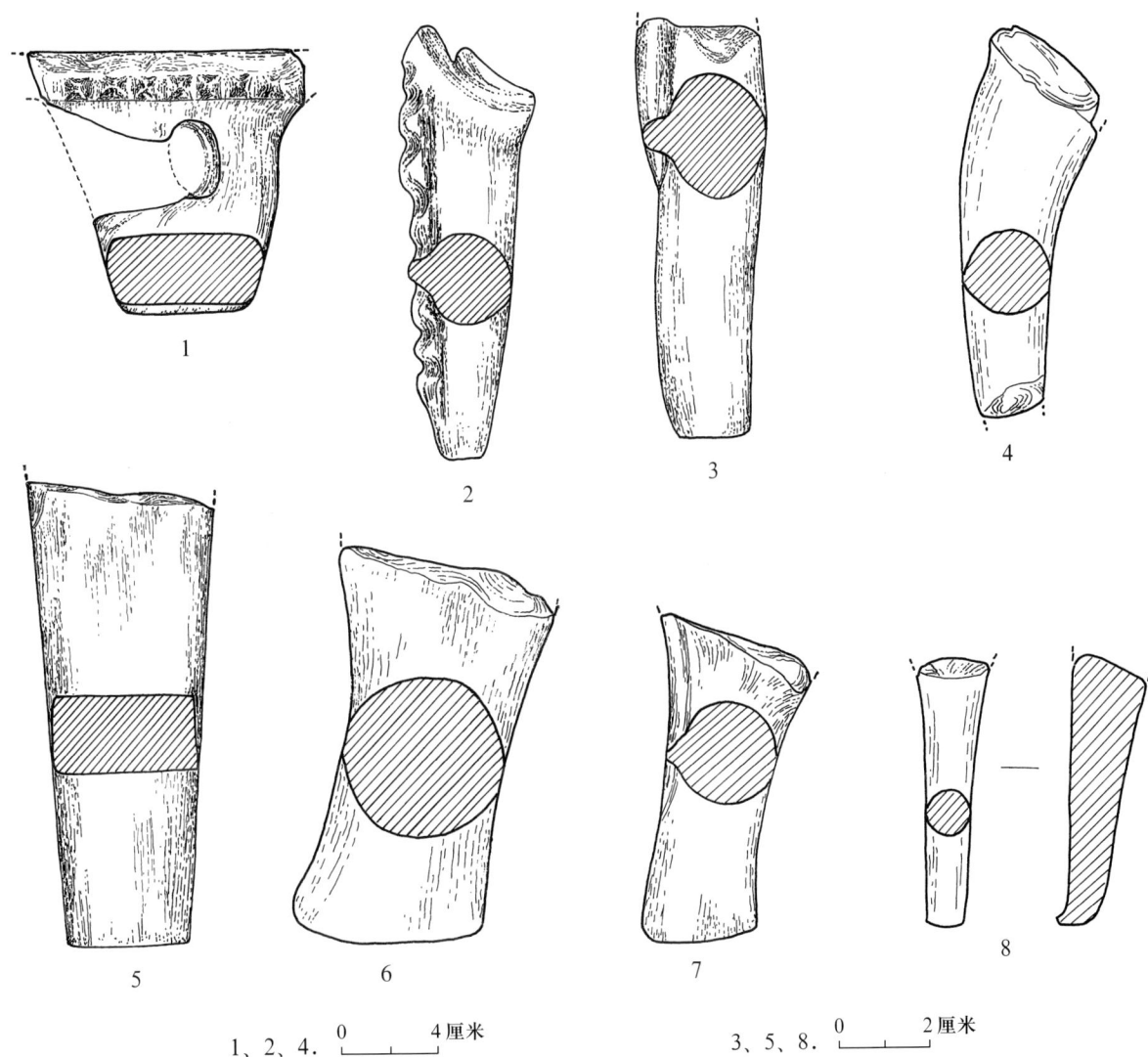

1、2、4.　0 ⌊___⌋ 4厘米　　　3、5、8.　0 ⌊___⌋ 2厘米

图二六　楼家桥文化类型陶鼎足

1.CⅡ式鼎足（T0607⑰A：11）　2.BⅡ式鼎足（T0708⑲A：3）　3、7.BⅠ式鼎足（T0808㉖：34、T0809㉒：8）
4、8.AⅡ式鼎足（T0707⑱：22、T0807⑲：A：23）　5.D型鼎足（T0809㉔A：9）　6.AⅠ式鼎足（H13：2）

米（图二五，4）。标本 T0809⑫：7，夹砂灰黑陶，直径约 2.7、残高 12 厘米（图二五，5）。

　　C 型　2件。扁圆锥形，横截面呈椭圆形，个体较大。数量较少。

　　C I 式　扁尖足。标本 T0808㉖：35，夹砂灰黑陶。扁锥形。长约 9.6、厚约 2 厘米（图二五，8）。

　　C II 式　扁平足。标本 T0607⑰A：11，截面近扁方形，形体巨大。中间有圆形镂孔一个，根部有鸡冠状堆塑一周。长约 10.8、厚约 3.5 厘米（图二六，1）。

　　D 型　1件。扁方形鼎足，仅见于晚期。标本 T0809⑭A：9，夹砂红陶，长约 9.6、厚约 1.6 厘米（图二六，5）。

　　釜　13件。均为口沿。分四型。

　　A 型　3件。有脊釜。分两亚型。绳纹主要见于此类釜底、腹部。有夹炭黑陶或夹砂灰黑陶。

　　Aa 型　2件。侈口，圆肩，圆底，鼓腹，腹中部有脊一道。脊下饰绳纹，脊上有凹弦纹。腹径大于口径，均见于早期。标本 T0809㉖：19，脊上部为锯齿状，下部为扁平泥条，其上下再贴附两个一组的小泥耳。腹径 24、残高 4.4 厘米（图二七，3）。标本 T0808㉖：5，已复原，夹炭黑陶。脊上刻划乱弦纹数周，脊下拍印乱绳纹。口径 20、通高 19.6 厘米（图二八，4；彩版五，4）。

　　Ab 型　1件。侈口，筒腹，浅圆底。腹中部偏下有脊一道，脊下有绳纹。标本 T0808㉕A：5，复原。夹炭黑陶。口径 28.8、通高 21.2 厘米（图二八，3）。

　　B 型　6件。腰沿釜。分三亚型。

　　Ba 型　4件。弧腹腰沿釜。腰沿见于腹部，较宽，上平面略凹弧，腰沿边缘常见锯齿状装饰，或呈多角形。标本 T0808㉖：32，夹砂灰黑陶。腹径约 27.2、残高 8 厘米（图二七，4）。标本 T0708㉖：6，夹砂灰黑陶，外肩下有烟痕，腹径 29.6、残高 4 厘米（图二七，8）。标本 T0808㉑：7，夹炭褐陶。内为灰红色。腹径 38.4、残高 4.8 厘米（图二七，1）。标本 T0808㉑A：15，夹砂红陶。腹径 23、残高 4.6 厘米（图二七，2）。

　　Bb 型　2件。与 Ba 型基本一致，仅腰沿较窄，腰沿下常见烟熏痕迹。夹炭黑陶为主。标本 T0707㉖：11，腹径 28.8、残高 4 厘米（图二七，5）。标本 T0811㉖：3，夹砂灰黑陶，内外红色。腰沿下有一舌形錾。口径 34.5、残高 6 厘米（图二七，6）。

　　C 型　3件。侈口，凹沿。见于晚期。泥质或夹细砂红陶，常见红衣。方唇，翻折沿。标本 T0808⑰A：10，已复原。夹细砂红陶。沿面内凹，鼓腹扁圆，圆底拍印少量绳纹。口径 24、通高 19.2 厘米（图二八，5，彩版五，5）。标本 T0707⑰A：7，泥质红陶。方唇，外唇沿呈鸡冠状，下有凹弦纹一道。口径 27、残高 6 厘米（图二八，1）。标本 T0808⑰A：8，夹细砂红陶。腹中部有牛鼻耳一个。口径 25、腹径 32、残高 19 厘米（图二八，2）。

　　D 型　1件。平折沿。夹炭黑陶，内外红衣，薄胎，火候较高。翻折沿，沿面较宽且平直，束颈，圆肩，鼓腹。标本 T0707㉓：7，内外红衣。口径 32.8、沿宽 3.6、残高 4 厘米（图二七，7）。

　　釜支座　5件。均残，夹砂红陶，陶质疏松。分四型。

　　A 型　2件。均为残器。粗泥红褐陶。实心斜体，承物面斜圆，倾向一侧。素面。标本 T0808㉕：1，承物面残。残高 14.6、下底直径 8 厘米（图二九，1）。标本 T0808㉓：1，承物面直径 5.6、残高 12 厘米（图二九，3）。

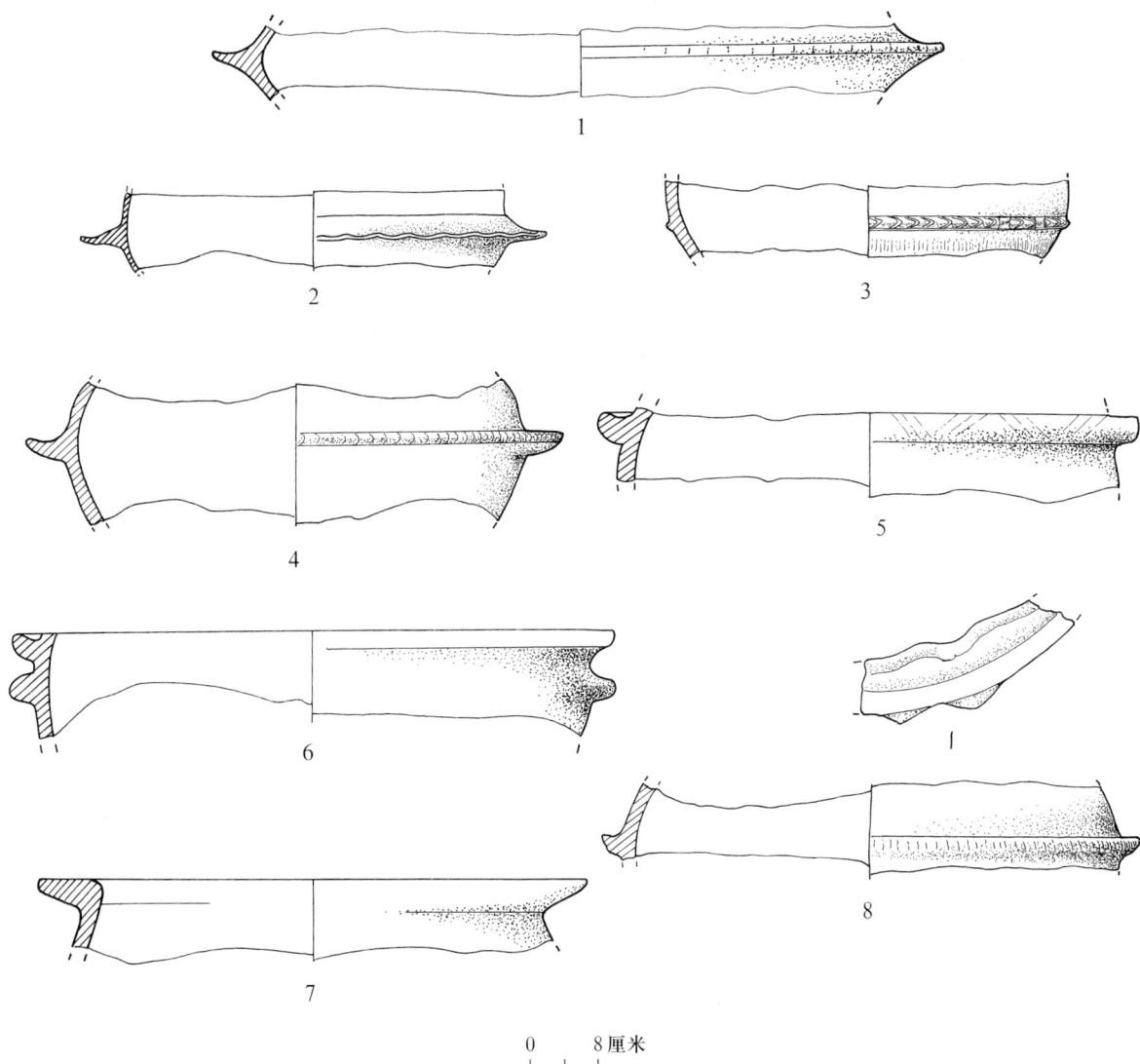

图二七　楼家桥文化类型陶釜

1、2、4、8.Ba 型釜（T0808㉑：7、T0808㉑A：15、T0808㉖：32、T0708㉑：6）　　3.Aa 型
釜（T0809㉖：19）　　5、6.Bb 型釜（T0707㉖：11、T0811㉖：3）　　7.D 型釜（T0707㉑：7）

B 型　1件。粗泥红褐陶。实心斜体，蚶壳印纹。标本 T0808⑲A：6，形体较小，残裂。高8厘米
（图二九，2）。

C 型　1件。斜体空心。标本 H29：1，器表饰圆形凹窝，承物面完好呈斜向。残宽10.8、残高16
厘米（图二九，4）。

D 型　1件。斜体，对穿圆孔。器表饰弧形堆塑。标本 T0709㉒：10，上下均残。上承面椭圆，下
底面近圆形。残宽12.6、残高16厘米（图二九，5）。

盆　13件。已复原3件。分六型。

A 型　2件。敞口，折平沿，尖圆唇，沿面较宽。浅弧腹斜收，底残，推测为小平底，夹炭黑陶为
主，多饰红衣，数量较少，主要见于早期。标本 T0807㉕A：8，夹炭黑陶，内外红衣，口径24、残高

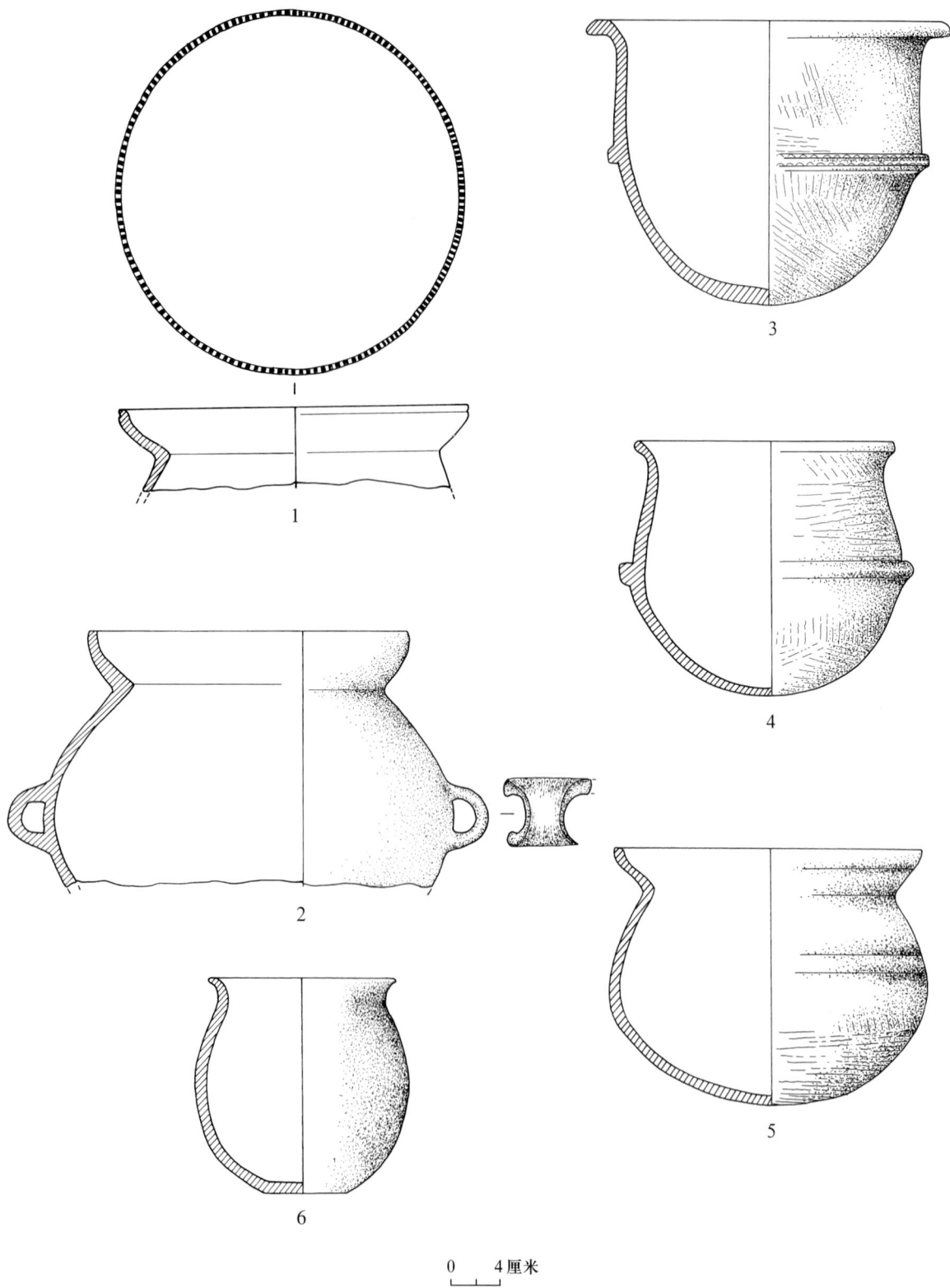

0　　4厘米

图二八　楼家桥文化类型陶釜

1、2、5.C型釜（T0707⑰A：7、T0808⑰A：8、T0808⑰A：10）　3.Ab型
釜（T0808㉕A：5）　4.Aa型釜（T0808㉖：5）　6.夹砂陶罐（H28：1）

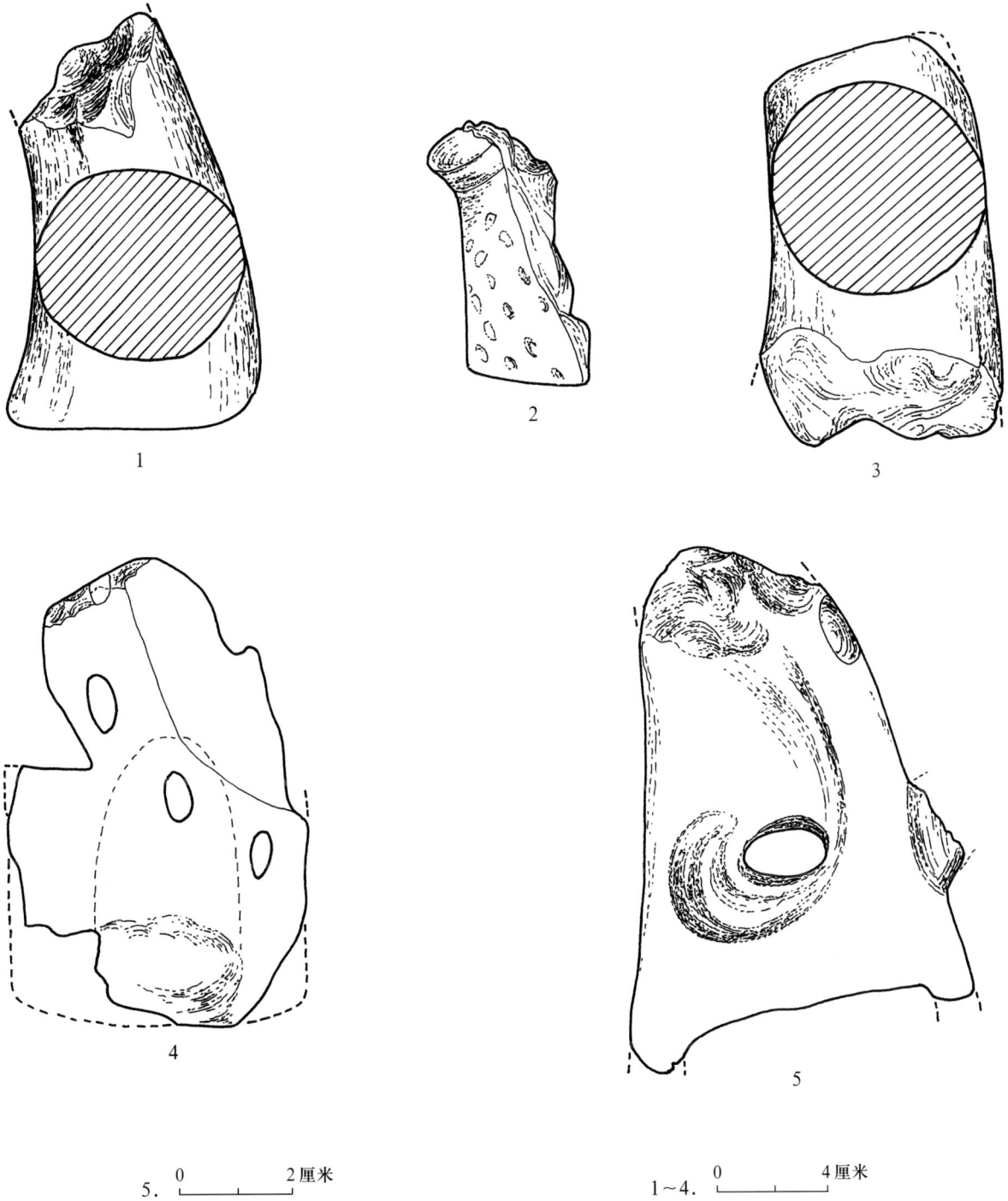

图二九　楼家桥文化类型陶釜支座

1、3.A 型釜支座（T0808㉕∶1、T0808㉓∶1）　　2.B 型釜支座（T0808⑲A∶6）

4.C 型釜支座（H29∶1）　　5.D 型釜支座（T0709㉒∶10）

4厘米（图三〇，10）。标本T0808⑳：29，夹炭黑陶，内外红衣，沿面有椭圆形凹窝，两侧有穿透之小圆孔，口径24、残高3厘米（图三三，2）。

B型　2件。敞口，侈沿，圆唇，浅弧腹斜收。夹炭黑陶为主，内外黑衣，数量较少，主要见于早期。标本T0707⑲A：14，夹炭黑陶，内外黑衣。口径48、残高16厘米（图三〇，11）。标本T0809⑳：15，夹炭黑陶，内外黑衣，外沿、腹间有一凹槽。口径24、残高4厘米（图三〇，8）。

C型　3件。圆唇、敞口、直腹斜收。均主要见于早期。分两个亚型。

Ca型　2件。腹较深，底残。以夹砂灰黑陶为主，数量较少，主要见于早期。标本T0811㉔A：18，夹砂红陶。口径56、残高16厘米（图三〇，7）。标本T0807㉕A：9，夹炭黑陶，内外黑衣，口沿下有一道瓦棱纹。口径约24、残高5厘米（图三〇，9）。

Cb型　1件。腹较浅。外沿下贴附扁平泥条一周，小平底。夹炭黑陶或夹砂红陶，数量较多。标本T0809⑳：37，夹砂灰黑陶。口径36、残高4厘米（图三一，2）。

D型　4件。敞口，方唇。分两式。

DI式　3件。弧腹斜收，平底，主要见于晚期，数量极少。标本T0810㉑A：3，复原。夹砂红陶，平底。口径26、通高11.2厘米（图三〇，3；彩版五，6）。标本T2⑨：1，复原。夹炭黑陶，内外红衣。微敞口，小平底。口径28、底径8、通高9.6厘米（图三〇，4；图版四，1）。标本T0709㉕A：7，夹砂灰黑陶。口径约36、残高6.4厘米（图三一，3）。

DII式　1件。直腹斜收，外口沿下有扁平泥条贴附一周，夹砂红陶为主，均见于晚期。标本T0810㉔A：2，口径40、残高5.6厘米（图三一，1）。

E型　1件。敞口，沿外坦，腹内凹。早、中晚期均有，数量极少。标本T0807⑳：17，夹炭黑陶，底残，内外红衣。口径24、残高5.6厘米（图三一，5）。

F型　1件。敞口、曲沿、斜腹、平底。标本T2⑧：7，复原。夹炭红衣。口径29.2、通高12.4厘米（图三〇，5；彩版五，7）。

其他型（宽沿带流器）　标本T0808⑳：44，夹炭黑陶，外红里黑。残。敛口宽沿，沿面有不明显瓦楞纹。口径约28、残高3.5厘米（图四〇，1）。标本T0808⑳：43，夹炭黑陶。残。宽平沿外折，沿面起瓦楞，唇呈锯齿状，鼓腹。口径37.4、残高10厘米（图四一，1）。

钵　24件。已复原8件。分七型。

A型　4件。直腹筒形，直口或微外撇，平底。标本T0811㉔A：16，夹细砂红陶，口沿与上腹部有宽大牛鼻耳，口径12、残高8.4厘米（图三三，4）。标本T0709㉔A：7，复原，夹炭黑陶，内外红衣，微敞口，斜直腹，口径14.4、底径8、通高10.4厘米（图三二，2；彩版六，1）。标本T0808㉕A：3，夹砂红陶，直口，腹较深，口径24、残高13厘米（图三二，8）。标本T0708㉔A：5，夹砂灰黑陶，内外红衣，直口微敞，腹较深，口径22、残高12厘米（图三二，6）。

B型　4件。口微敛，圆唇或尖圆唇，弧腹斜收，平底，夹炭黑陶为主，内外均施红衣或黑衣，少量为夹砂灰黑陶。标本T0808⑳：36，夹炭黑陶，内外黑衣，沿部有一道瓦棱，口腹间有明显折棱一道，口径16、残高6.8厘米（图三〇，1）。标本T0708⑳：8，夹砂灰黑陶，内外表均施红衣。尖圆唇，腹中部有舌形小鋬。口径22、残高9厘米（图三二，1）。标本T0809⑳：3，复原，夹砂红陶，敞口微敛，腹外中

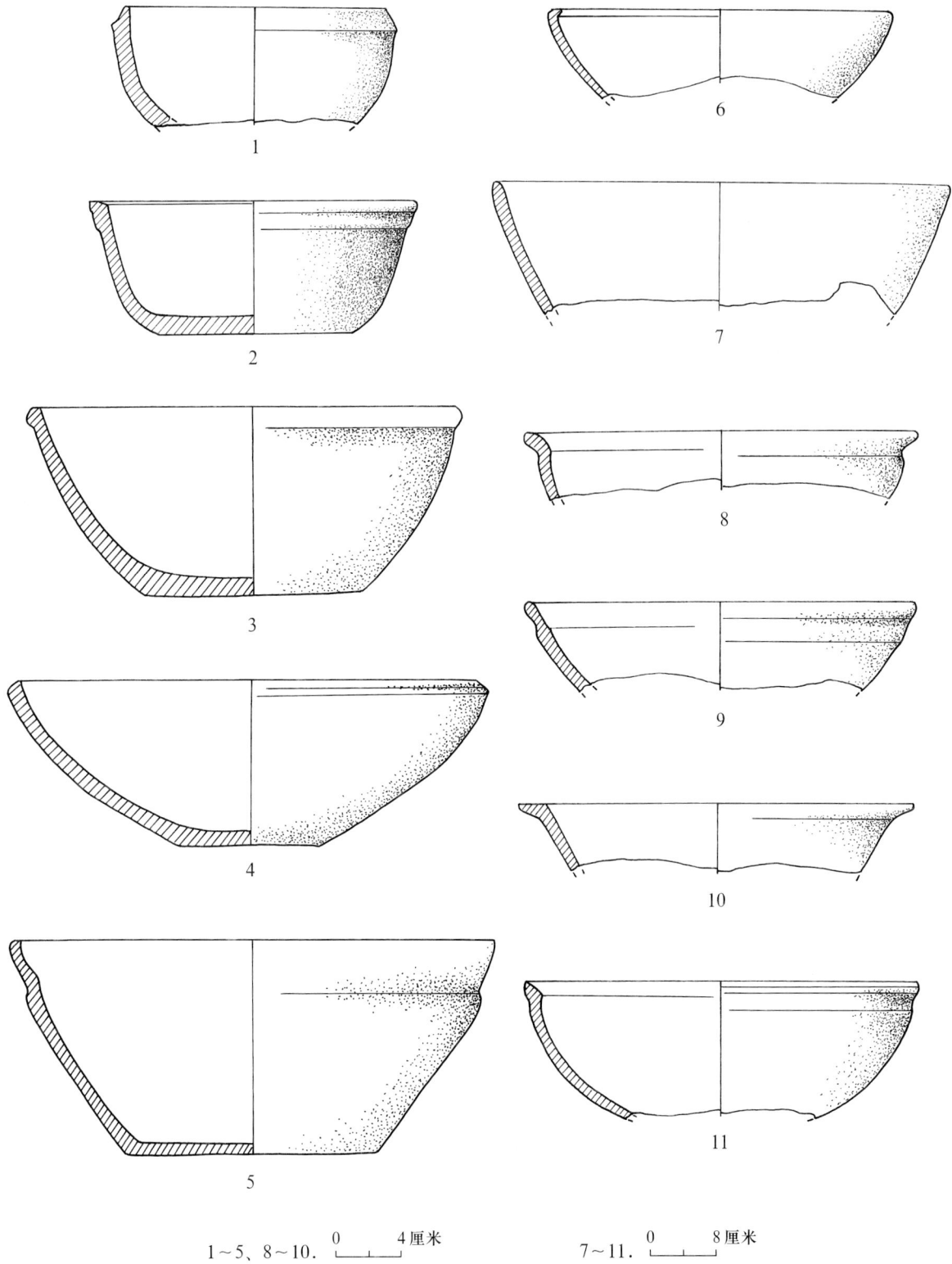

1~5、8~10. 0 ⌐——⌐ 4厘米　　　7~11. 0 ⌐——⌐ 8厘米

图三〇　楼家桥文化类型陶盆、陶钵

1.B型钵（T0808㉖：36）　　2.Cb式钵（T0811⑱：1）　　3、4.DⅠ式盆（T0810㉑A：3、T2⑨：1）
5.F型盆（T2⑧：7）　6.D型钵（T0809㉖：27）　7、9.Ca型盆（T0811㉔A：18、T0807㉕A：9）
8、11.B型盆（T0809㉖：15、T0707⑲A：14）　　10.A型盆（T0807㉕A：8）

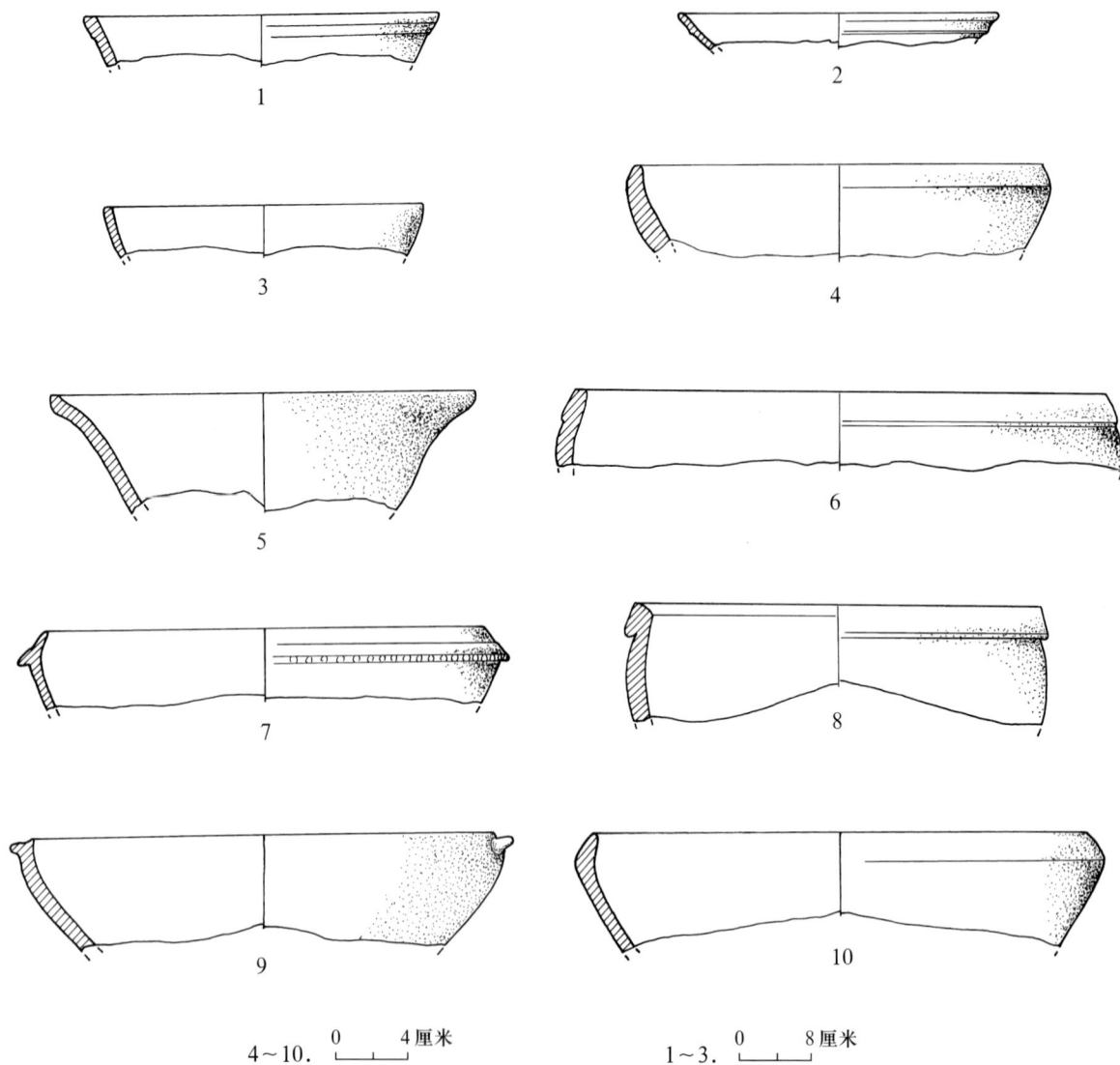

图三一　楼家桥文化类型陶盆、陶钵

1.D Ⅱ式盆（T0810㉔A∶2）　2.Cb型盆（T0809⑳∶37）　3.D Ⅰ式盆（T0709㉕A∶7）　4、10.D型钵
（T0809㉖∶26、T0808㉑A∶2）　5.E型盆（T0807㉕∶17）　6、8.Cb式钵（T0809⑰A∶9、T0707⑲A∶8）
7.E型钵（T0708㉑A∶7）　9.B型钵（T0811⑲A∶16）

部有对称舌形小錾，下部紧收，平底较小，口径34、通高14厘米（图三二，7）。标本T0811⑲A∶16，夹
炭黑陶，内外红衣，近口沿处有小泥扳，口径26、残高6厘米（图三一，9）。

C型　6件。直口或微敛，腹微鼓。分两亚型。

Ca型　3件。圆唇，弧敛口，鼓腹，底多残，早期、晚期均有，数量较少，陶质分夹炭黑陶、夹
砂灰黑陶和泥质红陶三种。标本T0809㉖∶1，复原，夹砂灰黑陶，圆唇，上腹有鸡冠錾，口径16、通
高9.8厘米（图三二，3；彩版六，2）。标本T0809㉕A∶6，复原，夹砂灰黑陶，侈口，平底，腹近中
部有鸡冠錾，口径22、通高12厘米（图三二，5）。标本T4⑫∶1，复原，夹砂灰黑陶，口径19、通高
9.8厘米（图三二，4）。

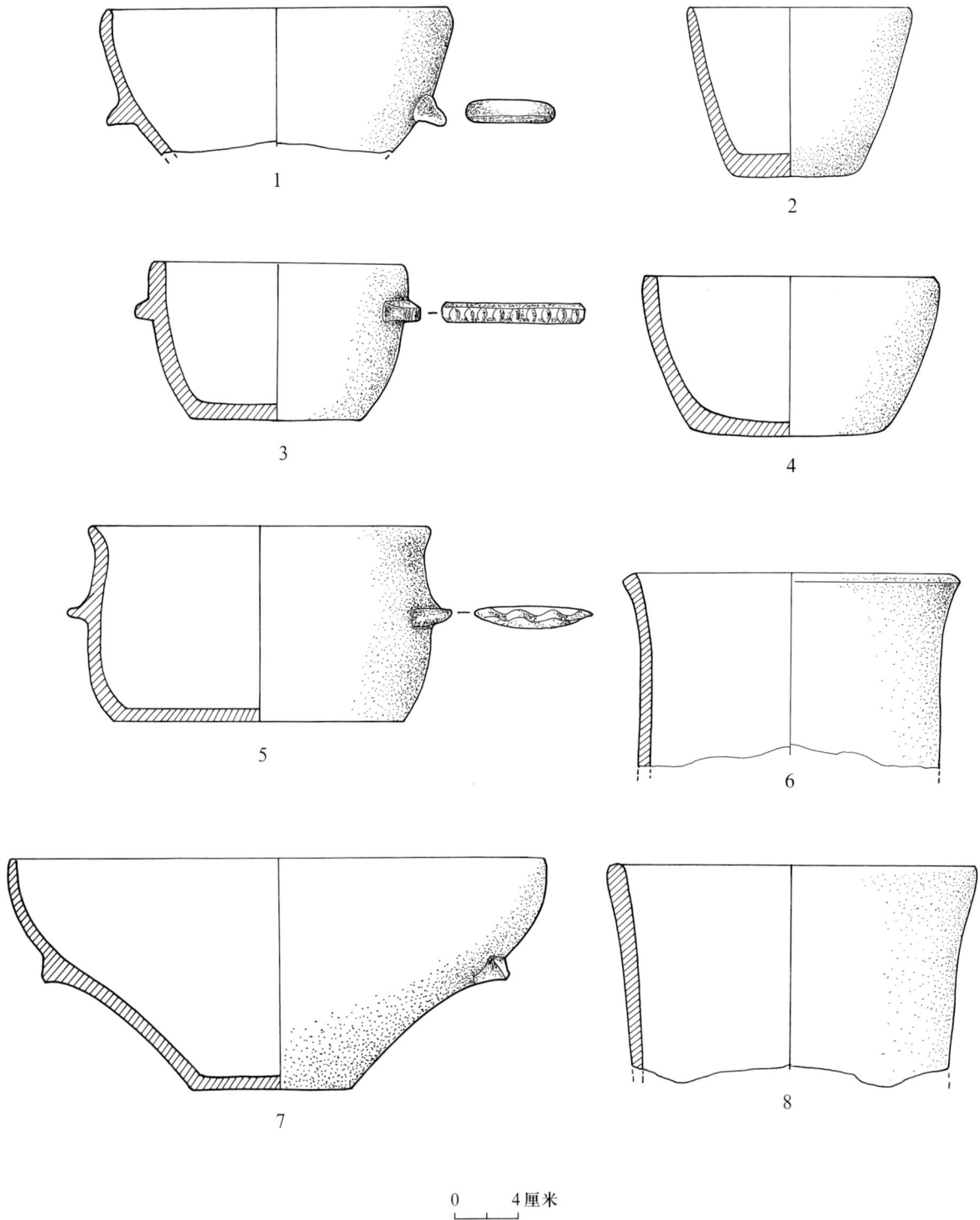

图三二 楼家桥文化类型陶钵

1、7.B 型钵（T0708㉖：8、T0809㉖：3） 2、6、8.A 型钵（T0709㉔A：7、T0708㉔A：5、T0808㉕A：3）

3～5.Ca 型钵（T0809㉖：1、T4⑫：1、T0809㉕A：6）

Cb型　3件。弧敛口，鼓腹，外口沿有扁平堆塑一周，仅见于晚期。标本T0811⑱：1，复原，夹砂灰黑陶，方唇，敞口，斜直腹，小平底，口径20、底径12、通高7.8厘米（图三○、2；彩版六，3）。标本T0707⑲A：8，夹砂红陶，尖圆唇，口径23、残高6.2厘米（图三一，8）。标本T0809⑰A：9，夹砂红陶，圆唇，口径30、残高4.2厘米（图三一，6）。

D型　2件。敛口，斜鼓腹，小平底。标本T0809㉖：27，夹砂灰黑陶为主，胎灰黑，内外均红。窄沿较平，内沿外凸形成一道凸棱，沿面有明显折棱，浅弧腹斜收。素面。口径44、残高10厘米（图三○，6）。标本T0808㉑A：2，残。夹砂灰黑陶，胎体较厚重。口径28、残高6.3厘米（图三一，10）。标本T0809㉖：26，残.夹砂灰黑陶，胎体较厚重。口径22.8、残高4.8厘米（图三一，4）。

E型　1件。折敛口，沿腹间有明显折棱或凸棱，凸棱多作鸡冠状，浅弧腹斜收，底残，推测多为平底，夹砂灰黑陶或夹炭黑陶，早、晚期均有，数量极少。标本T0708㉑A：7，口径25、残高4.2厘米（图三一，7）。

F型　2件。圆唇，敛口鼓腹，夹细砂红陶或夹炭黑陶。数量极少，主要见于晚期。T0808㉕：8，夹炭黑陶。口径10、残高9.6厘米（图三五，4）。标本T0809㉕：39，夹砂红陶，口径6、残高4厘米（图三五，5）。

G型　3件。单把钵。分三亚型。夹砂灰黑陶为主，其次为夹砂红陶与夹炭黑陶，数量较少。

Ga型　1件。弧敛口，深鼓腹，小平底，上腹有宽扁半环形把手一个。标本T0809㉖：2，复原，夹炭黑陶，内外均有红衣，器形较小，口径6、通高6.2厘米（图三三，1；彩版六，5）。

Gb型　1件。折敛口，深弧腹斜收，小平底，自口腹折棱起有扁环形把手一个，底残，推测为小平底。标本T2⑩：4，复原，夹炭黑陶，折敛口，斜直腹微弧，平底，口沿到腹中部有宽扁半环形把手一个，口径14.8、通高9.2厘米（图三三，3）。

Gc型　1件。侈口，腹有宽扁把手。标本T0809㉖：24，夹炭黑陶，内外红衣，口径16、残高8.4厘米（图三三，5）。

其他型　5件。窄沿较平，沿腹间明显折棱消失，弧腹斜收，夹砂红陶，见于晚期。标本T0810⑱：10，沿面饰有三小圆为一组的装饰性图案。口径48、残高8厘米（图三三，8）。标本T0709㉓A：9，敞口，夹砂红陶，直腹较深，圆底，口径4.2、通高4.4厘米（图四二，2）。标本T0707⑭A：9，夹炭黑陶，内外红衣，浅腹圆底，腹有对称4个小孔，口径4.5、通高1、8厘米（图四二，3）。标本T0707⑲B：4，夹砂灰黑陶。敞口，斜直腹，平底，口径3.2、通高203厘米（图四二，5）。标本T0809㉕：40，夹砂红陶。敞口，浅斜腹，圆底。口径3.5～4.2、通高1.5厘米（图四二，4）。

豆　16件。多为残盘，仅复原1件。分六型。

A型　4件。尖圆唇，敞口弧腹，数量最多。多为夹炭黑陶，器表光亮，常见红衣或黑衣，以内外红衣者为主，外红里黑次之，内外均黑者最少。分二亚型。

Aa型　4件。腹较浅。标本T0807㉕A：6，红衣，口径28、残高6.6厘米（图三四，1）。标本T0807⑰C：2，夹砂红陶，口径24残、高6.4厘米（图三四，6）。标本T0809㉔A：1，夹炭黑陶，外红里黑。口沿见扁平半月形小鋬，敞口，尖唇，腹略深。口径24、残高7厘米（图三四，4）。标本T0808㉖：38，夹炭黑陶，内外红衣，口沿下有一小鋬，口径24、残高4.4厘米（图三三，7）。

图三三　楼家桥文化类型陶钵、陶盆、陶豆盘

1.Ga 型钵（T0809㉖：2）　2.A 型盆（T0808㉖：29）　3.Gb 型钵（T2⑩：4）　4.A 型钵
（T0811㉔A：16）　5.Gc 型钵（T0809㉖：24）　6.D I 式豆（T0809㉑A：9）　7.Aa 型豆
（T0808㉖：38）　8.其他型钵（T0810⑱：10）

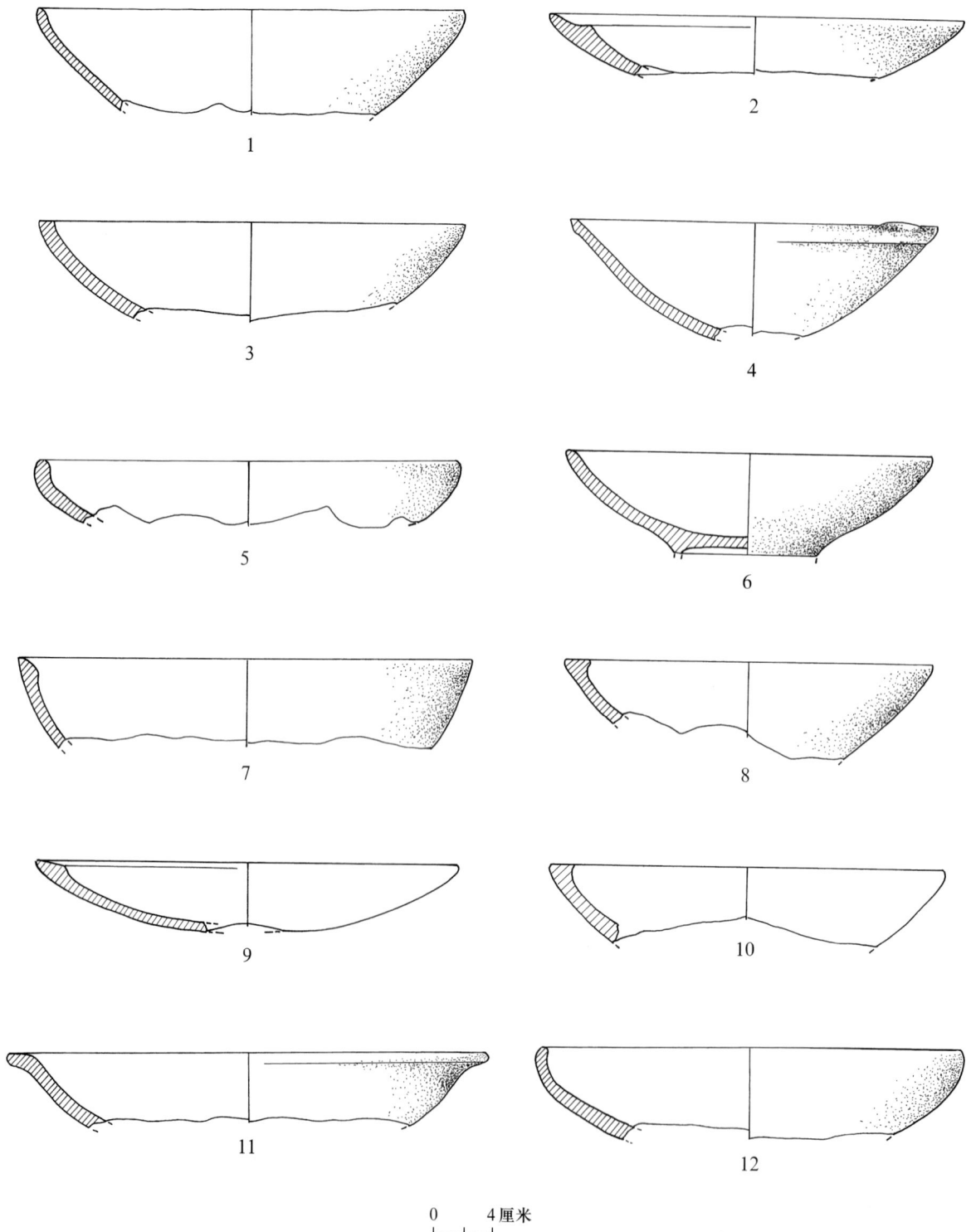

图三四　楼家桥文化类型陶豆盘

1、4、6.Aa 型豆（T0807㉕A：6、T0809㉔A：1、T0807⑰C：2）　2.D Ⅱ式豆（T0709⑳：21）　3.E 型豆
（T0807㉕A：4）　5、12.Ab 型豆（T0808㉖：14、T0809㉕：8）　7、9.B Ⅱ式豆（T0809㉑A：8、T0709⑳：
20）　8、10.B Ⅰ式豆（T0708㉒：11、T0809㉔A：2）　11.C 型豆（T0810㉕B：1）

Ab型　3件。腹较深。直口或微敛，数量仅次于A型。多为夹炭黑陶，泥质红陶次之，内外均红衣或黑衣。标本T0709㉕A：3，夹炭黑陶，内外红衣，直口，浅腹，大喇叭形，圈足较矮，口径24、通高16.6厘米（图三五，2，彩版六，4）。标本T0808㉖：14，夹炭黑陶，内外红衣。直口，浅腹。口径28、残高4厘米（图三四，5）。标本T0809㉖：8，夹炭黑陶，内外红衣。直口微敛，浅腹。腹内壁有灰黑条纹，杂乱，估计受植物根茎水浸而成，口径27.6、残高5.6厘米（图三四，12）。

B型　2件。沿较宽，沿面常见椭圆形凹窝，凹窝两侧有圆形小穿孔。三角唇。夹炭黑陶，内外红衣或外红里黑，分两式。

BⅠ式　1件。沿面平直，口内敛，弧腹浅斜。标本T0708㉒：11，夹炭黑陶，内外红衣，口径24、残高4.6厘米（图三四，8）。标本T0809㉔A：2，夹炭陶。外衣剥落，内黑。口微敛，窄沿有椭圆形凹窝，两侧有圆形镂孔。口径26、残高4.4厘米（图三四，10）。

BⅡ式　1件。沿面内斜且弧凸，浅弧腹。标本T0809㉑A：8，夹炭黑陶，内外表均已剥落，口径30、残高5.2厘米（图三四，7）。标本T0709㉚：20，夹炭陶胎内外红衣，口径28、残高4.4厘米（图三四，9）。

C型　1件。卷平沿，浅弧腹。标本T0810㉕B：1，夹炭黑陶，内外黑衣。口径32、残高4.4厘米（图三二，11）。

D型　2件。分两式。器型与B型基本一致，沿面凹。

DⅠ式　1件。T0809㉑A：9，外红内黑衣，沿面有椭圆凹窝与圆形镂孔的组合装饰，口径17、残高3.6厘米（图三三，6）。

DⅡ式　1件。标本T0709㉚：21，内外红衣，窄沿有瓦棱纹一道，腹极浅，口径27、残高3.6厘米（图三四，2）。

E型　1件。方唇，浅弧腹，胎壁较厚，夹炭黑陶，内外红衣或外红里黑。标本T0807㉕A：4，内外黑衣，口径28、残高6.2厘米（图三四，3）。标本T0809⑰A：1，残。盘外侧有凹弦纹数周，弦纹间刻划一"龙"形纹，该"龙"纹一首一尾分见于两块不能拼合的同型陶片，从其躯体的形态及线条的延续性，可作完整复原：头似兽，圆睛，长角（耳），突吻大嘴，躯干似爬行动物，长身，四足，曳尾。口径23厘米（图一八，1；图二〇，1；彩版四，1、2）。

F型　1件。深腹钵形。标本T0808㉖：7，夹炭黑陶，内外红衣。敛口，弧腹斜收。口径18、残高16.4厘米（图三五，1；图版四，2）。

豆柄　4件。均残。以夹炭黑陶为主，陶质疏松，陶色灰黑。常见内外均施红衣，少量内外施黑衣，器表光亮。素面。分二型。

A型　2件。粗大喇叭形圈足，较矮，内外施红衣，器表光亮。标本T0809㉖：13，夹炭黑陶，残高7.8厘米，（图三五，3）。标本T0808㉖：28，夹炭黑陶，残高5.4厘米（图三五，6）。

B型　2件。细高喇叭形圈足，泥质红陶略多于夹炭黑陶。标本T0809⑰A：7，泥质红陶，残高12厘米，（图三五，7）。标本T0810⑮：5，泥质红陶，内外红衣，束腰处对称镂小圆孔2个。残高12.8厘米（图三五，8）。

带隔档器　10件。均残。沿腹间有宽平隔档一圈。隔档、器身分制而成。夹砂灰黑陶或夹砂红

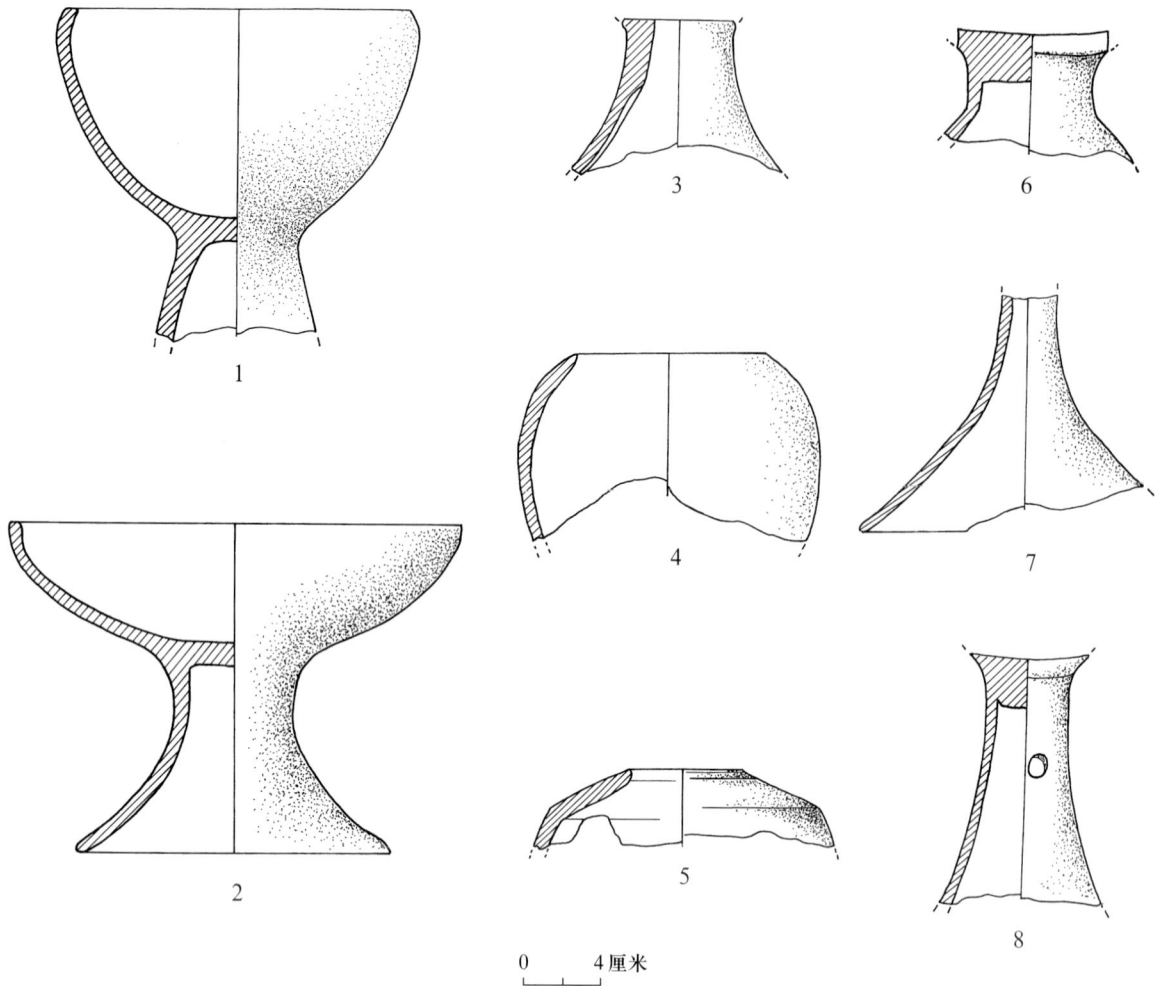

图三五 楼家桥文化类型陶豆盘、豆柄、陶钵

1. F 型豆（T0808㉖：7） 2. Ab 型豆（T0709㉕A：3） 3、6. A 型豆柄（T0809㉖：13、T0809㉖：28）
4、5. F 型钵（T0808㉑：8、T0809㉓：39） 7、8. B 型豆柄（T0809⑰A：7、T0810⑮：5）

陶，早期以夹砂灰黑陶为主，常见胎心灰黑，内外表为灰红或红色，晚期则以夹砂红陶为主，胎质较粗。分五型。

A 型 2件。敞口，折沿外翻，部分隔档上有圆形小镂孔数个。早、晚期均有，晚期数量上略多于早期。分二式。

A I 式 4件。隔档近口沿，斜直腹渐收，隔档上下平面自外缘起渐收，与沿面及内腹壁连成一体。标本 T0811㉖：2，夹砂红陶。口径28、残高5厘米（图四〇，4）。标本 T0810㉔A：3，夹砂红陶，圆唇，沿外撇，上面与沿面逐渐收成一体，近颈有一舌形小鋬，口径28.8、残高9.6厘米（图四〇，3）。标本 T0809㉑：26，夹砂灰黑陶，上腹部有舌形小鋬，口径32.4、残高20.8厘米。（图四〇，10；彩版六，7）。标本 T0708⑲A：23，夹砂灰黑陶，内外红色，颈部有鸡冠鋬，口径约36、残高11.5厘米（图四〇，6）。

A II 式 隔档近中腹，下腹鼓凸。标本 T0707⑳：8，夹砂灰黑陶，腹部近颈处有舌形小鋬，颈部直径约22、残高9厘米（图四〇，7）。标本T0708⑱：9，夹砂灰黑陶，内、外表均红色，口径28、残高3厘米（图四〇，2）。标本T0708⑰C：2，夹砂红陶，近颈有圆形小錾，颈部直径约28.8、残高6.8厘米（图四〇，8）。标本T0809㉑A：14，夹砂灰红陶，直口微敞，方唇，腹微鼓，隔档与沿腹有明显折棱，上有圆形镂孔数个，口径23.6、残高8厘米（图四一，6）。

B型 2件。侈口，圆肩，以夹砂红陶为主，主要见于晚期。标本H14：2，圆形隔档变成三角形泥錾数个。口径20、残高5.6厘米（图四一，2）。标本T0807㉑A：1，夹砂红陶，陶色不均，有鸡冠形堆塑一周，上腹有圆形镂孔一周，口径18、残高6厘米（图四一，5）。

异形鬶 1件。标本T0707⑯：4，已复原。泥质红陶。侈口，束颈，管状流。与口流呈90度方向有一着地把手，与另外两袋足共同构成三足。口径6.4、通高18.8厘米（图四〇，5；彩版六，6）。

罐 4件。分二型。

A型 3件。无耳。侈口，束颈。标本T0808㉖：3，完整。夹砂黑陶。垂腹，圜底。外口沿下有一道凹弦纹，口径大于腹径。口径13、通高7.6厘米（图四二，6）。标本T4⑨：8，完整。夹砂灰黑陶。鼓腹，圜底。口径3.8、通高3.9厘米（图四二，1）。标本H28：1，夹砂陶，鼓腹，圜底近平。口径14.6、通高16厘米（图二八，6；彩版七，1）。

B型 1件。单耳。标本T0810㉑：7，夹炭黑陶，内外红衣。竖向环耳，侈口束颈。口沿与肩部有扁平半环形耳相连。口径16、残高4厘米（图二四，3）。

缸 1件。标本T0707㉕A：13，夹砂灰黑陶，内外红色。方唇较厚，外唇沿贴附扁平泥条一周，斜直腹较深。口径40、残高5.2厘米（图四〇，9）。

匜 2件。

A型 1件。口微敛，流外侈，斜腹较浅。标本T0809㉑A：16，夹砂红陶。残。流两侧各穿一小孔。口径38.8、残高6厘米（图四一，4）。

B型 1件。直口，竖流，腹较深。标本T0709㉒：25，残。夹炭黑陶，内外红衣。带流。口径24、残高2.4厘米（图四一，3）。

器盖 9件。已复原5件。分五型。

A型 3件。桥形纽，盖身喇叭形，夹砂红陶，夹炭黑陶或夹砂灰黑陶均有。标本T0709㉕A：2，复原。夹砂红陶。口径24.4、通高11.4厘米（图三六，4）。标本T0810⑱：11，复原。夹砂红陶。桥形纽两侧有鸡冠状装饰。口径10.2、通高6.4厘米（图三六，5；图版四，3）。标本T0709㉓：19，复原。夹砂红陶。桥形纽两头有鸡冠状装饰。口径18.4、通高8.4厘米（图三六，1）。

B型 1件。夹砂灰黑陶或泥质红陶。喇叭形。T2⑥：1，顶残。夹砂红陶，内外红。口径15.4、残高6.2厘米（图三六，6）。

C型 1件。半环形纽。标本T0708⑱：3，夹砂灰黑陶，内外呈红。纽两侧有鸡冠状装饰。纽宽约9.6、残高6厘米（图三六，7）。

D型 2件。交叉桥形纽。均残。标本T0809㉖：23，夹砂灰黑陶，外施红衣，陶色不均。纽呈四叉。宽约10、残高5厘米（图三六，8；图版四，4）。标本T0810㉕A：1，夹炭黑陶。纽呈三叉。残高5.2厘米（图三六，9）。

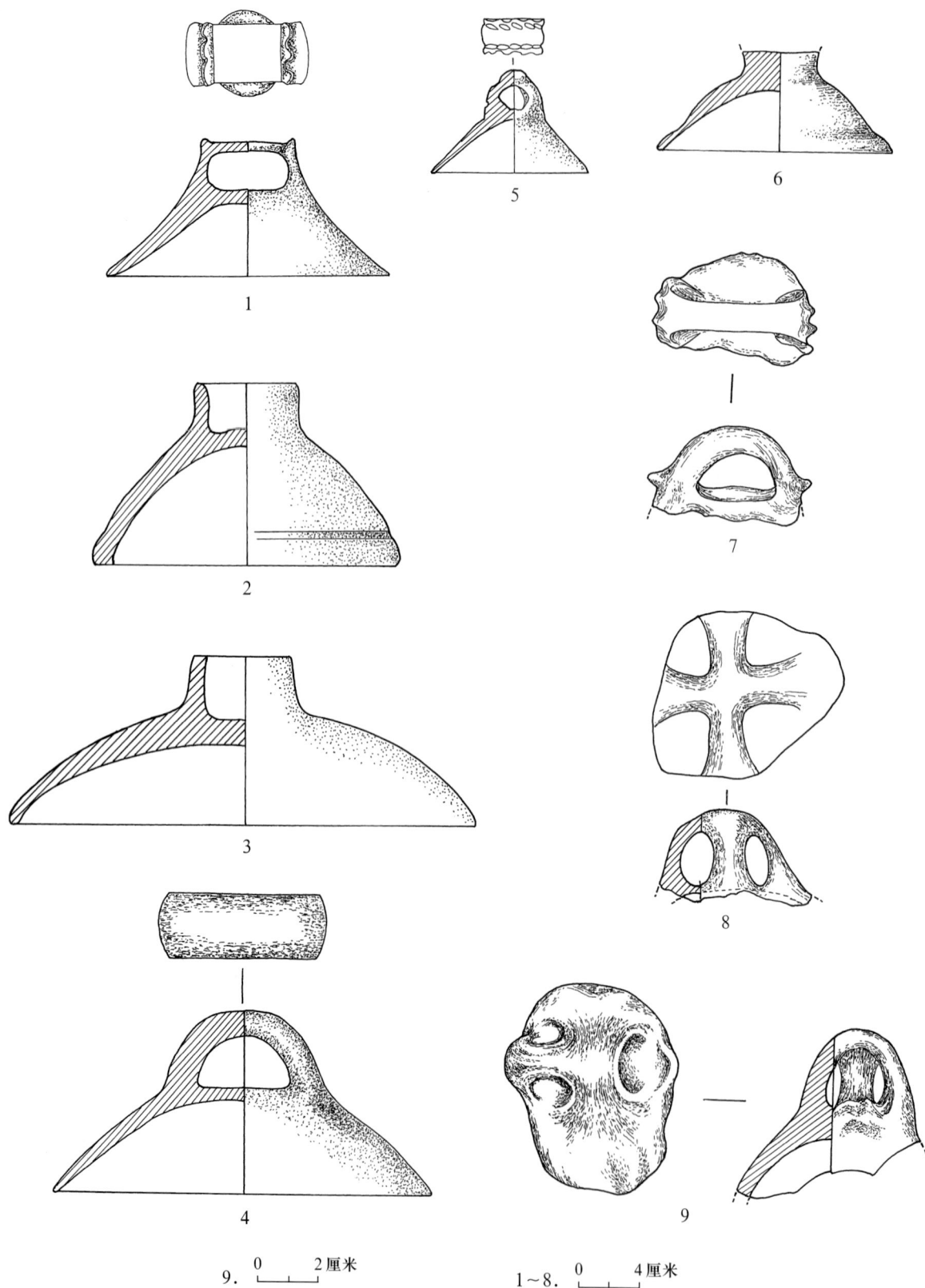

图三六　楼家桥文化类型陶器盖

1、4、5.A 型器盖（T0709㉑:19、T0709㉕A:2、T0810⑱:11）　　2、3.E 型器盖（T0808㉕A:1、T0808⑭A:5）

6.B 型器盖（T2⑥:1）　　7.C 型器盖（T0708⑱:3）　　8、9.D 型器盖（T0809㉖:23、T0810㉕A:1）

E型　2件。筒状纽。均已复原。标本T0808㉕A：1，夹炭黑陶，外施红衣。口径20、通高11.4厘米（图三六，2；图版四，5）。标本T0808⑭A：5，盖体呈倒置圜底浅盘状。口径约29.6、通高10.8厘米（图三六，3；图版四，6）。

小舟形器　2件。标本T0710⑩：1，夹炭黑陶，内外红衣。平面长椭圆形，平底，一侧有把手。宽5.5、长9.5、残高2.2厘米（图四二，8）。标本T3⑪：1，夹砂红陶。平面椭圆形，圈足。长约7、残高约2.7厘米（图四二，7）。

管状器　1件。标本T2⑨：6，夹砂灰黑陶。筒状，一端口敛收，附有小鋬，长10.1、内径0.8～2、外径2.2～3厘米（图三七，7）。

除上述成型器外，大量陶器的附件也具有类型学意义。介绍如下。

牛鼻耳　7件。分三型。主要见于釜、钵等类器物腹部。

A型　4件。早、晚期均有，此类牛鼻耳最为常见，陶质有夹砂红陶、夹砂灰黑陶、黑陶，一般位于器物腹部，形体较大。分两式：

AⅠ式　3件。宽大，平直，少量带凸尖。标本T0809㉖：22，夹炭黑陶，耳阔6～8、高3.5厘米（图三八，4）。标本T0708⑰C：3，夹砂红陶，耳阔8、高3.5厘米（图三八，3）。标本T0709㉕A：8，夹砂灰黑陶，鼻尖上翘，耳阔5～8.7、高4厘米（图三八，5）。

AⅡ式　3件。耳上方有一或二圆形镂孔，耳窄者多见，以泥质红陶为主，少量夹砂灰黑陶，常饰红衣。标本T0809⑭A：10，夹砂灰黑陶，耳阔5～9.8、高3厘米（图三八，7）。标本T0809⑯：3，夹砂灰黑陶，内外表均为红色，上有两个圆孔，耳阔5.6、高3.5厘米（图三八，1）。标本T0809⑭A：11，夹砂红陶，上有一个圆孔，宽3.4～10、高3.3厘米（图三八，2）。

B型　1件。耳窄而尖凸，以夹砂红陶、夹炭黑陶和夹砂灰黑陶为主，见于晚期。标本T0707⑲B：16，夹砂灰黑陶，内外红色，耳阔5～8、高2.8厘米（图三八，6）。

鸡冠鋬　7件。早期以夹砂灰黑陶为主，晚期则以夹砂红陶为主，主要见于器物腹部，少量也见于颈部。分三型。

A型　5件。分两式。

AⅠ式　2件。形体较长、薄、宽，整体造型较单薄。标本T0809㉖：20，夹炭黑陶，外红衣，长11.5、宽1.3厘米（图三九，9）。标本T0809㉖：21，夹砂灰黑陶，内外红色，长13.5、宽2厘米（图三九，11）。

AⅡ式　3件。体变短、厚、窄，整体造型较粗壮，见于晚期。标本T0707⑲B：15，夹砂灰黑陶，内外红衣，长5.6、宽2厘米（图三九，8）。标本T0708㉑A：5，夹砂灰黑陶，内外红衣，残长7、宽2厘米（图三九，7）。标本T0811㉖：4，夹砂红陶，长约7、宽1.5厘米（图三九，6）。

B型　1件。双鸡冠鋬，主要见于晚期。标本T0707㉑A：8，夹砂灰黑陶。长而纤细，上长8.7、宽0.7～0.9、下长8.2、宽0.5～0.6厘米（图三九，10）。

C型　1件。半月形，主要见于晚期，数量较少。标本T0709㉑A：9，夹砂灰黑陶，较粗壮，长7.7、宽1.6厘米（图三九，4）。

小鋬　1件。扁平，中间凹弧，两侧外凸，数量极少，早晚期均有。T0811㉖：5，夹砂灰黑陶，残

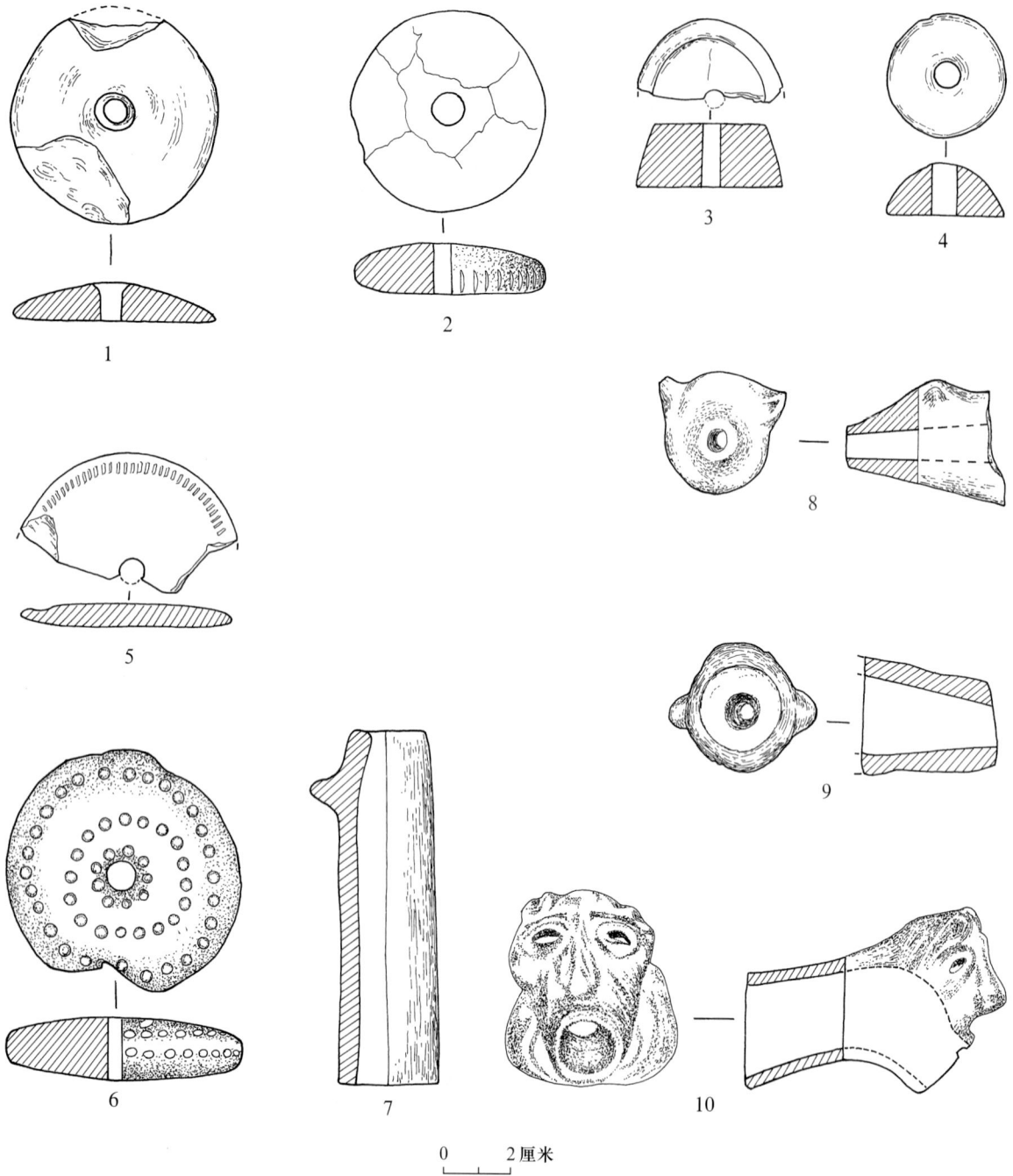

0　　2厘米

图三七　楼家桥文化类型陶纺轮、陶管、陶器流

1、4.B 型纺轮（T0708⑳：1、T0607⑰A：7）　　2、5、6.A 型纺轮（T0708⑲A：5、T0809⑳：25、T0607⑰A：1）

3.C 型纺轮（T0708⑲A：24）　7.管状器（T2⑨：6）　8～10.流（T0810⑮：6、T0709⑰A：5、T0607⑤A：1）

长 7 厘米（图三九，1）。

把手　3 件。以半环形为主。标本 T0811⑮：24，泥质红陶，半环状，上有猴脸堆塑。残长 4.9、宽 6.7 厘米（图三九，2）。标本 T0709⑳：24，平面作"8"字形，残长 9、宽 4.7 厘米（图三九，3）。标本 T0707⑲A：1，泥质红陶，鹰钩鼻状，底有一圆小孔。残长 7.3、残宽 6.2 厘米（图三九，5；图

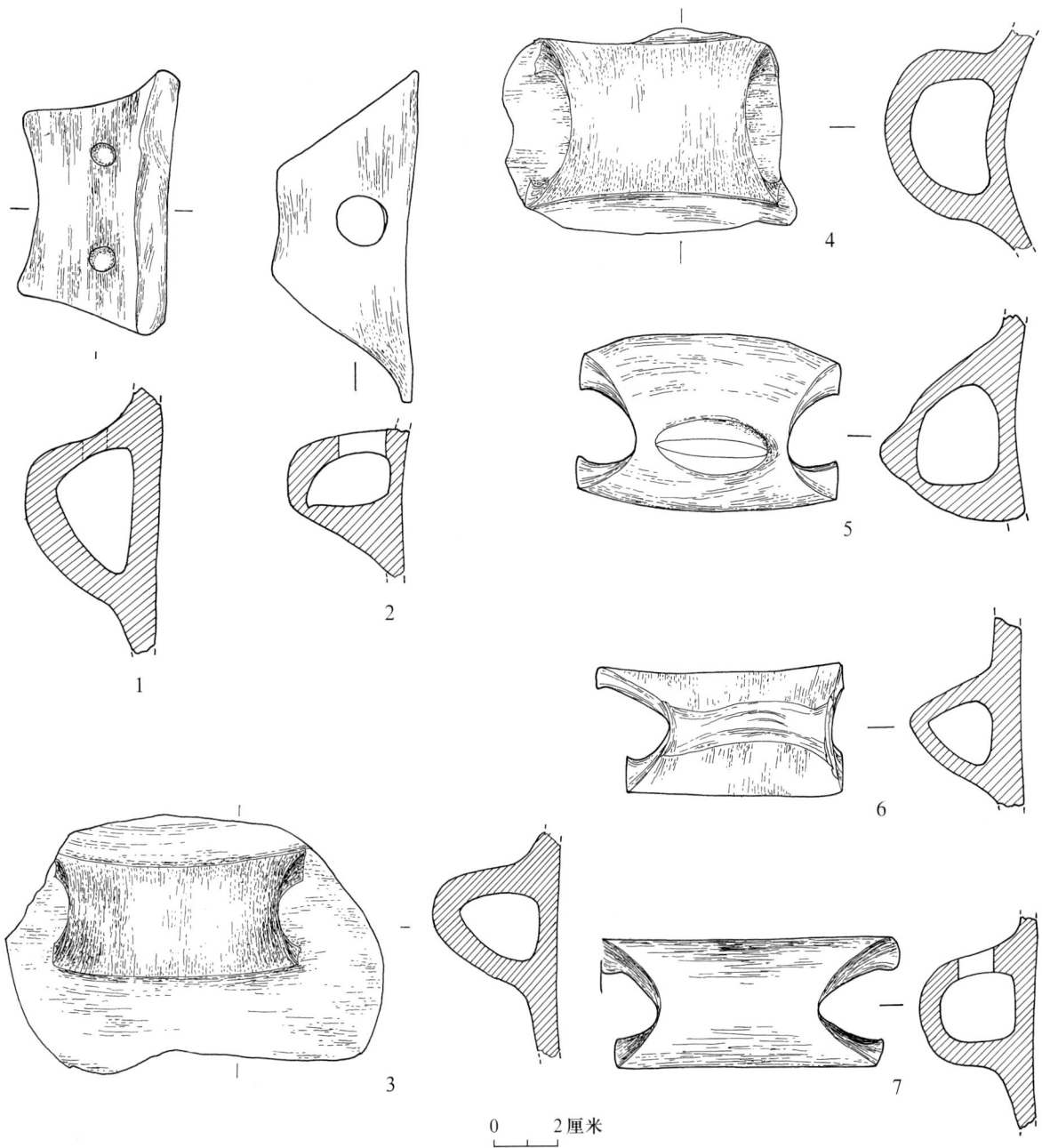

图三八　楼家桥文化类型陶器牛鼻耳

1、2、7.A Ⅱ式牛鼻耳（T0809⑯：3、T0809⑭A：11、T0809⑭：10）　3~5.A Ⅰ式牛鼻耳
（T0708⑰C：3、T0809㉖：22、T0709㉕A：8）　6.B型牛鼻耳（T0707⑲B：16）

版四，7）

　　流　3件。均残。标本T0607⑤A：1，人头状，高鼻梁，大张嘴形成流口与脖子相通，流口径1.8、通长7.8、宽5.5厘米（图三七，10；彩版四，4、5）。标本T0810⑮：6，夹砂红陶，猪头形，双立耳，细长，张嘴为流，嘴直径为0.8、残长4.9、宽3厘米（图三七，8；图版四，8）。标本T0709⑰A：5，夹砂红陶，呈动物头形，两侧有耳，张嘴为流，嘴部直径1.3、残高4厘米（图三七，9）。

　　纺轮　9件。完整3件。分四型。

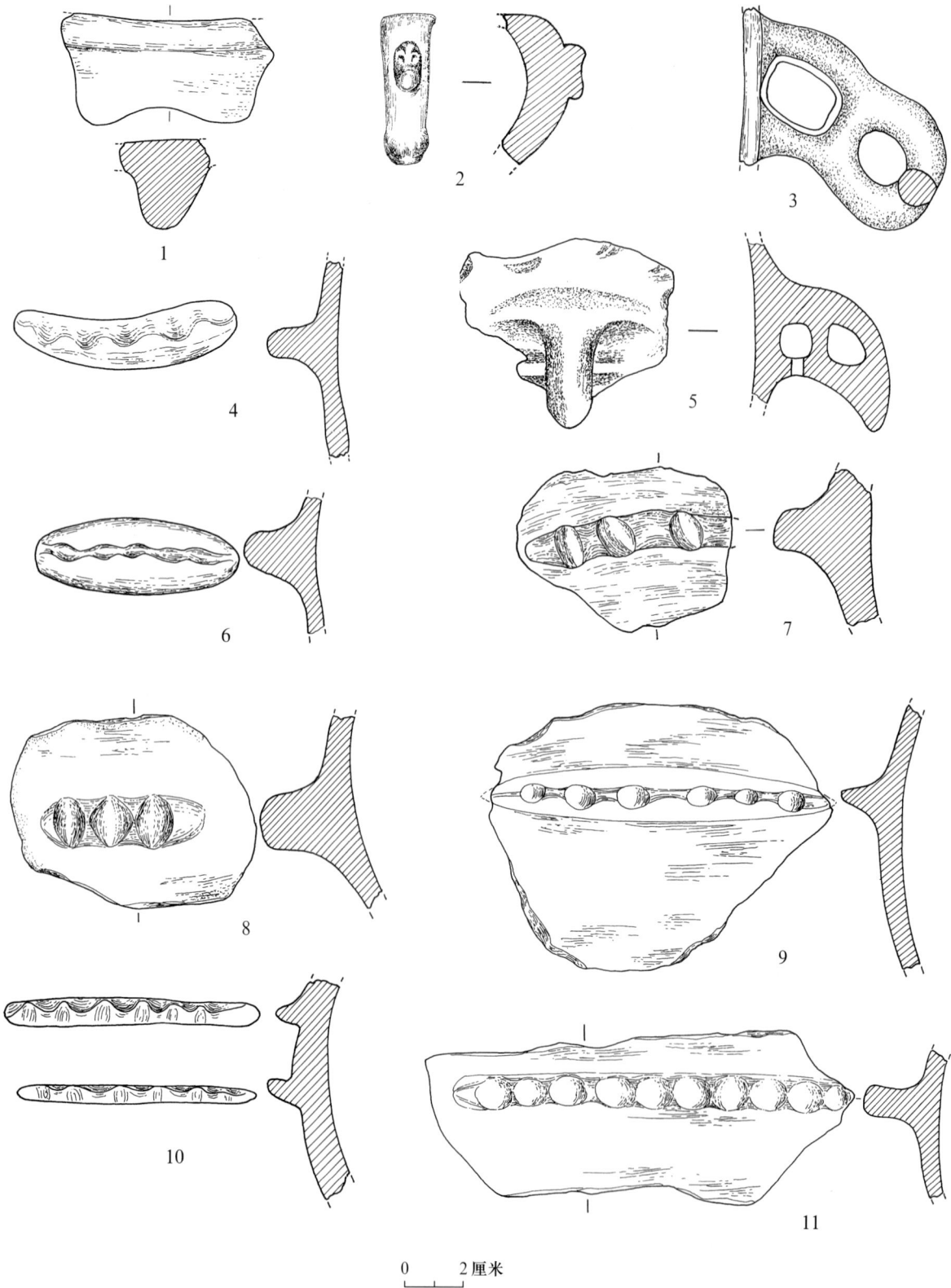

0　　2厘米

图三九　楼家桥文化类型陶器把手、鋬

1.小鋬(0811㉖∶5)　　2、3、5.把手（T0811⑮∶24、T0709㉑∶24、T0707⑲A∶1）　　4.C型鸡冠鋬（T0709㉑A∶9）　　6～8.AⅡ式鸡冠鋬(T0811㉖∶4、T0708㉑A∶5、T0707⑲B∶15)　　9、11.AⅠ式鸡冠鋬(T0809㉖∶20、T0809㉖∶21)　　10.B型鸡冠鋬(T0707㉑A∶8)

　　见于晚期，以夹砂灰黑陶为主，少量泥质红陶与夹炭黑陶。泥质红陶、夹炭黑陶均施红衣，手制，制作粗糙。

　　A型　5件。扁圆形。标本T0809⑳：25，泥质红陶，外施红衣，一侧近外周缘有锯齿状刻划纹一周，直径约6.3、厚0.7厘米（图三七，5）。标本T0708⑲A：5，完整，夹砂灰黑陶，外施红衣，外缘锯齿状，直径5.7、厚1.5厘米（图三七，2）。标本T0607⑰A：1，完整，夹砂红陶，正背面周缘各饰

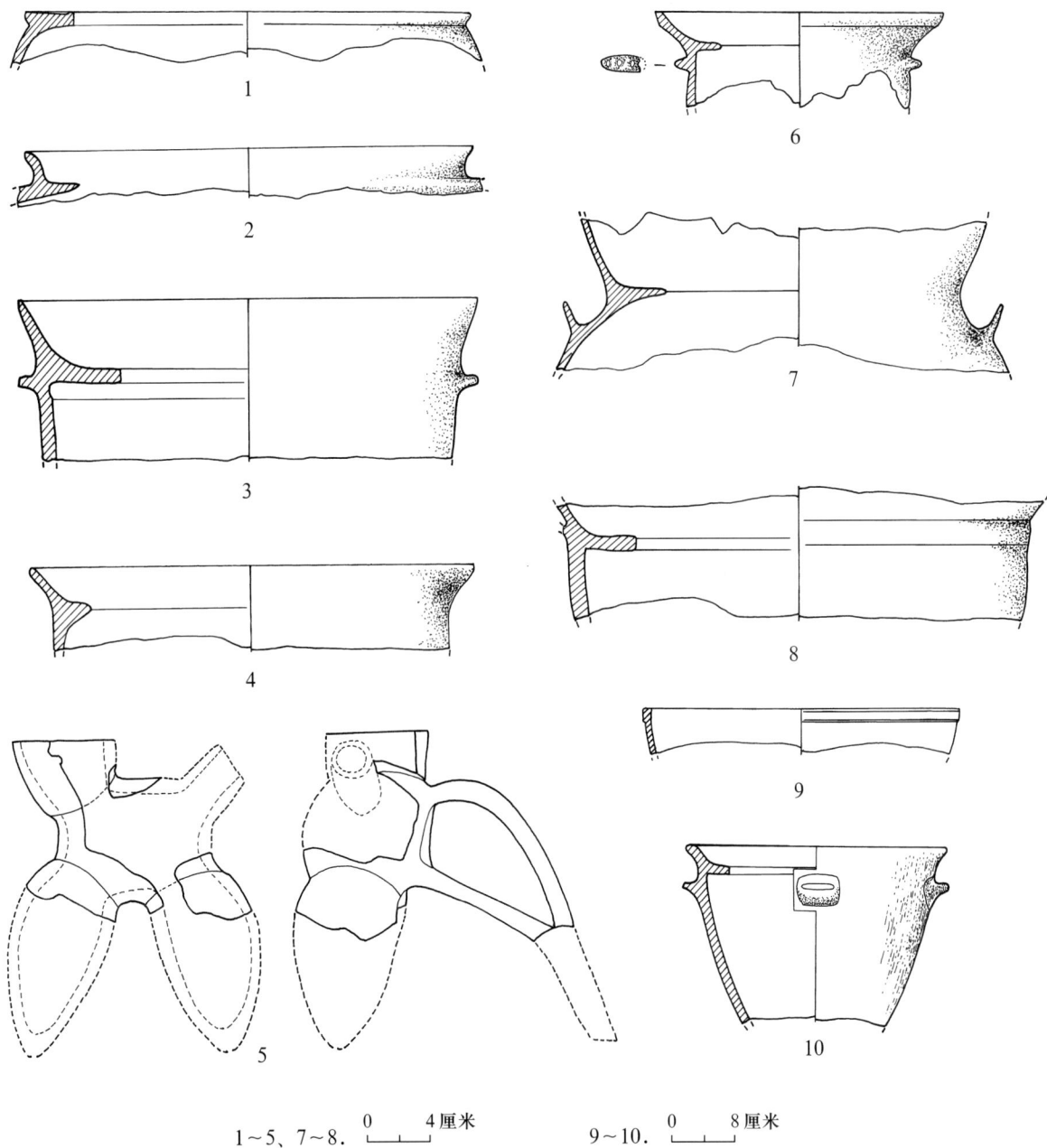

图四○　楼家桥文化类型陶带隔档器、鬶、缸

1.其他型盆（T0808㉖：44）　2、7、8.AⅡ式带隔档器（T0708⑱：9、T0707⑳：8、T0708⑰C：2）
3、4、6、10.AⅠ带隔档器（T0810㉔A：3、T0811㉖：2、T0708⑲A：23、T0809⑳：26）　5.异形
鬶（T0707⑯：4）　9.缸（T0707㉕A：13）

有以孔为中心的三周小圆圈纹。直径7、厚1.8厘米（图三七，6）。

B型　2件。馒头状。标本T0607⑰A：7，完整，夹砂灰黑陶，底径3.6、厚1.5厘米（图三七，4）。标本T0708㉑：1，夹砂灰黑陶，外施红衣，直径6、厚1.1厘米（图三七，1）。

C型　1件。剖面梯形，标本T0708⑲A：24，残。夹砂灰黑陶。面径3.4、底径4.4、厚1.8厘米

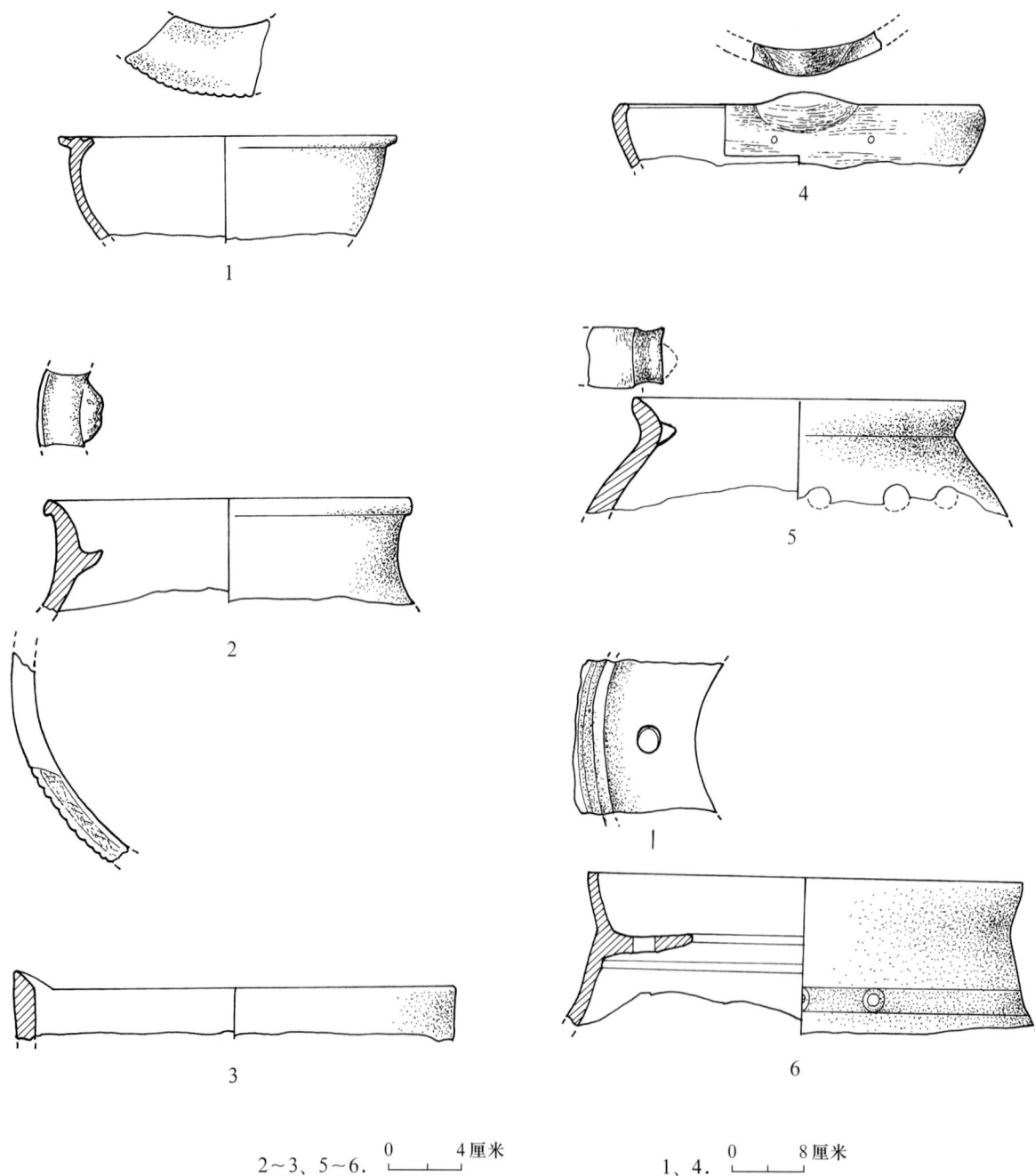

2~3、5~6.　0 —— 4厘米　　　1、4.　0 —— 8厘米

图四一　楼家桥文化类型陶带流器、带隔档器、匜
1.其他型盆（T0808㉖：43）　2、5.B型带隔档器（H14：2、T0807㉑A：1）　3.B型匜（T0709㉑：25）　4.A型匜（T0809㉑A：16）　6.AⅡ式带隔档器（T0809㉑A：14）

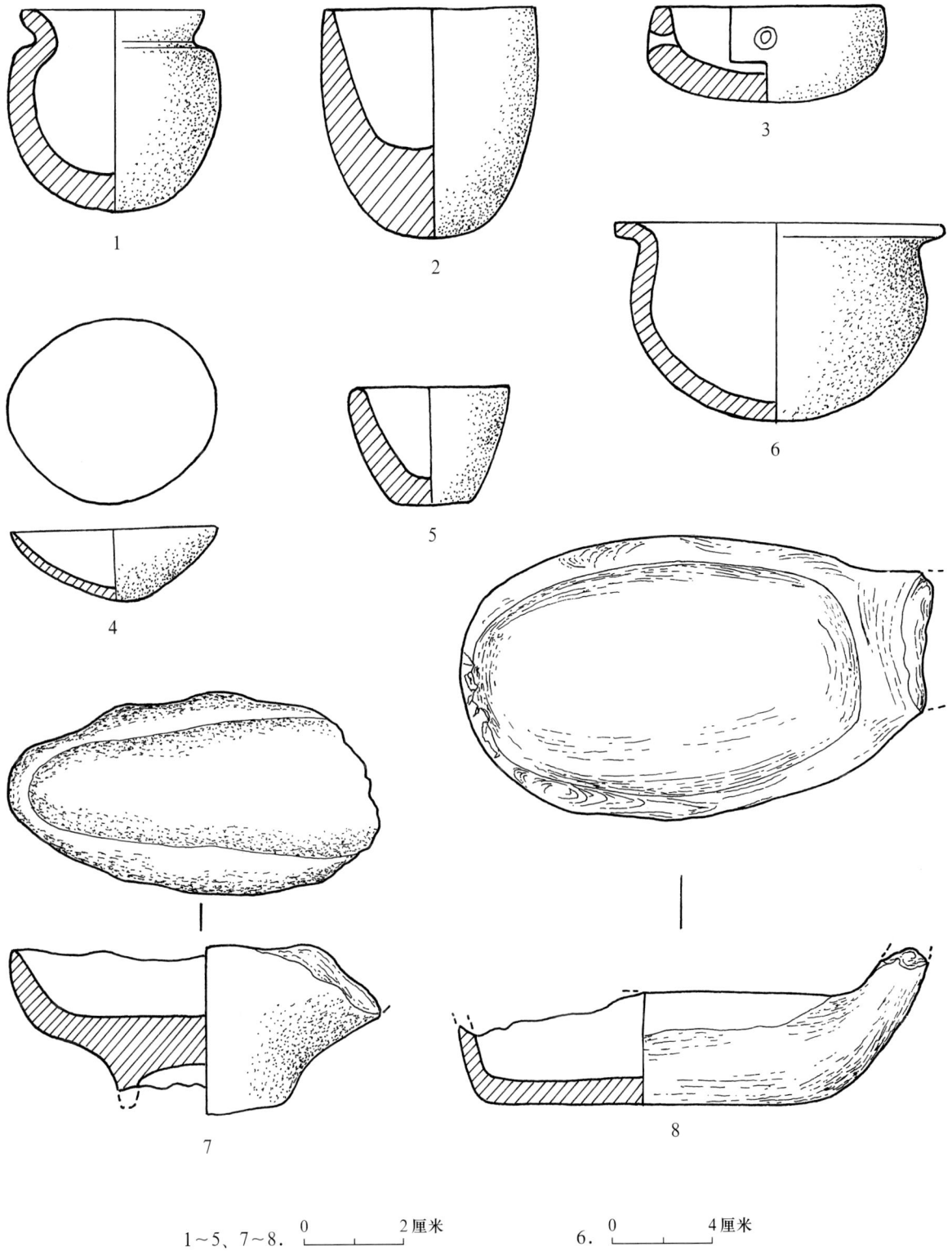

图四二　楼家桥文化类型陶罐、小舟形器

1、6.A型陶罐（T4⑨:8、T0808㉖:3）　2～5.其他型钵（T0709㉕A:9、T0707⑭A:9、
T0809⑳:40、T0707⑲B:4）　7、8.小舟形器（T3⑪:1、T0710⑩:1）

（图三七，3）。

2.石器

共46件。晚期数量多，早期则少。以石锛为主，石质较硬，磨制较精。晚期无论数量还是种类上均比早期有巨大的增长。主要器形有锛、刀、斧、镞、砂轮砺石、石砧等。

石锛　16件。10件完整。分三型。

A型　6件。弧背不分脊。分两亚型。

Aa型　器身窄。

标本T0708⑲A：7，完整。粉砂性灰色岩。长条形，平刃。长9.6、宽2.5、厚1.7厘米（图四三，5）。标本T0811⑮：13，完整。灰色粉砂性岩。长条形。长6、宽1.9、厚1厘米（图四三，2）。标本T0607㉑A：2，完整。灰色粉砂性岩。长条形，形体较小，长4.2、宽1.3、厚0.5厘米（图四四，8）。

Ab型　器身宽。

标本T0708㉖：3，长方形弧凸刃，粉砂性灰色岩，长6.5、宽3.7、厚1.1厘米（图四三，8）。标本T0710⑭A：2，浅蓝色较硬石质。近方形。长5.8、宽5.5、厚1.9厘米（图四四，9）。标本T0808⑰A：1，完整，长方形弧背，近中部两侧有不明显凹痕，可能是有段锛的早期形态。长8.5、宽5.6、厚2厘米（图四三，7）。

B型　1件。横截面呈梯形。

标本T0709㉑B：1，长方形，残长6、宽34、厚1.8~2厘米（图四三，9）。

C型　9件。分三亚型。弧背分脊。

Ca型　1件。

背脊位偏上。标本T0709㉑：8，完整。浅绿色，制作较精。长方形。长4.6、宽3.1、厚1.7厘米（图四四，3）。

Cb型　3件。背脊位近中。

标本T0807⑲A：6，完整。灰绿色粉砂性岩。长方形。长9.2、宽4.9、厚1.8厘米（图四三，3）。标本T0808㉑：3，绿色岩，石质较硬。近方形。刃残，起刃处明显。残长6、宽5.7、厚1.5厘米（图四四，6）。标本T0807⑲A：7，完整。灰绿色粉砂性岩。近梯形，脊位倾斜。长5.7、宽1.4~2.3、厚1.2厘米（图四四，7；图版五，1）。

Cc型　5件。背脊位偏下。

标本T0708㉖：1，完整。绿色，石质较硬。长方形，脊以上背近平。长8.2、宽5、厚2厘米（图四三，4）。标本T0808㉖：2，深灰色石质较硬。长方形弧背。起刃处明显。残长8.8、宽5厘米（图四三，1）。标本T0811⑱：4，灰绿色粉砂性岩。长方形，脊以上背近平，器体较薄，起刃处明显。长4.8、宽3.6、厚2.1厘米（图四四，5；图版五，2）。标本T0809⑭A：8，完整。灰白色粉砂性岩。长方形，起刃处明显。长4.2、宽2.9、厚0.7厘米（图四四，2）。标本T0807⑲A：5，完整。灰白色粉砂性岩。平面近梯形，起刃处明显。长7.7、宽2.9~3.5、厚1厘米（图四三，6；图版五，3）。

斧　10件。9件完整。可分二型。

A型　4件。常型石斧。大多打制，少量通体磨光，制作粗糙。分两亚型。

图四三　楼家桥文化类型石锛

1、4、6.Cc型石锛（T0808㉖：2、T0708㉖：1、T0807⑲A：5）　　2、5.Aa型石锛（T0811⑮：13、T0708⑲A：7）

3.Cb型石锛（T0807⑲A：6）　　7、8.Ab型石锛（T0808⑰A：1、T0708㉖：3）　　9.B型石锛（T0709㉑B：1）

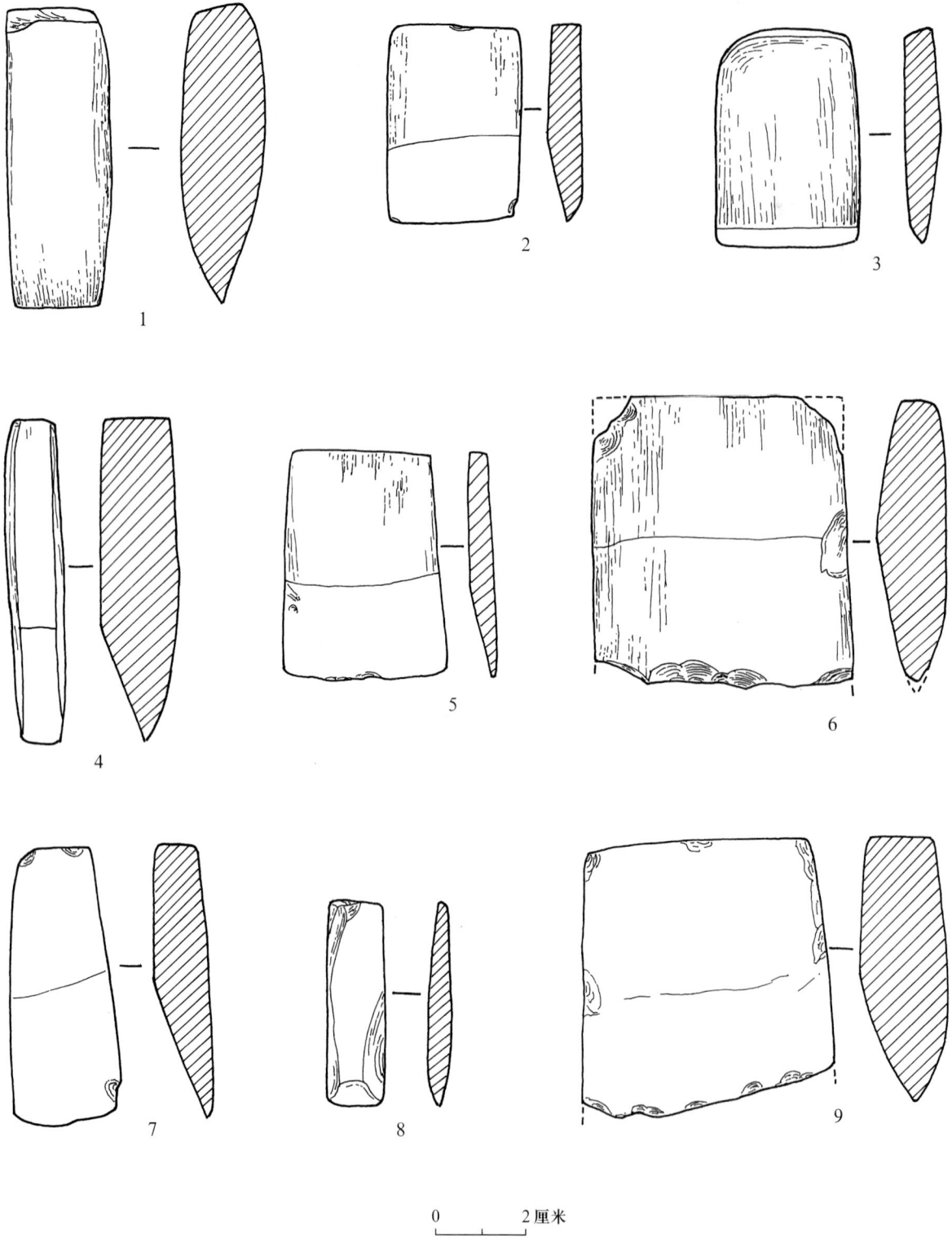

图四四　楼家桥文化类型石锛、石凿

1、4.石凿（T0708㉖：2、T0710⑱：5）　　2、5.Cc型石锛（T0809⑭A：8、T0811⑱：4）　　3.Ca型石锛（T0709⑳：8）

6、7.Cb型石锛（T0808⑳：3、T0807⑲A：7）　　8.Aa型石锛（T0607㉑A：2）　　9.Ab型石锛（T0710⑭A：2）

Aa 型　2件。平面梯形，T0708㉑：2，完整。绿色粉砂性岩。仅刃部磨制，长 8.5、宽 3.5～5.9、厚 1.7 厘米（图四五，2）。T0809㉑A：5，完整，浅绿色粉砂性岩，器体正背面磨制，两侧打制，顶端有敲击痕，长 5.9、宽 4.9、厚 2.2 厘米（图四五，1）。

Ab 型　2件。形体较小，扁平长方形为主，少量扁平梯形，双面刃较钝，多为紫色较硬石质。

标本 T0708⑲A：6，完整，紫红色石质，平面扁平长方形，长 8.1、宽 4、厚 0.9 厘米（图四五，4）。标本 T0809㉑：8，完整，紫红色，平面扁平梯形，长 5.5、宽 1.3～2.3、厚 0.4～0.8 厘米（图四五，5）。

B 型　6件。穿孔石斧。可分二亚型。

Ba 型　4件。形体较大，穿孔多位于近顶端，孔径较大。

标本 T0707⑲B：1，完整，长方形，打制，刃部较钝，近顶端对琢一圆形孔。长 8、宽 4.9、厚 1.3 厘米（图四五，7）。标本 T0807⑲A：3，完整，长方形，磨制较精，近顶端对钻一未透孔。长 13.1、宽 8.5、厚 2.7 厘米（图四五，8）。标本 T0708⑰C：5，亚腰形，弧凸刃，近中部对钻一孔，通体磨制，制作较粗，残长 9.9、残宽 5.5、厚 0.9 厘米（图四五，9）。标本 T0709㉒：2，完整。灰绿色，双面弧凸刃，长方形，中部对钻一孔，长 9.4、宽 7.1、厚 1.1 厘米（图四五，10）。

Bb 型　2件。形体较小，扁平梯形为主，少量扁平长方形，双面刃较钝，近顶端对穿一孔，多为紫色较硬石质。标本 T0810⑱：5，完整，紫红色，平面呈梯形，长 5、宽 2.4～3.1 厘米（图四五，6）。标本 T0709⑰C：5，完整，圆角长方形，长 9、宽 4、厚 1.1 厘米（图四五，3；图版五，4）。

凿　3件。均完整。长条形，剖面类似有脊锛，脊位偏下，形体较小，通体磨光，制作较精，多为灰白色粉砂性岩。

标本 T0710⑱：5，灰白色岩，长 6.8、宽 1.2、厚 1.7 厘米（图四四，4；彩版七，2）。标本 T0809㉑A：7，深绿色岩。偏刃。长 5.3、宽 1.5、厚 1.4 厘米（图四六，6）。标本 T0708㉖：2，灰白色岩，长条形双面刃，长 6.3、宽 2.2、厚 1.8 厘米（图四四，1；图版五，5）。

镞　1件。平面呈三角形，双翼。标本 T0811㉑：7，完整。形体较长，一面有脊，一面凹弧。长 5.5、宽 2.6、最厚 0.4 厘米（图四六，4）。

刀　2件。均完整。半月形。弧凸刃，双面刃，器形不规整。标本 T0809㉓：1，墨绿色较硬石质，形体较大，残长 10.5、残宽 6.7、最厚 1 厘米（图四七，2）。标本 T0709㉑B：4，浅绿色砂性岩，弧凸背，平刃，两端较钝，残长 11.8、宽 5.1、厚 0.9 厘米（图四七，6）。

饼　1件。完整 1件。标本 T0708⑰A：2，完整，砂性岩，最大径 7.4、厚 2.5 厘米（图四八，3）。

球　1件。标本 T0710⑱：3，完整，较规整，直径 5.2～5.8 厘米。（图四八，4）。

穿孔器　1件。标本 T0709㉒：6，完整，形体近似鱼身之后半段，中间对穿一透孔，器身刻划菱格网纹，长 9.9、宽 8.4、厚 2.7 厘米（图四八，1；彩版七，6）。

铲　1件。标本 T0809⑰A：4，完整。扁平近梯形。弧凸双面刃，磨制较精。长约 7.2、宽 5.5～7、厚 0.8 厘米（图四八，2）。

纺轮　2件。完整 1件。分二型。

A 型　1件。扁平圆形。标本 T0809㉓：1，完整。橙黄色，形体较小，中心单向穿一未透孔。直径

1～6、8～10. |0 ___ 2厘米|　　　7. |0 ___ 4厘米|

图四五　楼家桥文化类型石斧

1、2.Aa 型石斧（T0809㉑A：5、T0708⑳：2）　　3、6.Bb 型石斧（T0709⑰C：5、T0810⑱：5）　　4、5.Ab 型石斧（T0708⑲A：6、T0809㉑：8）　　7～10.Ba 型石斧（T0707⑲B：1、T0807⑲A：3、T0708⑰C：5、T0709㉒：2）

3.5、厚0.7厘米（图四六，2）。

B型　1件。剖面呈梯形。标本T0607⑰A：8，紫红色岩。上圆径4.6、下圆径5.1、厚0.8厘米（图四六，1）。

石轮　3件。环形，均残，灰色粉砂岩。标本T0708⑰A：1，上圆面小下圆面大，截面近似直角梯形，孔壁有两道凹弧。上宽3.8、下宽4.5、厚4.3厘米（图四七，7；图版五，7）。标本T0809⑭A：6，内壁中间外凸一周，外凸部及上下两侧内弧，外壁中部内弧形成凹槽一周。宽3、厚4.8厘米（图四七，1；彩版四，8、9）。标本T1⑧：4，内壁中部外凸，外壁中部内弧一周。宽6.6、厚6.8厘米（图四七，5）。

砺石　4件均完整。多出于石器作坊。粉砂性岩。标本石器作坊：1，浅绿色，多棱柱形，横截面为多边形。长34、最大直径12.8厘米（图四六，5；图版五，6）。标本石器作坊：18，绿色，近似方形，一面有磨痕。长34、宽7.2~13.6（图四六，3）。标本T0809⑳：6，灰色粉，方柱形，截面长方形，四周均有磨面，两面有细凹槽数道。长6.2~7.4、宽6厘米（图四七，3）。标本石器作坊：2，灰白色，不规则形。长9、宽4.7厘米（图四七，4）。

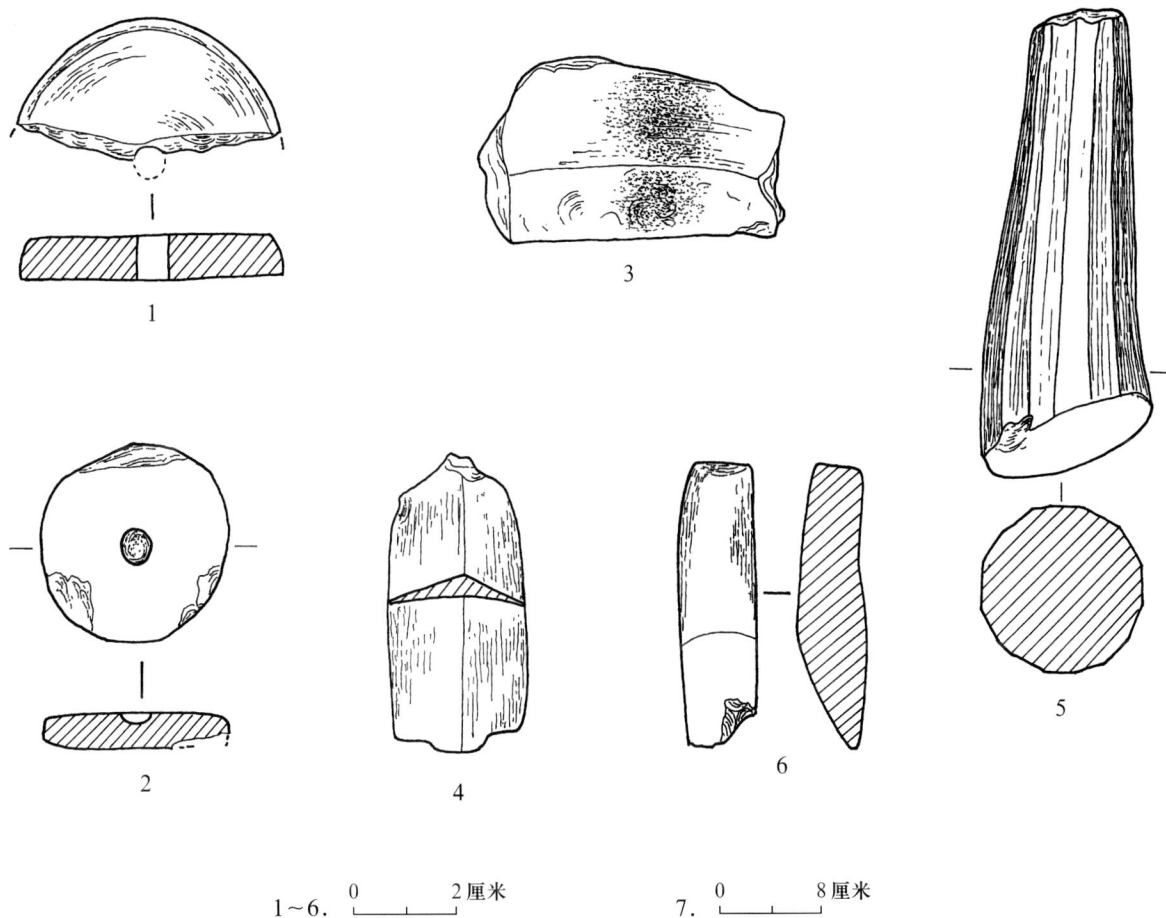

图四六　楼家桥文化类型石器
1.B型纺轮（T0607⑰A：8）　2.A型纺轮（T0809⑳：1）　3、5.砺石（石器作坊：18、石器作坊：1）　4.石镞（T0811㉓：7）　6.石凿（T0809㉑A：7）

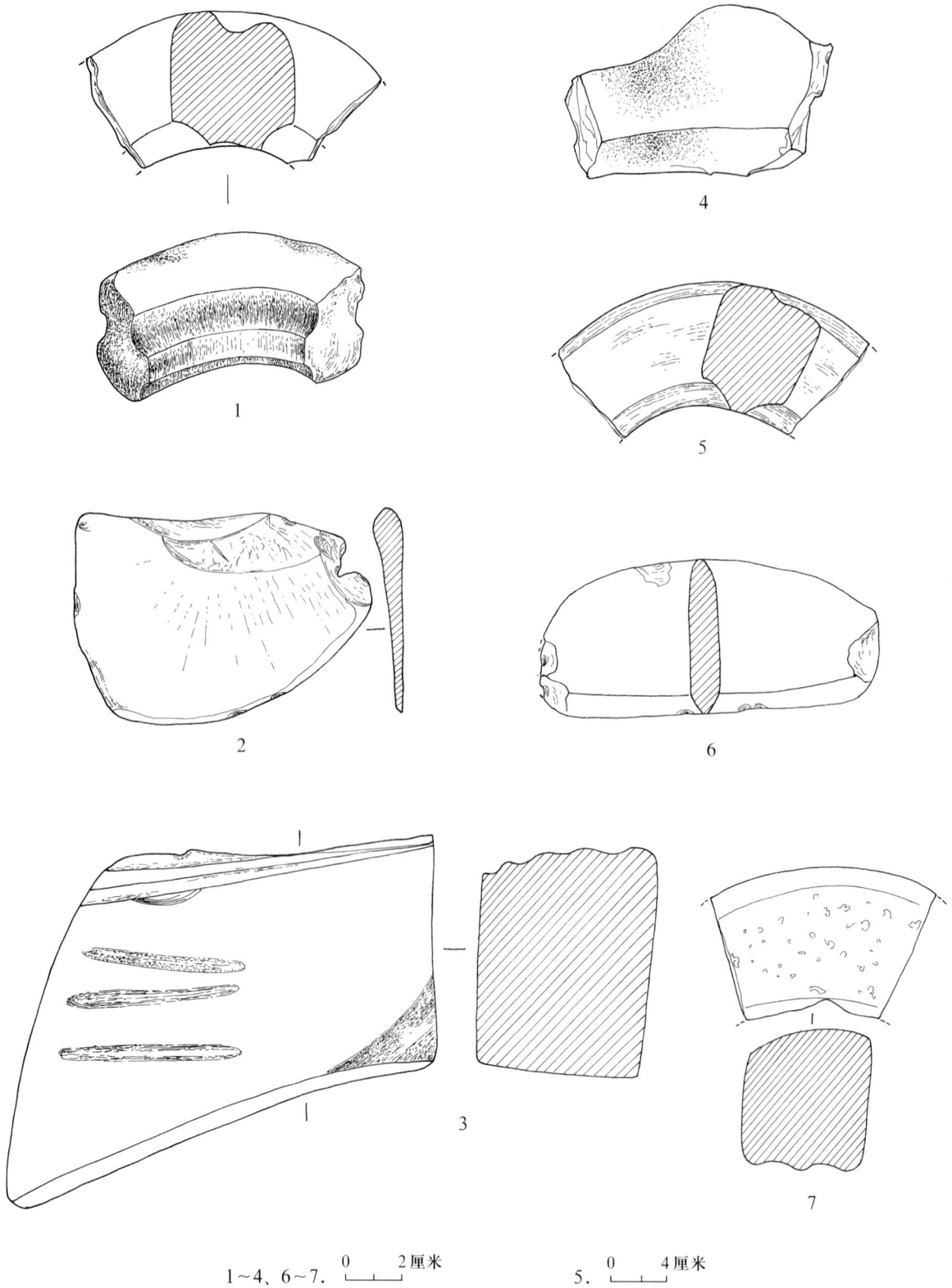

图四七　楼家桥文化类型石器

1、5、7.石轮（T0809⑭A：6、T1⑧：4、T0708⑰A：1）　2、6.石刀
（T0809㉑：1、T0709㉑B：4）　3、4.砺石（T0809㉑：6、石器作坊：2）

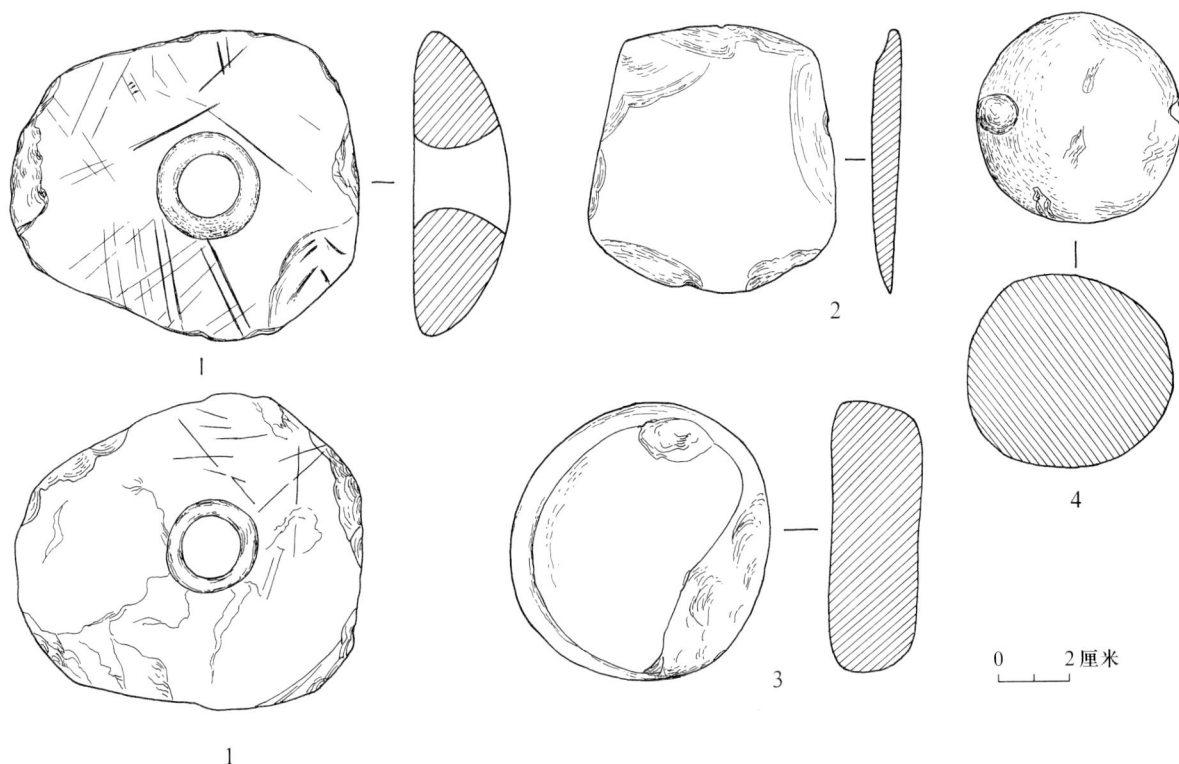

图四八　楼家桥文化类型石器

1.穿孔石器（T0709㉒：6）　　2.石铲（T0809⑰A：4）　　3.石饼（T0708⑰A：2）　　4.石球（T0710⑱：3）

3.玉器。

共 10 件。品种较多。器形有璜、环、管、坠等器物。

玦　4 件。均残，以环圈过半为判别标准，还别于璜。截面椭圆形。标本 T0811㉔A：9，黄色，缺口近内圈穿一小孔。内径 1.5、外径 3.3、厚 0.6 厘米（图四九，10；彩版七，5）。标本 T0811⑮:11，黑色，一端完整。内径 2.5、外径 4.2、厚 0.5 厘米（图四九，3）。标本 T0708⑪A：3，一面白、另一面面黄色，形体较小。宽 1、厚 0.5 厘米（图四九，7）。标本 T0707⑳：1，内径 1.5、外径 3.3 厘米（图四九，1）。

璜　2 件。残。环形。标本 T0710 西扩⑰B：1，灰色。截面椭圆。内径 1.8、外径 3.8、厚 0.6 厘米（图四九、5）。标本 T0707⑲A：9，横截面近梯形。内径 2.8、外径 5.8、厚 0.5 厘米（图四九，4）。

环　2 件。完整 1 件。标本 T0708⑬A：4，完整。棕黄，扁平，心对穿偏向一侧的圆孔。外径 2.8～3、内径 0.9～1、厚 0.5 厘米（图四七，2）。

坠　2 件。完整 1 件。标本 T0811⑭A：1，残。灰色。扁平梯形。近上端对钻一孔，下端有一单向未穿透的孔。残长 3.4、最宽 1.9、厚 0.6 厘米（图四九，8）。标本 T0808⑪A：1，完整。长条形，上薄下厚，上端对穿一孔。长 3.5、宽 1.2、厚 0.5 厘米（图四九，9；图版五，9）。

管　1 件。T0808⑯：2，白色。长 2.1、孔径 0.5 厘米。（图四九，6；图版五，8）。

4.象牙器、骨器

数量最少，仅 2 件。

象牙小罐　标本 T0808㉔：19。精磨加工而成，方口束颈球腹，一角残。内侧挖成方孔（略长方形，如口部），颈部长边各有两小圆孔，不对称分布。另外还钻有三组未透的细孔，呈 8 孔 - 5 孔 - 7 孔排

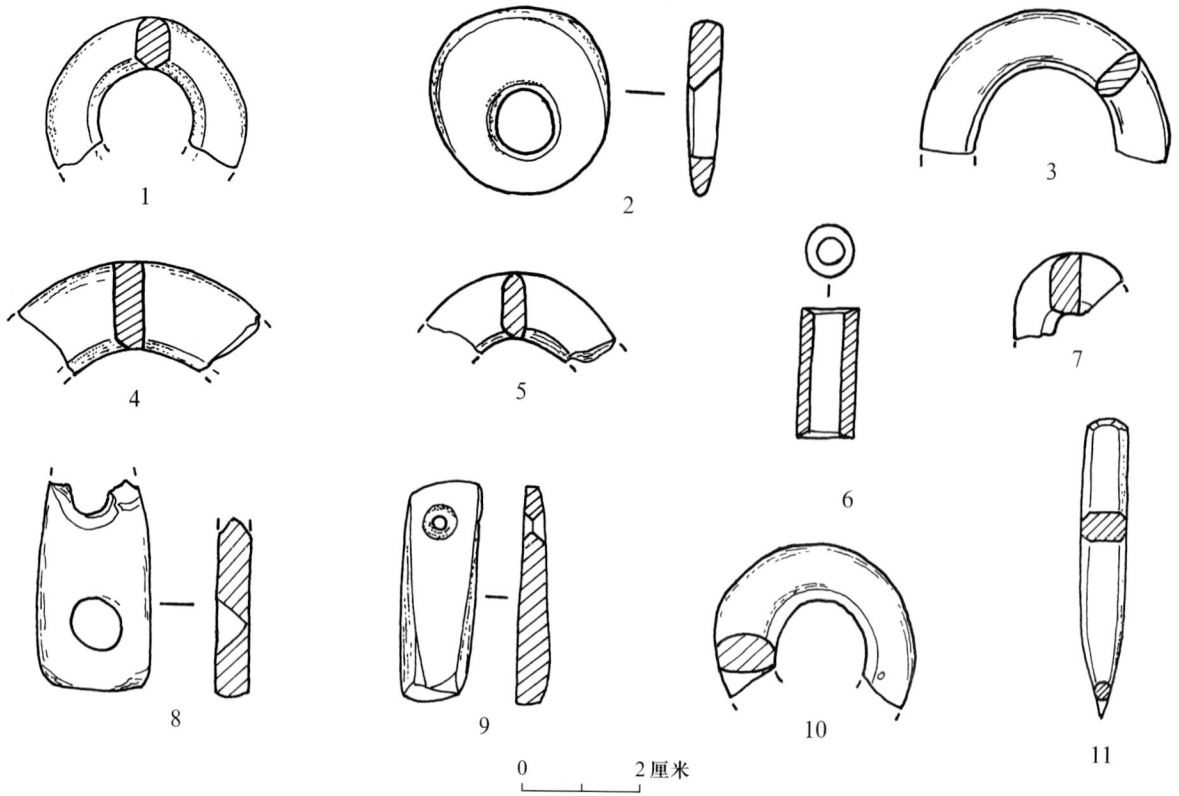

图四九　楼家桥文化类型玉器、骨器

1、3、7、10.玉玦(T0707㉑:1、T0811⑮:11、T0708⑪A:3、T0811㉔A:9)　2.玉环
(T0708⑬A:4)　4、5.玉璜(T0707⑲A:9、T0710西扩②B:1)　6.玉管(T0808⑯:2)
8~9.玉坠(T0811⑭A:1、T0808⑪A:1)　11.骨锥(T0808⑯:3)

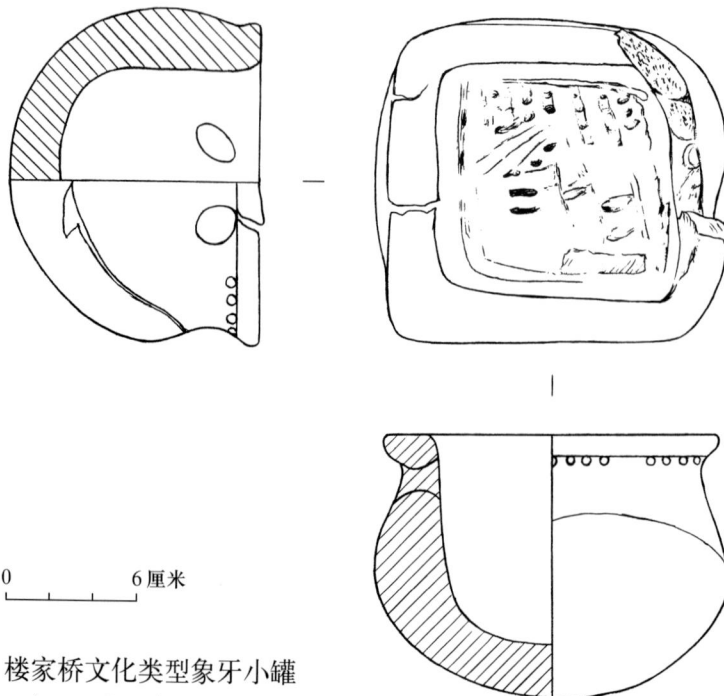

图五〇　楼家桥文化类型象牙小罐
(T0808㉔:19)

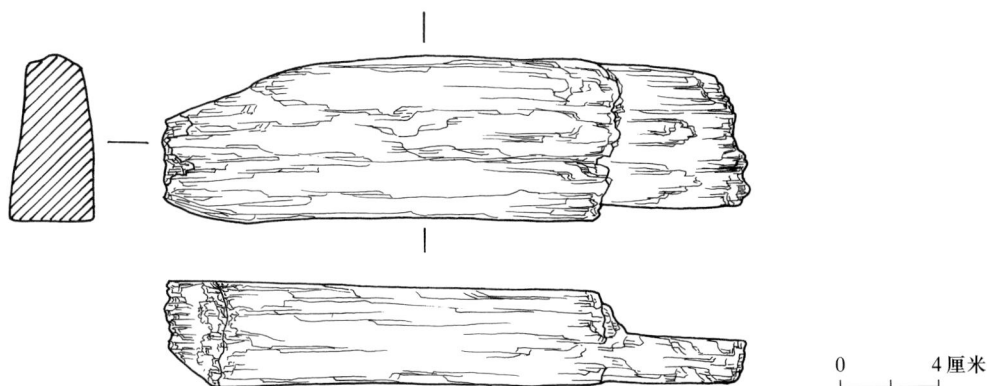

图五一　楼家桥文化类型木构件（T0807㉓：30）

列。小罐内壁有清晰的挖凿痕迹。（图五〇；彩版七，7、8）

骨锥　标本T0808⑯：3，完整。长条形，一端尖锥状，横截面近扁八棱形。长4.8厘米（图四九，11）。

5.木器

木构件　1件。标本T0807㉓：30，扁长条形，截面梯形。一端有榫头加工较规范，另一端砍削成微尖状。木质细腻，丝路清楚。残长27.2、宽7.4、厚2.6~4厘米（图五一）。

二、分期与年代

（一）分　期

在楼家桥遗址发掘区的东区，第㉓层是一层间歇层，从淤积土层的性状看，显然属于较长时间的泥水沉积土。参考今日潮水可以通过钱塘江、浦阳江到达遗址位置的现象，结合史前期跨湖桥、田螺山遗址都曾受海潮侵袭的事实，可以证明楼家桥遗址㉓层也属于潮淤层。这次潮倾造成遗址较长时间的中断，也导致了遗址文化发展的前后变化。这一点可以从陶、石器的形态分析中可以明判。通过陶器类型学分析，我们可以将楼家桥遗址分为两期（表六）。分期的遗存内容东区以㉓层为界，西区以⑨、⑩层之间为界。

表六　楼家桥文化类型主要陶器分期表

器型\期别	鼎		鼎足		釜			盆		钵	豆			隔档器		器盖			牛鼻耳		鸡冠鋬		
	A	B	A	B	A	B	C	A	F	A	G	D	E	F	A	B	B	C	D	A	B	A	B	C
早期	Ⅰ	Ⅰ	Ⅰ	Ⅰ	Ⅰ	*	*		*		*		*	*	Ⅰ			*	Ⅰ		Ⅰ			
晚期	Ⅱ	Ⅱ	Ⅱ	Ⅱ	Ⅱ		*		*		*	*			Ⅱ	*	*	*	Ⅱ	*	Ⅱ	*	

＊　表示该型未分式别。

早期　主要以AⅠ、BⅠ、CⅠ式鼎，AⅠ、BⅠ式鼎足，A、B型釜，A型盆，A型钵，E、F型豆，AⅠ式带隔档器，D型器盖，AⅠ式牛鼻耳，AⅠ鸡冠鋬为典型器。另外，石锛、玉玦、象牙小罐等器物也出现在这一阶段。

晚期　主要以 AⅡ、BⅡ、CⅡ式鼎，C 型釜，AⅡ、BⅡ式鼎足，C 型釜，F 型盆，G 型钵，D 型豆，AⅡ、B 型带隔档器，AⅡ式、B 型牛鼻耳，AⅡ式、B 型、C 型鸡冠鋬为典型器。另外，B 型穿孔石斧、异形鬶等带嘴陶器、动物堆塑的装饰风格也具有时代特征。

（二）年　代

早期　这一阶段有两个碳十四年代数据。BK20001（木头）5770±80 年，树轮校正（68.2 置信度）年代为 4762BC（66.9%）4530BC，4510BC（1.3%）4500BC；BK20002（木桩）5530±70 年，树轮校正（68.2% 置信度）年代为 4460BC（65.5%）4360BC，4270BC（2.7%）4260BC。

从两个碳十四数据看，该期年代相当于河姆渡遗址四层晚、三层早，属于河姆渡文化早期阶段。A 型陶釜与河姆渡文化有脊釜特征基本一致[①]，B 型陶釜与罗家角遗址早期腰沿釜也有相似特征[②]，象牙小罐也在河姆渡遗址早期存在同类器，对年代测定提供了支持。

晚期　没有进行年代测定。陶器以夹砂陶为主。C 型釜、异形鬶、A 型豆、穿孔石斧等器物在河姆渡遗址晚期及同一时期的名山后、塔山等遗址中常见，年代相当于距今 6000 年至 5800 年的河姆渡遗址二层、塔山遗址下层[③]。

第三节　良渚文化遗存

一、遗迹与遗物

（一）遗　迹

1. 灰坑

共 3 座（H11、H12、H13）。有圆形、椭圆形和不规则形。

H11　位于 T0810 西南部。开口于第⑫层下，打破第⑭层。平面呈圆形。直壁内收，平底。直径 126 厘米，深 42 厘米（图五二）。坑内堆积上层厚 22 厘米，浅灰色土，土质松软；下层厚 20 厘米，灰褐色土，土质湿度较大。出土较多。以夹砂陶为主，其次为泥质红陶、夹炭陶。器形有釜、罐、豆、钵、鬶足、鼎足、牛鼻耳等。

H12　位于 T0810 西壁中部，部分外露。开口于第⑫层下，打破第⑭层。平面呈不规则形，壁直内收，

---

① 浙江省文物考古研究所：《河姆渡——新石器时代遗址考古发掘报告》，文物出版社，2003 年。

② 罗家角考古队：《桐乡县罗家角遗址发掘报告》，《浙江省文物考古所学刊》，文物出版社，1981 年。

③ 浙江省文物考古研究所、象山县文物管理委员会：《象山县塔山遗址第一、二期发掘》，《浙江省文物考古研究所学刊》，长征出版社，1997 年。

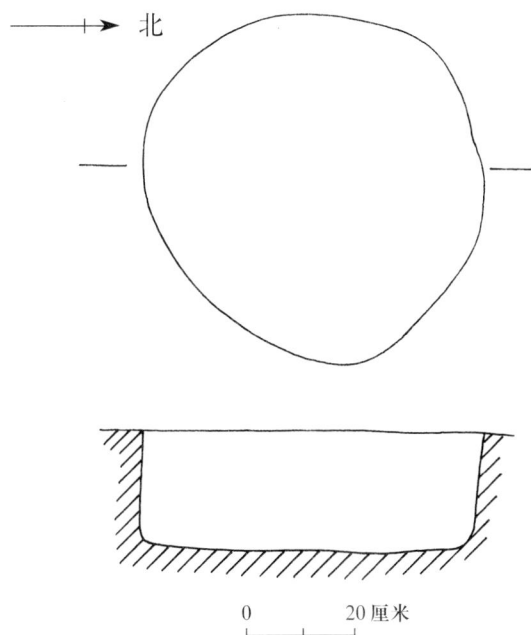

图五二　楼家桥遗址 H11 平、剖面图

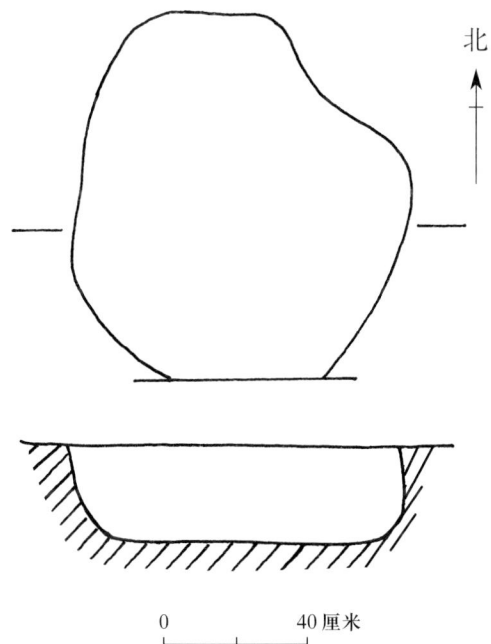

图五三　楼家桥遗址 H12 平、剖面图

底部略平。口径140～150厘米，深30厘米（图五三）。坑内堆积为深灰色土，土质松散。出土有夹砂陶、夹炭陶。器形有扁棱状鼎足等。

H13　位于T0810西南部。开口于第⑬层下，打破第⑮层。部分被压于南壁之下，平面呈椭圆形。弧壁内收，平底。口径94～98厘米，深26厘米（图五四）。坑内堆积为灰褐色土，质地较软。出土有夹砂陶、泥质红陶。器形有釜、豆、鼎足等。有素面和堆塑纹。

（二）遗　物

该时期文化堆积较薄,陶器包含物较少,且多为碎片,复原难度极大,无完整器物。陶系主要分夹砂陶、泥质陶两类。泥质灰陶出现并占相当比例（表七）。石器数量较多,还有很少的玉器。共选标本36件介绍。

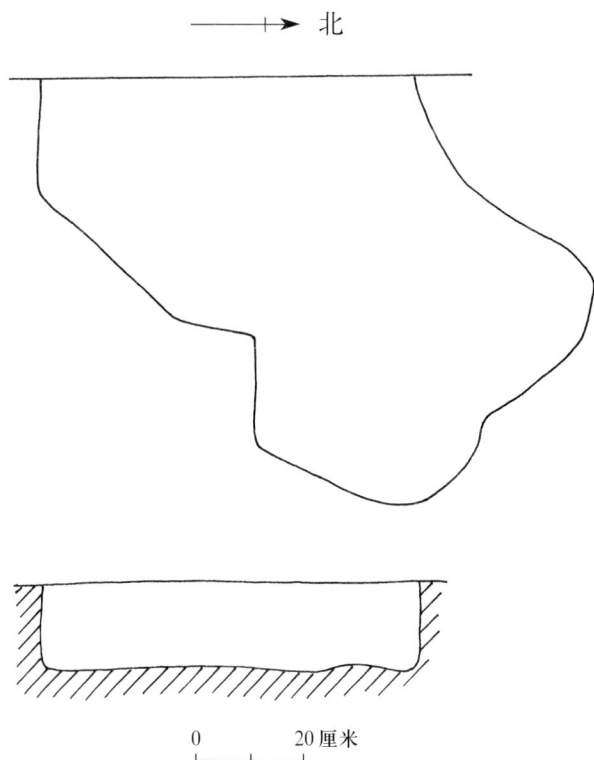

图五四　楼家桥遗址 H13 平、剖面图

表七　楼家桥良渚文化阶段陶器统计表（T0808）

陶质	陶色	口沿	鼎　足		耳	器　　底			陶片	小计	合计	百分比
			鱼鳍形	其他		圜	平	圈足				
夹　砂	红		14	17	1	4	1		304	341	437	55.5
	褐	2					2		76	80		
	灰	3							13	16		
泥　质	红				4	1	7	1	188	201	351	44.5
	褐							4	14	18		
	灰	11					1	3	117	132		
小　计		16	14	17	5	7	9	8	712		788	100%

1.陶器

陶片大多碎小，以鼎足最具代表性。鱼鳍形鼎足占绝大多数，是该时期最具特征的器物。纹饰一般为波折凹弦纹等。

鼎　1件。仅为口沿。夹砂红陶。侈口，圆唇，胎体较厚。标本T0809⑫：9，口径24、残高6厘米（图五六、2）。

鼎足　9件。夹砂红陶。可分三型。

A型　4件。截面椭圆形，向一侧弧斜。标本T0811⑫：9，夹砂红陶，有两道凹槽，下径2.6～3.4、通高5厘米（图五五，6）。标本T0809⑫：11，体扁宽，表饰五道刻划纹。残高16厘米（图五五，1）。标本T0710⑪：2，基本完整，体肥矮，表有刻划纹数道。高13厘米（图五五，5）。标本T0707⑪：1，体肥，下部梢宽，表饰刻划纹。残高8厘米（图五五，6）。

B型　2件。截面长方形，平面梯形。标本T0808⑬A：5，夹砂红陶。残长10.8、宽5.2～5.5、厚2.3厘米（图五七，1）。标本T0810⑪：2，体较长，素面。残长17厘米（图五五，7）。

C型　3件。截面扁圆形。标本T0809⑪：2，体特宽，下部残，表有刻划纹，残高9厘米（图五五，2）。标本T0809⑪：1，基本完好，体扁矮，素面，高14厘米（图五五，4）。标本T0607⑬：1，体瘦高，表饰菱形刻划纹，残高15厘米（图五五，3）

罐　1件。仅存上部。标本T0808⑪：3，泥质灰陶，口微侈，圆唇，阔肩，口径16、残高5厘米（图五六，1）。

豆盘　1件。仅存口部。标本T0810⑪：3，夹砂红陶，沿较宽，斜壁内饰凸弦纹一道，口径24、残高4厘米（图五六，3）。

豆柄　4件。均残，束腰形。标本T0810⑪：1，夹砂红陶，体形粗大，素面，残高8厘米（图五五，6）。标本T0809⑫：10，泥质灰陶，身饰数道凹棱，残高7厘米（图五六，7）。标本T0710⑪：1，泥质灰陶，体瘦高，偏下部饰一组凹弦纹（图五六，8）。标本T0809⑫：8，泥质灰陶，残存较少，表饰阴刻水波纹、凹弦纹及镂孔数个（图五六，5）。

残器底　1件。标本T0808⑪：2，泥质灰陶，体小，仅存下部，素面，底径6、残高4.5厘米（图五六，4）。

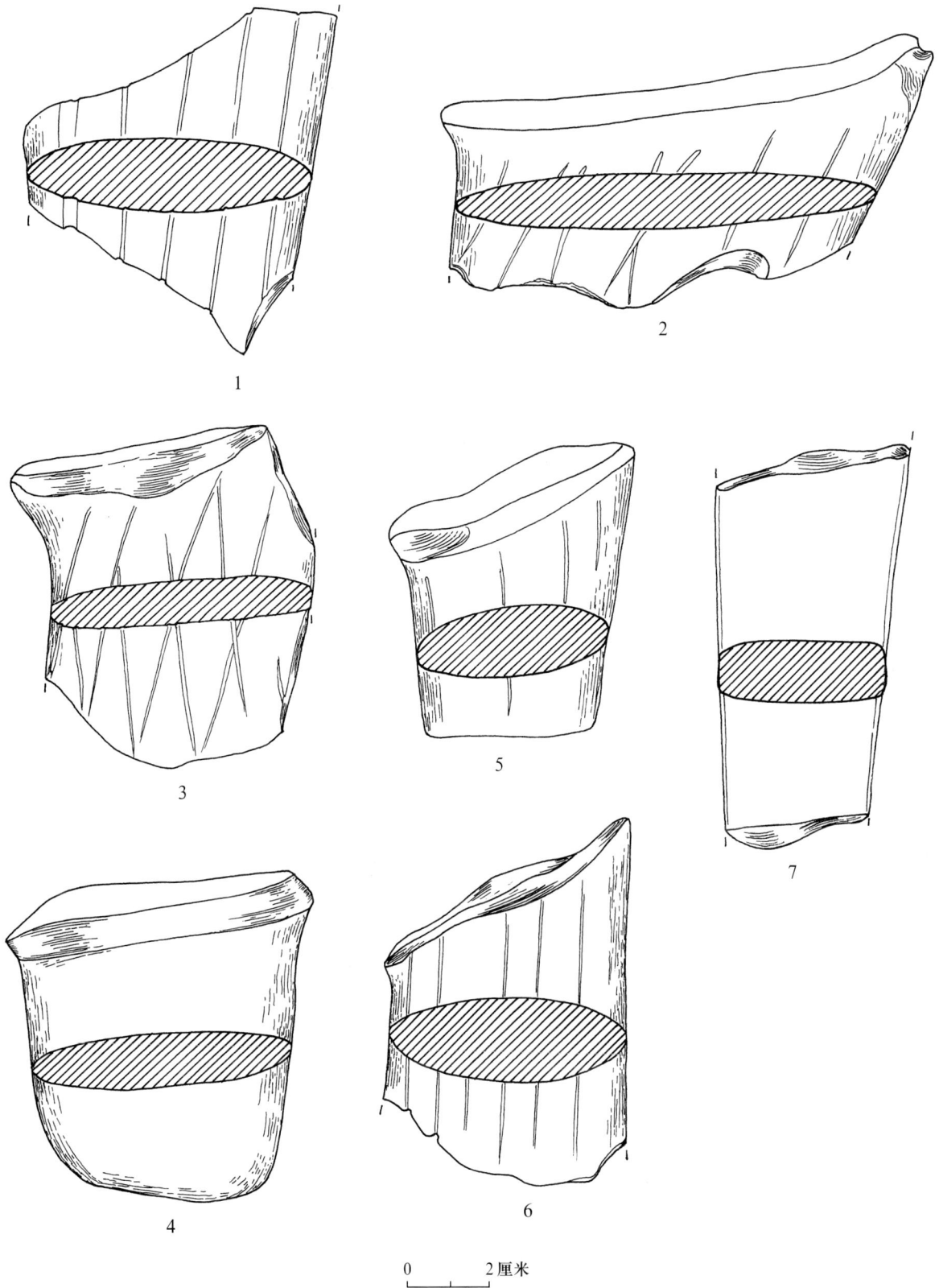

图五五 楼家桥遗址良渚文化陶鼎足

1、5、6.A型鼎足（T0809⑫：11、T0710⑪：2、T0707⑪：1） 2~4.C型
鼎足（T0809⑪：2、T0607⑬：1、T0809⑪：1） 7.B型鼎足（T0810⑪：2）

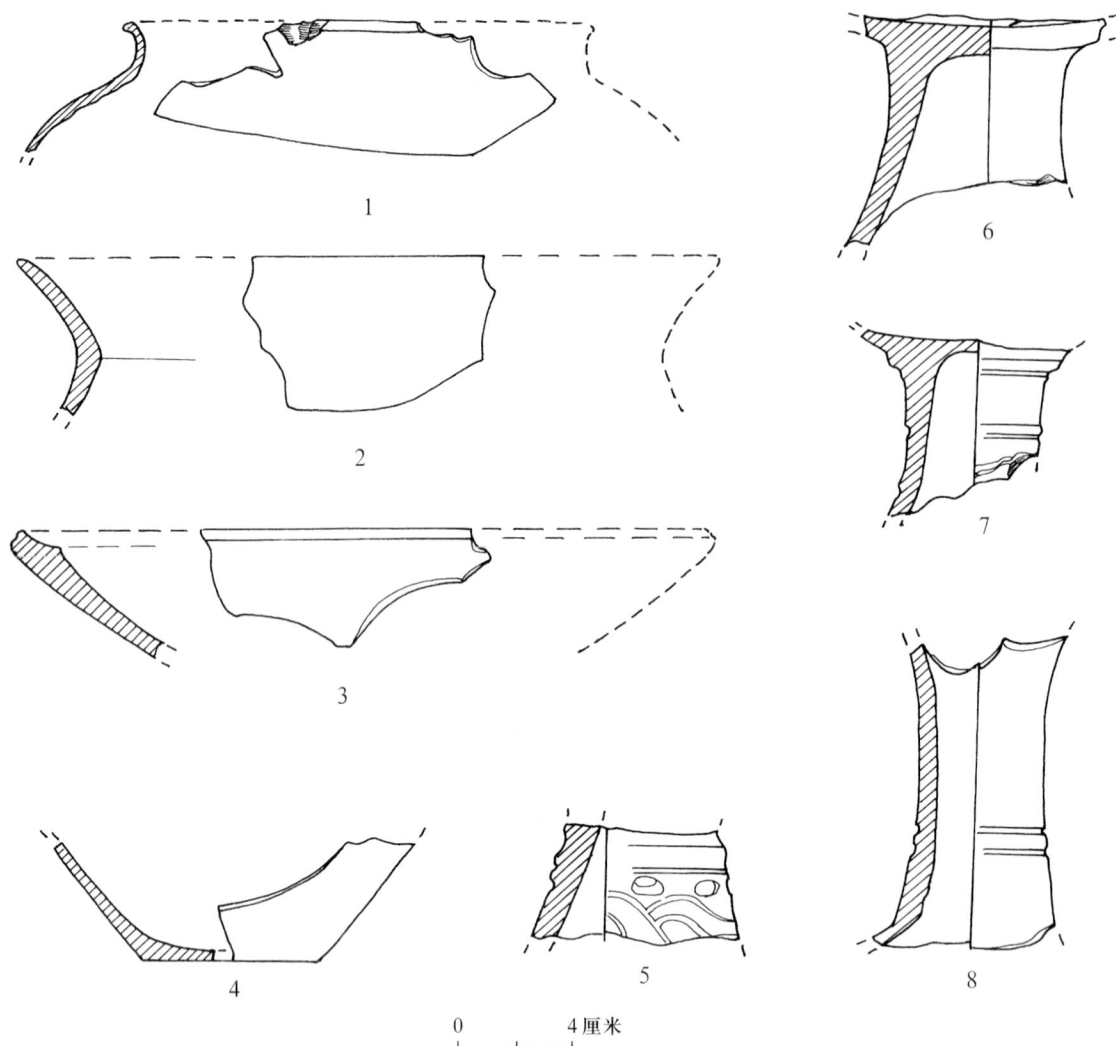

图五六　楼家桥遗址良渚文化陶器

1.罐（T0808①：3）　2.鼎（T0809⑫：9）　3.豆盘（T0810①：3）　4.残器底
（T0808①：2）　5~8.豆柄（T0809⑫：8、T0810①：1、T0809⑫：10、T0710①：1）

2.石器

共13件。主要有锛、斧、镞、石轮等。

锛　2件。均完整。分两型。

A型　1件。弧背。标本T0810⑫：1，完整，灰色粉砂岩，长方形，风化严重，长8.2、宽4.6、厚1.8厘米（图五七，2）。

B型　1件。有脊。标本T0607⑫：1，完整，棕色，长方形，形体较小，起刃处明显，长3.6、宽1.8、厚0.8厘米（图五八，4）。

斧　2件均完整。大多打制，制作粗糙，标本T0710⑬A：4，绿色粗砂性岩。近顶端横截面近圆形，近刃部则呈椭圆形，顶端有敲击痕，刃部较钝。长12.1、宽5.2、厚4.3厘米（图五七，9）。T0809⑩：1，砂性岩，横截面椭圆形，刃部较钝，并有使用痕，通体磨光，制作较粗。残长7.5、宽6.9、厚4.2厘米（图五七，3）。

镞　2件。均完整。横截面呈四棱形。分两型。

图五七　楼家桥遗址良渚文化石器、陶器

1.B 型陶鼎足（T0808⑬A：5）　2.A 型石锛（T0810⑫：1）　3、9.石斧（T0809⑩：1、T0710⑬A：4）
4.石矛（T0708⑫：1）　5.石纺轮（T0607⑫：3）　6.A 型陶鼎足（T0811⑫：9）　7.石轮（T0607⑫：4）
8.石镰（T0707⑬A：4）

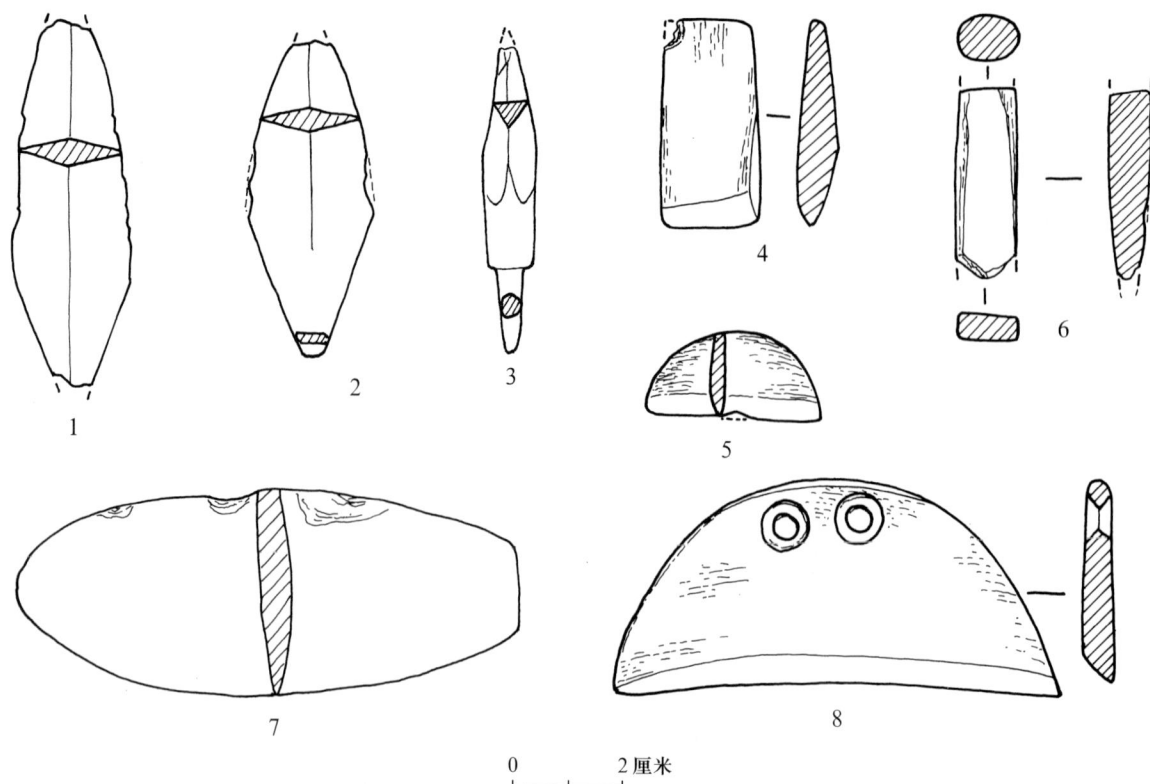

图五八　楼家桥遗址良渚文化石器、玉器
1.A 型石镞（T0808⑩：5）　2.B 型石镞（T0808⑩：6）　3.B 型石镞（T0708⑫：2）
5、7、8.石刀铤（T0808⑫：2、T0807⑬A：1、T0809⑩：2）　4.B 型石锛（T0607⑫：1）
6.玉坠（T0710⑫：1）

A 型　1 件。柳叶形，数量较少。标本 T0808⑩：5，完整，残长 6.2、宽 2.1、厚 0.5 厘米（图五八，1）。

B 型　1 件。桂叶形，数量最多。标本 T0808⑩：6，残长 5.4、宽 2.2、厚 0.4 厘米（图五八，2）。标本 T0708⑫：2，尖残缺，头三棱锥形，铤圆柱形。残长 5.6、宽 1 厘米（图四六，5）。

纺轮　1 件。残。标本 T0607⑫：3，剖面呈扁梯形，直径 5.4～5.9、厚 0.8 厘米。（图五七，5）。

石铤　3 件。均完整。半月形。器形不规整。标本 T0807⑬A：1，平背略外弧，弧凸刃长 9.2、宽 3.5、厚 0.5 厘米（图五八，7）。标本 T0808⑫：2，长 3.2、宽 1.6、厚 0.3 厘米（图五八，5）。标本 T0809⑩：2 弧凸背近半圆形，平刃略内弧，近背处中部对穿两小孔，单面刃，长 8.1、宽 3.5、厚 0.5 厘米（图五八，8）。

石镰　1 件。完整。标本 T0707⑬A：4，浅绿色粉砂性岩，石质较差，制作粗糙，形体较大，弧凸背，凹弧双面刃，长 24.4、最宽 6.8、最厚 0.7 厘米（图五七，8；图版五，10）。

石矛　1 件。完整。标本 T0708⑫：1，扁平，体铤相连，长 15.4、宽 5.3、厚 0.7 厘米（图五七，4）。

石轮　1 件。残弧状。标本 T0607⑫：4，灰色粗砂岩，环形，长 10.1、宽 3.5 厘米（图五七，7）。

3.玉器

数量最少。

玉坠　1 件。残。标本 T0710⑫：1，灰绿色。体小，精制，柱状上小下大。残长 3.2、宽 1.1 厘米（图五八，6）。

二、年　代

该阶段内涵较为单薄，陶器、石器明显具有良渚文化风格。陶器有鱼鳍足鼎、竹节把豆、泥质红陶平底罐等。石器有石镰、石锛、石镞、石锛等。较具时代特征的是鼎足，虽然都为残足，足尖形状不明，但横截面最厚在中部，内外缘呈尖圆状。与张陵山等地墓葬出土物类似[1]。年代相当于良渚文化偏早期。

但半月形石刀、竹节把豆的年代偏晚。

第四节　商周时期文化遗存

一、遗迹与遗物

（一）遗　迹

1.灰坑

发现数量最多，共18座。这里只介绍10座（H1、H2、H3、H4、H5、H17、H18、H22、H26、H27）。按坑口有椭圆形、长方形、半月形和不规则形之分。有直壁和弧壁、平底和圜底之别。

H1　位于T0807西南部，开口于第⑦层下，打破第⑧层。平面呈不规则形状，弧壁斜收，底部凹凸不平。上口长285厘米，宽20～110厘米；下口长230厘米。深14厘米（图五九）。坑内堆积为黑色

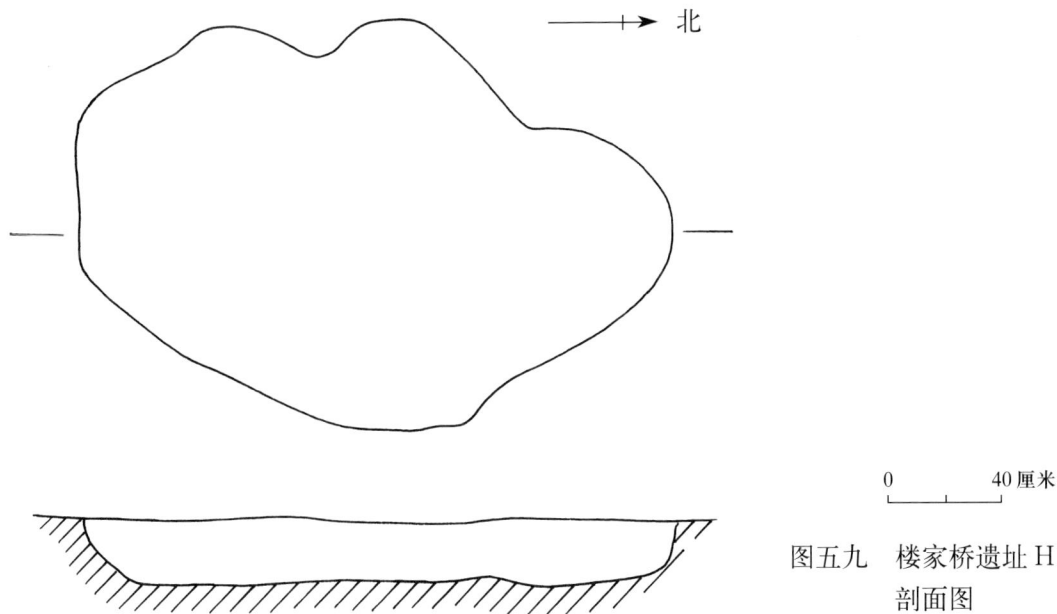

——→ 北

0　　　40厘米

图五九　楼家桥遗址 H1 平、
剖面图

---

① 南京博物院：《江苏吴县张陵山遗址发掘简报》，《文物资料丛刊》第6期，1982年。

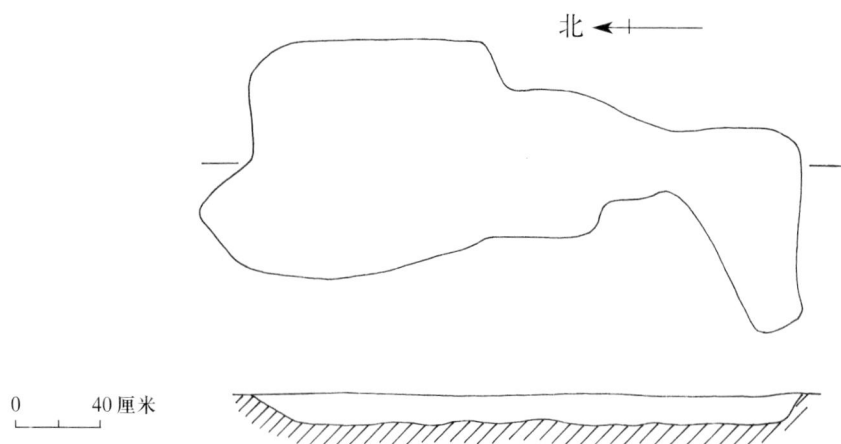

图六〇　楼家桥遗址 H2 平、剖面图

土，含砂粒，土质较松。出有较多石片及夹砂陶和印纹陶。还有三足残盘1件。

H2　位于 T0810 东北部。开口于第②B 层下，打破第⑤A 层和 H3。平面呈不规则形，周壁不规整向内斜收，平底。上口径 140～208 厘米，深 20 厘米（图六〇）。坑内堆积为灰色土，土质松散。出土较多的硬陶片，纹饰有方格纹、席纹、绳纹等。

H3　位于 T0810 东北部。开口于第②B 层下，打破第⑤A 层。西部被 H2 打破。平面呈不规则方形，圜底。口径 224～240 厘米，深 40 厘米（图六一）。填灰红色土，土质松散。有夹砂红陶、泥质硬陶。器形有罐、盆、锥形鼎足。

H4　位于 T0810 东南部。开口于第③层下，打破⑤A 层。平面呈长方形，弧壁斜收，底较平。长 256 厘米，宽 120 厘米，深 36 厘米（图六二）。坑内堆积为灰褐色土，土质较松软。出有夹砂陶、泥质硬陶等。纹饰有细绳纹、方格纹、叶脉纹。器形有豆、盆、釜、罐、鼎足等。

H5　位于 T0807 西南部。开口于第⑧层下，打破第⑨A 层。由内坑和外坑构成。外坑平面呈不规则形状，周壁不规则向下内收；内坑平面呈椭圆形，圜底。底部有小块席纹痕迹，用途可能为垫底防潮湿。其性质可能为当时的"储藏坑"。坑内填黑色土，土质较松软。包含有夹砂红陶、黑陶和硬陶。器形有圈足罐、盘等。东西宽 310 厘米，南北长 330 厘米，深 105 厘米，内坑直径 160～175 厘米（图六三；图版二，3）。

H17　位于 T0707 西北部。开口于第③层下，打破⑤B 层。平面呈半月形，直壁内收，平底。长 165 厘米，宽 240 厘米，深 14 厘米（图六四）。坑内堆积为灰色土，土质疏松。出土印纹陶、夹砂泥质陶。器形有罐、釜、鼎足、平底盘等。

H18　位于 T0709 东南部。开口于第⑤层下，打破第⑫层。平面呈长方形，弧壁内收，平底。长 224 厘米，宽 105 厘米，深 40 厘米（图六五）。坑内堆积为浅灰色土，土质松软。内含出有泥质灰陶、硬陶，陶片较碎，器形不辨。纹饰有方格纹、席纹和细绳纹。

H22　位于 T0811 偏东北部。开口在第①层下，打破第②层。平面呈不规则形，斜直壁内收，底近平。长约 200 厘米，宽约 100 厘米，深 18～20 厘米（图六六）。出土陶片较少，以夹砂红陶为主，还有硬陶等。器形有扁圆形鼎足。

北

H2　　H3

0　　40厘米

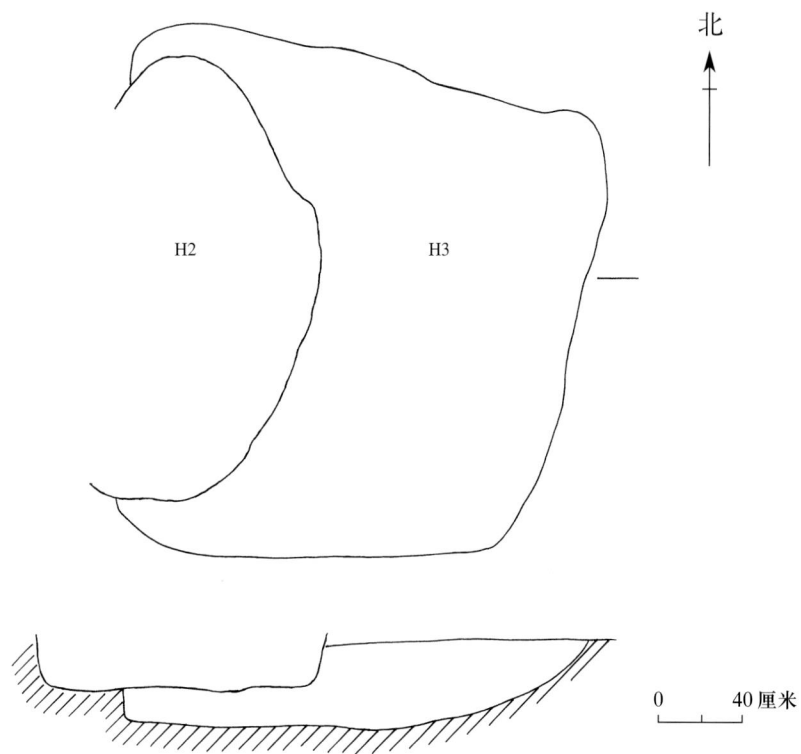

图六一　楼家桥遗址 H3 平、剖面图

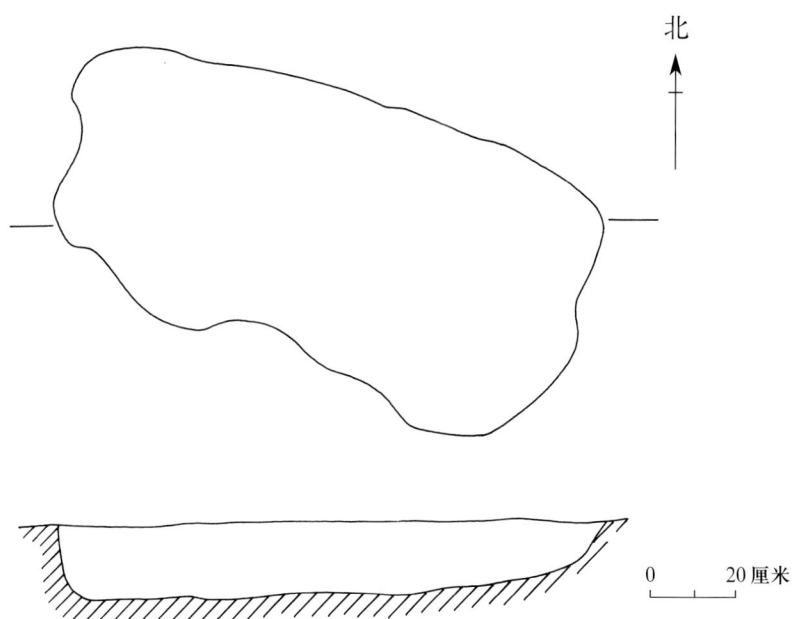

北

0　　20厘米

图六二　楼家桥遗址 H4 平、剖面图

北

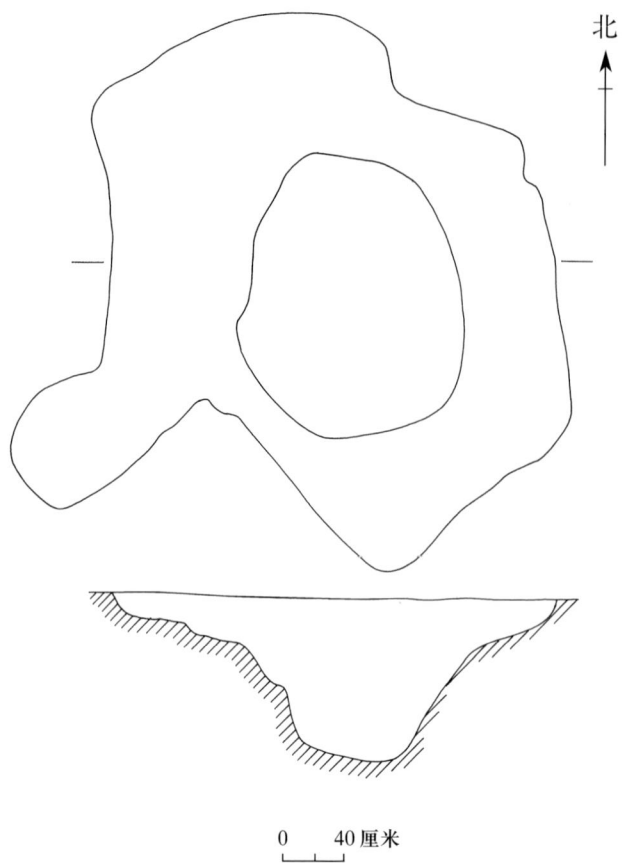

图六三　楼家桥遗址 H5 平、剖面图

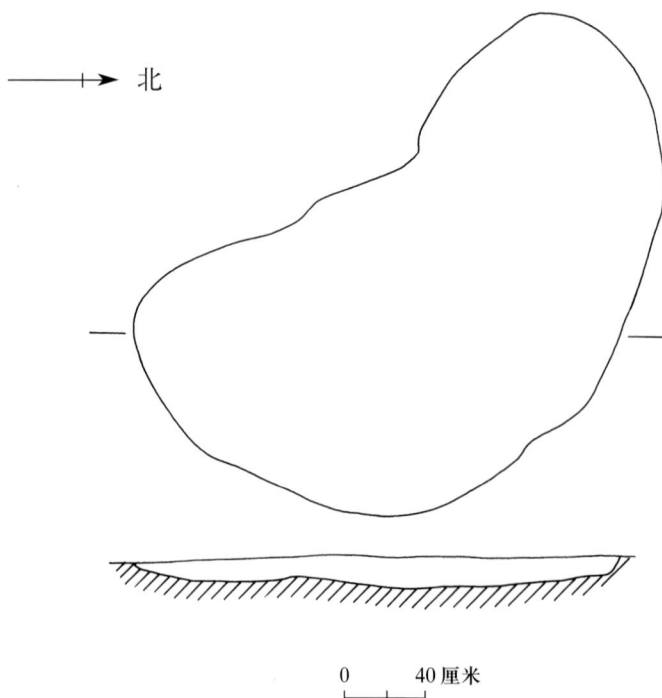

0　　40厘米

北

0　　40厘米

图六四　楼家桥遗址 H17 平、剖面图

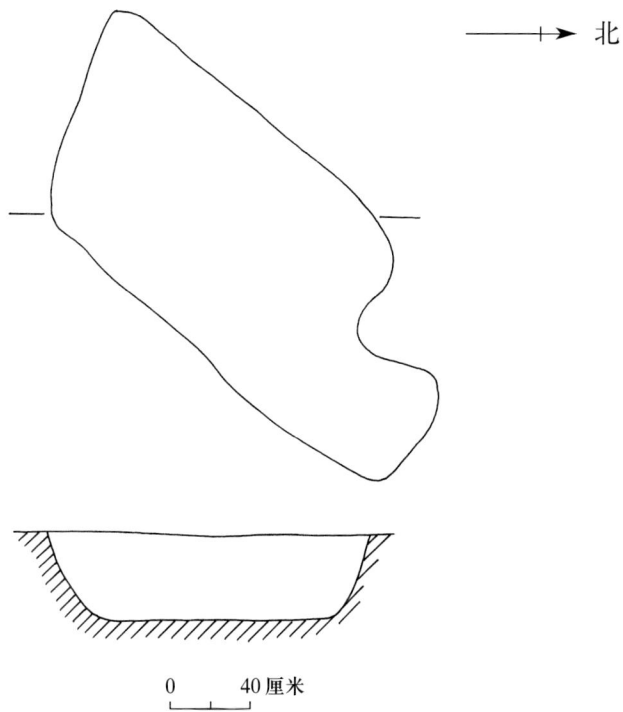

图六五　楼家桥遗址 H18 平、剖面图

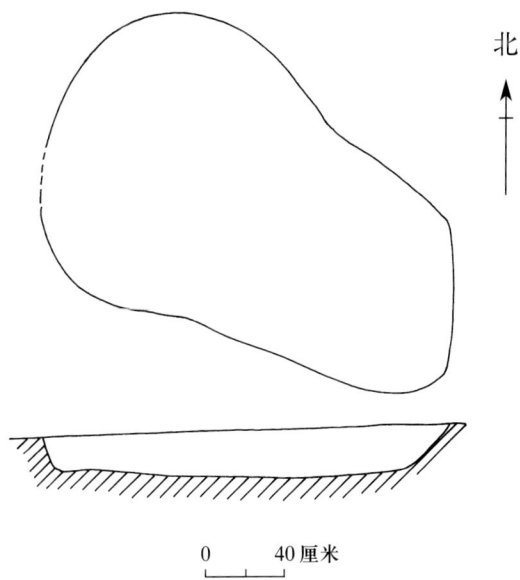

图六六　楼家桥遗址 H22 平、剖面图

H26　位于T0607西部。开口于第②A层下，打破第③层。平面呈不规则形，弧壁内收。平底。口径120～130厘米，深18厘米（图六七）。坑内堆积为黑灰土，有大块红烧土。出土以印纹陶为主，还有夹砂陶和泥质陶。纹饰有方格纹、席纹和绳纹。另有残石刀一件。

H27　位于T0607西壁下，部分外露。开口于第②A层下，打破第⑥B层。外露部分呈长条形。弧壁内收，平底。残长225厘米，宽50～150厘米，深20厘米（图六八）。坑内堆积黑灰土，质松散。出有硬陶片，纹饰有绳纹、席纹和方格纹。

2.灰沟

共4条（G1、G2、G3、G4）。

G1　位于T0807 T0808探方内。开口于第④A层下，打破第⑦层。西南——东北走向，狭长状沟，两端伸出探方之外。东壁和底部较硬，范围清楚。壁面不规整向内斜收，底部西高东低斜坡状，有明显的雨水冲刷痕迹，可能为排水沟。沟内上部堆积为白色淤土，下部为粗砂性土。内含印纹陶、夹砂陶。残长1380厘米，宽60～165厘米，深20～45厘米（图六九）。

G2　位于T0807探方内。西南——东北走向，南部未发掘，北通至隔梁内并消失。开口于第⑦层下，打破于第⑧层。大部被G1所打破。平面呈"Y"形，长约950厘米，宽50～140厘米，深30厘米。偏南部有一向东的分岔，伸出探方之外未发掘。东壁较硬，有明显雨水冲刷痕迹。底部西南高东北底略呈斜坡状。沟内堆积为灰黄色土，稍带锈斑，土质松软。内出大量印纹陶、夹砂陶等。亦为"排水沟"（彩版三，3）。

G3　位于T0807、T0808探方内，开口于第⑧层下。呈西南——东北走向的狭长状。壁较硬，不规整向内斜收，底部西南高向东北底稍倾斜。残长13.5米，宽0.25～0.55厘米，深0.10～0.20厘米（图七〇）。沟内堆积为灰白色淤土，土质细软，有明显的雨水冲刷痕迹，应仍为排水沟。内出有印纹陶、夹砂陶及少量泥质陶。

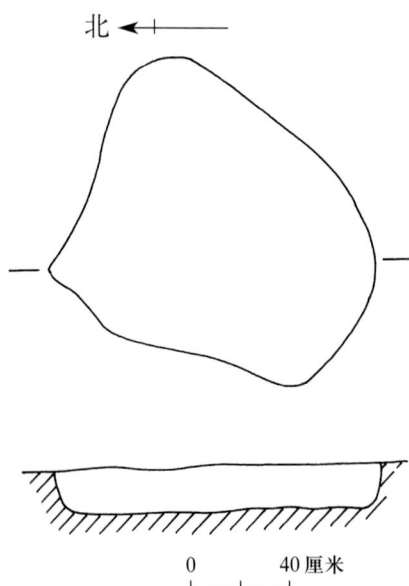

图六七　楼家桥遗址 H26 平、剖面图

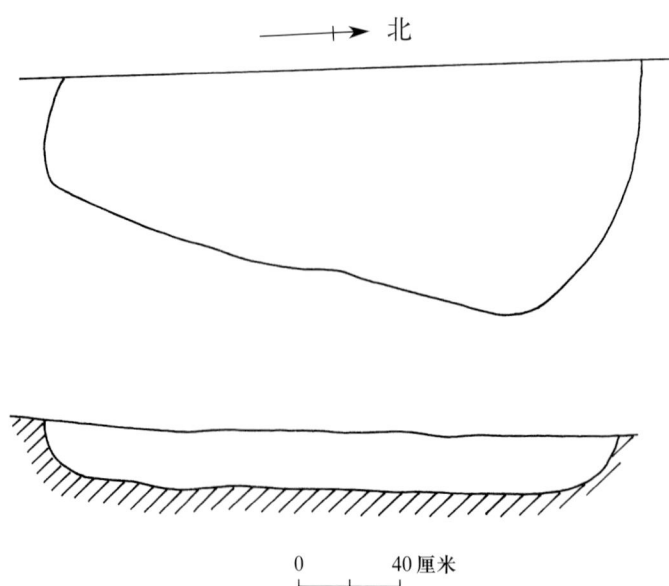

图六八　楼家桥遗址 H27 平、剖面图

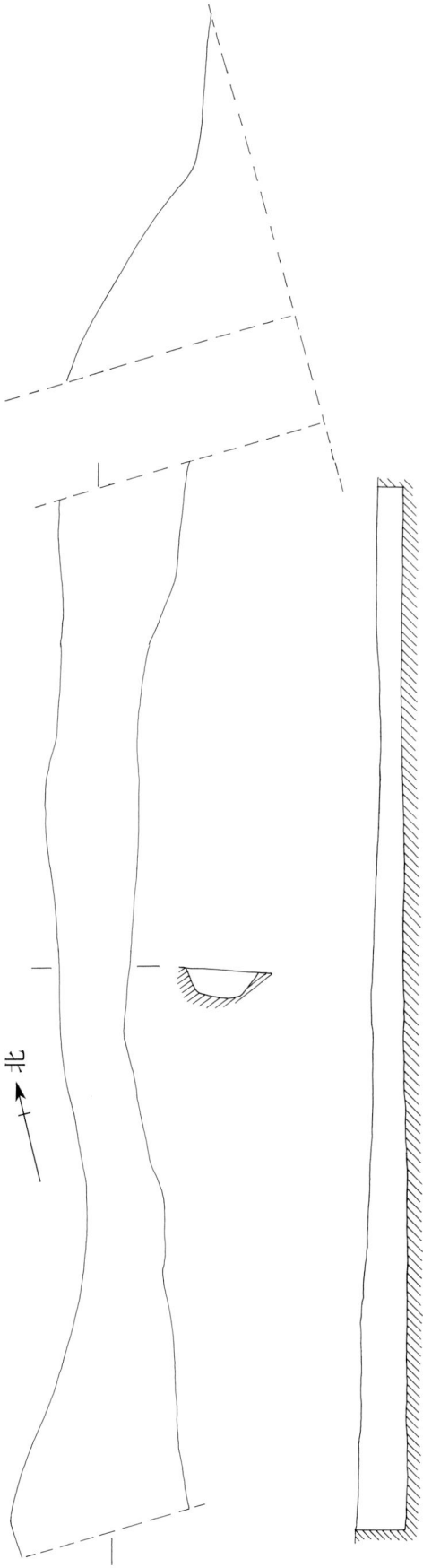

图六九　楼家桥遗址 G1 平、剖面图

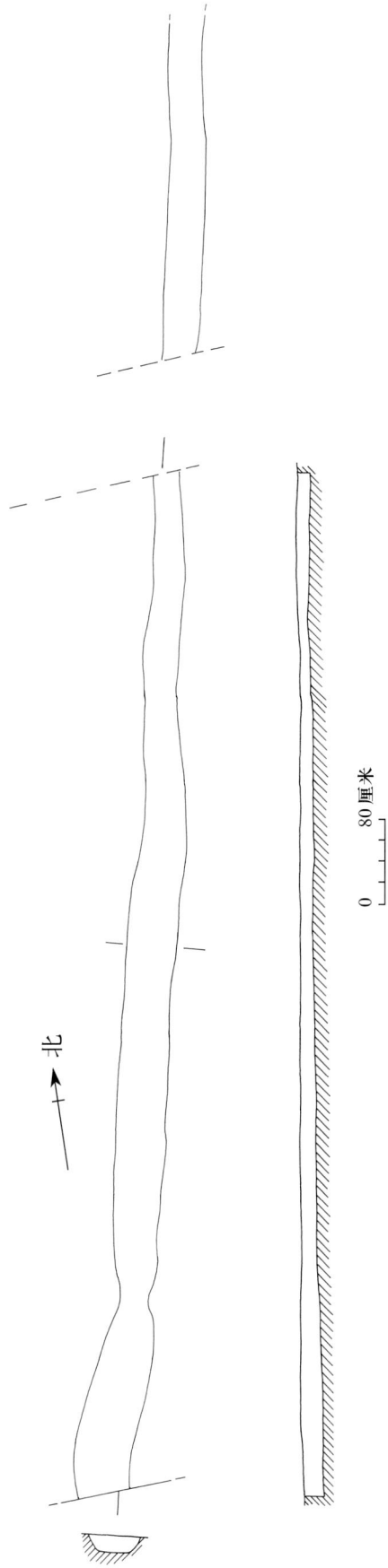

图七〇　楼家桥遗址灰沟 G3 平、剖面图

（二）遗　物

所出陶片较多，大多无法修复，已拼完整器仅有数件。陶器以硬陶、夹砂、泥质陶为主。器形有罐、鼎、三足盘、豆、钵、盘、瓮、觚、尊、甗、觯、盆等。残碎现象严重，各器物部位和少量完整器可大致反映陶器的基本内涵（表八）。陶器的纹饰主要有绳纹、弦纹、戳印纹和诸种几何印纹。另外还有石器和玉器等。共选标本167件。

表八　楼家桥遗址商周时期陶器统计表（T0808）

陶质	陶色	口沿	底				足		其它	小计	合计	百分比
			鼎足	圆底	平底	凹底	三足	圈足				
夹砂	红	46	113		3			4	331	497	597	50.9
	褐			2				2	5	9		
	灰	8	1		2				80	91		
泥质	红	3			3			2	80	88	306	26.1
	褐	4			1				13	18		
	灰	6			4		1	13	176	200		
硬陶	红	5			3			2	75	85	269	23
	褐	3			1	5		8	6	23		
	灰	5			3	2	1		150	161		
小　计		80	114	2	20	7	2	31			1172	100%
合　计		80	114	29			33		916			

1. 硬陶类

共45件。均为泥质，以灰色为主，紫红、橘黄色次之，还有浅黄色等。器表饰以旋纹、凹旋纹为主，瓦棱纹、绳纹、席纹、叶脉纹（图七一，1）次之，还有凸弦纹、鱼纹、乳钉纹、曲折纹、云雷纹（图七一，2）、云纹（图七一，3）、重菱格纹（图七一，4）、方格梅花眼纹（图七一，7）、刻划符号纹（图七一，6）、夔纹（图七一，5）、横条带S纹（图七一，9）等。绳纹、旋纹一般饰于腹部，较少饰于沿、肩和底。有的旋纹被抹平。凹旋纹除底外均有装饰，以沿面为多。席纹均饰于器腹。瓦愣纹多饰在器物上部。偶见混合型纹，如叶脉纹加云雷纹、弦纹加斜线纹等。素面极少。乳钉纹一般饰于肩部，圆孔镂在颈下，还有极少肩置把手和耳（系）的。绝大多数为轮制，捏制及少，未见模制和其他。器形有罐、三足盘、豆柄、钵、瓮、觚、鸭形尊、器盖和坛等。

罐　17件。已复原2件。分四型。

A型　3件。翻折沿、沿面内弧、束颈、鼓腹、凹圜底。标本T0807⑧：6，已复原。紫红胎，圆唇、腹部饰乱细席纹。口径12、最大腹径13.6、通高10.4厘米（图七二，7）。标本T0807⑨A：11，唇部下坦并饰凸弦纹，上肩部饰叶脉纹，其下为叶脉与云雷复合纹饰。口径28、残高3.4厘米（图七六，8）。标本T0807⑧：18，唇近方，溜肩。上部饰绳纹，之下为叶脉纹，宽沿且面饰有旋纹，口径18.4、残高5厘米（图七六，1）。

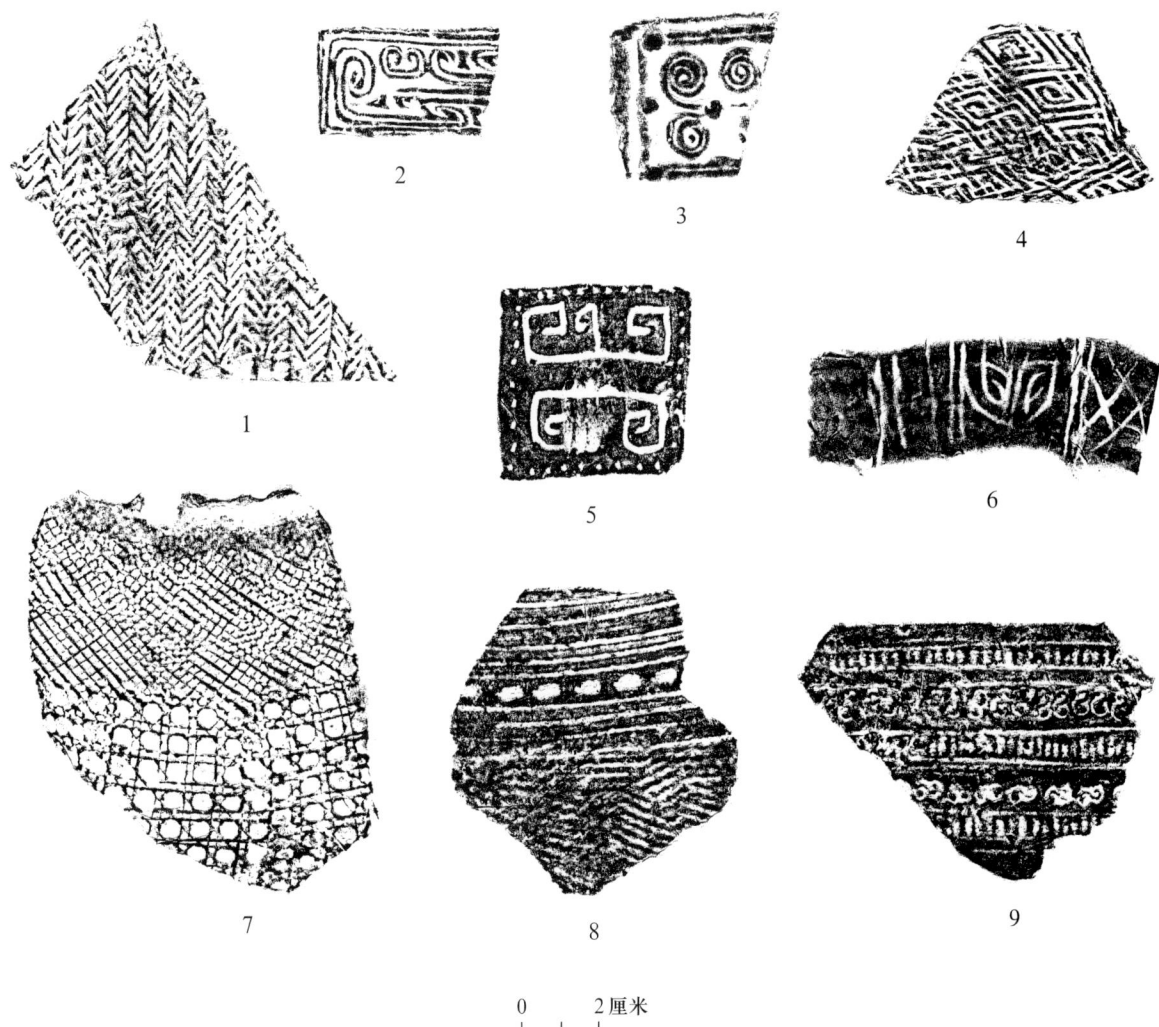

图七一　楼家桥遗址商周时期陶器纹饰拓片

1.叶脉纹（T0807③A：1）　2.云雷纹（T0810②B：5）　3.云纹（T0811③：1）　4.重菱格
纹（T0807⑤A：22）　5.夔纹（T0807②A：5）　6.刻划符号纹（H1：4）　7.方格梅花眼纹
（G1：16）　8.凹弦、素点、交错组合纹（G1：17）9.横条带、S纹组合纹（T0807④A：7）

　　B型　3件。侈口，卷沿，鼓腹。腹饰席纹等，沿饰凹弦纹数道，底均残。标本T0807④A：5，紫
红胎。口径13.5、残高10.4厘米（图七二，8）。标本H26：1，浅黄色陶，肩饰凹弦纹及乳钉三个。下
为乱席纹。口径14、残高8厘米（图七六，2）。G1：2，颈饰凹弦纹四道，肩饰宽扁卷曲系，已残，与
系90度位置颈有小圆孔，腹饰乱细绳纹。口径24、残高7厘米（图七六，7）。

　　C型　10件。高领。标本T0807⑦：7，灰陶。侈口，平肩。肩颈间饰瓦棱纹一道，腹饰乱席纹。口
径14、残高4厘米（图七七，8）。标本T0807⑨A：12，橘黄陶。侈口，圆唇。腹饰绳纹。口径16、残
高7厘米（图七二，2）。标本T0807⑦：6，灰陶。肩颈间有瓦棱纹一道。腹径31.2、残高10厘米（图
七六，11）。标本T0807⑧：14，紫红胎，平肩，弧腹斜收，腹饰叶脉纹，最大腹径12、残高8.8厘米
（图七二，3）。标本T0807⑧：12，紫红胎。口为捏制。沿与肩之间有宽平把手。肩下为曲折纹较粗。口
径14厘米，残高8.4厘米（图七二，4）。标本T0808⑥A：1，较薄。直口，尖圆唇。腹饰弦纹，肩颈

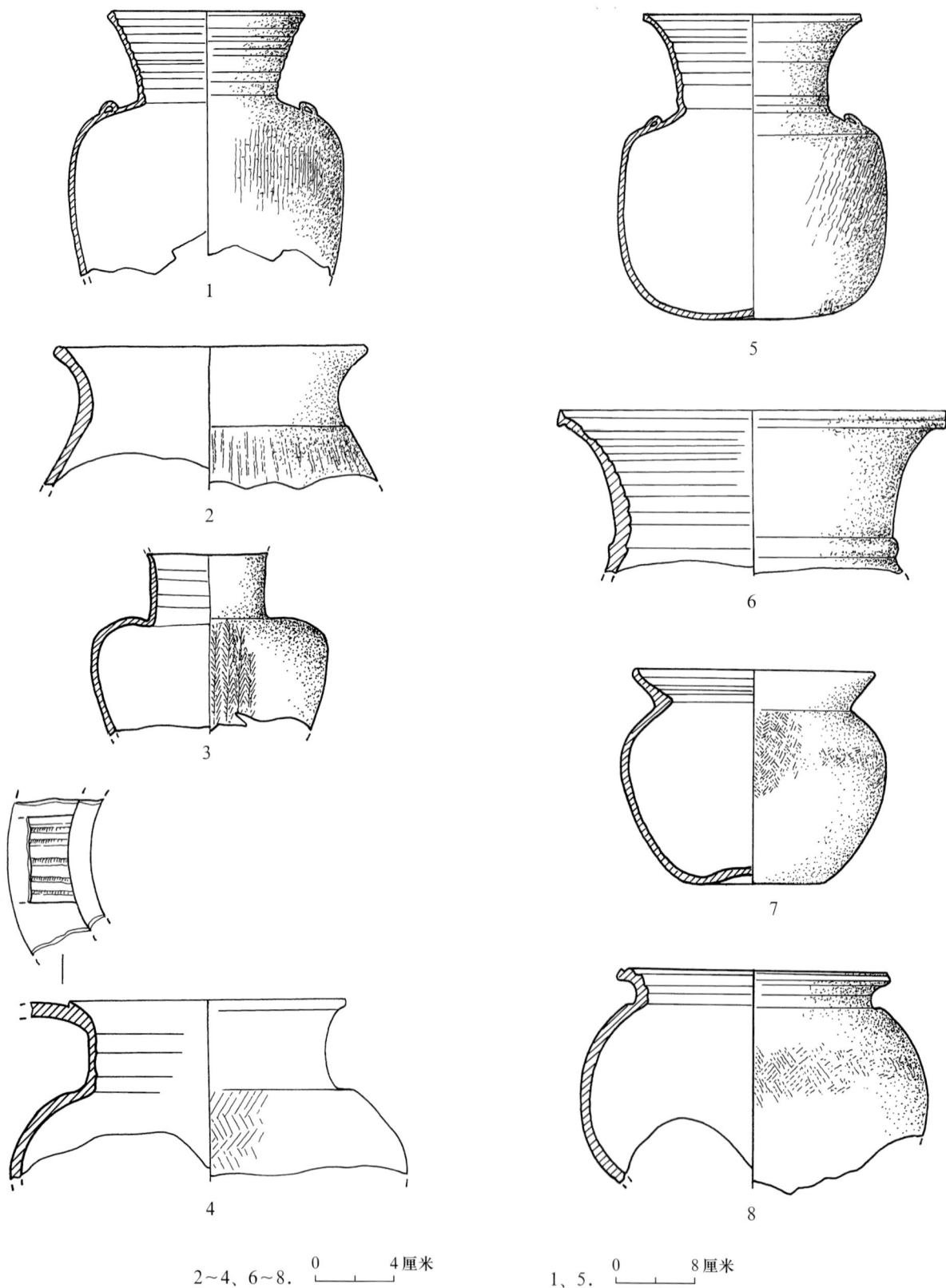

2~4、6~8. 0 ___ 4厘米　　　　　1、5. 0 ___ 8厘米

图七二　楼家桥遗址商周时期陶罐

1~6.C 型硬陶罐（T4⑤：4、T0807⑨A：12、T0807⑧：14、T0807⑧：12、T4⑤：1、H5：7）
7、.A 型硬陶罐（T0807⑧：6）　　8.B 型硬陶罐（T0807④A：5）

间有瓦棱纹一道。口径7、残高5厘米（图七四，5）。标本T4⑤：1，复原。口径22、腹径27.2、高30厘米（图七二，5）。标本T4⑤：4，口径20、腹径28、残高26厘米（图七二，1）。标本H5：7，口径19.8、残高8厘米（图七二，6）。以上三器器形基本相同，均尖唇内勾，颈内壁饰瓦棱纹数道，斜肩对称饰两桥形小耳，直腹，圜底内凹，腹饰浅绳纹。标本H1：9，灰陶。肩饰三条粗凸弦纹，上有绳索状系，上腹有刻划符号。残高6.2厘米（图七五，1）。

D型　1件。敛口。标本T0807⑧：13：橘黄色。厚圆唇，外唇下有瓦棱纹一道，鼓腹饰席纹，底残。口径19.2、残高9.2厘米（图七五，7）。

三足盘　14件。已复原5件。分三型。

A型　5件。敞口，斜直腹较深，三足较小。分二式。

AⅠ式　口外撇，底略凹，足尖钝圆。标本T0807⑦：1，复原。紫红陶。三足扁圆锥形略外撇。口径18、通高8.2厘米（图七三，2）。

AⅡ式　斜腹较直，底较平，内有旋纹，足尖锐方。标本T0807②A：4，复原。紫红胎。口径14、通高5.2厘米（图七三，8）。标本G1：8，内底、腹均有旋纹。口径20、残高5.8厘米（图七三，6）。标本T0811②B：6，复原。沿略宽，上有凹弦纹两道，腹内壁刻划纹数道。口径18、通高7.6厘米（图七三，12）。标本T0811②B：14，复原。尖唇，腹底均有旋纹，三足较粗壮，横截面呈梯形。口径15.2、通高9.4厘米（图七三，10）。

B型　4件。碟形浅盘，三足瘦高。标本T0807⑦：8，沿较宽，上有两道凹弦纹。口径9.2、高9.2厘米（图七三，15；图版六，1）。标本T0807⑦：3，复原。腹略深，沿面饰凹弦纹，底有旋纹，三宽扁足外撇，上饰横凹弦纹两组，腹有刻符。口径12、通高6.8厘米（图七三，14；图版六，2）。标本T0807⑦：11，口沿下有一小錾。口径12、残高3.8厘米（图七三，7）。标本G2：4，灰陶。足残。口径10、盘高2.8厘米（图七三，11）。

C型　5件。盘足，宽扁足外撇。足面常有纹饰。标本H8：1，足面刻纵向凹弦纹两道，宽约5.2、残高8.4厘米（图七八，6）。标本T0811⑤A：20，足面饰"X"纹。宽5、残高7厘米（图七八，7）。标本G1：13，足面刻横向凹弦与斜线组合纹饰。宽3.6、残高8.2厘米（图七八，4）。标本T0807②A：8，足面上半部刻横向两组凹弦纹，下半部刻四组纵向凹纹。宽约5~7、残高10厘米（图七八，1）。标本T0807②A：5，足面上下对称饰两组云雷纹，四周饰一圈圆点纹。宽5、残高5厘米（图七八，2）。

豆　3件。均残，缺盘，仅存嗽叭形外撇圈足，数量较少。标本T0709⑤A：8，浅黄陶，圈足外撇较大，底径12.4、残高8厘米（图七九，14）。标本G1:5，灰陶，圈足粗矮，底径10、残高7.2厘米（图七九，15）。标本T0807②A：7，橘黄陶，圈足较高，底径12、残高10厘米（图七九，5）。

钵　4件。均复原。直口，小平底或略内凹。分三型。

A型　1件。尖圆唇外撇，直腹。标本T0807⑧：5，底略内凹，腹饰鱼纹，口径10、通高4.6厘米（图七四，9）。

B型　1件。弧折腹斜收。标本T0709⑨：11，复原，橘黄陶。小平底，口径18、通高6.2厘米（图七四，2）。

C型　2件。折腹斜收，小平底。肩饰凹弦纹数道。标本T0707②A：3，复原，橘黄陶，口径11.4、

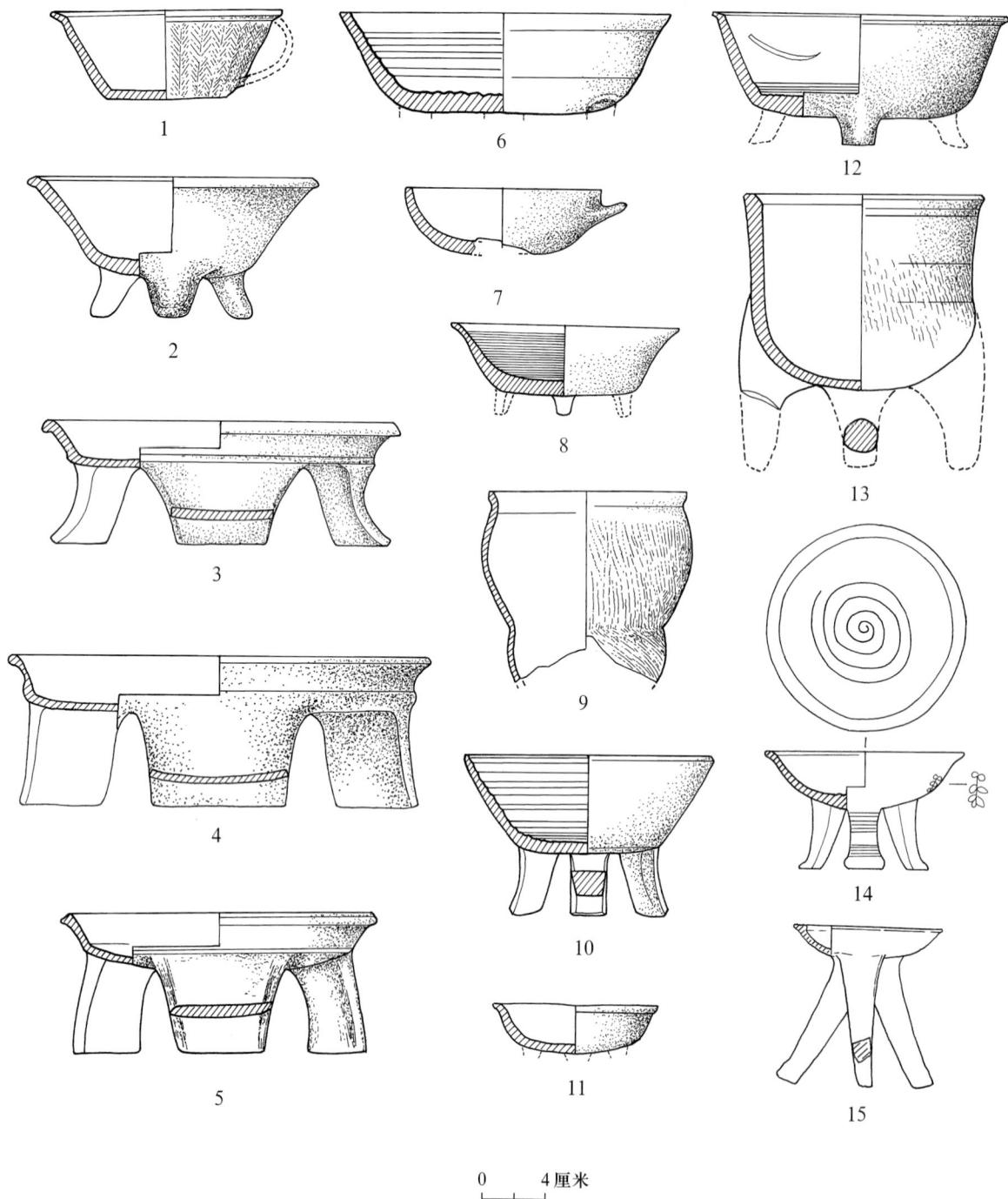

0　　4厘米

图七三　楼家桥遗址商周时期陶器

1.A 型泥质钵（T0807⑧：4）　2.A Ⅰ式硬陶三足盘（T0807⑦：1）　3～5.泥质三足盘（T0807⑧：11、
T0807⑨A：5、H5：5）　7、11、14、15.B 型硬陶三足盘（T0807⑦：11、G2：4、T0807⑦：3、T0807⑦：8）
6、8、10、12.A Ⅱ式硬陶三足盘（G1：8、T0807②A：4、T0811②B：14、T0811②B：6）　9.A 型夹砂瓿
（T0807⑧：9）13.C 型鼎（H5：2）

底径6、通高5.8厘米（图七四，7）。标本T0707②A：7，复原，灰陶，上腹施薄釉，折腹处饰三小泥点，口径10.6、底径6.4、通高7.2厘米（图七四，4；图版六，4）。

盘　2件。残。弧腹斜收。标本T0807⑧：20，方唇内凹，外唇下有瓦棱纹一道，圜底内凹，腹饰乱细席纹，口径32、残高4.6厘米（图七七，5）。标本H1：3，橘黄陶，折敛口，内腹有旋纹，口径19.残高5.2厘米（图七四，12）。

瓮　1件。残。标本H5：16，褐陶，敞口，高领，束颈，沿较宽，内颈有凹弦纹，丰肩，弧腹斜收，腹饰乱席纹及方格组合纹，口径20、腹径32、残高16厘米（图七四，8）。

瓿　1件。残。标本G1：14，灰陶，嗽叭形，内壁有旋纹，外壁抹平，圈足底内凹，底径5、残高7.6厘米（图七四，14）。

鸭形尊　1件。残。标本T0807⑧：19，上腹有一宽扁把手，饰人字纹，把手左侧上下有两个小泥点，口径8.4、残高5.6厘米（图七七，9）。

器盖　1件。复原。标本T0707②A：1，覆钵式，喇叭形组，口径11、通高4厘米（图七四，6）。

坛　1件。复原。标本。T0808②B：6，紫红色胎。侈口、中领、圆肩、弧腹斜收、平底。肩、腹饰方格与米筛复合纹。口径31、最大腹径40、底径19.2、通高41厘米（图七七，10）。

2.夹砂陶类

共30件。以灰色为大宗，褐色、红色、灰黑色依次减少。灰色陶以内外饰红衣者居多，只饰于外表者较少，饰口沿的仅有一件。褐色陶不饰衣者较多，饰红外衣及内、外均饰极少。红陶内外均着黑。纹饰以绳纹为主，凹弦纹次之，还有戳刺纹、瓦棱纹、曲折纹、叶脉纹等。复合型有刻划纹加斜线纹、方格纹加叶脉纹等。绳纹多饰于腹部，少数拍印较深，一般比较模糊。凹弦纹多饰于器物上部，以肩部最为突出。凹弦纹常饰在鼎足部。器形有鼎、釜、钵、杯、饼等。制法多为手制，个别有模制、捏制等。

鼎　11件。复原1件。分三型。

A型　7件。侈口，卷沿，鼓腹，肩部常有凹弦纹数道，腹大多饰绳纹。标本T0808④A：2，灰胎，内外红衣，肩近平，上有两道戳印纹，戳印纹下为绳纹，口径16、残高4.8厘米（图七四，11）。标本H6：1，褐陶，内外红衣，肩部有戳印纹一圈，上下为凹弦纹，口径22.4、残高9厘米（图七四、1）。标本H8：2，灰胎，内外红衣，肩鼓并饰凹弦纹数道，口径24、残高6厘米（图七七，3）。标本H5：15，灰黑陶，尖圆唇，圆腹，圜底，口径16、最大腹径15.6、残高9.8厘米（图七四，13）。标本G1：10，灰胎，内外红衣，圆肩饰凹弦纹数道，其下为戳印纹一周，口径16、残高5.8厘米（图七四，3）。标本G1：11，灰胎，内外红衣，方唇，肩有两道凹弦纹，口径28、残高5厘米（图七七，4）。标本T0709⑤A：7，红陶，内外着黑，尖圆唇外撇，丰肩饰瓦棱纹四道，腹饰刻划斜线纹。口径40、残高8.8厘米（图七七，1）。

B型　3件。侈口，高颈，灰色。标本H5：8，内外红衣，尖圆唇，溜肩。口径20、残高8.4厘米（图七七，2）。标本G2：6，内外红衣，方唇，颈饰凹弦纹数道，弦纹间为戳印纹，器形较大，口径24、残高12厘米（图七七，6）。标本T0807⑦：10，方唇，颈饰凹弦纹数道，肩饰绳索纹。口径17.2、残高7.4厘米（图七四，10）。

C型　1件。标本H5：12，复原。灰胎，内外红衣，尖圆唇，直口，直腹微弧，圜底，鼎足横截面圆形，鼎足贴附而成。外沿下饰凹弦纹。口径14.4、通高16厘米（图七三，13）。

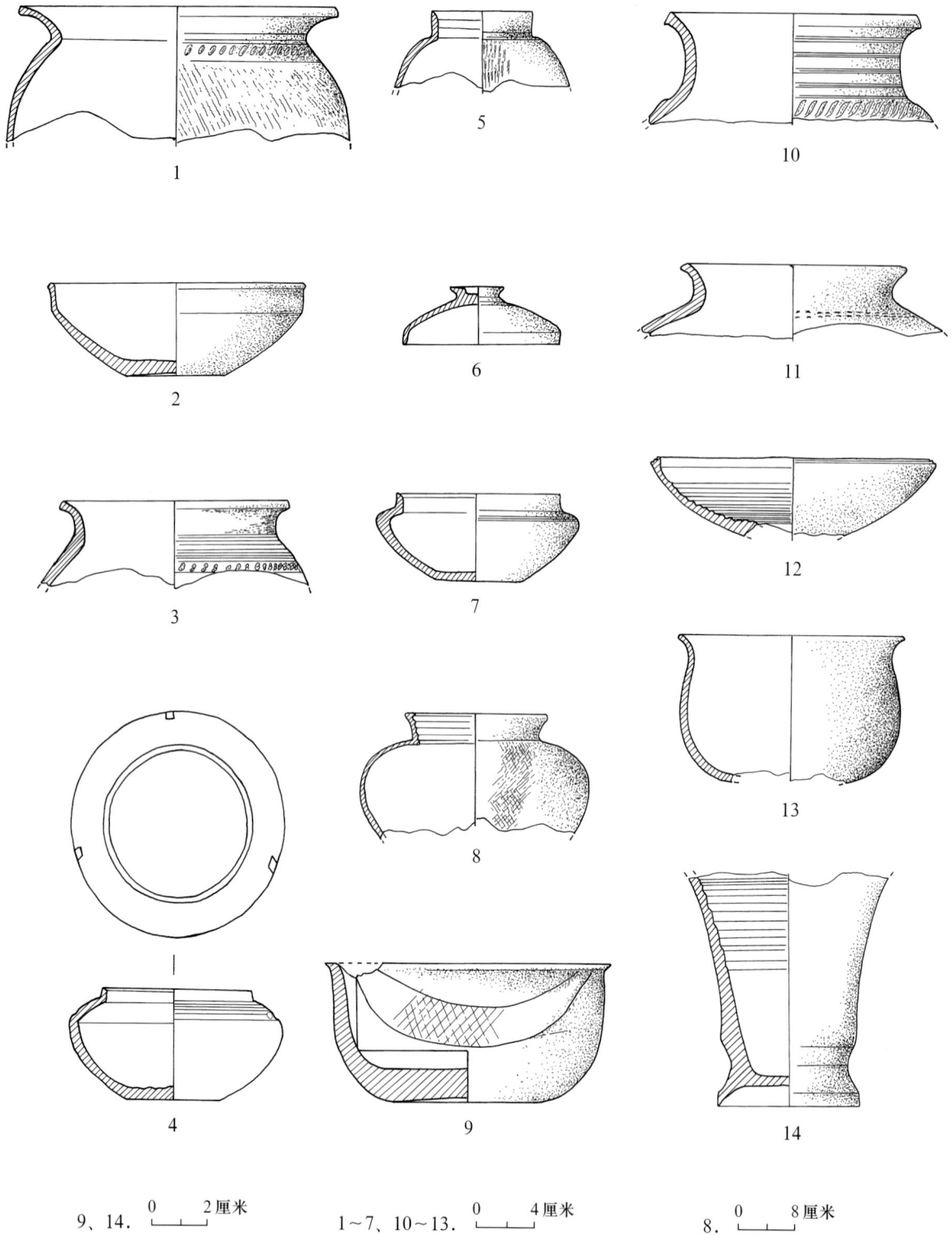

9、14. ⊢─┤ 0 2厘米　　1～7、10～13. ⊢─┤ 0 4厘米　　8. ⊢─┤ 0 8厘米

图七四　楼家桥遗址商周时期陶器

1、3、11、13.A型陶鼎（H6：1、G1：10、T0808④A：2、H5：15）　2.B型硬陶钵（T0709⑨：11）
4、7.C型硬陶钵（T0707②A：7、T0707②A：3）　5.C型硬陶罐（T0808⑥A：1）　6.硬陶器盖
（T0707②A：1）　8.硬陶瓮（H5：16）　9.A型硬陶钵（T0807⑧：5）　10.B型陶鼎（T0807⑦：10）
12.硬陶盘（H1：3）　14.硬陶觚（G1：14）

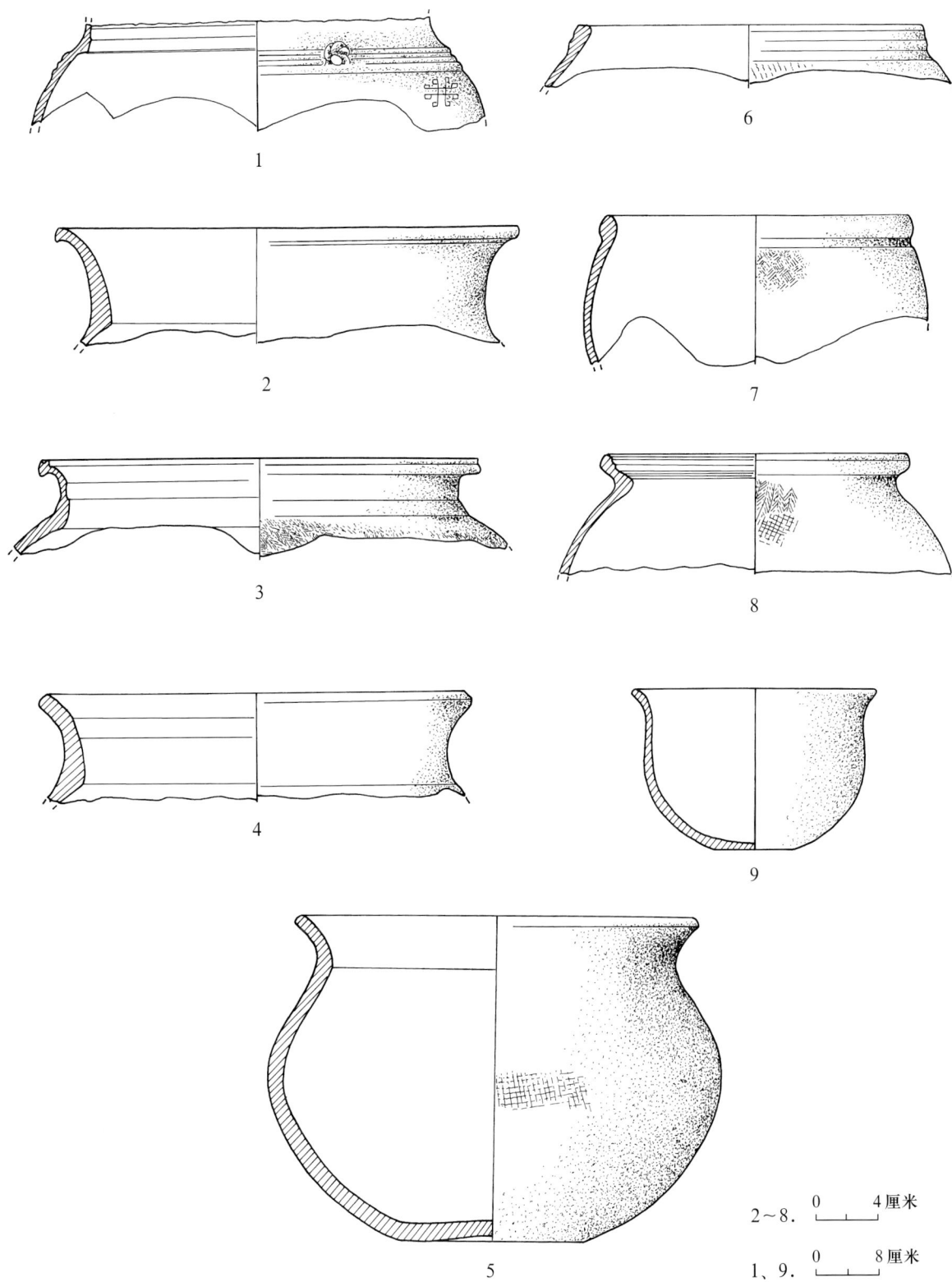

图七五　楼家桥遗址商周时期陶罐、陶釜

1.C 型硬陶罐（H1：9）　2～4.C 型泥质罐（H1：6、H5：9、H5：10）　5.B 型泥质罐（T0607①：1）
6.E 型泥质罐（G1：7）　7.D 型硬陶罐（T0807⑧：13）　8.A 型泥质罐（T0807⑧：15）　9.夹砂罐
（釜）（T0710③A：1）

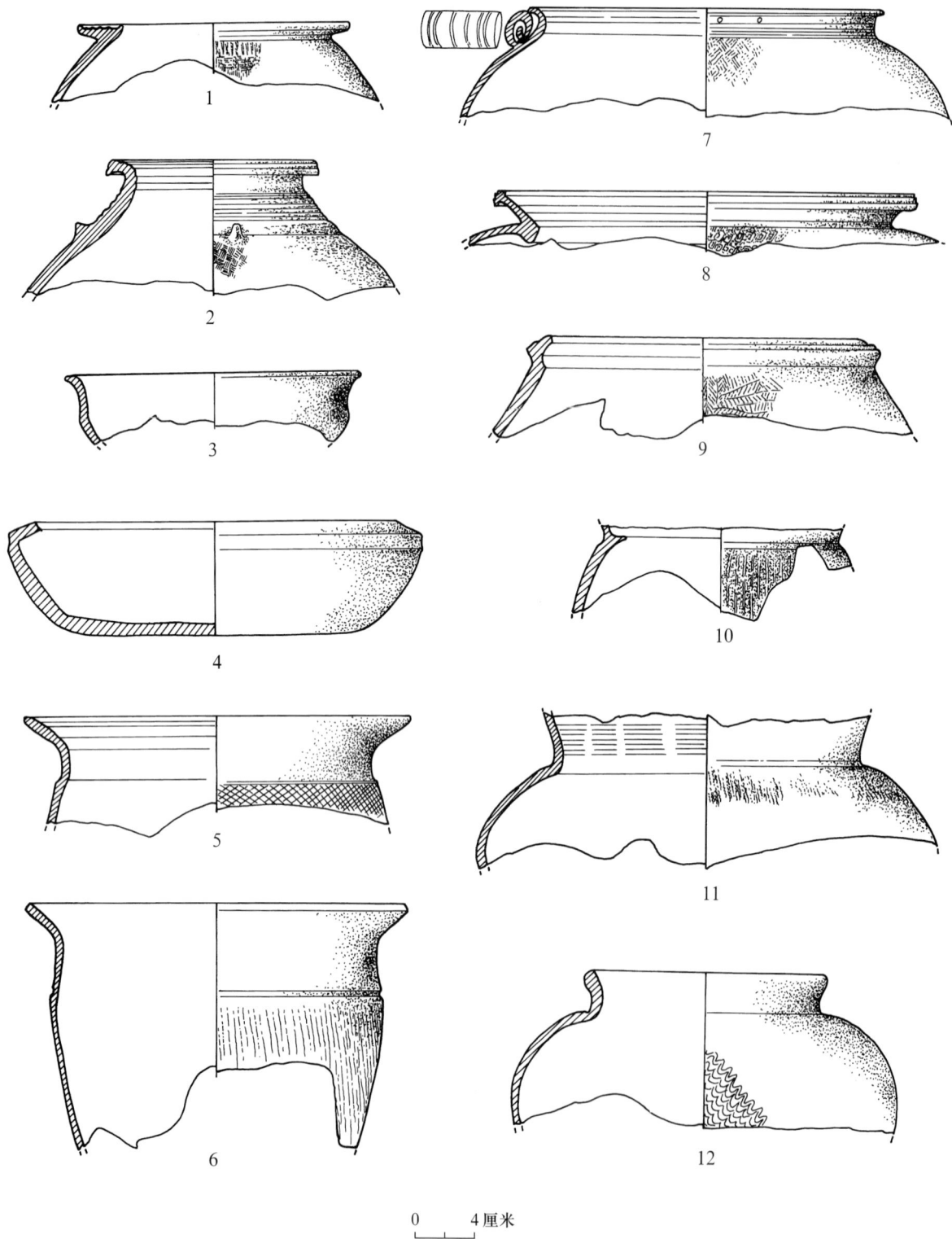

0　　　4厘米

图七六　楼家桥遗址商周时期陶器

1、8.A 型硬陶罐（T0807⑧：18、T0807⑨A：11）　　2、7.B 型硬陶罐（H26：1、G1：2）　　3.泥质盆（H1：6）

4.B 型泥质钵（H1：5）　　5.C 型泥质罐（T0807⑨A：13）　　6.A 型夹砂瓿（T0807⑧：7）　　9.D 型泥质罐（H1：7）

10.B 型夹砂瓿（H5：17）　　11.C 型硬陶罐（T0807⑦：6）　　12.B 型泥质罐（G1：3）

鼎足　9件。均残。灰胎，以外有红衣为主，扁圆锥形和圆锥形为主，较瘦高，扁锥形根部常见双目式或纵向两排共计4至6个凹窝纹。可分五型。

A型　4件。扁锥型，形体瘦长。分三亚型。

Aa型　1件。标本T0807⑦：14，褐陶，残长17厘米（图八○，3）。

Ab型　1件。双目式。标本T0807⑦：13，褐陶，残长12厘米（图八○，2）。

Ac型　2件。根部纵向饰两排四个凹窝。标本G2：8，褐陶，残长7.5厘米（图八○，1）。T0807⑦：12，灰陶，长约13.8厘米（图八○，7）。

B型　2件。圆锥形，较多，外常饰绳纹。标本T0807⑤A：21，残长15.8厘米（图八○，6）。标本T0807⑦：15，褐陶，外有红衣，纵向两个凹窝，残长9厘米。（图八○，9）。

C型　1件。粗短，截面椭圆，足尖平。红陶，纵向两排6个凹窝，标本G1：15、底径约3、长约10.5厘米（图八○，8）。

D型　1件。瓦足形。标本H5：14，灰陶，内外红衣，腹饰绳纹，宽约4.8、高约10厘米（图八○，4）。

E型　1件。羊角形外卷。标本T0808⑥A：1，灰陶，外红，截面近圆形。残长10厘米（图八○，5）。

甗　3件。均残。束腹，肩灰胎，内外红衣为主。肩部多有凹弦纹，腹饰绳纹。可分二型。

A型　2件。侈口。标本T0807⑧：7，方唇，溜肩，微弧腹，口径大于腹径，肩饰凹弦纹一道，口径26、残高15.8厘米（图七六，6）。标本T0807⑧：9，圆唇，束颈，溜肩饰凹弦纹两道，上腹大下腹小，大腹直径大于口径。口径24、腹径25.6、残高22厘米（图七三，9；图版六，5）。

B型　1件。上下均残，隔上面规整，下面向下弧收与腹连成一体。标本H5：17，腹饰较粗竖绳纹。束腰直径16、残高5.6厘米（图七六，10）。

罐　1件。均复原。红陶。侈口，卷沿。标本T0710③A：1，浅弧腹，圜底近平，口径大于腹径与器高，口径32、通高19.6厘米（图七五，9）。

钵　2件。均残。灰陶，可分二型：

A型　1件。杯型，直腹平底。标本H1：7，底径10、残高5厘米（图七九，9）。

B型　1件。敛口。弧腹斜收，平底较厚，内有旋纹，口沿下有凹弦纹一道。标本H1：4最大腹径8、底径4.4、残高5.8厘米（图七八，5）。

把手　1件。羊角形。标本T0811⑤A：19，灰陶，外有红衣，横截面椭圆形，残长7.7厘米（图七八，8）。

陶坯　1件。残。标本H5：6，灰陶，方柱形，四面刻划交叉斜线成棱形纹，横截面边长约3.8厘米（图八一，5）。

陶饼　1件。完整。标本T0807⑧：1，灰陶，直径约5.5、厚约2.6厘米（图八一，4）。

3.泥质陶

共28件。均为泥质陶（包括印纹软陶）。以灰色占绝大多数，偶尔有橘黄色。灰陶有相当数量内外着黑衣的，着红衣者仅有一件。装饰以凹旋纹为主，瓦楞纹、叶脉纹次之，还有方格纹、曲折纹和绳纹。其中凹旋纹、瓦楞纹多饰于器物上部。方格纹、叶脉纹、曲折纹多混合饰于腹部，弦纹、绳纹较少出现。组合纹饰有"S"加短直线。镂孔器仅有一件。制法以轮制为主，还有摸制，捏制等。器形有罐、三足盘、钵、觯、豆、盆等。

罐　10件。复原1件。可分五型。

A型　1件。橘黄色。翻折沿，沿面内弧，方唇，束颈，圆肩，鼓腹，底残。沿面有细凹弦纹两道，肩饰叶脉纹，腹饰方格纹。标本T0807⑧：15，口径19.2、残高7.2厘米（图七五、8）。

B型　2件。灰色。侈口，鼓腹。标本G1：3，肩腹间饰瓦楞纹一道，腹饰曲折纹，口径16、残高10厘米（图七六，12）。标本T0607①：1，复原，溜肩，圜底内凹，腹饰方格纹，口径26、腹径29.2、通高19.8厘米（图七五，5）。

C型　5件。灰色。侈口，高领。标本T0807⑨A：13，圆唇，沿面有凹弦纹一道，腹饰方格纹，口径26、残高6.8厘米（图七六，5）。标本H5：9，尖唇外卷并饰弦纹，颈饰瓦棱纹两道，肩腹饰叶脉纹，口径28.4、残高5.6厘米（图七五，3）。标本H5：10，外着黑衣，圆唇较厚，器体厚重，口径26.8、残高6.4厘米（图七五，4）。标本H5：11，盘口，口径20、残高6厘米（图七七，7）。标本H1：6，外着黑衣，圆唇，器型厚重。内沿饰凹弦纹。口径29.6、残高7厘米（图七五，2）。

D型　1件。灰陶，着黑衣。折敛口，沿下斜，尖圆唇。沿面有凹弦纹两道，沿腹间折棱明显，腹饰叶脉纹。标本H1：7。口径20.8、残高6.2厘米（图七六，9）。

E型　1件。灰陶。敛口，方唇较厚。沿下饰瓦棱纹两道，下为较粗绳纹。标本G1：7口径22、残高3.8厘米（图七五，6）。

三足盘　3件。均复原。灰陶，浅盘，底近平，三瓦足。标本T0807⑨A：5，曲腹较浅，足外撇，口径26、通高8.8厘米（图七三，4）。标本T0807⑧：11，内外黑衣，窄沿，斜腹，足外撇较甚，口径20.8、通高7.2厘米（图七三，3）。标本H5：5，窄沿微弧，口径18.4、通高8.2厘米（图七三，5；图版六，6）。

钵　2件。均复原。可分二型。

A型　1件。黄褐陶。敞口，翻折沿凹弧，斜直腹，平底，腹沿间折棱明显，腹饰叶脉纹，标本T0807⑧：4，口径14、底径8、通高5.2厘米（图七三，1）。

B型　1件。灰陶，内外黑衣。敛口，弧腹斜收，底近平，内腹有瓦楞纹。标本H1：5，口径24、最大腹径28、底径20、通高7.2厘米（图七六，4）。

觯　2件。均残。灰陶，内着黑，直腹，平底略内凹，可分二型。

A型　1件。底缘外凸，腹饰凹弦纹。标本T0808③A：1，底径7.6、残高6厘米（图七九，11）。

B型　1件。标本H5：18。外表为光亮黑衣，近底处内弧，底缘外凸，底径6.8、残高7厘米（图七九，12）。

豆　10件。均残。灰陶，可分三型。

A型　8件。敞口，浅盘，细高喇叭形圈足。标本T0807⑨A：6，折腹，口径14、残高3.6厘米（图七九，1）。标本T0807⑨A：3，内外着黑衣，尖圆唇，折腹浅坦，口径15.6、残高4.8厘米（图七九，6）。H5：2，着黑衣。折腹浅坦，圈足粗大，口径16、残高4厘米（图七九，2；图版六，3）。H5：4，着黑衣，折腹浅坦。口径14、残高4厘米（图七九，7）。

A型圈足，标本T0807⑦：9，近盘处有瓦楞纹两道，残高8.6厘米（图七九，13）。H5：19，着黑

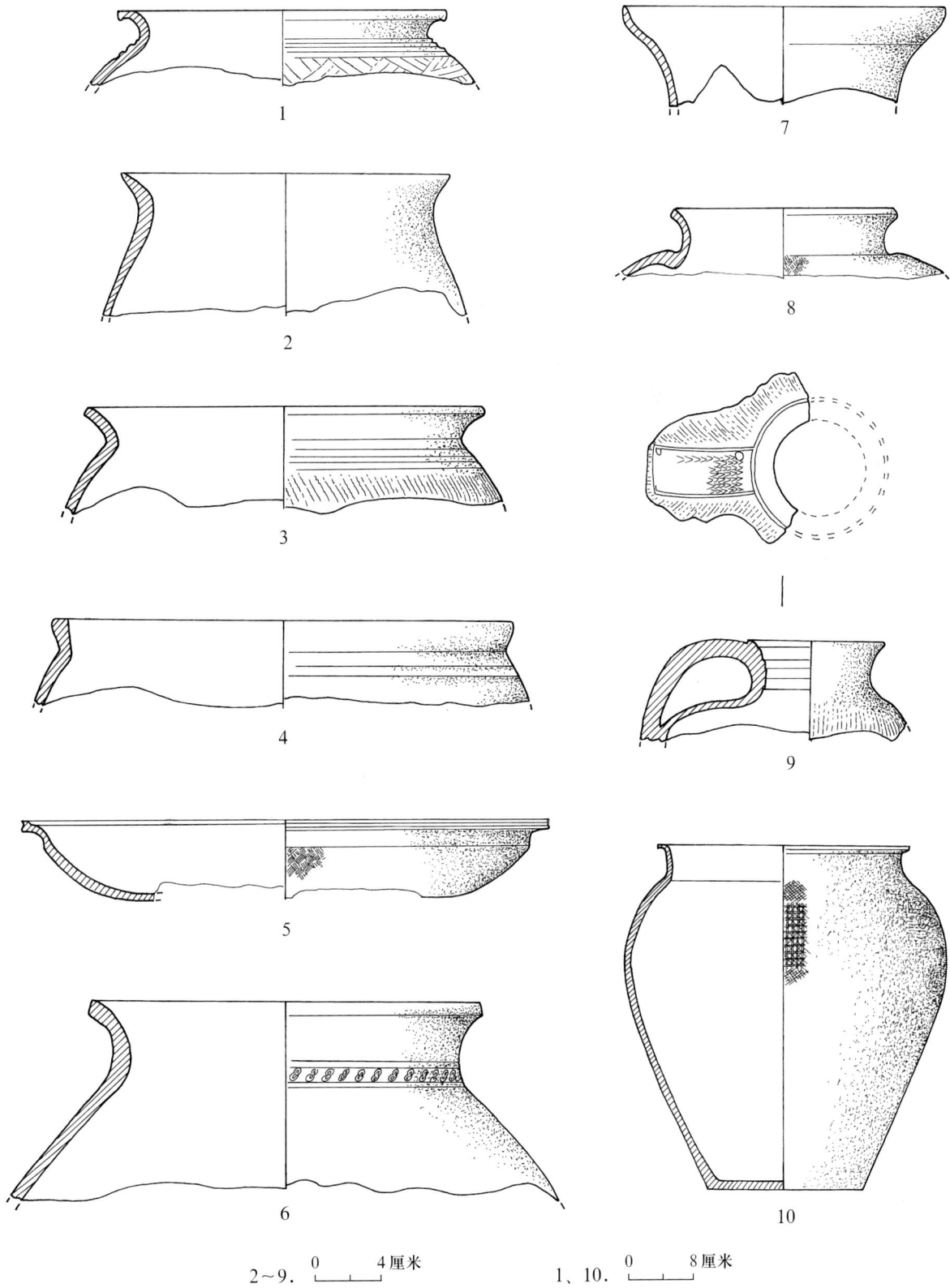

图七七　楼家桥遗址商周时期陶器

1、3、4.A 型鼎（T0709⑤A：7、H8：2、G1：11）　2、6.B 型鼎（H5：8、G2：6）　5.硬陶盘（T0807⑧：20）
7.C 型泥质盘（H5：11）　　8.C 型硬陶罐（T0807⑦：7）　9.硬陶鸭型尊（T0807⑧：19）　10.硬陶坛（T0808②B：6）

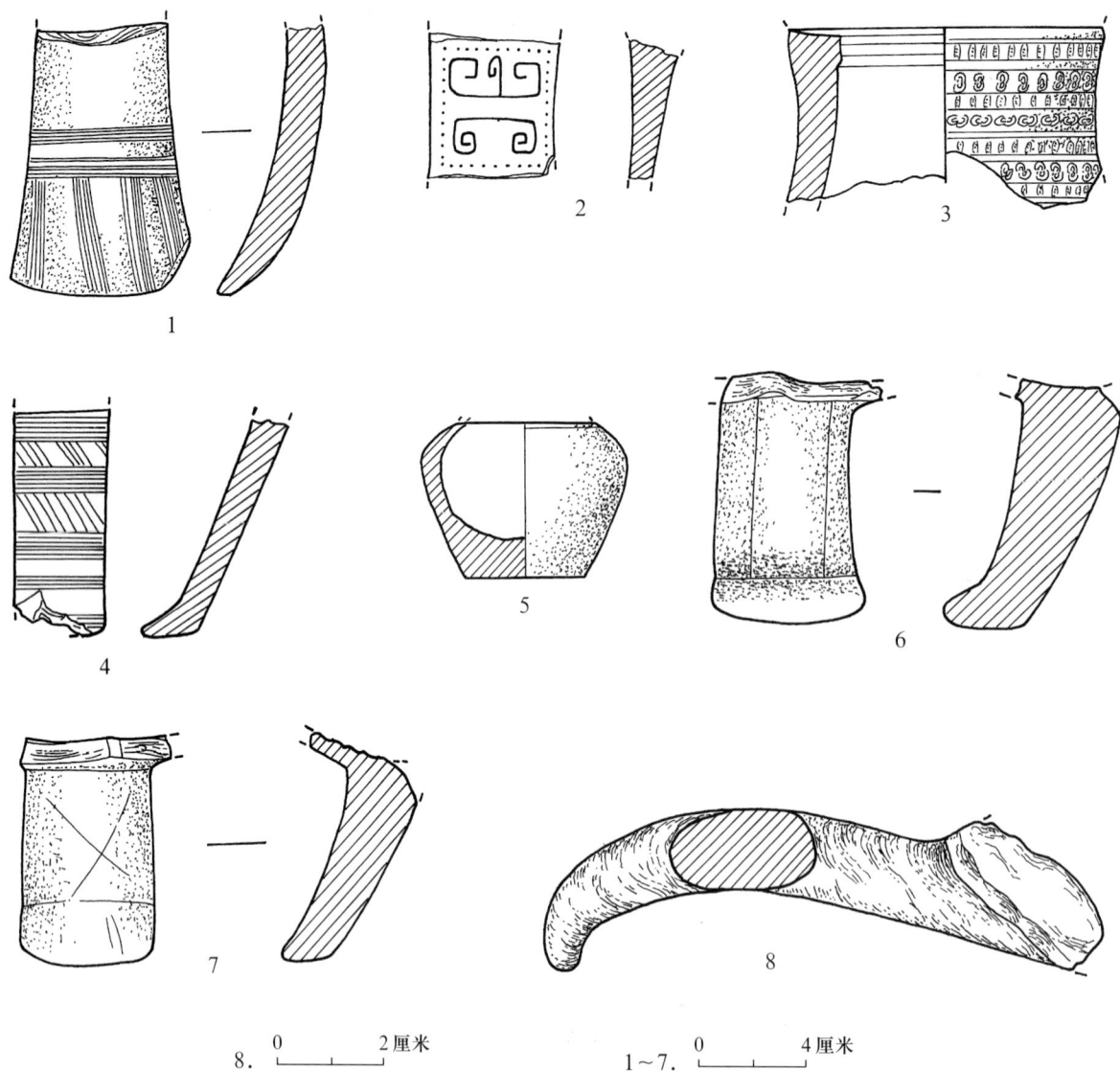

图七八　楼家桥遗址商周时期陶器

1、2、4、6、7. C型硬陶盘足（T0807②A：8、T0807②A：5、G1：13、H8：1、T0807⑤A：20）
3. C型泥质陶豆（T0807④A：6）　5. B型夹砂陶钵（H1：4）　8. 把手（T0811⑤A：19）

衣，近盘处柄直径约6、残高11厘米（图七九，3）。G1：9，柄饰凹弦纹，直径5.2、残高6.6厘米（图七九，4）。H12：8，近豆盘处豆柄直径约5.2、残高14厘米（图七九，8）。

　　B型　1件。仅见圈足。内外红衣。呈粗大直筒形。圈足外撇，近豆盘处残留有圆形镂孔。标本H12：9近盘处柄直径约8.8、残高11.6厘米（图七九，10）。

　　C型　1件。仅见圈足，粗大，布满凹弦纹、"S"纹与短直线组合纹。标本T0807④A：6，柄直径12、残高6.4厘米（图七八，3）。

　　盆　1件。红陶，着黑衣。敞口，曲腹。H1：6，口径20、残高4.4厘米（图七六，3）。

其他

　　共4件。3件完整。只有纺轮一类。质地有硬陶、夹砂、泥质三种。可分三型。

图七九　楼家桥遗址商周时期陶器

1、2、6、7.A型泥质陶豆（T0807⑨A：6、H5：2、T0807⑨A：3、H5：4）　　3、4、8、13.A型陶圈足（H5：19、
G1：9、H12：8、T0807⑦：9）　　5、14、15.硬陶豆（T0807②A：7、T0709⑤A：8、G1：5）　　9.A型夹砂钵（H1：7）
10.B型泥质陶豆（H12：9）　　11.A型泥质陶簋（T0808③A：1）　　12.B型泥质陶簋（H5：18）

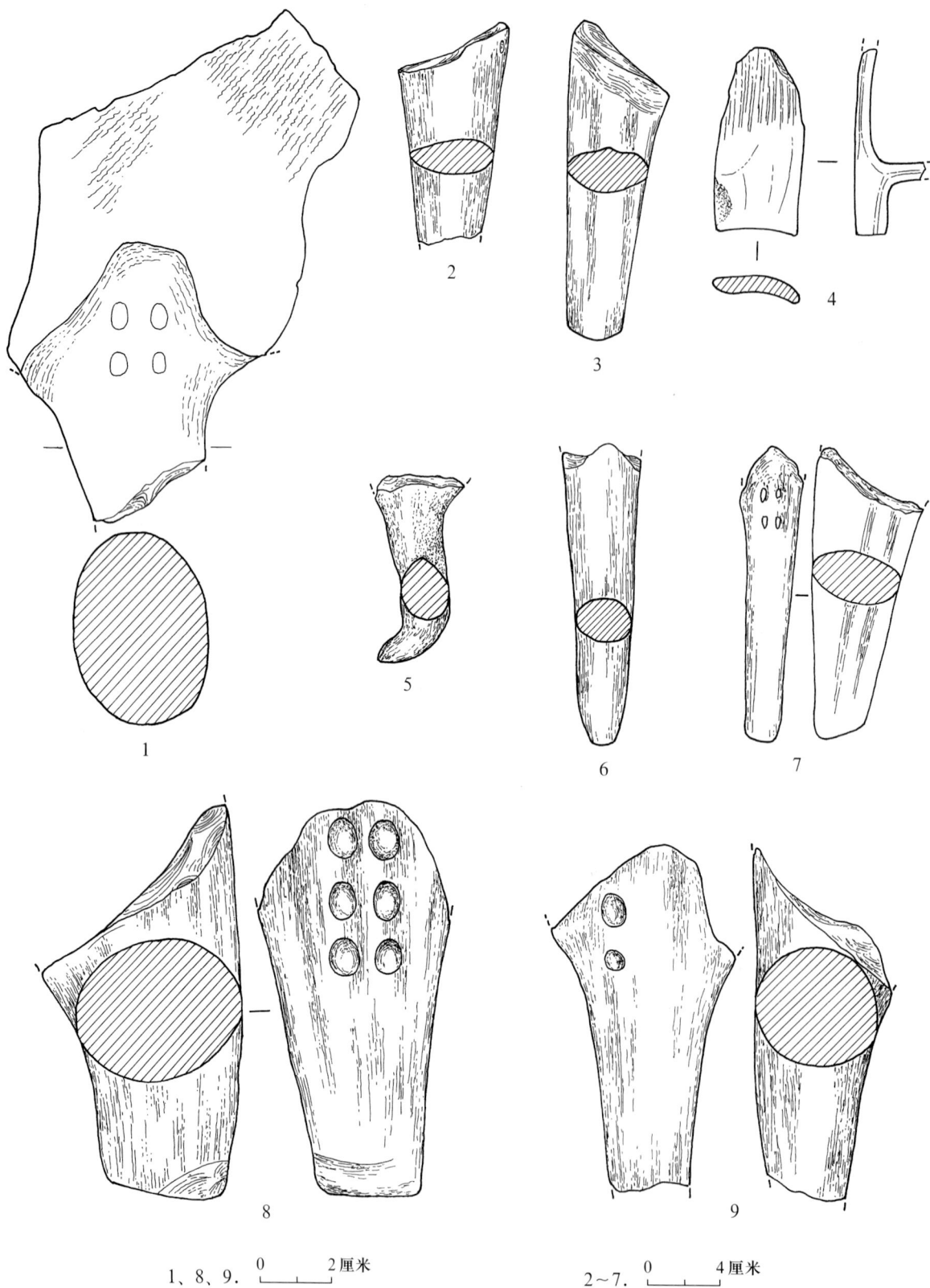

1、8、9. ├─0─┤─2厘米─┤   2~7. ├─0─┤─4厘米─┤

图八〇 楼家桥遗址商周时期陶鼎足

1、7.Ac 型鼎足（G2：8、T0807⑦：12） 2.Ab 型鼎足（T0807⑦：13） 3.Aa 型鼎足（T0807⑦：14） 4.D 型鼎足（H5：14） 5.E 型鼎足（T0808⑥A：1） 6、9.B 型鼎足（T0808⑤A：21、T0807⑦：15） 8.C 型鼎足（G1：5）

A 型　1 件。扁平形。标本 T0708⑥B：1，完整，夹砂红陶，陶质差，直径约 3.9、厚约 0.9 厘米（图八一，3）。

B 型　1 件。梯形剖面。标本 T0708⑥A：2，完整，硬陶，底近外沿有两圈戳印圆点纹，从圆心开始有六组放射状戳印圆点纹与之相连，每组两道，上圆径 3、下圆径 3.7、厚 1.2 厘米（图八一，1）。

C 型　1 件。剖面呈六棱形。标本 T0707⑥B：8，完整，泥质灰陶，最大径 4.3、厚约 2.1 厘米（图八一，2）。

4.石器

共 58 件。是采集标本最多的一类。以表面光滑、细腻的磨制器为主，打制器较少。质地以较松散的灰白、浅绿色粉沙岩为较多，墨绿色、深绿色和浅黄色等较硬的用材则依次减少。器表均为素面无纹饰。镂孔器较多，一般在器之一端或中部对钻（镂）有 1～2 个小孔。器表偶尔有浅凹槽。

锛　13 件。完整 10 件。可分五型。

A 型　3 件。弧背，长方形，灰白色粉砂岩。标本 T0707②A：8，完整，长 4.3、宽 2.7、厚 0.6 厘米（图八三，3）。标本 T0807②A：1，残长 7、宽 4.3、厚 1.4 厘米（图八二，2）。标本 T0807①：5，完整，浅绿色。长 5.4、宽 2.8、厚 0.5 厘米（图八三，1）。

B 型　3 件。弧背有段锛。除一件外均为长方形。标本 T0807⑦：2，完整，灰白色粉砂岩，形体较大，段位偏上，不明显。长 10.2、宽 4 厘米（图八二，3）。标本 T0710②B：6，完整，浅绿色粉砂岩，近方形，段位偏上。长 3.3、宽 2.5、厚 0.8 厘米（图八三，4）。标本 T0710②A：3，完整，灰绿色岩，

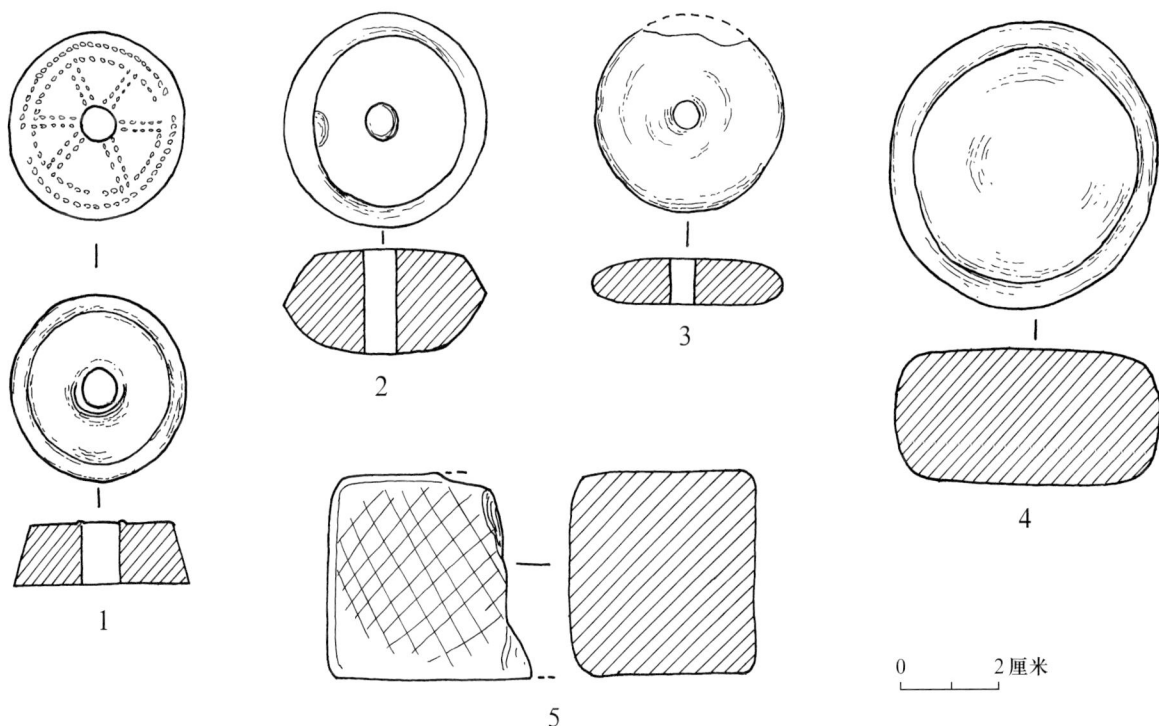

图八一　楼家桥遗址商周时期陶纺轮、陶饼、陶坯

1.B 型纺轮（T0708⑥A：2）　2.C 型纺轮（T0707⑥B：8）　3.A 型纺轮（T0708⑥B：1）　4.陶饼（T0807⑧：1）　5.陶坯（H5：6）

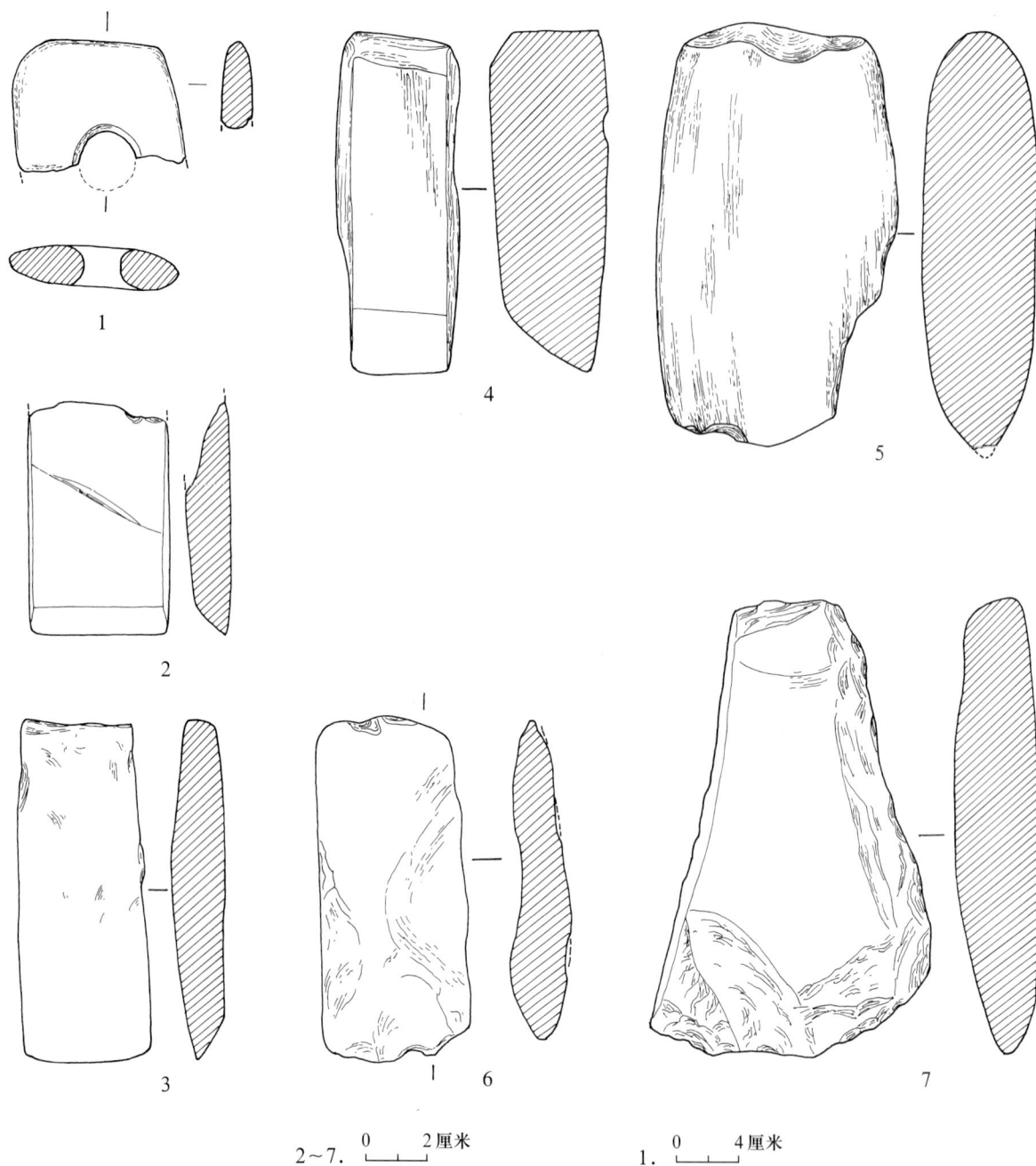

图八二　楼家桥遗址商周时期石锛、石斧

1、5.C 型石斧（T0708⑦：3、T0810⑦：2）　2.A 型石锛（T0807②A：1）　3.B 型石锛（T0807⑦：2）
　4.C 型石锛（T0810②A：1）　6.A 型石斧（T0710②B：5）　7.B 型石斧（T0809②B：12）

段位近中部，长5.1、宽2.5、厚0.9厘米（图八三，6；彩版七，3）。

C 型　2件。凹槽锛，近顶端有磨制宽凹槽一道。标本 T0810②A：1，完整，灰绿色石，长条形较厚重，长10.3、最宽3.9、厚3.7厘米（图八二，4；彩版七，4）。标本 T0808②B：1，完整，灰白色，风化严重，长方形，长6.5、宽4、厚1.5厘米（图八三，8）。

D 型　2件。有脊锛，形体较小。分两亚型。

Da型 1件。灰黄色粉砂岩。近方形，起刃处明显。标本T0710①：2，完整，长3.3、宽2.7、厚0.8厘米（图八三，5）。

Db型 1件。脊位偏下。长方形，标本T0811②B：11，完整，长4.4、宽2~2.1，厚1厘米（图八三，2）。

E型 1件。平背。灰绿色砂性岩。扁平梯形，起刃处明显。标本T0708①：1，完整，长5.5、宽3~3.9、厚0.6厘米（图八三，7）。

斧 6件。完整2件。大多为打制，制作粗糙。可分三型。

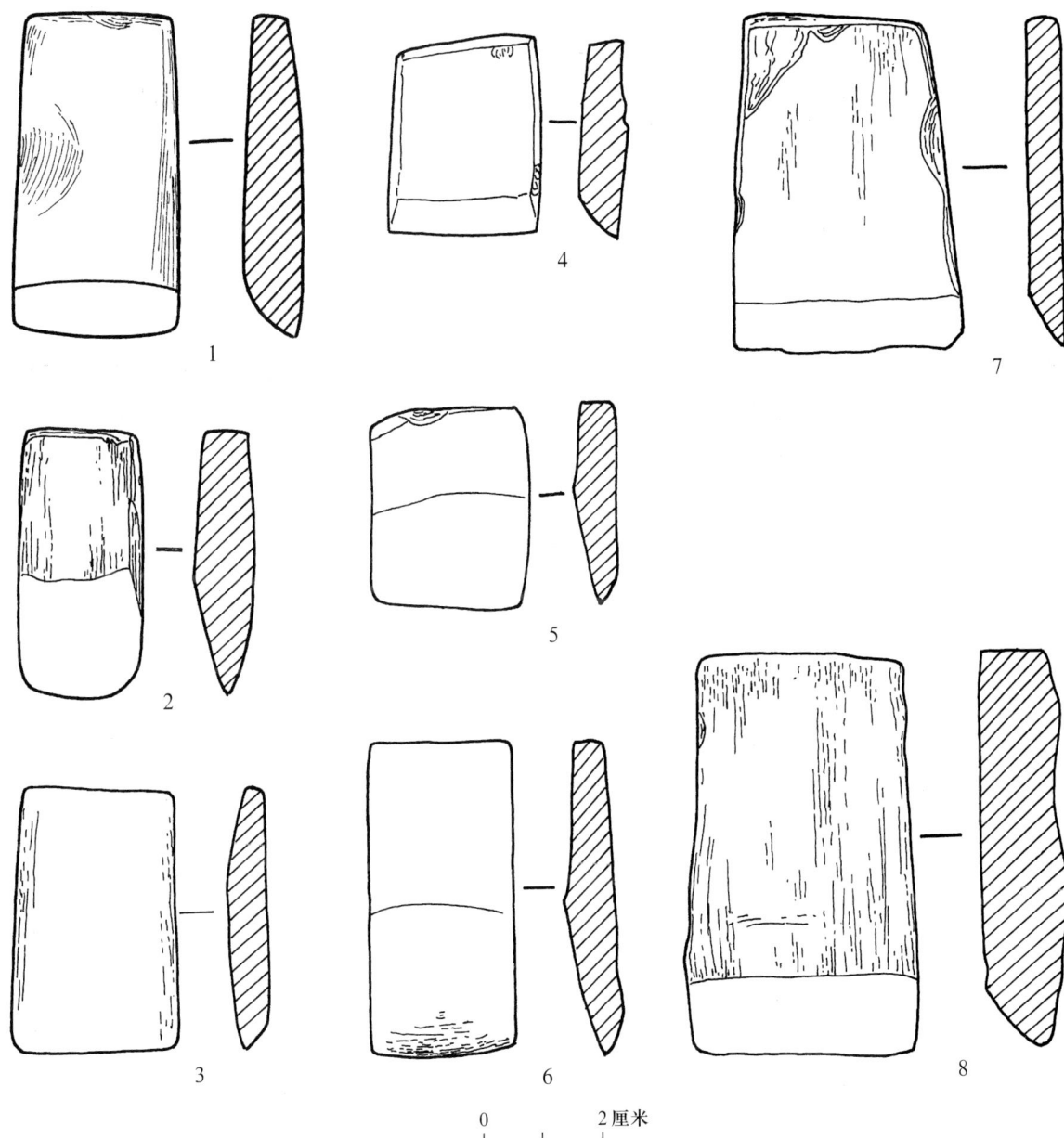

图八三 楼家桥遗址商周时期石锛

1、3.A型石锛（T0807①：5、T0707②A：8） 2.Db型石锛（T0811②B：11） 4、6.B型石锛（T0710②B：6、T0710②A：3） 5.Da型石锛（T0710①：2） 7.E型石锛（T0708①：1） 8.C型石锛（T0808②B：1）

A型　3件。平面长条形，打制。标本T0811②B：5，绿色砂性岩。长7.4、宽2.8厘米。标本T0802④A：1，长12.1、宽5.4、厚4.5厘米。标本T0710②B：5，绿色砂性岩。长10.4、宽4.8、最厚1.8厘米（图八二，6）。

B型　1件。平面梯形。标本T0809②B：12，完整，深绿色，打制，已残，长约13.9厘米（图八二，7）。

C型　2件。横截面圆形或椭圆形，磨制，大多磨制不精。标本T0810⑦：2，完整，截面椭圆，顶部有敲击痕，刃部磨制较精，锋利，长12.7、宽7.7、厚3.7厘米（图八二，5）。标本T0708⑦：3，穿孔石斧，形体较大，绿色砂性岩，颗粒较粗，残长4。宽5.3、厚1.2厘米（图八二，1）。

镞　5件。完整3件。横截面呈四棱形，可分三型。

A型　2件。柳叶形。标本T0707⑥B：9，残长9.7，宽2.7、最厚0.8厘米（图八四，1）。标本T0811②B：2，残长4.5、最宽1.1、最厚0.3厘米（图八四，4）。

B型　2件。桂叶形，标本T0811⑤A：4，完整，墨绿色岩，长5.1、最宽2.4、最厚0.3厘米（图八四，3）。标本T0810②B：1，完整，灰绿色，长4.4、最宽1.6、最厚0.5厘米（图八四，2；图版七，1）。

C型　1件。双翼式，有脊，平面为三角形。标本T0707⑥A：8，长5.4、宽2.9、厚0.4厘米（图八四，6）。

锥　1件。残。尖三棱锥形，圆锥体渐收。标本T0811⑤A：10，残长6.7厘米（图八四，5）。

铚　3件。完整2件。多绿色砂性岩。弧背近圆形，单面刃，近背镂一或二孔。标本T0809⑥A：2，完整，长9.5、宽0.5、厚3.3厘米（图八五，6；图版七，2）。标本T0807①：2，残长8.8、宽3.5、厚0.6厘米（图八五，7）。标本T0809②B：5，完整，对镂一小孔，孔周围有尖硬物敲击的凹痕，长7、宽2.8、厚0.6厘米（图八六，7；图版七，3）。

刀　12件。完整2件。分五型。

A型　5件。长条形，凹弧刃，单面刃，墨绿色岩，分三亚型。

Aa型　3件均完整。平背或略弧凸，一端上翘，背有穿孔。标本T0807⑦：4，近背部上翘端对穿两小孔，长11.9、宽4.7、厚0.5厘米（图八五，10；图版七，4）。标本T0708②B：1，完整，上翘端对穿一小孔，长11、宽2.6～4.7、厚0.6厘米（图八五，8；图版七，5）。T0811②B：12，完整，残长9，宽3.6、厚0.8厘米（图八五，2）。

Ab型　1件。标本T0708⑤A：3，一端残留一小孔，残长9.3、宽2.2、厚0.5厘米（图八五，4）。

Ac型　1件。标本T0810⑦：1，宽端对穿两小孔，窄端背部弧收，一面纵向有一小凹槽，似为装柄用，长13.3、宽3.5、厚0.5厘米（图八五，11；图版七，6）。

B型　2件。长条形，平背平刃，刃体多有穿孔，墨绿色岩，单面刃。标本T0809②B：2，体残有两个单向琢制较大圆孔，孔周围有小凹窝，残长6.2、宽3、厚0.6厘米（图八五，3）。标本T0811⑤A：12刃体对穿两小孔，残长7.8、残宽3.7、厚0.6厘米（图八六，1）。

C型　2件。三角形，多有穿孔，单面刃，墨绿色岩。标本T0809②B：4，完整，长11.4、宽3.3厘米（图八五，9）。

D型　2件。带柄刀，制作较粗糙，分二亚型。

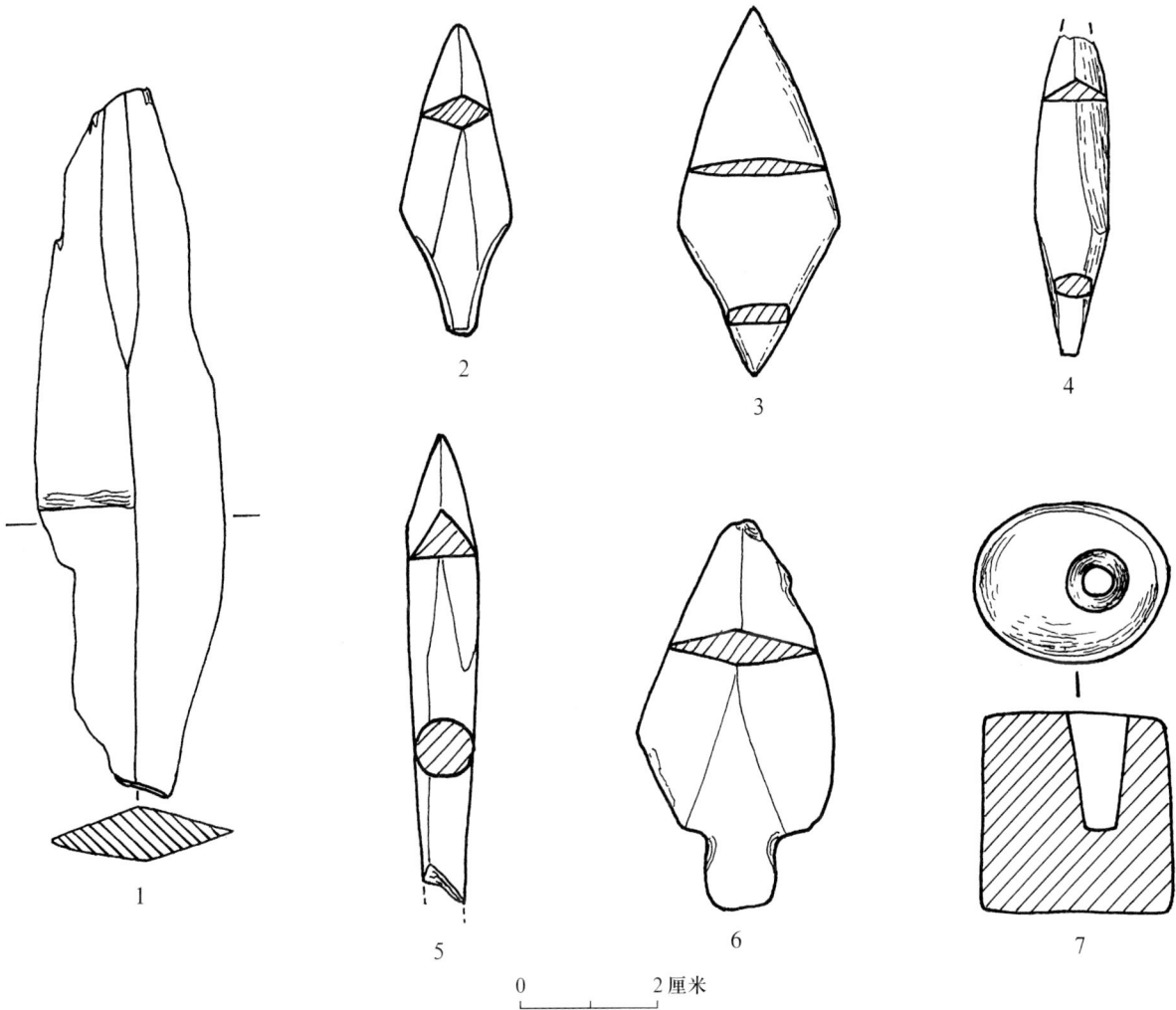

图八四　楼家桥遗址商周时期石器、玉器

1、4.A 型石镞（T0707⑥B：9、T0811②B：2）　　2、3.B 型石镞（T0810②B：1、T0811⑤A：4）

5.锥（T0811⑤A：10）　　6.C 型石镞（T0707⑥A：8）　　7.玉管帽（T0809⑦：14）

Da 型　1 件。三角形，弧背平刃，单面刃，柄段位在背部，刃部一直延续到柄部，磨制。标本 T0810②A：10，完整。长 17.3、宽 5.5 厚 1 厘米；（图八五，1；图版七，7）。

Db 型　1 件。近长方形，平背平刃，柄段位在刃部，打制。标本 T0807④A：3，刃长 14.4、背长 15.2、宽 6 厘米（图八六，8）。

E 型　1 件。标本 T0809⑦：1，灰色，新月形细长，弧凸背，双面凹弧刃，长 9.5、宽 1.2、厚 0.4 厘米（图八六，9）。

半月形石刀　6 件。完整 3 件。半月形，弧凸刃，分四型。

A 型　3 件。平背，单面刃。标本 T0707⑥：3，残长 6.7、宽 3.5、厚 0.3 厘米（图八六，10）。标本 T0807①：1，完整，偏锋，长 9、宽 4.6、厚 0.4 厘米（图八六，6）。标本 T0707②A：5，穿孔部位背部向外弧凸，残长 6.6、宽 3.3、厚 0.3 厘米（图八六，2，图版八，1）。标本 T0707⑥B：4，单面刃，偏锋，残长 5.6、宽 3.5、厚 0.5 厘米（图八六，3）。

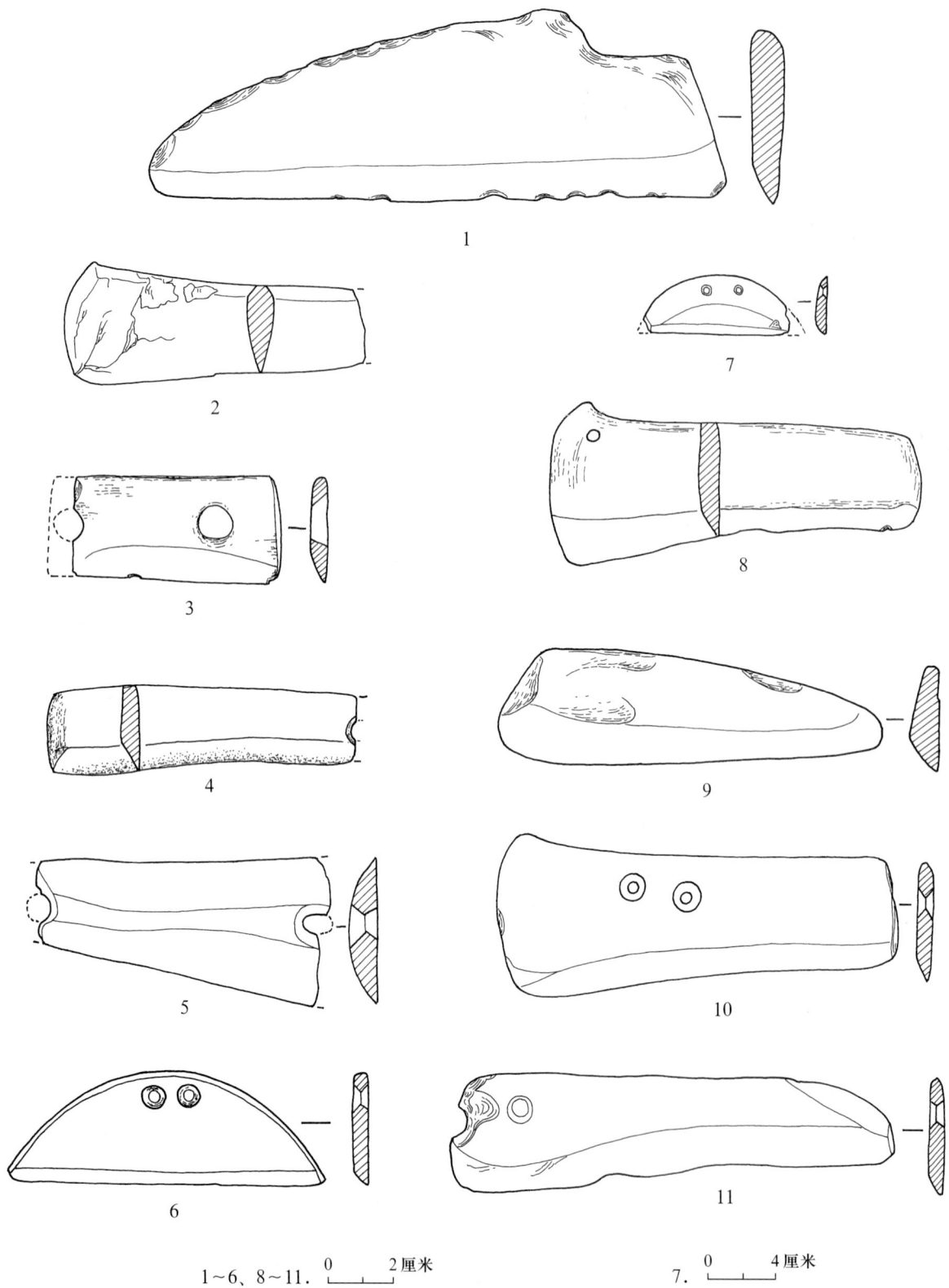

1～6、8～11.　0　　　2厘米　　　7.　0　　　4厘米

图八五　楼家桥遗址商周时期石器

1.Da 型石刀（T0810②A：10）　2、8、10.Aa 型石刀（T0811②B：12、T0708②B：1、T0807⑦：4）　3.B 型石刀（T0809②B：2）　4.Ab 型石刀（T0708⑤A：3）　5.三角形器（T0810②A：17）　6、7.石锛（T0809⑥A：2、T0807①：2）　9.C 型石刀（T0809②B：4）　11.Ac 型石刀（T0810⑦：1）

　　B型　1件。两端上翘，近背部两端对钻两小孔。标本采集：1，完整，双面刃，两端上翘，近背处对镂两穿透小孔。长10.5、厚0.5厘米（图八六，4；图版八，2）。

　　C型　1件。灰白色岩。凹弧背，打制，刃钝。标本T0810②B：4，完整，长10.4、宽4.3、厚1.3厘米（图八六，5）。

　　镰　1件。残。墨绿色岩，石质较硬。单面刃，制作较精。T0808②B：3，残长10、厚1、残宽4.7厘米（图八六，11）。

　　矛　2件。完整1件。T1⑥：2，横截面四棱形，磨制较精，体铤相连。长16.7、宽5厘米（图八七，7；图版八，3）。标本T0811②B：9。完整。桂叶形。打制，体铤分离。长11.8、最宽5.5、最厚1厘米（图八七，6；图版八，4）。

　　三角形器　2件。均残。墨水绿色岩。拱背，两侧锋利，体中部单向或对琢一个或数个小孔，琢痕明显。标本T0707⑥B：1，长12.8、厚1.3厘米。标本T0810②A：17，长条形，残长8.9、宽2.4~4.3、厚0.8厘米（图八五，5；图版八，5）。

　　犁　3件。完整2件。分两型。

　　A型　1件。梯形，两侧锋利，中部单面琢圆形孔。标本T0708⑤B：1，墨水绿色岩。残长13.5、宽5~12.5、厚14厘米（图八七，1）。

　　B型　2件。三角型。标本T0809④A：1，完整。单面刃前端对镂一孔。宽17.2、长29、厚1.6厘米（图八七，3；图版八，7）。标本T0807⑦：16，完整。双面刃，柄部有凹缺。长21.6、宽15.6、厚1.2厘米（图八七，2；图版八，8）。

　　双肩石器　1件。残。扁平，顶端呈"V"字形。标本T0809②B：13，近顶端穿有一小孔，残长5.3、宽4.2、厚0.4厘米（图八七，4）。

　　铲　1件。完整。长方形，弧凸双面刃，磨制精细。标本T0811②B：20，紫红色。长9.4、宽6.3、厚1.3厘米（图八七，5）。

　　纽扣形器　1件。石钻心。标本T0607③：1，对钻，位置略偏，孔径1.5厘米。

5.玉器

　　共　2件。发现数量最少，质地坚硬、光滑细腻，圆润有光泽。有玦、管两种器形。

　　璜　1件。灰色，残。截面近梯形。标本T0710②B：1，上孔径小、下径大。宽1、厚0.4厘米（图版七，8）。

　　管（帽饰）　1件。完整。截面椭圆形，黑色。标本T0809⑦：14，面钻一孔未透。直径约2.7、高2.8、孔径0.9厘米（图八四，7；图版八，6）。

二、分期与年代

（一）分　期

　　从前面陶器和石器分析，该阶段可分为两期。

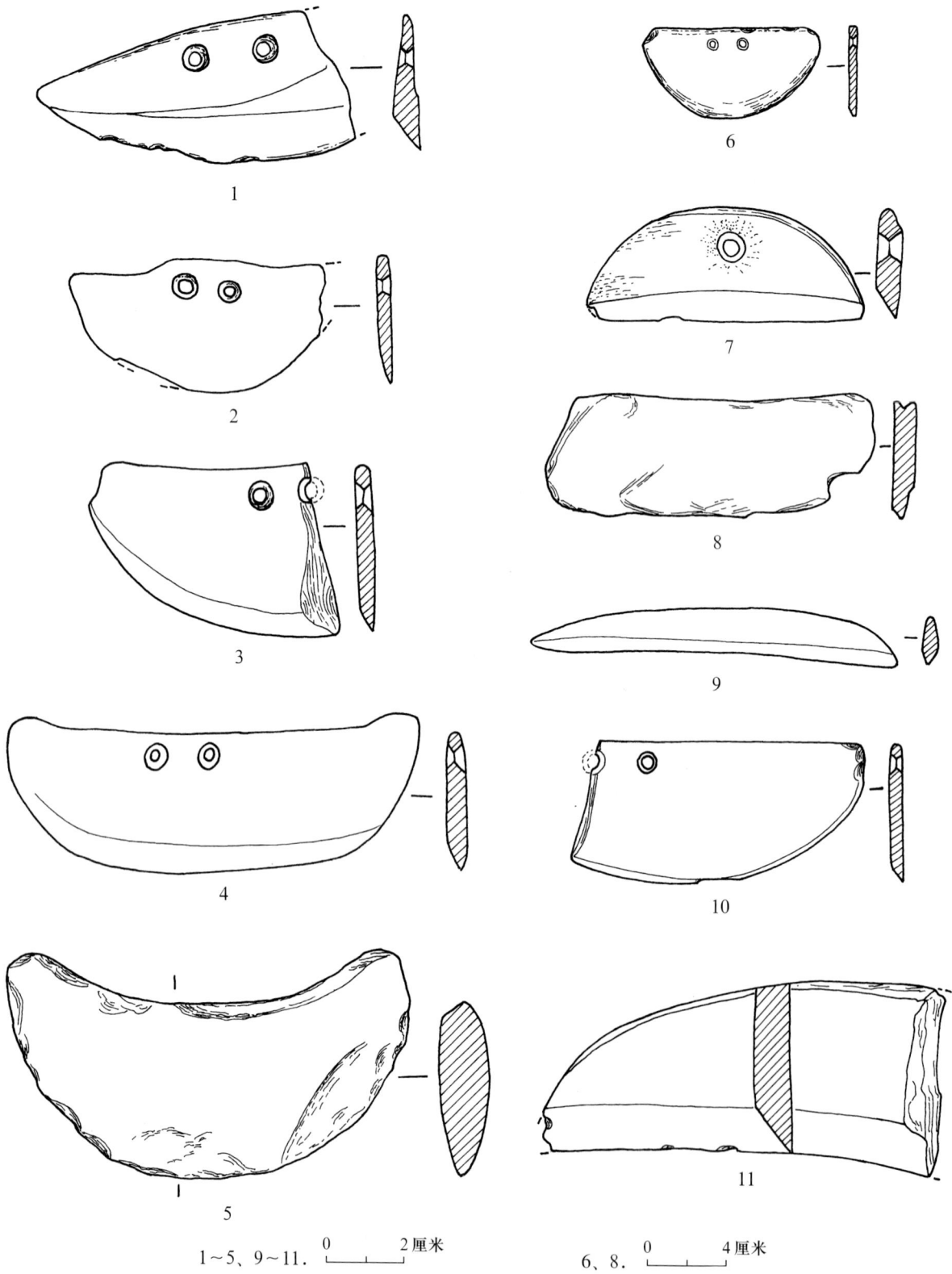

图八六　楼家桥遗址商周时期石器

1.B 型石刀（T0811⑤A：12）　　2、3、6、10.A 型半月形石刀（T0707②A：5、T0707⑥B：4、T0807①：1、T0707⑥A：3）　4.B 型半月形石刀（采：1）　5.C 型半月形石刀（T0810②B：4）　7.石锛（T0809②B：5）
8.Db 型石刀（T0807④A：3）　9.E 型石刀（T0809⑦：1）　11.石镰（T0808②B：3）

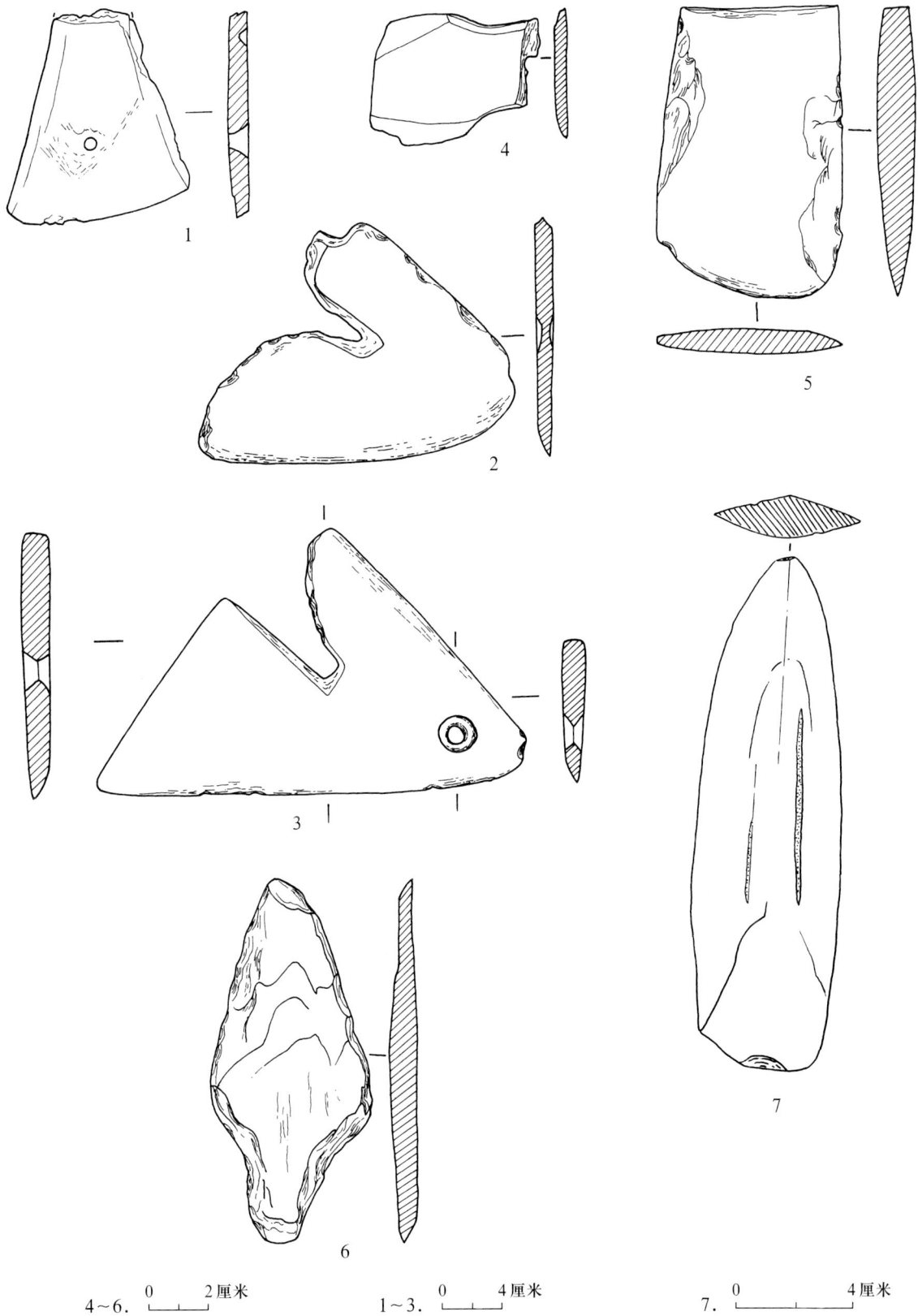

图八七　楼家桥遗址商周时期石器

1.A 型石犁（T0708⑤B：1）　2、3.B 型石犁（T0807⑦：16、T0809④A：1）　4.双肩石器（T0809②B：13）　5.石铲（T0811②B：20）　6、7.石矛（T0811②B：9、T1⑥：2）

早期　以第⑧、⑦、⑥层及H1、H5、G2、G3为典型地层单位；代表性器物有硬陶A型罐、C型罐、D型罐，硬陶A、B型钵，硬陶鸭形尊，硬陶AⅠ式三足盘，硬陶三足盘B型足；泥质陶三足盘，泥质陶B型觯，泥质C型罐；夹砂陶B型鼎，A、C型鼎足，A型甗；石锛、A型石刀。纹饰有细乱席纹、叶脉纹与云雷纹组合、绳纹与叶脉纹组合、条格纹等。

晚期　以第⑤、④、③、②层及H2、H3、H4、H17、H18、H22、H26、H27、G1为典型地层单位。代表性器物有B型罐、硬陶AⅡ式三足盘、硬陶豆、B形钵、C型钵、硬陶瓿、C型硬陶钵、A型鼎、罍(米筛纹、方格纹)，泥质陶B型罐、A型刀、A型石锛、C型锛等。纹饰有弦纹、曲折纹、方格纹、卷云纹、粗绳纹等。

（二）年　代

主要通过与马桥遗址等进行比较[①]，对楼家桥商周阶段的文化遗存进行分期。比较发现，A型硬陶罐与马桥AⅢ式大罐（H140：1，H127：1、2，H297：1）、泥瓦足盘与马桥A型盘（T1032③B：2）、AⅠ式硬陶三足盘与马桥CBⅡ、Ⅲ式近，B型三足盘足面的横刻划组纹与马桥D型三足盘、A型甗与马桥CB型甗、鸭形尊与马桥鸭形壶、石锛与马桥B型石刀、A型石刀与马桥A型石刀以及两地出土的石犁等都有基本的相似之处。但楼家桥遗址也有自己的特点，如C型鼎、成排凹窝的Ac型锥体鼎足不见于马桥；泥质陶B型觯与马桥A型觯似，唯不见马桥之云雷纹；A型豆多素面，豆柄不见马桥遗址的云雷纹及楞弦纹。马桥流行的反弧瓦足鼎基本不见于楼家桥。这种有联系有相区别的文化特征，说明楼家桥遗址商周早期地层的年代相当于马桥的晚期，不晚于商中晚期。

晚期出现不见于马桥遗址的细长泥质陶豆柄、硬陶B型罐、硬陶豆、硬陶瓿（觯）、硬陶B型钵、C型钵，可以确定年代晚于马桥文化，最晚地层出现方格纹、米筛纹组合的硬陶　等器物，年代可以确定在西周至春秋早期。

第五节　生态与经济

一、遗址的古环境

人类以环境为载体，总是在一定的环境空间存在。人类所需要的物质和能源，来自于自然环境。人类既是环境的产物，在一定意义上讲，也是环境的塑造者。人类的活动总是同其周围的环境相互作用、相互制约，自然环境既影响我们的生产和生活方式，也影响经济和社会的结构。因此，在考古发掘中研究遗址的古环境信息对理解史前人类的活动方式、经济形态具有重要意义。孢粉分析是获取史前人

---

① 上海市文物管理委员会：《马桥——1993、1997年发掘报告》，上海书画出版社，2002年。

类的生活环境最为有效的方法之一。为了解楼家桥遗址的古环境，我们选择 T0809 探方的北隔梁，按层位采集孢粉样品进行分析（表九）。

表九　T0809 北隔梁剖面地层及采样点一览表

层位/总地层	标高(cm)	采样点	泥性
①/①	110	■	耕土
②/②	134	■	浅灰色粘土，夹红烧土粒
③/③	147	■	黄青色粘土
④/⑦	160	■	青褐色粘土
⑤/⑩	178	■	黑褐色粘土
⑥/⑬	190	■	青黄色粘土，土质坚硬
⑦/⑮	205	■	含砂性棕红色粘土，土质坚硬
⑧/⑰A	225	■	青红色粘土
⑨/⑳	260	■	灰褐色粘土，土质坚硬
⑩/㉑	276	■	含砂性棕红色粘土，含红烧土
⑪/㉔	285	■	含砂性灰黄色粘土，土质坚硬
⑫/㉖A	305	■	灰白色粘土，较松软，含动物遗骸
⑬/㉖B	325	■	灰白色粘土，较松软，含动物遗骸
⑭（底部淤泥层）		■	黑色粘土

（一）文化层中的孢粉组合

遗址孢粉组合分带性明显（图八八），自下而上可分成 4 个带，第一带又可分成两个亚带。

带 I－1　包括⑭、⑬、⑫层（总层位：底部淤土层、㉖B 和㉖A 层）。孢粉组合中最多的是木本植物花粉，占孢粉总数的 50～60%。主要有栎属（*Quercus*）、青冈栎属（*Cyclobalanopsis*）、栗属（*Castanea*）、枫香属（*Liquidanbar*）、胡桃属（*Jugans*）、榆属（*Ulmus*）、栲属（*Costanopsis*）、蔷薇属（Rusaceae）、松属（*Pinus*）等，另外还有桑属（*Morus*）、桦属（*Betula*）、漆树属（*Rhus*）、柳属（*Salix*）、冬青属（*Ilex*）、榛属（*Corylus*）、鼠李属（*Rhamnus*）、柏科（Cupresace）等。其次是陆生草本植物花粉，占孢粉总数的 5～10% 左右，主要有禾本科（*Gramineae*）、蒿属（*Artemisia*）等，另外还有百合科（Liliaceae）、

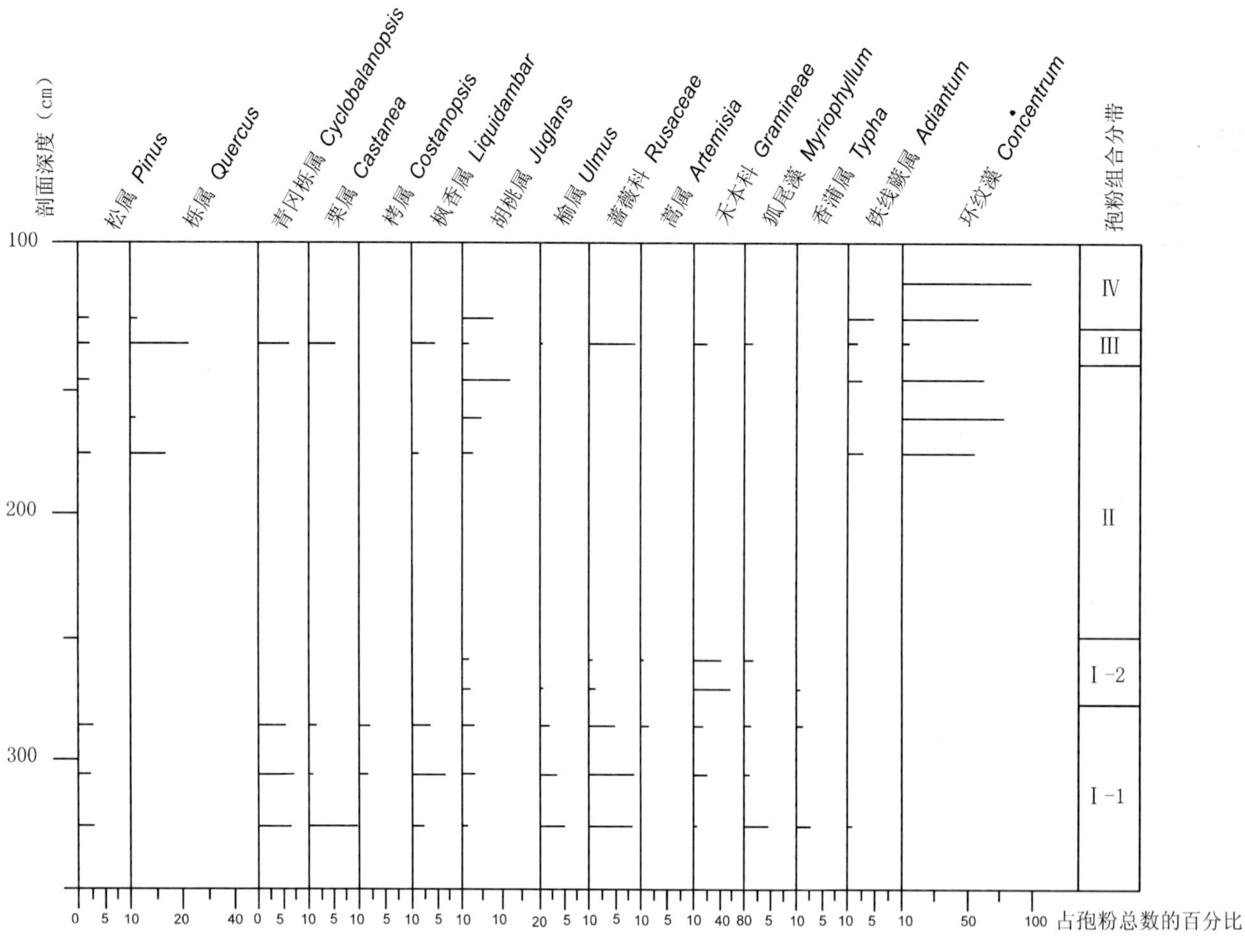

图八八　T0809北隔梁文化层孢粉分析图示

蓼属（Polygonum）、豆科（Leguminosae）、十字花科（Cruciferae）、毛茛科（Ranunculaceae）、莎草科（Cyperaceae）、唇形科（Labiatae）等。湿生或水生草本植物花粉也占有1~6%左右，主要有狐尾藻属（Myriophyllum）、香蒲属（Typha）、眼子菜属（Ptamogeton）等。此外，还有少量蕨类植物孢子水龙骨属（Polyopolium）、海金沙属（Lygodium）、石松属（Lycopodium）、瘤足蕨属（Plagiogyria）、铁线蕨属（Adiantum）等。在本带中植物的种类也有所变化，在底层淤土中含栗属较高，占花粉总数的10%，而在第㉖B和㉖A层中的栗属仅占2%；狐尾藻属在淤土层中占花粉总数的5%，而在㉖B和㉖A层中仅占1%。栲属、胡桃属、蒿属的花粉逐渐增加，而栗属、榆属、狐尾藻属逐渐减少。

带Ⅰ-2　包括⑪、⑩层（总层位：㉑和㉔层）。孢粉组合中最多的是陆生草本。

植物花粉，占粉总数的40~60%，主要有禾本科、蓼属、十字花科、毛茛科等，另外还有蒿属、藜科（Chenopodiaceae）、菊科（Compositae）等。木本植物花粉占花粉总数的20~30%，主要有栎属、枫香属、胡桃属、榆属、桑属、松属等，另外还有枫杨属（Ptercarya）、柳属、鼠李属、蔷薇科、榛属等。湿生或水生草本植物花粉少，有狐尾藻属、香蒲属等。此外，还有少量蕨类植物孢子，如水龙骨属、水龙骨科（Polypodiaceae）、海金沙属、瘤足蕨属、铁线蕨属等。

带Ⅱ　包括⑨~④层（总层位：⑳、⑰A、⑮、⑬、⑩、⑦层）。本带花粉较少，特别是⑨、⑧、⑦层中的花粉，因太少而无法作分析。孢粉少只能说明当时植被贫乏，不能准确反映当时的植被。⑥、⑤、④层的孢粉中，木本植物花粉占孢粉总数的15～25%，主要有胡桃属、栎属、松属、枫香属等，另外还有柏科、桑属等。陆生草本植物花粉占花粉总数的15%左右，主要有蓼属、禾本科等，另外还有豆科、十字花科、毛茛科、莎草科、唇形科等。没有湿生或水生草本植物花粉。蕨类植物孢子有水龙骨科、凤尾蕨属（Pteris）、海金沙属、瘤足蕨属、铁线蕨属等。本带中最多的是环纹藻（Concentrum），占总数的55%～78%。

带Ⅲ　包括③层（总层位：④A层）。孢粉组合中最多的是木本植物花粉，占花粉总数的50%左右，主要有栎属、蔷薇科、青冈栎属、栗属、枫香属、桑属、松属等，另外还有胡桃属、山毛榉属（Fagus）、榆属、柳属、云香科（Rutaceae）、柏科、枫杨属等。陆生草本植物花粉主要有禾本科花粉，占花粉总数的21%，另外还有百合科（Liliaceae）、蓼属、豆科、十字花科、毛茛科、莎草科、豆科、莎草科、唇形科等。湿生或水生草本植物花粉有狐尾藻属、莕菜属（Nymphoides）等。蕨类植物孢子有海金沙属、石松属、铁线蕨属等。

带Ⅳ　包括②、①层（总层位：③、①层）。本带中最多的是环纹藻，占总数的61%～99%。木本植物花粉主要有胡桃属、栎属、松属、杉科（Taxaceae）等。陆生草本植物花粉主要有禾本科、十字花科、毛茛科等。没有发现湿生或水生草本植物花粉。蕨类植物孢子有海金沙属、铁线蕨属、水龙骨科、水龙骨属、凤尾蕨属等。

（二）孢粉植物群所反映的古植被和古气候

根据文化层中的孢粉分析结果及孢粉组合特征，可以推断出与之相应的植被景观、生态环境、气候特征及其变迁。我们根据孢粉的分带性及其所代表的植被景观和古环境，把本遗址的植被景观和古环境自下而上分成五期：

1.栎—枫香—蔷薇期

本期孢粉组合，以落叶阔叶栎属、栗属、枫香属等为主，含有一些青冈栎属、栲属、冬青属等常绿阔叶树种，并含有少量的松属、柏科等针叶木本植物，整体上以亚热带落叶常绿阔叶混交林为主要特征，这反映当时森林茂盛，气候比较温暖。陆生草本植物以禾本科为主，另还含有少量的百合科、十字花科、毛茛科、蓼属、唇莎草科等，反映当时的农业已有相当规模的耕作种植业。湿生或水生草本植物比较多，有狐尾藻、香蒲属、眼子菜属等，反映当时水域较多，气候湿润。另外还生长有水龙骨属、海金沙属等低等蕨类植物。总之，本期的气候温暖湿润，森林茂盛，水域发育，稻作农业有一定规模。本带的孢粉组合与余姚河姆渡文化遗址第四文化层的孢粉组合相近，气候环境也应该相近，比现在的当地气温高，和现在的广东、海南岛、台湾等地差不多[①]。

2.栎—禾本科期

本期森林植被较前期减少，木本植物以栎属、枫香属等落叶阔叶林为主，含有少量胡桃属、枫杨属、桑属、榆属、柳属等，青冈栎属、栲属等常绿阔叶树消失，松属等针叶树木减少，反映气候较前期变凉，但还比较温和。陆生草本植物繁盛，仍以禾本科为主，含有少量十字花科、蓼属、毛茛科等。其中禾本科较前期有成倍增长，反映耕作面积大幅度扩大，当时的农业较前期发达。湿生或水生草本植物较前期减少，仅有少量香蒲属等。低等蕨类植物较期稍有增加，以海金沙属、水龙骨科为主，另

① 孙湘君等：《"河姆渡"先人生活时期的古植被、古气候》，《植物学报》第23卷第2期。

外还有凤尾蕨属、水龙骨属、瘤足蕨属等，反映水域有所减少，但气候仍然湿润。本期气候温而偏湿，森林较前期减少，水域发育，耕作面积大幅增加，农业生产较前期有较大进步。

3.胡桃—蓼属—环纹藻期

本期孢粉组合反映了森林植被与前期相近，但不茂盛。以胡桃属、栎属等落叶阔叶林为主，含有少量的松属、柏科等针叶树种，反映气候比较凉爽。陆生草本植物较前期变化较大，禾本科植物稀少，最多的是蓼属，另外还有少量的豆科、毛茛科等。禾本科植物的大量减少说明由于气候变冷，古人耕作困难。本期没有湿生或水生草本植物，表明气候凉干。低等蕨类植物主要有凤尾蕨属、海金沙属、铁线蕨属等。本期环纹藻很多。本期森林植被与前期相近，但气候凉而干燥，耕作较前期困难。

4.栎—青冈栎—蔷薇期

本期孢粉组合，以落叶阔叶栎属、栗属、枫香属、蔷薇科等为主，含有一些青冈栎属、柃属、云香科等常绿宽叶树种，森林中还夹有松属、柏科等针叶木本植物，整体上以亚热带落叶常绿宽叶混交林为主要特征。反映当时森林植被茂盛，气候比较温暖。陆生草本植物以禾本科为主，另还含有少量的百合科、豆科、十字花科、毛茛科、蓼属、莎唇型科、莎草科等，湿生或水生草本植物有杏菜属、狐尾藻属等，另外还生长有水龙骨科、海金沙属等低等蕨类植物，反映当时水域较多，气候湿润。本期的气候温暖湿润，森林茂盛，水域发育，耕作农业有一定规模，环境特征和栎—枫香—蔷薇期相近。

5.胡桃—十字花科—环纹藻期

本期孢粉组合反映两个阶段的植被面貌，第一阶段森林植被稀少，木本植物主要有胡桃属、栎属、松属等；陆生草本植物也很少，主要有禾本科、十字花科、毛茛科等；没有湿生或水生草本植物；低等蕨类植物比较多，主要有海金沙属、水龙骨科、铁线蕨属、水龙骨属等；最多的是环纹藻。第二阶段以低等的凤尾蕨等植物为主，高等植物稀少，此时最为繁盛的只是环纹藻。本期的气候应是干燥而寒冷，环境恶劣，农作物种植困难。

（三）结　语

综上所述，本遗址的环境从早到晚有明显的变化，可分为 5 个时期。

Ⅰ期：气候温暖湿润，与现在的广东、海南岛、台湾的气候相似，水域发育，森林茂盛，为亚热带落叶常绿阔叶混交林，十分适合古人耕作和生活。

Ⅱ期：气候温而偏湿，水域和森林较前期减少，没有常绿阔叶树种，水域发育，耕作面积大幅度增加，农业生产有较大进步。

Ⅲ期：森林植被和前期相近，气候逐渐变冷而干燥，耕作困难。

Ⅳ期：气候又逐渐回暖，温暖而湿润，水域发育，森林茂盛，为亚热带落叶常绿阔叶混交林，总环境大体与Ⅰ期相当。

Ⅴ期：气候多变，环境恶劣，植被稀少，动物迁移，加之耕作困难，古人生存困难。

优越的自然条件使古人选择在此遗址生活和居住，丰衣足食的生活导致社会的快速发展，自然环境的恶化也会导致遗址的消亡。自然环境的变化是本遗址建立、发展和消亡的主要原因之一。

二、水稻遗存

孢粉分析结果表明楼家桥遗址河姆渡、良渚文化时期气候温暖湿润，适合农业生产的发展。文化层中大量的禾本科植物花粉暗示着生活在楼家桥遗址先民的经济活动可能与稻作生产息息相关。由于禾本科植物花粉形态特征具有相似性，难于从属、种水平做进一步鉴别，因此还需要我们从其他方面做进一步调查和研究，获取楼家桥遗址先民经济活动特点方面更有力证据。

遗址中出土的大型动物、植物遗存是反映先民经济活动的较好材料，但遗址所处地理环境条件对一些遗址的大型动、植物遗存保存状况影响很大，地处地势高燥，降雨量较多，土壤干湿交替频繁、淋溶现象较强环境中的遗址，常常会找不到大型动植物遗存。楼家桥遗址发掘过程中，没有对大型植物遗存进行专门、仔细调查，失去了了解先民经济活动的一次最佳机会和丰富材料，这是发掘工作的一个缺憾，但我们还可以从其他方面获得一些先民经济活动信息。

一般情况下，动植物体内会存在着一些有特殊化学组成或特殊构造的颗粒，即使大型遗存在地层中全部分解腐烂，它们也不会分解或氧化，而能在土壤中或一些器物表面长期保存下来，如淀粉粒、硅酸体等。这些留在遗址土壤中的微化石同样是了解先民经济活动的很好材料。植物硅酸体分析是研究史前人类经济活动中应用较多的考古方法之一。禾本科植物在其生育过程中，要吸收大量的硅酸。这些硅酸会在植物体的一些特定的细胞，诸如运动细胞、结合组织细胞、茧状细胞、刺状细胞等中沉积。这些被大量硅酸沉积的细胞，在植物体枯死腐烂后，成为了土壤粒子的一部分，在土壤中长期残留。而且许多植物的硅酸体具有分类学特性，因其残留性很高，在农耕起源、先民植物性食物结构、作物栽培的历史演变以及环境的变迁等研究领域已经取得了大量的成果。

（一）植物硅酸体种类

我们采取 T0607 南壁、T0809 南壁的 12 份土壤样品进行了植物硅酸体分析，它们分别是表土层 1 份、马桥、商周时期地层 3 份，良渚文化地层 1 份，楼家桥类型晚期地层 4 份，间歇层 1 份，楼家桥类型早期 1 份，生土层 1 份。另外，我们还对 T0607、T0701、T0809 出土的楼家桥文化类型时期 17 块陶片进行分析。

12 份土样都含有密度不同的禾本科运动细胞硅酸体，有稻 (*Oryza*)、芦苇 (Phragmites)、芒草 (*Miscanthus*)、黍属 (*Panicum*)、竹子 (Bambusaceae) 等。特别引人注意的是稻硅酸体，包括被认为生土层在内 12 份土样中都有稻硅酸体。在 17 块陶片中有 14 块发现了稻和其他禾本科植物硅酸体（彩版八），他们分别是 T0607 探方楼家桥文化类型晚期的 7 块、T0701 和 T0809 探方楼家桥文化类型早期 7 块。

定量分析结果显示，楼家桥遗址植物硅酸体五个带（图八九）：

Ⅰ带：第㉖层及以下土层，有稻 (*Oryza*) 和芒属 (*Miscanthus*)，以稻硅酸体为主，气候温暖湿润，是稻作发展时期。

Ⅱ带：第㉕层（楼家桥类型早期）和第㉔层（间歇层），稻硅酸体密度较低，第⑩层中芒属占比例较高，反映气候干燥；间歇层为水相冲积层，水患严重；不太适宜水稻生长和生产。

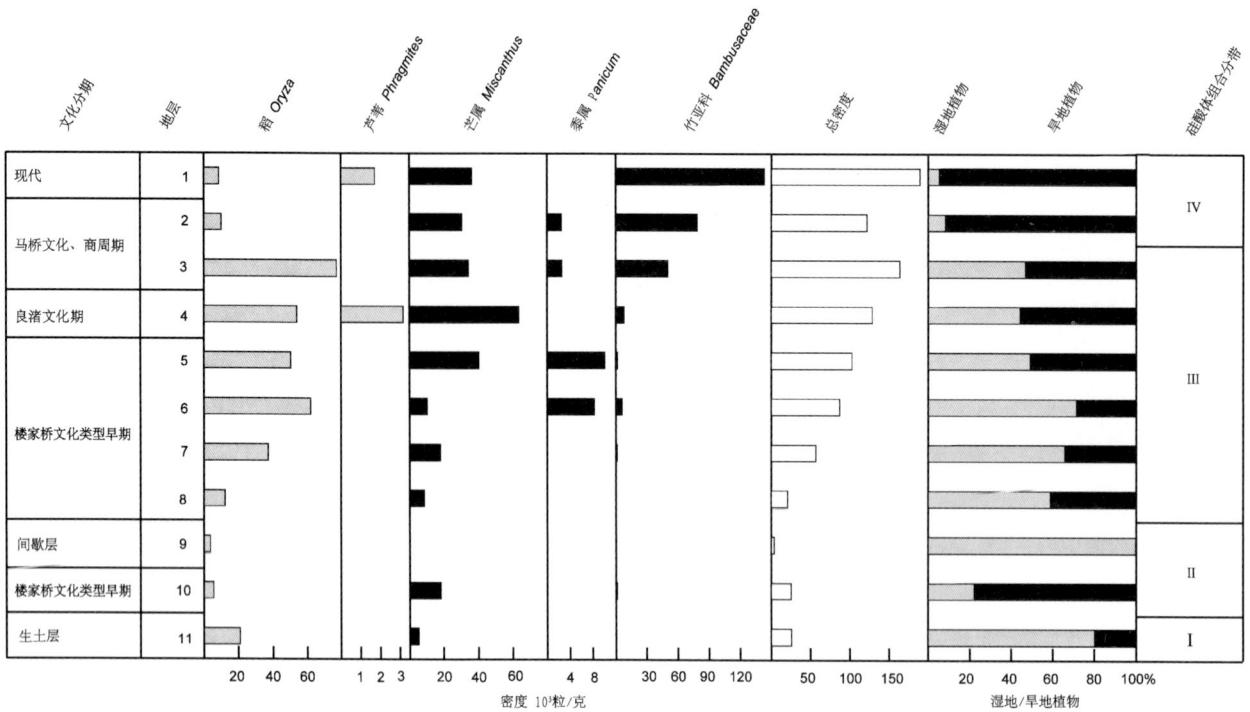

图八九　地层土壤中的植物硅酸体密度及其变化示图

Ⅲ带：第㉒、⑳、⑲、⑮、⑪、⑧层，从楼家桥文化类型晚期早段到马桥文化早期，稻硅酸体密度较高，湿地（稻、芦苇）和旱地（芒属、黍属）禾本科植物繁茂，气候温暖湿润，适宜水稻种植和生产。

Ⅳ带：第③、①层，从商周时期到现代，稻硅酸体密度下降，芒属硅酸体密度高，竹子硅酸体上升，气候变干燥，水稻栽培环境恶化。

（二）稻硅酸体的形状特征

稻运动细胞硅酸体不同于其他的禾本科植物，具有明显可鉴别的特征，（藤原1976），进一步研究还发现稻硅酸体形状特性在两个亚种之间也存在这一定的差异，籼稻硅酸体小、薄、圆，粳稻硅酸体大、厚、尖[1]。90年代，藤原宏志等在分析了大量的现代栽培品种硅酸体的形状特性基础上，建立了利用硅酸体形状进行亚种判别的方法[2]。

楼家桥遗址土壤和陶片23个样品中硅酸体形状特征参数测量结果显示（图九〇），亚种判别值大于零的17个，占73.9%，小于零的6个，占26.1%，可以看出遗址自有水稻栽培以来，具有大、厚、尖硅酸体特征的粳稻是当地先民栽培品种的主体。

1. 文化层土壤中的硅酸体形状特性变化

遗址中检出的稻硅酸体的形状解析结果显示，各土层硅酸体形状特性存在着一定的变化。如图九

---

[1] 藤原宏志，佐·木章：《プラント·オパール分析法の基礎研究（2）－イネ（Oryza）属植物における机动细胞珪酸体の形状》，《考古学と自然科学》，1978。

[2] 藤原宏志·佐藤　洋一郎·甲斐　玉浩明·宇田津　撤郎《プラント·オパール分析（形状解析法）によるイネ系统の历史的変遷に関する研究》，《考古学杂志》，1990。

一所示，在硅酸体的长和宽两个形状参数总体从早期地层向晚期地层递增，即向硅酸体向大型化方向发展时，其厚度呈下降的趋势；形状系数总体呈现从早期地层向晚期地层递减（图九一）。从图中可以看出，以第⑩层（楼家桥类型晚期）为界，早期地层中硅酸体的长、宽、厚等形状参数呈现出随年代早晚递减趋势；第⑩层以上地层呈现出随年代早晚递增趋势；反映出楼家桥遗址早期地层硅酸体有小型化的倾向，晚期（楼家桥类型晚期）开始向大型化方向发展。在形状系数 b/a 方面，表现出和长、宽、厚不同的变化趋势，早期地层中呈现出随年代早晚递增趋势，第⑩层以上地层呈现出随年代早晚递减趋

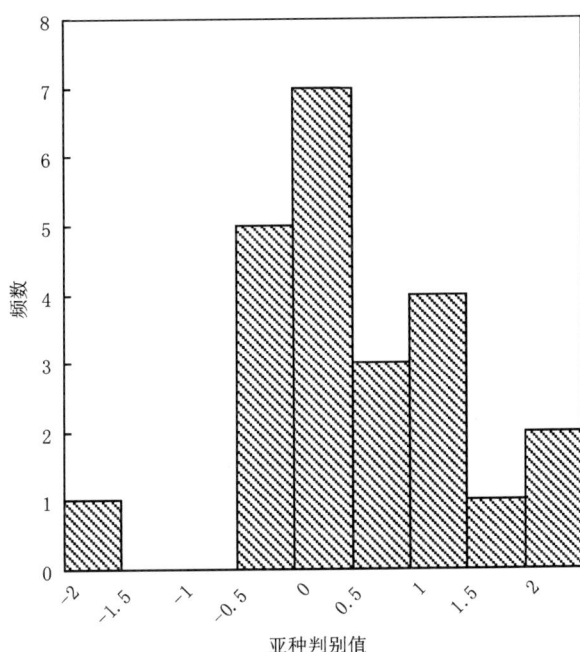

图九〇　楼家桥遗址水
稻硅酸体参数图

势，尽管存在波动，但总体上呈下降趋势，反映出早期地层硅酸体短、圆，晚期（楼家桥文化类型晚期）开始向长、尖方向发展。

2. 陶片中的硅酸体形状特性变化

检出稻硅酸体陶片全部来自楼家桥文化类型时期。如图九二所示，陶片中硅酸体长、宽和厚等形状参数在楼家桥类型早期有一个下降的过程，晚期时一个上升的过程，形状系数 b/a 方面，早期晚段比早期早段有一定的上升，但晚期的变化不明显。楼家桥类型时期陶片中硅酸体形状参数变化特点和同时期土层中硅酸体变化有相似性（图九二）。

3. 从文化分期看硅酸体形状特性的变化

图九三显示了综合土层、陶片中硅酸体的形状分析结果，根据不同的文化分期分析硅酸体形状特性变化（图九三）。

从图中可以看到，楼家桥文化类型晚期到商周时期，长、宽、厚等形状参数明显上升，特别是长和宽方面，楼家桥文化类型早期、晚期和马桥文化、商周时期之间存在着显著的差异，与楼家桥文化类型时期相比，良渚文化和马桥、商周时期的长分别增加了 10.22%、12.92%，宽分别增加了 11.82%、13.71%，厚分别增加了 8.46%、4.71%。形状系数 b/a 方面显示出下降的趋势，与楼家桥文化类型早期

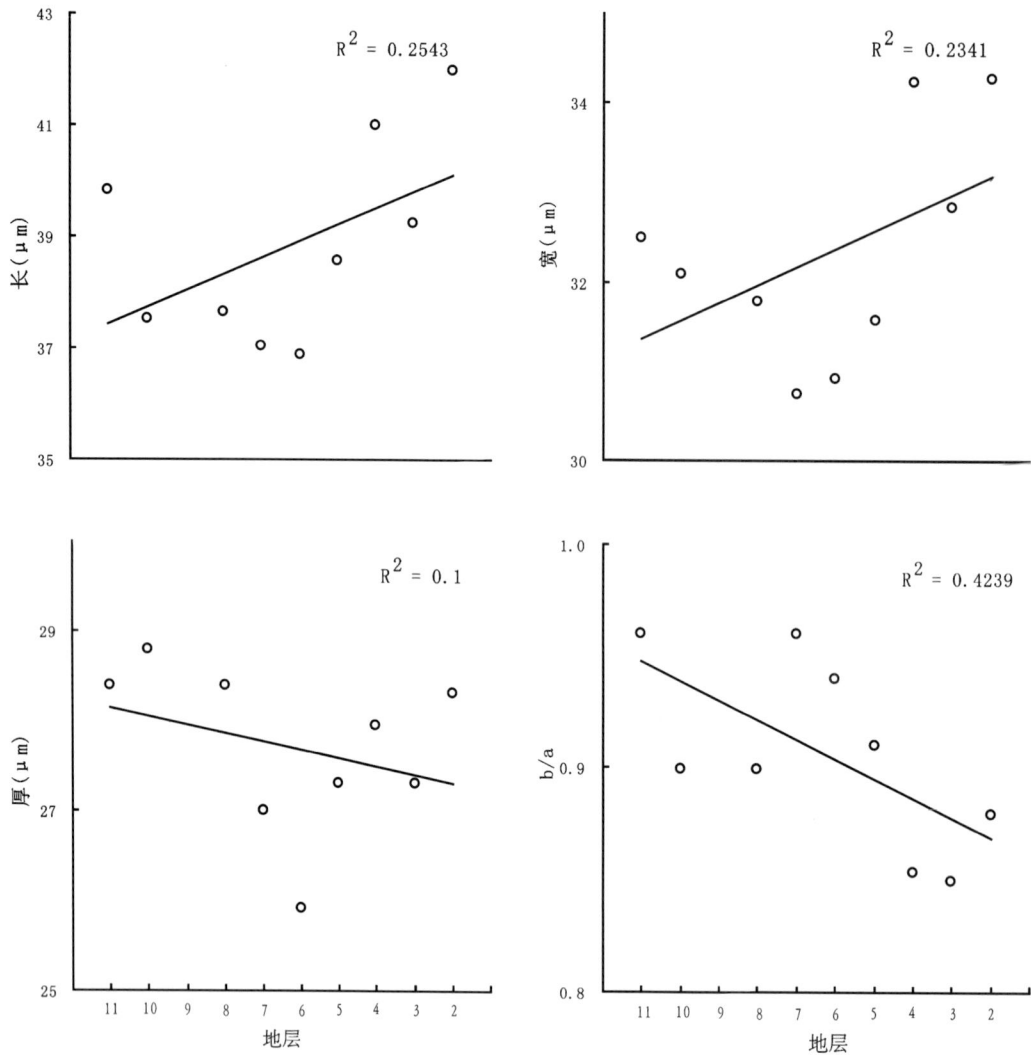

图九一　地层土壤中稻硅酸体形状特征变化图

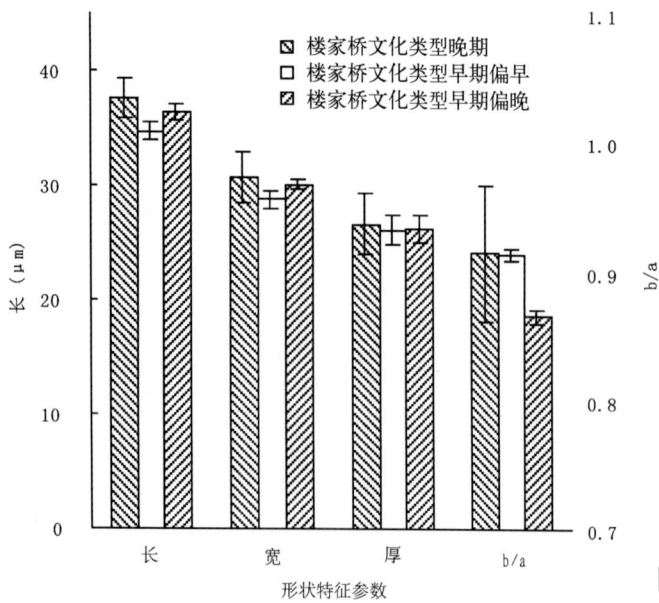

图九二　陶片中的稻硅酸体形状特征变化图

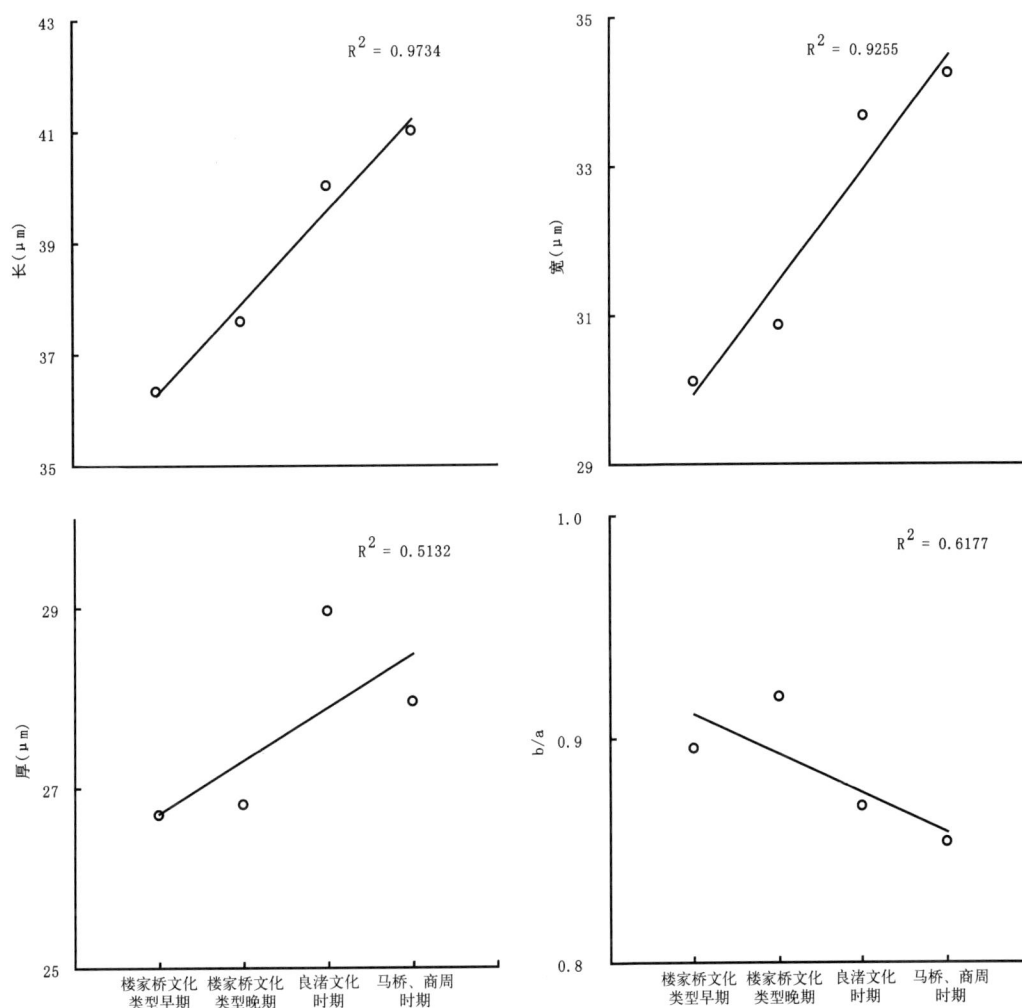

图九三 不同文化时期稻硅酸体的形状特征变化图

相比，良渚文化和马桥文化、商周时期分别下降了 3.33%、5.19%。

（三）遗址硅酸体分析反映先民的经济活动和水稻驯化

楼家桥遗址中楼家桥文化类型、良渚文化、商周、马桥文化地层的土壤和陶片中发现了大量稻硅酸体，说明楼家桥遗址先民从距今 6000 多年以前就已经栽培水稻，并且一直保持栽培水稻、食用稻米的生产和生活方式，稻米一直是人们食物的主要来源。

一般情况下，每克土壤中的硅酸体数量超过 5000 颗的话，可以认为古代在这里曾经栽培过水稻。楼家桥遗址除间歇层和第⑮层（楼家桥文化类型晚期）地层外，各土层稻硅酸体密度都超过 5000 个/g，相当高。本次土壤的定量分析结果表明，楼家桥遗址可能存在水田遗迹。如果对遗址做进一步的发掘和调查，有可能找到不同文化时期的水田遗迹。

水稻两亚种之间的硅酸体形状特性存在着差异，即来自籼亚种的硅酸体比较小、圆形，来自粳亚

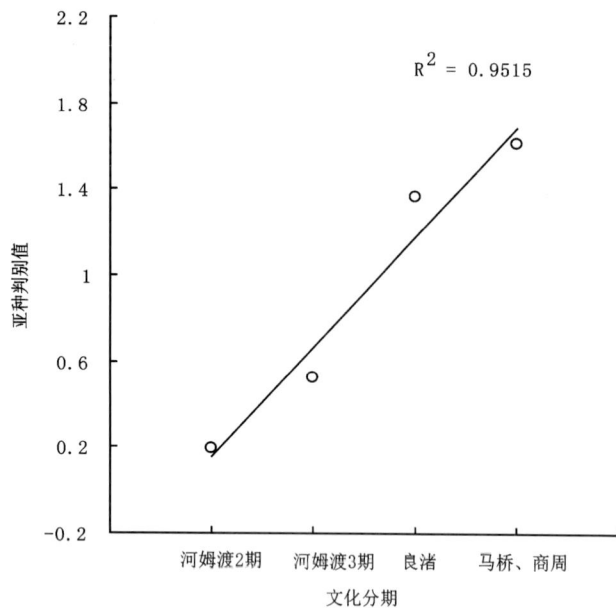

图九四　不同文化时期亚种判别值变化

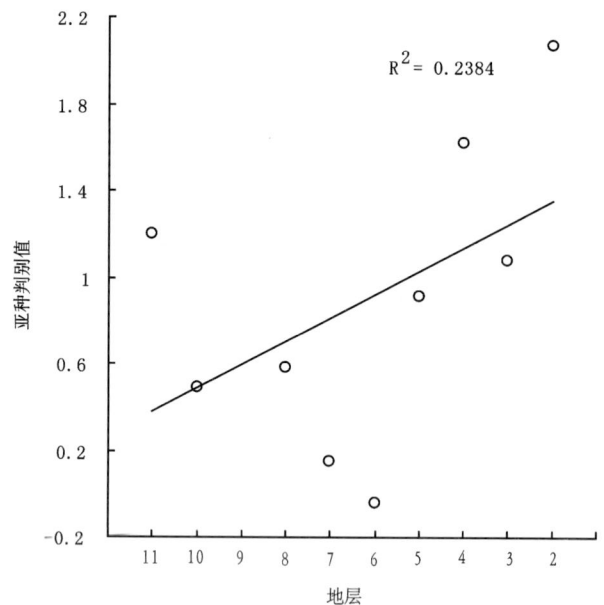

图九五　不同地层亚种判别值变化图

种的硅酸体比较大、长形。楼家桥遗址检出的稻硅酸体形状特性在6000年间存在一定的变化趋势，表现在长、宽、厚上升，形状系数b/a下降。楼家桥遗址的硅酸体形状特性的变化可能意味着栽培稻的系统特性的变迁过程，即栽培稻向着大量栽培粳稻的方向发展。

　　图九四、九五显示了利用硅酸体的4个形状特性的亚种判别式[①]的判别得点的变化（图九四、九五）。楼家桥文化类型、良渚文化及马桥文化、商周时期的判别得点分别为0.48、0.35、1.46、1.62，和形状特性的变化基本相同，呈现出上升的趋势，反映了楼家桥遗址的栽培稻向粳稻方向发展。但值得注意的是楼家桥文化类型早、晚期的判别点的数值较小，在0.5以下，表现出中间类型的一些特点，这可能和早期栽培稻的多样性或分化不完全有关。

　　在另一方面，我们从地层硅酸体形状分析也可以看到，楼家桥文化类型时期和马桥文化、商周时期曾经出现判别得点较大幅度的下降，还有在楼家桥类型晚期的一个陶片中发现的硅酸体的判别得点大于-1.00，被判别为籼稻，从这些情况看，这一地区在以栽培粳稻为主的同时，可能曾经栽培过籼稻，而且在某些阶段还可能出现过籼稻栽培的发展时期。

　　楼家桥遗址中发现的稻硅酸体的形状特性解析结果显示，在长江下游，至少是在一部分地区，新石器时代早期可能是籼、粳不分的高度杂合的多样性群体，伴随历史的发展，到新石器中晚期开始，粳稻已经成为了栽培稻的优势种群。这个结果不仅为稻在人工栽培环境中演变过程提供了实证数据，而且给予了长江下游地区新石器时代遗址中出土的炭化米粒型的变化[②]一个很好的注释，同时意味着长江下游很可能是新石器时代水稻的多样性中心。

---

① 王才林、宇田津撤郎、藤原宏志：《中国イネの亜種判別における機動細胞珪酸体の形状と初の形態・生理形質の関係について》，《育种学杂志》，1996，46（1）。

② 游修龄：《太湖地区稻作起源及其传播和发展问题》，《中国历史》1996年第1期，第71～83页。

三、动物遗存

遗址出土一批动物遗骸，这批遗骸不仅反映了当时先人取食的动物面貌和古环境，而且还携带着许多古文化信息，非常值得研究[①]。楼家桥遗址不同地层动物遗骸标本如下表析列（表一〇）。

（一）重要标本记述

1．犀牛 *(Rhinocerotidae)*

上臼齿1枚：标本T0809㉖：23，冠面稍有破损，并有磨蚀。前肋较强，没有后肋。具前刺和反前刺。原嵴和外嵴间有一"V"形缺口，前齿带边呈"V"形，后宽42毫米（图九六，1；图版九，1）。

一破损下颌骨：标本T0807㉕：37保留左下颌骨及接合部，风化程度较高，无法看清牙床，不能断定齿式，保留有2枚臼齿。臼齿磨蚀面较深，说明年龄较大。下颌骨保留总长310毫米（图版九，2）。

2．亚洲象　*Elephasmaximus*

左下臼齿1枚：标本T0807㉕：19左下臼齿齿板有21个，齿板排列紧密。前部9个齿板已经磨蚀，保存齿全长为26厘米，10厘米内齿脊数（齿脊频率）为8。外壁的曲线凸出，咀嚼面中部下凹，形状为长

表一〇　楼家桥遗址动物遗骸所在位置及层位列表

探　方	层　位	动　物　遗　骸
T0809	㉖	家猪下颌骨，鼋肋板碎片，牛下颌骨，鹿下颌骨
T0808	㉕	家猪头骨，鹿角，象脊椎骨
T0807	㉕	家猪下颌骨3件，犀牛下颌骨
T0707	㉖	家猪头骨
T0808	㉖	鹿头骨，家猪下颌骨
T0807	㉕	亚洲象臼齿，家猪下颌骨、头骨
T0809	㉖	亚洲象胫骨
T0808	㉓	牛下颌骨
T0809	㉖	犀牛臼齿
T0707	㉖	象股骨
T0808	㉓	梅花鹿角
T0809	㉖	牛下臼齿
T0809	㉓	鹿右下颌骨
T0809	㉖	牛右下颌骨
T0807	㉓	牛环椎
T0807	㉒	鹿下颌骨

---

① 金幸生、蒋乐平、范忠勇、沈宏：《诸暨楼家桥遗址动物群的初步研究》，《东方博物》(6)，浙江大学出版社，2001年。

椭圆形，咀嚼面积为101.2厘米²。臼齿保存的最大宽度为7.3厘米，最大高为14厘米。齿板磨蚀后齿突图案成"点、线、点"或"点、点、点、点"的图形，再进一步磨蚀则成长条形齿脊盘。齿脊盘的中部稍稍扩大，但分不出扩大部和侧枝部，齿板和齿板间的谷比较窄，釉质层具有极密的比较显著的褶皱。

以上所述臼齿特征与亚洲象臼齿特征相一致，无疑是亚洲象的一枚右下第三臼齿。根据现生亚洲象的出牙规律，第三臼齿一般在40~50岁出现，一直维持到百岁。当前标本的第三臼齿已磨蚀小半，推测其为60~70岁的老年个体（图九六，2；图版九，3）。

在此遗址中还发现亚洲象的胫骨、股骨和脊椎骨。

3. 鹿　Cervus sp

鹿的材料较多，但很难鉴定到种，其中保存较好的有3件标本：标本T0808㉖：35，为保存破碎的鹿头骨，只保存顶骨和部分额骨。角基位于眼眶后上方，左右顶骨愈合处向上拱起，拱起处有人工划痕，角柄非自然脱落，鹿角被人工砍断，两角基间距105毫米（图九六，4；图版一〇，1）。另一件为基本完整的鹿角。此角为非自然脱落，角基部有人工切割痕迹，此角还没分叉，呈笔杆式，表明是年龄为2岁的幼年个体。角环最大径为32毫米。斑状瘤突明显、清晰，角环的断面近似圆形。角环最大径45毫米，角环上角柄前后径32毫米，眉叉到角环距离63毫米。最后一件为标本T0809㉓：1，下颌骨（图九六，3；图版九，4）。

4. 梅花鹿　Cervusnippon

不完整梅花鹿角2件。标本T0808㉓：2，角柄非自然脱落，眉枝与主枝交角90度左右，角表面具纵沟（图版九，5）。

5. 牛　Bubalus sp

牛完整环椎2件，标本T0807㉓：4（图九七，1；图版一〇，2）。另有左下臼齿1枚，为M_3，冠面稍有磨蚀，齿长43毫米，保存齿高85毫米。

一破碎水牛下颌骨，标本T0808㉓：5，保存有P^3、M_1、M_2、M_3。只留齿窝，牙齿咀嚼面磨蚀较深，说明此个体年龄较大，保存总长215毫米，保存齿列长（P^2~M_3）为80毫米（图九七，4）。

6. 鼋　Pelochelysbibroni

一件，标本T0809㉖：51，鼋肋板碎片，由于材料太少只能观察肋板上的花纹（图版一〇，3）。

7. 家猪　Susdomesfica

遗址中家猪的材料最多，共有3个缺失吻部的头骨，5件不完整的下颌骨。

3件猪头骨都缺失吻部，1件牙齿没保存，另两件保存有M_1、M_2、M_3，没长M_1、M_2，基本未被磨蚀，表明是青年个体。标本T0807㉖：49，眶上突后缘至枕嵴的边缘微凹，顶骨与额骨、泪骨骨缝未严密愈合，面颊凹陷明显并一直延伸到颧骨。泪骨呈近方形，顶骨与顶间骨愈合在一起，形成顶部和颞部，也就是颅腔的背侧顶。顶骨每侧都有一条弯形的顶骨脊，把顶部和颞部几乎成直角地分割开。颧骨扁平（图版一〇，4）。

另外，还发现猪的下颌骨若干（图九七，2、3）。

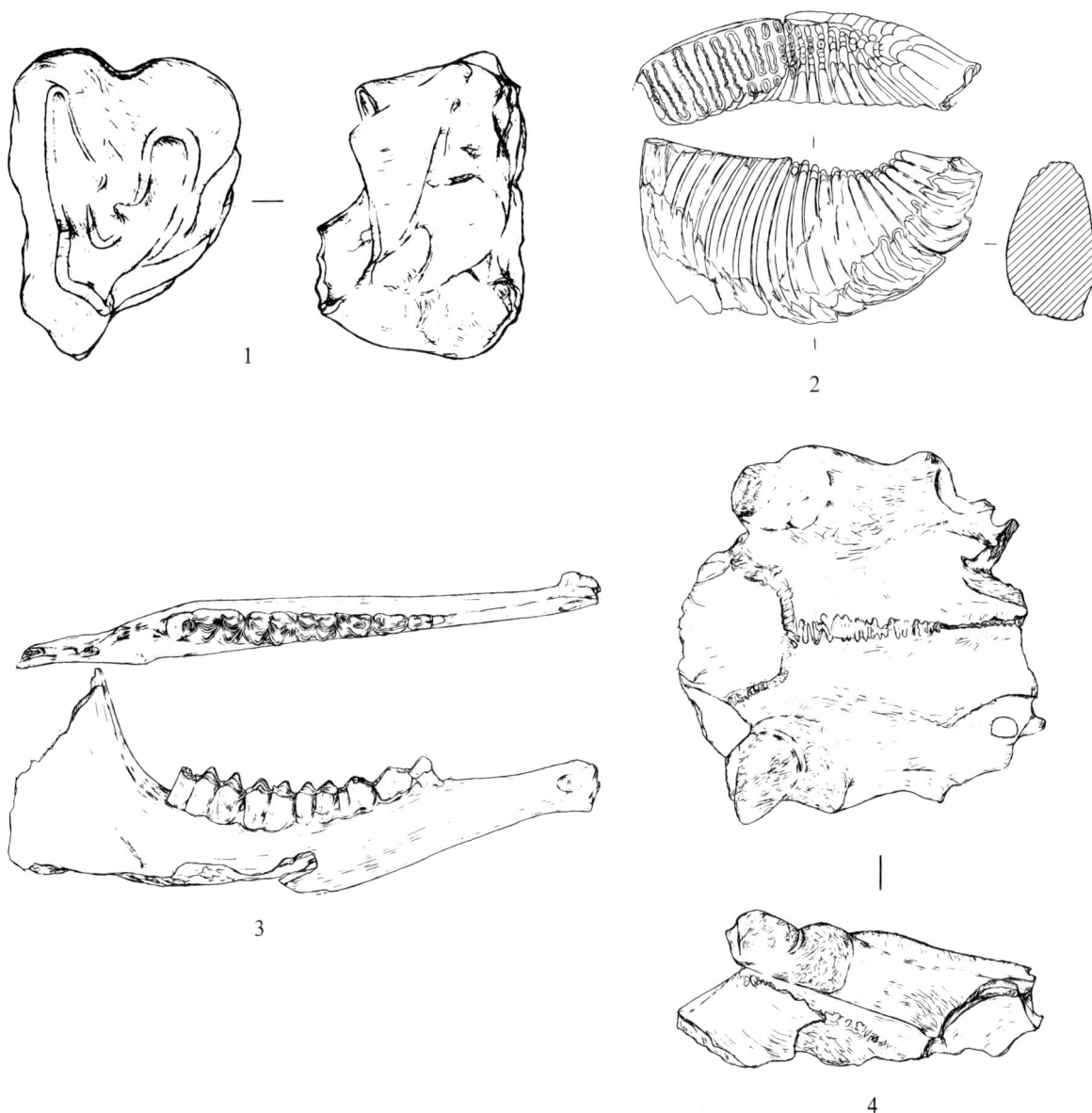

图九六 楼家桥遗址出土动物骨骼
1.犀牛上臼齿（T0809㉖：23） 2.亚洲象臼齿（T0807㉕：19） 3.鹿下颌骨（T0809㉓：1） 4.鹿头骨（T0808㉖：35）

（二）讨 论

本遗址中采获的动物遗骸比河姆渡及罗家角遗址的动物遗骸保存差、种类少，但含有一些比较重要的种类和特征，可以说明以下问题①。

1.犀牛、鼋是继河姆渡、罗家角遗址后，在新石器遗址中的第二次发现，说明在距今7000～6000年前，犀牛和鼋在浙江生存并非是偶然现象。

---

① 张明华：《罗家角遗址的动物群》，《浙江省文物考古所学刊》，文物出版社，1980年；魏丰等：《浙江余姚河姆渡新石器时代动物群》，海洋出版社，1990年；金幸生等：《几种动物遗骸反映的河姆渡文化》，《东方博物》第五辑。

2.亚洲象和犀牛是典型的热带动物，这种动物目前在华中地区已经完全绝迹，这两种动物遗骸的发现，说明当时诸暨一带的气候比现在暖和。

3.以动物遗骸分析，先民的肉食来源主要是草食型哺乳动物，主要靠狩猎和饲养获取。

4.在遗址中发现的8件家猪遗骸中，有3件保存较好的头骨，这与河姆渡遗址中几百件家猪仅有3件较完整的头骨有很大区别，我们认为这可能与习俗不同有关，有待以后作进一步探讨。

5.猪的头骨从P²与P3之间断开的现象同浙江河姆渡及江苏沭阳万北新石器遗址中的猪遗骸一致，为作者以前认为是宰杀方式所致的观点提供了进一步的佐证。

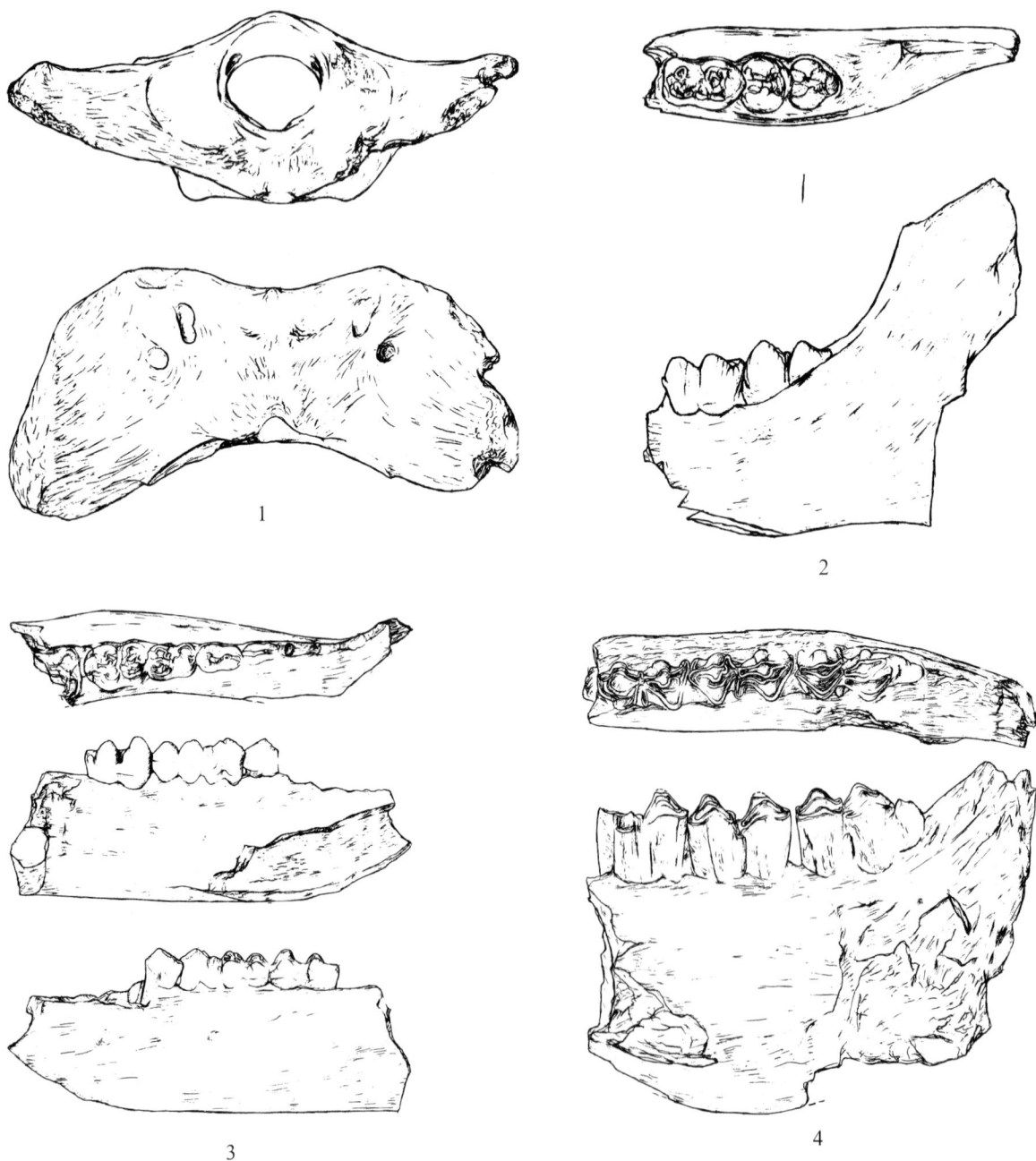

图九七　楼家桥遗址出土动物骨骼

1.牛环椎（T0807㉓：4）　　2.猪下颌骨（T0809㉖：53）　　3.猪下颌骨（T0808㉖：54）　　4.牛下颌骨（T0808㉓：5）

第三章　眭塘山背遗址

第一节　遗址概述

一、地理位置与遗址分布

眭塘山背遗址位于今浙江省浦江县黄宅镇渠南村，处在浦阳江上游河谷盆地的中心位置。东经119°58′25″，北纬29°27′36″。遗址西距浦江县城约10公里，浦阳江干流在遗址南侧约2公里处由西南向东北方向通过。遗址所在地貌比较平坦，海拔约50米。遗址周围有多个辟为耕地的小高地，遗址坐落在其中的一个相对高度约1～2米的小高地上。

遗址被南北向的一个狭长形水塘——俗名眭塘——分为东、西两区。东区被渠南村村舍、厂房占据，遗址遭受严重破坏；西区为墓葬区。相传眭塘为旧河道湮废留下的遗迹，断断续续分布，拟想中的古河道向北一直延伸到300米之外的上山遗址西侧。从地貌上看，有眭塘相隔的东、西两区本为两个相邻的小丘（彩版九）。这一东为遗址区、西为墓葬区的布局方式是否反映了当时的村落格局？这一问题由于东部遗址区没有进行深入的发掘而不能作明确的判定。但从已经发掘的实际情况看，这一格局是成立的。调查发现，在遗址西北侧约300米的另一个俗名长地的小高地上，也存在同一时期的遗址堆积。

东部发掘区选择在村舍、道路的间歇地带，布TS1、TS2、TS3探沟三条。TS1面积1×2米，位于"三兄电器厂"大门道路的西侧；TS2面积1×2米，位于TS1北面20米的道路另一侧；TS3面积1×3米，位于"三兄电器厂"南面的葡萄园，地势略高。探掘表明，TS1、TS2都存在遗存堆积，又以TS2内涵较丰富，TS3则在20～30厘米深度即见生土，没有发现文化层（图九八）。

西区坐落在一个南北长约60米，东西宽约40米，高出现地面约0.5～1.5米的台地上。共发掘10×10米探方11个，10×14.5米探方2个。正方向布方，东西向四列，南北向六排。象限法编号，分别为T0912、T0913、T0914、T0915、T0916、T1012、T1013、T1014、T1015、T1016、T1114、T1115、T1116（图九九）。西列探方因靠近下级台地多不完整，东列局部探方又作了适当的扩方发掘，实际发掘面积1980平方米，共发掘清理墓葬44座（彩版一○）。

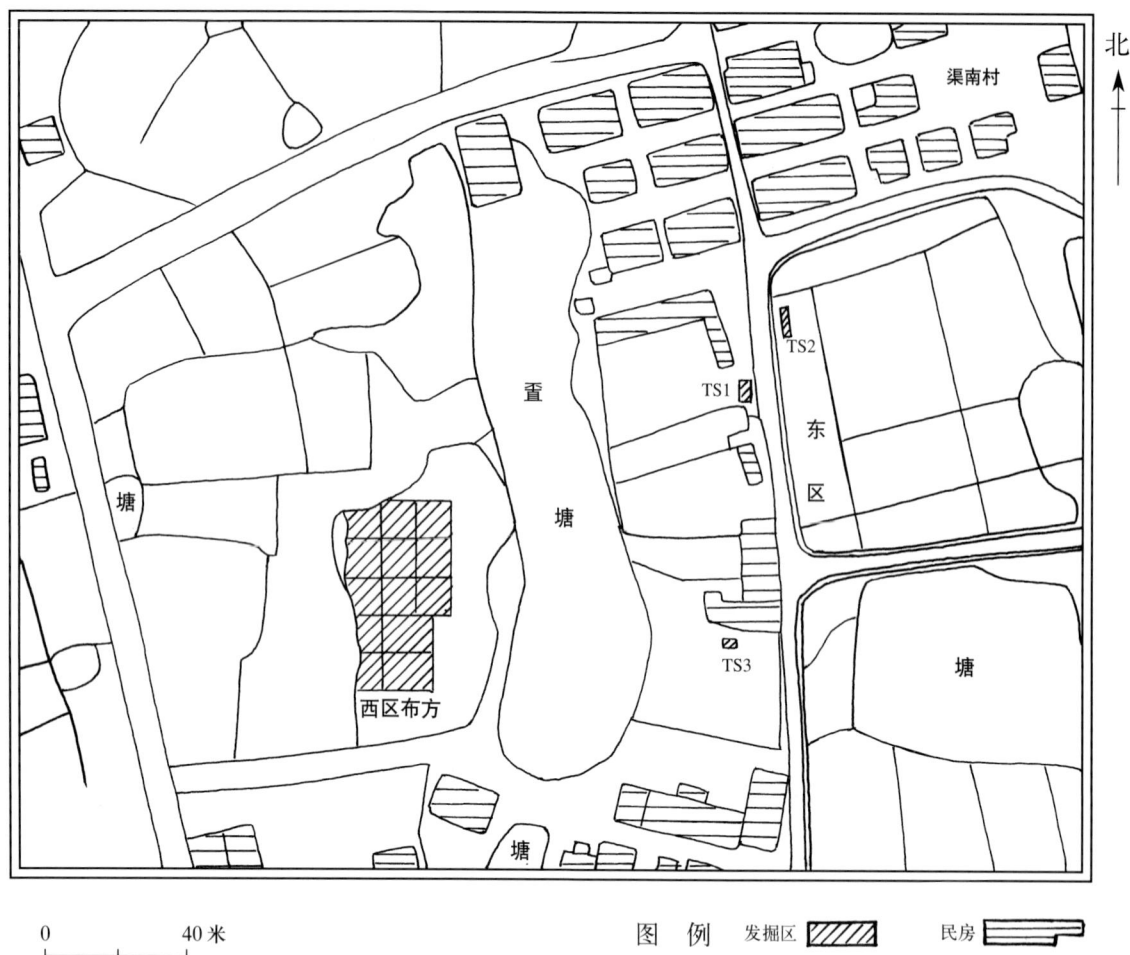

图九八　眚塘山背遗址发掘区位置图

二、地层堆积与遗存性质

（一）地层堆积

以东、西分区分别介绍。

1.东区

以 TS2 四壁剖面为例介绍如下（图一〇〇）。

第①层　耕土层，青褐色土。厚15～30厘米。内含少量印纹陶片，植物根系等。

第②层　淡白色黏土层，土质较硬。厚0～31厘米，深30～61厘米。出土有夹砂红陶和泥质灰陶残片，器形有鼎足、罐、豆柄等。

第③层　浅青色土，土质较软。厚0～41厘米，深61～110厘米。出土夹砂红陶和泥质灰陶等，器形有鼎足、豆盘等。

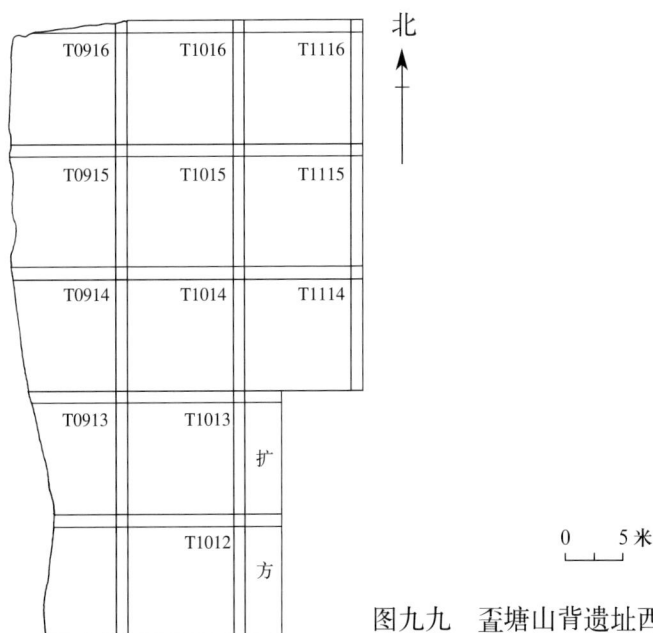

图九九　沓塘山背遗址西区探方平面图

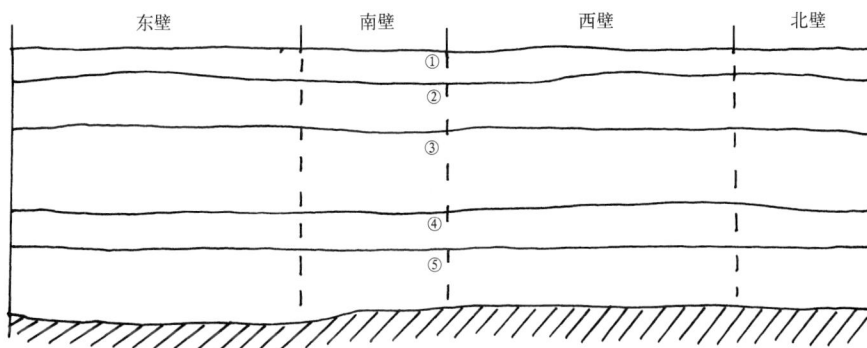

图一〇〇　沓塘山背遗址东区 TS2 四壁地层剖面展开图

第④层　深黄色土，土质较硬。厚0~25厘米，深95~110厘米。所出陶片还是夹砂红陶和泥质灰陶，器形有鼎足、簋等。

第⑤层　深黑色土，含砂和铁锈斑点，土质较硬。厚0~11厘米，深35~55厘米。出鼎足、盘等。本层之下为自然生土。

2. 西区

选择 T1014、T1015 的东壁和西壁介绍。

T1014、T1015 东壁（图一〇一）

第①层　耕土层，黑褐色。厚8~10厘米。含植物根系、杂草、近代垃圾等。开口在该层下的遗迹有 H13。

第②层　褐黄色。厚4~8厘米，深8~10厘米。出有带印纹的原始瓷片。开口在该层下的遗迹有 M42。

第③层　浅黄色，次生土。厚1~10厘米，深12~26厘米。只分布在 T1014。夹有零星陶片，属新石器文化层。本层之下为夹有褐色斑点的生土。

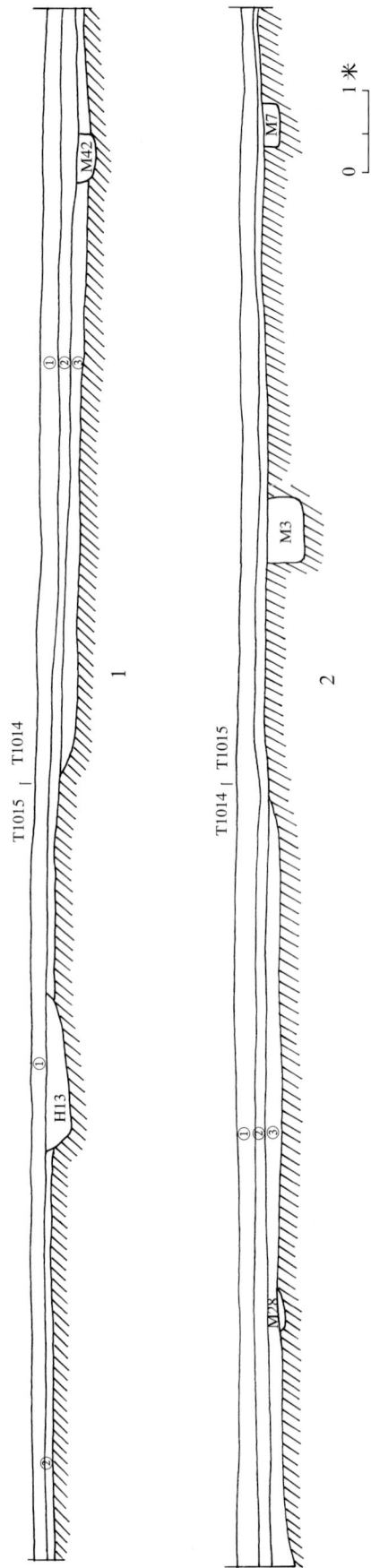

图一〇一　茴塘山背遗址西区T1014、T1015地层剖面图

1. 东壁　2. 西壁

T1014、T1015西壁（图一〇一）。

第①层　黑褐色。耕土层，厚6～12厘米。含植物根系、杂草、近代垃圾等。

第②层　褐黄色，厚2～10厘米，深6～12厘米。出土有带印纹的原始瓷片。开口在该层之下的遗迹有M3、M7、M28。

第③层　浅黄色。次生土，厚0～12厘米，深16～28厘米。出有零星夹砂褐色陶片。本层分布在T1014，于T1015消失，属新石器文化层。本层之下为夹有褐色斑点的生土。

（二）遗存性质

1.东区

从TS1、TS2出土器物的情况看，可以作两点基本的判断。第一，从遗址②～⑤层出土陶器中的鱼鳍形鼎足、泥质黑皮陶豆等良渚文化特征看，遗址年代不早于良渚文化时期。第二，出土器物大都破碎，分布没有规律，属于随意丢弃的生活垃圾，因此发掘位置属于普通生活区。

2.西区

②层出土物多为硬陶与原始瓷，属于春秋战国遗存。②层下还有少量的新石器时代遗存，年代也属于良渚时期。遗址的主体是②层下发现的墓葬。这批墓葬共44座，分布有规律，头向朝东，显然属于一个具有统一规划的氏族墓地（图一〇二）。随葬品有鱼鳍足夹砂鼎、泥质灰陶簋、泥质灰陶豆、黑皮陶双鼻壶等，时代与东区遗址相对应，属于良渚文化时期。

第二节　东区遗存

东部遗址区由于位于村舍之间，破坏严重，仅作小规模的试掘。文化内涵以良渚时期遗存为主，现举TS2为例作简单介绍。

TS2出土物除少量磨制光滑的石镞、石锛残片外，均为无法复原的陶器碎片。陶器以夹砂陶为主，约占总量的90.9%，泥质陶次之，约占9.1%。夹砂陶以褐色居多，灰色次之，红色最少。泥质陶比较单纯均为灰色。器物以鼎足数量最多，均为夹砂陶，以圆锥形为主，扁凿形次之，鱼鳍形仅有两件。圈足、豆柄等则均为泥质灰陶。罐口沿所出数量较多，有夹砂和泥质之分，但夹砂所占比例较大。器表装饰除两件鱼鳍形鼎足表有刻划纹外，其余均为素面，表皮脱落严重。整体上器物造型规整，制作方法均为轮制。

陶器所选标本共22件。器形有鼎足、罐、盘、豆柄、圈足盘等。

鼎　16件。

口沿　3件。均为残件。夹砂灰陶。盘口，尖圆唇，束颈。素面。标本TS2②：9，胎黑灰，皮褐色。口径10.8、残高3厘米（图一〇三，2）。标本TS2②：11，表面灰褐色，轮修痕迹明显。口径16、残高2.6厘米（图一〇三，3）。标本TS2④：1，口径15、残高2.8厘米（图一〇三，5）。

北

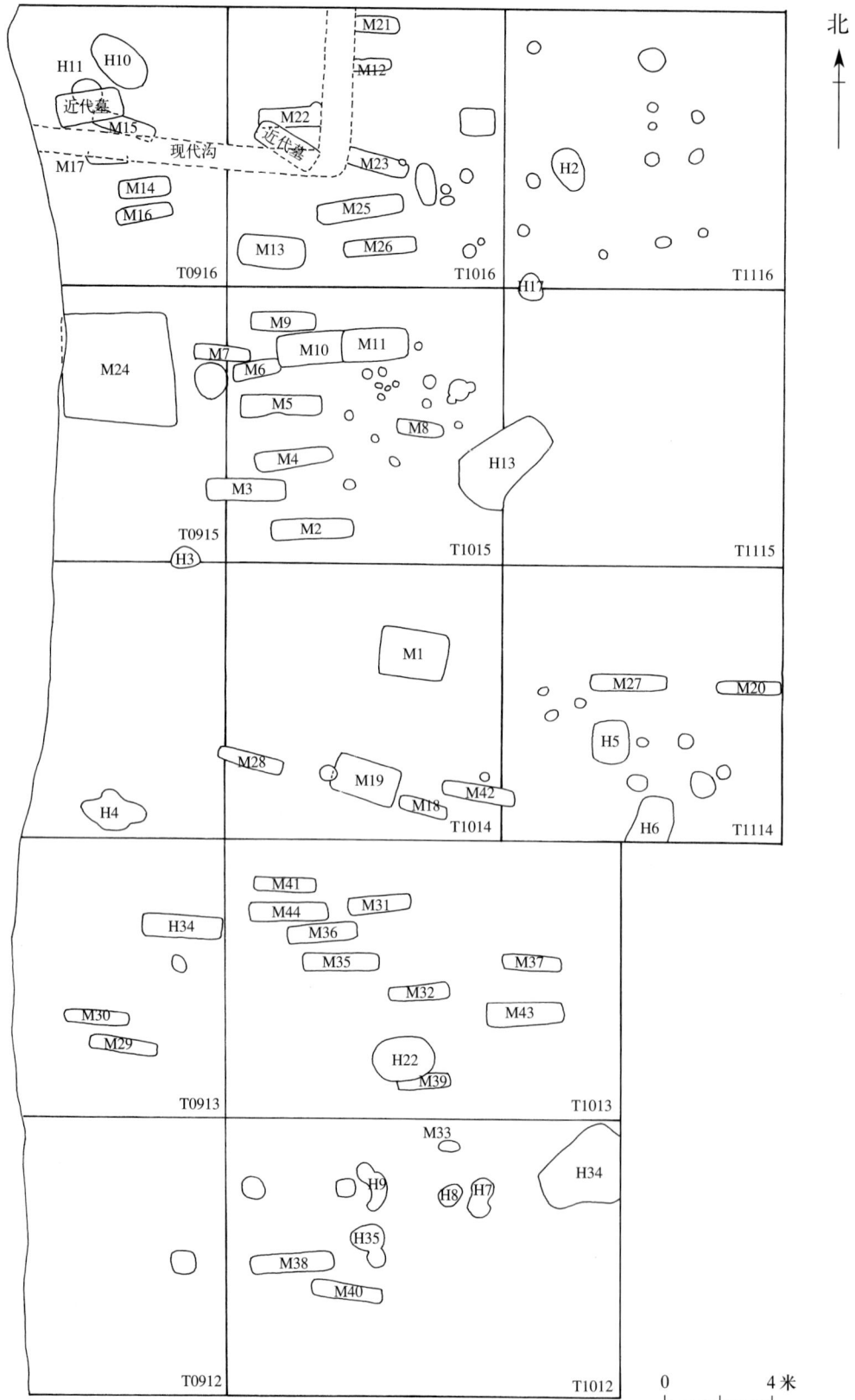

T0916

T1016

T1116

T0915

T1015

T1115

T1014

T1114

T0913

T1013

T0912

T1012

0   4 米

图一〇二 毘塘山背遗址西区墓葬、灰坑分布总平面图

图一〇三　眚塘山背遗址东区出土陶器

1.陶罐（TS2④：8）　　2、3、5.陶鼎（TS2②：9、TS2②：11、TS2④：1）　　4、6.陶
盘（TS2⑤：5、TS2③：4）　　7、8.陶豆（TS2⑤：4、TS2②：14）　　9.簋（TS2④：5）

鼎足　13件。5件完整。除标明外均为粗砂陶。分四型。

A型　4件。截面圆形。标本TS2②：12，胎心灰黑，表红褐。残长9.8厘米（图一〇四，8）。标本TS2②：13，顶端黑褐色。下端残。残长9厘米（图一〇四，2）。标本TS2③：8，表有烟炱。下端残。残长13.6厘米（图一〇四，11）。标本TS2⑤：2，完整，顶端褐色，表皮多有脱落。长11.8厘米（图一〇四，9）。

B型　5件。截面长方形。标本TS2②：5，完整。细砂红陶，顶黑色，表皮多有脱落。长8厘米（图一〇四，3）。标本TS2②：10，细砂褐陶，背有手捏凹槽，上下端均残。残长7.6厘米（图一〇四，7）。TS2②：15，完整。细砂灰陶，顶黑灰色，表皮多有脱落。长14.2厘米（图一〇四，12）。TS2③：6，红

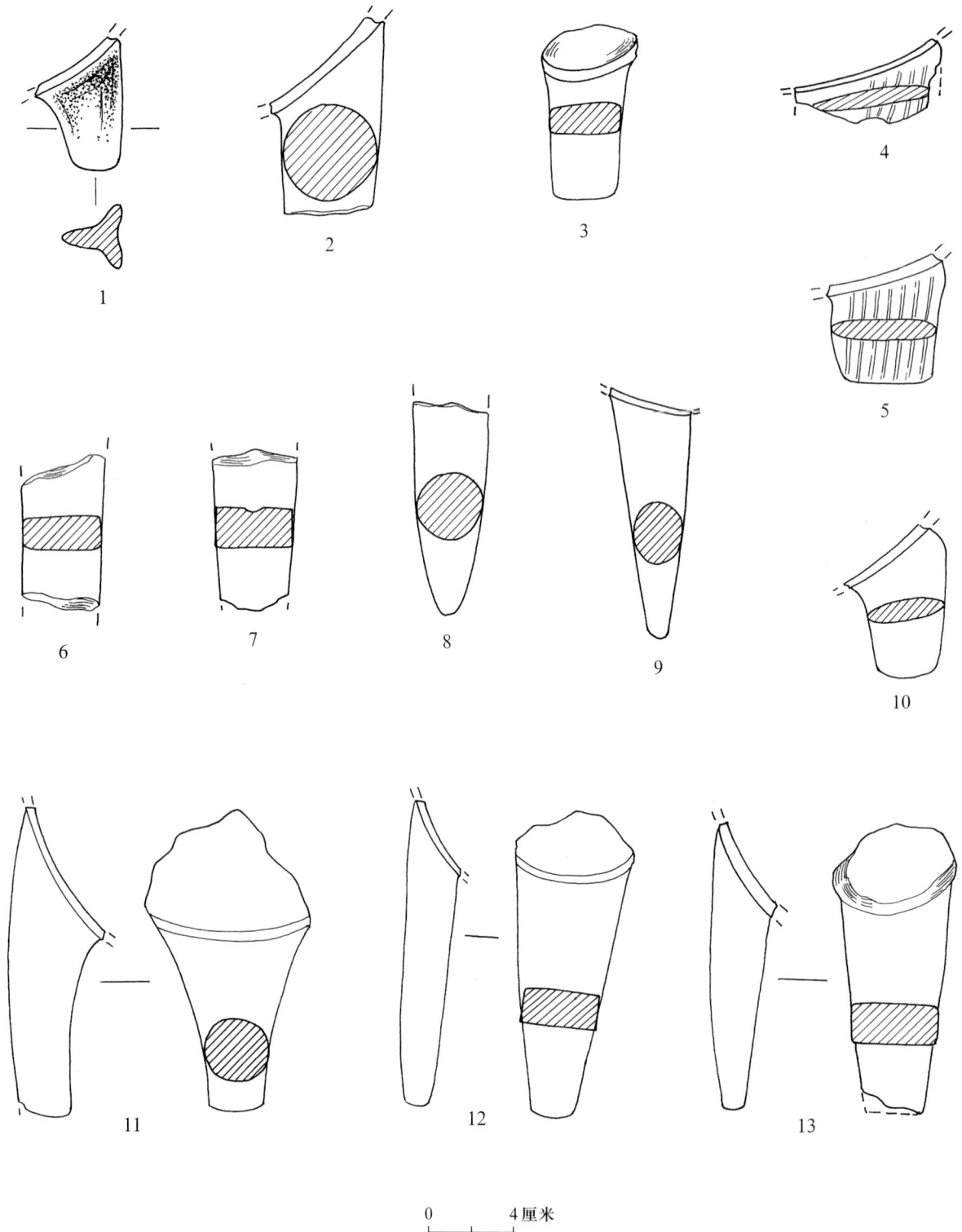

图一〇四　茅塘山背遗址东区出土陶器

1.D 型鼎足（TS2②：8）　　2、8、9、11.A 型鼎足（TS2②：13、TS2②：12、TS2⑤：2、
TS2③：8）　　3、6、7、12、13.B 型鼎足（TS2②：5、TS2③：6、TS2②：10、TS2②：15、
TS2③：9）　　4、5、10.C 型鼎足（TS2⑤：3、TS2②：7、TS2③：7）

陶，表褐色，皮有脱落。上下端均残。残长7.2厘米（图一〇四，6）。标本TS2③：9，夹砂褐陶，表面粗涩，皮有脱落。下端略残。残长13.2厘米（图一〇四，13）。

C型 3件。截面扁圆形（鱼鳍形）。标本TS2②：7，完整。细砂红陶。内外面饰竖向刻划纹。长6厘米（图一〇四，5）。标本TS2③：7，完整。质地疏松，表皮多有脱落。长7.2厘米（图一〇四，10）。标本TS2⑤：3，夹砂灰陶，表面褐色。有刻划纹。残长3厘米（图一〇四，4）。

D型 1件。截面三角形。标本TS2②：8，完整。细砂红陶，表皮严重脱落。残长6.2厘米（图一〇四，1）。

罐 1件。残口沿。标本TS2④：8，夹砂陶，胎灰色，表褐色。侈口，尖圆唇，束颈。表饰模糊绳纹。口径16.2、残高6厘米（图一〇三，1）。

盘 2件。标本TS2③：4，细纱灰陶。口沿残，尖圆唇，斜沿，斜弧壁。素面。口径21、残高6厘米（图一〇三，6）。标本TS2⑤：5，仅为残底。内壁手捏、轮修痕迹明显。残高1.4厘米（图一〇三，4）。

豆 2件。均残，仅存豆柄。泥质灰陶。素面。修痕明显。标本TS2②：14，壁薄体小。残高3.2厘米（图一〇三，8）。标本TS2⑤：4，表面光滑，内壁轮修痕迹明显。残高6.2厘米（图一〇三，7）。

簋 1件。标本TS2④：5，残。夹砂褐陶，表面粗糙。修痕明显。残高8厘米（图一〇三，9）。

从上述陶鼎的残部分析，D型鼎足出土于第②层，截面具有"T"形特征，显然属于良渚文化晚期。C型鱼鳍形鼎足略呈圆角扁体，第⑤～③出现较多，具有良渚文化中期特征。从鼎足的类型分布看，圆锥形、扁方形的A型、B型鼎足数量超过作为良渚文化典型器的C型、D型鼎足，这些鼎足又大多出现在第③、②层，年代偏晚，出现文化变异的倾向。总的看来，可以将遗址的年代定为良渚文化的中晚期。

第三节 西区遗存

西区遗存包括良渚文化墓地与春秋战国遗存两项内容。良渚文化墓地是主要部分，将在第三节独立介绍，这里介绍春秋战国遗存。

一、遗 迹

H5 位于T1114的中部。开口在第①层下，平面呈圆角长方形。口大底稍小，斜壁内收，底较平，制作规整。长162、宽130～135、深46～50厘米（图一〇五）。出土硬陶残碗数片。

H13 位于T1015的东部深入T1115内。开口在第①层下，打破第②层，深入生土。平面呈楔形，口大底小，壁上部较直斜壁内收，下部锅底状，制作比较粗糙。长355、宽130～235、深60～70厘米（图一〇六）。上层堆积为灰色土，质地松散，有木炭、石块，出较多的印纹陶和原始瓷。下层堆积为灰白色土，土质略硬，有木炭块、夹砂红陶和泥质灰陶，器形有鼎足、罐、碗等。

H22 位于T1013的偏南部。开口在第①层下，打破第②层，深入生土。南部打破M39。平面为椭

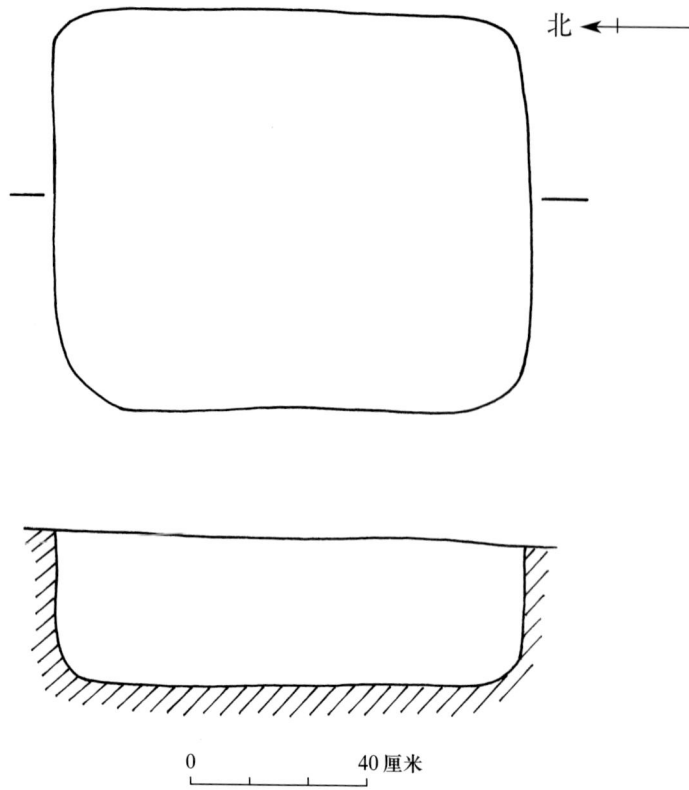

北 ←

0　　　　　40厘米

图一〇五　茜塘山背遗址西区 H5 平、剖面图

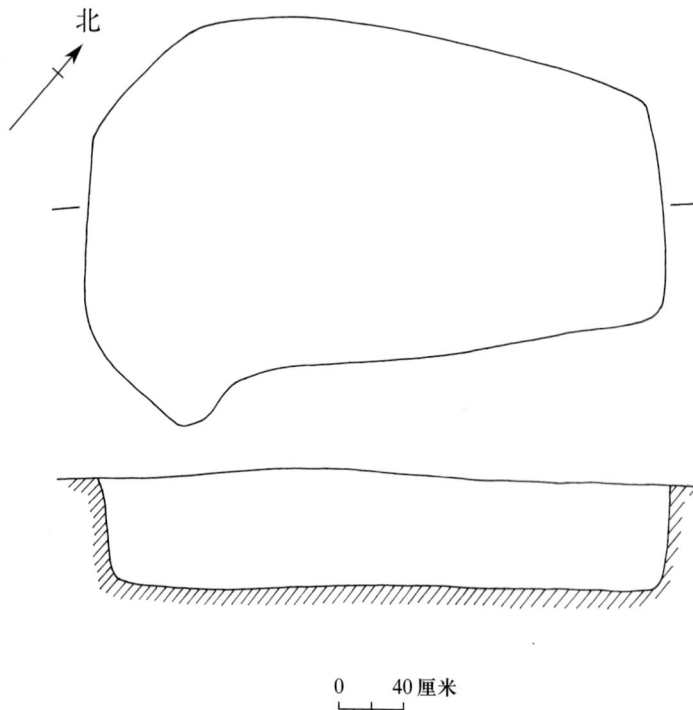

北

0　　40厘米

图一〇六　茜塘山背遗址西区 H13 平、剖面图

圆形，四壁内收，呈锅底状。长220、宽164厘米，口距底最深处54厘米（图一〇七）。内部堆积呈红褐色土，土质较硬。出有石块、印纹陶，原始瓷等。器形不清。

二、遗　物

均为硬陶，青灰色，质地细腻。一般表面多施酱色釉，不施釉者较少，外下腹及底均无釉。器表多有印纹，碗内底均有弦纹。烧制火候较高。轮制痕迹比较明显。

所选标本共11件。器形有罐、碗等。

罐　4件。原始瓷，表面有印纹、多施酱色釉。

口沿　3件。尖圆唇。标本H13：1，束颈。颈、肩各饰划纹和曲折纹。内表手修痕迹明显。口径20、残高4厘米（图一〇八，8）。标本H13：6，束颈。肩饰叶脉纹。内轮修痕明显。口径20.8、残高3厘米（图一〇八，9）。H13：15，短颈。鼓肩饰"S"形堆塑、水泼纹、叶脉纹及凸弦纹。口径30、残高5.5厘米（图一〇八，11）。

残片　1件。标本H13：11，外表饰凹弦纹、席纹，附加一耳已残。内表凹凸不平，手修痕迹明显。残高10.8厘米（图一〇八，10）。

碗　7件。均已复原。敞口，尖圆唇。内饰凹弦纹，多施釉。分两型。

A型　1件。弧壁。标本H13：8，表面不施釉。内圜底，外平底。口径12、底径5.6、通高3.4厘米（图一〇八，6）。

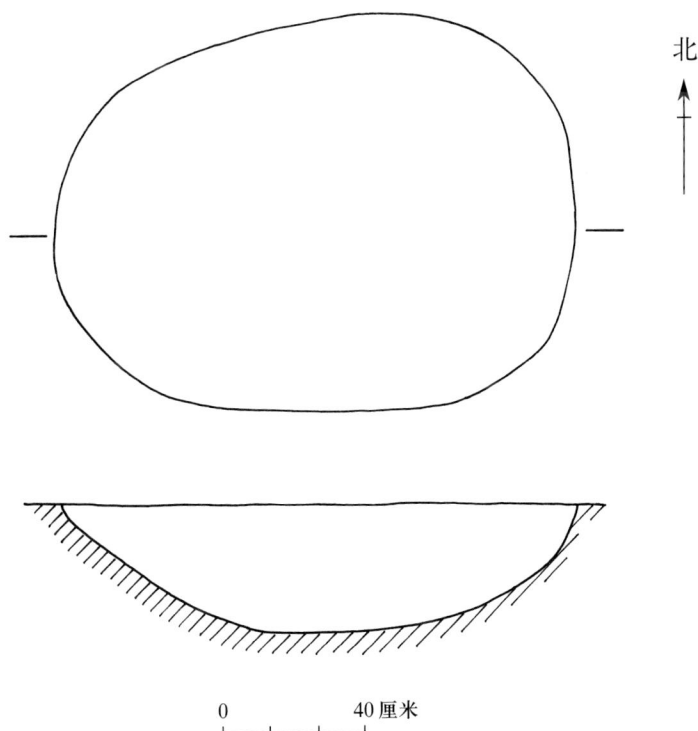

图一〇七　蜇塘山背遗址西区H22平、剖面图

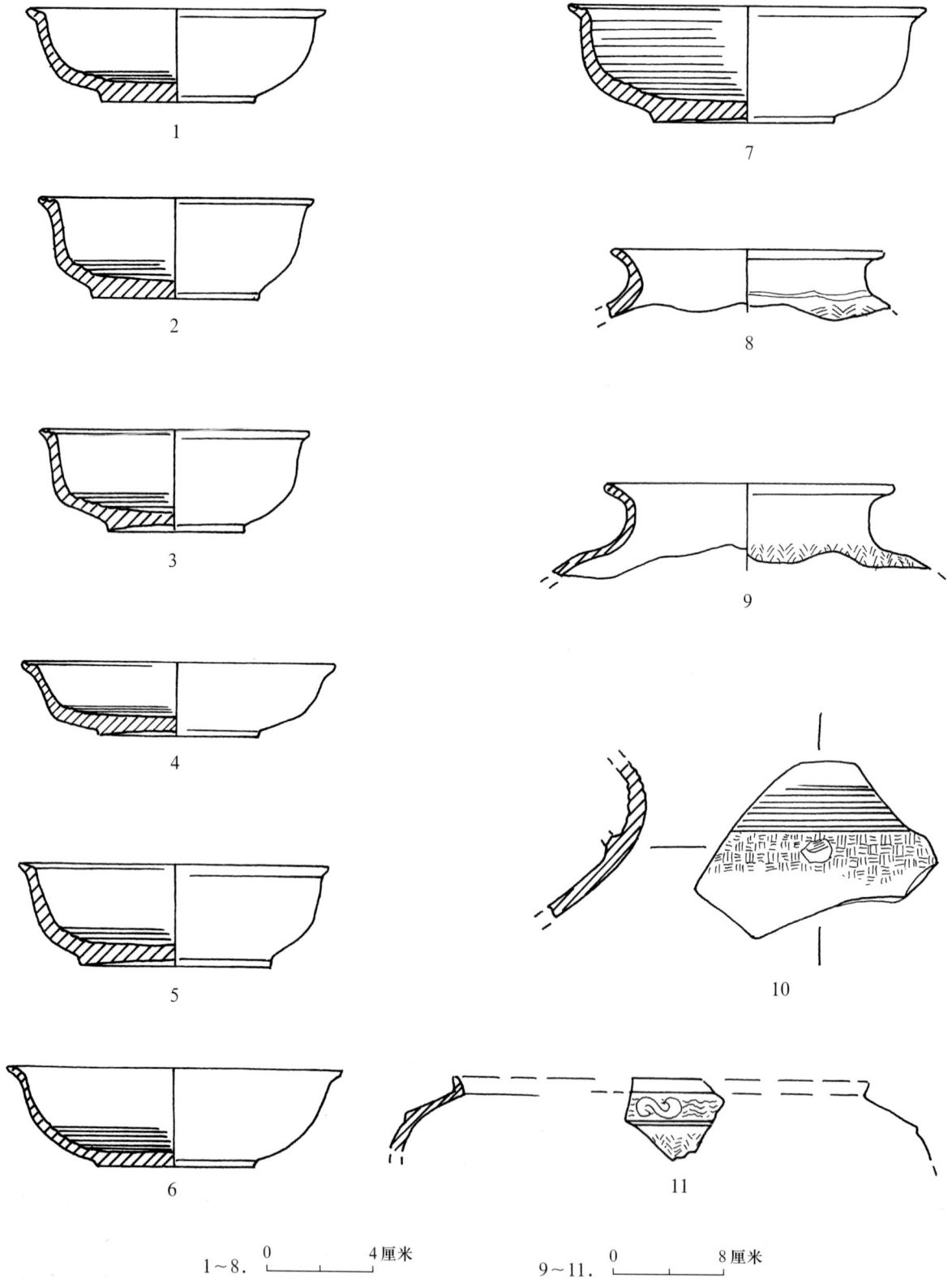

图一〇八　眢塘山背遗址西区春秋战国时期陶器

1~5、7.B型碗（H13：5、H13：24、H13：3、H5：2、H13：20、H13：4）

6.A型碗（H13：8）　　8~11.罐残片（H13：1、H13：6、H13：11、H13：15）

B型　6件，弧折壁。标本H13：3，表施酱釉不及底。内底近平，外底凹修痕明显。口径10、底径5、通高3.6厘米（图一〇八，3）。标本H13：4，无釉。内底近平，外底微凹。口径13、底径6.6、通高4.2厘米（图一〇八，7）。标本H13：5，无釉。内外底平，外底修痕明显。口径11、底径5.6、通高3.2厘米（图一〇八，1）。标本H13：20，表施酱色釉不及底。口径11、底径7、通高3.6厘米（图一〇八，5）。标本H13：24，外凹底无釉，内底近平。口径10、底径6、通高3.6厘米（图一〇八，2）。标本H5：2，无釉。内底近平，外底微凹。口径11.6、底径6、通高2.7厘米（图一〇八，4）。

第四节　良渚文化墓地

一、墓葬概述

（一）概　况

本次发掘共清理墓葬44座（表一一）。分布范围南北长约46米，东西宽约27米。均为东西向竖穴土坑墓。原地貌已被破坏，有相当一部分墓葬准确开口层位已无法知晓，只能归于表土层之下，个别的甚至仅存墓底。南部相对较好，地层保存较完整，墓口开于第②层之下。墓坑填土与周边均无大异，逢雨或泼水处理后显现较清晰的墓边。

墓葬分布大致可分南、北两区。北区22座，以M24为中心，其北面4座（M14～M17）。东面南排10座（M2～M11）。东面北排7座（M12、M13、M21～M23、M25、M26）。南区22座，分布较为凌乱。南北分为3排，自北起第一排7座（M1、M18～M20、M27、M28、M42）。第二排12座（M29～M32、M34～M37、M39、M41、M43、M44）。第三排3座（M33、M38、M40）。较大墓4座（M1、M13、M19、M24）。特小墓1座（M33）。合葬墓1座（M24）。有生土二层台的2座（M10、M11）。

（二）葬式、葬俗

墓葬骨骸无存，方向难以确定，但是我们从M24所出玉饰的位置判断该墓地墓葬的方向应该朝东，范围在79～114度之间。虽无明显葬具痕迹，但从形制迹象分析，当时应以木棺为葬具。棺木虽然没有保存下来，但M24等少量墓葬还能辨见局部的漆皮，墓坑两端的熟土二层台也证明棺的存在。这批墓葬除M1、M13、M19、M33难以断言，其余均应以木棺为葬具。墓底多呈凹弧状，证明是一种独木棺。

随葬器物的多寡、组合及置放形式，既表明墓主人身份及社会地位，也体现一种丧葬风俗。单墓最多的14件，少的有1件。合葬墓一座有68件。还有几座墓无随器物的。质地以陶器为主，玉石器所出数量很少且均出于M24一座之中。

表一一　　查塘山背墓葬形制、出土物统计表

形制	编号	所处探方	方向	层位 上	层位 下	尺寸 长	尺寸 宽	尺寸 深	出土物 陶器 鼎	簋	圈足盘	豆	双鼻壶	罐	尊	
方形	M24-1	T0915	88°	②	生	300-306	45-48	45	3	3		2	4	2	2	
	M24-2	T0915	88°	②	生	316	50-70	36-44	2	2		3	1	2		
	M24-3	T0915	88°	②	生	400	45-80	28-38	3			2	1	2		
	M24-4	T0915	88°	②	生	400	60-80	26-36	1	1			1	1	1	
长方形	M1	T1014	114°	②	生	270-278	130-132	18-25	5		1	2			1	
	M13	T1016	90°	②	生	222	96-104	16-18				1	1			
	M19	T1014	98°	②	生	230	130-140	5~6								
	M10	T1015	90°	②	生	220-230	70-110	70-75	2		1	2				
	M11	T1015	87°	②	生	170-190	64-110	60-80					2			
	M2	T1015	90°	②	生	280	69-79	18-20	1		1					
	M3	T1015	90°	②	生	292-300	63-88	18-20								
	M4	T1015	83°	②	生	260-296	44-67	20-25	1			2	1			
	M5	T1015	89°	②	生	308-312	79-90	20-25						1		
	M6	T1015	85°	②	生	196-220	59-74	30-35			1	1				
	M7	T0915	95°	②	生	196-220	47-50	10-12cm			1	1				
	M8	T1015	110°	②	生	156-160	46-58	4-10cm								
	M9	T1015	90°	②	生	220-280	57-69	10-14cm					1	1	1	
	M12	T1016	85°	②	生	140残	44	4-6cm			1					
	M14	T0916	82°	②	生	182	66-71	8-20cm	3			2	1			
	M15	T0916	113°	②	生	166残	54	20cm	2							
	M16	T0916	85°	②	生	180	35-44	16cm								
	M17	T0916	82°	②	生	166	20-24残	6-11cm	1		1					
	M18	T1014	82°	②	生	180	33-40	16-18cm								
	M20	T1114	90°	②	生	236	60-65	8-10cm	1			1				
	M21	T1016	92°	②	生	180残	50-60	12-14cm								
	M22	T1016	86°	②	生	240残	70-74	18cm	2			1				
	M23	T1016	98°	②	生	252	60-62	20-25	1		1			1		
	M25	T1016	79°	②	生	318	60-64	25-38			1			1		
	M26	T1016	82°	②	生	262	50-74	16-20	1					1		
	M27	T1114	82°	②	生	280	62-66	15cm				1	1			
	M28	T1014	97°	②	生	242	40-43	12-14cm								
	M29	T0913	95°	②	生	254	52-56	10-14cm								
	M30	T0913	91°	②	生	236	42-44	10cm								
	M31	T1013	91°	②	生	236	52-64	16-22	1		1					
	M32	T1013	81°	②	生	200	40-64	6-10cm						1		
	M34	T0913	92°	②	生	290	50-66	12-26cm	1							
	M35	T1013	90°	②	生	256	60	14-18cm	1				1	1		
	M36	T1013	86°	②	生	254	60-66	16-18cm	1							
	M37	T1013	92°	②	生	210	50-52	5-14cm								
	M38	T1012	80°	②	生	310	66-80	16-20cm								
	M39	T1013	86°	②	生	198	38-46	8-10cm								
	M40	T1013	78°	②	生	259	68-80	16-20cm	1							
	M41	T1013	90°	②	生	176	46-52	18cm				1	1			
	M42	T1014	94°	②	生	240	40-42	18cm								
	M43	T1013	88°	②	生	265	70-80	28-30			2					
	M44	T1013	90°	②	生	280	64-82	30-32	1		2			1		
	M33	T1012	93°	②	生	94	44	10cm						1		
合计									35	7	16	21	17	16	3	1

釜	器盖	开膛三足器	残器底	玉器	石器	合计	备 注
	8			4		29	
	5			2	1	20	东西有熟土二层台
	2			1		11	1鼎1罐无法修复
	2			1		8	东有熟土二层台
1			1			11	
						2	
						0	填土中有碎陶片、石块
						6	南侧有生土二层台、东被M11打破
	2					4	南侧有生土二层台
			1			3	
						0	部分伸入T0915
1						5	
	1					2	
			1			3	
1			1			4	部分伸入T1015
1						1	
2						5	
			1			2	
	2					8	
		1				5	
			1			1	
1						3	
						0	
						2	棺痕明显、周有熟土二层台
						0	填土中有碎陶片、石块
						3	1鼎无法修复
						3	
2						4	棺痕明显、四周有熟土二层台
	1					3	棺痕明显、四周有熟土二层台
	1					4	棺痕明显
						0	部分伸入T0914
						0	
						0	
						2	四周均有熟土二层台
						1	
						1	
						3	
						1	
						0	
						0	棺痕明显、四周有熟土二层台
						0	西北角被H2完全打破
						1	棺痕明显、四周有熟土二层台
						2	
						0	部分伸入T1114
						3	棺痕明显、四周有熟土二层台。
		1				5	
						1	
9	24	2	6	8	1	172	

（三）墓葬形制

本次所清理的均为竖穴土圹墓，上部均被取土破坏。土圹多数较浅，浅者10厘米左右，最深为M10只有76厘米。葬具、骨骸无存。可分为方形（合葬）、长方形（单葬）两大类。

1.方形

仅1座　M24。为合葬墓。

位于T0915东部偏北。开口在第②层下。口距地表30～40厘米。底距地表73～83厘米。上口长390～415、宽390～400厘米。下底长375～405、宽378～390厘米。方向88度。坑穴基本为一个边长4米的正方形，在距现存坑口约30厘米以下，分隔为四个条形长坑。条形长坑排列整齐，坑深10～15厘米，间隔约10厘米，较均匀地将方形大坑分为四个部分，从北向南依次编号为M24－1、2、3、4，每个坑穴的截面均呈凹弧，葬具当为独木棺。共出土随葬品68件，其中陶器59件、玉器8件、石器1件（图一〇九A、B；彩版一一）。

M24－1　南与M24－2之间隔一道高10、宽15厘米的生土"梁"。长300～306、宽45～48、深45厘米。随葬品主要集中在土圹的西端，但玉饰主要集中在东侧。由此我们推测该墓地的头向朝东。

随葬品　29件（图一〇九C）。

陶器　25件

鼎　3件（B型M24－1∶22；D型M24－1∶18；AⅠ式M24－1∶14）。

簋　3件（A型M24－1∶15；B型M24－1∶3；C型M24－1∶16）。

豆　2件（AⅡ型M24－1∶10、28）。

双鼻壶　4件（AⅠ式M24－1∶8；AⅡ式M24－1∶5、6；BⅠ式M24－1∶4）。

罐　2件（Aa型M24－1∶9；Ab型M24－1∶11）。

尊　2件（A型M24－1∶12、13）。

盉　1件（B型M24－1∶20）。

器盖　8件（Aa型M24－1∶17、21、26。Ab型M24－1∶24、27。B型M24－1∶25。C型M24－1∶19，D型M24－1∶23）

玉器　4件

玉锥形器　2件（M24－1∶1、2）

玉管　1件（M24－1∶7）

玉粒饰　1件（M24－1∶29）

M24－2　北邻M24－1，南邻M24－3，分别隔有生土"梁"。长316、宽55～70、深36～44厘米。东西两端有熟土二层台，东端长65、宽50、高6～8厘米。西端长65、宽18、高12厘米。随葬品主要出于土圹偏东部。头向88度（图一〇九A、B、2；彩版一一，2右）。

随葬品　20件（图一〇九D）。

陶器　17件。

鼎　2件（AⅠ式 M24 − 2：12、20）。

簋　2件（A 型 M24 − 2：1、14）。

豆　3件（AⅠ式 M24 − 2：9；AⅡ式 M24 − 2：10；Bb 型 M24 − 2：13）。

双鼻壶　1件（AⅡ式 M24 − 2：5）。

罐　2件（Ab 型 M24 − 2：7、16）。

盉　2件（A 型 M24 − 2：6；B 型 M24 − 2：15）。

器盖　5件（Aa 型 M24 − 2：2、18、19；B 型 M24 − 2：11、17）。

玉器　2件。

玉锥形器　2件（M24 − 2：3、4）。

石器　1件。

石钺　1件（M24 − 2：8）。

M24 − 3　北邻 M24 − 2，南邻 M24 − 4，分别隔有生土"梁"。长 400、宽 65~80、深 28~38 厘米。填土花杂，墓底凹弧。随葬品较多，主要集中在墓圹的东端（图一〇九 A、B，3）。

随葬品　11件。

陶器　10件（一〇九 D）。

鼎　3件（AⅡ式 M24 − 3：3；C 型 M24 − 3：1；M24 − 3：2 无法修复）。

罐　2件（Cb 型 M24 − 3：8；M24 − 3：7 无法修复）。

豆　2件（AⅡ式 M24 − 3：5；Bb 型 M24 − 3：4）。

双鼻壶　1件（BⅡ式 M24 − 3：6）。

器盖　2件（Ab 型 M24 − 3：9；Ad 型 M24 − 3：11）。

玉器　1件。

玉锥形器　1件（M24 − 3：10）。

M24 − 4　北邻 M24 − 3，南为大坑南壁，与 M24 − 3 间隔一生土"梁"。长 400、宽 60~80、深 26~36 厘米。东端有熟土台，长 78、宽 15~20、高 8~12 厘米，填土花杂，底部微凹。方向 88 度（图一〇九 A、B，4）。

随葬品　8件（一〇九 E）。

陶器　7件。

鼎　1件（M24 − 4：1 无法修复）。

簋　1件（A 型 M24 − 4：4）。

双鼻壶　1件（AⅠ式 M24 − 4：6）。

罐　1件（Cb 型 M24 − 4：8）。

尊　1件（B 型 M24 − 4：7）。

器盖　2件（Aa 型 M24 − 4：2、3）。

玉器　1件。

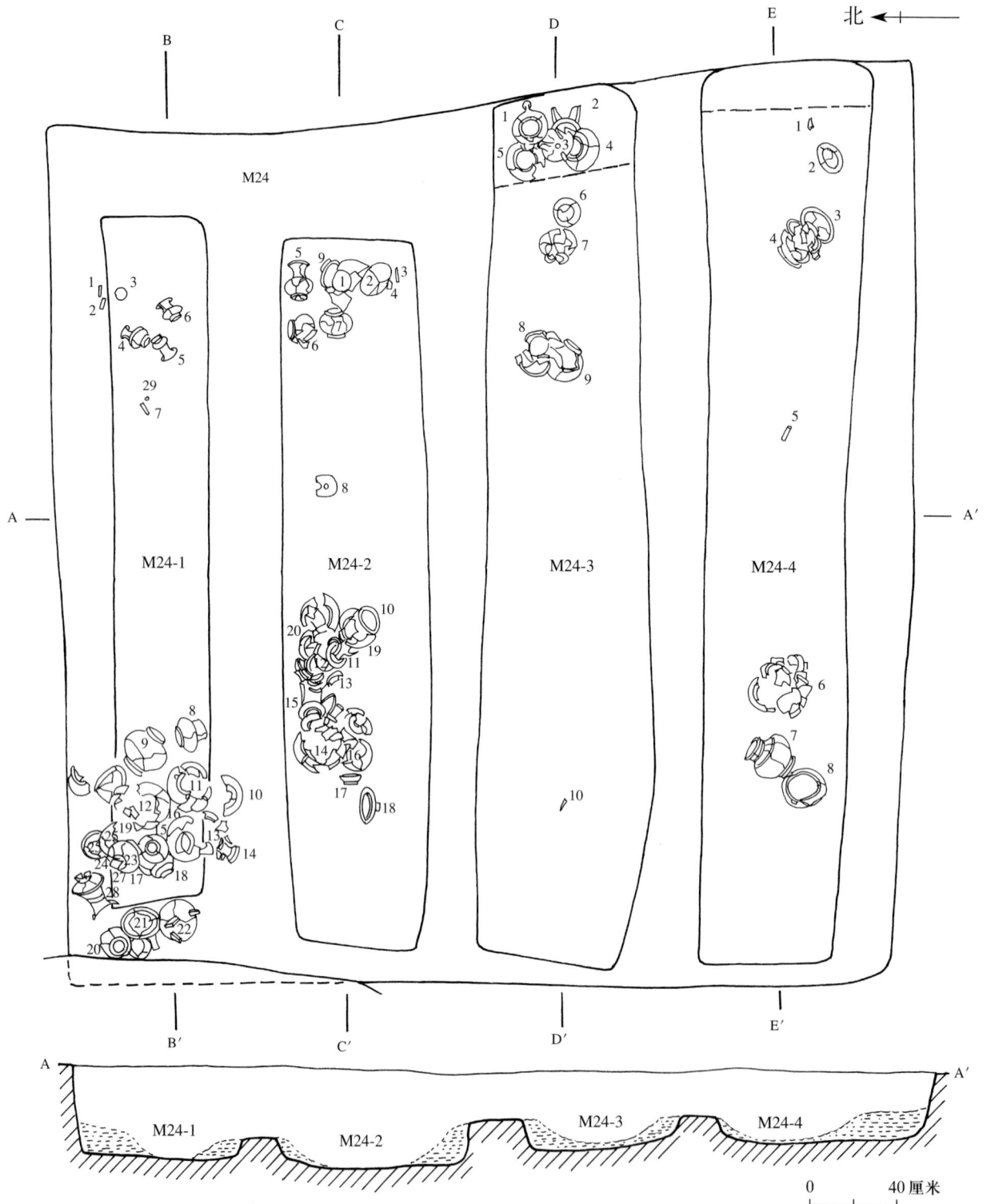

图一〇九 A　蚩塘山背遗址西区 M24 平、横剖面图

M24-1随葬品：1、2.玉锥形器　3、15、16.陶簋　4~6、8.双鼻壶　7.玉管　9、11.陶罐　10、28.陶豆 12、13.陶尊　14、18、22.陶鼎　17、19、21、23~27.器盖　20.陶　29.玉粒饰　M24-2随葬品：1、14.陶簋 2、11、17~19.器盖　3、4.玉锥形器　5.双鼻壶　6、15.陶　7、16.陶罐　8.石钺　9、10、13.陶豆　12、20.陶鼎　M24-3随葬品：1、2、3.陶鼎　4、5.陶豆　6.双鼻壶　7、8.陶罐　9、11.器盖　10.玉锥形器　M24-4：随葬品　1.陶鼎　2、3.器盖　4.陶簋　5.玉管　6.双鼻壶　7.陶尊　8.陶罐

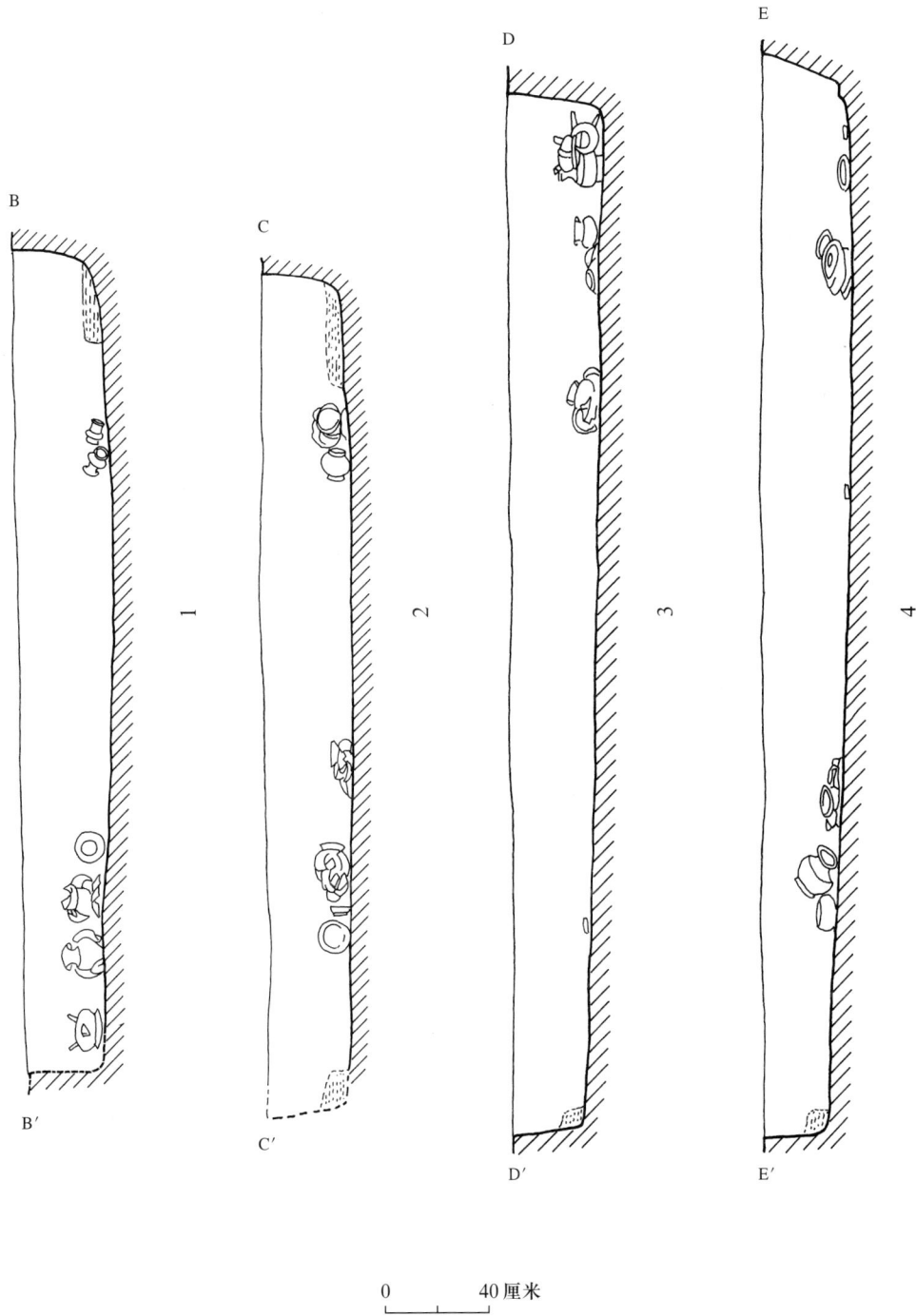

0   40厘米

图一〇九 B　畜塘山背遗址西区 M24 纵剖面图

1.M24-1纵剖面图　2.M24-2纵剖面图　3.M24-3纵剖面图　4.M24-4纵剖面图

图一○九 C　M24-1随葬品组合图

1~3.鼎（盖）　4件（B型M24-1:22、D型M24-1:18+19C型盖、A I 式（M24-1:14）　4~6.簋（盖）6件（A型M24-1:15+26Aa型盖、B型M24-1:3+23B型盖、C型M24-1:16+17Aa型盖）　7~8.豆　2件（A II 型M24-1:10、28）　9~12.双鼻壶（盖）　5件（A I 式M24-1:8，A II 式M24-1:5、6+24Ab型盖、B I 式M24-1:4）　13~14.罐（盖）　4件（Aa型M24-1:9+27Ab型盖、Ab型M24-1:11+21Aa型盖）15~16.尊　2件（A型M24-1:12、13）　17.盉　1件（B型M24-1:20）　18.器盖　1件（D型M24-1:23）19、20.玉锥形器　2件（M24-1:1、2）　21.玉管　1件（M24-1:7）　22.玉粒饰　1件（M24-1:29）

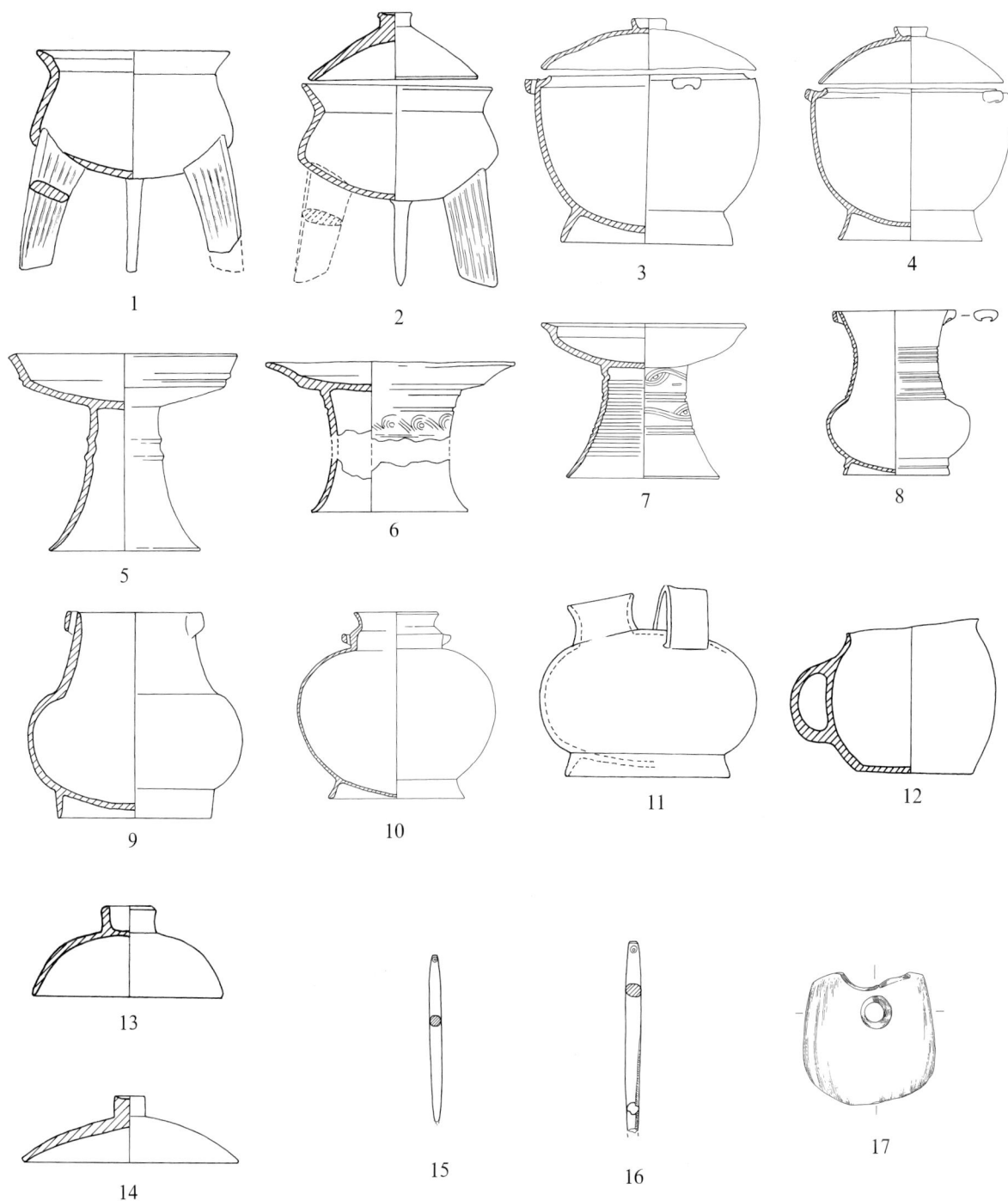

图一〇九 D　M24-2随葬品组合图

1~2.鼎（盖）　3件（A I 式 M24－2：12、20+11B 型盖）　3~4.簋（盖）　4件（A 型 M24－2：1+2Aa 型盖、14+19Aa 型盖）　5~7.豆　3件（A I 式 M24－2：9，A II 式 M24－2：10，Bb 型 M24－2：13）　8.双鼻壶　1件（A II 式 M24－2：5）9~10.罐　2件（Ab 型 M24－2：7、16）　11.盉　1件（A 型 M24－2：6）　12.盉　1件（B 型 M24－2：15）　13~14.器盖　2件（Aa 型 M24－2：2、18）　15~16.玉锥形器　2件（M24－2：3、4）　17.石钺　1件（M24－2：8）

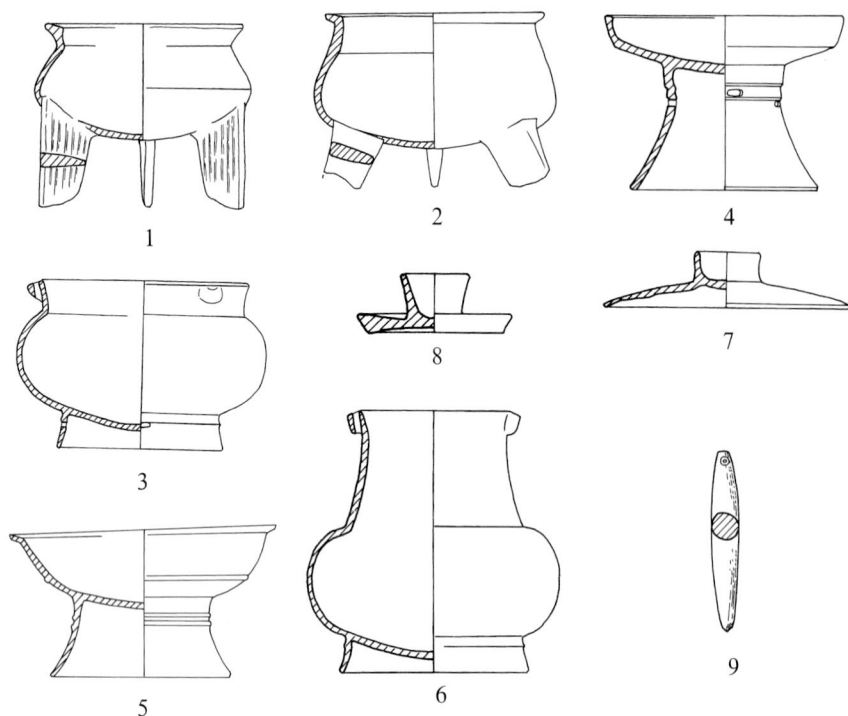

图一〇九 E　M24-3 随葬品组合图

1~2.鼎　3件（AⅡ式 M24－3：3、C 型 M24－3：1、M24－3：2 无法修复）　3.罐　2件（Cb 型 M24－3：8、M24－3：7 无法修复）　4~5.豆　2件（AⅡ式 M24－3：5、Bb 型 M24－3：4）　6.双鼻壶　1件（BⅡ式 M24－3：6）　7~8.器盖　2件（Ab 型 M24－3：9、Ad 型 M24－3：11）　9.玉锥形器　1件（M24-3：10）

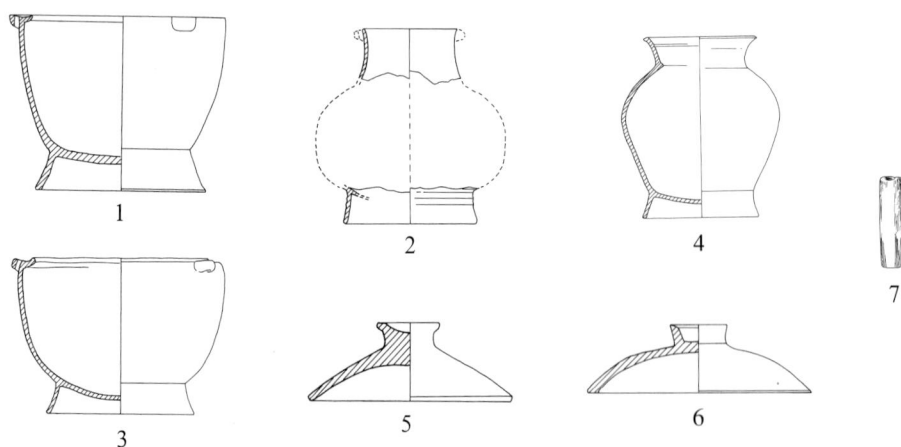

图一〇九 F　M24-4 随葬品组合图

鼎　1件（M24－4：1 无法修复）　1.簋　1件（A 型 M24－4：4）　2.双鼻壶　1件（AⅠ式 M24－4：6）　3.罐　1件（Cb 型 M24－4：8）　4.尊　1件（B 型 M24－4：7）　5~6.器盖　2件（Aa 型 M24－4：2、3）　7.玉管　1件（M24－4：5）

玉管 1件（M24－4：5）。

2.长方形

43座。从规模及随葬品看，应均为单人葬。两头及侧边常见熟土二层台。43座墓葬按以下顺序介绍：M1、M13、M19、M10、M11、M2、M3、M4、M5、M6、M7、M8、M9、M12、M14、M15、M16、M17、M18、M20、M21、M22、M23、M25、M26、M27、M28、M29、M30、M31、M32、M34、M35、M36、M37、M38、M39、M40、M41、M42、M43、M44、M33。

M1 位于T1014东北。开口在第②层下。口距地面30~40、底距地表58~60厘米，上口长278、宽132、深18~25厘米，下底长270、宽130厘米。填土松软青，黄色，内夹陶片数十个。器物多置东南端。方向114度（图一一〇A；图版一一，1）。

随葬品均为陶器，11件（图一一〇B）。

鼎 5件（AⅡ式M1：1、3、8、10；E型M1：2）。

圈足盘 1件（C型M1：4）。

豆 2件（Bb型M1：9，Ba型M1：6）。

罐 1件（B型M1：7）。

釜 1件（B型M1：11）。

残器底 1件（A型M1：5）。

M13 位于T1016的西南角。开口在第②层之下，打破生土。口距地表40、底距地表46~48厘米，长222、宽96~104、深16~18厘米。填土呈黄褐色，块状结构。随葬品较少，置土圹东端。方向90度（图一一一A，图版一一，2）。

随葬品均为陶器，2件（一一一B）。

豆 1件（AⅡ式M13：1）。

双鼻壶 1件（BⅠ式M13：2）。

M19 位于T1014的南部。开口于第②层下，打破生土。口距地表40、底距地表50厘米，长230、宽130~140、深5~6厘米。形状规整，制作规范。填土较硬，含大量黄褐色块状土，底部较平。底部西北角有石块和陶碎片。方向98度（图一一二）。

M10 位于T1015的西北角。开口于第②层之下，打破生土。口大底小，口距地表20~23、底距地表76~99厘米，上口长230、宽110、深70~75厘米，下底长220、宽70厘米。二层台长215、宽18~25、高10厘米。周壁较规整，填土深黄色较硬。随葬品大约置在土圹的中部。方向90度（图一一三A；彩版一二，1）。

随葬品均为陶器，6件（图一一三B）。

鼎 2件（AⅡ式M10：1、2）。

簋 1件（B型M10：6）。

圈足盘 2件（AⅠ式M10：4，D型M10：5）。

甑 1件（A型M10：3）。

M11 位于T1015的北侧。开口于第②层之下，被M10打破，打破生土。口大底小。口距地表19~

北

0　　　　40厘米

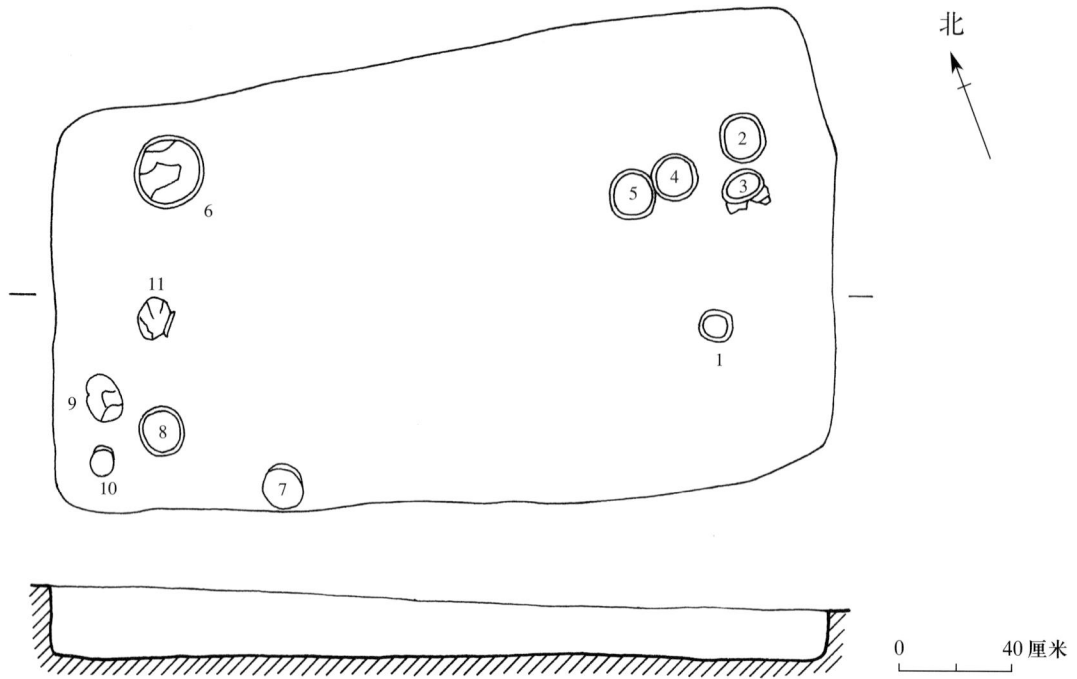

图一一〇A　蚕塘山背遗址西区M1平、剖面图
1、2、3、8.10鼎　4.圈足盘　5.残器底　6、9.陶豆　7.陶罐　11.陶釜

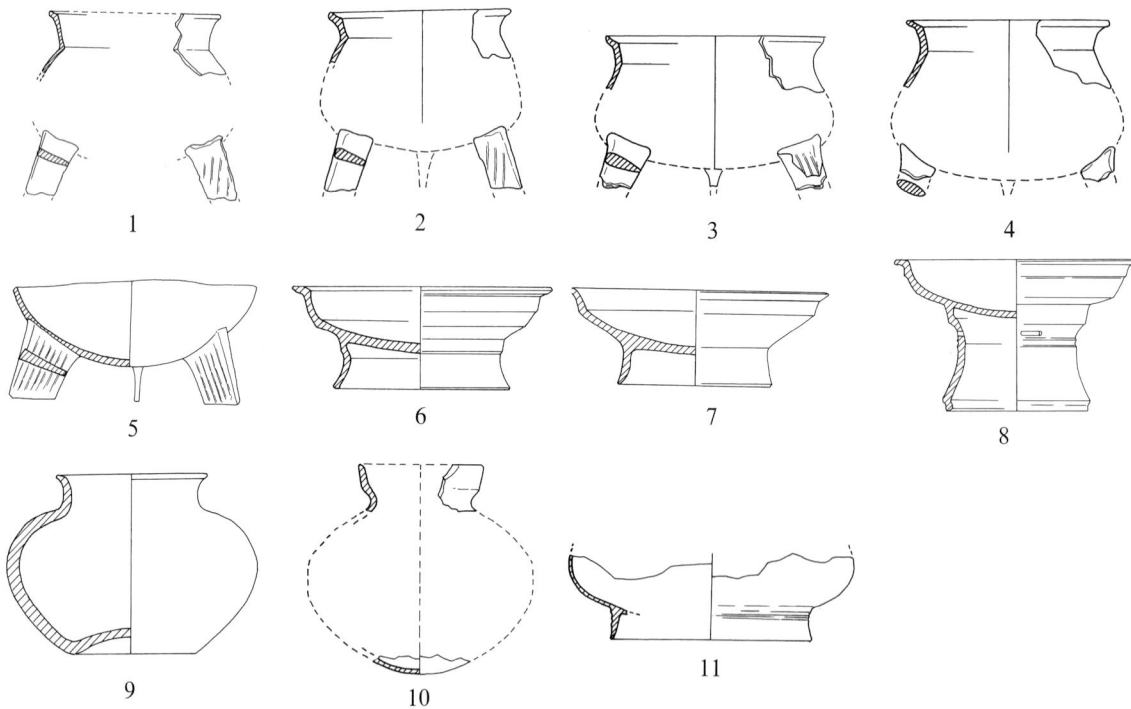

图一一〇B　M1随葬品组合图
1~5.鼎　5件（AⅡ式M1：1、3、8、10，E型M1：2）　6.圈足盘　1件
（C型M1：4）　7~8.豆　2件（Bb型M1：9、Ba型M1：6）　9.罐　1件
（B型M1：7）　10.釜　1件（B型M1：11）　11.残器底　1件（A型M1：5）

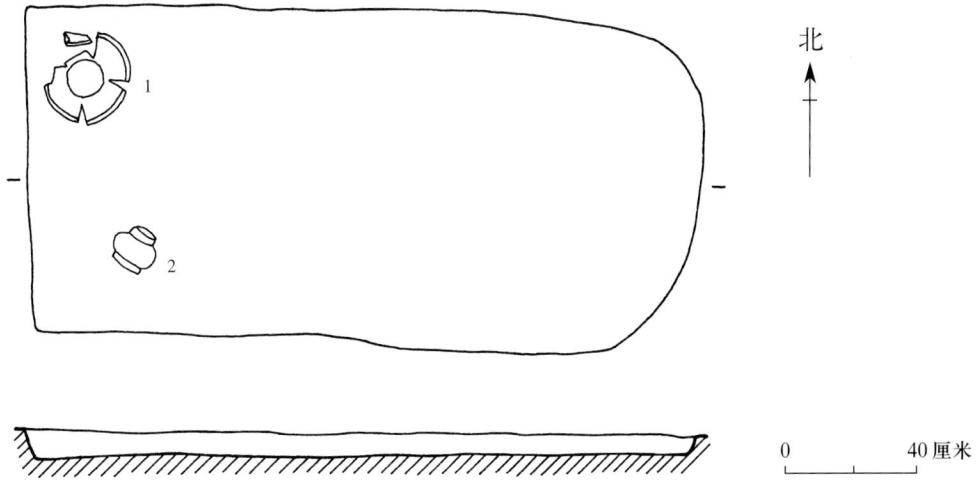

图一一一A　蚕塘山背遗址西区 M13 平、剖面图
1.陶豆　2.双鼻壶

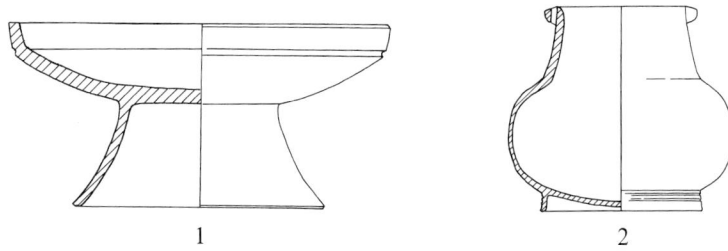

图一一一B　M13 随葬品组合图
1.豆　1件（A Ⅱ式 M13：1）　　2.双鼻壶　1件（B Ⅰ式 M13：2）

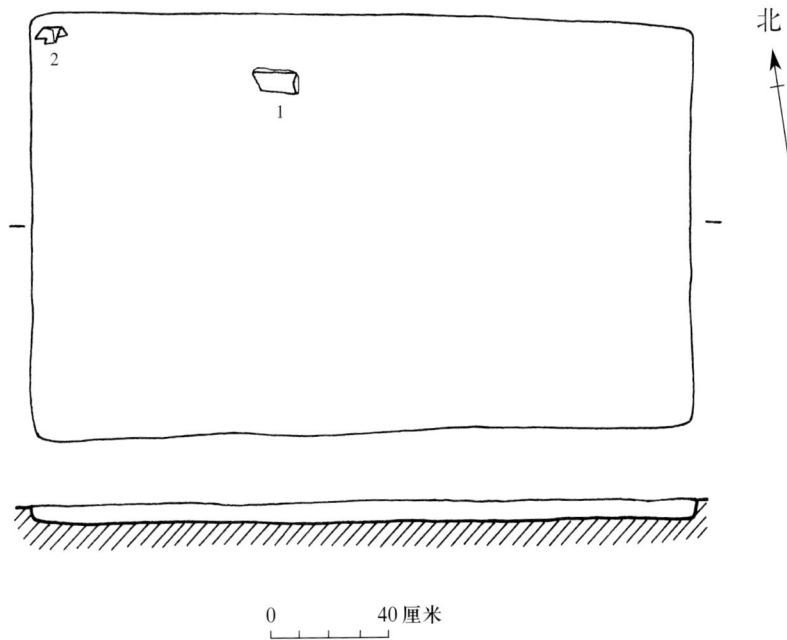

图一一二　蚕塘山背遗址西区 M19 平、剖面图
1.石块　2.碎陶片

北

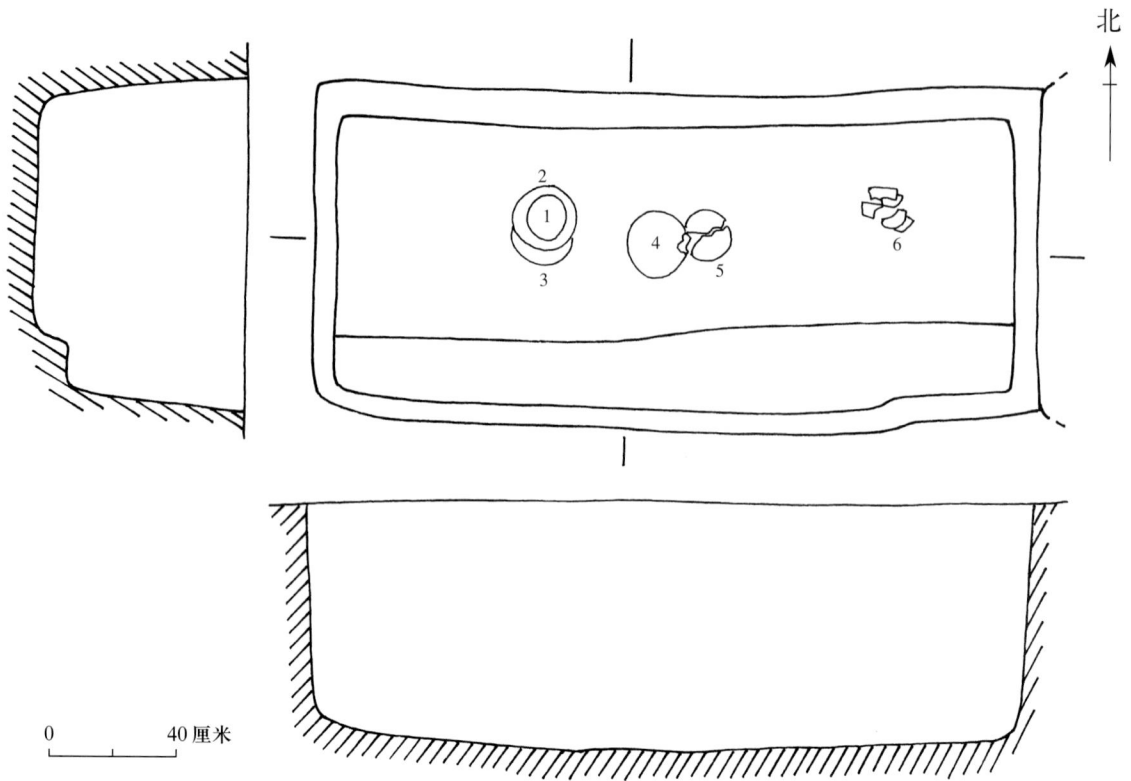

0　　　　40 厘米

图一一三 A　䡓塘山背遗址西区 M10 平、剖面图
1、2.陶鼎　3.陶甗　4、5.圈足盘　6.陶簋

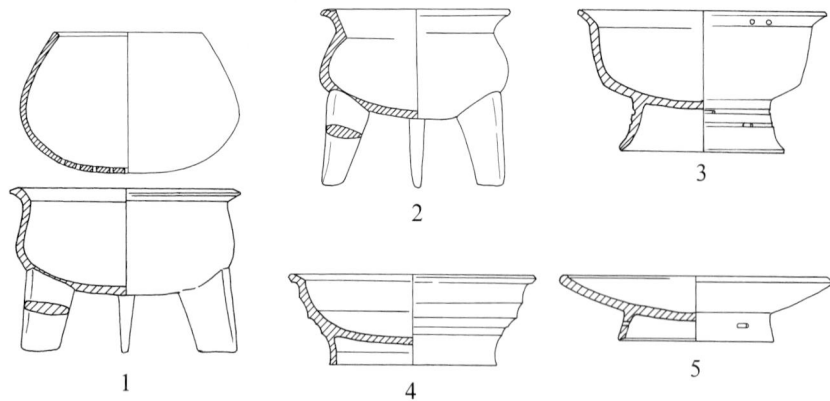

图一一三 B　M10 随葬品组合图
1～2.鼎（甗）　2件（A Ⅱ式 M10：1+3、2）　3.簋　1件（B 型
M10：6）　4～5.圈足盘　2件（A Ⅰ式 M10：4、D 型 M10：5）

22、底距地表69～86厘米，上口长190、宽110、深60～68厘米，下底长170、宽64厘米。二层台长175、宽25～28、高10厘米。随葬品置土圹的偏东部。填土深黄色较硬。方向87度（图一一四A；彩版一二，2）。

随葬品均为陶器，4件（图一一四B）。

双鼻壶 2件（BⅢ式M11∶1；BⅣ式M11∶3）。

器盖 2件（Ad型M11∶2、4）。

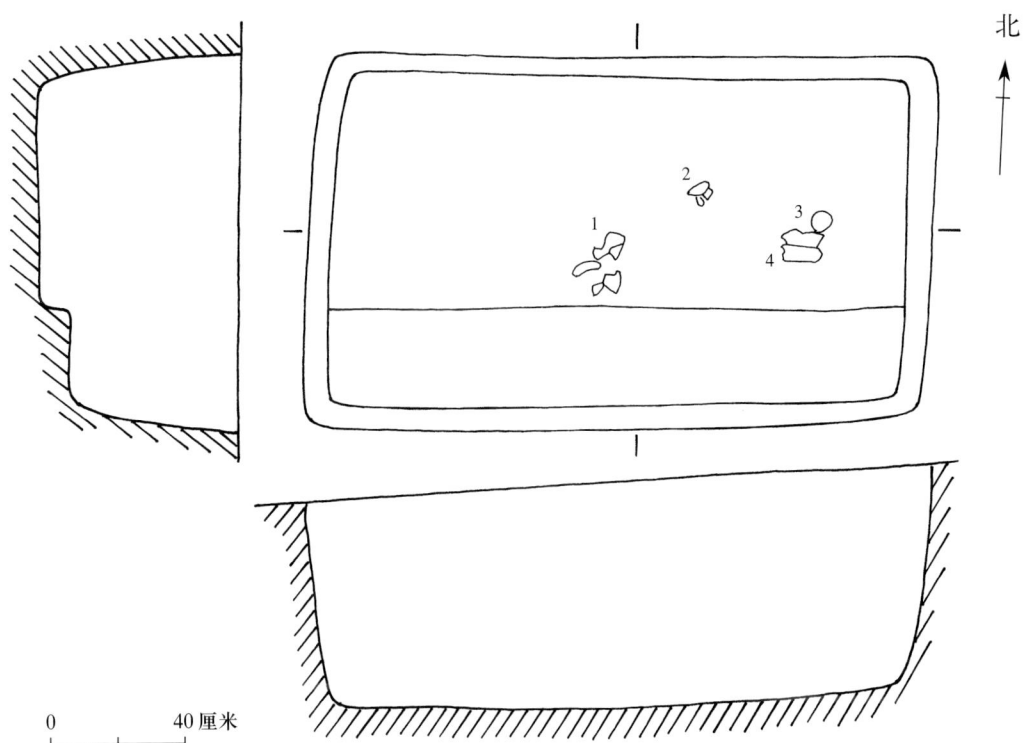

图一一四A 虿塘山背遗址西区M11平、剖面图
1、3.双鼻壶 2、4.器盖

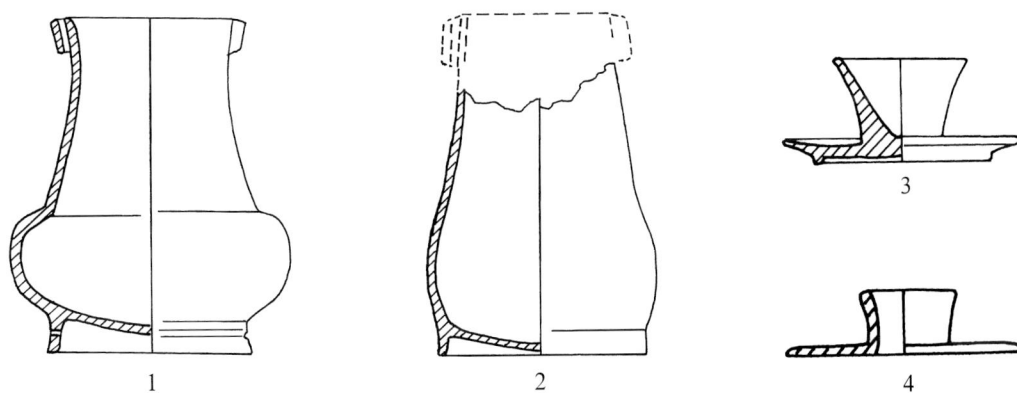

图一一四B M11随葬品组合图
1～2.双鼻壶 2件（BⅢ式M11∶1、BⅣ式M11∶3） 3～4.器盖 2件（Ad型M11∶2、4）

M2　位于T1015西南。开口在第②层之下，打破生土。口距地表15～25、底距地表32～43厘米，长280、宽69～79、深18～20厘米。四壁不甚规整，底较平。填土灰褐色，质地松软。随葬物较少，各居两端。方向90度（图一一五A）。

随葬品均为陶器，3件（图一一五B）。

鼎　1件（AⅢ式M2：1）。

圈足盘　1件（AⅡ式M2：2）。

残器底　1件（A型M2：3）。

M3　位于T1015的西南。开口于第②层下之下，打破生土。口大底小。口距地表12～20、底距地表31～40厘米，上口长300、宽66～88、深18～20厘米，下底长292、宽63～85厘米。填土灰褐质地松软。无随葬品。方向90度（图一一六）。

M4　位于T1015的西南。开口于第②层下之下，打破生土。口大底小，口距地表12～20、底距地表30～44厘米，上口长296、宽48～67、深20～25厘米，下底长260、宽44～63厘米。填土灰褐质地松软。随葬品主要集中在东端。方向83度（图一一七A）。

随葬品均为陶器，5件（图一一七B）。

鼎　1件（AⅡ式M4：4）。

豆　2件（AⅡ式M4：2；Ba型M4：5）。

双鼻壶　1件（AⅢ式M4：1）。

釜　1件（A型M4：3）。

M5　位于T1015的西部。开口于第②层之下，打破生土。口大底小，口距地表12～17、底距地表36～42厘米，上口长312、宽80～90、深20～25厘米，下底长308、宽79～87厘米。填土较硬灰褐色。随葬物两件各置于墓圹两端。底部微凹。方向89度。（图一一八A）。

随葬品均为陶器，2件（图一一八B）。

残罐　1件（Aa型M5：2）。

器盖　1件（Ac型M5：1）。

M6　位于T1015西部偏北。开口于第②层之下，打破生土。口大底小，口距地表12～17、底距地表43～51厘米，上口长220、宽60～74、深30～35厘米，下底长196、宽59～69厘米。填土较硬灰褐色。随葬品居东侧。方向85度（图一一九A）。

随葬品均为陶器，3件（图一一九B）。

圈足盘　1件（AⅡ式M6：2）。

豆　1件（AⅡ式M6：1）。

残器底　1件（A型M6：3）。

M7　位于T1015与T0915之间，偏北部。开口于第②层之下，打破生土。口大底小，东端尖状，坑壁不甚规则。口距地表12～17、底距地表22～29厘米，上口长220、宽14～54、深10～12厘米，下底长196、宽10～50厘米。底部近平。填土较硬，灰褐色。随葬品较少，主要居西侧。方向95度（图一二○A）。

随葬品均为陶器，4件（一二○B）。

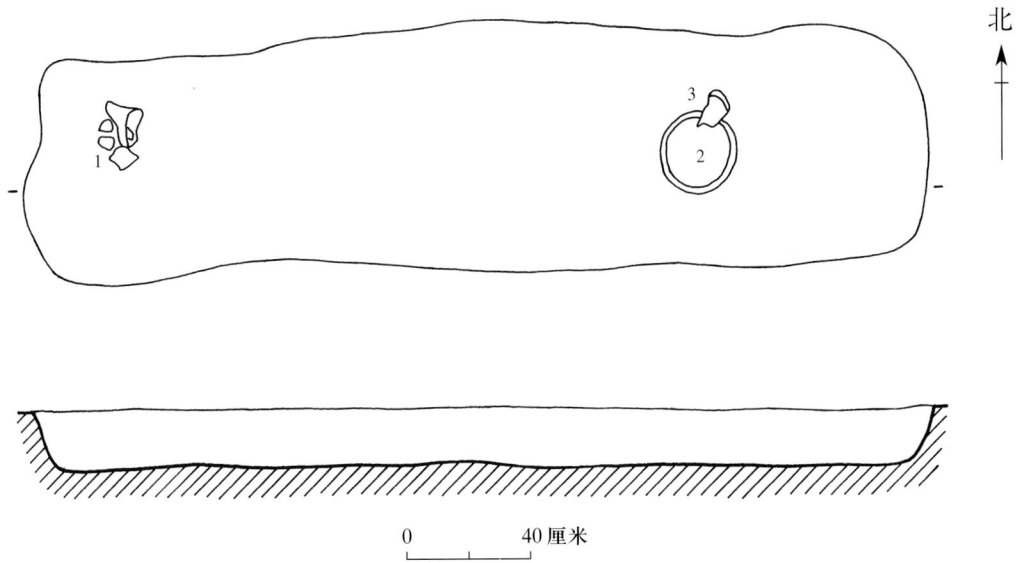

图一一五 A 眚塘山背遗址西区 M2 平、剖面图
1.陶鼎 2.圈足盘 3.残器底

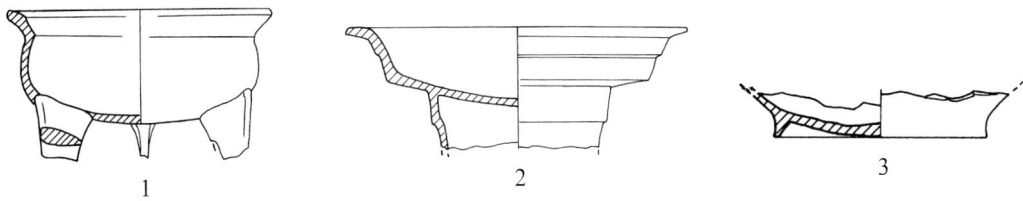

一一五 B M2 随葬品组合图
1.鼎 1件（A Ⅲ式 M2：1） 2.圈足盘 1件（A Ⅱ式 M2：2） 3.残器底 1件（A 型 M2：3）

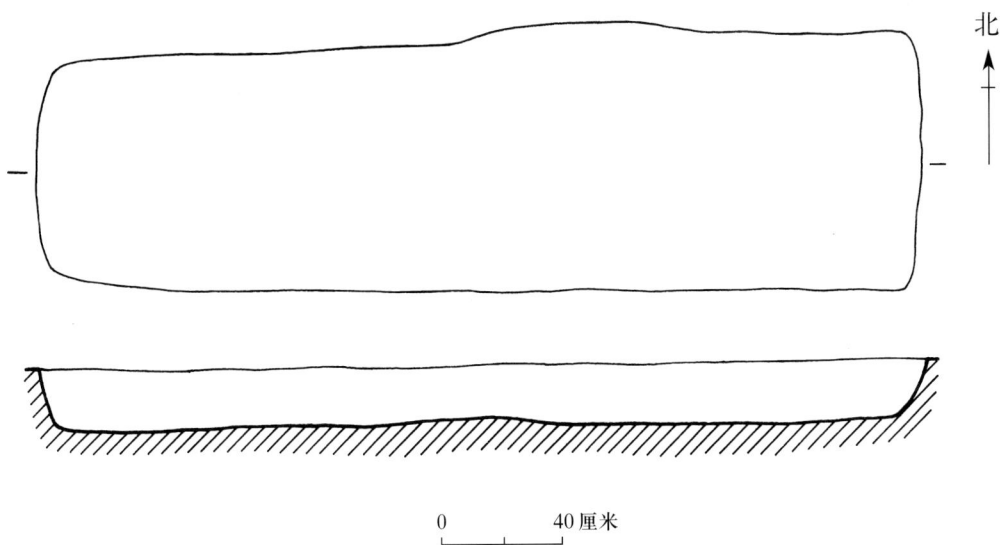

图一一六 眚塘山背遗址西区 M3 平、剖面图

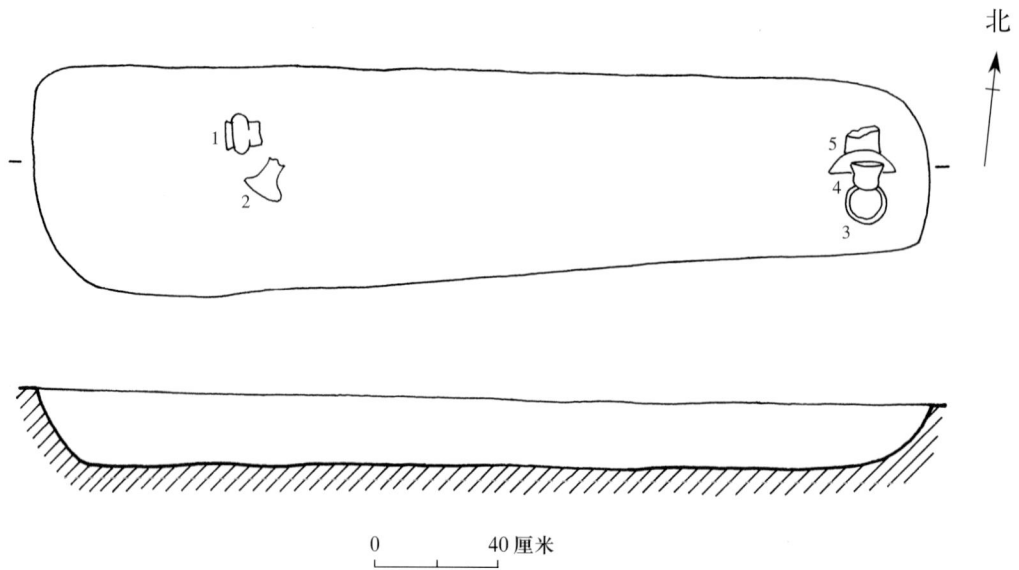

图一一七 A　董塘山背遗址西区 M4 平、剖面图
1.双鼻壶　2、5.陶豆　3.陶釜　4.鼎

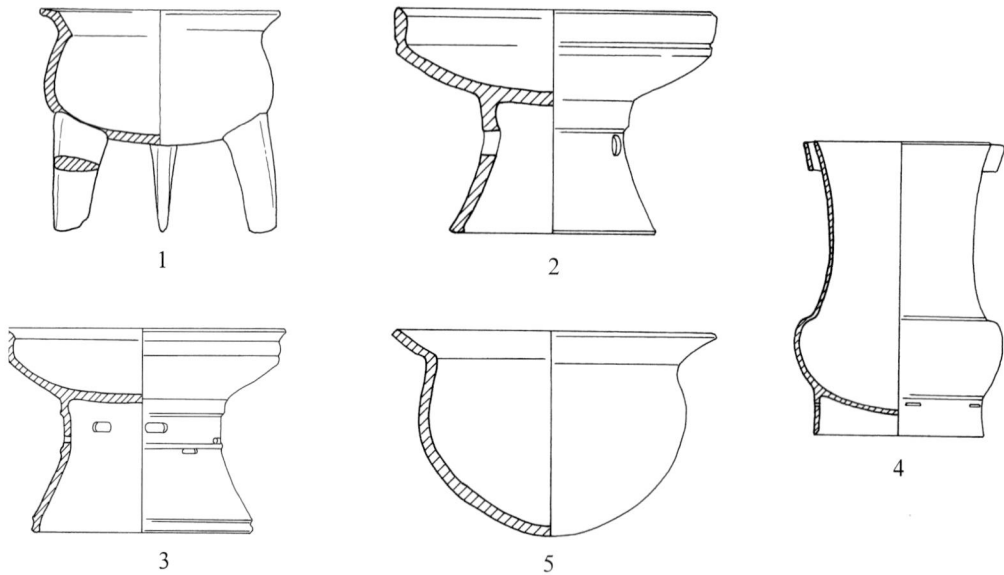

图一一七 B　M4 随葬品组合图
1.AⅡ式陶鼎（M4：4）　2.AⅡ式陶豆（M4：2）　3.Ba 型陶
豆（3M4：5）　4.AⅢ式双鼻壶（M4：1）　5.A 型陶釜（M4：3）

北

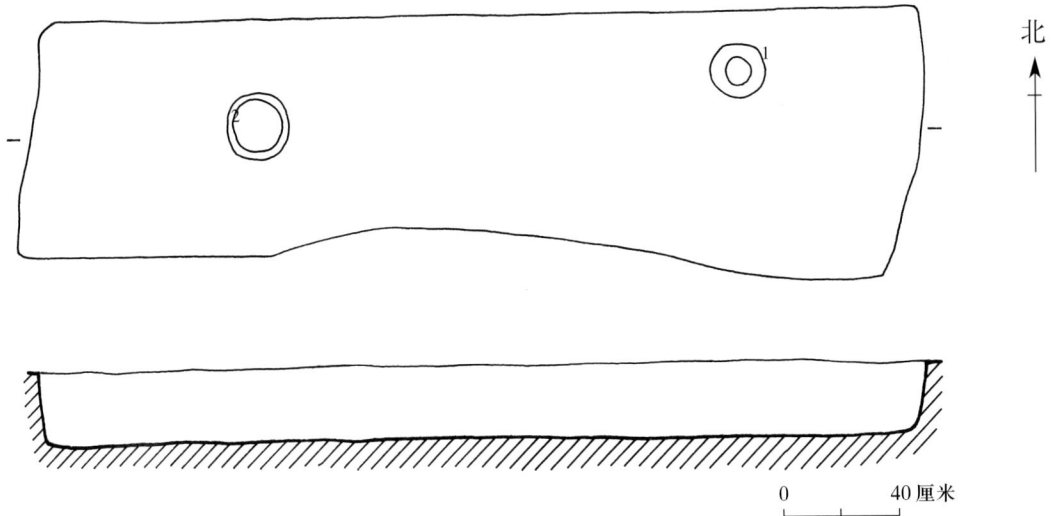

图一一八 A　查塘山背遗址西区 M5 平、剖面图
1.器盖　2.罐

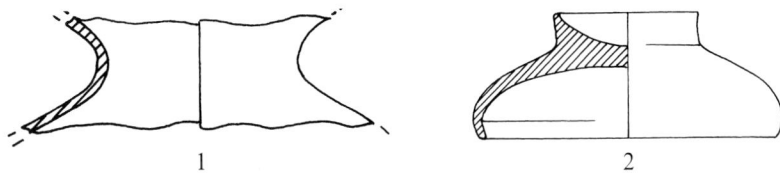

图一一八 B　M5 随葬品组合图
1.Aa 型陶罐（M5∶2）　2.Ac 型器盖（M5∶1）

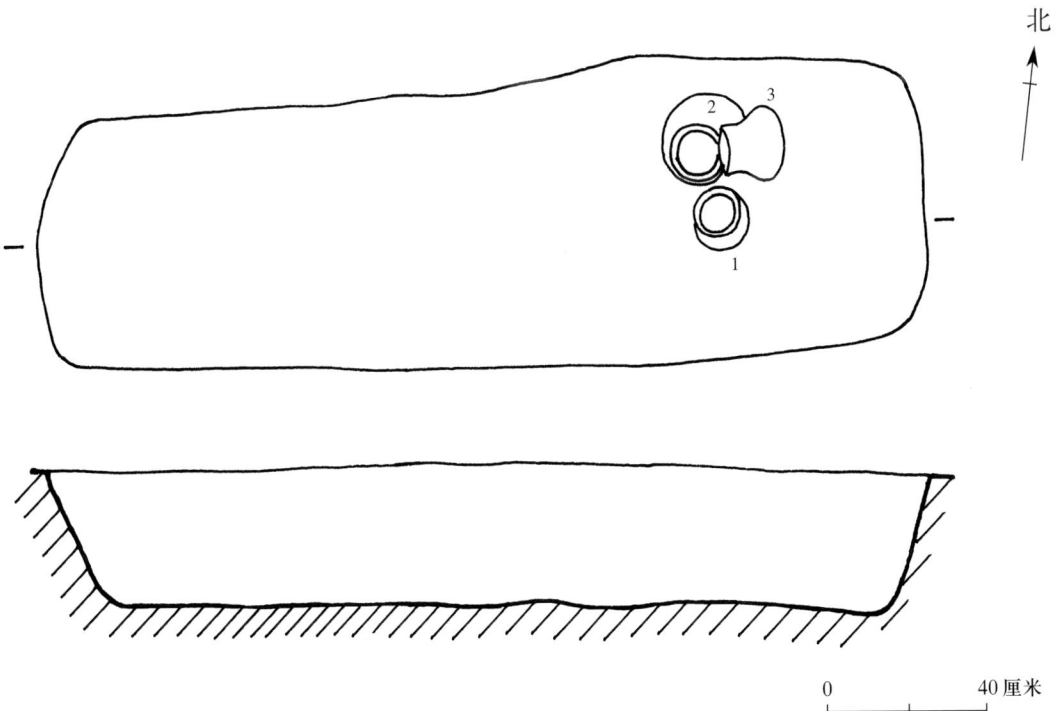

北

图一一九 A　查塘山背遗址西区 M6 平、剖面图
1.陶豆　2.圈足盘　3.残器底

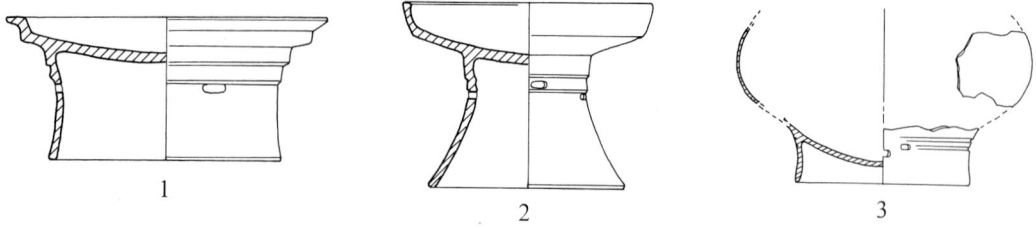

图一一九 B　M6随葬品组合图
1.AⅡ式圈足盘（M6:2）　2.AⅡ式陶豆（M6:1）　3.A型器底（M6:3）

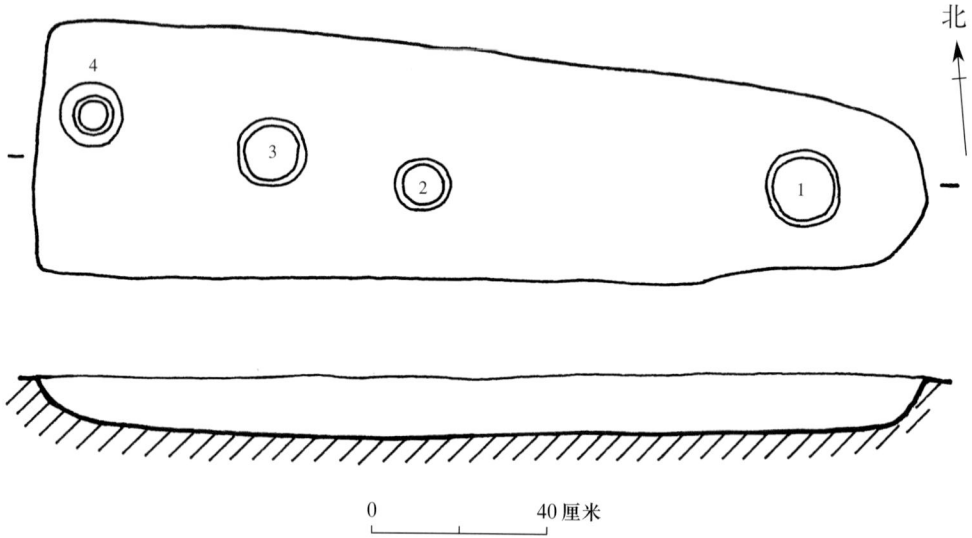

图一二〇 A　茴塘山背遗址西区 M7平、剖面图
1.残器底　2.陶豆　3.圈足盘　4.陶釜

圈足盘　1件（B型 M7:3）。

豆　1件（Bb型 M7:2）。

釜　1件（B型 M7:4）。

残器底　1件（A型 M7:1）。

M8　位于 T1015东部。开口于第②层之下，打破生土。坑壁不甚规则，底部倾斜。口距地表1～19、底距地表27、上口长160厘米、宽48～58、深4～10厘米，下底长156、宽46～57厘米。填土青黄色，较松散。随葬品仅一件，置于西侧。方向110度（图一二一 A）。

随葬品为陶器，1件（图一二一 B）。

釜　1件（B型 M8:1）。

M9　位于 T1015的西北角。开口于第②层之下，打破生土。口大底小，口距地表19～20、底距地

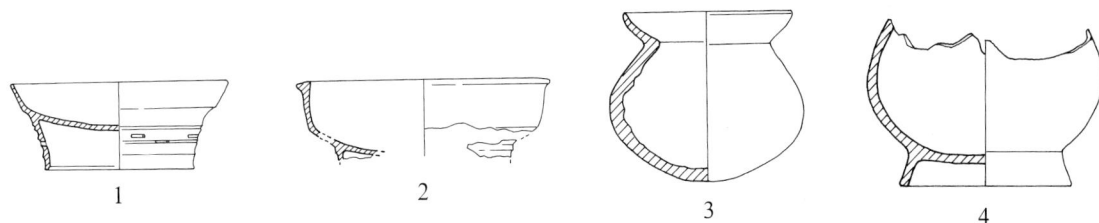

图一二〇B　M7随葬品组合图

1.B型圈足盘（M7∶3）　2.Bb型陶豆（M7∶2）3.B型陶釜（M7∶4）　4.A型器底（M7∶1）

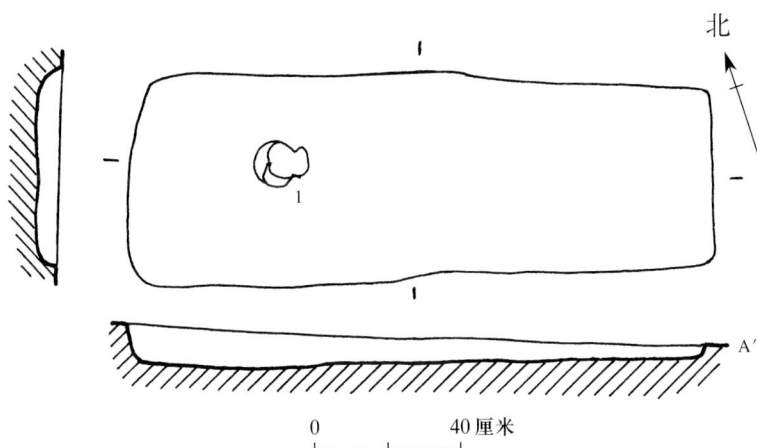

图一二一A　虿塘山背遗址西区M8平、剖面图

1.釜

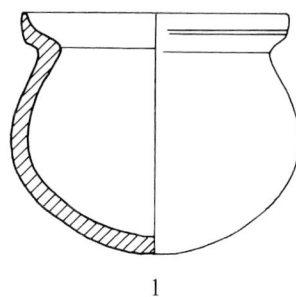

图一二一B　M8随葬品

1.B型陶釜（M8∶1）

表29～35厘米，上口长228、宽60～69、深10～14厘米，下底长220、宽57～66厘米。填土青黄色，质地松散，随葬品主要分布在东端。随葬品主要置于东侧。方向94度（图一二二A）。

随葬品均为陶器，5件（一二二B）。

罐　1件（Cb型M9∶2）。

豆　1件（AⅡ式M9∶3）。

双鼻壶　1件（AⅠ式M9∶1）。

釜　2件（A型M9∶5；B型M9∶4）。

M12　位于T1016的北部，开口于第②层之下，打破生土。西端被现代水沟所打破。口距地表35、底距地表41厘米，上口残长140、宽44、深4～6厘米，下底残长140、宽44厘米。填土青黄色，略松散。随葬品一件置于东端。方向85度（图一二三A；图版一二，1）。

随葬品均为陶器，2件（图一二三B）。

圈足盘　1件（AⅡM12∶1）。

残陶片　1件（M12∶2）。

M14　位于T0916的中部。开口于第②层之下，打破生土。口距地表30、底距地表38～50厘米，

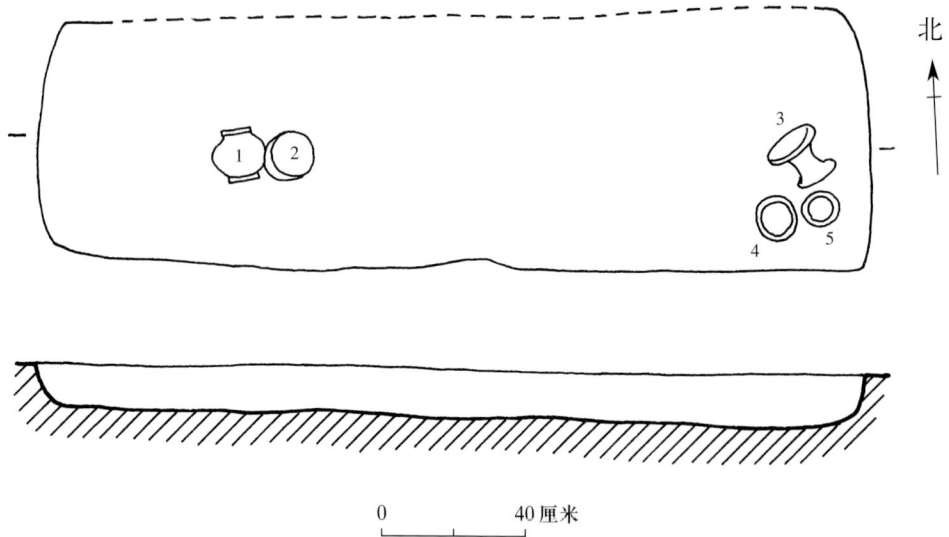

0 ——————————— 40 厘米

图一二二 A　耷塘山背遗址西区 M9 平、剖面图
1.双鼻壶　2.陶罐　3.陶豆　4、5.陶釜

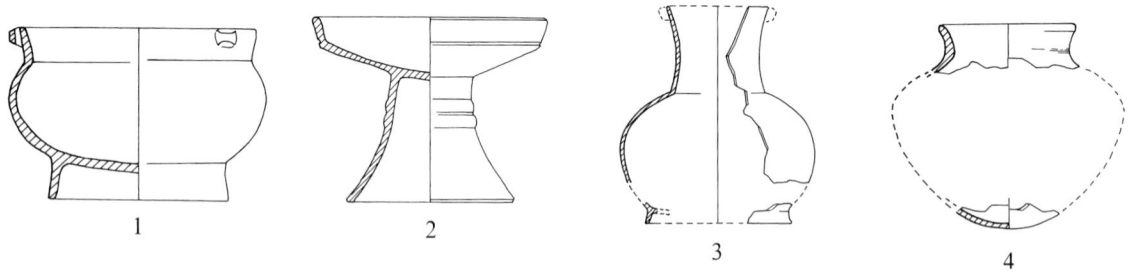

1　　　　　2　　　　　3　　　　　4

图一二二 B　M9 随葬品组合图
1.Cb 型陶罐（M9：2 ）　2.A II 式陶豆（M9：3）　3.A I 式双鼻壶（M9：1）　4.A 型陶釜（M9：5）
（另一件 B 型陶釜见图版二七，8）

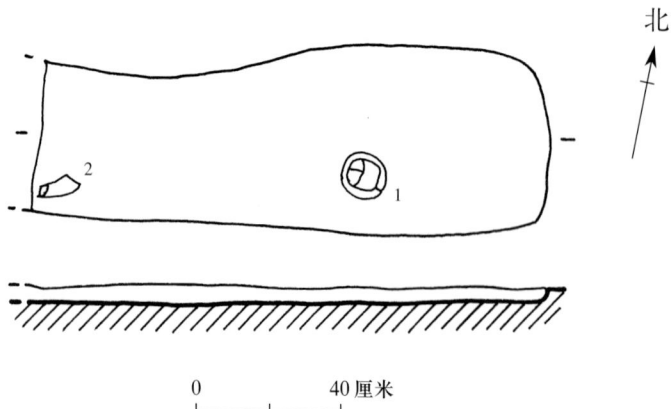

0 ——————————— 40 厘米

图一二三 A　耷塘山背遗址西区 M12 平、剖面图
1.圈足盘　2.残陶片

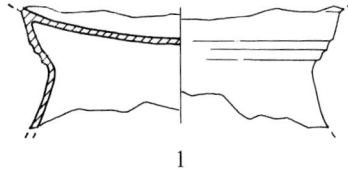

图一二三 B　M12随葬品
1.AⅡ式圈足盘（M12∶1）

长182、宽66~71、深8~20厘米。墓底残存很浅，特别是西端仅有8厘米。填土黄褐色，较硬。随葬物主要置于偏东部，中部一件上有漆皮。方向82度（图一二四A；图版一二，2）。

随葬品均为陶器，8件（图一二四B）。

鼎　3件（AⅡ式M14∶5；AⅢ式M14∶6；C型M14∶4）。

豆　2件（AⅡ式M14∶3、8）。

双鼻壶　1件（BⅢ式M14∶1）。

器盖　2件（Aa型M14∶2、7）。

M15　位于T0916的中部。开口于第②层之下，打破生土。西端被水沟和近代墓打破。口距地表30、底距地表50厘米，深20、残长166、宽54厘米。填土呈黄褐色块状。随葬品均置东侧。方向113度（图一二五A；图版一二，3）。

随葬品均为陶器，5件（图一二五B）。

鼎　2件（AⅡ式M15∶1、4）。

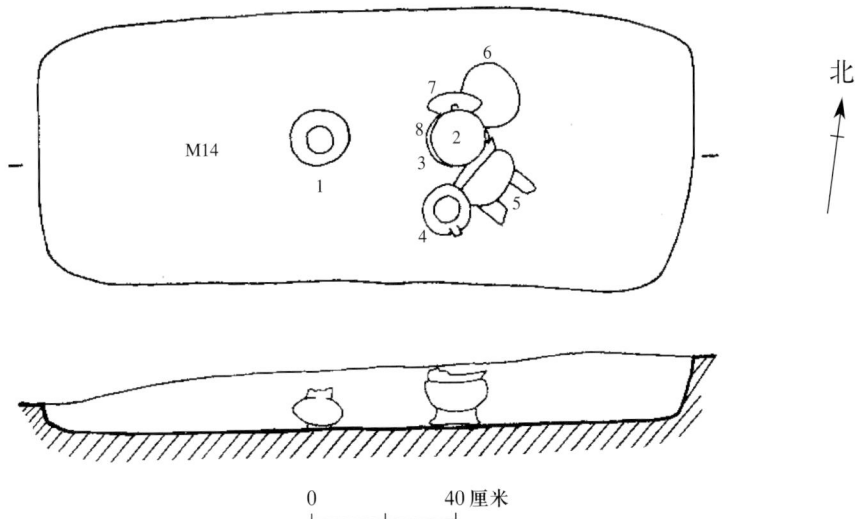

图一二四 A　眚塘山背遗址西区M14平、剖面图
1.双鼻壶　2、7.器盖　3、8.陶豆　4~6.陶鼎

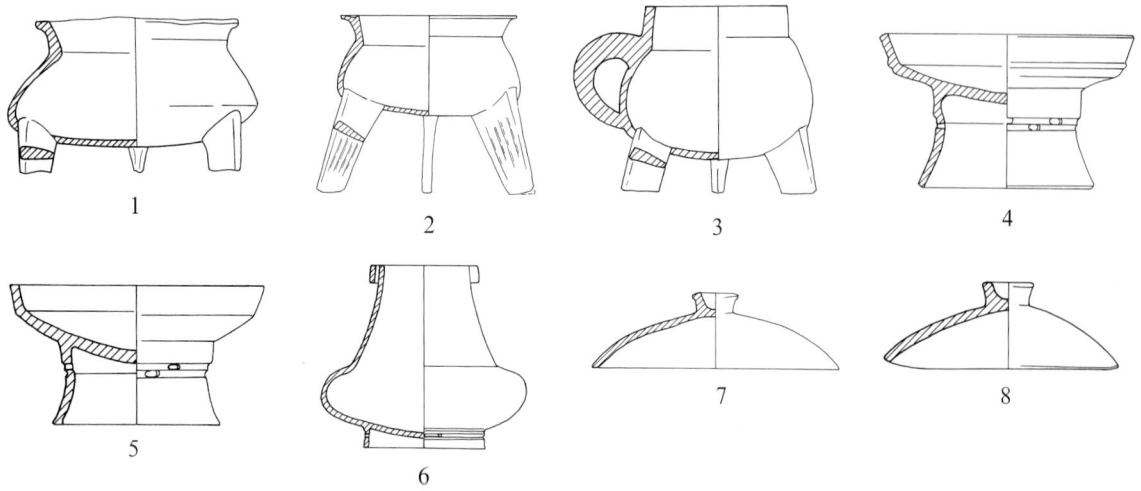

图一二四 B　M14 随葬品组合图

1.A II 式陶鼎（M14∶5）　2.A III 式陶鼎（M14∶6）　3.C 型鼎（M14∶4）　4.A II 式陶豆（M14∶3）

5.A II 式陶豆（M14∶8）　6.B III 式双鼻壶（M14∶1）　7、8.Aa 型器盖（M14∶2、M14∶7）

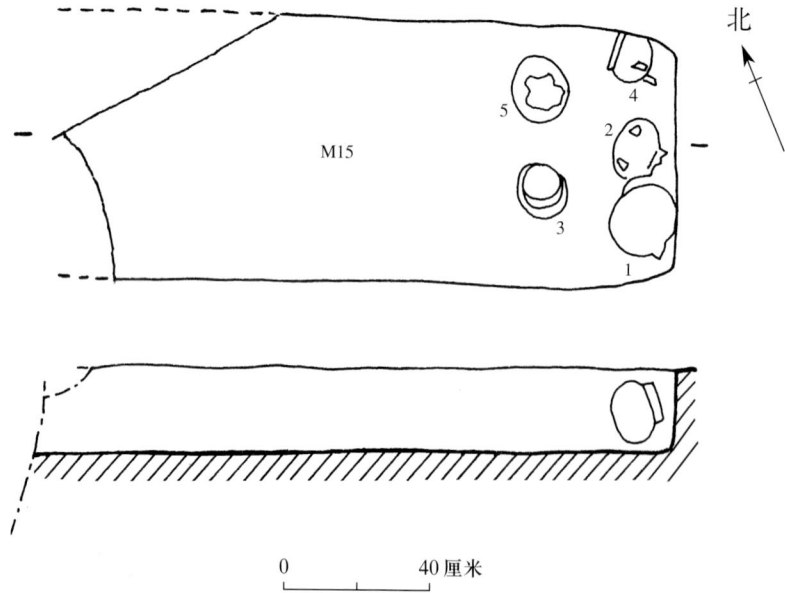

图一二五 A　蚩塘山背遗址西区 M15 平、剖面图

1、4.陶鼎　2.开膛三足器　3.圈足盘　5.盉陶

圈足盘　1件（A I 式 M15∶3）。

盉 1件（B 型 M15∶5）。

开膛三足器　1件（A 型 M15∶2）。

M16　位于 T0916 南部。开口于第②层之下，打破生土。口距地表 40、底距地表 46 厘米，长 180、

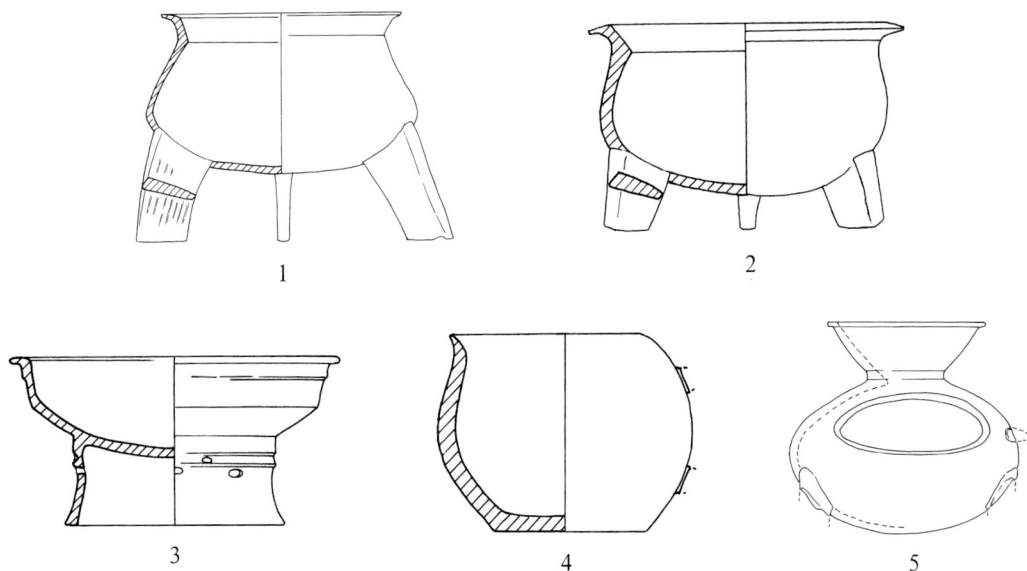

图一二五 B M15 随葬品组合图

1.AⅡ式鼎（M15：1）   2.AⅡ式陶鼎（M15：4）   3.AⅠ式圈足
盘（M15：3）   4.B 型盉(1M15：5)   5.开膛三足器（M15：2）

宽 35～44、深 16 厘米。填土较硬，呈黄褐色块状。方向 85 度（图一二六 A；图版一二，4）。

随葬品 均为碎片，无法复原，仅有 1 件能辨器形（图一二六 B）。

残器底 1 件（B 型 M16：1）。

M17 位于 T0916 中部。开口于第②层之下，打破生土。北部被现代沟所打破。口距地表 40、底距地表 46～51 厘米，长 166、残宽 20～24、深 6～11 厘米。填土较硬，呈黄褐色。随葬品均置于西侧。方向 82 度（图一二七 A）。

随葬品均为陶器，3 件（图一二七 B）。

鼎 1 件（AⅠ式 M17：3）。

圈足盘 1 件（AⅠ式 M17：1）。

釜 1 件（A 型 M17：2）。

M18 位于 T1014 的东南角。开口在第②层下，打破生土。口距地表 40、底距地表 46～48 厘米，长 180、宽 32～40、深 16～18 厘米。制作规整。底部平坦。填土较硬，呈黄褐色。无随葬品。方向 82 度（图一二八）。

M20 位于 T1114 的东部。开口于第②层下，打破生土。口距地表 45、底距地表 55 厘米，长 236、宽 60～65、深 8～10 厘米。有朽木痕迹，长 220、宽 36～40 厘米。填土较硬，呈黄褐色。熟土二层台东宽 10、西宽 6、南宽 12～14、北宽 8～10 厘米，高均为 4 厘米左右。方向 92 度（图一二九 A；图版一三，1）。

随葬品均为陶器，2 件（图一二九 B）。

鼎 1 件（AⅠ式 M20：2）。

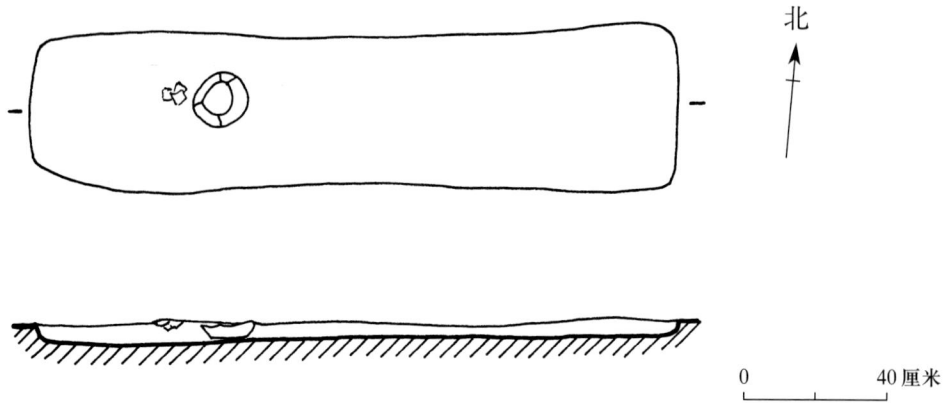

图一二六 A　茴塘山背遗址西区 M16 平、剖面图
1.残器底

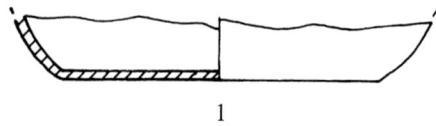

图一二六 B　M16 随葬品
1.B 型器底（M16：1）

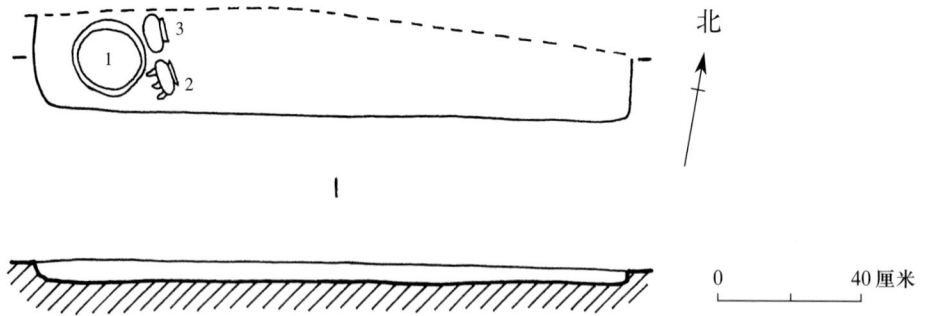

图一二七 A　茴塘山背遗址西区 M17 平、剖面图
1.圈足盘　2.陶釜　3.陶鼎

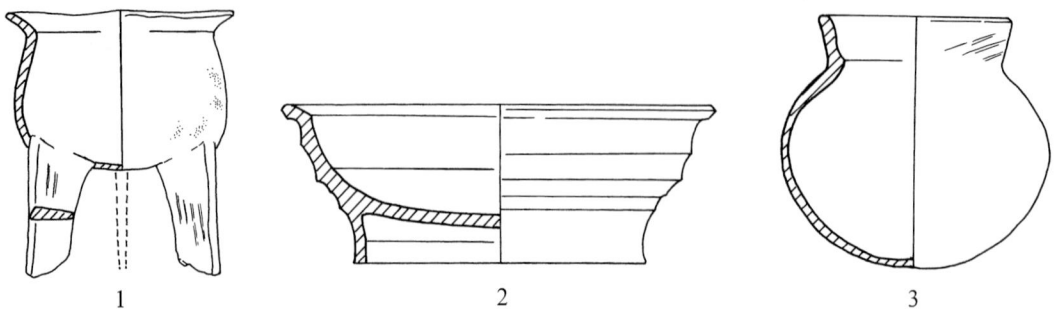

图一二七 B　M17 随葬品组合图
1.A I 式陶鼎（M17：3）　2.A I 式圈足盘（M17：1）　3.A 型陶釜（M17：2）

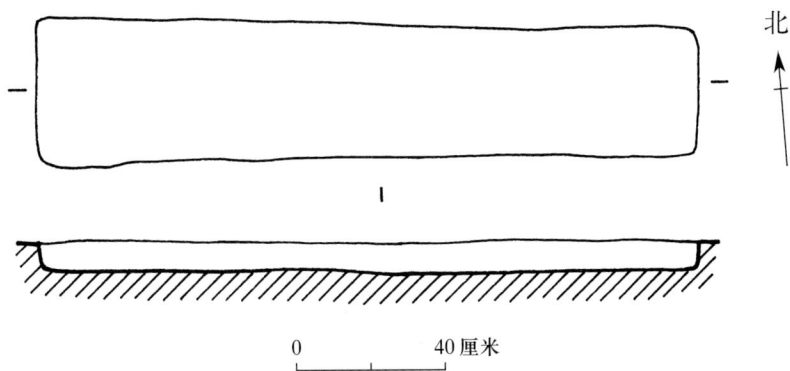

0　　　　　40 厘米

图一二八　垦塘山背遗址西区 M18 平、剖面图

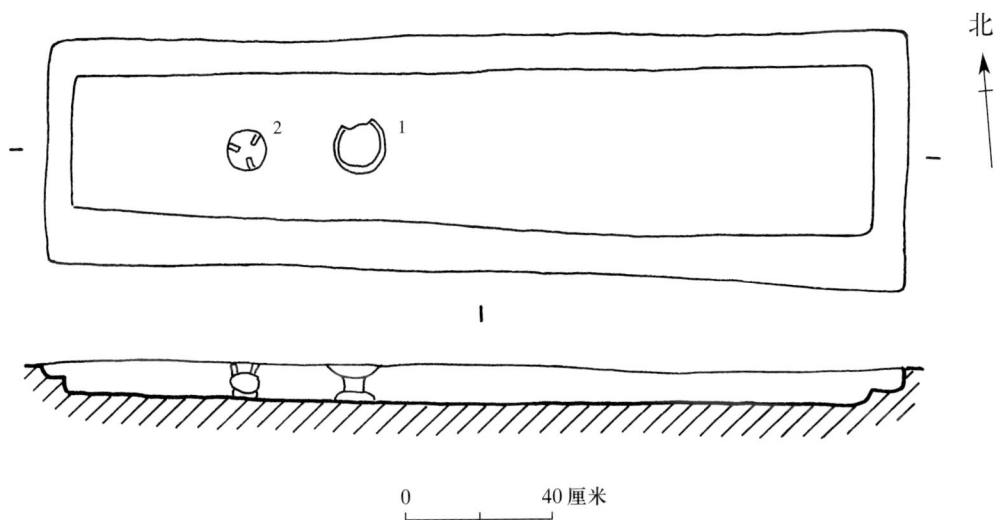

0　　　　　40 厘米

图一二九 A　垦塘山背遗址西区 M20 平、剖面图
1.陶豆　2.陶鼎

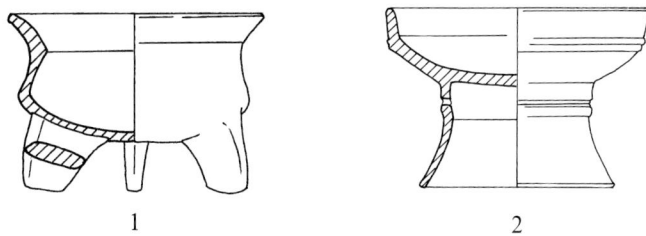

1　　　　　　　　　　　　2

图一二九 B　M20 随葬品组合图
1.AⅠ式陶鼎（M20∶2）　　2.AⅡ式陶豆（M20∶1）

豆　1件（AⅡ式M20：1）。

M21　位于T1016的北部。开口于第②层下，打破生土。西端被晚期沟打破。口距地表25～30、底距地表40～45厘米，残长180、宽56～60、深12～14厘米。填土较硬，呈黄褐色。出有夹砂红陶片和石块。方向92度（图一三〇）。

M22　位于T1016的西部。开口于第②层之下，打破生土。东端、西南角分别被晚期的沟和墓所打破。口距地表40、底距地表58厘米，残长240、宽70～74、深18厘米。填土较硬，呈黄褐色。随藏品多置西侧。方向86度（图一三一A；图版一三，2）。

随葬品均为陶器，3件（图一三一B）。

鼎　2件（AⅠ式M22：2、M22：3无法复原）。

豆　1件（AⅡ式M22：1）。

M23　位于T1016的中部。开口于第②层下，打破生土，西端被晚期沟所打破。口距地表40、底距地表62～66厘米，长252、宽60～62、深20～25厘米。填土较硬，呈黄褐色。随葬品多置东侧。方向98度（图一三二A；图版一三，3）。

随葬品均为陶器，3件（图一三二B）。

鼎　1件（AⅡ式M23：1）。

圈足盘　1件（AⅡ式M23：3）。

罐　1件（Aa型M23：2）。

M25　位于T1016的中南部。开口于第②层下，打破生土。口距地表40、底距地表68～78厘米，长318、宽60～64、深25～38厘米。有朽棺痕迹，长272、东宽58、西宽45厘米。底部呈椭圆形。填土较硬，呈黄褐色。有熟土二层台，北宽10～13、东宽34～36、南宽2～10、西宽10、高15～18厘米。随葬品等分置两端。方向79度（图一三三A；图版一四，1、2）。

随葬品均为陶器，4件（图一三三B）。

圈足盘　1件（AⅡ式M25：1）。

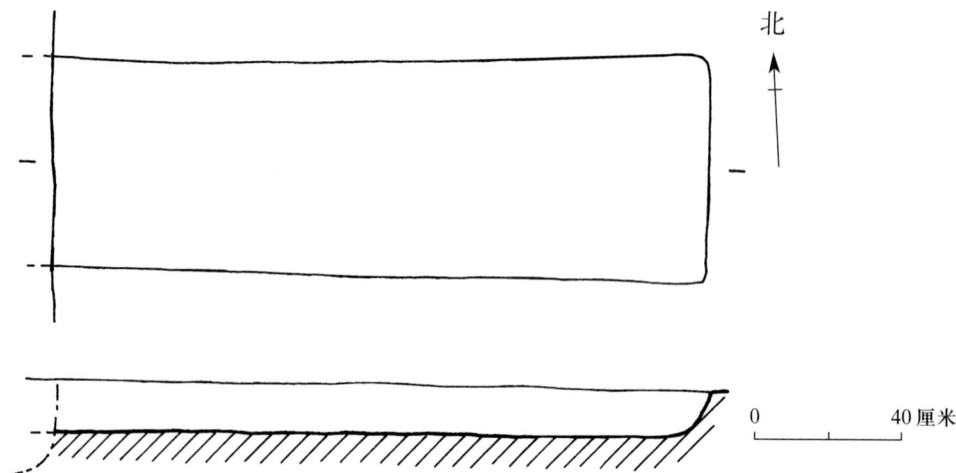

图一三〇　昼塘山背遗址西区M21平、剖面图

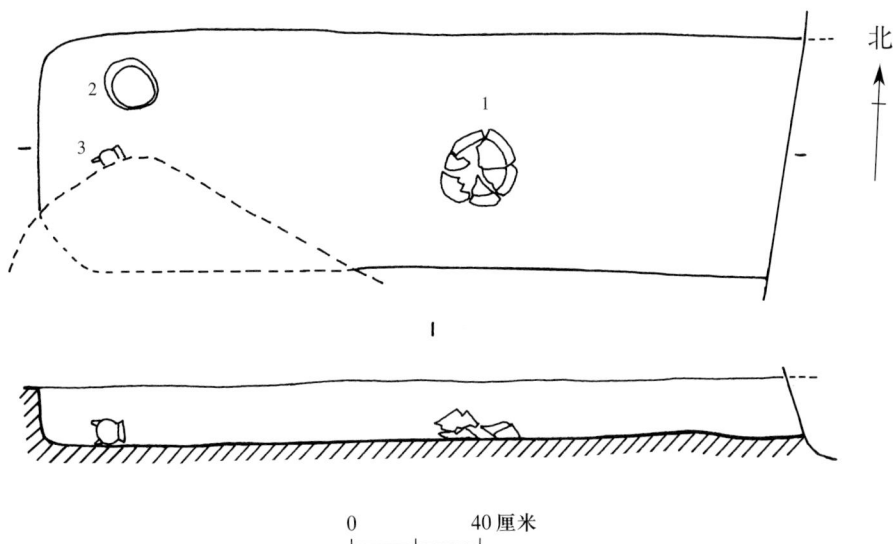

图一三一A　畫塘山背遗址西区 M22平、剖面图
1.陶豆　2、3.陶鼎

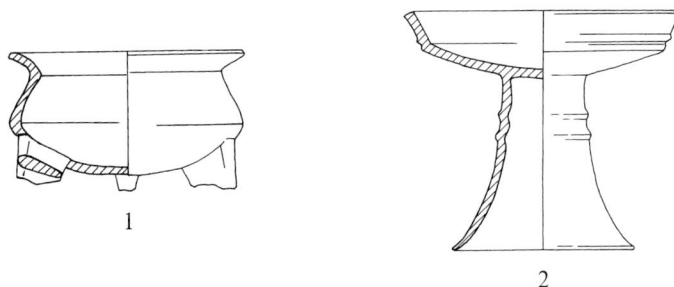

图一三一B　M22随葬品组合图
1.A I 式陶鼎（M22∶2）　2.A II 式陶豆（M22∶1）

残罐　1件（Aa型 M25∶2）。

釜　2件（A型 M25∶3、4）。

M26　位于 T1016南部。开口于第②层下，打破生土。口距地表40、底距地表54~63厘米，长262、宽50~74、深16~20厘米。有朽棺痕迹，长242、西宽34、东宽42厘米。底部凹陷。二层台北宽4~13、东宽16~18、南宽10~16、西宽6~16、高12~14厘米。填土较硬，呈黄褐色。随葬品分置墓室东西两端。方向82度（图一三四A；图版一四，3）。

随葬品均为陶器，3件（一三四B）。

鼎　1件（A II 式 M26∶3）。

罐　1件（Ca型 M26∶2）。

器盖　1件（Ac型 M26∶1）。

M27　位于 T1114中部。开口于第②层下，打破生土。口距地表40、底距地表56厘米，长280、宽62~66、深15厘米。填土较硬，呈黄褐色。底部凹弧。二层台北宽10~15、东宽14~16、南宽10~16、

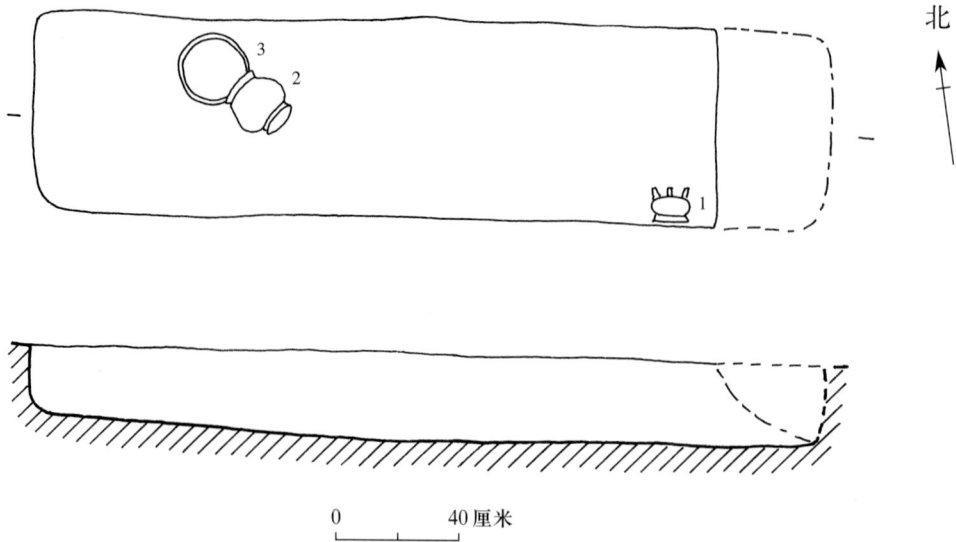

图一三二A　蚕塘山背遗址西区M23平、剖面图
1.陶鼎　2.陶罐　3.圈足盘

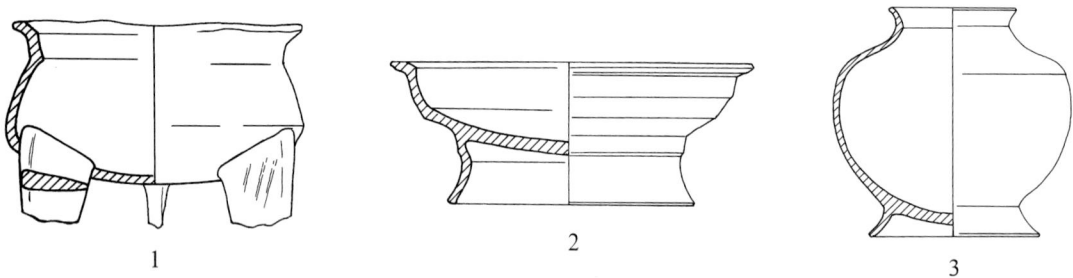

图一三二B　M23随葬品组合图
1.AⅡ式陶鼎（M23：1）　2.AⅡ式圈足盘（M23：3）　3.Aa型陶罐（M23：2）

西宽10~12厘米，高12~14厘米。随葬品多置东端。方向82度（图一三五A；图版一五，1）。

随葬品均为陶器，4件（图一三五B）。

豆　1件（Ba型M27：1）。

双鼻壶　1件（BⅡ式M27：2）。

盉1件（Ca型M27：3）。

器盖1件（Ad型M27：4）。

M28　位于T1014的西南。少部分伸入T0914内。开口于第②层下，打破生土。口距地表40、底距地表54~56厘米，长242、宽40~43、深12~14厘米。填土松散，呈灰褐色。无随葬品。方向97度（图一三六）。

M29　位于T0913的中南部。开口于第②层下，打破生土。口距地表40、底距地表52厘米，长254、宽52~56、深10~14厘米。填土松散杂乱。无随葬品。方向95度（图一三七）。

M30　位于T0913中部。开口于第②层下，打破生土。口距地表40、底距地表50~52厘米，长236、宽42~44、深10厘米左右。内填灰褐色松散杂土。无随葬品。方向91度（图一三八）。

　　M31　位于T1013北部。开口于第②层下，打破生土。口距地表40、底距地表64厘米，长236、宽52~64、深16~22厘米。填土黄褐色较硬。底部西高东低呈凹状。熟土二层台北宽8~10、东宽4、南宽4~6、西宽28~30、高6~10厘米。随葬品置西端。方向91度（图一三九A；图版一五，2）。

　　随葬品均为陶器，2件（图一三九B）。

　　鼎　1件（AⅡ式M31:2）。

　　圈足盘　1件（AⅠ式M31:1）。

　　M32　位于T1013的中东部。开口于第②层下，打破生土。口距地表40、底距地表48~52厘米，长200、宽40~64、深6~10厘米。填土较硬呈黄褐色，随葬品1件，居中部。方向81度（图一四〇A；图版一五，3）。

　　随葬品只有陶器，1件（图一四〇B）。

　　罐　1件（Ca型M32:1）。

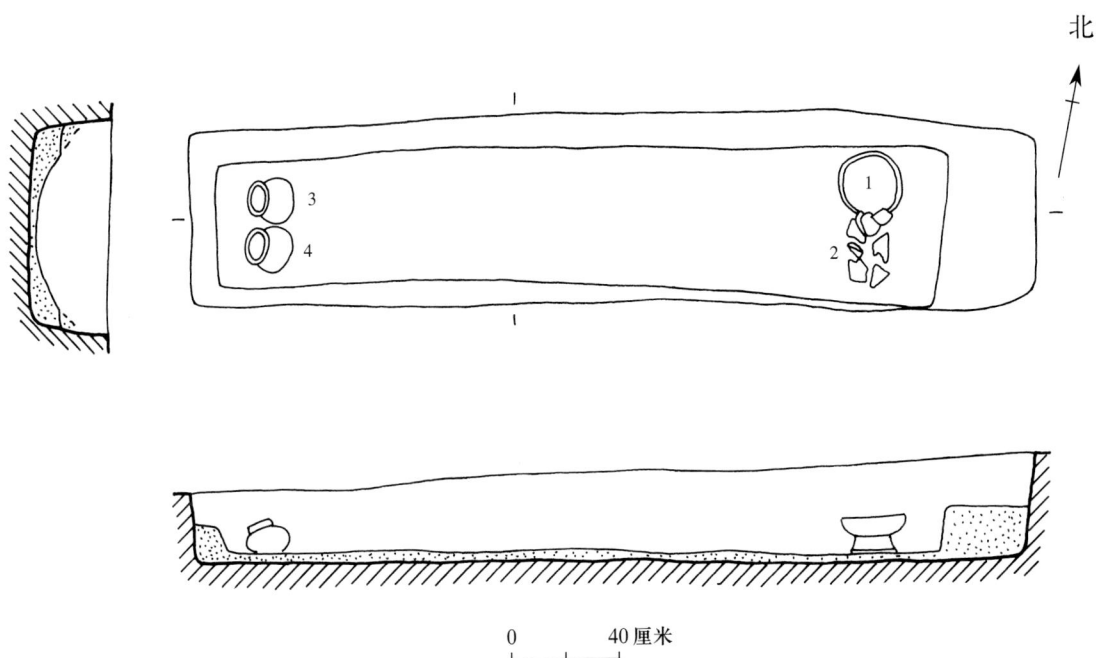

图一三三A　茫塘山背遗址西区M25平、剖面图
1.圈足盘　2.陶罐　3、4.陶釜

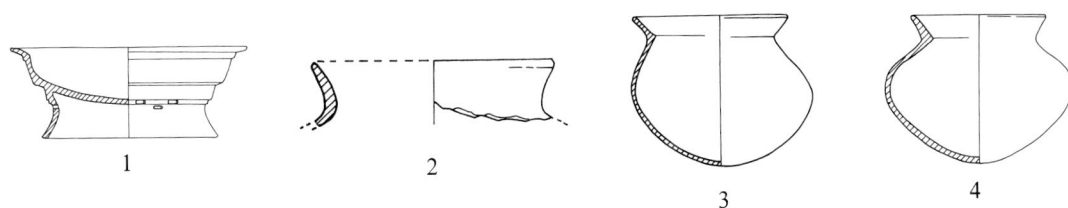

图一三三B　M25随葬品组合图
1.AⅡ式圈足盘（M25:1）　2.Aa陶罐（M25:2）　3、4.A陶釜（M25:3、M25:4）

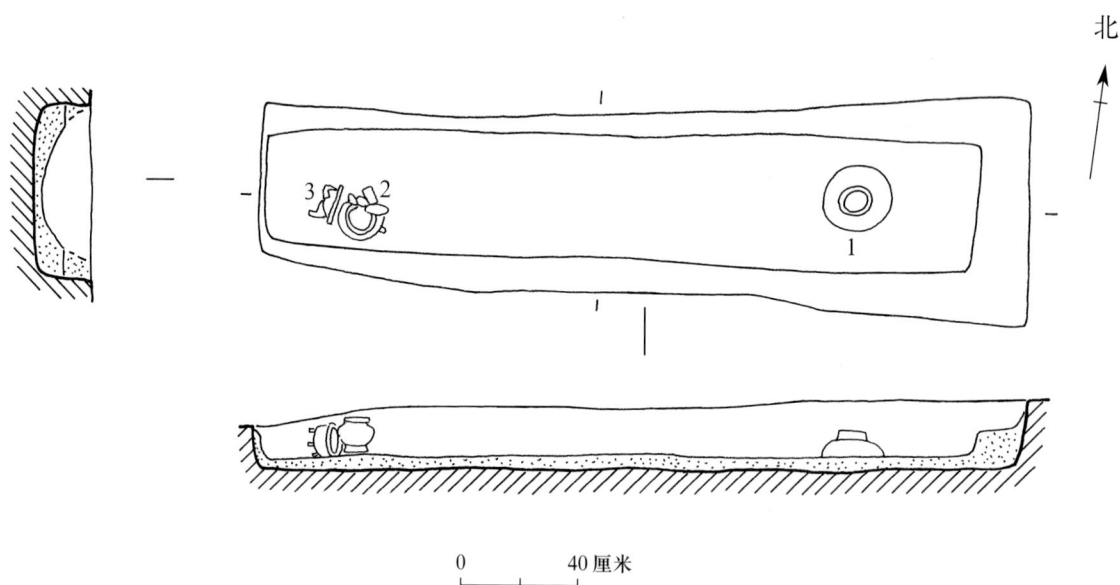

图一三四 A　斲塘山背遗址西区 M26 平、剖面图
1.器盖　2.陶罐　3.鼎

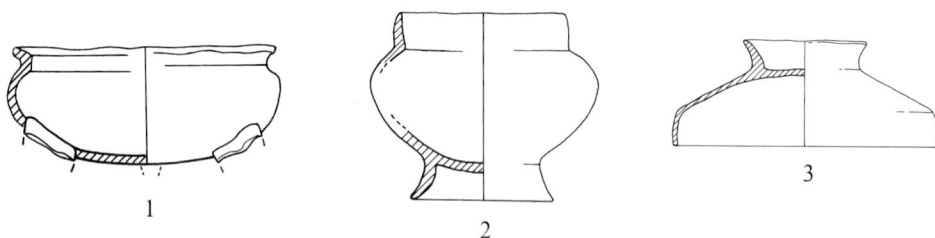

图一三四 B　M26 随葬品组合图
1.AⅡ式陶鼎（M26∶3）　2.Ca 陶罐（M26∶2）　3.Ac 型器盖（M26∶1）

M34　位于 T0913 东北。开口于第②层下，打破生土。口距地表 40、底距地表 52~66 厘米，长 290、宽 50~66 厘米，深 12~26 厘米。填土黄褐色较硬。随葬品位于西端。方向 92 度（图一四一 A；图版一五，4）。

随葬品仅有陶器，1 件（图一四一 B）。

鼎　1 件（AⅣ型 M34∶1）。

M35　位于 T1013 西部。开口于第②层下，打破生土。口距地表 40、底距地表 56~58 厘米，长 256、宽 60、深 14~18 厘米。填土较硬呈黄褐色，随葬物置于两端。方向 90 度（图一四二 A；图版一六，1）。

随葬品均为陶器，3 件（图一四二 B）。

鼎　1 件（AⅠ型 M35∶3）。

豆　1 件（AⅡ型 M35∶2）。

双鼻壶　1 件（BⅠ型 M35∶1）。

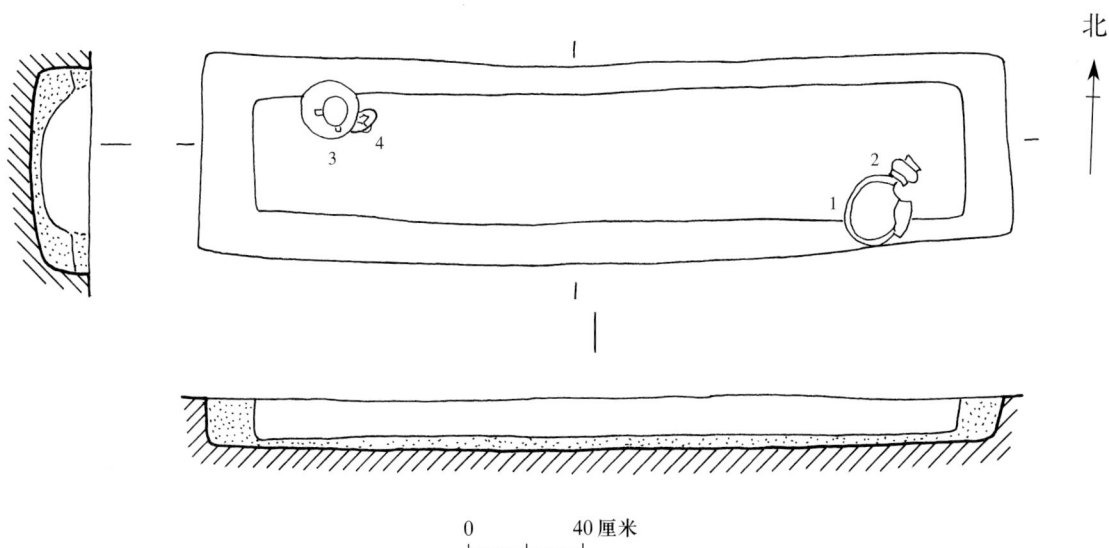

图一三五 A　畚塘山背遗址西区 M27 平、剖面图

1.陶豆　2.双鼻壶　3.陶　4.器盖

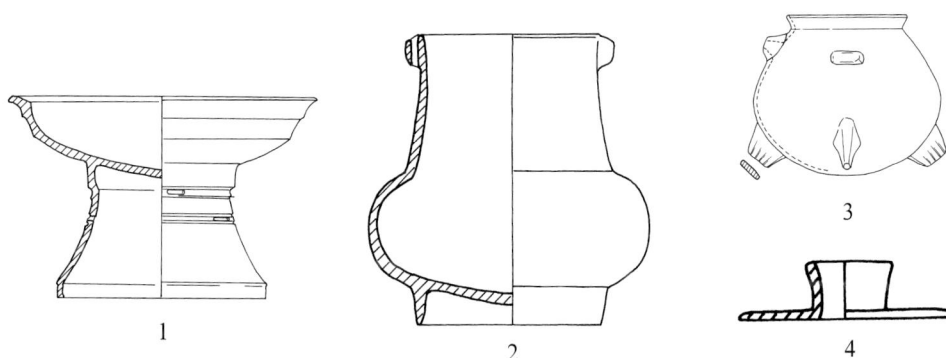

图一三五 B　M27 随葬品组合图

1.Ba 型陶豆（M27：1）　2.BⅡ式双鼻壶（M27：2）　3.Ca 型陶盉(M27：3)　4.Ad 型器盖（M27：4）

M36　位于 T1013 西北。开口于第②层下，打破生土。口距地表 40、底距地表 48～52 厘米，长 254、宽 60～66、深 16～18 厘米。填土较硬呈黄褐色，底东端略高于西端。随葬品一件置于西侧。方向 86 度（图一四三 A）。

随葬品仅有陶器，1 件（图 一四三 B）。

鼎　1 件（F 型 M36：1）。

M37　位于 T1013 东边扩方中部。开口于第②层下，打破生土。口距地表 40、底距地表 50～54 厘米，长 210、宽 50～52、深 5～14 厘米。填土较硬呈黄褐色，底东端略高于西端。无随葬品。方向 92 度（图一四四）。

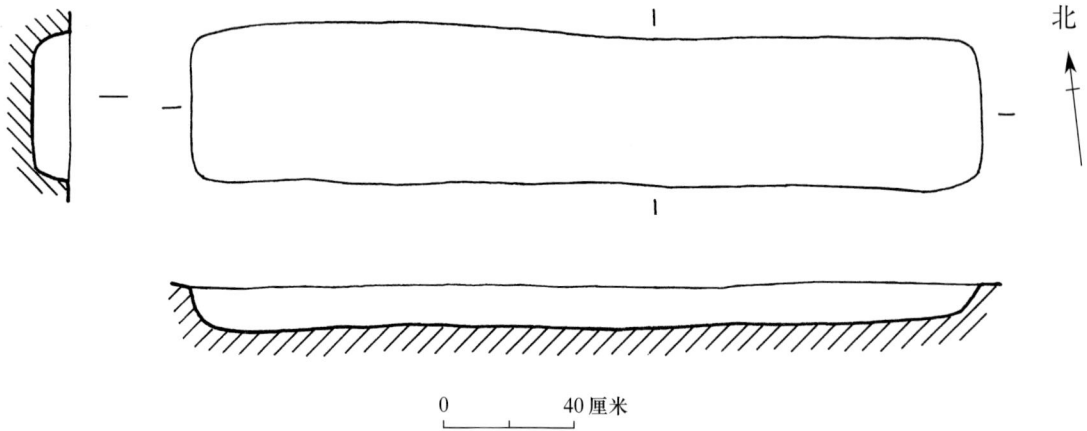

图一三六　耷塘山背遗址西区 M28 平、剖面图

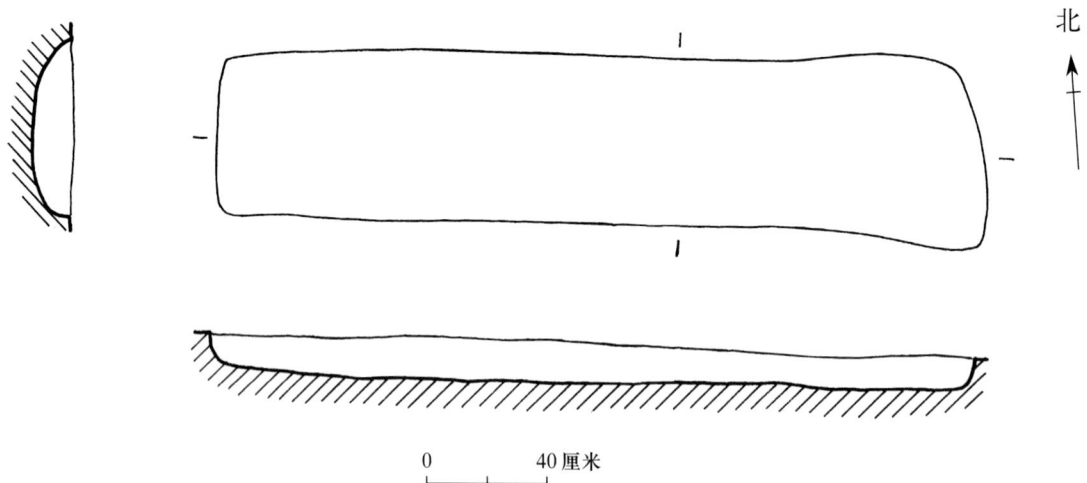

图一三七　耷塘山背遗址西区 M29 平、剖面图

　　M38　位于 T1012 中部偏西。开口于第②层下，打破生土。口距地表 50、底距地表 68～70 厘米，长 310、宽 66～80、深 16～20 厘米。有腐朽木棺痕迹，长 272、东宽 44、西宽 42 厘米。填土较硬呈黄褐色，无随葬品。熟土二层台北宽 12～18、东宽 24、南宽 14～20、西宽 12 厘米，高 6 厘米左右。方向 80 度（图一四五）。

　　M39　位于 1013 的东南角。开口于第②层下，打破生土。西南被灰坑（H22）完全打破。口距地表 40、底距地表 48～52 厘米，长 198、宽 38～46、深 8～10 厘米。填土较硬呈黄褐色。底东端略高于西端。无随葬品。方向 86 度（图一四六）。

　　M40　位于 T1013 中部。开口于第②层之下，打破生土。口距地表 50、底距地表 68～70 厘米，长 259、宽 68～80、深 16～20 厘米。填土较硬呈黄褐色。底部凹弧。熟土二层台北宽 17～24、东宽 28、

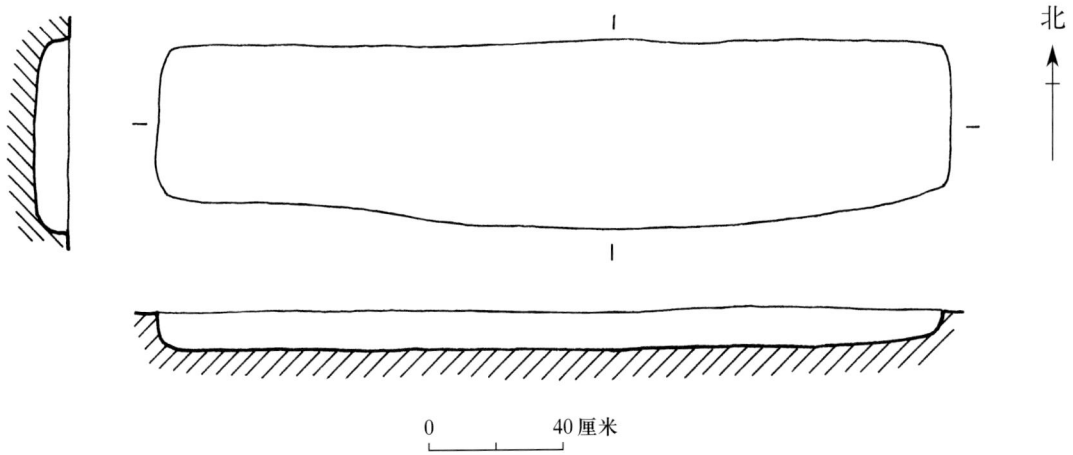

图一三八 畫塘山背遗址西区 M30 平、剖面图

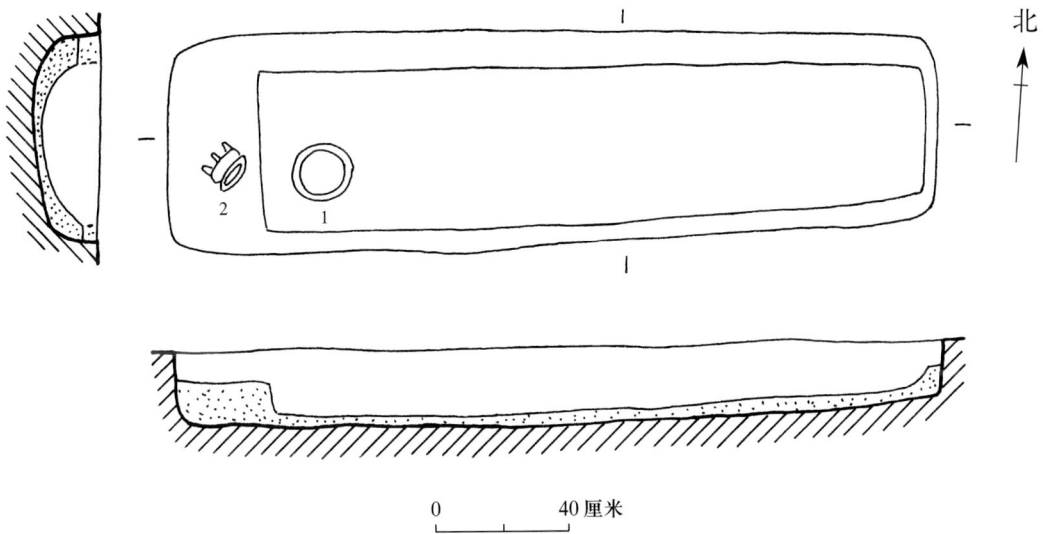

图一三九 A 畫塘山背遗址西区 M31 平、剖面图
1.圈足盘 2.陶鼎

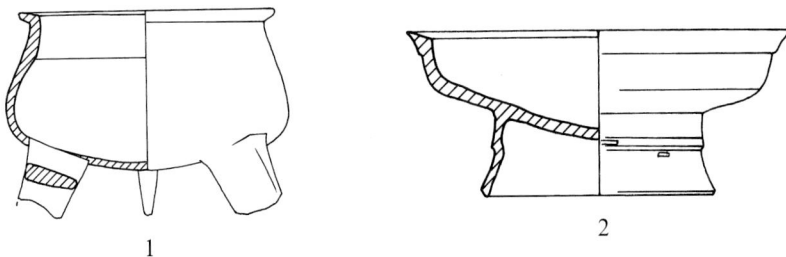

图一三九 B M31 随葬品组合图
1.A Ⅱ式陶鼎（M31：2） 2.A Ⅰ式圈足盘（M31：1）

南宽8~12、西宽9~12、高5~12厘米。随葬品置于西端。方向98度（图一四七A；图版一六，2）。

随葬品仅有陶器，1件（图一四七B）。

鼎　1件（AⅠ式M40：1）。

M41　位于T1013西北角。开口于第②层之下，打破生土。口距地表40、底距地表50~58厘米，长176、宽46~52、最深18厘米。填土较硬呈黄褐色。随葬品置于东西两端。方向90度（图一四八A；图版一六，3）。

随葬品有陶器，2件（图一四八B）。

豆　1件（Bc型M41：2）。

双鼻壶　1件（AⅢ式M41：1）。

M42　位于T1014东南角，部分伸入T1114。开口于第②层之下，打破生土。口距地表40、底距地表50~56厘米，长240、宽40~42、最深18厘米。填土较硬呈黄褐色。东端略高于西端。无随葬品。方向94度（图一四九）。

M43　位于T1013的东隔梁下，部分已延伸至扩方内。开口于第②层下，打破生土。口距地表45、底距地表75厘米，长265、宽70~80、深28~30厘米。有木棺腐朽痕迹，长240、西宽52、东宽46厘

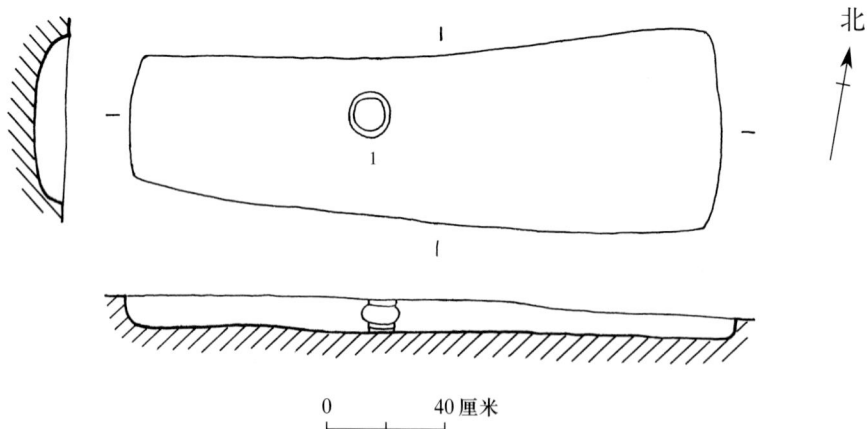

图一四〇A　菱塘山背遗址西区M32平、剖面图
1.陶罐

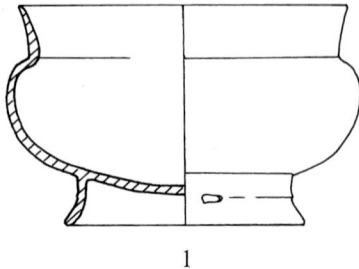

图一四〇B　M32随葬品
1.Ca型陶罐（M32：1）

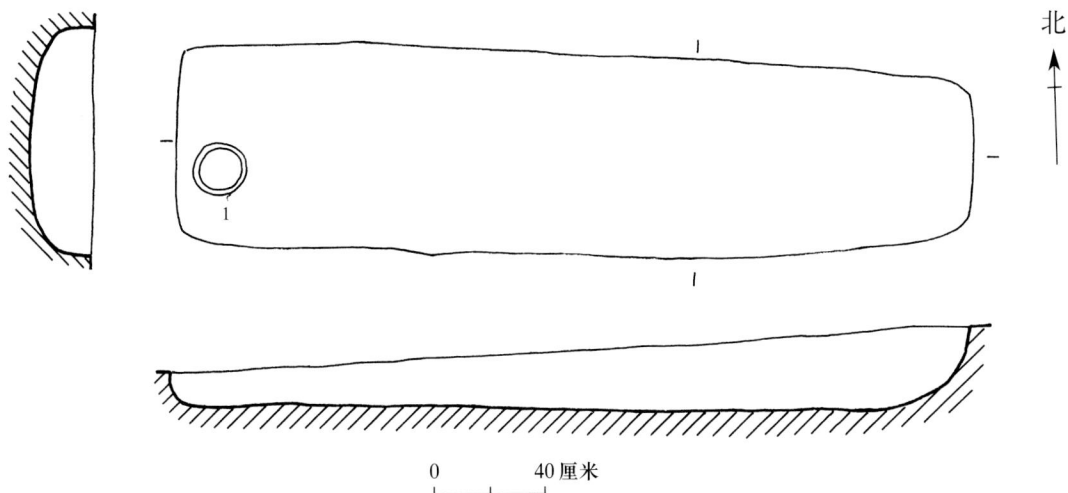

图一四一 A　昝塘山背遗址西区 M34 平、剖面图
1.陶鼎

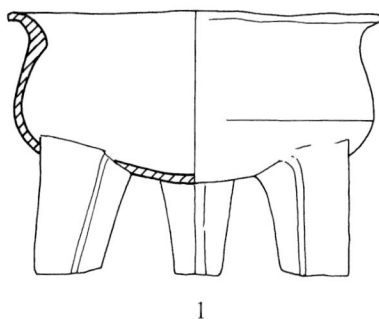

图一四一 B　M34 随葬品
1.A Ⅳ式鼎（M34：1）

米。熟土二层台北宽 14～22、东宽 14、南宽 6～14、西宽 10～12 厘米，高 8～14 厘米。随葬品置于偏东部。方向 88 度（图一五〇 A；图版一六，4）。

随葬品仅有陶器，3 件（图一五〇 B）。

圈足盘　2 件（B 型 M43：2、M43：3 无法修复）。

盉　1 件（Cb 型 M43：1）。

M44　位于 T1013 的西侧。开口于第②层下，打破生土。口距地表 40、底距地表 70 厘米，长 280、宽 64～82、深 30～32 厘米。填土较硬呈黄褐色，底部东端略高于西端。随葬品均置于西端。方向 90 度（图一五一 A）。

随葬陶器 5 件（图一五一 B）。

鼎　1 件（A Ⅲ式 M44：1）。

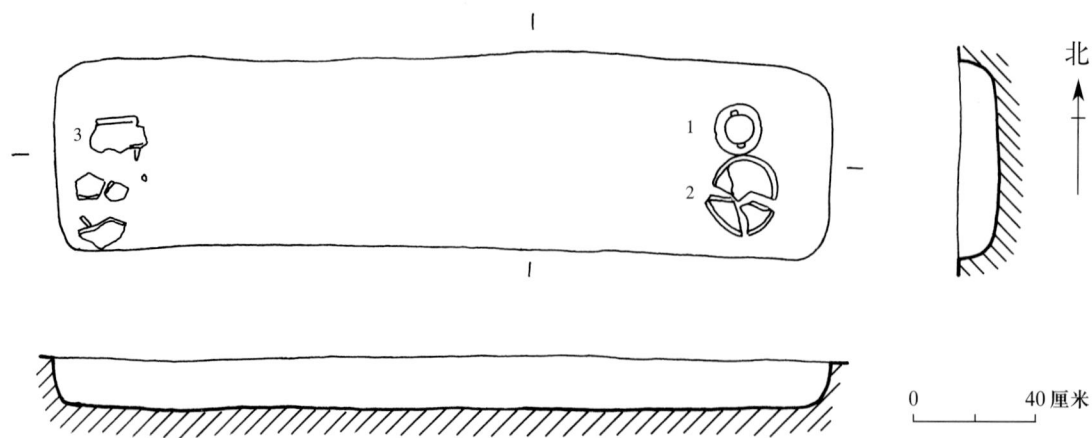

图一四二 A　茜塘山背遗址西区 M35 平、剖面图
1、双鼻壶　2、陶豆　3、陶鼎

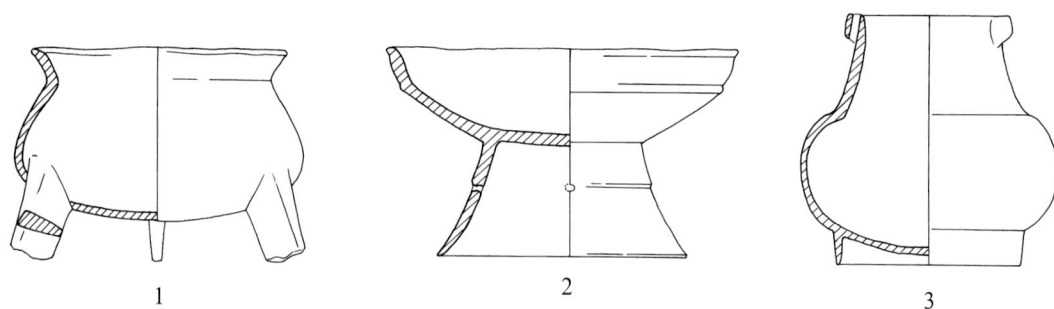

图一四二 B　M35 随葬品组合图
1.A I 式鼎（M35：3）　2.A II 式陶豆（M35：2）　3.B I 式双鼻壶（M35：1）

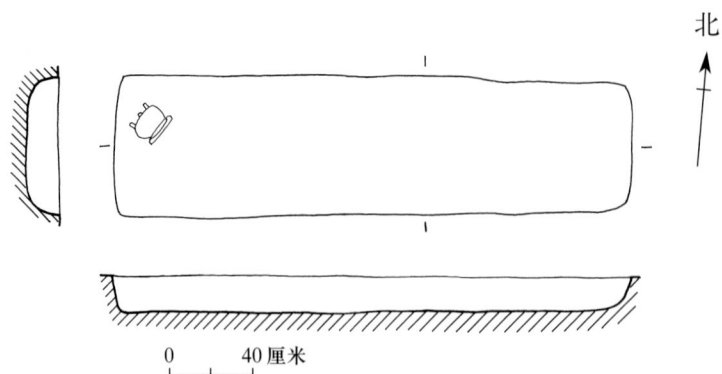

图一四三 A　茜塘山背遗址西区 M36 平、剖面图
1、陶鼎

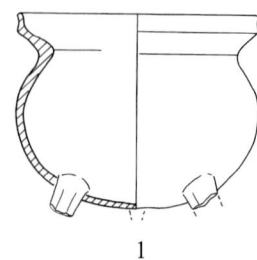

图一四三 B　M36 随葬品
1.F 型鼎（M36：1）

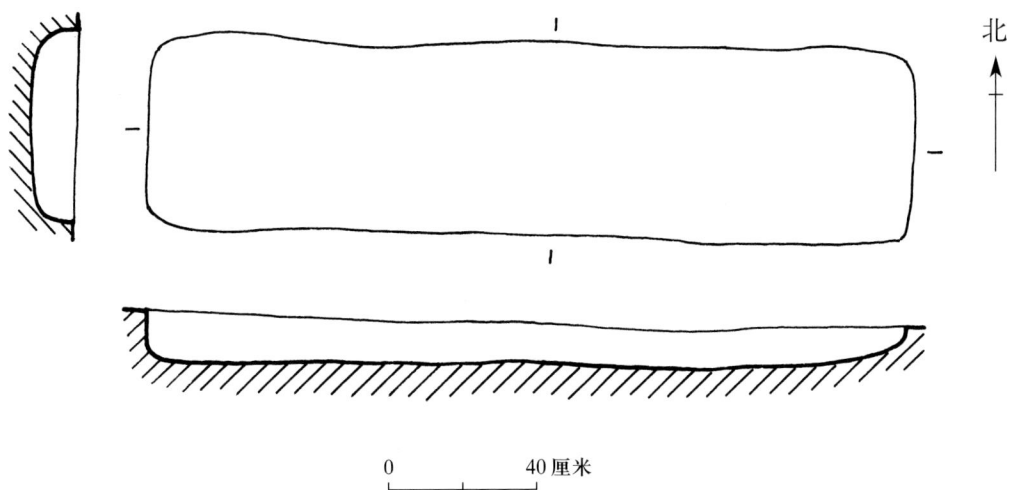

0　　　　　40厘米

图一四四　畬塘山背遗址西区 M37 平、剖面图

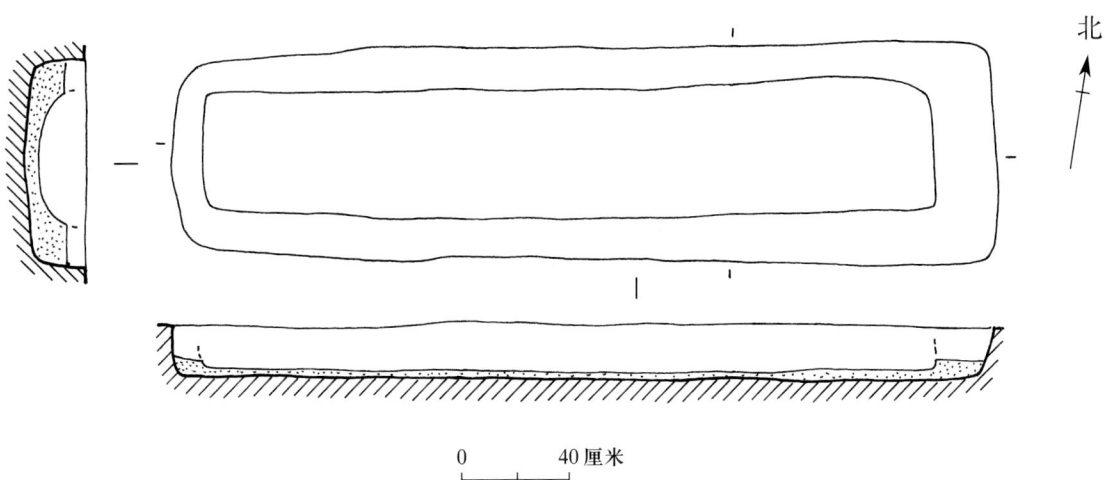

0　　　　40厘米

图一四五　畬塘山背遗址西区 M38 平、剖面图

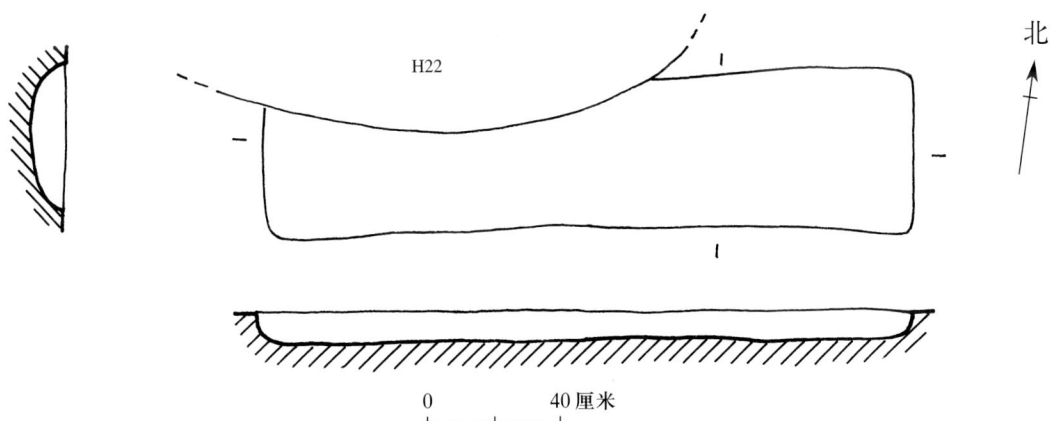

0　　　　40厘米

图一四六　畬塘山背遗址西区 M39 平、剖面图

北

0　　　40厘米

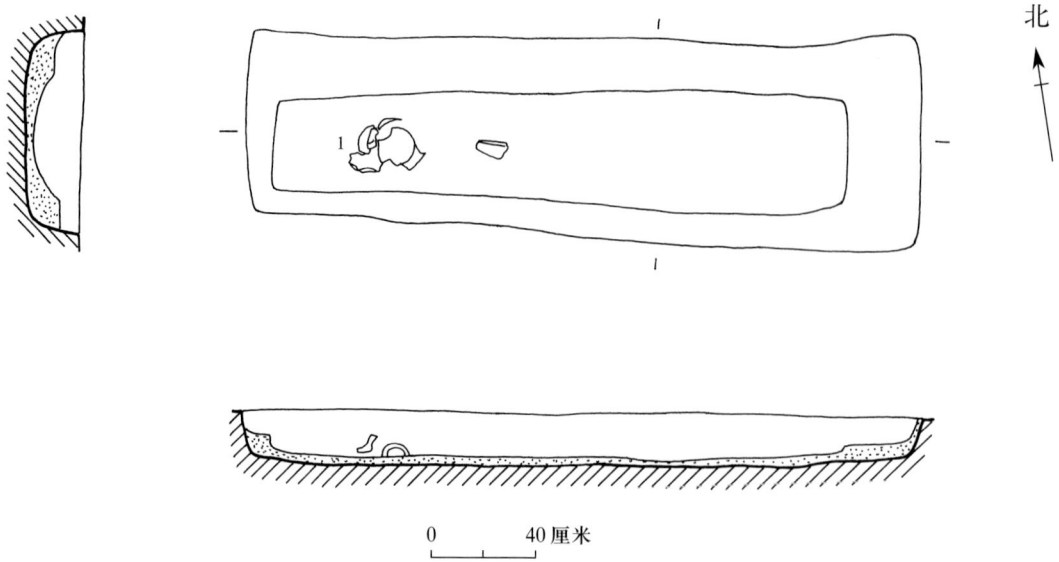

图一四七 A　昼塘山背遗址西区 M40 平、剖面图
1. 陶鼎

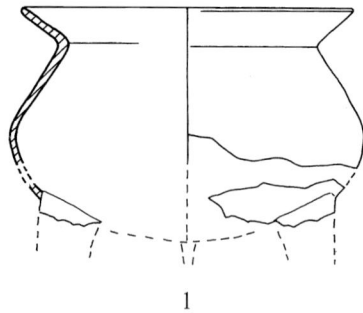

图一四七 B　M40 随葬品
1. A I 式陶鼎（M40∶1）

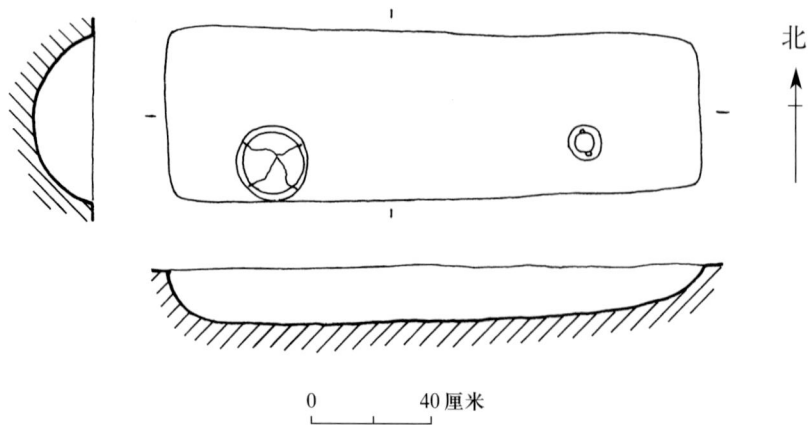

1

北

0　　　40厘米

图一四八 A　昼塘山背遗址西区 M41 平、剖面图
1. 双鼻壶　2. 陶豆

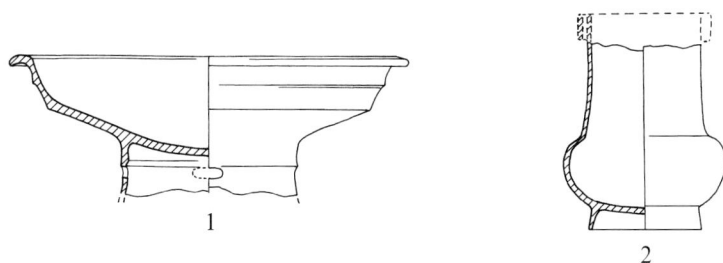

图一四八 B　M41随葬品组合图
1.Bc 型陶豆（M41∶2）　2.A Ⅲ式双鼻壶（M41∶1）

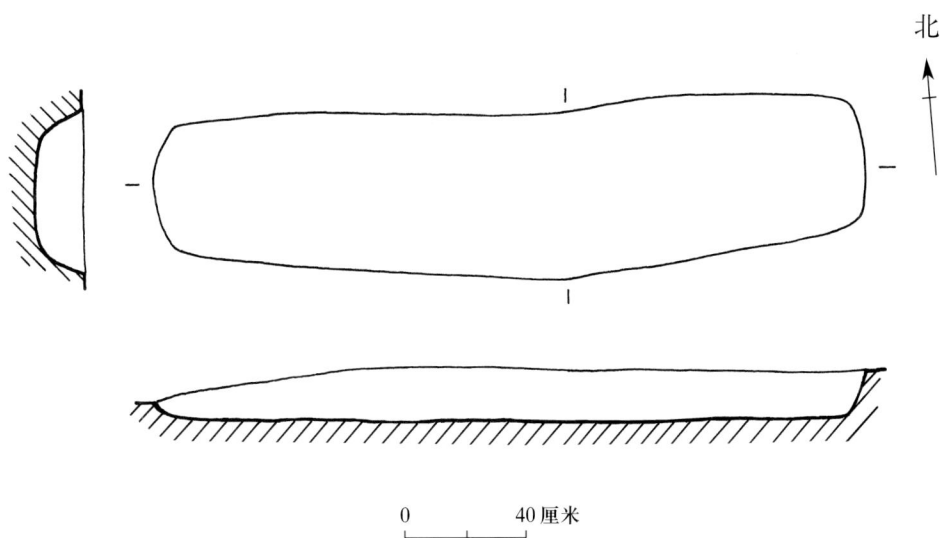

0 ____ 40厘米

图一四九　葛塘山背遗址西区 M42 平、剖面图

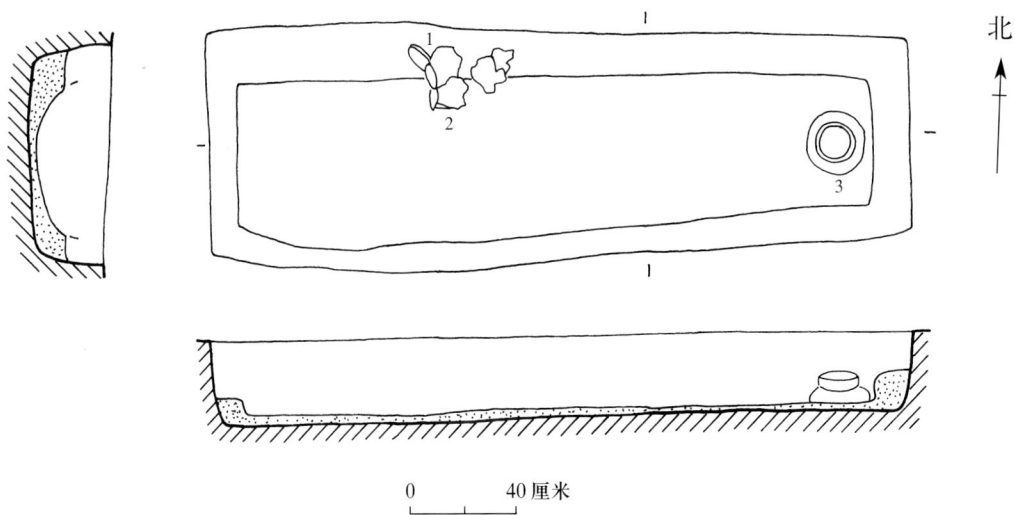

0 ____ 40厘米

图一五○A　葛塘山背遗址西区 M43 平、剖面图
1.陶　2、3.圈足盘

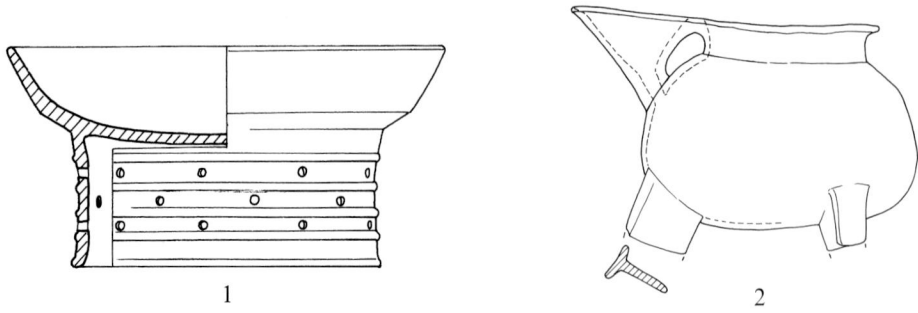

图一五〇 B　M43 随葬品组合图
1.B 型圈足盘（M43∶2）　　2.Cb 型陶盉（M43∶1）

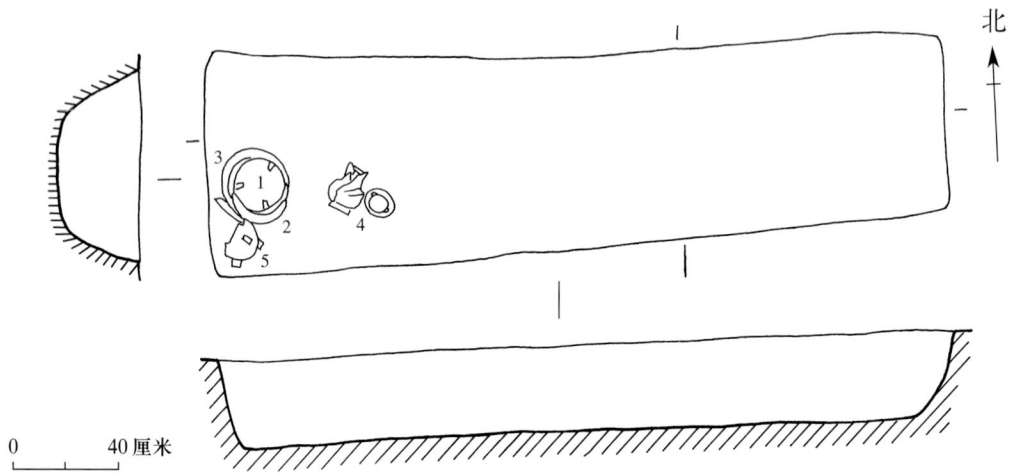

北

0　　40 厘米

图一五一 A　眢塘山背遗址西区 M44 平、剖面图
1.陶鼎　2、3.圈足盘　4、双鼻壶　5.开堂三足器

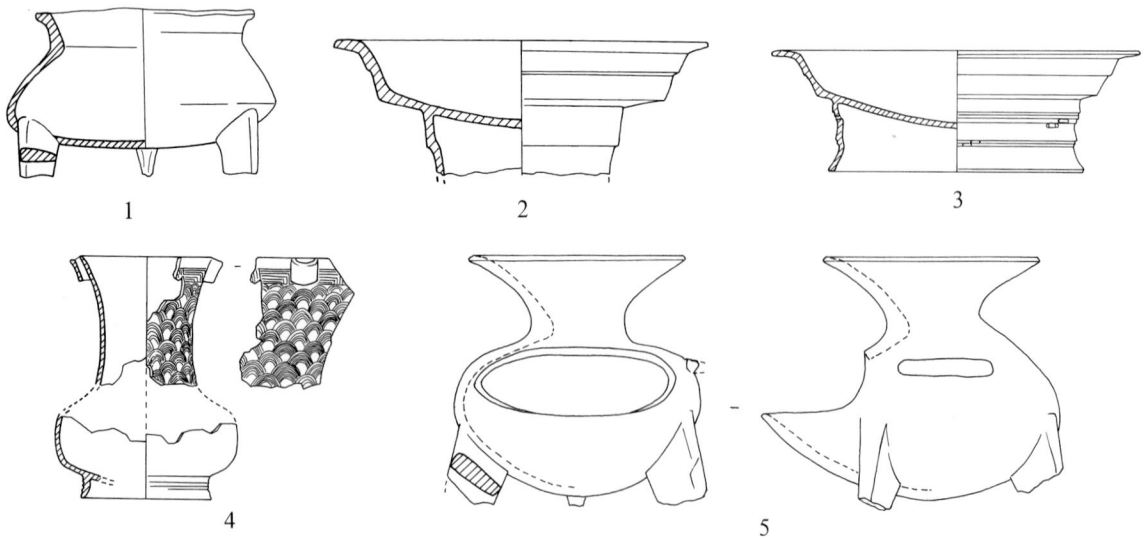

图一五一 B　M44 随葬品组合图
1.A Ⅲ式陶鼎（M44∶1）　　2、3.A Ⅱ式圈足盘（M44∶2、M44∶3）
4.A Ⅱ式双鼻壶（M44∶4）　　5.开堂三足器（M44∶5）

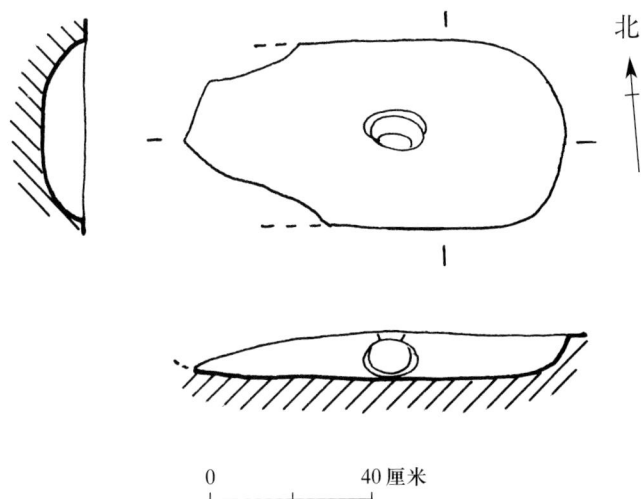

图一五二 A　蚤塘山背遗址西区 M33 平、剖面图
1. 陶罐

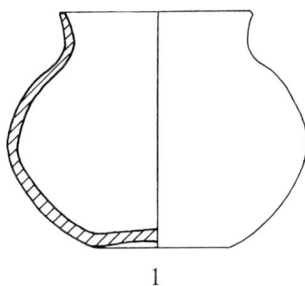

图一五二 B　M33 随葬品
1. B 陶罐（M33∶1）

圈足盘　2 件（A Ⅱ 式 M44∶2、3）。

双鼻壶　1 件（A Ⅱ 式 M44∶4）。

开膛三足器　1 件（A 型 M44∶5）。

M33　位于 T1012 东北角。开口于第②层下，打破生土。口距地表 40、底距地表 50 厘米，长 94、宽 44、深 10 厘米。填土较硬，黄褐色块状。方向 93 度（图一五二 A）。

随葬品仅有陶器 1 件（图一五二 B）。

罐　1 件（B 型 M33∶1）

二、随葬品

共 172 件（表一一）。有陶器、玉器和石器。

（一）陶　器

共 163 件。已复原 102 件。以泥质为主，约占陶器的 75%，夹砂较少，约占 25%（表一二）。泥质陶以灰胎居多，红胎次之，橘红、褐色则更少。夹砂陶则比较单纯，多为红色，褐色较少。器表绝大

表一二　置塘山背墓地可复原陶器随葬品数量及型、式统计表

器类		M1	M2	M4	M5	M6	M7	M8	M9	M10	M11	M12	M13	M14	M15	M17	M20	M22	
鼎																AI	AI	AI	
		4AII		AII						2AII				AII	2AII				A
			AIII							AIII				AIII					
														C					
		E																	
簋									B										
圈足盘										AI					AI	AI			
			AII			AII						AII	AII						A
							B												
		C																	
										D									
豆				AII		AII								2AII		AII	AII		
		Ba		Ba															
		Bb					Bb												
双鼻壶									AI										
				AIII															
													BI						
											BIII			BIII					
											BIV								
罐					Aa														
		B																	
									Cb										
尊																			
甑										A									
盉															B				
开膛三足器														A					
釜				A					A								A		
		B					B	B	B										
器盖														2Aa					
					Ac														
											2Ad								
合 计		10	2	5	2	2	3	1	5	6	4	1	2	8	5	3	2	2	

多数施黑衣，露胎不施衣者则较少。夹砂红陶以鼎为最多，其他如釜、盉、罐、开堂三足器等则较少，一般不施陶衣，常见烟熏炱痕。表皮脱落则是偶然能够见到的现象。

　　器表以素面居多，装饰较少。装饰花纹图案很少，居多的是弦纹、瓦楞纹、折棱纹、刻划纹和镂孔。弦纹、瓦楞纹、折棱纹一般饰在器物的中下部，上腹部极少使用。镂孔则全部装饰在器物的下部，均为扁条形，以圈足器最为常见。甑底小孔较为特殊，从一侧用硬物穿刺而成，径小、致密、无规律。

	M24			M25	M26	M27	M31	M32	M33	M34	M35	M36	M40	M41	M43	M44	合计
	-2	-3	-4														
I	2A I										A I		A I				
		A II			A II		A II									A III	
										A IV							33
		C															
												F					
	2A		A														7
						A I											
		A II														2A II	
														B			16
II	A I																
	A II	A II									A II						20
						BA											
	Bb	Bb											Bc				
I		A I															
II	A II															A II	17
I										B I				A III			
		B II				B II											
a				Aa													
b	2Ab																
								B									14
					Ca			Ca									
		Cb	Cb														
A																	3
			B														1
	A																
B	B																6
							Ca										
															Cb		
																A	2
				2A													9
Aa	3Aa		2Aa														
Ab		Ab															
					Ac												
		Ad				Ad											24
B	2B																
5	17	8	6	4	3	4	2	1	1	1	3	1	1	2	2	5	152

器形有鼎、簋、圈足盘、豆、双鼻壶、罐、尊、甑、盉、开堂三足器、腹、器盖等（表）。

1.鼎

35件。已复原22件。是出土的主要器形之一，几乎每墓均有。均系夹砂红褐陶，圜底，足外斜。除介绍有纹饰之外均为素面。可分六型。

A型　26件。盆形，尖圆唇，折沿，侈口束颈，鱼鳍足。可分四式。

AⅠ式　8件。侈口，宽沿微凸弧，足尖斜直。标本M17：3，已复原。形体瘦高，尖唇扁足较高，深腹微鼓，两足残。口径11、腹径10、残高13厘米（图一五三，2；图版一七，1）。标本M20：2，已复原。器形较小，足矮小，剖面扁圆，外侧近直，口径11.6、通高8.4厘米（图一五三，5；图版一七，2）。标本M22：2，器形扁矮，残足矮小。口径14.4、残高8.4厘米（图一五三，8；图版一七，3）。标本M24－2：12，已复原。折腹下垂，足外饰竖向刻划纹数道。口径12、通高13.4厘米（图一五三，9；图版一七，5）。和盖B型标本M24－2：11（详见器盖）相配套（彩版一三，3）。标本M24－2：20，已复原。足外脊近直，两侧饰竖向刻划纹。口径15.4、通高15.8厘米（图一五三，12；图版一七，4）。和器盖Aa型标本M24－2：19（详见器盖）相配套（彩版一三，4）。标本M35：3，扁腹下垂，底较平，足残。口径16.8、通高13.6厘米（图一五五，7；图版一七，6）。标本M40：1，足、下腹残。口径16、残高8厘米（图一五三，7）。标本M24－1：14，尖圆唇，深腹。口径15、残高4厘米（图一五四，13）。

AⅡ式　11件。窄沿，沿内有明显折棱出现，形成短颈。标本M1：3，斜沿，腹、足残，足饰刻划纹。口径14、残高4厘米（图一五三，4）。标本M1：8，沿面微凹。足饰刻划纹。口径16、残高11.4厘米（图一五三，1）。标本M1：10，斜沿。腹、足残。口径14、残高5厘米（图一五三，10）。标本M1：1，直口，斜沿，高领。腹、足残。口径15、残高15.8厘米（图一五三，11）。标本M4：4，已复原。器形厚重。斜沿，腹下垂。口径15.6、通高14厘米（图一五三，6；图版一八，1）。标本M10：1，已复原。斜弧沿，腹较扁，足尖斜平。口径15.6、通高10.8厘米（图一五三，3；图版一八，2）。和甑标本M10：3（详见甑部分）相配套（彩版一三，5）。标本M10：2，平沿，沿面微凹，矮斜颈，扁腹下垂，足剖面扁圆形。口径16.6、通高15厘米（图一五四，11；图版一八，3）。标本M14：5，已复原，沿面下凹，深腹。足外厚直，内弧薄，两侧饰刻划纹。口径15、通高9.6厘米（图一五五，1；图版一八，4）。标本M15：4，已复原。足矮尖平直。口径15、通高9.6厘米（图一五四，2；图版一八，5）。标本M24－3：3，已复原。褐陶，表有黑衣。斜沿，扁腹下垂。足外脊厚直，内弧薄，尖斜直。侧面饰刻划纹。口径12、通高10.8厘米（图一五四，7；图版一八，6）。标本M26：3，器表黑褐色。器形较小，短颈较直，扁腹，足残。口径13.6、残高6厘米（图一五四，3；图版一八，7）。M15：1，已复原。器形较大，足两侧饰刻划纹。局部有衣痕。口径19.4、通高18厘米（图一五五，3；图版一九，3）。标本M23：1，已复原。腹径大于口径。残足较直，外饰刻划纹。表有衣痕。口径14、残高9.6厘米（图一五四，6；图版一九，4）。标本M31：2，已复原。表皮多有脱落。口径13.2、残高1.06厘米（图一五四，5；图版一九、5）。

AⅢ式　6件。短颈竖直，垂腹下沉，足尖平直外脊方厚。标本M2：1，已复原。局部青蓝、橘红。口径大于腹径，腹弧直，残足较直。口径15、残高8.4厘米（图一五四，4；图版一九，1）。标本

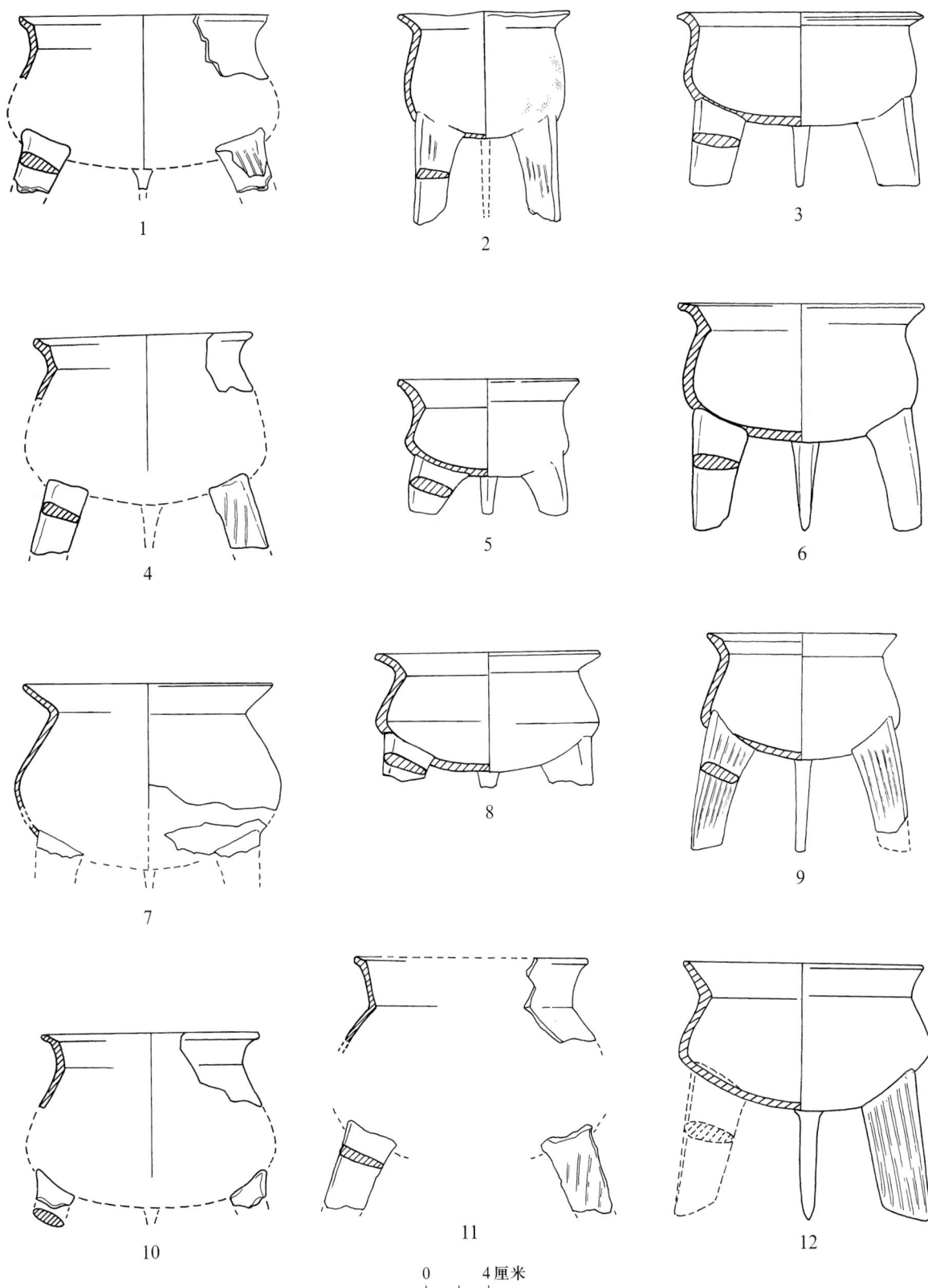

0 ———— 4厘米

图一五三　莙塘山背墓葬随葬品　陶鼎

1、3、4、6、10、11.AⅡ式陶鼎（M1∶8、M10∶1、M1∶3、M4∶4、M1∶10、M1∶1）
2、5、7~9、12.AⅠ式陶鼎（M17∶3、M20∶2、M40∶1、M22∶2、M24-2∶12、M24-2∶20）

图一五四　茜塘山背墓葬随葬品 陶鼎

1、4、10.AⅢ式陶鼎（M44：1、M2：1、M14：6）　2、3、5～7、11.AⅡ式陶鼎（M15：4、M26：3、M31：2、M23：1、M24-3：3、M10：2　8.C 型鼎（M14：4）　9.F 型鼎（M36：1）　12.D 型鼎（M24-1：18）　13.A Ⅰ式鼎（M24-1：14）

M14：6，已复原。沿面微凹，高足外撇，表有烟痕。口径17.8、通高19.4厘米（图一五四，10；图版一九，2）。标本标本M44：1，已复原。扁腹弧折下垂，底近平，残足较直。口径14、残高10.4厘米（图一五四，1；图版一九，6）。

A Ⅳ式　1件。"T"形足，足尖平直。标本M34：1，已复原，胎薄，腹经大于口径，扁腹，足截面呈"T"字形。口径17.4、通高12厘米（图一五五，5；图版一八，8）。

B型　1件。隔档鼎。标本M24－1：22，已复原。尖圆唇，侈口，深腹中部附隔档一周。足残，呈鱼鳍形，外脊直厚内侧弧薄，侧面饰竖向刻划纹。口径18、通高22.4厘米（图一五五，2；图版一九，7）。

C型　2件。带把鼎。鱼鳍足。标本M14：4，已复原。方唇，直口，扁鼓腹外附把。口径9.4、通高12厘米（图一五四，8；图版一七，7）。标本M24－3：1，已复原。尖圆唇，侈口，圆鼓腹外饰把。把面饰刻划纹。表有烟痕，口径9、通高14厘米（图一五五、4；图版一七，8）。

D型　1件。泥鳅形足。标本M24－1：18，已复原。尖圆唇，束颈，扁折腹，腹外有凸棱一道。足尖扁，上部扁圆，弯曲成泥鳅状。皮脱落严重。口径13.4、通高13厘米（图一五四，12；图版一九、8）。和器盖标本B型标本M24－1：25（详见器盖部分）相配套（彩版一三，6）。

E型　1件。钵形腹。标本M1：2，已复原。敞口，方圆唇，浅腹似钵形。鱼鳍形足外撇，外脊厚直，内侧薄弧。口径22、通高10.8厘米（图一五五，6；彩版一三，1）。

F型　1件。盘口，扁圆足。标本M36：1，盘口，尖圆唇，束颈，圆鼓腹，足残。器表有烟痕。口径15.8、残高12.6厘米（图一五四，9；彩版一三，2）。

2.簋

12件。均复原。泥质陶，以红褐色居多，灰胎较少，均为黑皮，多已脱落，比较光亮，质地细腻，火候较高。素面较多，偶见纹饰。圜底，圈足。可分两型。

A型　4件。敛口，多有盖。标本M24－2：1，口径17.2、底径15.6、通高14.6厘米（图一五六，5；彩版一四，2）。和盖标本Aa型M24－2：2（详见器盖部分）相配合（图版二〇，7）。标本M24－2：14，口径18.4、底径15.6、通高15.6厘米（图一五六，3；彩版一四，3）。和器盖标本Aa型M24－2：19（详见器盖部分）相配套（图版二〇，8）。标本M24－4：4，口径19、通高15.6厘米（图一五六，4；彩版一四，4）。标本M24－1：15，（这件另归）弧腹微鼓，矮足。口径10.6、底径10.4、通高9.4厘米（图一五六，2；彩版一四，1）。和盖标本Aa型M24－1：26（详见器盖部分）相配套（图版二〇，6）。

B型　2件。敞口（盆形），撇沿，尖唇。标本M10：6，胎黑灰。沿部等距镂孔三组，每组两个。足饰凹弦纹两道且镂扁长未透孔七个。口径15.8、底径10.2、通高8.6厘米（图一五七，3；图版二〇，3）。标本M24－1：3，足镂孔数个。口径7.8、底径5.8、通高4.2厘米（图一五七，2；图版二〇，4）。

C型　1件。筒腹。标本M24－1：16，有盖。子母扣，足外撇。腹饰凸楞两组，每组两道。口径17.6、底径14.4、通高9厘米（图一五七，5；彩版一四，8）。和器盖标本Aa型M24－1：17（详见器盖部分）相配套（图版二〇，5）。

3.圈足盘

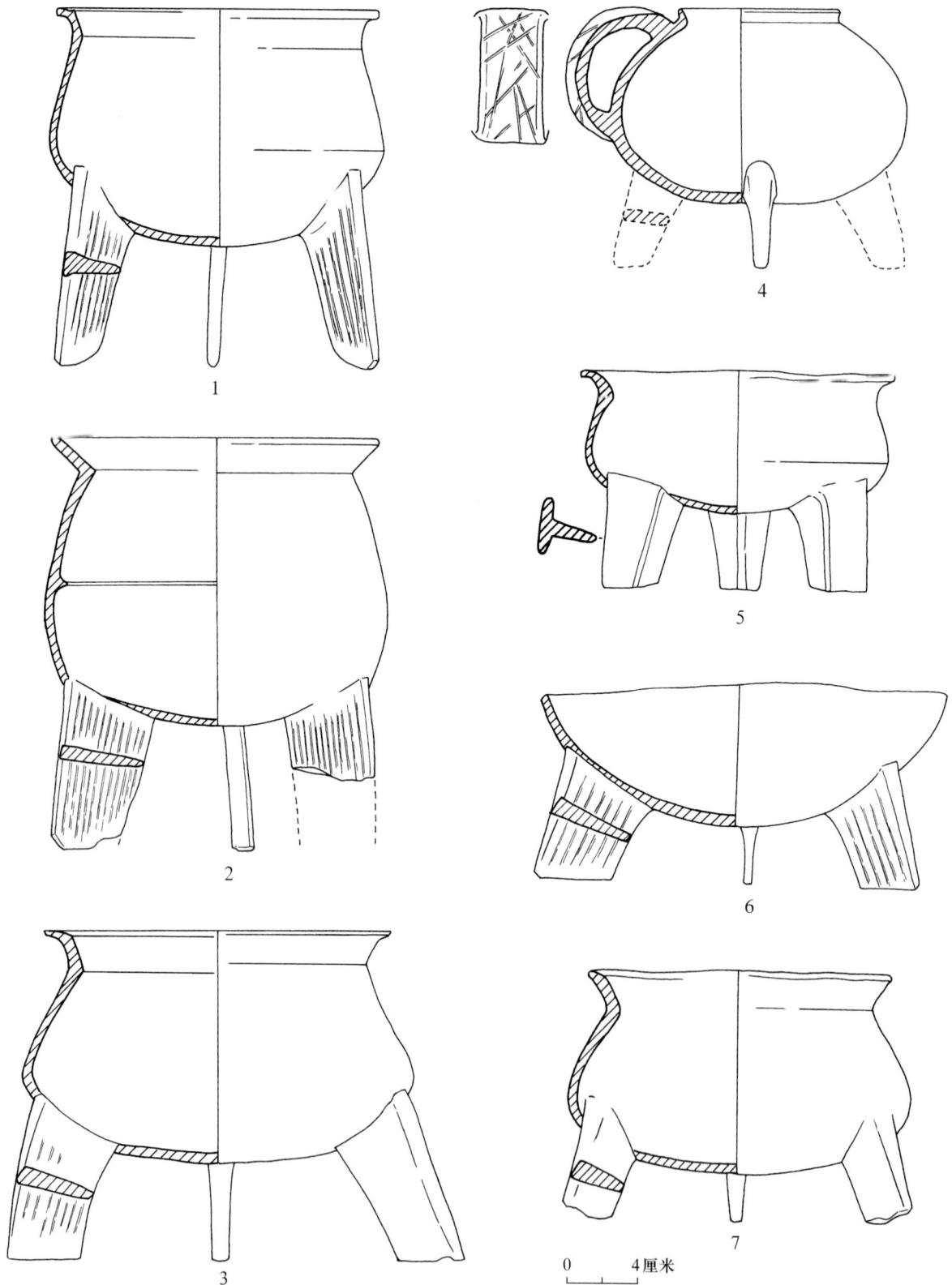

图一五五　眢塘山背墓葬随葬品　陶鼎

1、3.AⅡ式鼎（M14∶5、M15∶1）　2.B型鼎（M24-1∶22）　4.C型鼎（M24-
3∶1）　5.AⅣ式鼎（M34∶1）　6.E型鼎（M1∶2）　7.AⅠ式鼎（M35∶3）

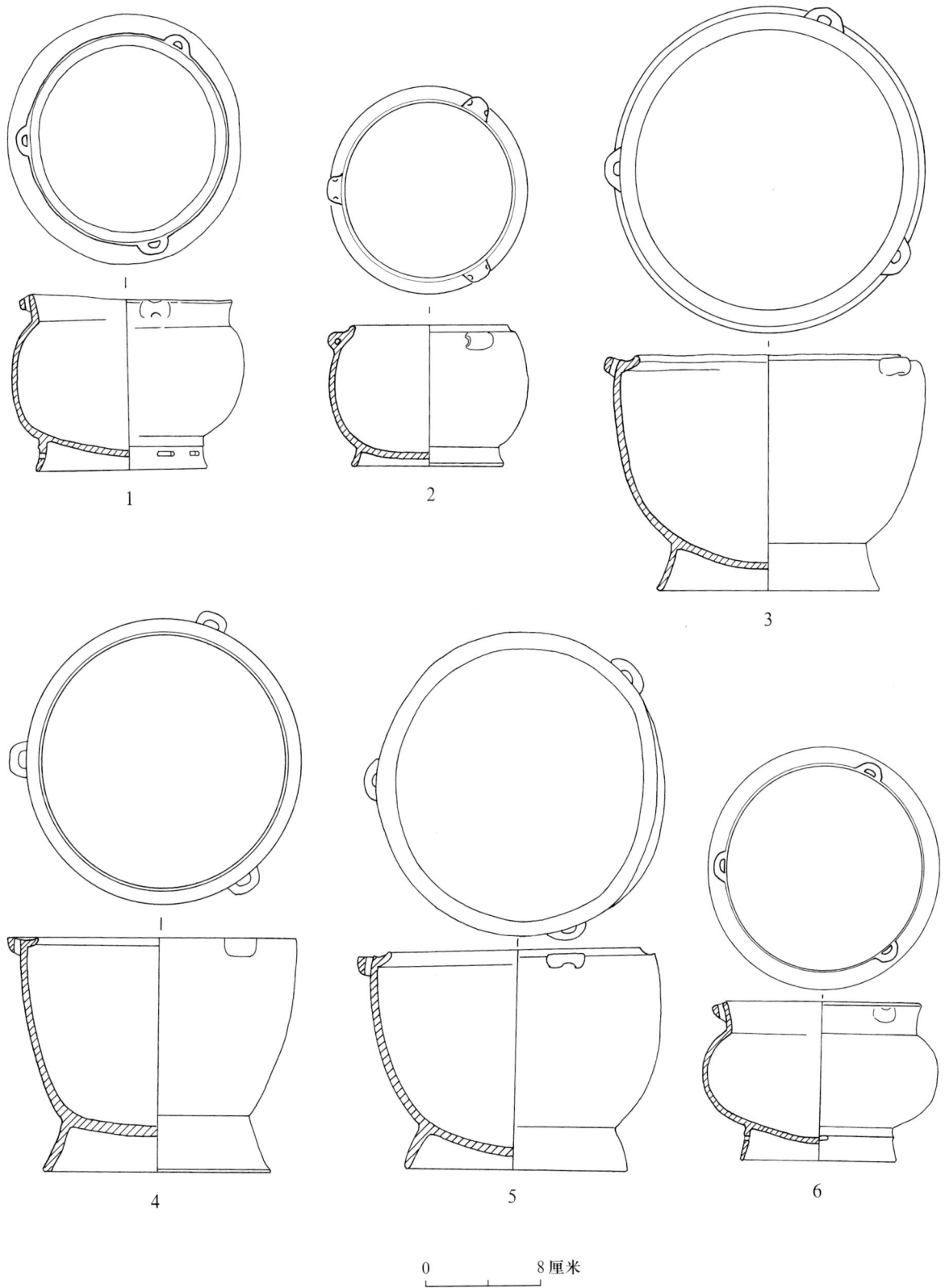

0　　　　8厘米

图一五六　畚塘山背墓葬随葬品 陶罐、陶簋
1、6.Cb型陶罐（1M24-4：8、M24-3：8）　2~5.A型
陶簋（M24-1：15、M24-2：14、M24-4：4、M24-2：1）

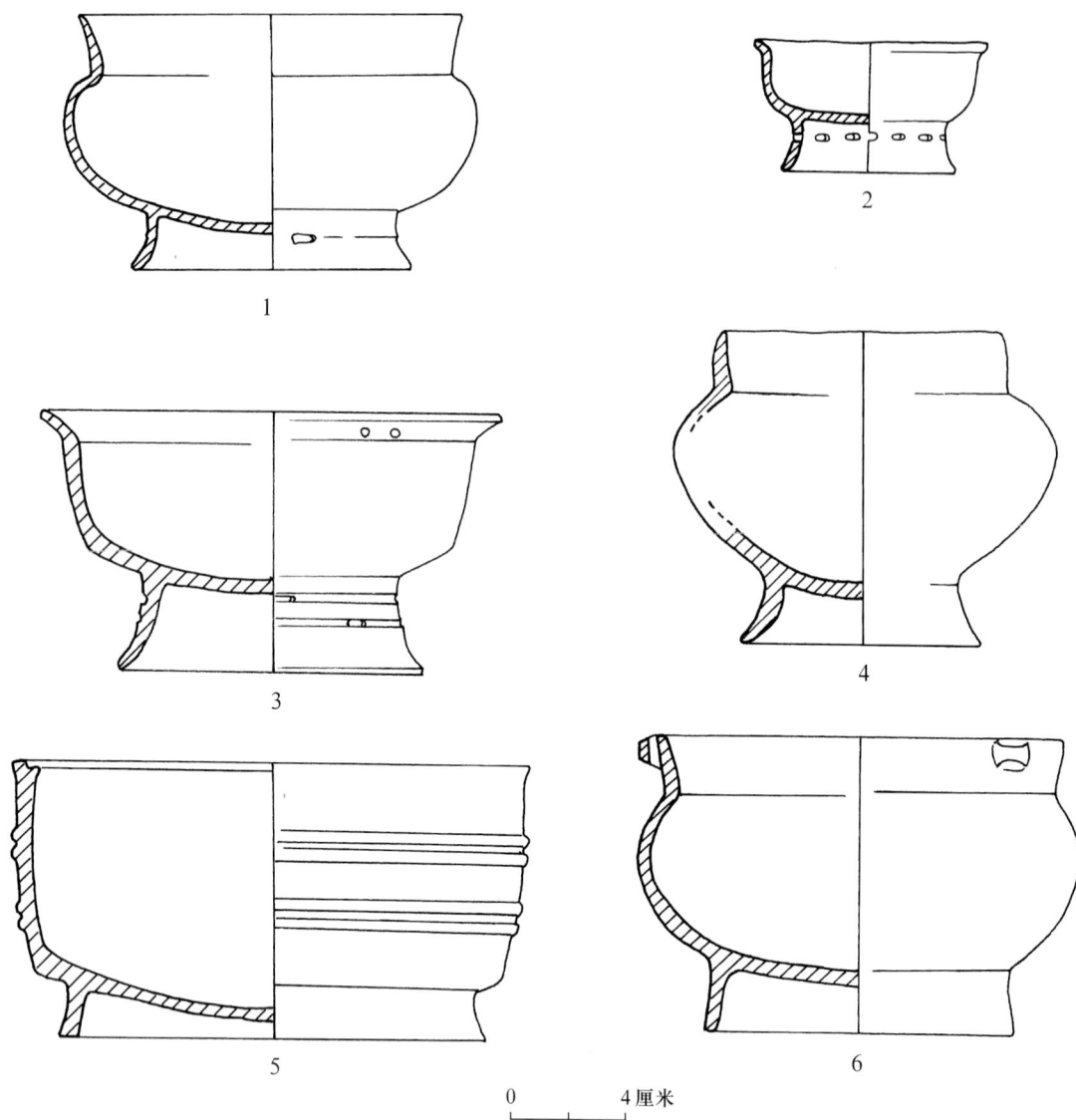

图一五七　昼塘山背墓葬随葬品　陶罐、陶簋
1、4.Ca 陶罐（M32：1、M26：2）　2～3.B 型陶簋（M24-1：3、
M10：6）　5.C 型陶簋（M24-1：16）　6.Cb 陶罐（M9：2）

16 件。已复原 12 件。尖圆唇，圜底，圈足。均为泥质，褐胎灰胎几乎相同，黑皮多有脱落，有折棱。可分两型。

A 型　11 件。敞口，斜平沿，折腹。可分两式。

A I 式　6 件。沿略窄，均已复原。标本 M10：4，褐陶。斜沿，足镂长方形小孔，口径 18、底径 12、通高 8 里米（图一五八，7；彩版一五，3）。标本 M15：3，褐陶。平沿，足略直，上有不等距长方形小孔镂 5 个。口径 16、底径 10.6、通高 8 厘米（图一五八，5；彩版一五，4）。标本 M17：1，褐陶。斜沿，黑衣多有脱落。口径 19.6、底径 13.4、通高 7 厘米（图一五八，4；彩版一五，5）。标本 M31：1，胎心灰白。斜沿，足外撇。口径 17、底径 10、通高 7 厘米（图一五八，3；彩版一五，6）。

A II 式　5 件。沿较宽。标本 M2：2，已复原。褐陶。斜沿，足上部镂长方形小孔 3 组，每组 4 个，呈"十"状。口径24.6、底径18.4、通高10.8厘米（图一五九，6；图版二二，1）。标本M23∶3，已复原。褐陶。平沿，足素面。口径20.8、底径14、通高8厘米（图一五八，6；图版二一，5）。标本M25∶1，已复原。褐陶。斜沿，足镂长方形小孔3组，每组3个。口径23.6厘米（图一五八，8；图版二一，6）。标本M44∶2，平沿，足残。口径21、残高7厘米（图一五九，4；图版二二，2）。标本M44∶3，已复原。斜沿，褐陶足外折棱间镂长方形孔上、下各3组，每组2个。口径27、底径19、通高8.6厘米

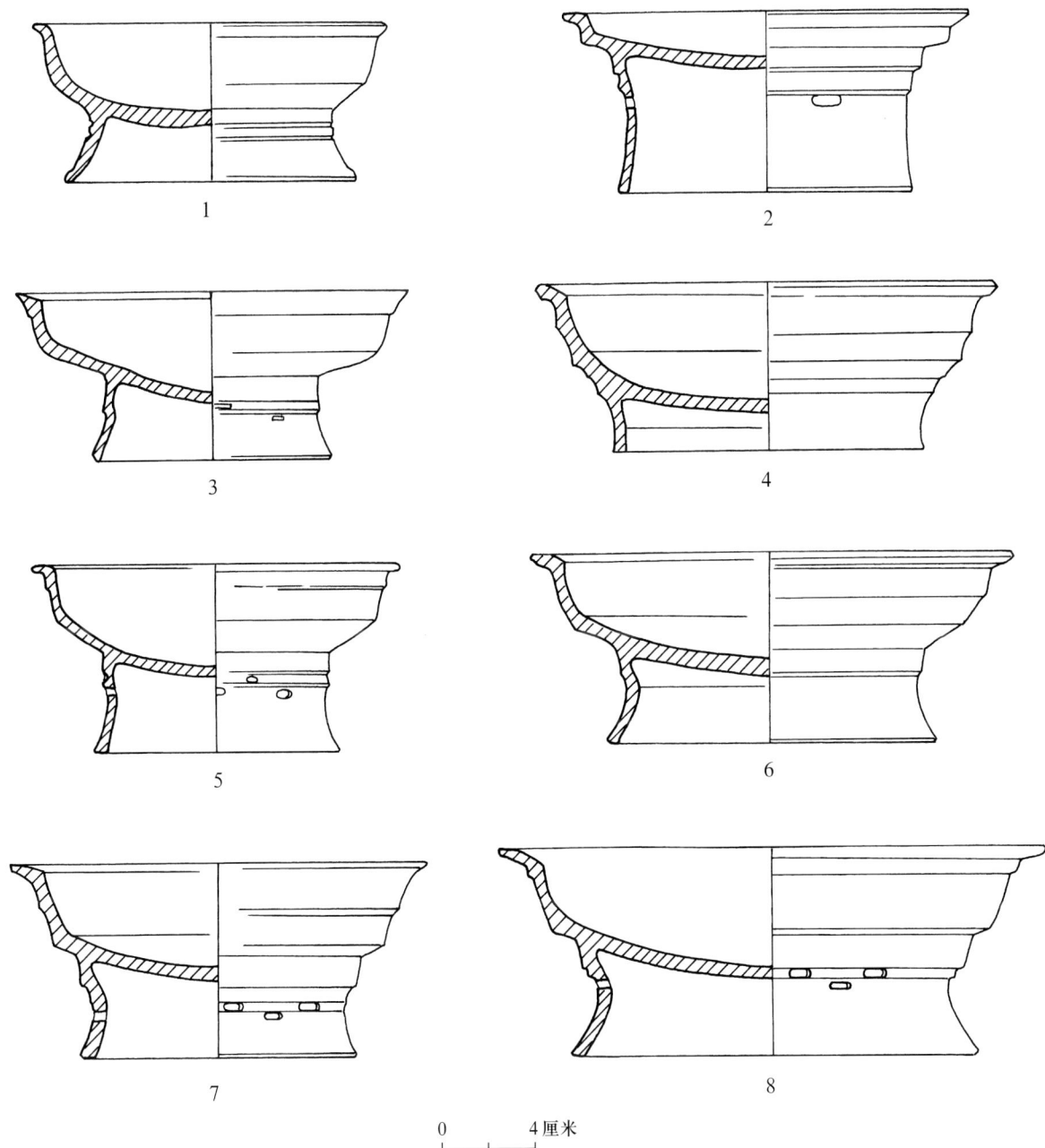

图一五八　畚塘山背墓葬随葬品　陶圈足盘

1.C型圈足盘（M1∶4）　　3~5、7.AⅠ式圈足盘（M31∶1、M17∶1、M15∶3、M10∶4）　　2、6、8.AⅡ式圈足盘（M6∶2、M23∶3、M25∶1）

（图一五九，7；图版二一，7）。标本 M12：1，仅存中部，素面。残高 5.6 厘米（图一五九，3）标本 M6：2，平沿，灰白陶，皮衣脱落。圈足上有等距椭圆形镂孔 3 个。口径 17.4、底径 12.6、通高 7.4 厘米（图一五八，2；彩版一五，2）。

B 型　3 件。折腹、敞口。标本 M7：3，已复原。足镂未透孔 11 个。口径 16.2、底径 11、通高 6.2 厘米（图一五九，1；彩版一五，7）。标本 M43：2，已复原。褐陶。足较直且高，外饰 5 道瓦楞纹。纹间错位等距分布小孔镂 3 列，每列 9 个。口径 20、底径 14.4、通高 9.6 厘米（图一五九，5；彩版一五，8）。

C 型　小卷沿，圈足矮，无镂孔。标本 M1：4，褐陶。口径 15.2、底径 12.6、通高 6.8 厘米（图一五八，1；彩版一五，1）。

D 型　浅弧腹。标本 M10：5，复原。通体素面，足有长方形小镂孔 2 个。口径 19.6、底径 11.4、通高 4.6 厘米（图一五九，2；图版二一，8）。

4. 豆

22 件。已复原 18 件。是主要器形之一。圜底，喇叭形圈足，均为泥质以灰胎居多、褐胎较少。多

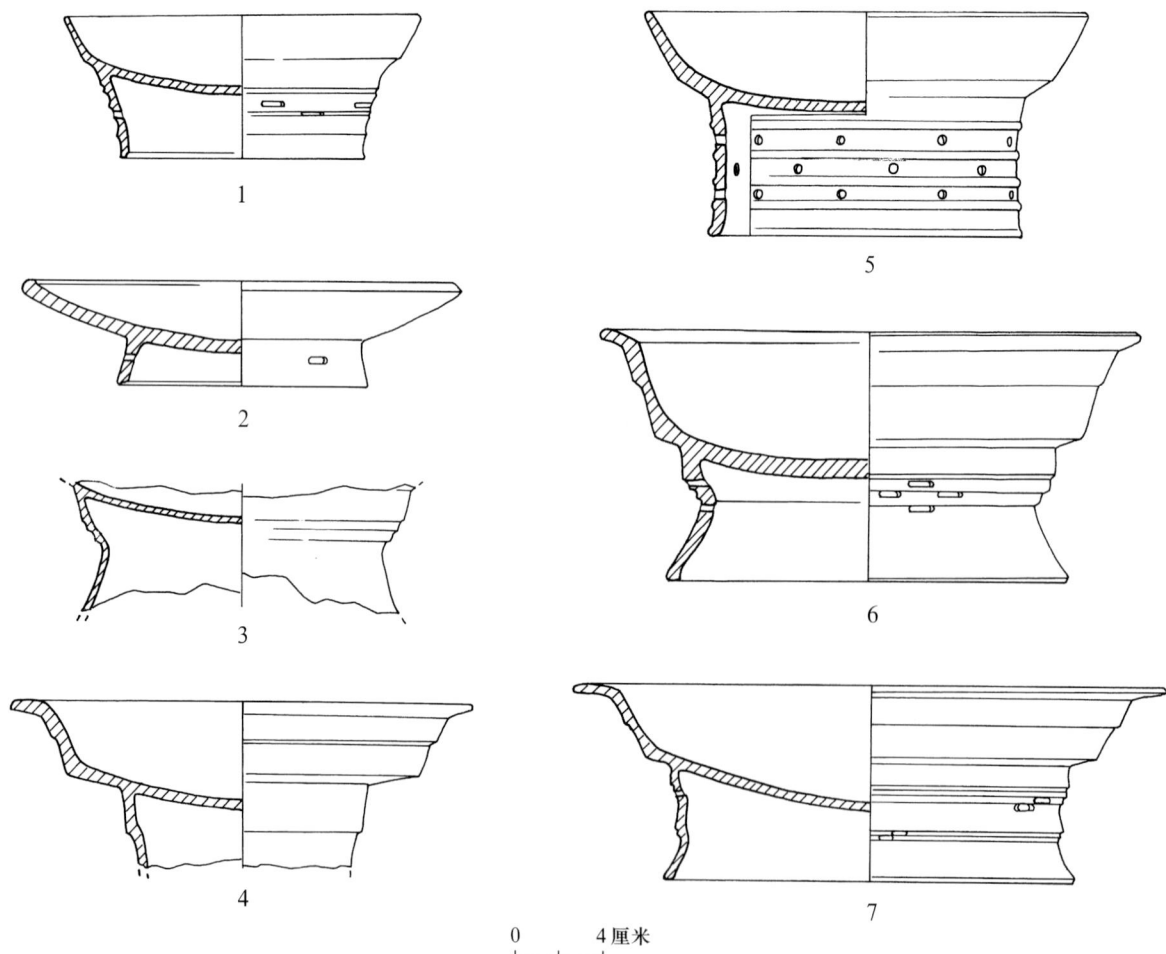

图一五九　查塘山背墓葬随葬品　陶圈足盘
1、5.B 型圈足盘（M7：3、M43：2）　2.D 型圈足盘（M10：5）
3、4、6、7.A Ⅱ式圈足盘（M12：1、M44：2、M2：2、M44：3）

为黑皮，红衣仅有两件，无皮仅为灰胎。可分两型。

A 型　14件。窄沿。可分三式。

A Ⅰ式　1件。直口，标本 M24－2：9，已复原。尖圆唇。盘、足外各饰凹、凸棱纹1、2道，足纹间有等距镂椭圆孔3个。口径18、底径15.2、通高14厘米（图一六〇，4；图版二二，3）。

A Ⅱ式　11件。侈口。腹底间折棱明显。标本 M4：2，已复原。尖圆唇。盘、足外各饰凹弦纹和折棱，足还镂孔2个。口径16、底径10.4、通高10.8厘米（图一六一，3；图版二二，4）。标本 M6：1，已复原。方唇，足较高，外饰折棱两道及镂孔4个，镂孔上下相错两两相对。口径14.6、底径11.4、通高10.6厘米（图一六一，4；图版二二，5）。标本 M13：1，已复原。泥质红陶。盘外饰凹弦纹，足素面。口径24.8、底径16.4、通高11.6厘米（图一六二，7；图版二二，6）。标本 M14：8，已复原。褐胎。方唇，足饰折棱和方孔。口径14.2、底径9.4、通高7.6厘米（图一六一，5；图版二二，7）。和器盖 Aa 型 M14：7（见器盖部分）相配套（彩版一三，8）。标本 M20：1，已复原。灰胎，局部橘红色。方唇。盘、足分别饰瓦楞纹2、3道。足饰有对称长方形小镂孔两个。口径16、底径12、通高10.6厘米（图一六一，7；图版二二，8）。标本 M22：1，已复原。橘红胎。方唇，细高圈足，盘足外各饰两道瓦楞纹。口径18.6、底径12、通高15.6厘米（图一六〇，5；图版二三，3）。标本 M24－1：10，已复原。尖圆唇。盘足外各饰两道瓦楞纹。足纹间各有3个等距上下两层错位排列长方形小镂孔。口径17.4、底径14.8、通高15厘米（图一六〇，7；图版二三，4）。标本 M24－1：28，已复原。胎灰色，表橘红。圈足较粗。腹、足外各饰2、4道瓦楞纹，足纹间镂扁圆孔数个。口径19、底径15、通高16厘米（图一六〇，2）。标本 M24－2：10，尖圆唇，浅腹。残足外饰卷云纹图案。口径18.6、底径11.4、残高11厘米（图一六一，6；图版二三，5）。标本 M24－3：5，泥质红陶，表面灰白。尖圆唇，浅腹，残足外撇，通体素面。口径15.5、残高9厘米（图一六一，2；图版二三，6）。标本 M35：2，已复原。泥质红陶。尖圆唇，盘、足外有折棱。足等距镂3小圆孔。口径21、底径15、通高12厘米（图一六〇，8；图版二三，7）。标本 M9：3，已复原。橘红胎。尖圆唇，足上端略细外饰两道瓦楞纹。口径17、底径12.2、通高13.2厘米（图一六〇，1；图版二三，1）。标本 M14：3，已复原。黑灰胎，表橘红。腹、足分别饰凸、凹纹1、2道。足纹上再镂上、下两周各3个小孔，其上周3孔等距。口径18.8、底径13、通高11厘米（图一六〇，3；图版二三，2）。和器盖标本 Aa 型 M14：2（见器盖部分）相配套（彩版一三，7）。

B 型　8件。带外侈的斜沿或卷沿。可分三亚型。

Ba 型　3件。均复原。斜沿，尖圆唇，圈足底部呈折敛状。标本 M4：5，敞口，沿下有凹弦纹两道。足上、中、下各饰折棱、凸棱、瓦楞纹一道，上部残存镂孔，分上2、下3错位排列两道，共5个。口径19.8、底径15.2、通高13.6厘米（图一六二，3；图版二四，1）。标本 M27：1，尖圆唇，敞口。盘外有折棱两道，足饰两组中心镂等距长方形小孔的凹弦纹。口径21.4、底径14.6、通高13.6厘米（图一六二，4；图版二四，4）。标本 M1：6，已复原。敞口，圈足较直下沿微敛。盘外有折棱两道，圈足外饰折棱及镂孔。口径22、底径13、通高13.6厘米（图一六二，6；图版二四，5）。

Bb 型　4件。尖圆唇。圈足呈喇叭型。标本 M7：2，直口，足残，盘外素面。口径18、残高5.4厘米（图一六二，2）。标本 M24－2：13，泥质红陶，黑皮多已脱落。尖圆唇，敛口。盘素面。足内轮

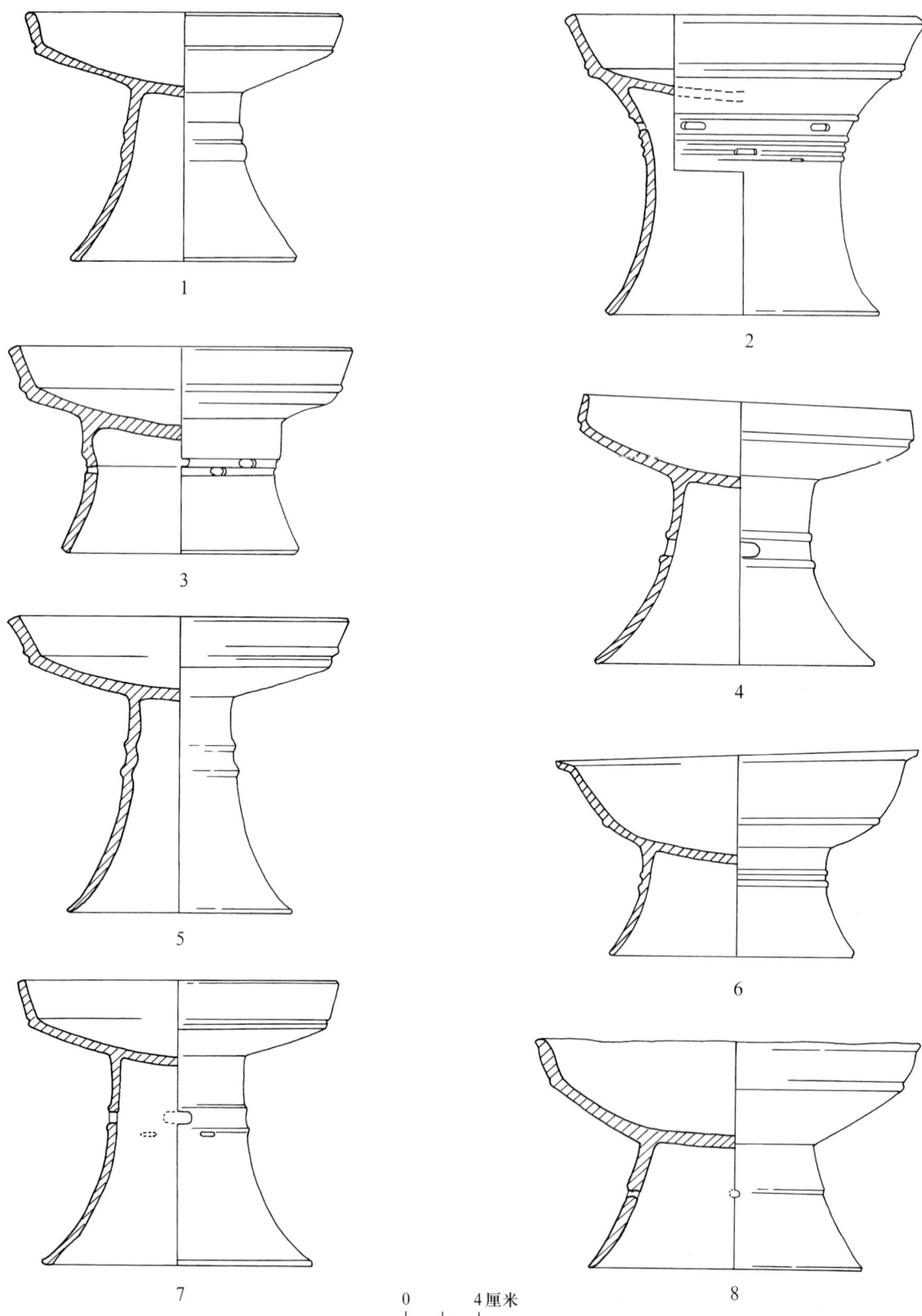

図一六〇　蚕塘山背墓葬随葬品　陶豆

1~3、5、7、8.AⅡ式陶豆（M9：3、M24−1：28、M14：3、M22：1、M24−1：10、M35：2）　　4.AⅠ式陶豆（M24−2：9）　　6.Bb型陶豆（M24−3：4）

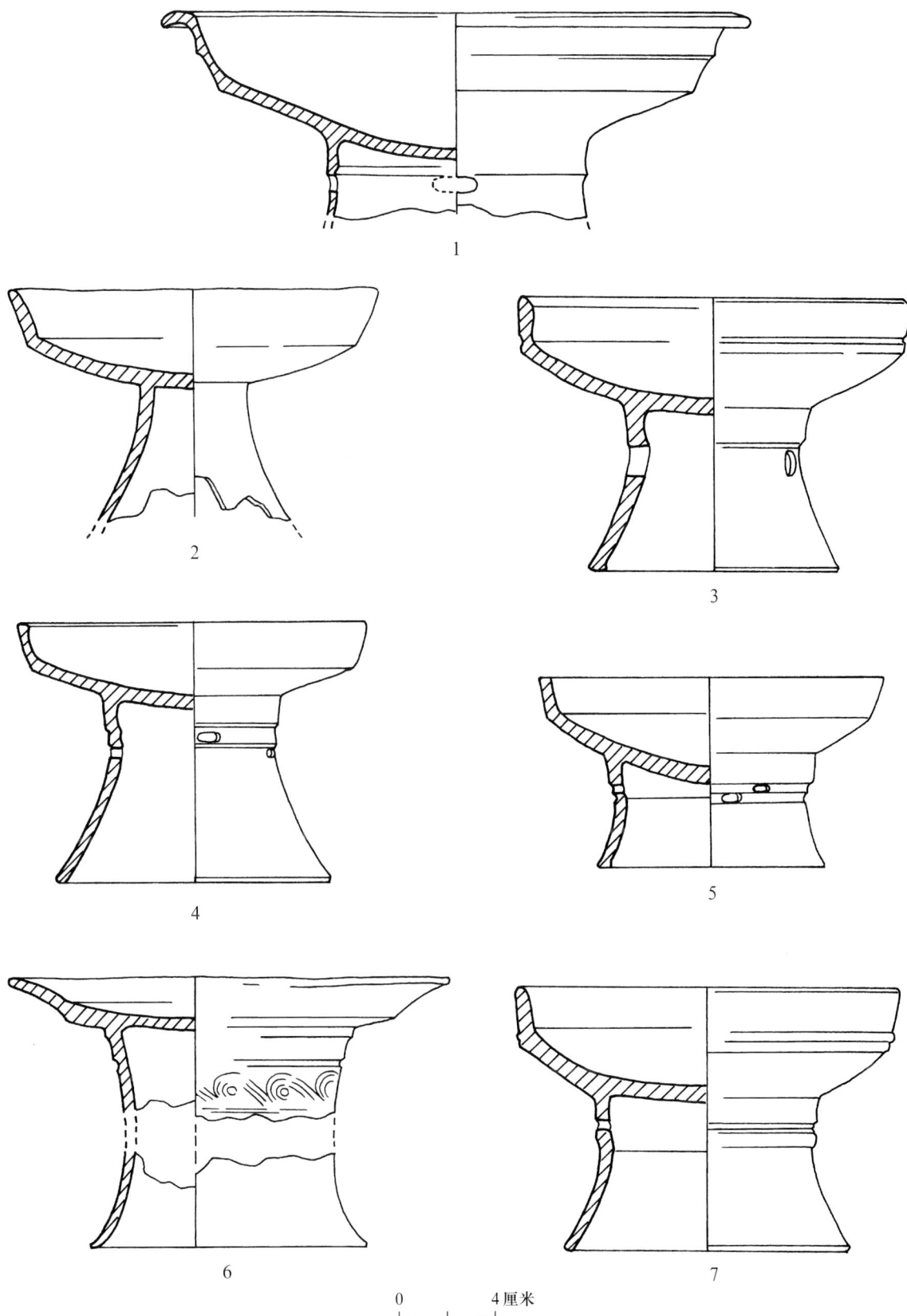

图一六一　甑塘山背墓葬随葬品　陶豆

1.Bc 型陶豆（M41：2）　　2~7.AⅡ式陶豆（M24-3：5、M4：2、M6：1、M14：8、M24-2：10、M20：1）

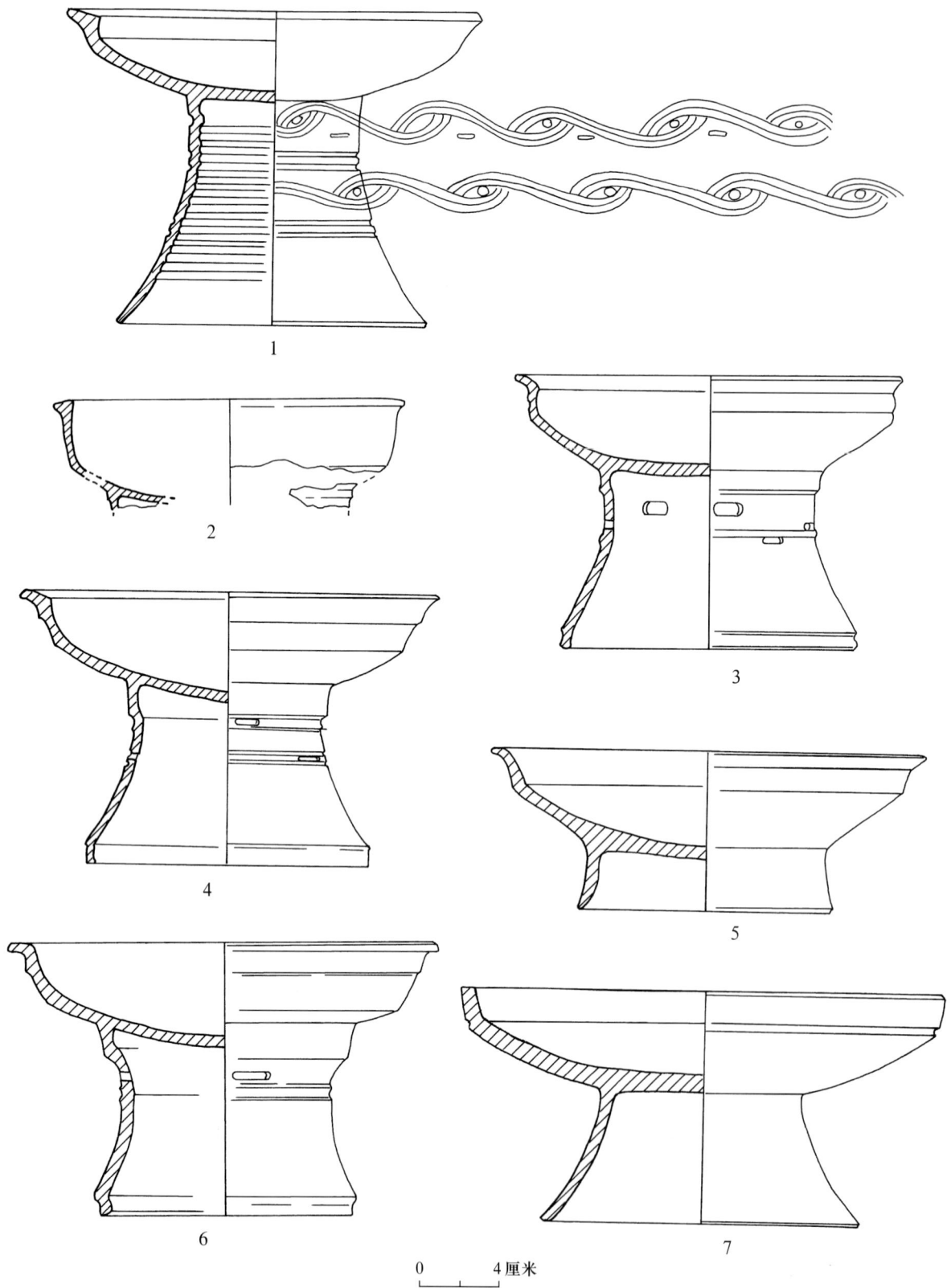

图一六二　昼塘山背墓葬随葬品　陶豆

1、2、5.Bb 型陶豆（M24-2∶13、M7∶2、M1∶9）　　3、4、6.Ba
型陶豆（M4∶5、M27∶1、M1∶6）　　7.AⅡ式陶豆（M13∶1）

制痕迹明显，外饰两组"S"形曲线纹和凹弦纹。口径21、底径16、通高15.6厘米（图一六二，1；图版二四，2）。标本M1：9，已复原。泥质褐陶。敞口，盘有折棱，矮圈足素面。口径22.4、底径13、通高8厘米（图一六二，5；图版二四，6）。标本M24－3：4，泥质褐陶。敞口，尖唇。盘、足外各饰凸棱1、2道。口径19.8、底径13.4、通高10.6厘米（图一六〇，6；图版二四，3）。

Bc型　1件。圈足底不明。标本M41：2，圆唇，敞口，足下残。盘外有凸、折棱各一道，残足饰凸弦纹一道及扁长镂孔3个。口径24.4、残高8厘米（图一六一，1；图版二三，8）。

5.双鼻壶

17件。已复原10件。沿外附双鼻，鼓腹，矮圈足。泥质，除标明外均为灰陶。以灰胎为主，褐胎较少。大多为黑皮，素面。分两型。

A型　9件。侈口，颈凹弧。分三式。

AI式　3件。口微侈，短弧颈，肥鼓腹。标本M24－1：8，口径7、底径10、残高11.4（图一六三，9）。标本M24－4：6，口径6、底径8.6、残高12（图一六三，4）。标本M9：1，口径5、底径7.6、残高10.6厘米（图一六三，1）。

AII式　4件。喇叭形，外有纹饰，扁鼓腹。标本M24－1：5，已复原。橘红色陶。颈外有三组凹弦纹，足外饰有凸弦纹两道。口径8、底径9.2、通高13.6厘米（图一六三，6；图版二五，1）。标本M24－2：5，已复原。橘红色陶。颈部有3组凹弦纹，圈足有凸弦纹一道。口径10.6、底径9.4、通高14厘米（图一六三，7；图版二五，2）。标本M44：4，残。深灰色胎。颈布满鱼鳞纹。口径8.4、底径8.4、残高14.9厘米（图一六三、2，彩版一八，10）。标本24－1：6，已复原。橘红色陶。口径7、底径6.8、高10.6厘米（图一六三，3；图版二五，3）

AIII式　2件。长弧颈，鼓腹下垂。标本M4：1，已复原。腹上下有凹弦纹两道，圈足镂长方形孔6个。口径9.4、底径9、通高15厘米（图一六三，5；图版二五，4）。标本M41：1，胎橘红，皮灰色略有脱落。口残。颈腹间有凸棱一道。底径6.8、残高10.8厘米（图一六三，8；图版二五，5）。

B型　8件。敛口，颈内斜。可分为四式。

BI式　3件。短颈斜收，肥鼓腹。标本M13：2，已复原，褐胎。足外饰凹弦纹两道。口径9、底径11.4、通高14厘米（图一六四，7；图版二五，6）。标本M24－1：4，已复原。橘红胎。腹下垂。颈腹间有一折棱，上腹有凸棱两道，足饰凹弦纹三道，镂扁形孔数个。口径7.8、底径12.2、通高13厘米（图一六四，2；图版二五，7）。标本M35：1，已复原。灰白胎。足较直。口径8.4、底径11.6、高15厘米（图一六四，9；图版二五，8）。

BII式　2件。口微敛，颈稍长，扁鼓腹。标本M24－3：6，已复原。褐胎。有盖。足饰凸棱一道。口径7.6、底径9.6、高13厘米（图一六四，3；图版二六，1）。和器盖Ad型标本M24－3：10（详见器盖部分）相配合（图版二六，7）。标本M27：2，足残。口径8.2、底径8.4、通高13厘米（图一六四，6；图版二六，2）。和器盖Ad型M27：4相配合（图版二六，8）。

BIII式　2件。敛口，颈稍长，扁鼓腹下垂。标本M11：1，已复原。有盖，口微侈。足较直饰凹弦纹及镂扁孔一个。口径7、底径8.4、高14厘米（图一六四，5；图版二六，3）。和器盖Ad型标本M11：2（详见器盖部分）相配合（图版二六，6）。标本M14：1，已复原。褐胎。足饰凹弦纹两道及

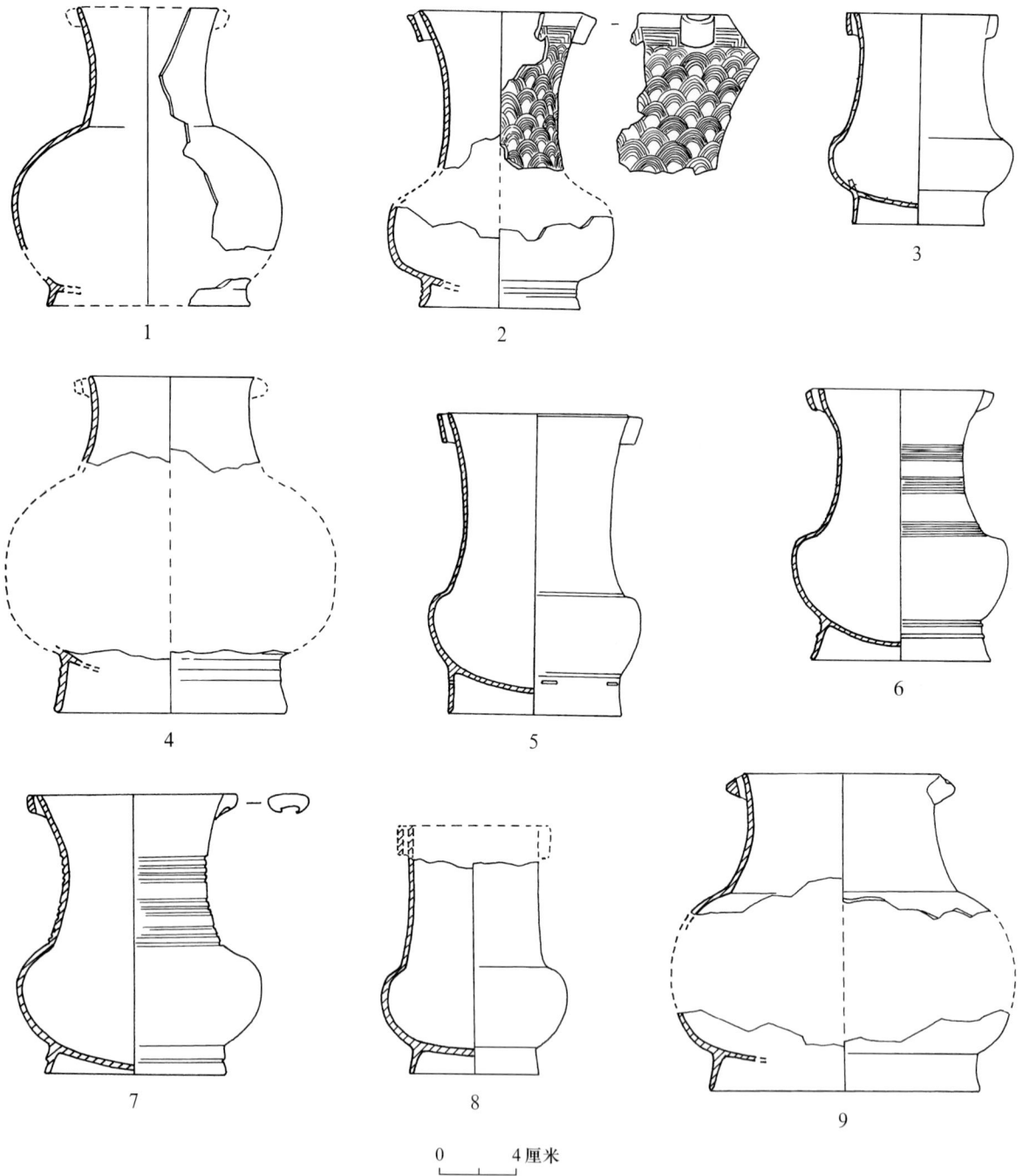

图一六三　蚕塘山背墓葬随葬品　陶双鼻壶
1、4、9.A Ⅰ式双鼻壶（M9：1、M24-4：6、M24-1：8）　2~3、6~7.A Ⅱ式双鼻壶
（M44：4、M24-1：6、M24-1：5、M24-2：5）　5、8.A Ⅲ式双鼻壶（M4：1、M41：1）

镂扁方孔4个。口径6.2、底径8.4、高12.4厘米（图一六四，1；图版二六、4）。

　　Ⅳ式　1件。鼓腹消失，圈足较直。标本M11：3，颈上残。底径8.4、残高10.5厘米（图一六四，
8；图版二六，5）。

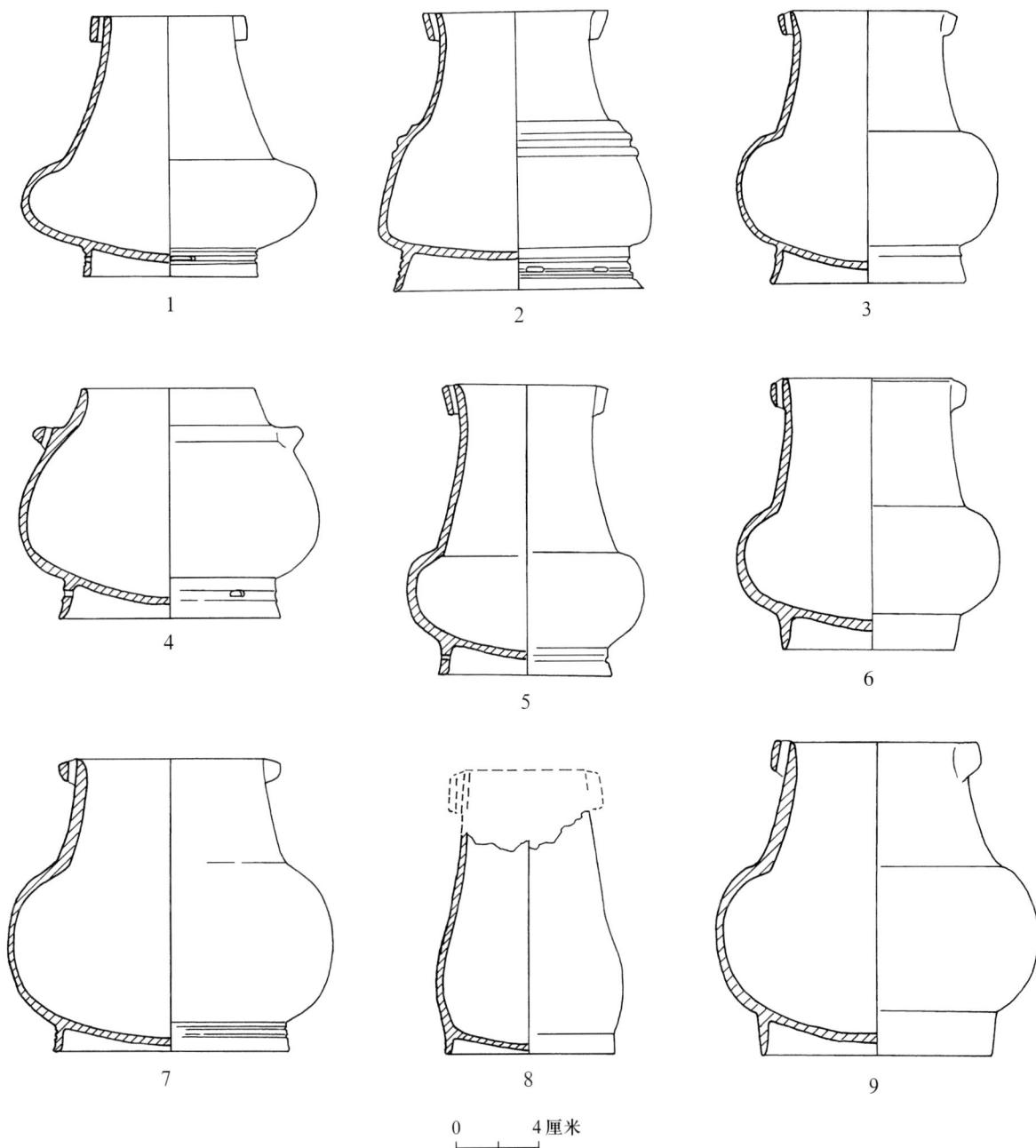

图一六四　斋塘山背墓葬随葬品　陶双鼻壶、陶罐

1、5.BⅢ式双鼻壶（M14∶1、M11∶1）　2、7、9.BⅠ式双鼻壶（M24−1∶4、M13∶2、M35∶1）
3、6.BⅡ式双鼻壶（M24−3∶6、M27∶2）　4.Ab型陶罐（M24−2∶7）　8.BⅣ式双鼻壶（M11∶3）

6.罐

15件。已复原4件。束颈。多为泥质灰陶，褐陶较少，外多饰黑衣。可分两型。

A型　7件。圈足罐。球腹，圈足外撇。分两亚型。

Aa型　4件。无耳，侈口。标本M24−1∶9，已复原。方唇，口颈间折棱明显。口径11.4、底径15.6、通高20.6厘米（图一六五，6；彩版一六，2）。和器盖Ab型M24−1∶27（详见器盖部分）相配套（图版二一，2）。标本M23∶2，已复原。尖圆唇，溜肩、口径9、底径12、通高15.2厘米（图一六五，4；彩版一六，1）。标本 M25：2，唇残。口径8.6、残高2厘米（图一六六，1）。标本 M5：2，尖圆唇，存颈部。残高4厘米（图一六六，2）。

　　Ab 型　3件。有耳。标本 M24 - 2：16，已复原。侈口，曲束颈外附两贯耳。口径8.6、底径15.4、通高17厘米（图一六五，5；彩版一六，5）。标本 M24 - 1：11，敛口，扁圆腹。颈外饰三重圈为一组的连珠纹，其上附桥形小耳，耳面纵向有刻划纹数道，肩腹有凸棱各一周。口径8.6、底径15.4、通

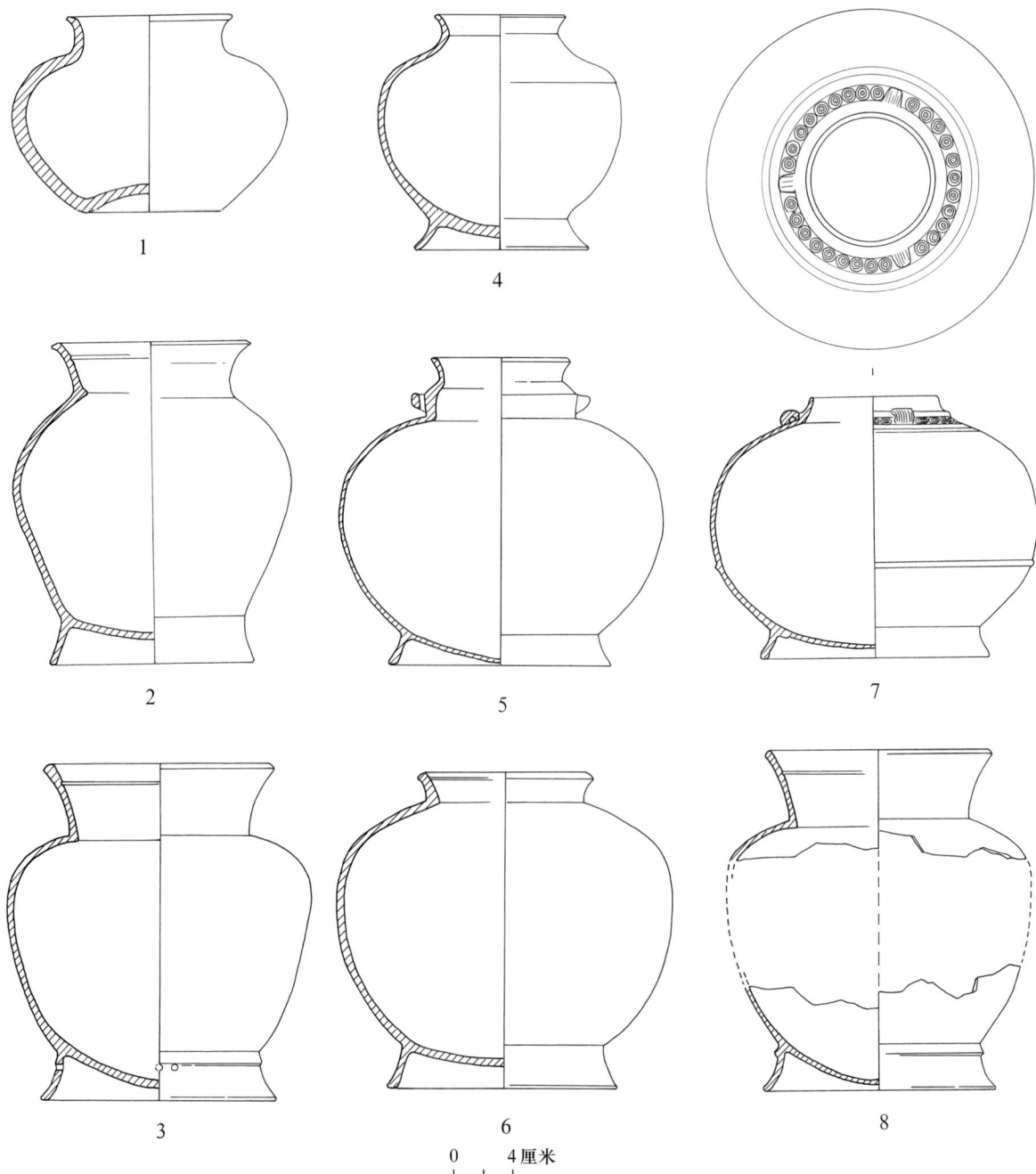

图一六五　茜塘山背墓葬随葬品 陶罐、陶尊

1.B 型陶罐（M1：7）　2.B 型陶尊（M24-4：7）　3、8.A 型陶尊（M24-1：13、M24-1：12）　4、6.Aa 型陶罐（M23：2、M24-1：9）　5、7.Ab 型陶罐（M24-2：16、M24-1：11）

高17厘米（图一六五，7；彩版一六，3）。和器盖Aa型M24－1∶21（详见器盖部分）相配套（图版二一，3）。标本M24－2∶7，尖圆唇，敛口，溜肩，腹下垂。肩饰弦纹及贯耳一对。足饰凹弦纹及镂空数个。口径8.4、通高11厘米（图一六四，4；彩版一六，4）。和器盖Aa型M24－2∶18（详见器盖部分）相配套（图版二一，4）。

B型　2件。圜底罐。泥质灰陶。侈口，尖圆唇，束颈，鼓腹，凹圜底。标本M1∶7，已复原。口外撇，凹底明显。口径11.4、底径9.6、通高12.8厘米（图一六五，1；彩版一六，6）。标本M33∶1，底微内凹，口径9、底径6.6、通高10.8厘米（图一六六，4；彩版一六；7）。

C型　壶形罐分两亚型

Ca型　2件。直口，束颈，高肩。标本M32∶1，口微侈。足有弦纹及小镂孔。口径13、底径9.6、通高8.6厘米（图一五七，1；图版二〇，2）。标本M26∶2，口微敛，足略小外撇。口径10、底径8、通高10.4厘米（图一五七，4；图版二〇，1）。

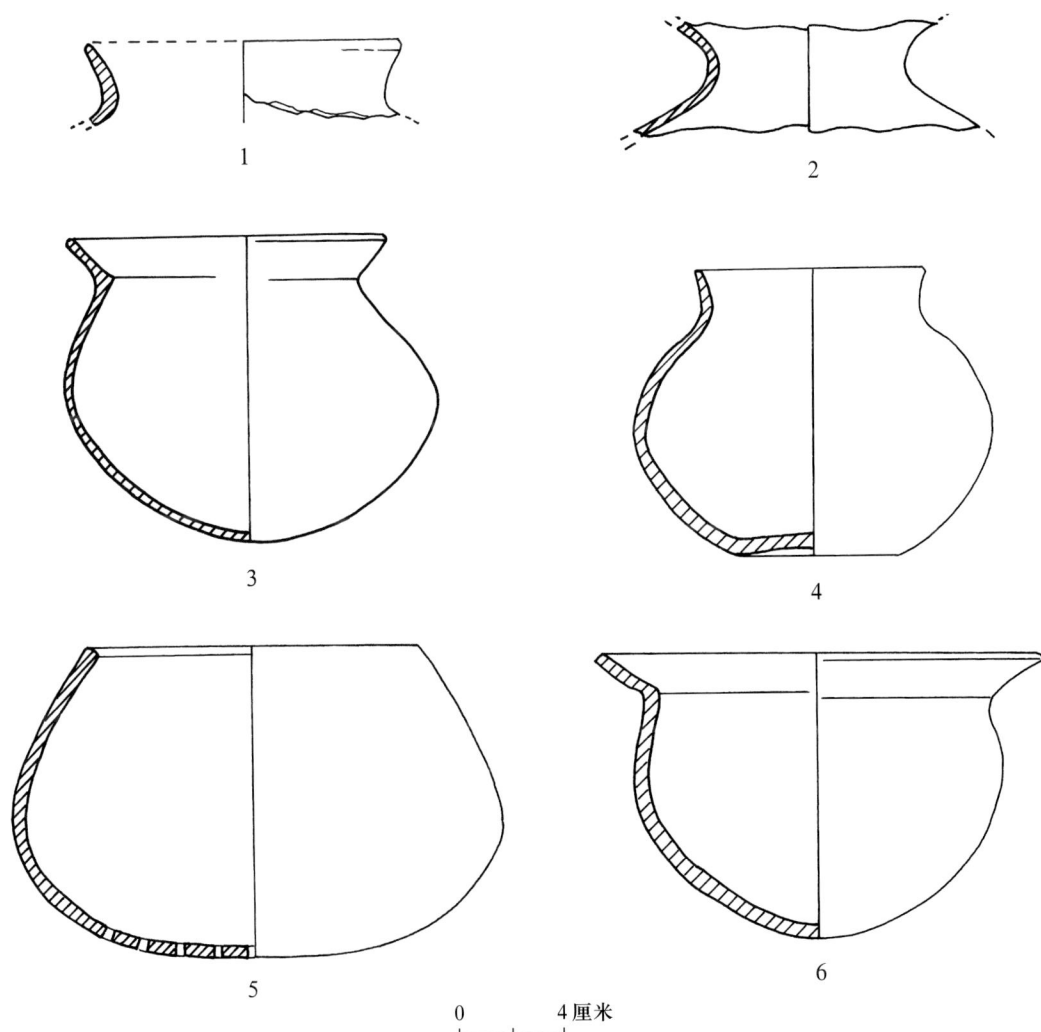

图一六六　峉塘山背墓葬随葬品　陶罐、陶釜、陶甑
1、2.Aa型陶罐（M25∶2、M5∶2）　3、6.A型陶釜（M25∶3、M4∶3）　4.B型陶罐（M33∶1）　5.陶甑（M10∶3）

Cb型　3件。侈口，束颈。标本M9∶2，外衣脱落。无盖，足近直。口径14、底径10.6、通高9.8厘米（图一五七，6；彩版一四，6）。标本M24－3∶8，有盖，足部有4个扁长形镂孔。口径13.8、底径11、通高10.6厘米（图一五六，6；彩版一四，5）。和器盖Ab型标本M24－3∶9（详见器盖部分）相配合（图版二一，1）。标本M24－4∶8，无盖。圈足近一侧有4个扁长形镂孔。口径14、底径12、通高11.4厘米（图一五六，1；彩版一四，7）。

7.尊

3件。已复原2件。均为泥质褐陶，黑皮。方圆唇，侈口，束颈，鼓腹，圈足外撇。可分两型。

A型　2件。高肩。颈腹间折棱明显。沿内、足外分别饰凹弦纹、凸棱一道。标本M24－1∶12，口径15、底径15.4、残高22.5厘米（图一六五，8）。标本M24－1∶13，已复原。口径15.6、底径16、通高22厘米（图一六五，3；彩版一七，1）。

B型　1件。溜肩。沿内有凹弦纹一道。标本M24－4∶7，已复原。口径13.6、底径14、通高21厘米（图一六五，2；彩版一七，2）。

8.瓿

1件。已复原。夹砂红陶，厚壁，外饰黑衣。素面。标本M10∶3，敛口，方圆唇，垂腹，圜底。近中部10厘米见方内镂孔七排计32个。口径12.6、最大腹经18.6、通高11.6厘米（图一六六，5；图版二四，7、8）。

9.盉

6件。已复原2件。夹砂、泥质陶均等。泥质陶均为灰胎黑衣。尖圆唇，素面。可分三型。

A型　1件。提梁盉。标本M24－2∶6，已复原。泥质，灰胎，黑皮。体厚重，烧制火候较高。扁圆腹上置管状朝天口和桥形提梁，圜底，圈足。口径4.4、底径10.8、最大腹径14.4、通高12.4厘米（图一六七，4；彩版一七，3）。

B型　3件。有流，平底。敛口，鼓腹带把。标本M15∶5，泥质红陶，皮有脱落。厚壁，把手残。口径9.4、底径7.6、通高9.4厘米（图一六七，1；彩版一七，4）。标本M24－1∶20，夹砂红陶。厚壁，口部倾斜。口径9、底径9.4、最大腹经15、通高13厘米（图一六七，2；彩版一七，5）。标本M24－2∶15，已复原。泥质灰陶，黑皮多有脱落。口部倾斜，桥形把手和流相对。口径10、底径9、通高11厘米（图一六七，3；彩版一七，6）。

C型　2件。三足盉。夹砂红陶，外饰黑衣。束颈，素面。可分两亚型。

Ca型　1件。无流。标本M27∶3，侈口，肩部饰鋬手两个，鼓垂腹外饰三鱼鳍形残足。口径10.8、最大腹径16.8、残高13.6厘米（图一六八，1；彩版一七，7）。

Cb型　1件。有流。标本M43∶1，矮领束颈，鼓腹上附一漏斗。漏斗口与器口连为一体且齐平。唇一侧远超出器身。下腹附三"T"形足。口径14.8、最大腹经21.6、通高18厘米（图一六八，4；彩版一七、8）。

10.开膛三足器

2件。均残。夹砂红陶，器形厚重。方唇，喇叭形口，细颈。腹平面圆形，剖面扁圆，一侧开堂似蛙口大开。腹下有三鱼鳍形足，足已残，足外脊直厚，内脊弧薄。标本M15∶2，沿微折。口径12.4、

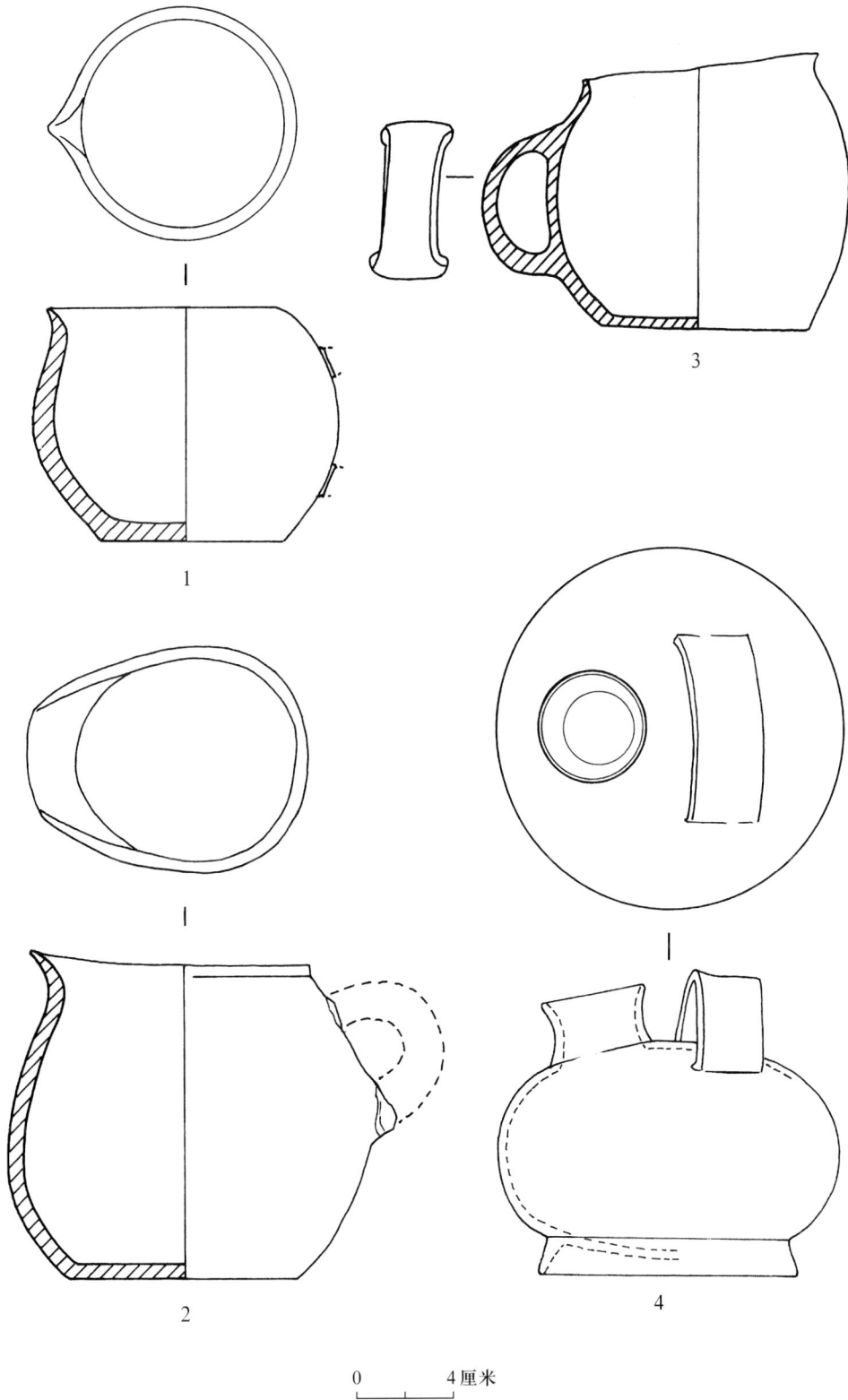

图一六七　霅塘山背墓葬随葬品　陶盉

1~3.B 型盉（M15：5、M24-1：20、M24-2：15）　　4.A 型盉（M24-2：6）

最大腹径18、残高16厘米（图一六八，3；图版二七，1）。标本 M44∶5，与蛙口对应有一板手，已残。口径14、最大腹径19、残高14.8厘米（图一六八，2；图版二七，2）

11.釜

9件。已复原6件。均为夹砂陶，以褐色居多，红灰色较少。素面。束颈，鼓腹，圜底。可分两型。

A 型　5件。已复原4件。侈口。标本 M17∶2，已复原。球形腹。口径9.6、通高10.6厘米（图一六九，2；彩版一六、8）。标本 M9∶5，口微侈。口径9、残高12.9厘米（图一六九，3）。标本 M4∶3，已复原。方唇，壁略厚。口径17.2、通高10.6厘米（图一六六，6；图版二七，3）。标本 M25∶3，已复原。尖圆唇，腹已变形。口径12、通高11.4厘米（图一六六，3；图版二七，4）。标本 M25∶4，已

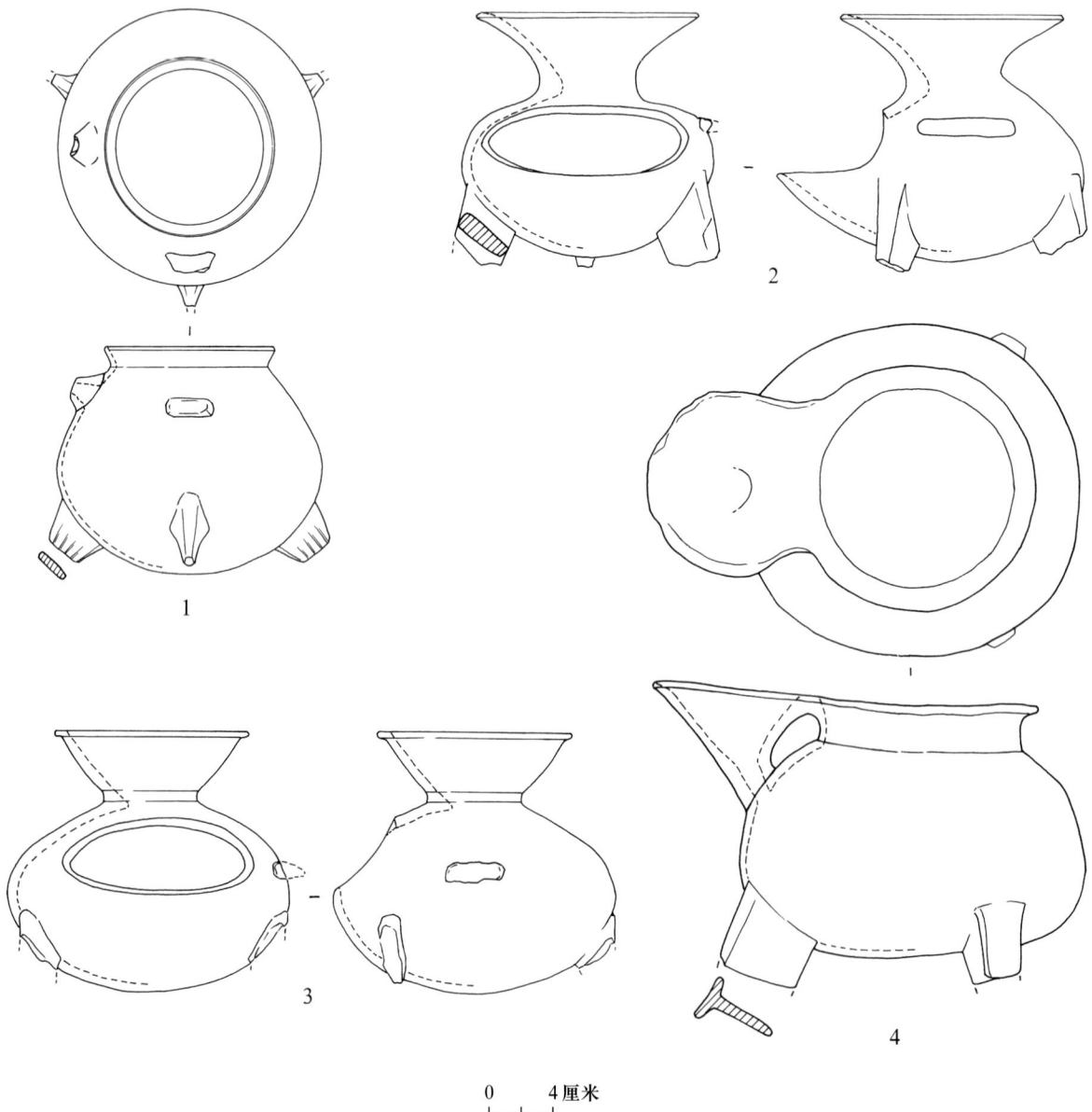

0　　4厘米

图一六八　蚕塘山背墓葬随葬品　陶盉、开膛三足器
1.Ca 型陶 he（M27∶3）　2～3.开膛三足器（M44∶5、M15∶2,）　4.Cb 型陶盉（M43∶1）

复原。尖圆唇，底稍尖。口径11.2、腹径15.6、通高12厘米（图一六九，6；图版二七，5）。

　　B型　4件。已复原2件。沿面微弧，尖圆唇。标本M1:11，口径8、残高13厘米（图一六九，5）。标本M7:4，内壁凹凸明显。口径10.8、腹径12.4、通高10.5厘米（图一六九，1；图版二七，6）。标本M8:1，已复原。沿外饰一道凹弦纹。口径12.4、通高10.8（图一六九，4；图版二七，7）。标本M9:4，已复原。灰褐色。口径12.7、腹径14.2、通高10.3厘米（图版二七，8）。

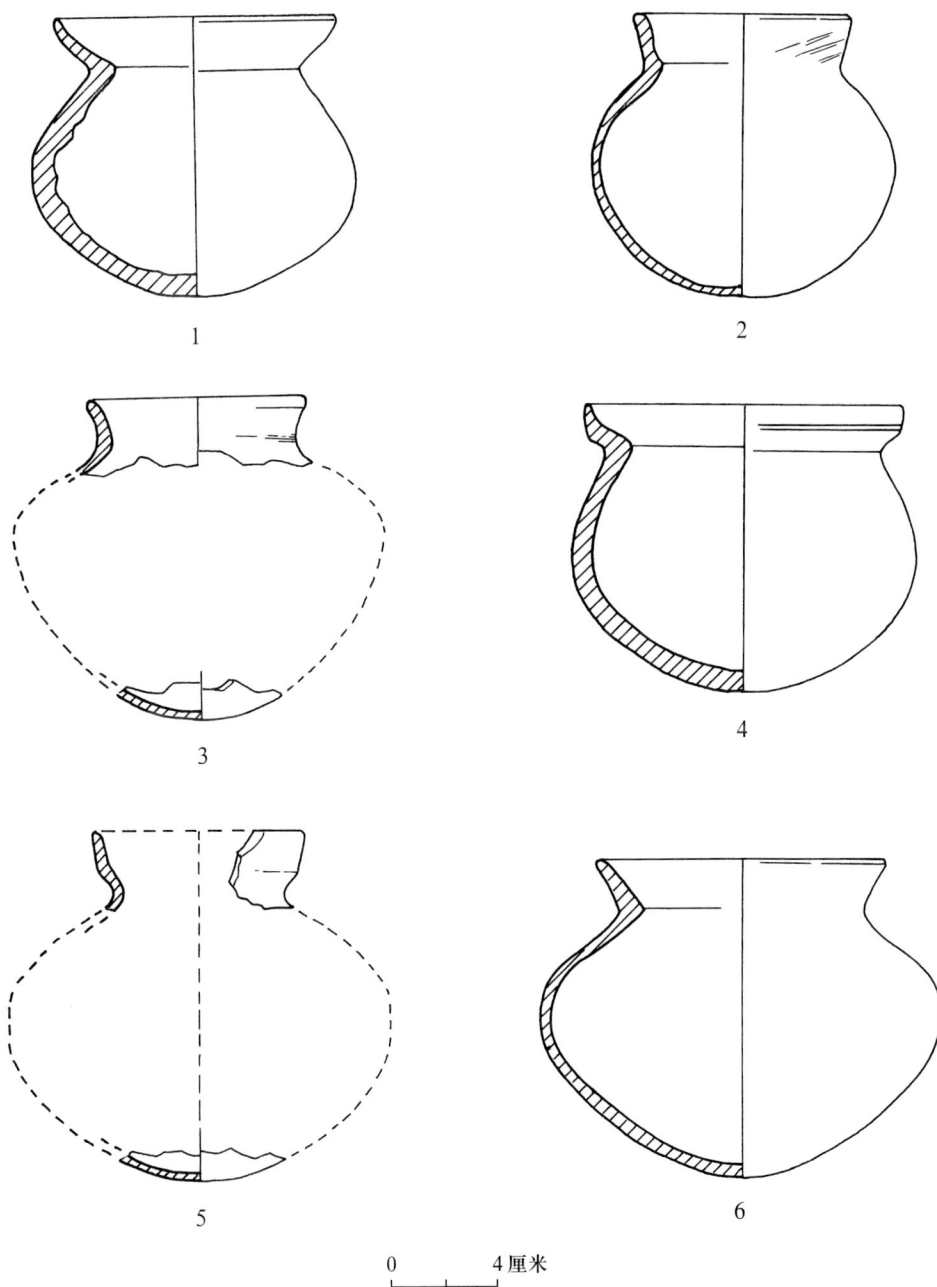

图一六九　畲塘山背墓葬随葬品　陶釜

1、4~5.B型陶釜（M7:4、M8:1、M1:11）　　2~3、6.A型陶釜（M17:2、M9:5、M25:4）

12. 器盖

24件。已复原21件。以泥质灰陶居多，夹砂陶较少，素面。除标明外均泥质。可分四型。

A 型　19件。杯形纽。可分四亚型。

Aa 型　10件。顶面圆隆。标本M14：2，夹砂红陶，尖唇。口径20.4、通高6厘米（图一七一，5；图版二八，1）。标本M14：7，夹砂褐陶。方唇。口径14.6、通高5.2厘米（图一七一，1；图版二八，2）。标本M24－1：17，泥质灰陶。方唇。口径16、通高6.4厘米（图一七二，2；图版二八、3）。标本M24－1：21，泥质红褐陶，尖唇。口径9、通高3.6厘米（图一七〇，10；图版二八，4）。标本M24－1：26，方唇。口径11.8、通高4厘米（图一七〇，11；图版二八，5）。标本M24－2：2，泥质灰陶，方唇，器壁已变形，口径20.6、通高4.8厘米（图一七二，5；图版二九，1）。标本M24－2：19，泥质灰陶，尖唇，器壁略有变形。口径20、通高6厘米（图一七二，1；图版二八，6）。标本M24－4：2，夹砂褐陶。方唇。口径14、通高5.2厘米（图一七二，4；图版二八，7）。标本M24－4：3，泥质灰陶，口内敛外折。口径19、通高3.6厘米（图一七二，3；图版二八，8）。标本M24－2：18，泥质灰陶，口径10.4、通高40.8厘米（图一七〇，5；图版二九，2）。

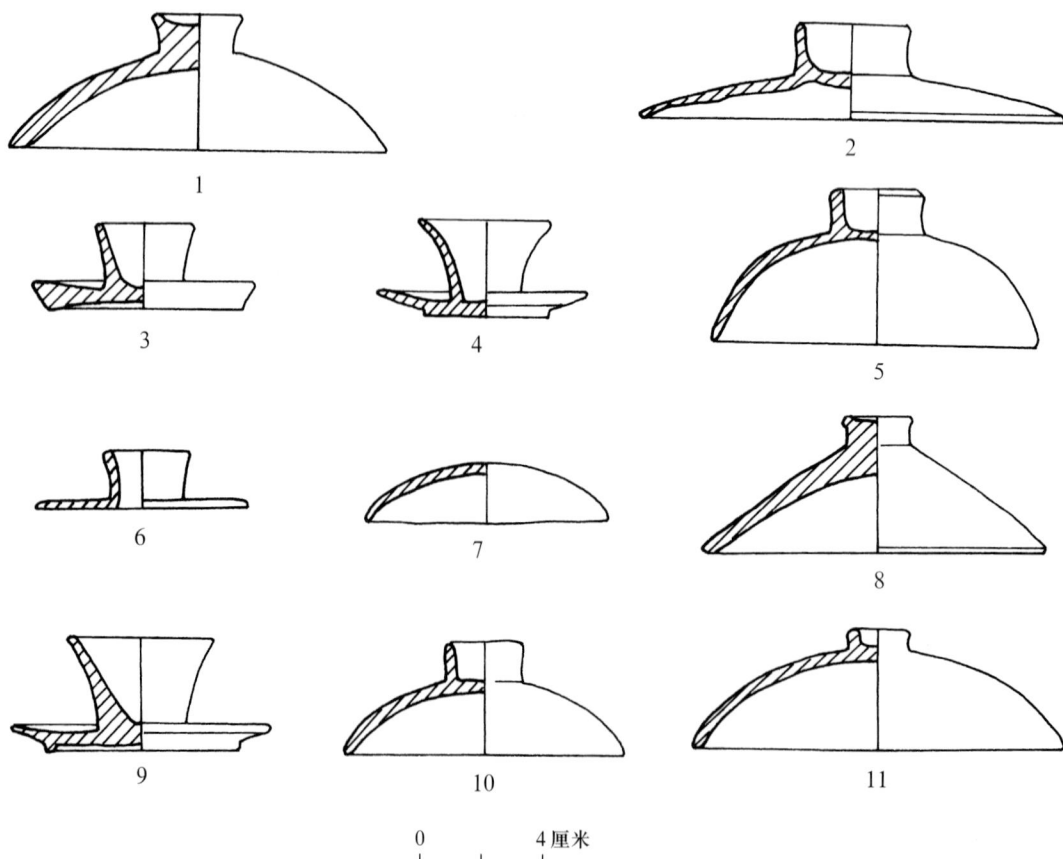

0　　　　4厘米

图一七〇　苴塘山背墓葬随葬品　陶器盖

1、8.B型器盖（M24-1：25、M24-2：11）　2.Ab型器盖（M24-3：9）　3~4、6、9.Ad型器盖（M24-3：11、M11：4、M27：4、M11：2）　5、10、11.Aa型器盖（M24-2：18、M24-1：21、M2-1：26）
7.C型器盖（M24-1：19）

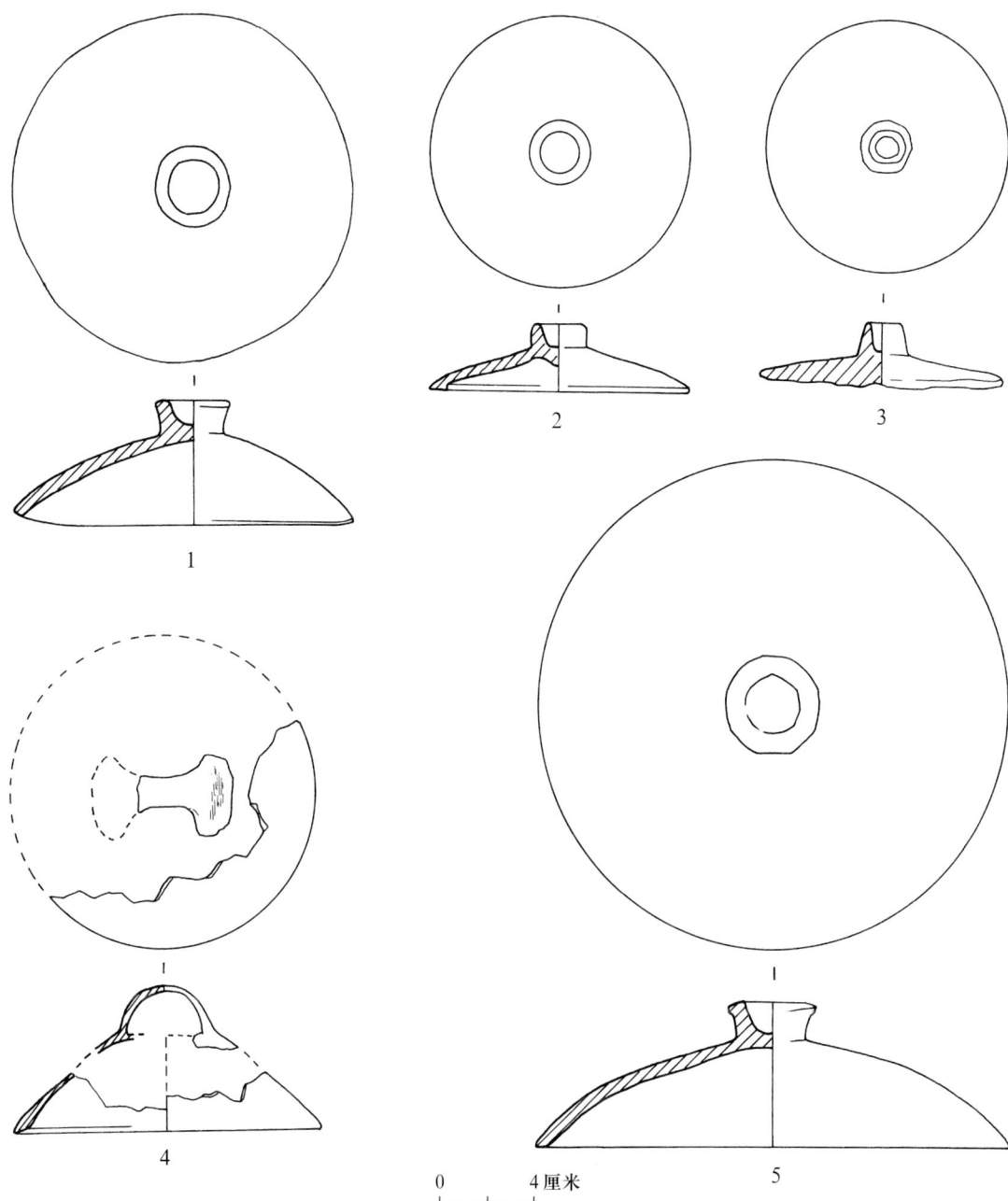

图一七一　盅塘山背墓葬随葬品　陶器盖

1、5.Aa 型器盖（M14：7、M14：2）　2～3.Ab 型器盖（M24-1：24、M24-1：27）　4.D 型器盖（M24-1：23）

　　Ab 型　3件。顶面平弧。标本 M24－1：24，泥质红褐陶，方唇，口内敛外折。口径 11.2、通高 2.8 厘米（图一七一，2；图版二九，3）。标本 M24－1：27，夹砂红陶，尖圆唇，饼状。口径 10.4、通高 2.8 厘米（图一七一，3；图版二九，4）。标本 M24－3：9，尖唇，口外有折棱。口径 13.5、通高 3. 1 厘米（图一七〇，2；图版三二，5）。

　　Ac 型　2件。盖口内敛。标本 M5：1，夹砂红陶。方唇，器表略有折棱。口径 23.2、通高 6.4 厘米（图一七二，8）。标本 M26：1，泥质灰陶，纽较直，口内有折棱，尖唇。口径 17.4、通高 7 厘米（图一七二，7）。

　　Ad型　4件。盖面平。标本M11：2，泥质灰陶，饼心上凹下凸呈子口状。直径8.4、通高3.4厘米（图一七〇，9；图版三〇，1）。标本M11：4，泥质灰陶，饼心上凹下凸呈子口状。直径6.8、通高3厘米（图一七〇，4；图版三〇，2）。标本M27：4，泥质灰陶，圆饼状，中空。直径6.8、通高1.8厘米（图一七〇，6；图三〇，4）。标本M24－3：11，泥质灰陶，直径7.2、通高5.6厘米（图一七〇，3；图版三〇，3）。

　　B型　3件。柱状纽。标本M24－1：25，夹砂红陶。纽心微凹。口径12、通高4.2厘米（图一七〇，1；图版二九，6）。标本M24－2：11，夹砂红陶。盖壁斜直。口径10.8、通高4.2厘米（图一七〇、8；图版二九，7）。标本M24－2：17，夹砂褐陶，盖球面状。口径14、通高2.1厘米（图一七二，6；

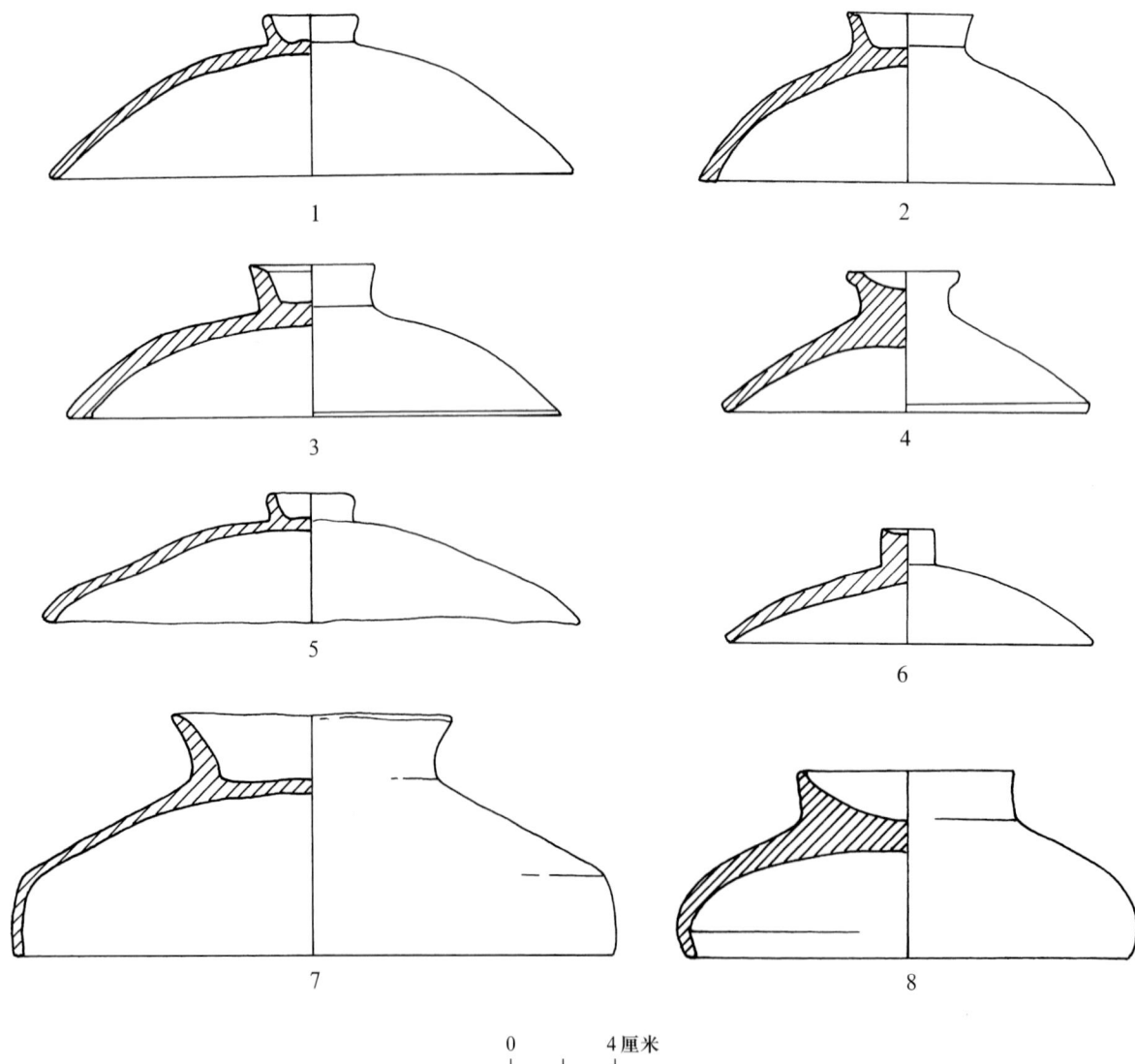

图一七二　茅塘山背墓葬随葬品 陶器盖

1～5、Aa型器盖（M24－2：19、M24－1：17、M24－4：3、M24－4：2、M24－2：2）　6、B型器盖（M24－2：17）　7～8、Ac型器盖（M26：1、M5：1）

图版二九，8）。

C型　1件。无纽。标本M24－1：19，泥质红陶，尖唇，球面状。口径13.2、通高6厘米（图一七〇，7）。

D型　1件。桥形纽。标本M24－1：23，残。尖唇，斜折沿。口径13.2、残高6厘米（图一七一，4）。

13.残器底

5件。均泥质灰陶，有黑皮者较少。可分两型。

A型　4件。圈足。标本M2：3，内表旋痕明显。底径8.4、残高0.8厘米（图一七三，1）。标本M1：5，黑皮。底径12、残高5厘米（图一七三，3）。标本M7：1，黑皮。圆鼓腹。底径10.2、残高9.6厘米（图一七三，4）。标本M6：3，仅存下部。圆鼓腹。足外饰弦纹两道及镂孔数个（图一七三，5）。

B型　1件。平底。标本M16：1，下腹斜弧。底径11、残高2.2厘米（图一七三，2）。

在正式发掘墓葬之前，我们还在做地层的过程中发现了数件陶器。这些陶器应与墓葬同期。共4件。有鼎、圈足盘、双鼻壶。

鼎　1件。标本T1013③：3，已复原。夹砂红陶，外表黑皮多有脱落。尖圆唇，侈口，束颈，深腹，圜底，腹下侧三足。口径28、通高18厘米（图一七四，4）。

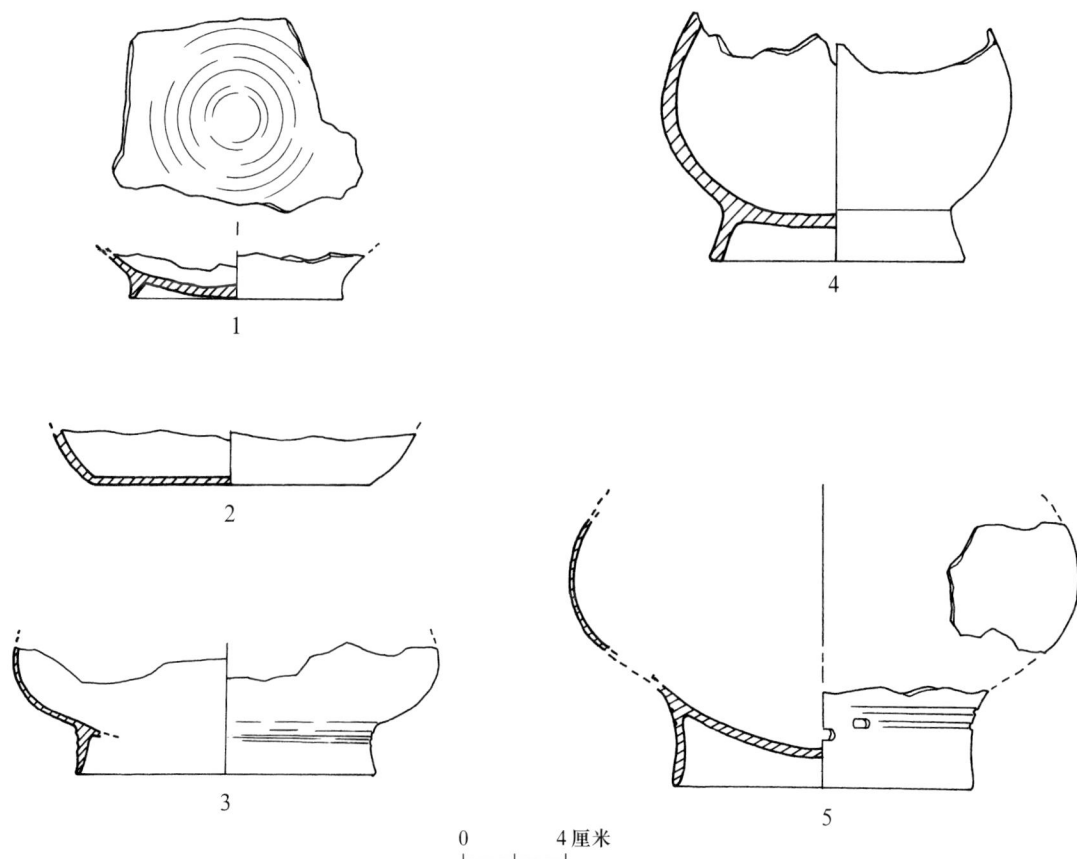

图一七三　菱塘山背墓葬随葬品　残陶器

1、3~5.A型器底（M2：3、M1：5、M7：1、M6：3）　2.B型器底（M16：1）

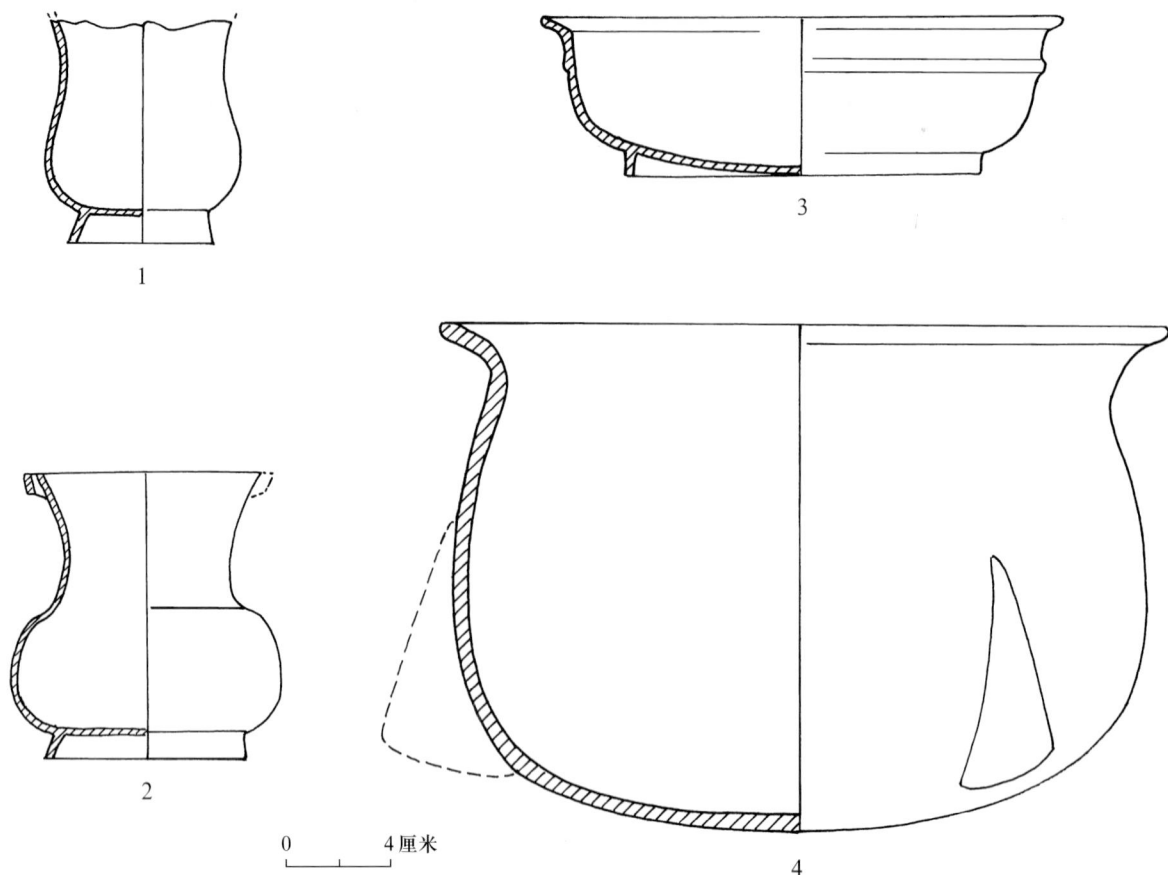

图一七四　壹塘山背遗址西区良渚文化陶器

1~2.双鼻壶（T1013②：1、T1013③：1）　3.圈足盘（T1013③：2）　4.陶鼎（T1013③：3）

圈足盘　1件。标本T1013③：2，已复原。泥质褐胎黑皮陶。尖圆唇，侈口，斜直沿，弧腹，圈底，矮圈足。口径19.4、底径13.2、通高3.6厘米（图一七四，3；图版三〇，6）。

双鼻壶　2件。鼓腹，矮圈足。标本T1013③：1，已复原。泥质褐陶黑皮陶。喇叭口，尖唇，沿外附双鼻。口径8、底径7.4、通高10.2厘米（图一七四，2；图版三〇，5）。标本T1013②：1，口残。深腹。底径5.4、残高8厘米（图一七四，1）。

（二）玉　器

共8件、有玉锥形器、玉管两类。

玉锥形器　5件。除标明外均完整。标本M24－1：1，白色，略带淡青斑纹。顶端呈圆突榫头，对钻小孔，尖端钝圆，周身带纵向脊棱，通体圆润。长2.2、直径约0.6厘米（图一七五，3；彩版一八，1）。标本M24－1：2，白带青斑。一端扁窄，对钻孔；另一端略尖。身略圆，略有纵向脊棱。长3.6、直径0.6约厘米（图一七五，2；彩版一八，2）。标本M24－2：3，白隐青。略呈圆锥形，上端对钻孔，下端尖。器身带纵向棱脊，磨圆。长7.2、直径0.6厘米（图一七五，6；彩版一八，4）。标本M24－

2∶4，残。白隐青斑。一端扁窄，对钻孔，端扁部留双向切痕及折断的工序痕迹。另一端残。器身略圆，留纵槽两道并显棱脊。残长7.6、直径0.6厘米（图一七五，5；彩版一八，3）。标本M24-3∶10，乳白隐青。一端扁窄，对钻孔，一端尖。器身略圆，有纵向刻槽一道，亦见纵向凸棱。长4.3、直径0.71厘米（图一七五，1；彩版一八，5）。

　　玉管　2件。均完整。标本M24-1∶7，乳白，隐青。不规则圆柱体，一端略圆，一端呈三角，显然受玉料限制。对钻孔，孔口扁圆不规则，三角形一端孔出边界。长6.2、直径约1.4厘米。孔口大径

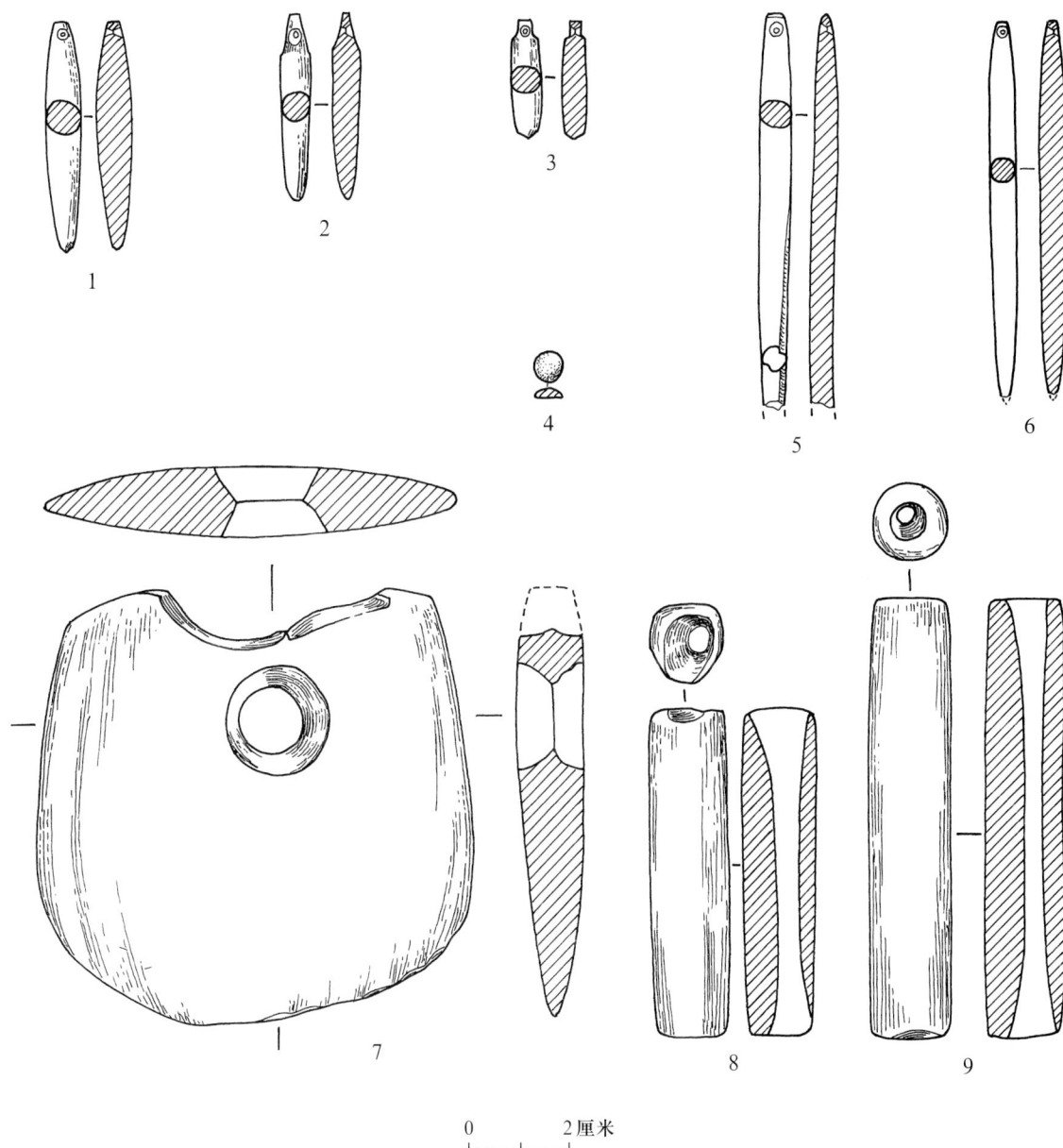

图一七五　畚塘山背墓葬随葬品 玉器、石器
1~3、5~6.玉锥形器（M24-3∶10、M24-1∶2、M24-1∶1、M24-2∶4、M24-2∶3）
4.玉粒饰（M24-1∶29）　7.石钺（M24-2∶8）　8~9.玉管（M24-4∶5、M24-1∶7）

约1.1、孔内径约0.35厘米（图一七五，9；彩版一八，8）。标本M24－4：5，白带青黄斑点。略呈椭圆柱状体，中略大，两头略小。对钻孔，一端孔在正中，另一端孔偏。长6.2、直径1.6厘米。孔口大径1、孔内径0.2厘米（图一七五，8；彩版一八，7）。

玉粒饰　1件。标本M24－1：29，乳白，略带淡黄。圆形，一面平，另一面弧凸。直径0.6、厚0.2厘米（图一七五，4；彩版一八，6）。

（三）石　器

钺　1件。标本M24－2：8，残。黑褐蛇纹石。略成方形，刃部圆角。从端部看，为残器利用，磨平，尚存原器小半孔。高8.3、宽8.7厘米。孔口径2、孔内径1.3厘米（图一七五，7；彩版一八，9）。

三、分期与年代

44座墓葬无论从方向，形制、葬具葬俗来看都具有共性特征，应为一氏族公共墓地。

A型鼎分四式，在形态上体现了从良渚文化早中期到晚期的变化。式的划分参考了良渚文化普通分期所把握的特点，如鱼鳍形鼎足。鱼鳍形鼎足的变化在良渚陶鼎的分期特点中有特殊意义，一般认为早期后段鱼鳍形足变宽，端部由弧尖变为折尖[1]。这一特征在M24-2、M17等墓葬中得到体现；晚期则变着T型足。鼎的颈部和腹部的一些变化也可作佐证，如颈部有折颈向短颈的变化[2]，短颈的特征往往与截面呈T型的鼎足是共存，如嘉兴雀幕桥中层墓葬、千金角M8、徐步桥M12等[3]。在茜塘山背墓地中，短颈鼎的特征始于AⅡ式，但其鼎足并非呈现典型的T形足，与AⅠ式足外缘多呈尖圆不同，AⅡ式外侧方而稍宽，显示出向T形足的变化方向。依照这一方向，我们发现领部变高与另一个变化——垂腹——是统一的。T形足也不都是带领的，如千金角M3。本墓地唯一的一件T形足鼎（M34）并不见领，我们单独将这一式放在最后。M43三足盉的足也呈T形，年代当然也晚。这种与良渚文化中心区既统一又有区别的现象，不可能在一个墓地中得到好的解释。如果我们将鼎的特征与其他器物结合起来考虑，就会发现这些矛盾现象是确实存在的。

如M24-2的Aa簋深腹、腹壁斜直、矮圈足的特征具有较晚的特征，可归到分为三期二段的良渚文化晚期[4]，但与之共出的AⅠ鼎却具有良渚早中期特征。与此比较，M24出土的Aa型尊圈足并不高，肩、腹部浑圆，颈部也斜直，具有良渚早中期特征。罐的特征与尊相同，圈足矮的特征偏早，而器形高又具有晚期特征。

在以往的分期中，双鼻壶的变化特征主要看颈、腹和圈足，即颈由短变长、腹由鼓圆变扁矮、圈足由矮变高。在茜塘山背墓地，这些特征演变体现较复杂的面貌，圈足部的变化不很明显，腹部的变

① 赵晔：《良渚遗址群时空观察》，《浙江省文物考古研究所学刊》，科学出版社，2006年。
② 芮国耀：《浙江北部地区良渚文化墓葬的发掘》，《浙江省文物考古研究所学刊》，科学出版社，1992年。
③ 嘉兴县博物馆：《嘉兴雀幕桥发现一批黑陶》，《考古》1986年第9期。
④ 芮国耀：《浙江北部地区良渚文化墓葬的发掘》，《浙江省文物考古研究所学刊》，科学出版社，1992年。

化相对较明确，口颈部的变化却没有与腹部的变化同步。我们将双鼻壶分为两型，即颈部上大下小或基本一致的 A 型和颈部上小下大的 B 型。A、B 型双鼻壶的腹部变化基本一致：由鼓圆而扁矮。墓地没有出现良渚较晚期的扁腹壶。

由于缺乏层位上的打破关系，在具体的类型排比中，鼎、簋、双鼻壶的变化构成了重要的参照，在这一参照系下，我们对其他器物作了型式的划分。豆和圈足盘数量较多。在良渚文化分期中，豆（圈足盘）的划分相对复杂些，足部的变化更多地被关注，如矮圈足向瘦高喇叭型圈足的变化，被认为是个发展的过程。菁塘山背墓地中，就如鼎和尊等器物特征与习惯认识相矛盾，豆（圈足盘）依圈足高矮的简单划分在墓葬单元中也没有体现相应的逻辑关系，我们只能根据墓地固有的条件进行型式划分。

在具体的对比上，M43：2 的 B 型圈足盘的圈足呈桶状密棱带小镂空的风格，在雀幕桥中层墓地也有发现；B 型单把盉在雀幕桥中层墓地有发现。D 型鼎以折腹起棱、蹄足为特征，在良渚文化中少见，可能与薛家岗文化有关，年代一般见于早期[①]。

具有特色的是墓地随葬品出现釜，开膛器未曾见于其他遗址。与典型良渚文化相比，这里不见宽把杯，双鼻壶的刻画纹、豆圈足上的水波纹也不见于良渚。

总上所述，我们将菁塘山背墓地的年代的上限初定为良渚文化中期偏早，延续到良渚文化偏晚期。大致分为三期：较早期 9 座、中期 17 座、偏晚期 7 座（表一三）。M17 最早，M34 最晚。按照这个顺序看，墓地布局没有体现明确的时间规律。

表一三　菁塘山背墓葬分期及参考顺序表

期　别	墓　号						
较早期	M17						
	M35	M40					
	M36	M22					
	M13	M15	M20	M1			
中　期			M16	M5	M31		
			M27	M7	M23	M24	
			M10	M25	M2	M11	
			M26	M12	M9		
				M4	M6	M32	
偏晚期						M14	
						M8	M44
						M33	M41
							M43
							M34

① 朔知：《初识薛家岗与良渚的文化交流——兼论皖江通道与太湖南道问题》，《浙江省文物考古研究所学刊》第八辑，科学出版社，2006 年。

第四章　尖山湾遗址

第一节　遗址概述

一、地理位置

尖（茧）山湾遗址位于诸暨市陈宅镇沙塔村东南（图一七六），东经120°20′01″，北纬29°32′15″，地处会稽山脉西南段开化江（在诸暨市区东南汇入钱塘江支流浦阳江）上游狭窄的低丘谷地。遗址位置为一片垦植茶树的较平缓的山谷坡地，海拔约40米左右。因其形如蚕茧，故当地人称"茧山湾"，又称尖山湾。山口朝南，种植水稻、蔬菜和瓜果等经济作物（彩版一九，1）。

发掘区位于该遗址的东南部，这里地形呈坡状，西北高东南低。我们以正方向共布5×10米探方10个（编号T14、T15、T16、T24、T25、T26、T35、T36、T45、T46）。发掘面积近500平方米（图一七七；彩版一九，2、二○，1）。

二、地层堆积与文化分期

（一）地层堆积

该遗址分布在南北长约100米，东西宽约50米的狭小范围内。自北向南顺着山体缓慢倾斜，堆积厚一般2～4米，分6层。为便于了解地层堆积概况，兹选择南北向剖面图一张（T15、T25、T35、T45的东壁），东西向剖面图一张（T24、T25、T26的北壁），介绍如下。

1.T15、T25、T35、T45的东壁

第①层　表土层，灰褐色松散沙土，平均厚60厘米，偶见陶片。

第②层　浅褐色沙土，较硬实。距地表40～70厘米，厚40～60厘米，平均厚度近50厘米。包含残砖块、碎瓦片、瓷片等杂物。

第③层　灰色沙土和青灰色淤泥，上部较硬，下部黏软。距地表100～135厘米，厚80～100厘米，平均厚度约90厘米。包含物较少，有青瓷碗碎片及残石器等。

第④层　灰褐色及青灰色沙土，夹较多硬实的钙质结核。距地表190～230厘米，厚35～65厘米，平均约45厘米，自西往东倾斜明显，且逐渐减薄。出土陶片较多，以质地松散的碎小夹砂陶为主。陶

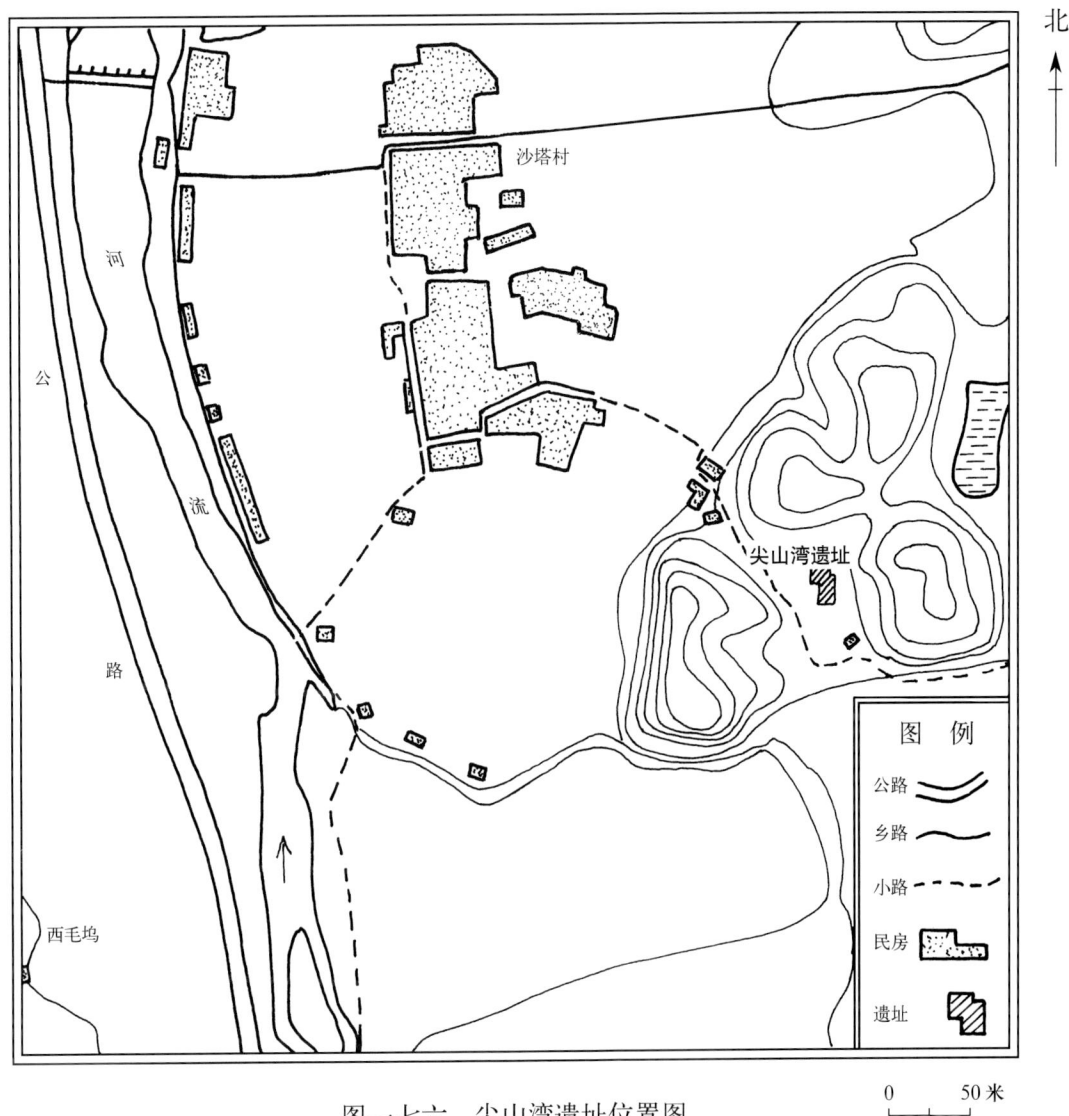

图一七六 尖山湾遗址位置图

器以鼎足居多，然后依次为罐、豆、缸、盉、器底、圈足、盘、杯、纺轮、把手、器盖等。石器以锛居多，砺石、镞次之，还有石斧等。遗迹A开口在本层下。

第⑤层 青灰色淤泥和沙土，局部是黄色的硬实沙土。含不少木炭粒和黑灰，土质较软。距地表230～270厘米，厚30～50厘米，平均厚度约40厘米。出土陶片较多，保存较好，特别是黑皮陶片。器形以豆、罐居多，其下为鼎、器底、圈足、缸、盘、盉、纺轮、壶、尊、支垫，还有簋、碗、盆、钵等。石器有锛、砺石、斧等。还有竹编4片。遗迹B、C叠压在本层下。

第⑥层 青灰色沙土层，由周边向中部倾斜，平均厚度约15厘米。陶片较少，器形以豆为最多，其下为罐、鼎、钵、盘等。石器有锛、镞。出较多的有机质，有一树根和竹编8片。还有鹿角、残骨、枣核、桃核、灵芝等（图一七八）。

2．T24、T25、T26 的北壁

受山坡地势控制，探方内文化堆积分布呈北向南缓慢倾斜，最大堆积厚度3.3米，平均厚度近3米，共分6个地层（图一七九；彩版二〇，2）。

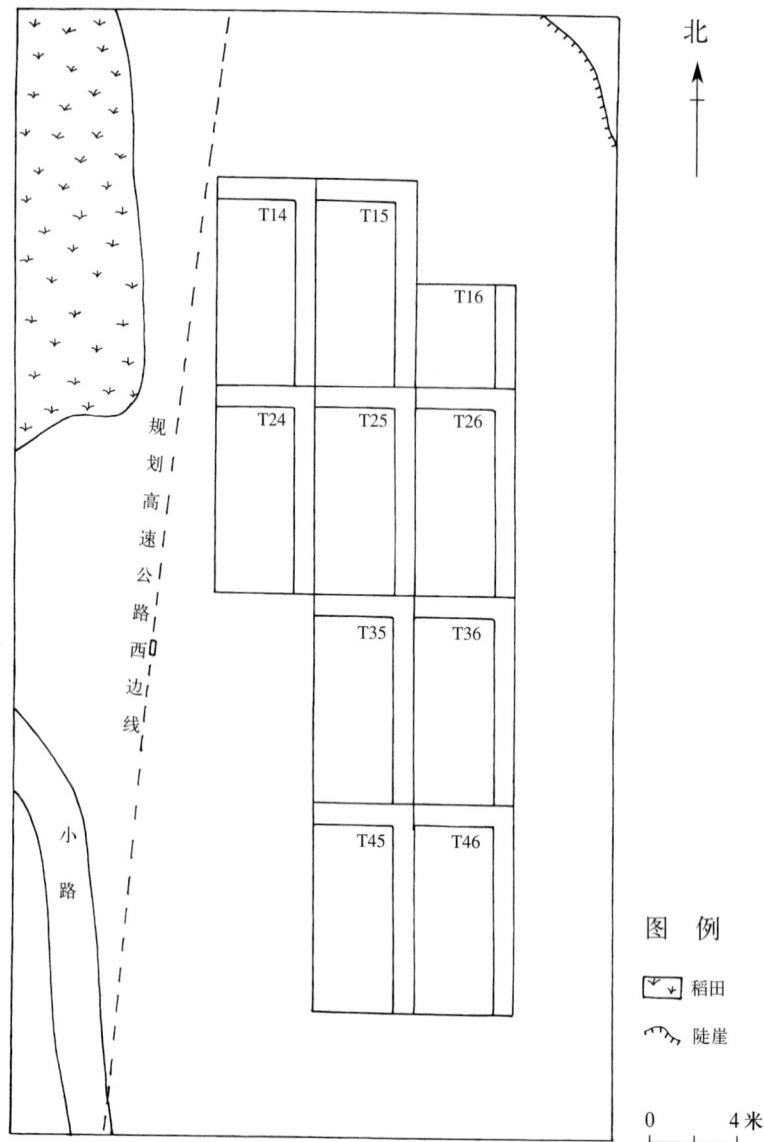

图一七七　尖山湾遗址探方分布平面图

　　第①层，表土层，灰褐色松散沙土。平均厚60厘米。偶见陶片。

　　第②层，浅褐色沙土，较硬实。厚40～60厘米。包含物中多断砖块、碎瓦片、瓷片等杂物。

　　第③层，灰色沙土和青灰色淤泥，可分多个小层，上部较硬，下部较黏软。厚70～110厘米。包含物较少，有些青瓷碎片和断砖块，也有少量陶片和残石器。

　　第④层，灰褐色、青灰色沙土，含较多硬实的褐色土块结核。厚35～65厘米。包含物主要是一些碎小的夹砂陶片，常与土块胶结在一起，保存不太好，数量不少，尤其是靠近探方西边更多，可能与陶片的倾倒来源有关。遗物内涵略同T15、T25、T35、T45。

　　第⑤层，青灰色淤泥和沙土夹杂层，含不少木炭颗粒和黑灰，土壤湿度大，厚30～80厘米。出土物略同T15、T25、T35、T45。

　　第⑥层，青灰色沙土层，厚约1～50厘米。陶片较少，略同T15、T25、T35、T45，但出土较多的

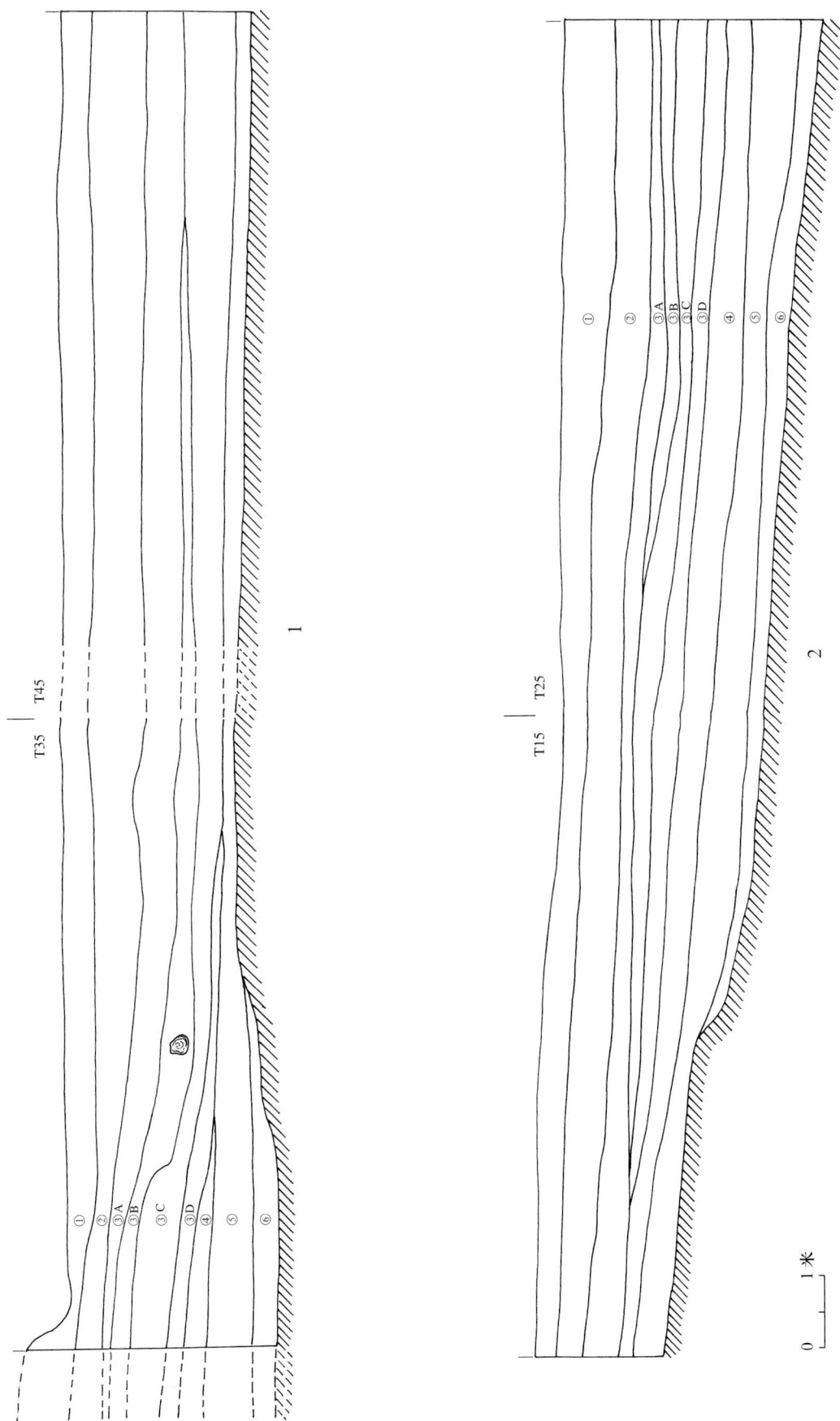

图一七八　尖山湾遗址地层剖面图
1.T35、T45 东壁　2.T15、T25 东壁

0 ⊢⊣ 1 米

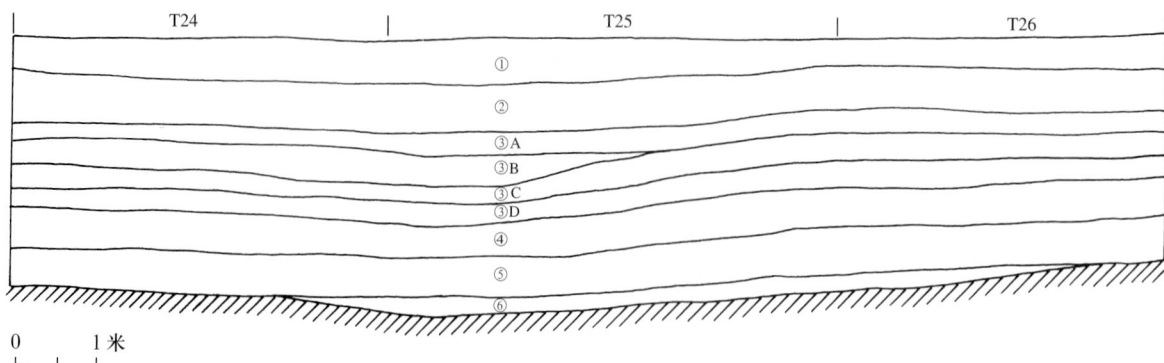

图一七九　尖山湾遗址 T24、T25、T26 北壁剖面图

有机质遗物，在南部还出土一个根须发达的树根遗存。

（二）文化分期

根据发掘揭露的各类遗存所表现的不同文化特征，可将尖山湾遗址主要遗存分为两个大的阶段。

第一阶段。文化遗存主要包括第⑥层、第⑤层、第④层以及同时期的遗迹。以沙土和淤积土混杂为主，多为青褐色、灰黑色，局部夹杂多层厚薄不一的纯净黄色冲刷砂层，一般质地细腻，松软。以竹、木为主的有机质特别丰富，有几乎完整的木桨、短柄木耜形器、棒锤形器、陀螺等；还有数片保护尚好、花样繁多、工艺娴熟的竹篾编织物。陶片丰富，保存较好。陶器以豆、鼎、罐为主，其次为器底、圈足、缸、盉、盆、尊、纺轮、鬶、杯、钵、碗等。鼎足有大鱼鳍形、圆柱形等。夹砂陶多于泥质陶。素面多于纹饰。纹饰繁杂多样，有主要饰于鼎足的齿状纹和划纹、绳纹等。器形变化不明显。此期遗存为该遗址的主体部分，其堆积均匀厚约在 150 厘米左右，该阶段为新石器时代遗存。

第二阶段。文化遗存主要包括第③层及酒坛埋藏坑、木构树根遗迹，虽然混杂零星夹砂陶片和史前石锛、石斧等遗物，但完整器主要为青瓷器，器形有四系罐、碗、瓶、壶、杯，还有铜熨斗、人字形陶房模型和其他杂色釉瓷片。年代大体在宋代。

另外，遗址北 300 米处，发掘晋墓一座。

第二节　新石器时代遗存

一、遗迹与遗物

（一）遗　迹

发掘区位于整个遗址的边沿。这里遗迹稀少，没有房址、灰坑，只有部分废弃物残迹。完整器不多，多是略经加工的残件和自然有机物残骸。

遗迹 A：位于第④层下，其范围在 T25、T26 的中部，南北长约 7 米，东西宽约 6 米，上距地表约 2.5 米，中心深 0.4 厘米。周边略浅，中部较深。内充填青灰色淤泥和沙土夹杂层。较多零乱略经加工的木器、竹器以及枣等少量的果核等，总计 113 片（件），有古树根 1 棵（18 号）、木桨 1 件（28 号）、带柄残木器 3 件（15、44、91 号）、带榫木器 2 件（30、32 号）、陀螺 2 件（58、82 号）、有加工痕迹的残木块 2 件（89、112 号）、竹（苇）编 10 件（7、8、21、41、48、50、55、62、71、72 号）、灵芝 1 株（99 号），其余为木、竹（苇）残件（片）（图一八〇；彩版二一，1、2）。

遗迹 B：位于第⑤层下，其范围在 T24、T25 和 T26 的西南部。残长约 13.8 米，残宽约 11 米。上距地表约 3 米，中心厚 0.2 米。周边略浅，中心稍厚。内充细沙和淤泥。总计出有 123 件（片），有竹（苇）编 5 片（11、21、25、68、74 号）、木构件 2 件（30、32 号）、陀螺 2 件（50、120 号）、盆形残木器 3 件（23、63、100 号）、鹿角 2 件（106、122 号）、木桩 4 件（65、71、84、119 号），其余为木、竹（苇）残件（片）（图一八一；彩版二二，1、2）。

（二）遗　物

出土物以陶器为主，还有一定数量的石器、竹器、木器等，现按质料分别介绍。

1.陶器

陶质以夹砂居多，约占总量的 85.7%，可分夹砂灰陶、夹砂红陶两类。以前者为主，后者次之。泥质灰胎只有 14.3%。普遍使用轮制技术。泥质陶陶衣多褪失，残衣者以黑色为主，红色次之。黑色即为带铅光的黑皮陶。红色是把含有一定化学成分的陶土制成泥浆，均匀地施于器表，待干后，经过在氧化焰中焙烧而成的。器表以内外均黑、灰白为主，内黑外灰和外黑内灰者次之，还有外红黄，灰黄。其中内外均黑、内黑外灰、外黑内白者多为鼎、罐，有的外壁有明显的烟炱。

器表装饰，纹饰少于素面。纹饰以刻划纹为主，绳纹、篮纹、瓦楞纹次之，还有凹弦纹、附加堆纹、交错纹、弦断绳纹等（表一四）。刻划纹数量较多，一般有任意刻划纹（图一八四，1、2、6）、菱形刻划纹（图一八四，3、5）、斜向刻划纹（图一八四，4、9、10）、竖向刻划纹（图一八四，7、8）。

表一四　尖山湾遗址早期遗存陶系，纹饰统计表

陶质	陶色	绳纹	堆纹	篮纹	弦纹	瓦楞纹	刻划纹	交叉纹	弦断绳纹	素面	小计	合计	%
泥质	灰				21	46	20	5		218	310	522	14.3
	灰胎黑衣					7	48	1		104	160		
	灰胎红衣			8			7			33	48		
	红							1		3	4		
夹砂	红	29	4	32	4		10	7	3	170	259	3208	85.7
	灰褐	120	21	35	21	2	86	4	8	1271	1568		
	红衣灰胎		1				2			1378	1381		
小计		149	26	75	46	55	173	18	11	3177	3730		
%		3.9	0.7	2	1.2	1.5	4.6	0.5	0.3	85.1	100%		

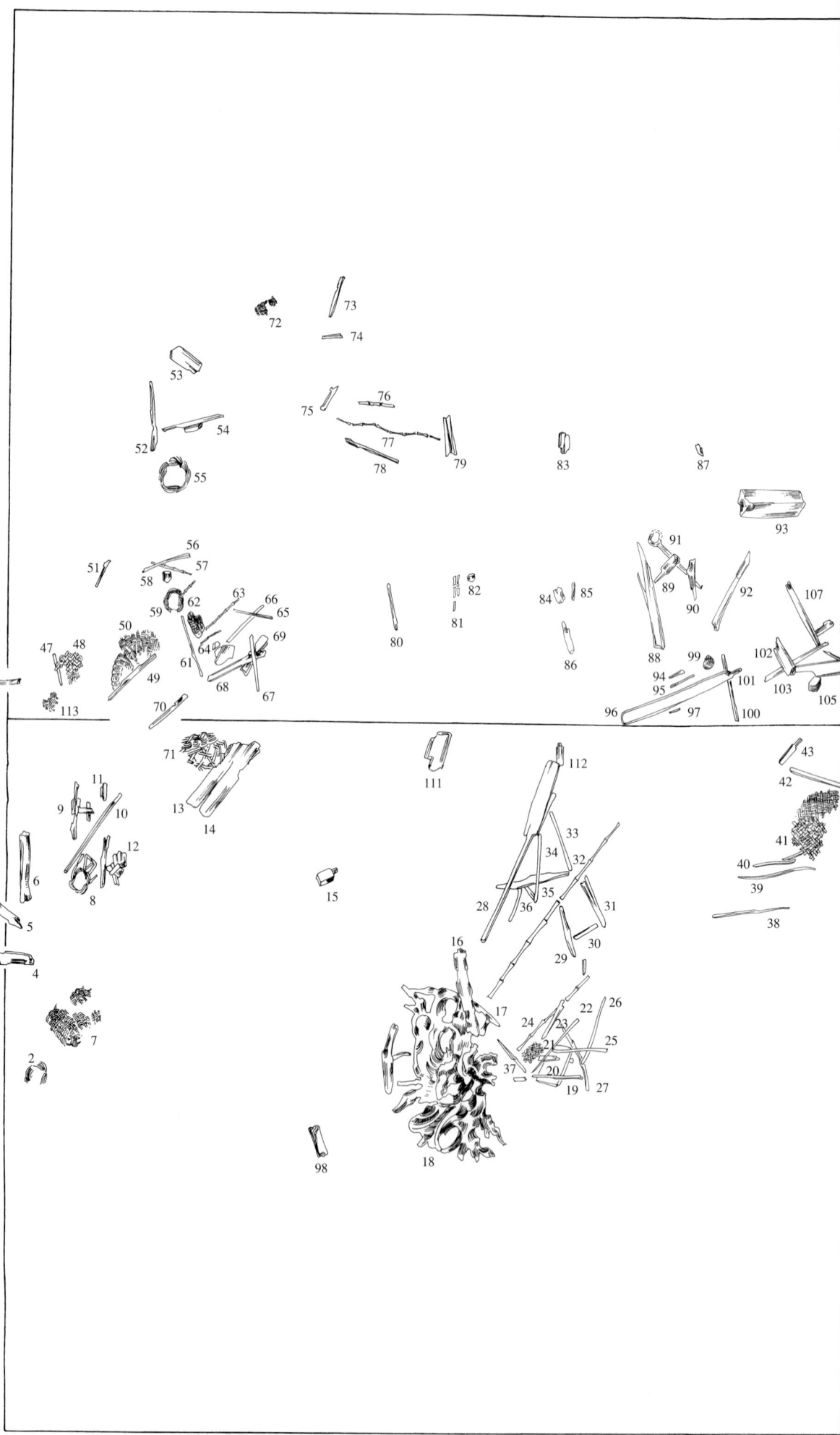

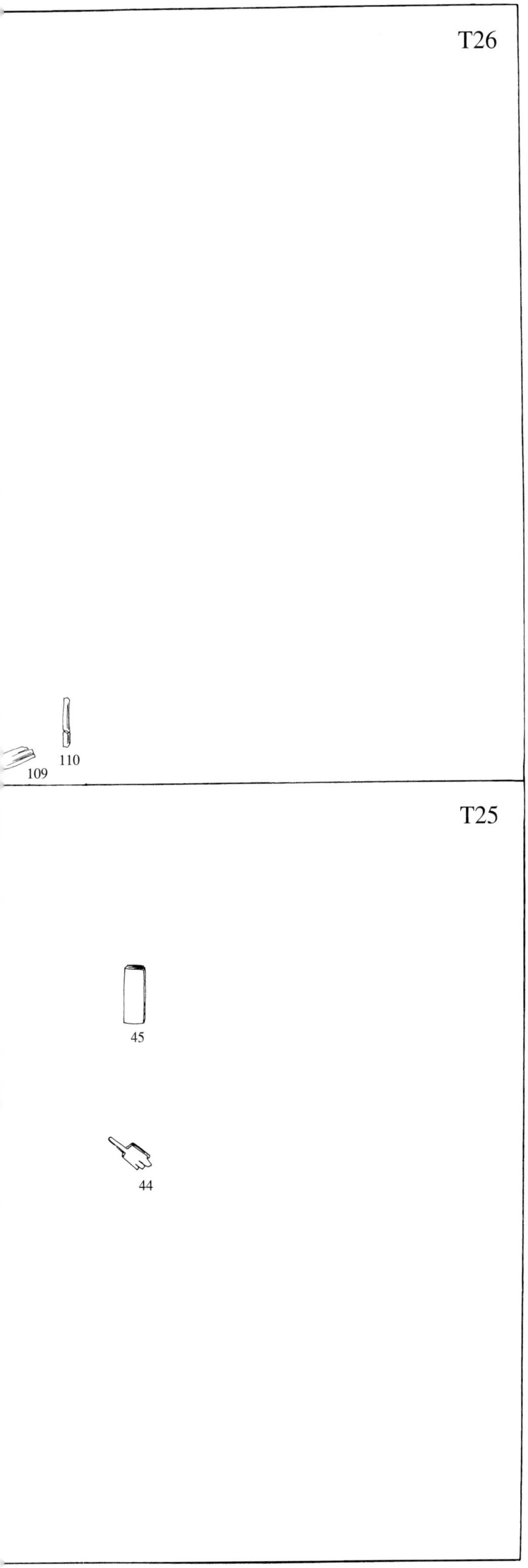

T26

北 ←—

110

109

T25

45

44

0   40厘米

图一八〇　尖山湾遗址新石器时代遗迹 A

7、8、21、41、48、50、55、62、71、72.竹（苇）器　15、44、
91.残木器　18.古树根　28.木桨　30、32.带榫木器　58、82.
木陀螺　89、112.有加工痕迹残木块　99.灵芝　其余为木、竹
（苇）器残件（片）

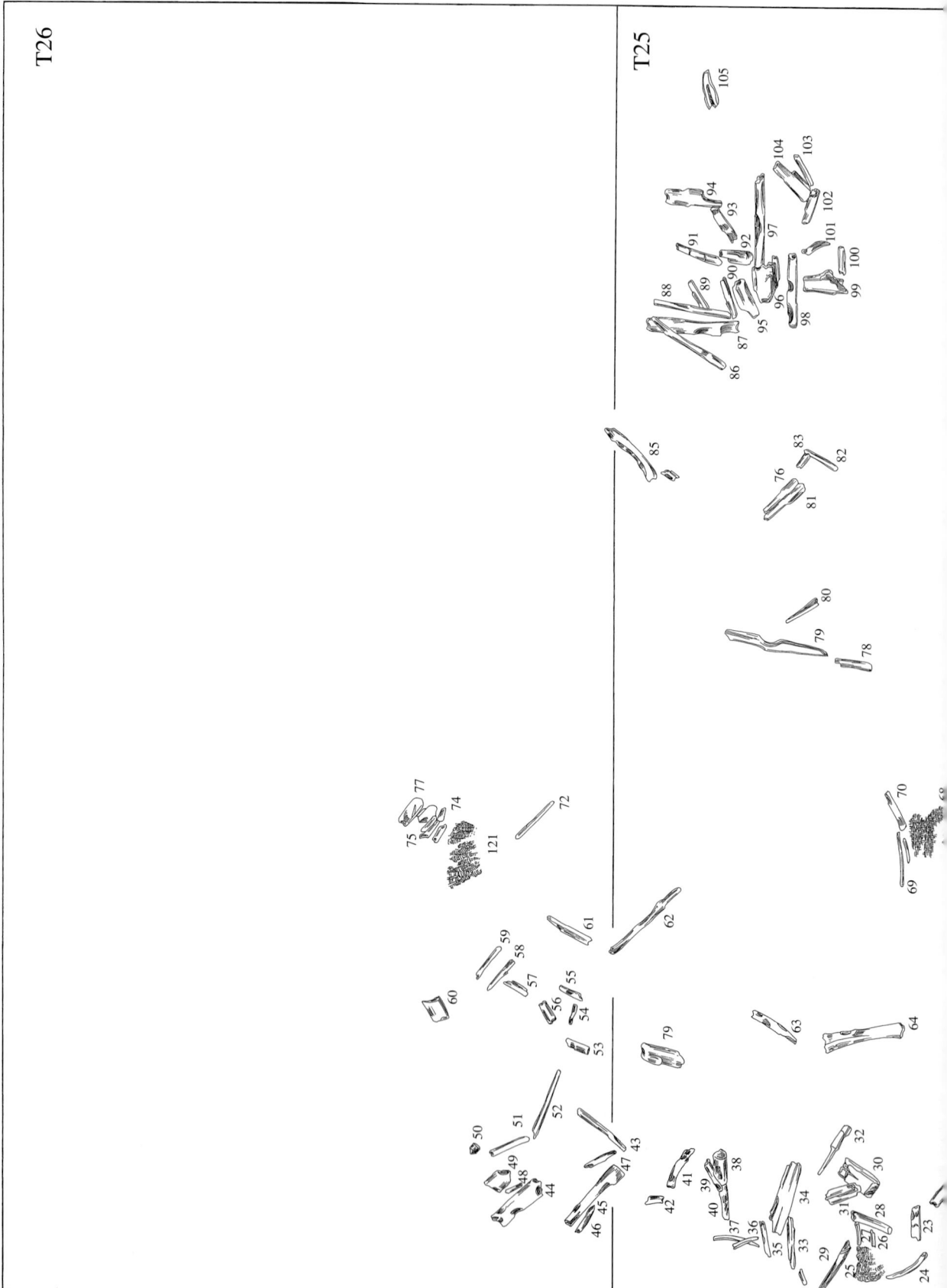

北

T26

T25

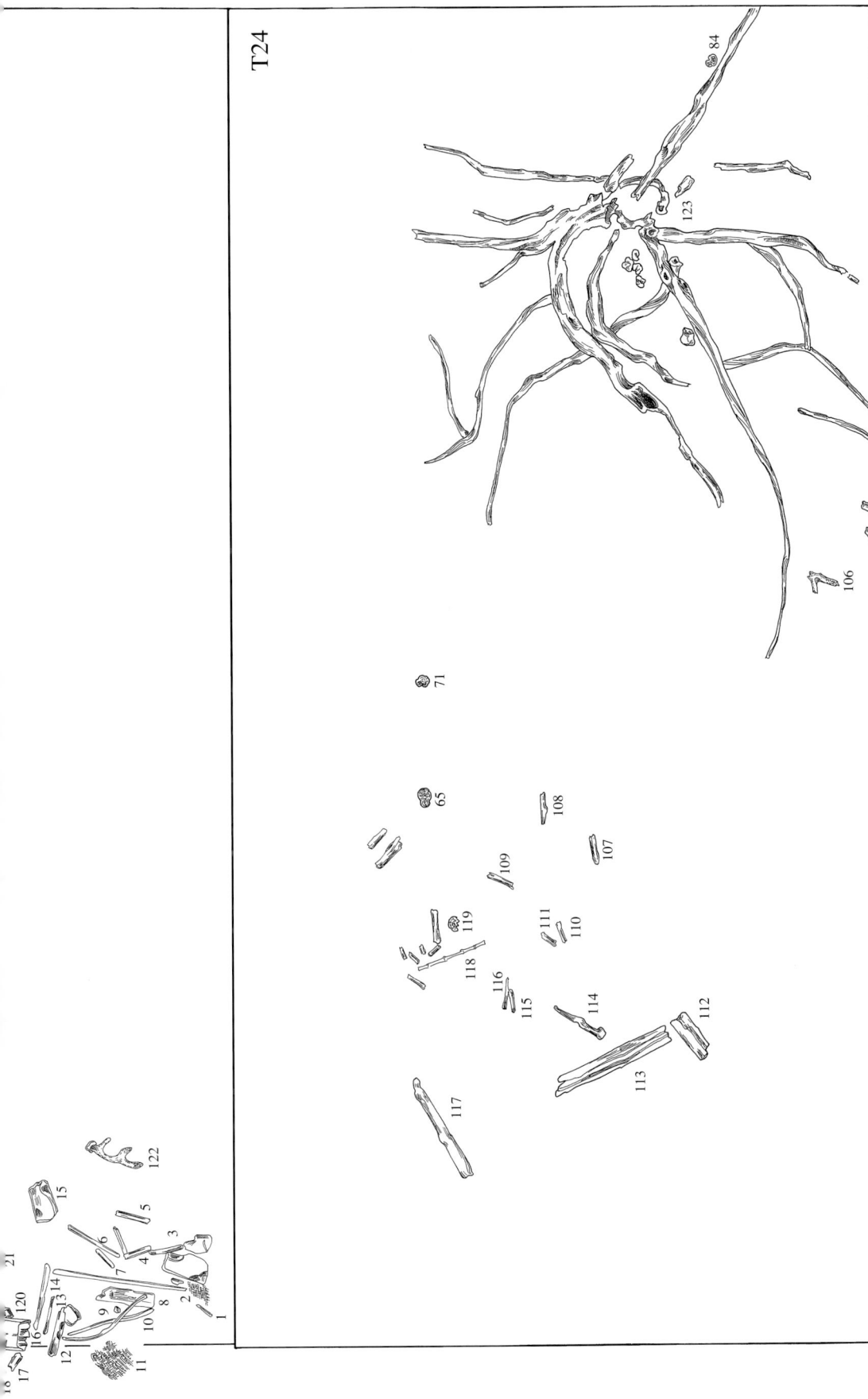

图一八一　尖山湾遗址新石器时代遗迹 B

11、21、25、68、74.竹（苇）器　23、63、100.盆形木器　30、32.木构件　50、
120.木陀螺　65、71、84、119.木桩　106、122.鹿角　其余为木、竹（苇）器残件（片）

图一八二　尖山湾遗址新石器时代陶器纹饰拓片

1、3、5、7.瓦楞纹（T14④、T35④、T26⑥、T26⑥）　2.齿状纹（T24④）　4、6.贝划纹（T26⑥、T25⑤）

篮纹有单向篮纹（图一八五，1、4、8）和交错篮纹（图一八五，2、3、5、6）。瓦楞纹（图一八二，1、3、5、7）也有一定数量。绳纹有细绳纹（图一八三，1、2）和弦断绳纹（图一八三，3、4）；凹弦纹（图一八三，5、7）、堆塑纹（图一八三，6；图一八五，7）也有一定数量。另外还有贝划纹（图一八二，4、6）、附加堆纹、镂空等。附加堆纹、瓦楞纹多饰于罐的肩部。绳纹一般饰在釜的肩腹部。凹弦纹常饰于盘的沿部。划纹数量较少，常和镂孔、小圆圈饰在器物的足及底部，是制陶加工痕。镂孔、小圆圈饰一般成对或成组出现。器内壁多留轮修痕迹。烧制温度较高。

器形有鼎、罐、豆、盘、杯、鬶、碗、盆、瓶、壶、钵、尊、盉、缸、把手、纺轮等，多未复原（彩版二三，二四）。

　　分类介绍如下。

　　鼎　78件。约占陶器总量的47%，是夹砂陶系的主要器形。除标明外均为灰色。均残。分口沿、足两部分介绍。

　　鼎口沿部分　16件。可分两型。

　　A型　3件。高领，分两亚型。

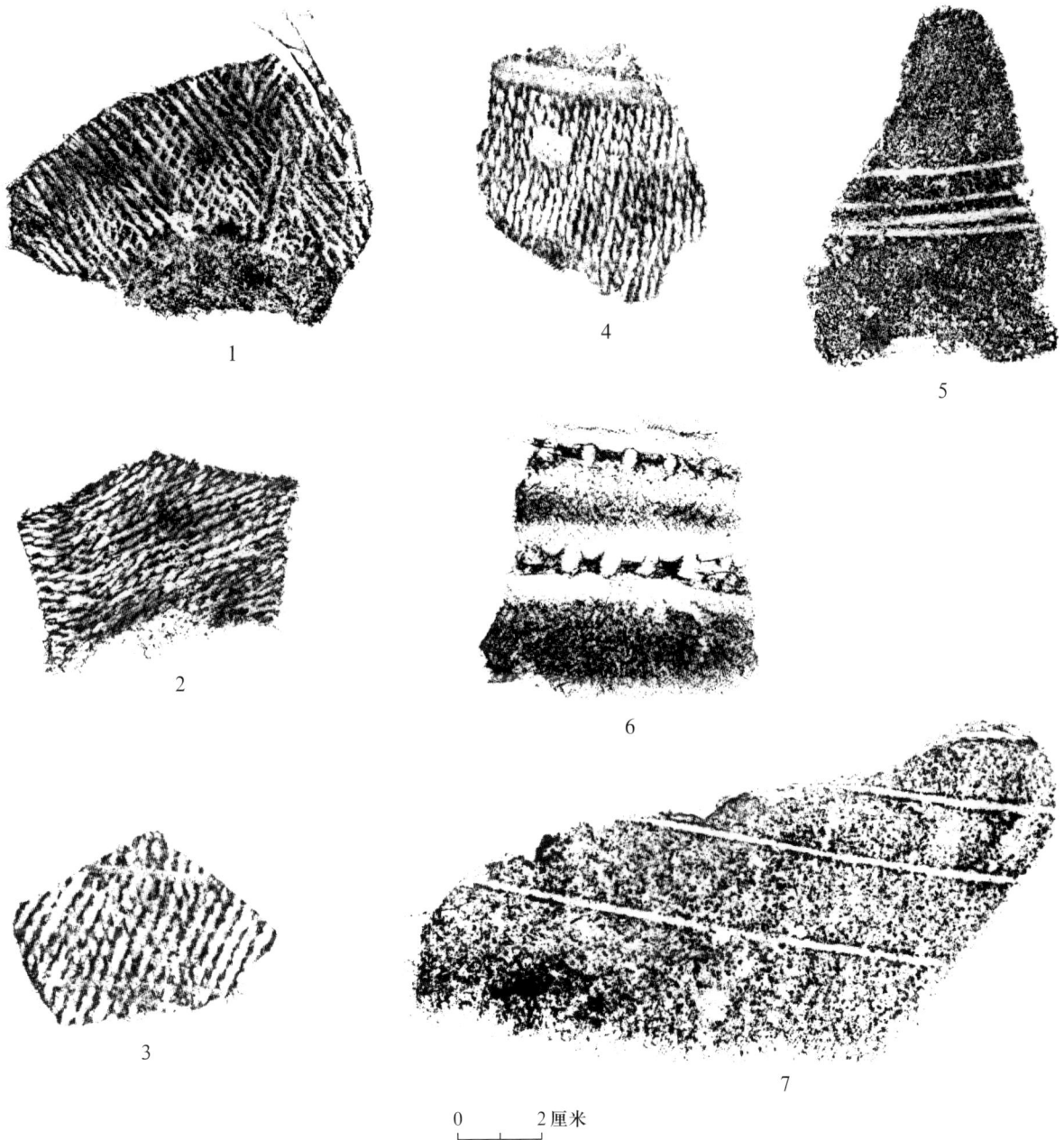

图一八三　尖山湾遗址新石器时代陶器纹饰拓片

1、2.交错绳纹（T15⑤、T26⑥）　　3、4.弦断绳纹（T26⑥、T26⑥）
5、7.凹弦纹（T26⑥、T14⑤）　6.堆塑纹（T15⑤）

図一八四　尖山湾遗址新石器时代陶器刻划纹饰拓片

1、2、6.任意刻划纹（T14④、T24⑤、T14④）　　3、5.菱形刻划纹（T15⑤、T24⑤）

4、9、10.斜向刻划纹（T26⑥、T24④、T24⑤）　　7、8.竖向刻划纹（T25⑤、T24⑤）

　　Aa型　1件。折腹。标本T24④：1，陶色外灰内红。侈口，平沿，束颈，尖圆唇，素面。口径22、厚0.4、残高6厘米（图一八六，5）。

　　Ab型　2件。弧腹。平沿，束颈，尖圆唇，素面。灰陶。标本T24⑤：1，外黑内红。侈口。口径24、厚0.4～0.6、残高7厘米（图一八六，7）。标本T24⑥：1，器表黑色有炱痕。口径20、厚0.4～0.6、残高8厘米（图一八六，3）。

　　B型　13件。矮领。分四亚型。

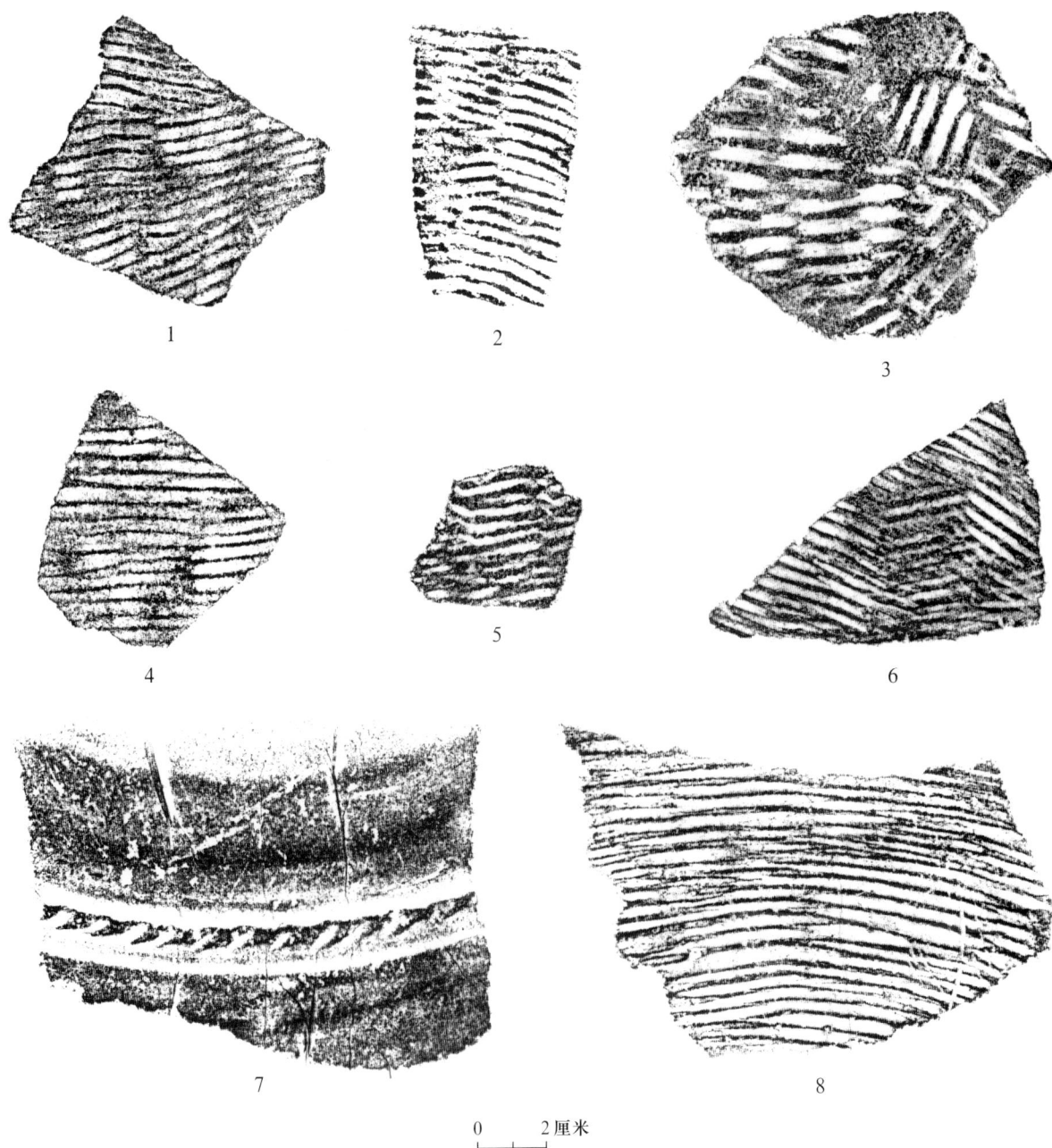

0　　2厘米

图一八五　尖山湾遗址新石器时代陶器纹饰拓片
1、4、8.单向篮纹（T26④、T25⑤、T15⑤）　　2、3、5、6.交错篮纹（T25⑤、T14⑤）　　7.堆塑纹（T24④）

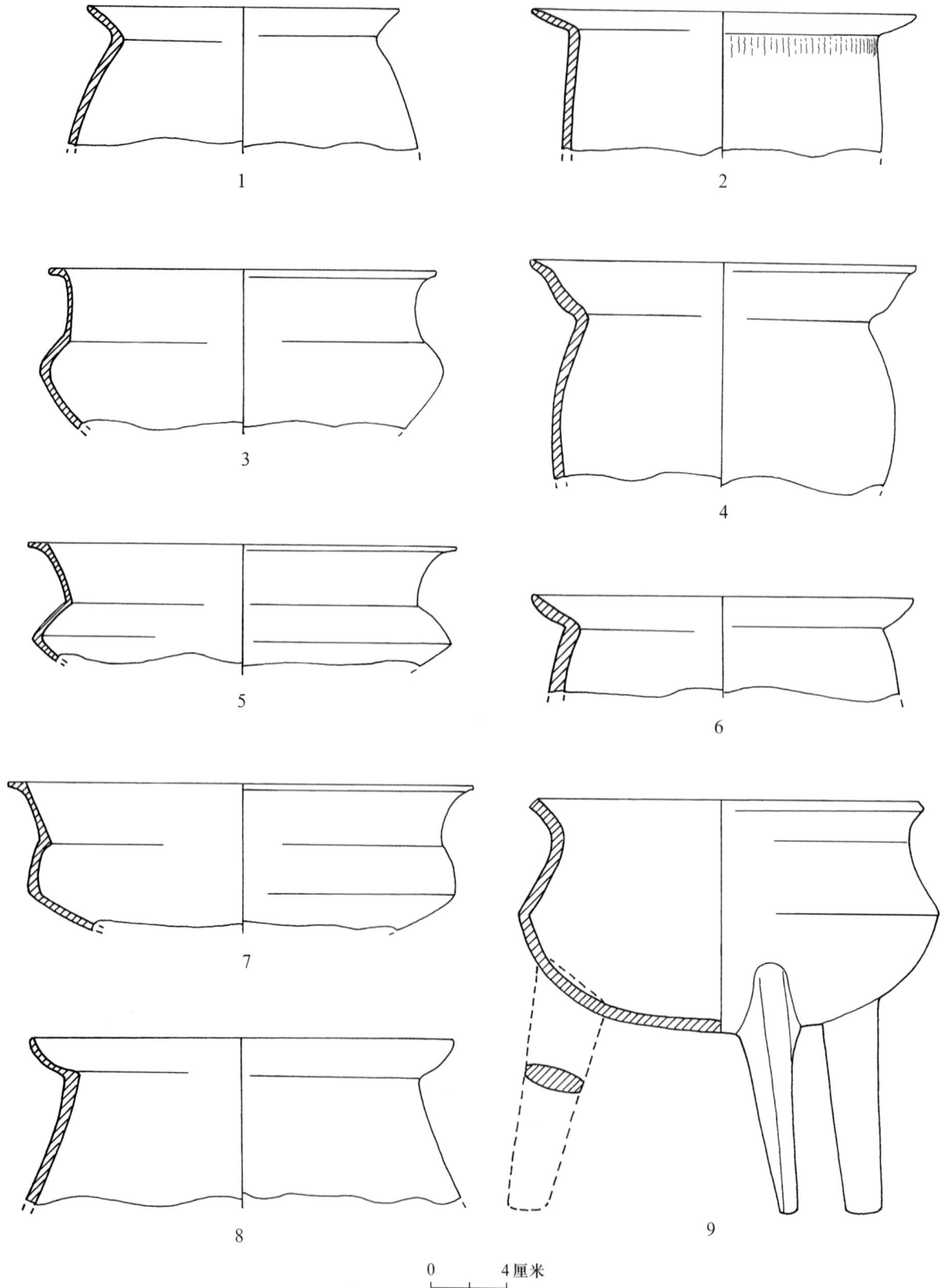

0 ——— 4厘米

图一八六　尖山湾遗址新石器时代陶鼎
1、2、4、6.Ba型鼎（T24⑤: 2、T24④: 2、T24⑥: 3、T24⑥: 2）　3、7.Ab型鼎（T24⑥: 1、
T24⑤: 1）　5.Aa型鼎（T24④: 1）　8.Bb型鼎（T15⑤: 3）　9.夹砂红陶鼎（2000TS2④）

　　Ba型　4件。斜沿，尖圆唇，束颈。标本T24⑤：2，器表黑色。沿略直，素面。口径16、厚0.4～0.5、残高7厘米（图一八六，1）。标本T24④：2，器表有刌痕，局部饰粗绳纹。沿略直，腹近直，口径20、厚0.6～0.9、残高7厘米（图一八六，2）。标本T24⑥：3，外黑内白。沿面微曲，弧腹微鼓。口径20、厚0.4～0.6、残高11厘米（图一八六，4）。标本T24⑥:2，内表黑色。素面。沿面微弧，斜鼓腹。口径20、厚0.5～0.9、残高5厘米（图一八六，6）。

　　Bb型　3件。盘口，尖圆唇，束颈，溜肩，素面。标本T15⑤：3，内表黑色，口径22、厚0.6、残高8厘米（图一八六，8）。标本T24④：3。内表灰白，外有刌痕。腹微鼓。口径20、厚0.6、残高7厘米（图一八七，1）。标本T24⑥：4，内表黑色。口径19.8、厚0.6、残高6厘米（图一八七，3）。

　　Bc型　3件。卷沿，尖圆唇，束颈，溜肩。素面。标本T24④：4，外表黑色，内壁灰白。腹微鼓。口径22、厚0.6～0.8、残高6.6厘米（图一八七，5）。标本T24⑤：4，鼓腹。口径21.8、厚0.6～0.8、残高8.4厘米（图一八七，7）。标本T24④：5，鼓腹。口径20.2、厚0.4～0.6、残高6厘米（图一八七，4）。

　　Bd型　3件。灰陶。直口，尖圆唇，束颈，溜肩，素面。标本T24⑤：7，器表黑色。口微侈。口径21.8、厚0.8、残高6厘米（图一八七，8）。标本T15⑤：6，器表黑色。口微敛。口径22.4、厚0.9～1.0、残高6厘米（图一八七，6）。标本T15④：6，口微敛。口径19.4、厚0.9～1.0、残高4厘米（图一八七，2）。

　　鼎足部分　共出939件（表一五）。选用标本62件（表一六）。分五型。

　　A型　8件。鱼鳍形外弧。分两亚型。

　　Aa型　5件。灰陶。截面内弧外尖，体形扁瘦。标本T24⑤：47，两侧饰竖向刻划纹。残长10厘米（图一九二，4）。标本T24④：44，仅存上部，两侧饰竖向刻划纹。残长10厘米（图一九三，5）。标本T45⑤：48，两侧竖饰八字形纹三道。残长7厘米（图一九二，5）。标本T14④：45，仅存上部，外饰齿纹，两侧饰斜向刻划纹。残长13厘米（图一九二，9）。标本T14④：46，两侧饰竖向间断刻划纹。残长8厘米（图一九二，2）。

　　Ab型　3件。上厚下薄，截面尖角椭圆。标本T25⑤：49，表面灰褐。外饰方形齿纹。残长12厘米（图一九二，6）。标本T14④：47，素面。残长9.4厘米（图一九二，7）。标本T14④：48，表面灰白。外饰方形齿纹。残长8.8厘米（图一九二，1）。

　　B型　27件。狭三角形。分四亚型。

　　Ba型　5件。内方外尖。标本T15⑤：50，仅存上部，外侧脊棱上端饰齿纹。残长11厘米（图一九二，8）。标本T24④：49，仅存上部，外脊弧。素面。残长12厘米（图一八八，2）。标本T24④：50，仅存下部。红陶，素面。残长12厘米（图一八八，3）。标本T24④：51，仅存上部。红陶，素面。外脊弧。残长12厘米（图一八八，9）。标本T24④：52，基本完好。灰褐陶，素面。外脊弧。高18厘米（图一八八，7）。

　　Bb型　2件。截面扁圆。素面。标本T26⑥：12，仅存上部。残长11厘米（图一八八，1）。标本T26⑥：13，残长12厘米（图一八八，8）。

　　Bc型　7件。截面圆角长方形。素面。标本T24⑥：14，残长15厘米（图一八九，8）。标本T24⑤：51，残长11.6厘米（图一八八，4）。标本T16④：53，残长12厘米（图一八八，5）。标本T24⑤：53，残

表一五　尖山湾遗址陶鼎足分类统计表

探方	式	Aa	Ab	Ba	Bb	Bc	Bd	Ca	Cb	D	E	F	其他型	总计
T14	④	29	3		13	11	5	2	7	34	7			111
T14	⑤				1	1		1	2	3	1	1		10
T15	④	5			6	2	1	3	6	16				39
T15	⑤	15		1	14	8	5	5	10	36	3		1	98
T16	④	2			10	6	3	3	6	14				44
T24	④	25		13	23	16	12	14	12	38	5			158
T24	⑤	8	1	4	25	15	15	23	14	81	4	3	3	196
T24	⑥				11	1		8	3	15	1			39
T25	④	9			7	1		1	3	2	1			24
T25	⑤	1	2		12	10	4	3	8	14	2	2		58
T26	④	4			8	4	2	1	5	10		1		35
T26	⑤				3	2	1							6
T26	⑥	1	1		5	5	2	3	2	23	2		1	45
T35	④				3	4	1	2	4	10				24
T45	⑤	1			6	4		5	8	27	1			52
合计		100	7	18	136	100	52	74	90	323	27	7	5	939

表一六　尖山湾遗址陶鼎足标本统计表

探方	式	Aa	Ab	Ba	Bb	Bc	Bd	Ca	Cb	D	E	F	其他型	总计
T14	④	2	2				1					1	1	7
T15	⑤			1			1						1	3
T16	④					1	2	1						4
T24	④	1		4		1	1		1	1			1	10
T24	⑤	1				4	6	1	3	2	1		1	19
T24	⑥					1	1		1		1			4
T25	④										1			1
T25	⑤		1				1		1		1			4
T26	④									1				1
T26	⑥				2				2	2	1			7
T35	④								1					1
T45	⑤	1												1
合计		5	3	5	2	7	13	2	9	6	5	1	4	62

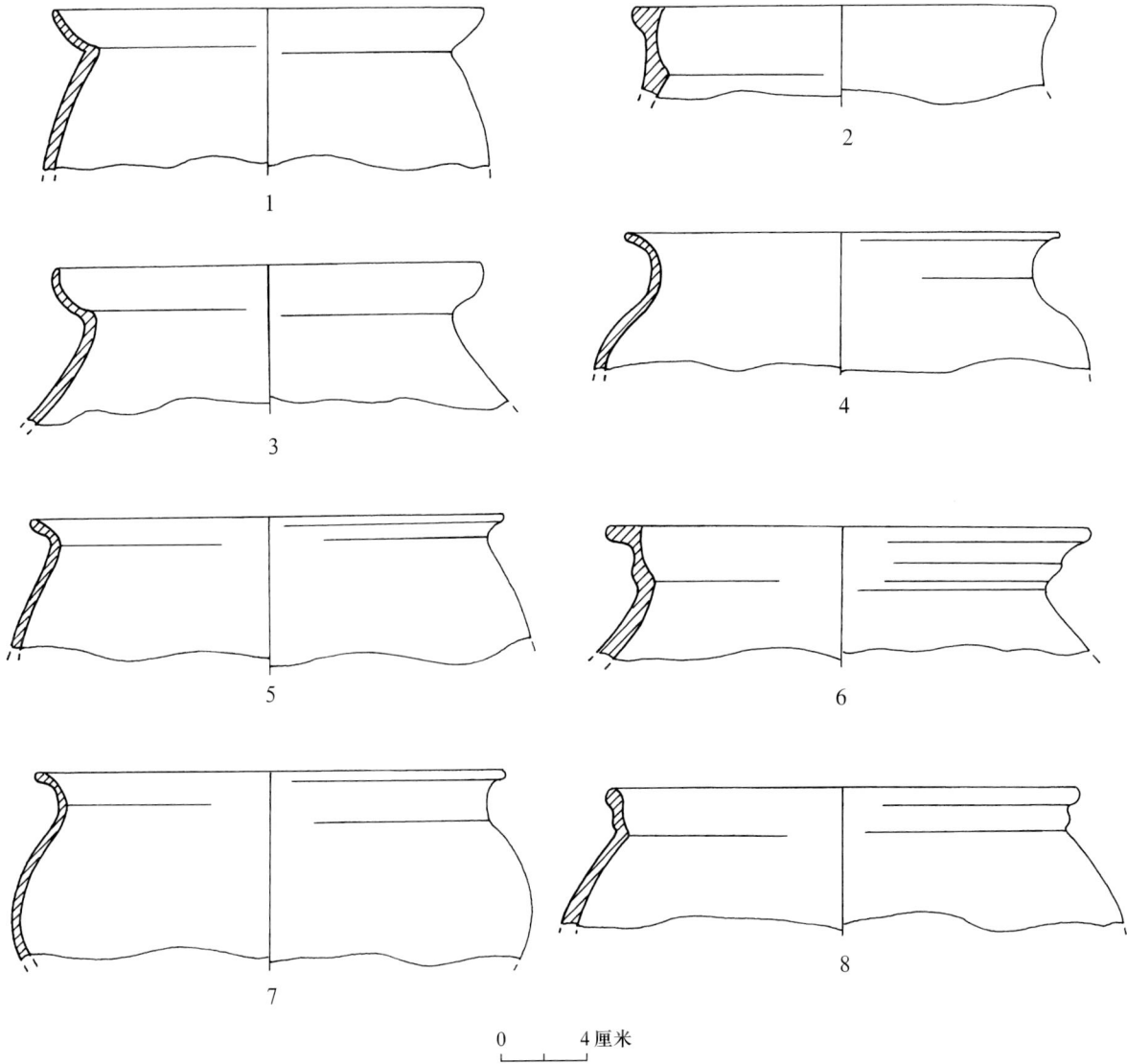

图一八七 尖山湾遗址新石器时代陶鼎

1、3.Ba 型陶鼎（T24④：3、T24⑥：4）   2、6、8.Bd 型陶鼎（T15④：6、
T15⑤：6、T24⑤：7）   4、5、7.Bc 型陶鼎（T24④：5、T24④：4、T24⑤：4）

长 14 厘米（图一八九，4）。标本 T24⑤：52，下部残。上厚下薄，外脊上部饰刻划纹。残长 10.4 厘米（图一九〇，7）。标本 T24④：54，外饰齿纹。残长 10.6 厘米（图一九〇，1）。标本 T24⑤：54，下部残。外饰齿纹。残长 13 厘米（图一九〇，4）。

　　Bd 型 13 件。侧面有刻划纹。标本 T24⑤：55，表面黑色。两侧饰网状刻划纹。残长 7.2 厘米（图一九〇，8）。标本 T24⑥：14，下部残。侧面饰有数条竖向刻划纹。残长 10 厘米（图一九三，6）。标本 T16④：55，下部残。侧面饰有数条竖向间断条状刻划纹。残长 13 厘米（图一九三，4）。标本 T25⑤：56，一侧饰有 4 条竖向刻划纹。残长 13 厘米（图一九三，7）。标本 T24⑤：57，两侧横饰 4 行点状刻划纹。残长 18 厘米（图一九三，9）。标本 T15⑤：58，下部残。两侧饰刻划纹。残长 9 厘米（图一九三，1）。标本 T24⑤，59，下部残。灰褐陶。两侧饰刻划纹。残长 14 厘米（图一九三，3）。标本 T24⑤：60，两侧

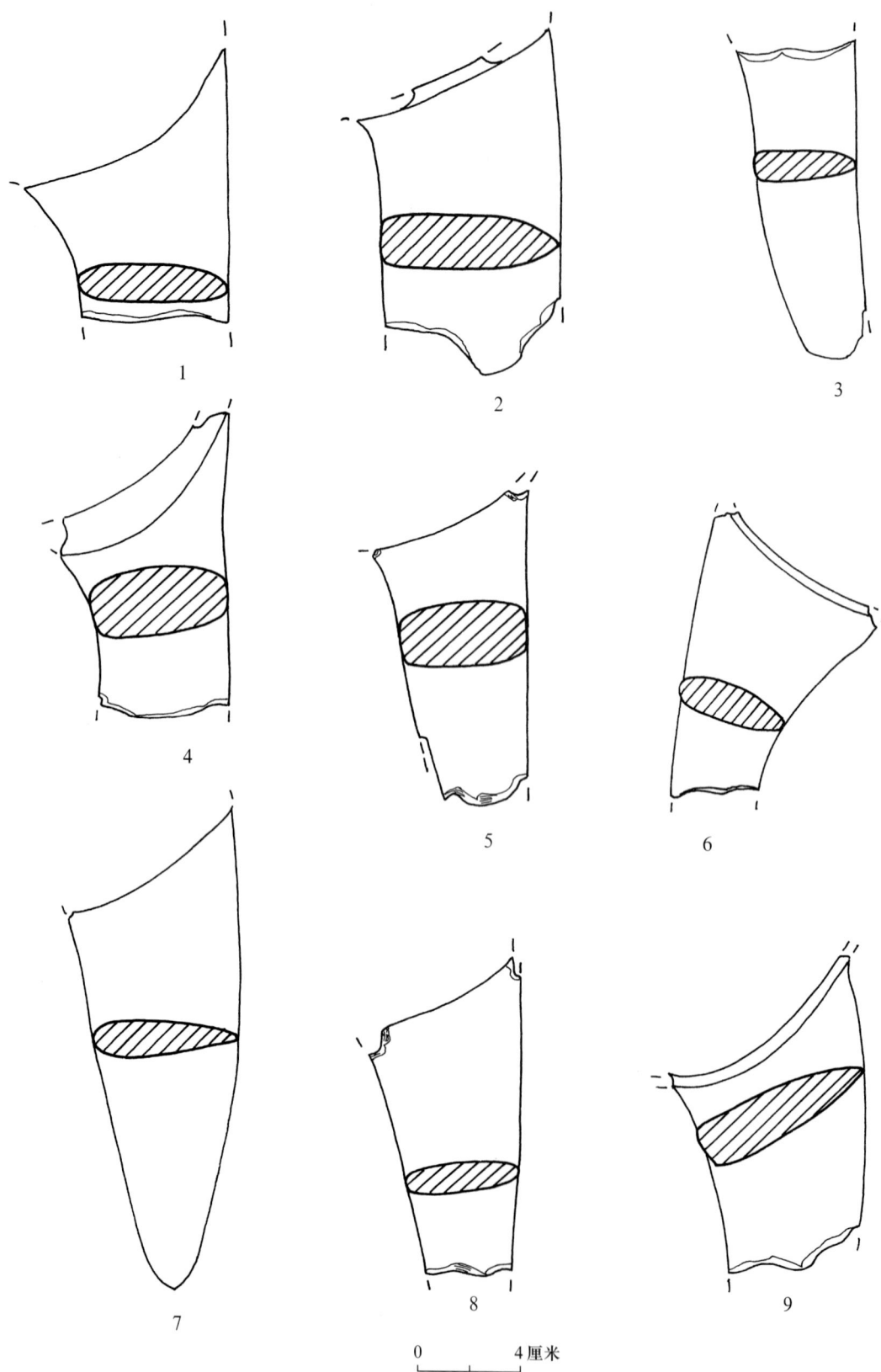

图一八八　尖山湾遗址新石器时代陶鼎足

1、8.Bb 型鼎足（T26⑥: 12、T26⑥13）　　2、3、7、9.Ba 型鼎足（T24④: 49、T24④: 50、
T24④: 52、T24④: 51）　　4、5.Bc 型鼎足（T24⑤: 51、T16④: 53）　　6.Cb 型鼎足（T26⑥: 16）

饰"＊"形刻划纹。残长 8 厘米（图一九三，8）。标本 T14④：56，下部残。脊部有锯齿纹，两侧有随意刻划纹。残长 7.6 厘米（图一九二，10）。标本 T16④：57，表面灰白。两侧饰间断刻划纹。残长 9 厘米（图一九三，2）。标本 T24④：58，两侧饰斜向间断刻划纹。残长 12.2 厘米（图一九〇，3）。标本 T24⑤：61，两侧饰斜向间断刻划纹。残长 9.2 厘米（图一九〇，2）。标本 T24⑤：62，基本完整。两侧饰竖向间断刻划纹。残长 16.4 厘米（图一九〇，6）。

C 型　11 件。瘦长条形。分两亚型。

Ca 型　2 件。两侧凸起。各有竖向凸脊一道。素面。标本 T24⑤：63，残长 17.4 厘米（图一九一，7）。标本 T16④：59，残长 14.4 厘米（图一九一，3）。

Cb 型　9 件。截面扁圆。标本 T24④：60，下部残。两侧饰竖条刻划纹。残长 9.4 厘米（图一九〇，5）。标本 T24⑤：64，两侧竖向刻划纹各一道。残长 13 厘米（图一九一，1）。标本 T24⑥：15，两侧饰竖向刻划纹各一道。残长 10 厘米（图一九一，2）。标本 T26⑥：16，素面。残长 10.6 厘米（图一八八，6）。标本 T26⑥：20，素面。残长 7 厘米（图一九二，3）。标本 T24⑤：65，完整。素面。长 15 厘米（图一八九，1）。标本 T35④：61，完整。素面。长 12 厘米（图一八九，3）。标本 T25⑤：66，完整。素面。长 12.6 厘米（图一八九，10）。标本 T24⑤：67，完整。素面。长 12.5 厘米（图一八九，7）。

D 型　6 件。锥状，截面圆形。标本 T24⑤：68，完整。素面。长 16.4 厘米（图一九四，3）。标本 T26⑥：17，完整。素面。长 16 厘米（图一九四，5）。标本 T24④：62，完整。素面。长 18.8 厘米（图一九四，1）。标本 T26⑥：18，仅存下部。素面。残长 13 厘米（图一九四，6）。标本 T24⑤：69，仅存下部。素面。残长 8.6 厘米（图一九四，4）。标本 T26④：63，仅存下部。素面。残长 8.6 厘米（图一九四，2）。

E 型　5 件。凿形，截面圆角长方形。标本 T25⑤：70，红陶。外侧饰按压纹及竖线刻划纹。残长 6.8 厘米（图一九一，8）。标本 T25④：64，外有竖向凹槽。残长 11.4 厘米（图一九一，4）。标本 T24⑥：19，两侧面饰竖向间断刻划纹。残长 11 厘米（图一九〇，9）。标本 T24⑤：71，两侧面斜饰刻划纹。残长 10.8 厘米（图一九一，6）。

F 型　1 件。鸭嘴状凿形足。标本 T14④：65，外饰竖向刻划纹。残长 9.8 厘米（图一九一，5）。

其他型　4 件。标本 T24⑤：72，完整。表面黑色。上端椭圆，中有凹窝，下端扁平，脊略凸。残高 15 厘米（图一八九，9）。标本 T15⑤：73，完整。棱锥状，截面方形。素面。长 16 厘米（图一八九，2）。标本 T24④：66，上残。红陶。楔形，截面梯形。素面。残长 8 厘米（图一八九，6）。标本 T14④：67，体小，上粗下细，截面圆形。残高 5 厘米（图一八九，5）。

罐　28 件。数量较多是仅次于鼎的器形。均为不可复原的残片。分泥质陶、夹砂陶两部分介绍。

泥质陶罐　10 件。分三型。

A 型　1 件。高领。标本 T24⑤：7，灰陶。器表黑色，火候较高。圆唇，溜肩，鼓腹，素面。口径 13、厚 0.4～0.5、残高 9.8 厘米（图一九五，4）。

B 型　2 件。灰陶。中领，侈口，束颈，鼓腹。素面。标本 T24⑤：8，内壁灰白。尖圆唇。口径 12、厚 0.4～0.6、残高 6 厘米（图一九五，5）。标本 T24⑤：9，器表内黄。方唇。口径 25.6、厚 0.5～0.6、残高 8 厘米（图一九五，6）。

C 型　7 件。分两亚型。

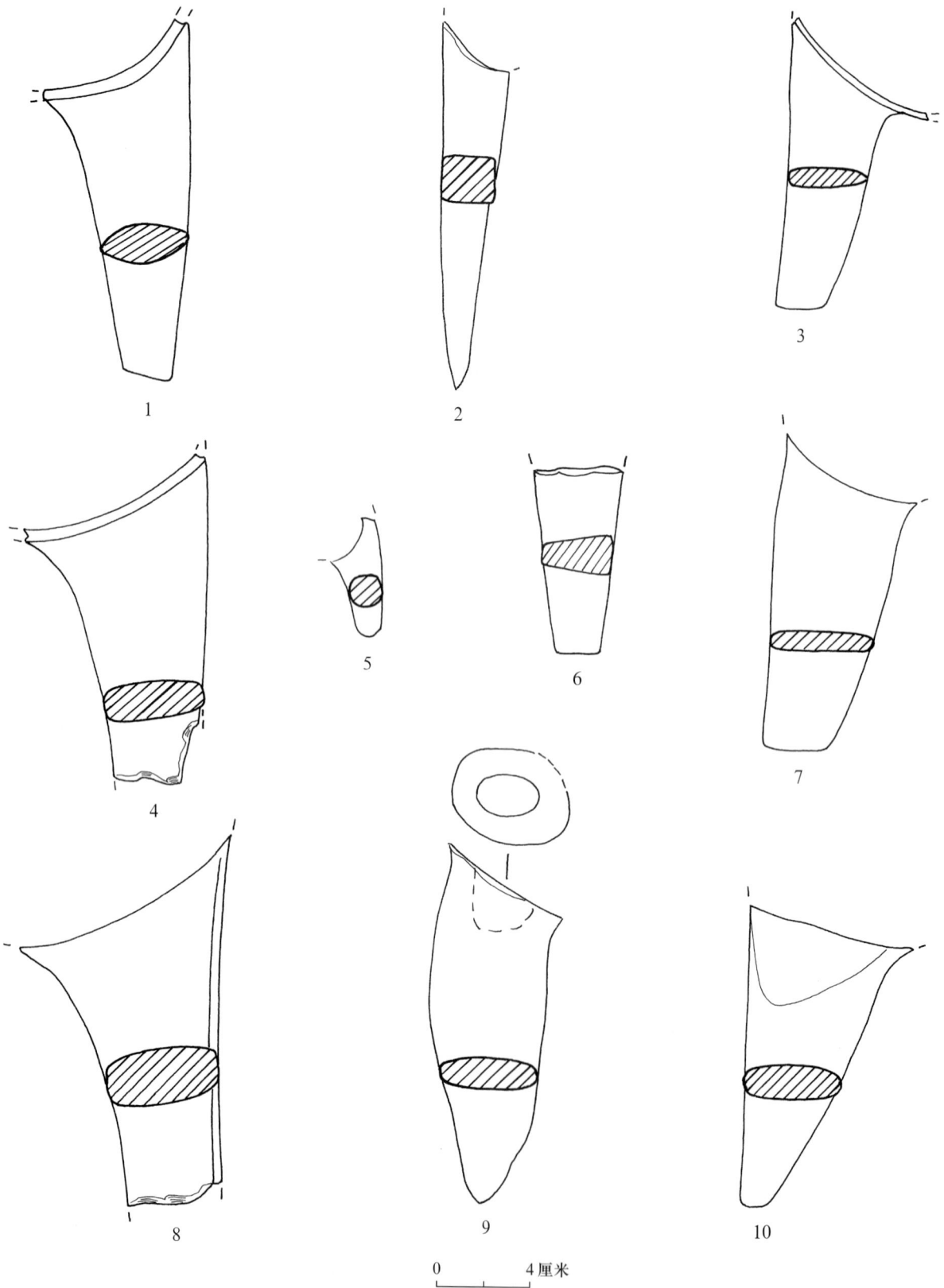

图一八九　尖山湾遗址新石器时代陶鼎足

1、3、7、10.Cb 型鼎足（T24⑤：65、T35④：61、T24⑤：67、T25⑤：66）　　2、5、6、9.其他型
鼎足（T15⑤：73、T14④：67、T24④：66、T24⑤：72）　　4、8.Bc 型鼎足（T24⑤：53、T24⑥：14）

0 ⎯⎯⎯ 4厘米

图一九〇　尖山湾遗址新石器时代陶鼎足

1、4、7.Bc 型鼎足（T24④：54、T24⑤：54、T24⑤：52）　2、3、6、8.Bd 型鼎足（T24⑤：61、T24④：58、T24⑤：62、T24⑤：55）　5.Cb 型鼎足（T24④：60）　9.E 型鼎足（T24⑥：19）

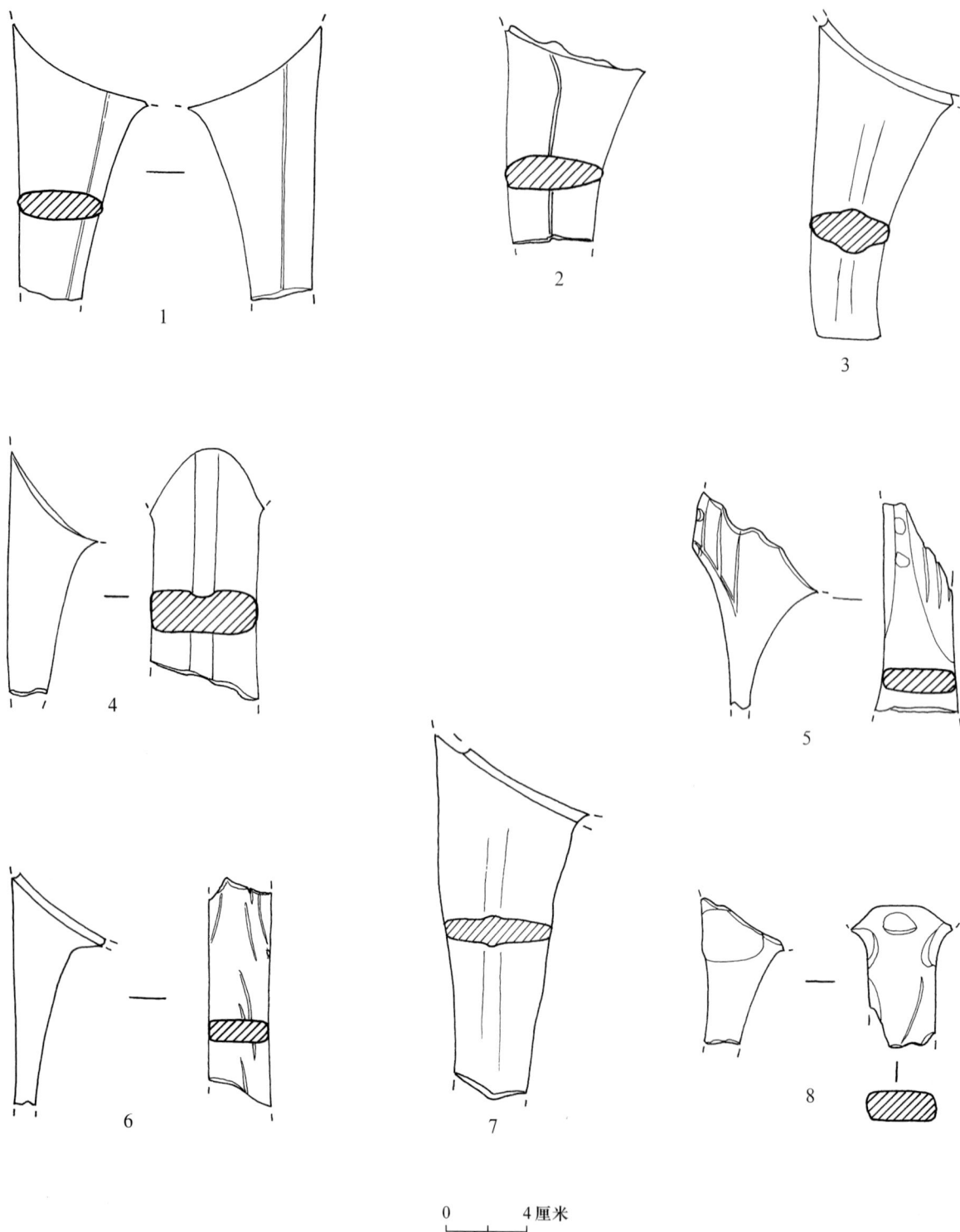

0 ____ 4厘米

图一九一　尖山湾遗址新石器时代陶鼎足

1、2.Cb 型鼎足（T24⑤：64、T24⑥：15）　　3、7.Ca 型鼎足（T16④：59、T24⑤：63）
4、6、8.E 型鼎足（T25④：64、T24⑤：71、T25⑤：70）　　5.F 型鼎足（T14④：65）

图一九二　尖山湾遗址新石器时代陶鼎足

1、6、7.Ab 型鼎足（T14④: 48、T25⑤: 49、T14④: 47）　2、4、5、9.Aa 型鼎足（T14④: 46、T24⑤: 47、T45⑤: 48、T14④: 45）　3.Cb 型鼎足（T26⑥: 20）　8.Ba 型鼎足（T15⑤: 50）　10.Bd 型鼎足（T14④: 56）

0　———　4厘米

图一九三　尖山湾遗址新石器时代陶鼎足

1~4、6~9.Bd 型鼎足 （T15⑤：58、T16④：57、T24⑤：59、T16④：55、
T24⑥：14、T25⑤：56、T24⑤：60、T24⑤：57）　5.Aa 型鼎足 （T24④：44）

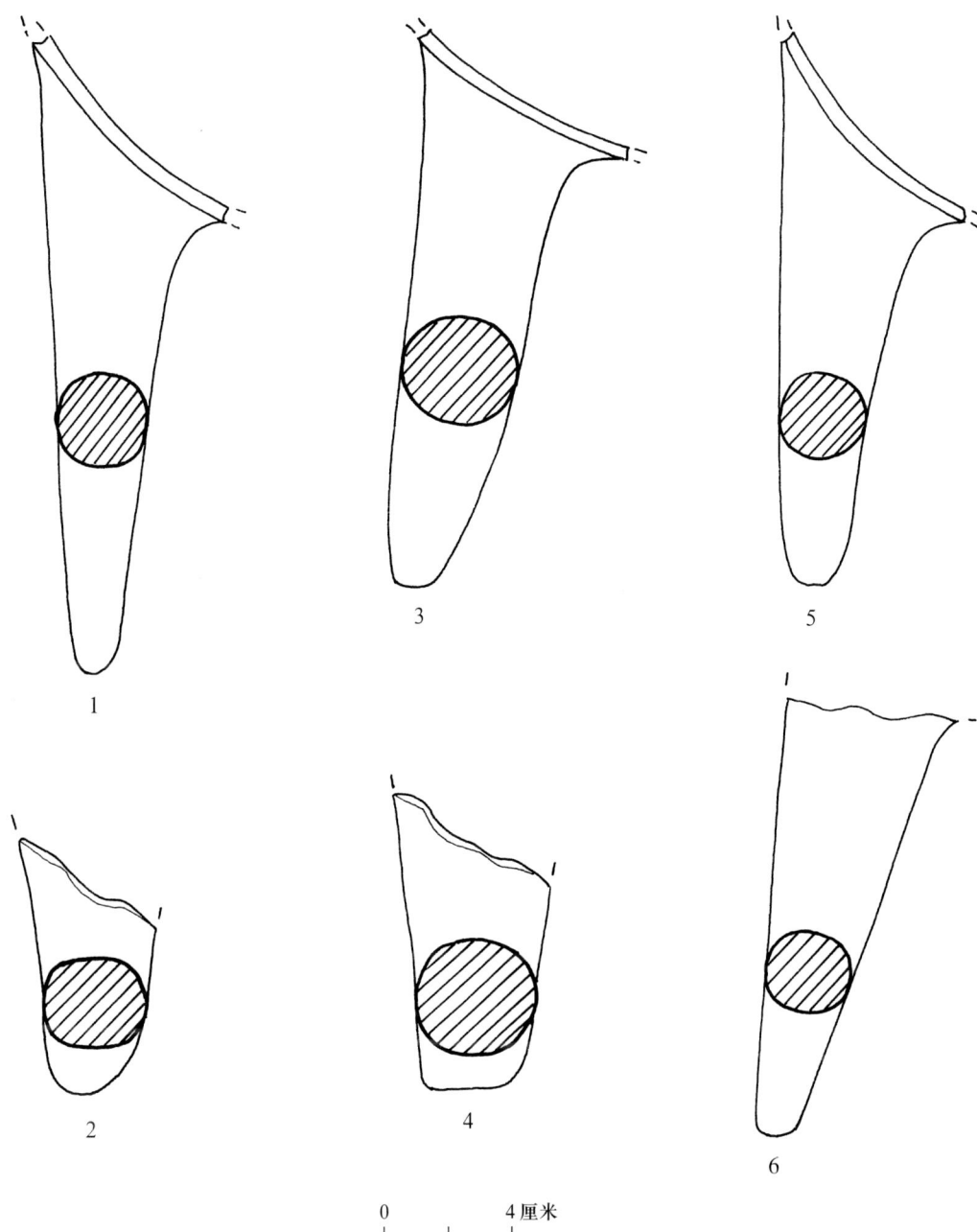

图一九四　尖山湾遗址新石器时代陶鼎足
1~6.D型鼎足（T24④：62、T26④：63、T24⑤：68、T24⑤：69、T26⑥：17、T26⑥：18）

Ca型　4件。灰陶。侈口，束颈，鼓腹。素面。标本T14④：7，器表灰白。平沿，圆唇，溜肩。口径25.2、厚0.4~0.5、残高9.2厘米（图一九五，7）。标本T26④：8，尖圆唇，肩近平。口径13、厚0.4~0.5、残高2.2厘米（图一九五，1）。标本T45⑤：10，口微卷。口径26.8、厚0.4~0.6、残高10厘米（图一九五，2）。标本T26④：9，器表黑色。尖方唇，肩颈间有一折棱。口径28、厚0.6~0.7、残高4.8厘米（图一九五，3）。

Cb型　3件。灰陶。敛口，圆唇，斜肩。素面。标本T25④：10，器内灰白，外施黑衣。平沿。口径

14、厚0.4～0.5、残高5厘米（图一九五，8）。标本T24④：11，内表灰白，外施黑衣。口微直。口径18、厚0.5、残高5.6厘米（图一九六，3）。标本T14⑤：11，口径12、厚0.8、残高3.4厘米（图一九六，8）。

夹砂陶罐　18件。分三型。

A型　2件。灰陶，表面灰褐。高领，束颈，溜肩。素面。标本T14④：12，尖圆唇。口径28、厚0.8～1、残高8.4厘米（图一九六，4）。标本T15④：13，肿唇。口径29.6、厚0.8～1、残高9.6厘米（图一九六，5）。

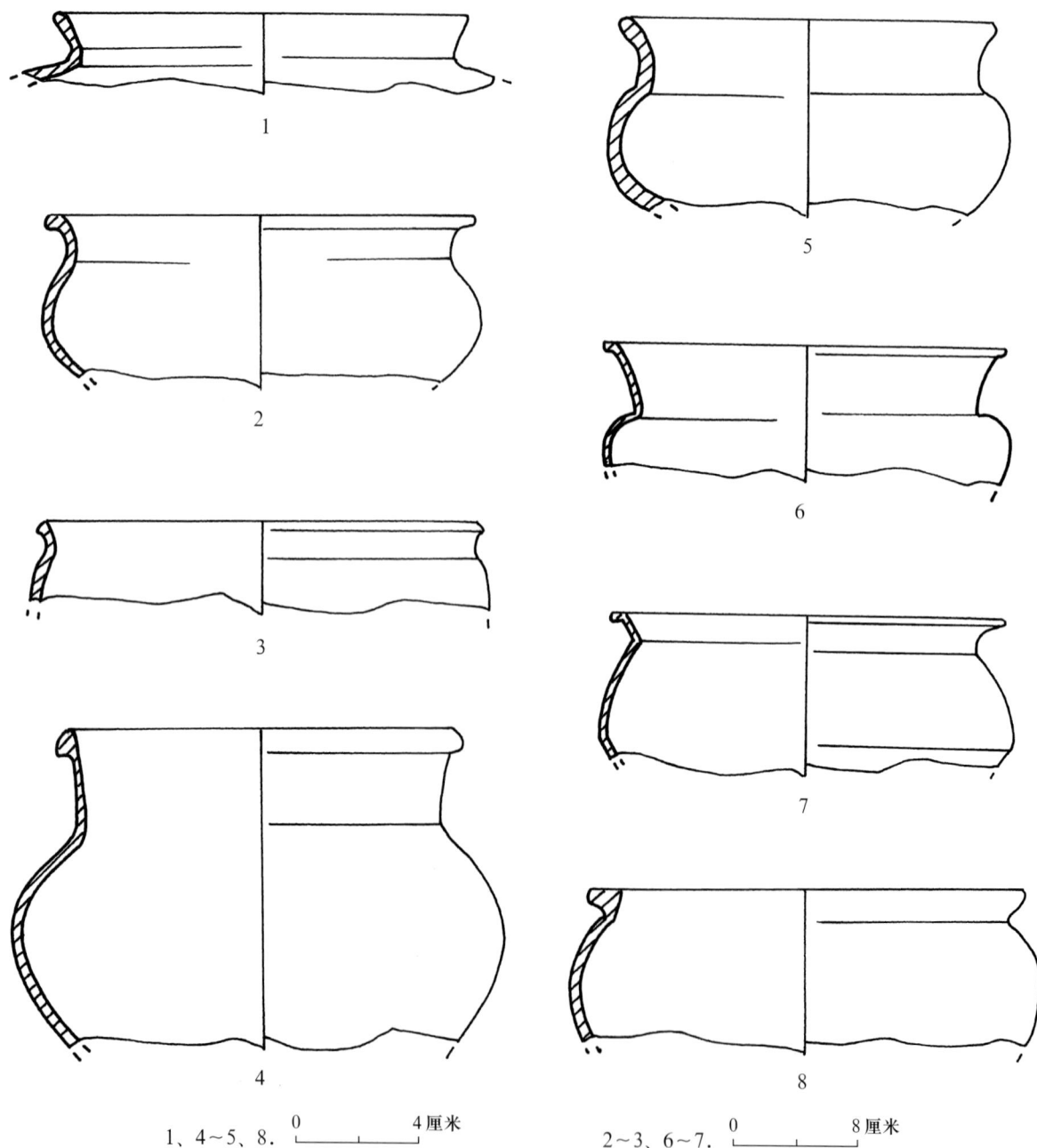

1、4～5、8. ├─0────4厘米─┤　　　2～3、6～7. ├─0────8厘米─┤

图一九五　尖山湾遗址新石器时代泥质陶罐

1～3、7.Ca型罐（T26④：8、T45⑤：10、T26④：9、T14④：7）　4.A型罐
（T24④：7）　5、6.B型罐（T24⑤：8、T24⑤：9）　8.Cb型罐（T25④：10）

B 型 3件。灰陶。中领。标本T24④：14，敛口，尖圆唇。肩外饰附加堆纹一周，器表灰黑。口径18、厚0.5～1.1、残高10厘米（图一九六，6）。标本T25⑤：12，器表灰褐。直口，尖唇。沿面饰小圆点，肩饰间断纹及竖向绳纹。口径12.8、厚0.3～0.4、残高8厘米（图一九六，1）。标本T14④：15，器表灰褐，局部黑色。侈口，肿唇。肩饰附加堆纹一周，内表轮修痕迹明显。口径22、厚0.5～1.2、残高11.2厘米（图一九六，9）。

C 型 13件。矮领。分两亚型。

Ca 型 4件。敛口，灰陶。标本T14⑤：13，内表灰白。卷圆唇，耸肩。素面。口径26.4、厚0.6～0.7、残高6.8厘米（图一九六，10）。标本T15⑤：13，局部灰褐。圆唇，肩饰附加堆纹一周。口径22、厚0.5～0.6、残高6.4厘米（图一九六，2）。标本T25⑤：14，表面局部黑色。尖圆唇，鼓肩，素面。口径20.8、厚0.6～0.7、残高6.4厘米（图一九六，7）。标本T24⑤：15，圆唇，斜肩。素面。口径22.8、厚0.6～0.7、残高5.2厘米（图一九七，7）。

Cb 型 9件。侈口，束颈，斜肩，除标明外均为灰陶。标本T24④：16。素面。口径20、厚0.5～0.7、残高6.4厘米（图一九七，2）。标本T26⑥：5，局部黑色。方唇，平沿，肩饰斜绳纹。口径20.4、厚0.5～0.6、残高8厘米（图一九七，1）。标本T24⑤：16，肿唇，腹微鼓。素面。口径22.8、厚0.6～0.7、残高20.1厘米（图一九七，6）。标本T4⑤：17，表面灰白。尖圆唇，鼓腹。素面。口径22.8、厚0.6～0.7、残高13.2厘米（图一九七，5）。标本T24⑥：6，红陶，局部黑色。尖圆唇，素面。口径28、厚0.5～0.6、残高6.8厘米（图一九七，10）。标本T24④：17，局部褐色。肿唇，鼓腹，肩饰附加堆纹一周。口径28.2、厚0.6～1.1、残高12.4厘米（图一九七，3）。标本T24⑤：18，表面灰白。方唇，平沿。口径24.4、厚0.5～0.7、残高8.8厘米（图一九七，9）。标本T24④：18，沿面有黑色。尖圆唇。素面。口径23.2、厚0.6～0.7、残高8.4厘米（图一九七，8）。标本T45⑤：19，局部黑色。圆唇。素面。口径19.8、厚0.5～0.6、残高7.2厘米（图一九七，4）。

陶豆 共7件。泥质，数量较少，均残。按盘、柄、足分别介绍。

盘 7件。分两型。

A 型 3件。弧腹。分两亚型。

Aa 型 2件。灰陶。外饰瓦楞纹。标本T24⑥：7，敞口，肿唇。口径20.4、厚0.5～0.6、残高4.2厘米（图一九八，5）。标本T35④：18，敛口，平沿，尖圆唇，圜底。口径19.4、厚0.4～0.9、残高5.4厘米（图一九八，6）。

Ab 型 1件。素面。标本T45⑤：20，敞口，平沿，圆唇，平底。口径13.6、厚0.3～0.4、残高5厘米（图一九八，1）。

B 型 4件。折腹。分两亚型。

Ba 型 3件。灰陶。壁下无垂。底微凹。标本T24⑤：21，敛口，尖唇，平沿。壁外饰数道瓦楞纹。口径20、厚0.4～0.6、残高5.1厘米（图一九八，7）。标本T24④：19，敞口，圆唇，素面。口径20.4、厚0.4～0.6、残高6厘米（图一九八，4）。标本采集：1，敞口，尖圆唇，外饰瓦楞纹数道。口径32.4、厚0.6～0.8、残高6.8厘米（图一九八，3）。

Bb 型 1件。壁下有垂。标本T35④：20，平底，下附残柄。素面。口径12.4、厚0.4～0.6、残高

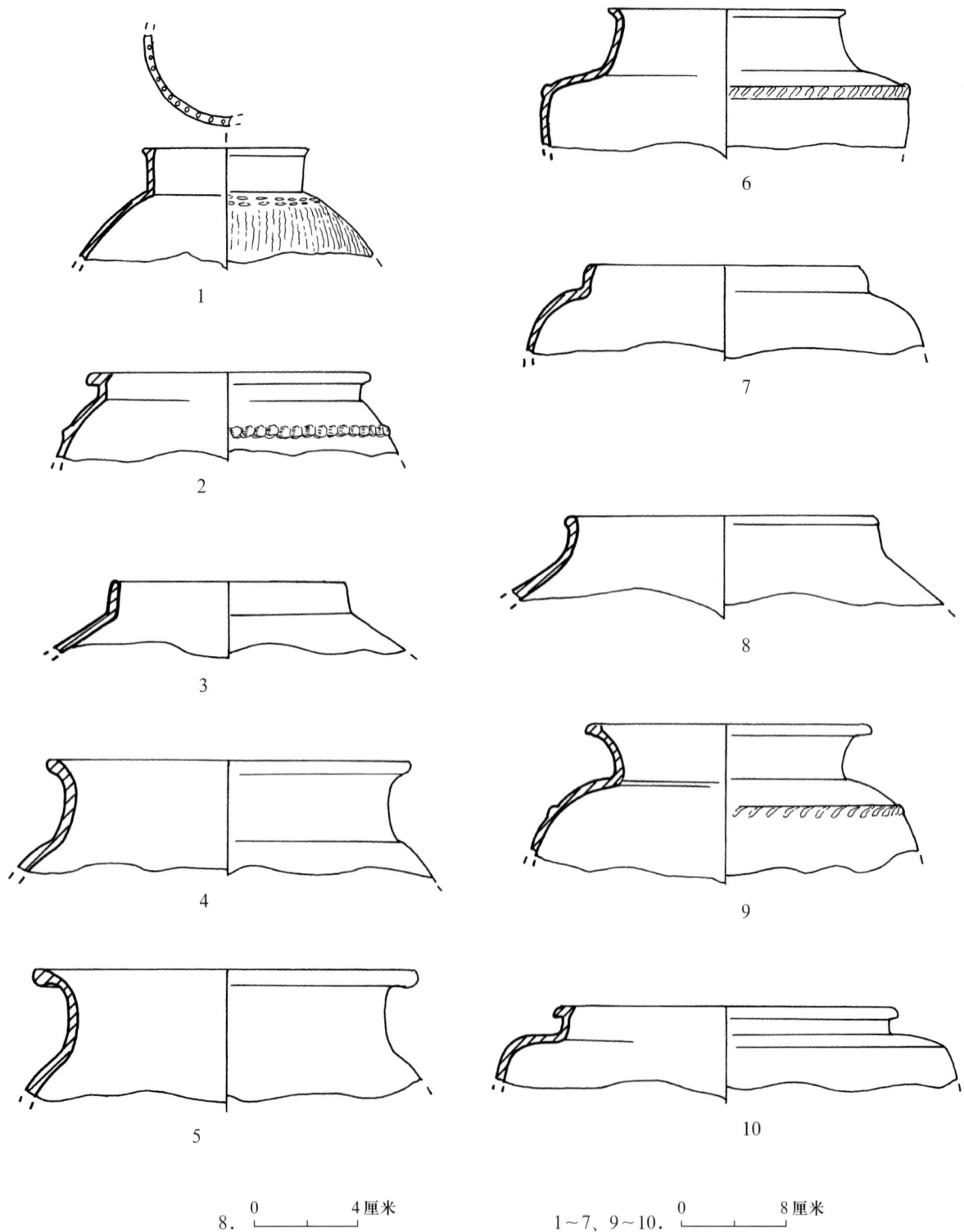

8.　0 ———— 4厘米

1~7、9~10.　0 ———— 8厘米

图一九六　尖山湾遗址新石器时代陶罐

1、6、9.B型夹砂罐（T25⑤: 12、T24④: 14、T14④: 15）　　2、7、10.Ca型夹砂罐（T15⑤: 13、T25⑤: 14、T14⑤: 13）　　3、8.Cb型泥质罐（T24④: 11、T14⑤: 11）　　4、5.A型夹砂罐（T14④: 12、T15④: 13）

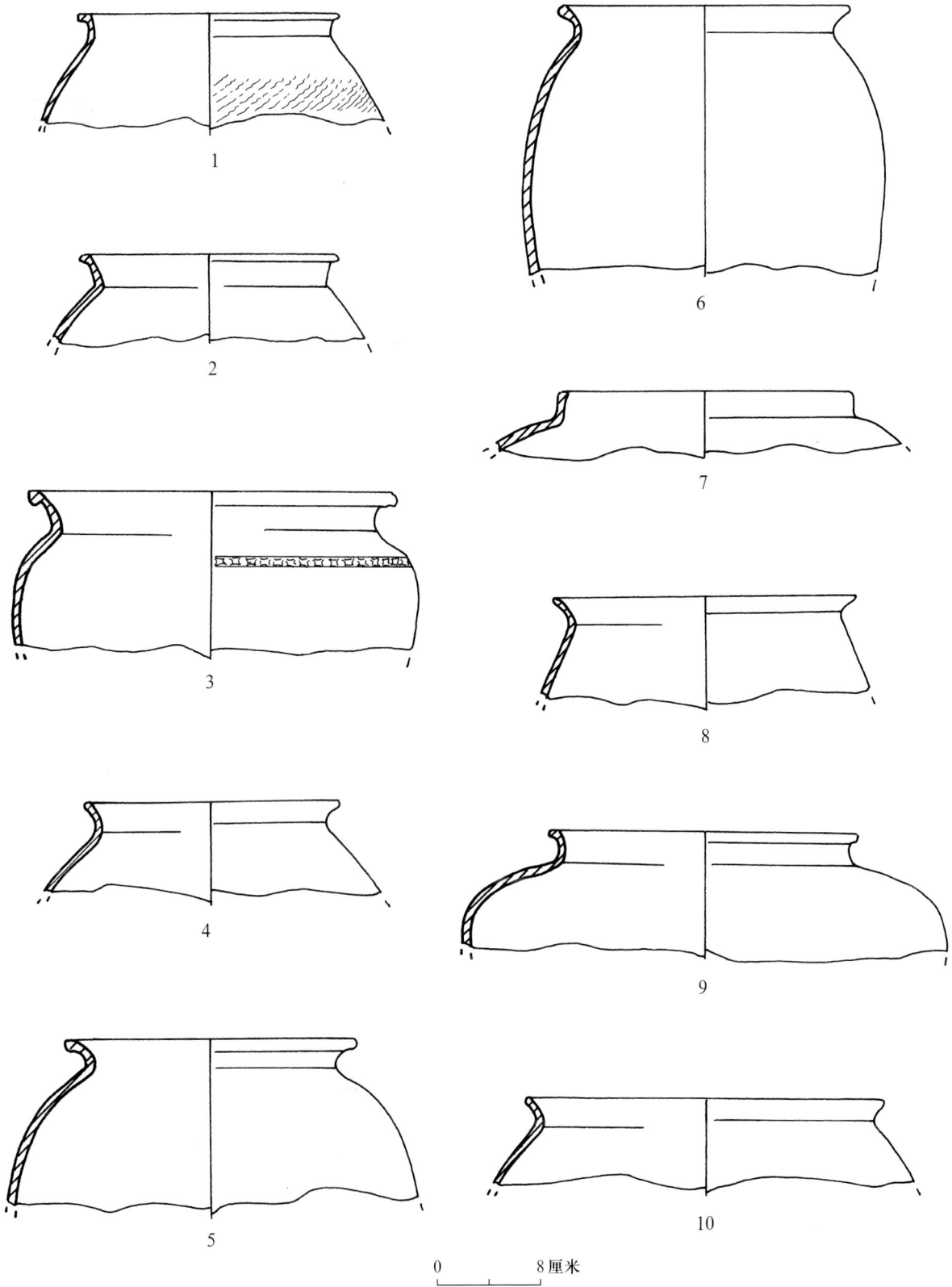

图一九七 尖山湾遗址新石器时代夹砂陶罐
1~6、8~10.Cb 型罐（T26⑥：5、T24④：16、T24④：17、T45⑤：19、T4⑤：17、
T24⑤：16、T24④：18、T24⑤：18、T24⑥：6） 7.Ca 型罐（T24⑤：15）

5.8厘米（图一九八，2）。

柄　4件。分两型。

A型　2件。灰陶。喇叭形，有纹饰。标本T14④：21，外饰数组规整的凹弦纹。厚0.3～0.4、残高12.8厘米（图一九九，8）。标本T14④：22，外饰凹弦纹及刻划图案。厚0.4～0.5、残高12.2厘米（图一九九，6）。

B型　3件。灰陶。筒状，上细下粗。素面。标本T24④：23，中心有镂孔。厚0.6～0.7、残高11厘米（图一九九，7）。标本T26⑤：22，厚0.4、残高8厘米（图一九九，3）。标本T24⑥：8，厚0.4、残高4.6（图一九九，4）。

足　3件。喇叭形，底沿外卷，中部镂孔。素面。标本T15④：24，底径15.2、厚0.3～0.4、残高8厘米（图一九九，2）。标本T24④：25，底径16、厚0.4～0.5、高4.4厘米（图一九九，1）。标本T24⑥：

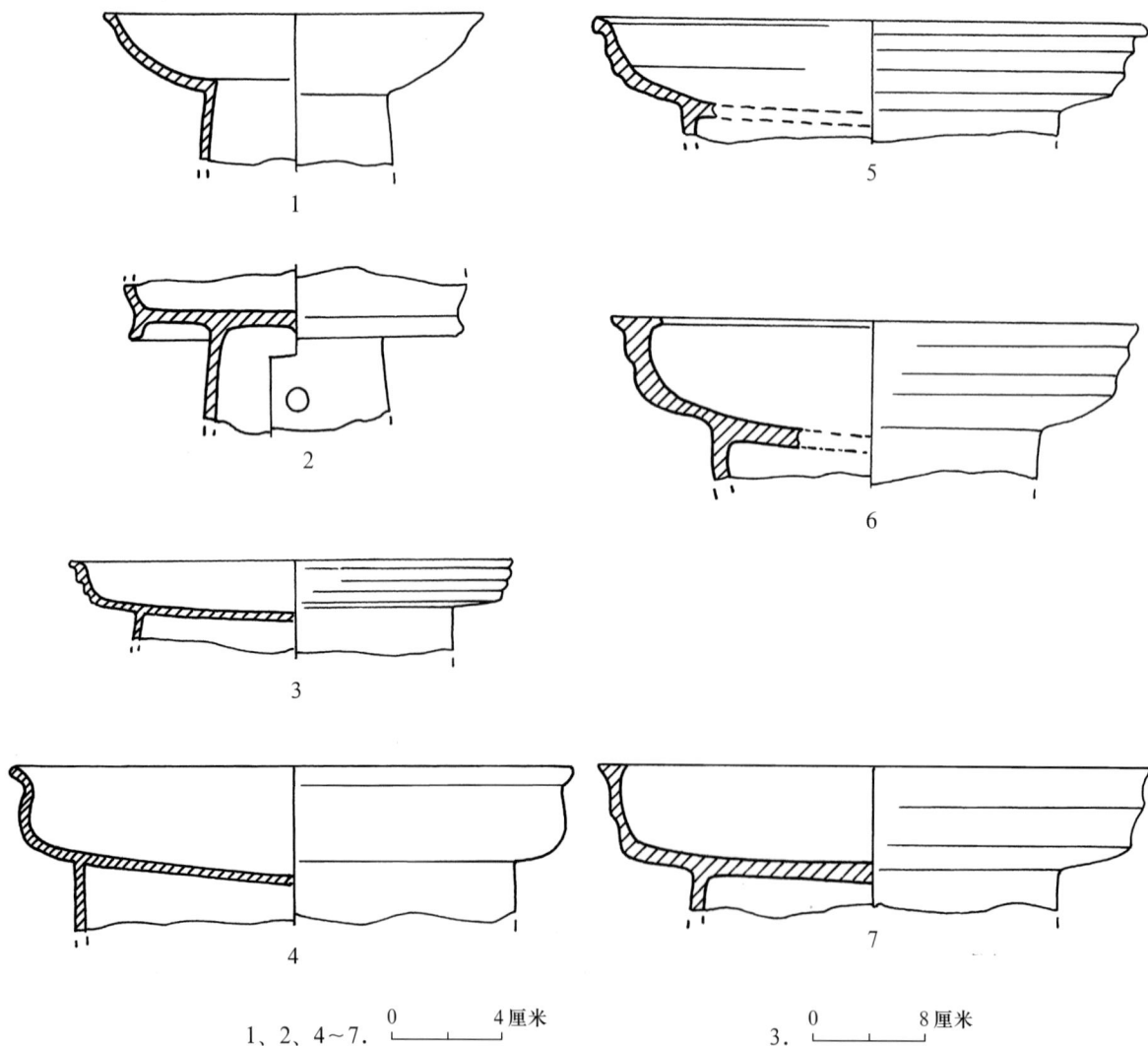

图一九八　尖山湾遗址新石器时代陶豆盘

1.Ab型豆盘（T45⑤：20）　2.Bb型豆盘（T35④：20）　3、4、7.Ba型豆盘
（采：1、T24④：19、T24⑤：21）　5、6.Aa型豆盘（T24⑥：7、T35④：18）

19，底径14.2、厚0.4~0.7、高4.4厘米（图一九九，5）。

盘　共6件，4件完整。分两型。

A型　1件。完整。敛口。标本T24⑥：10，夹砂灰陶。器表灰黑。弧壁，凹底，矮圈足。外饰按压、弦纹各一周。口径17.4、底径12、通高5厘米（图二〇〇，7）。

B型　3件。完整。泥质灰陶。敞口，尖圆唇，弧底。标本T24④：26，内表灰白。斜直壁，饼足。素面。口径17.4、厚0.4~0.5、通高3厘米（图二〇〇，5）。标本T14④：27，斜弧壁，圈足。外饰凸棱一周。口径17.2、底径13、通高4.2厘米（图二〇〇，3）。标本T24④：28，器表黑色。斜曲壁，圈足。口径16.8、底径14、通高4厘米（图二〇〇，2）。

其他　2件。仅存下部。泥质灰陶。斜弧腹，圜底，圈足外撇。素面。标本T24⑤：23，底径18、厚0.3~0.4、残高4.4厘米（图二〇〇，1）。标本T24⑤：24，底径10.4、厚0.2~0.3、残高3厘米（图二〇〇，4）。

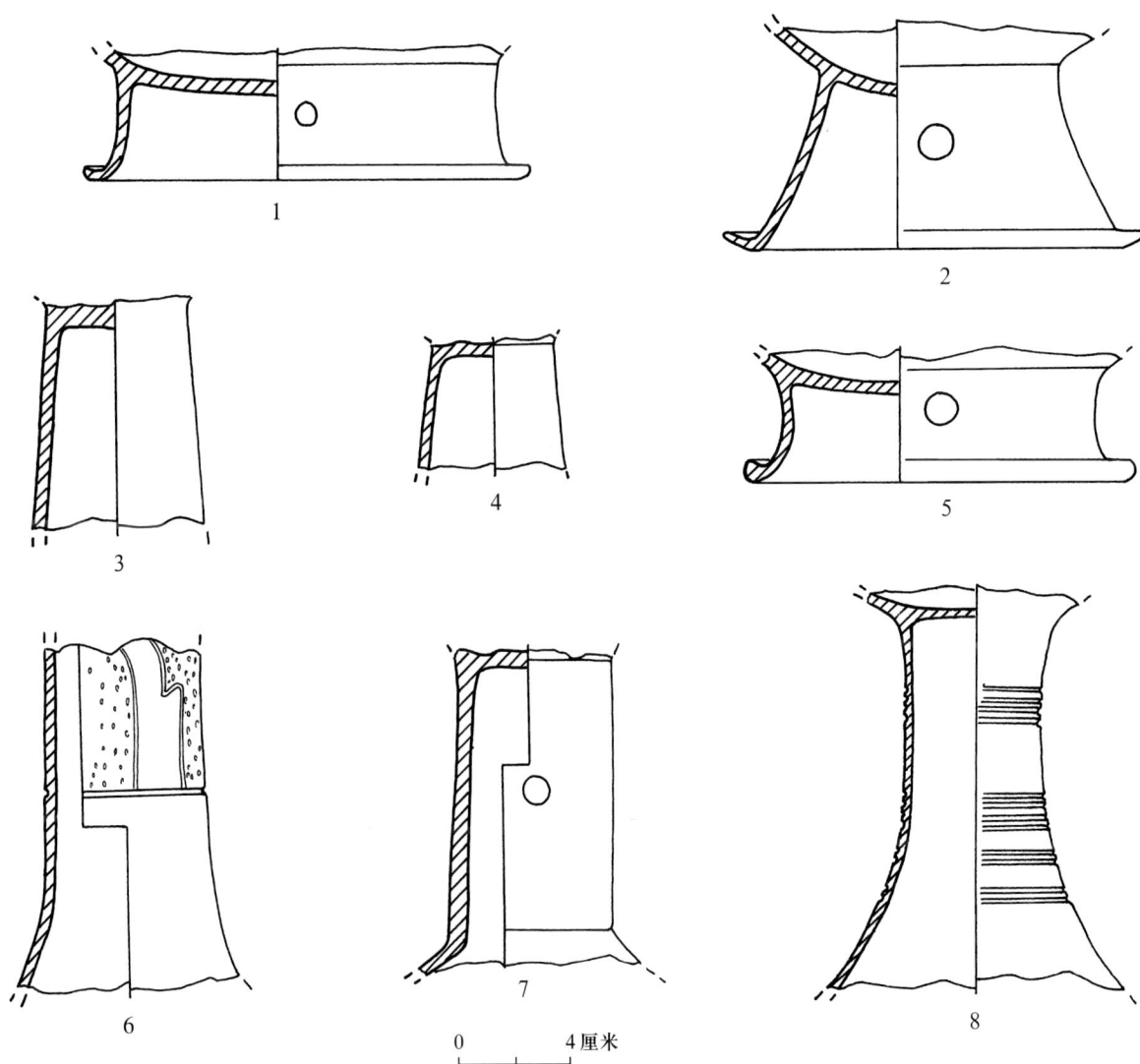

图一九九　尖山湾遗址新石器时代陶豆柄、圈足

1、2、5.圈足（T24④：25、T15④：24、T24⑥：19）　3、4、7.B型豆柄
（T26⑤：22、T24⑥：8、T24④：23）　6、8.A型豆柄（T14④：22、T14④：21）

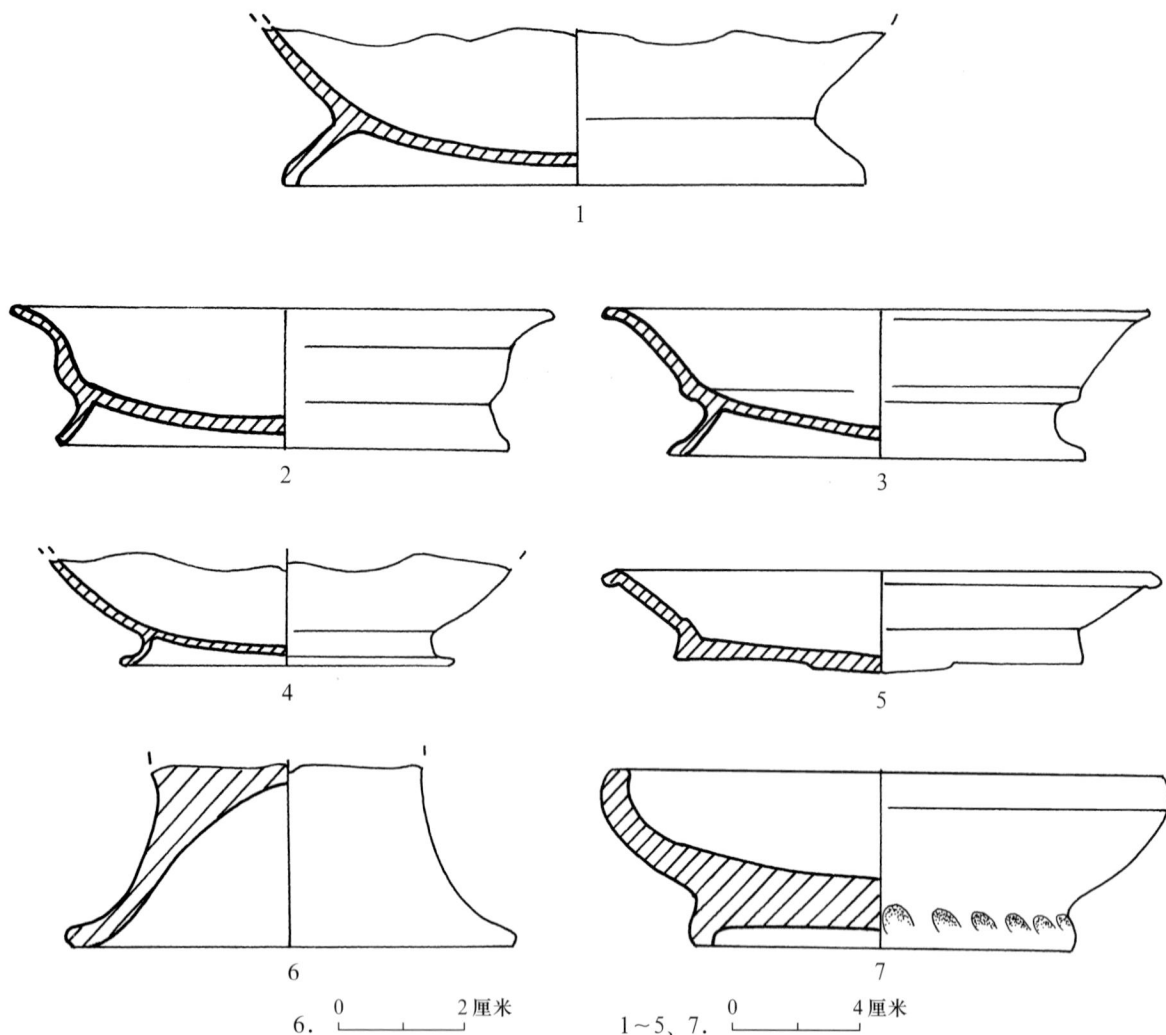

图二〇〇　尖山湾遗址新石器时代陶盘、圈足

1、4.其他型盘（T24⑤：23、T24⑤：24）　2、3、5.B型盘（T24④：28、
T14④：27、T24④：26）　6.A型圈足（T24⑤：23）　7.A型盘（T24⑥：10）

圈足　共9件。均残，分两型。

A型　3件。高圈足，外撇，圆唇，素面。标本T24⑤：23，夹砂灰陶。底径7、厚0.3～1、残高2.6厘米（图二〇〇，6）。标本T24④：26，夹砂灰陶，表面灰白。外有镂孔四个。底径5.8、厚0.2、足高1.7厘米（图二〇一，7）。标本T25⑤：24，夹砂红陶。底径15.2、厚0.4～0.5、足高3.2厘米（图二〇一，3）。

B型　6件。矮圈足。分两亚型。

Ba型　4件。泥质灰陶。外撇，圆唇，弧腹。素面。标本T14④：27，凹底。足径6.4、厚0.3、足高1厘米（图二〇一，5）。标本T24④：28，平底。足径10.2、厚0.4～0.5、足高1厘米（图二〇一，2）。标本T25⑤：26，器表灰白。腹下有一把手，平底。足径6.5、厚0.4、足高0.7厘米（图二〇一，8）。T24⑤：25，凹底。足径8.4、厚0.3～0.4、足高1.8厘米（图二〇一，4）。

Bb型　2件。近直，方唇，素面。标本T24⑤：27，夹砂红陶，器表灰褐。足径8.6、厚0.6～0.7、

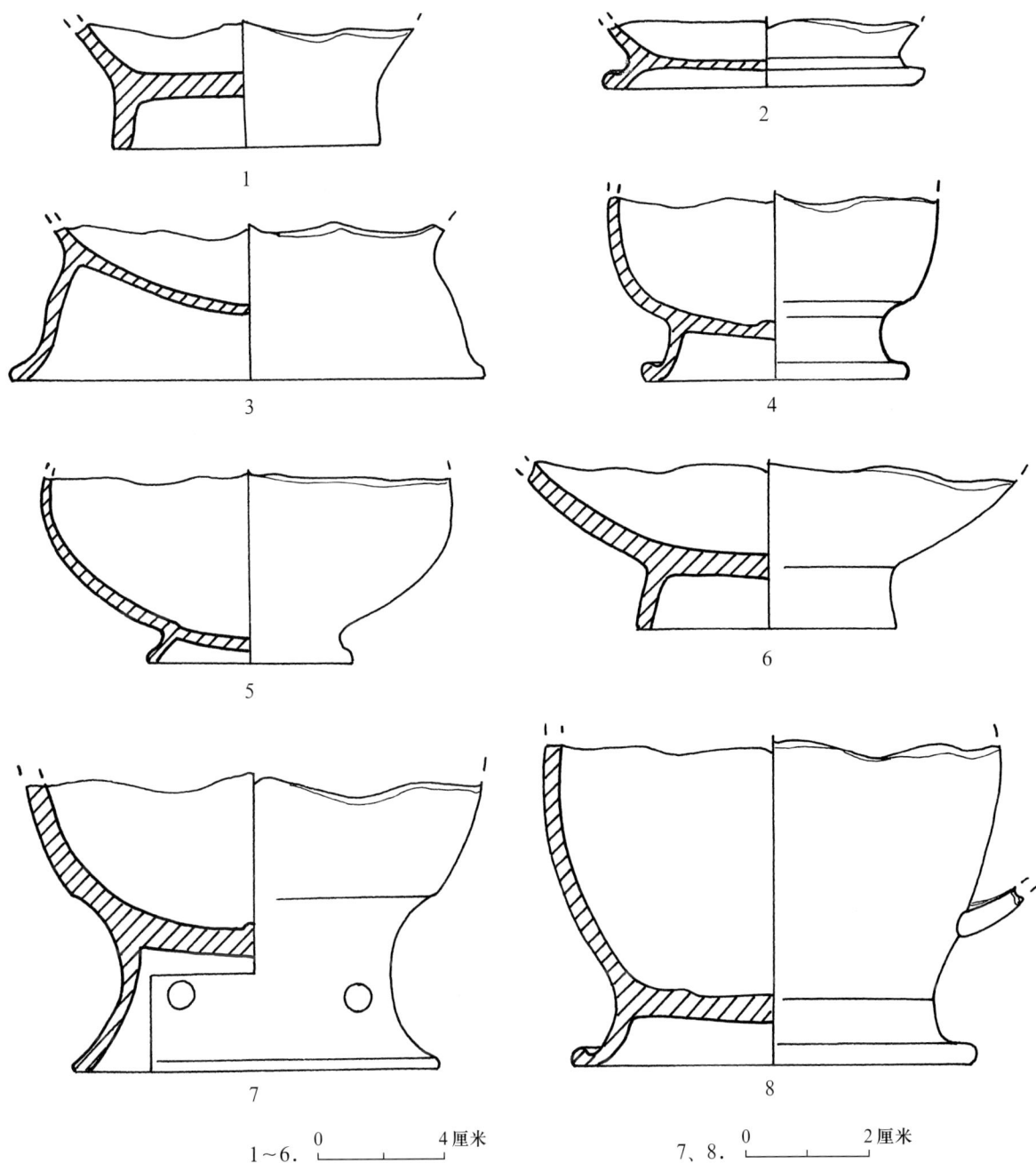

图二〇一　尖山湾遗址新石器时代圈足

1、6.Bb 型圈足（T24⑤：27、T24⑤：28）　2、4、5、8.Ba 型圈足（T24④：28、
T24⑤：25、T14④：27、T25⑤：26）　3、7.A 型圈足（T25⑤：24、T24④：26）

足高 1.6 厘米（图二〇一，1）。标本 T24⑤：28，夹砂灰陶，局部黑色。足径 8.2、厚 0.4～0.5、足高
1.6 厘米（图二〇一，6）。

　　杯　1 件。残。标本 T14④：29，仅存中部。泥质灰陶，局部灰褐色。深鼓腹，腹外着把手。饰数
道凸弦纹。厚 0.4、残高 10 厘米（图二〇二，2）。

　　鬶　1 件。残。标本 T45⑤：29，泥质灰陶，薄胎。表面灰白。喇叭形口内捏，分裆较高，袋足，尖略肥。素面。厚0.15～0.2、复原残高17.6厘米（图二〇二，3）。

碗　1件。完整。标本T24⑤：35，细砂灰陶，局部黑褐。敞口，尖圆唇，斜壁，弧底，圈足。素面。口径9、厚0.4～0.6、通高3.6厘米（图二〇四，3）。

盆　4件。1件完整。分两型。

A型　1件。有耳。标本T24④：30，敞口，斜弧腹，平底，沿外对称饰双耳。素面。口径20.8、厚0.3～0.4、残高3.8厘米（图二〇三，6）。

B型　3件。无耳。分两亚型。

Ba型　2件。泥质灰陶。宽沿。标本T24④：31，器表黑灰。侈口，肿唇，腹微鼓。口径31.2、厚0.4、残高10厘米（图二〇三，5）。标本T24⑤：31，侈口，卷唇，直腹。素面。口径37.6、厚0.4～0.9、残高6.8厘米（图二〇三，4）。

Bb　1件。完整。窄沿。标本T24⑤：30，泥质灰陶。器表黑色。口近直，尖圆唇，弧壁，平底，矮圈足。沿下饰凹弦纹两道。口径14、底径12.2、通高4.6厘米（图二〇四，4）。

纺轮　2件。完整。泥质灰陶。圆形台中心有孔。素面。标本T25⑤：32，直径3.5～4.1、通高1.2厘米（图二〇五，1）。标本T46④：1，直径3～4、通高1厘米（图二〇五，3）。

瓶　2件。残，溜肩。标本T24④：32，泥质灰陶。局部灰白。口残，喇叭形细长颈，外饰双耳。厚0.2～0.3、残高6厘米（图二〇三，7）。标本T45⑤：33，夹砂灰陶。粗矮颈。外饰凸弦纹两道及网状划纹。口径3.5、厚0.2～0.3、残高5.6厘米（图二〇三，8）。

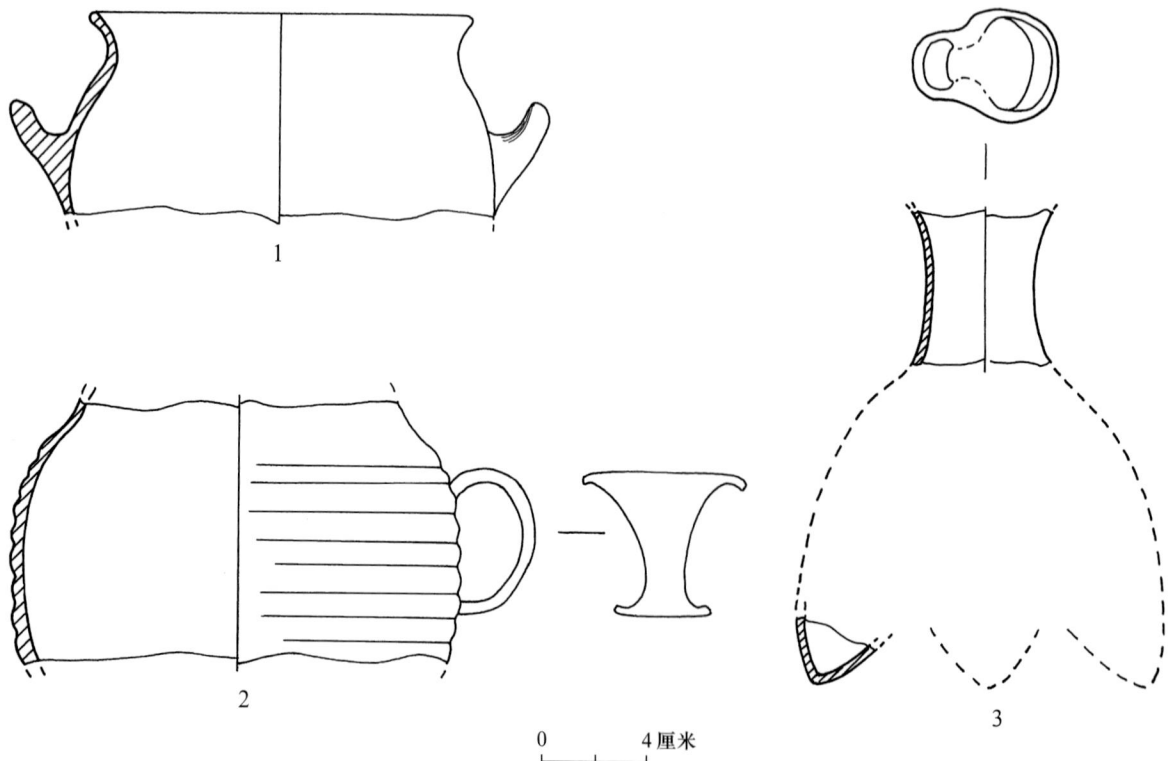

0 ——— 4厘米

图二〇二　尖山湾遗址新石器时代陶器

1.B型壶（T24⑤：43）　2.杯（T14④：29）　3.鬶（T45⑤：29）

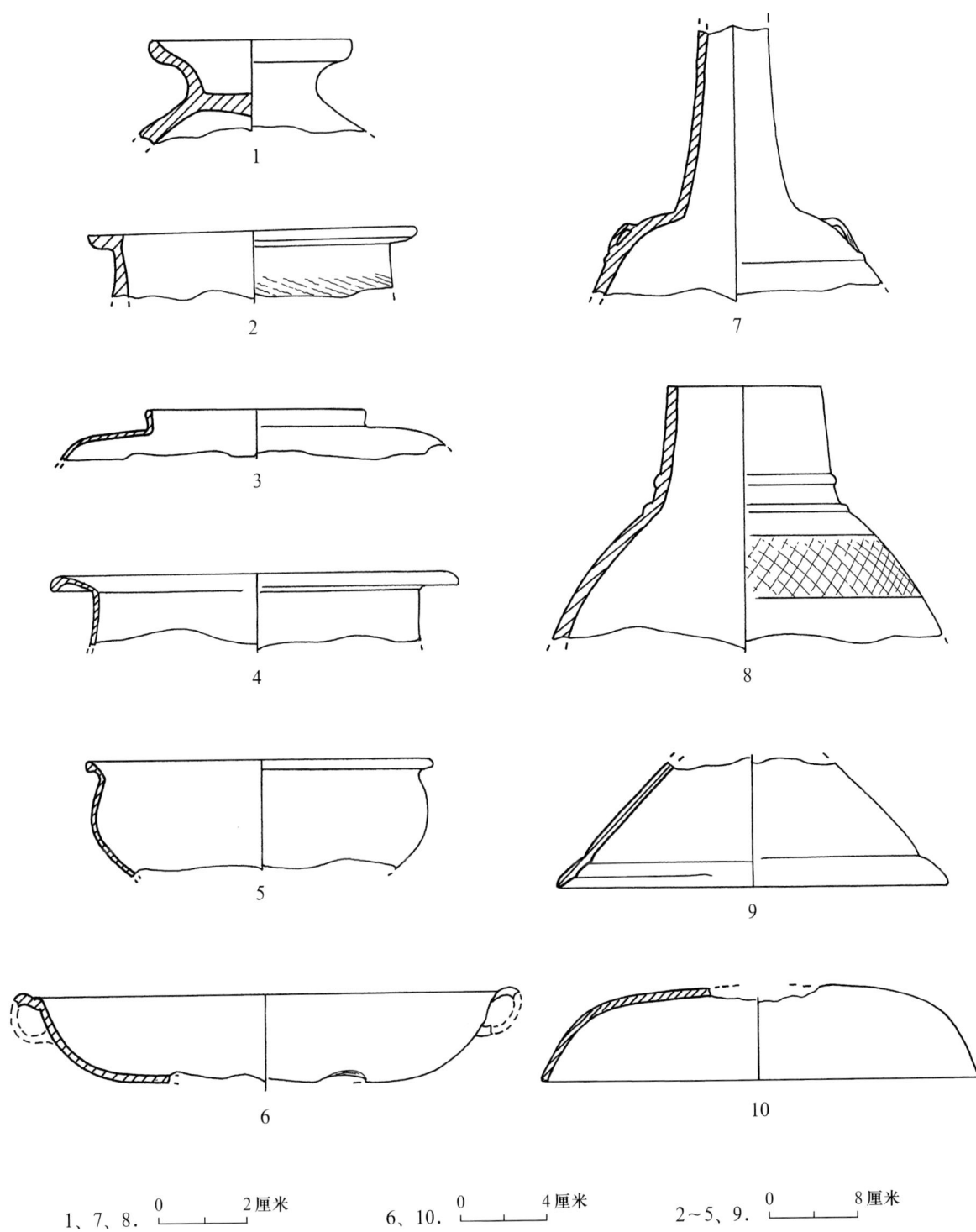

图二〇三 尖山湾遗址新石器时代陶器

1.其他型器盖（T14④：33） 2.A型缸（T35④：37） 3.B型缸（T24⑥：25）
4、5.Ba型盆（T24⑤：31、T24④：31） 6.A型盆（T24④：30） 7、8.瓶
（T24④：32、T45⑤：33）9.A型器盖（T25⑤：36） 10.B型器盖（T25⑤：37）

壶　2件。残。分两型。

A型　1件。有流。标本T25⑤：34，泥质灰陶，局部褐色。直口，尖圆唇，溜肩附一管状流。口径7.4、厚0.3～0.4、残高4.4厘米（图二〇六，2）。

B型　1件。鸭形壶。标本T24⑤：43，夹细砂灰陶，表面灰白。侈口，圆唇，束颈，腹外饰对称两个鸭嘴形鋬手。素面。口径14.4、厚0.4～1、残高7.4厘米（图二〇二，1）。

器盖　3件。残。圆唇。分两型。

A型　1件。斜直壁。标本T25⑤：36，夹砂灰陶。沿内外分别饰瓦纹和凹弦纹。口径36、厚0.8～1.1、残高11.6厘米（图二〇三，9）。

B型　1件。斜弧壁。标本T25⑤：37，夹细砂灰陶。器表黑灰色。素面。口径20、厚0.4～0.5、残高4.4厘米（图二〇三，10）。

其他　1件。仅存把手。标本T14④：33，泥质灰陶，局部褐色。圈状上大下小。素面。顶径4.6、厚0.2～0.5、残高2厘米（图二〇三，1）。

尊　3件。残。夹砂灰陶，器表灰白。喇叭形。素面。分两型。

A型　1件。有鋬。标本T14⑤：38，卷唇。口径21.6、厚0.4～0.5、残高12厘米（图二〇四，5）。

B型　2件。无鋬。尖圆唇。标本T24⑤：39，口径28、厚0.8～1、残高10.8厘米（图二〇四，7）。标本T26⑥：11，口径29.6、厚0.6～0.9、残高10厘米（图二〇四，6）。

支座　4件。残。中心镂圆孔，下附三足。分两型。

A型　1件。柱形。标本T24⑤：40，夹细砂灰陶，器表灰白。顶平，中心镂不透圆孔。足外饰划纹。顶径10.2、残高14.8厘米（图二〇五，7）。

B型　1件。鼓形。标本T14④：34，夹砂红褐陶。顶中心镂一大孔，大孔下贯穿一小孔。素面。顶径12、残高15.6厘米（图二〇五，6）。

其他　2件。泥质红陶。扁状束腰形，剖面呈"Y"形，有穿孔。外饰按压纹。标本T45⑤：41，残高11.8厘米（图二〇五，2）。标本T45⑤：42，残高10.6厘米（图二〇五，4）。

盉　4件。残，仅存漏斗。分两型。

A型　2件。夹细砂灰陶，外壁黑色，内表灰白。单体漏斗盉敞口，斜直壁，细长漏。素面。标本T24④：36，口径12.8、厚0.4～0.6、残高8.4厘米（图二〇七，4）。标本T16④：35，口径12、厚0.6～1.4、残高6.8厘米（图二〇七，1）。

B型　2件。复合漏斗盉一侧斜弧，另一侧借用器壁，有漏，素面。标本T24④：39，细砂灰陶，器表灰白。口径10、厚0.4～0.5、残高6厘米（图二〇七，3）。标本T24④：38，粗砂灰陶，外壁红色，内壁黑色。口径12、厚0.5～0.6、残高4.6厘米（图二〇七，2）。

缸　3件。残。分两型。

A型　2件。直口。标本T35④：37，粗砂灰褐陶，局部褐色。卷平沿。外饰斜向绳纹。口径30.4、厚1.2～14、残高6厘米（图二〇三，2）。标本T14④：40，细砂灰陶，表面黑色。卷斜沿，外饰瓦楞纹一周。口径36.4、厚1.2～1.4、残高24厘米（图二〇六，3）。

B型　1件。敛口。标本T24⑥：25，束颈，平肩。口径20、残高4厘米（图二〇三，3）。

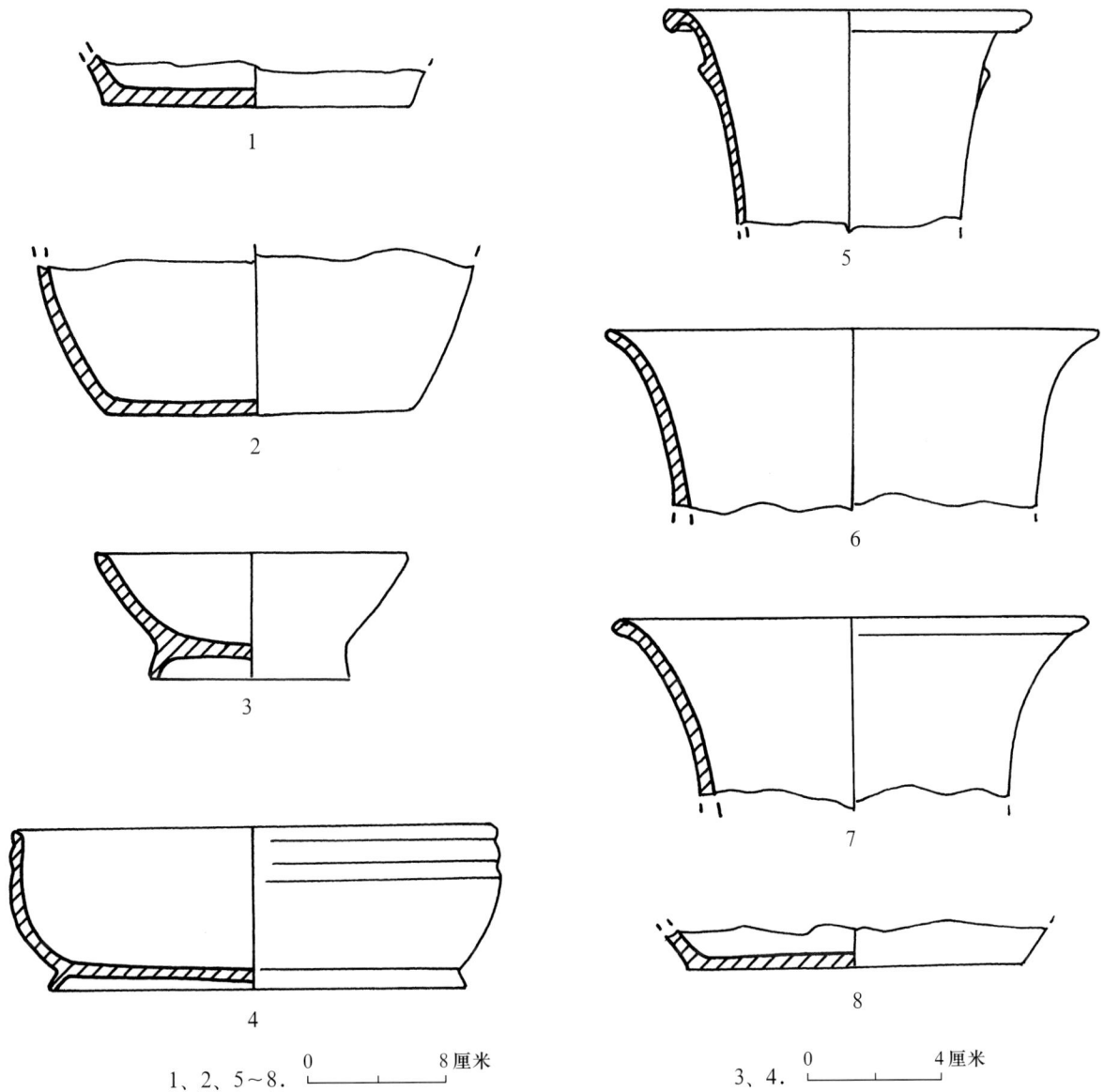

图二〇四　尖山湾遗址新石器时代陶器

1、2、8.平底器（T24④：42、T25④：43、T24⑤：46）　3.碗（T24⑤：35）　4.Bb
型盆（T24⑤：30）　5.A型尊（T14⑤：38）　6、7.B型尊（T26⑥：11、7T24⑤：39）

把手4件。残。夹砂灰陶。素面。分两型。

A型　2件。折状。标本T14④：41，梢宽内窄。残长6.2、宽4~6、厚1~2、残高3厘米（图二〇五，5）。标本T24⑤：43，梢窄内宽。长5.6、宽3.2、厚1.6、残高7.6厘米（图二〇六，5）。

B型　2件。斜弧状，圆耳形。T45⑤：44，长9.6、宽3.2、厚0.8、残高6.4厘米（图二〇六，1）。标本T24⑤：45，长7.6、宽4、厚2.1、残高7.2厘米（图二〇六，4）。

平底器　3件。残。粗砂灰陶。素面。标本T24④：42，底径18、厚0.6~0.8、残高2.8厘米（图二〇四，1）。标本T24⑤：46，底径20、厚0.8、残高2.4厘米（图二〇四，8）。标本T25④：43，底径18.4、厚0.8、残高8.8厘米（图二〇四，2）。

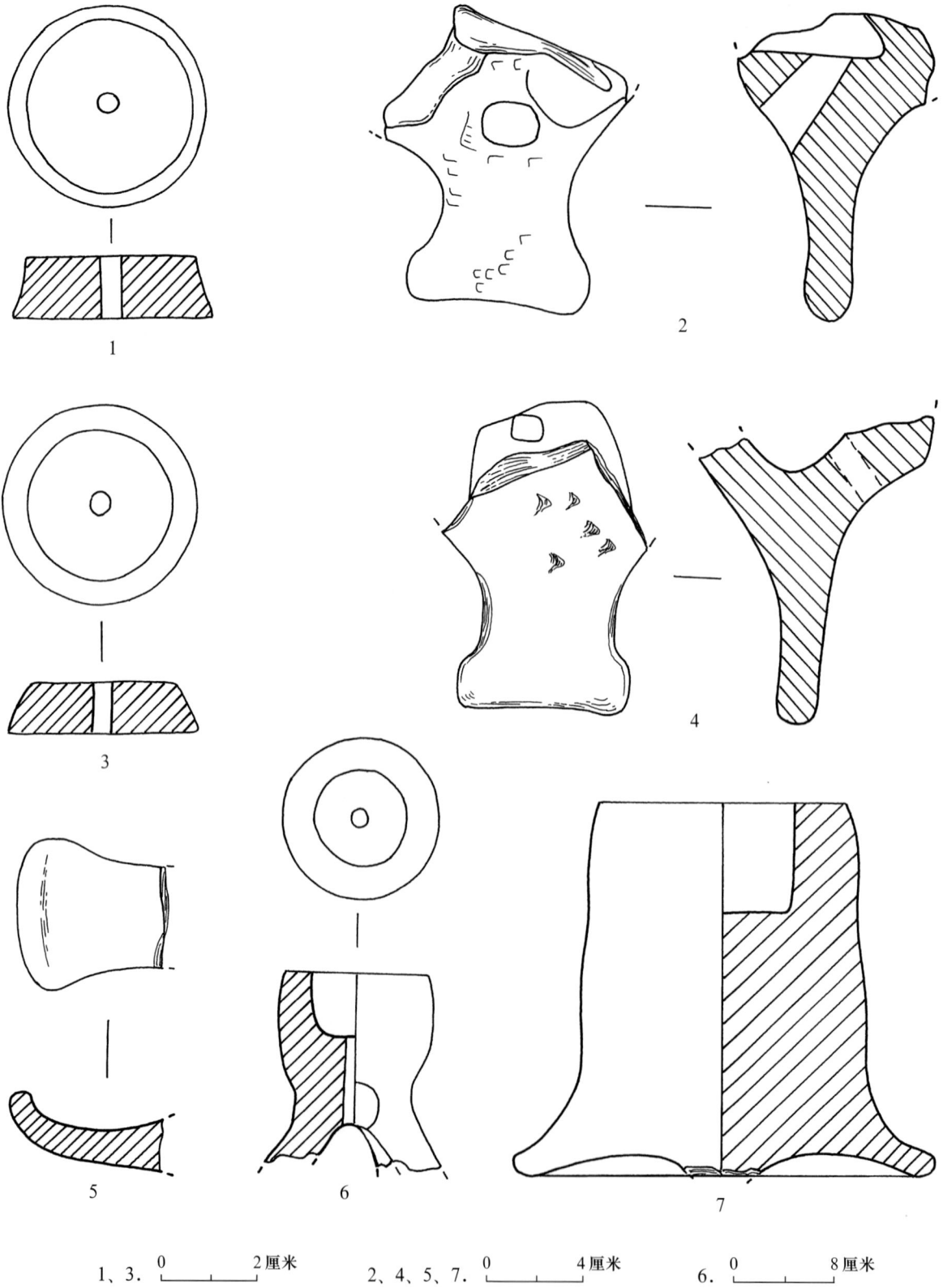

图二〇五　尖山湾遗址新石器时代陶器

1、3.纺轮（T25⑤：32、T46④：1）　2、4.其他型支座（T45⑤：41、T45⑤：42）

5.A 型把手（T14④：41）　6.B 型支座（T14④：34）　7.A 型支座（T24⑤：40）

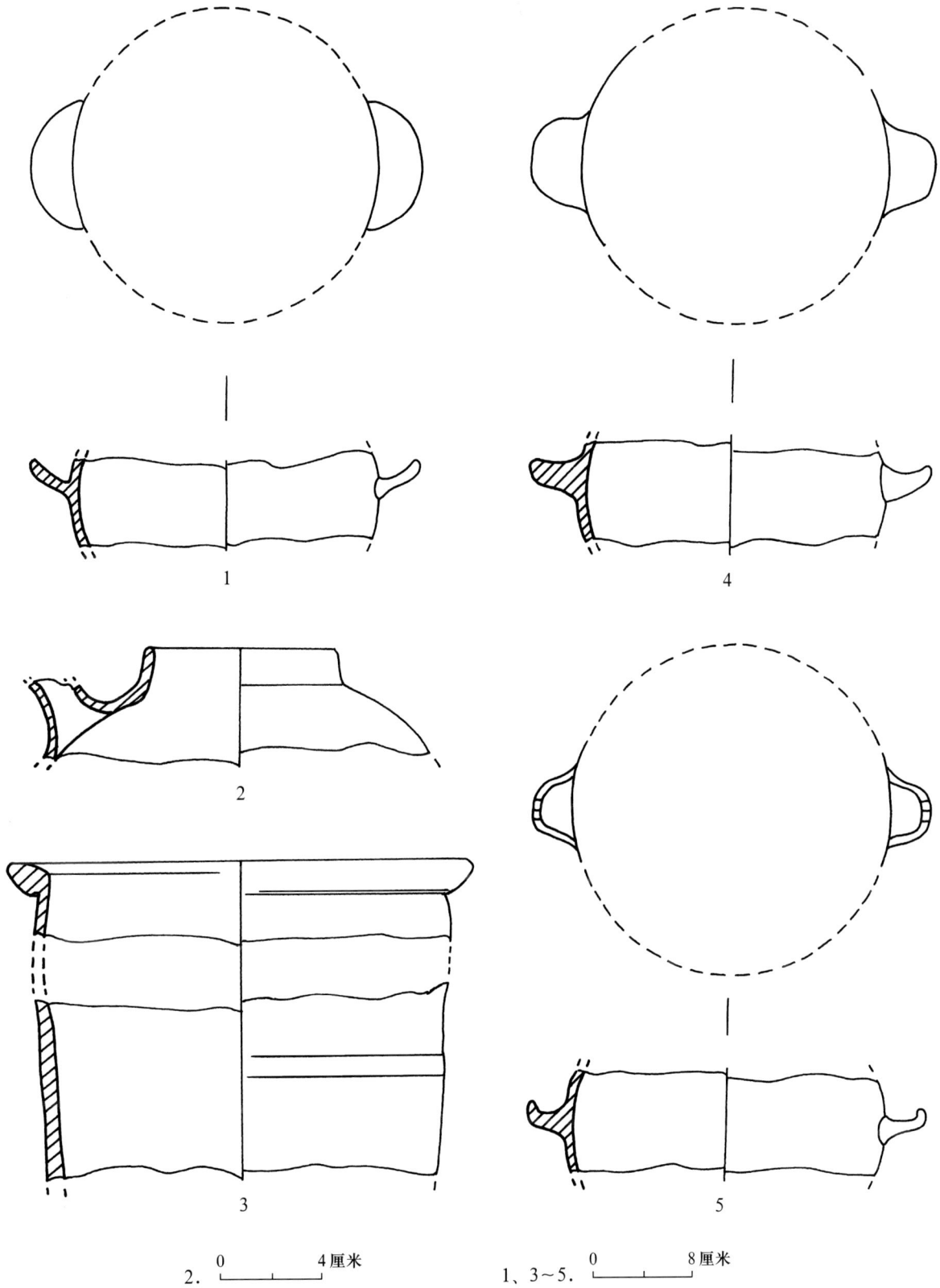

2. 0___4厘米   1、3～5. 0___8厘米

图二〇六 尖山湾遗址新石器时代陶器

1、4.B型把手（T45⑤：44、T24⑤：45） 2.A型壶（T25⑤：34）

3.A型缸（T14④：40） 5.A型把手（T24⑤：43）

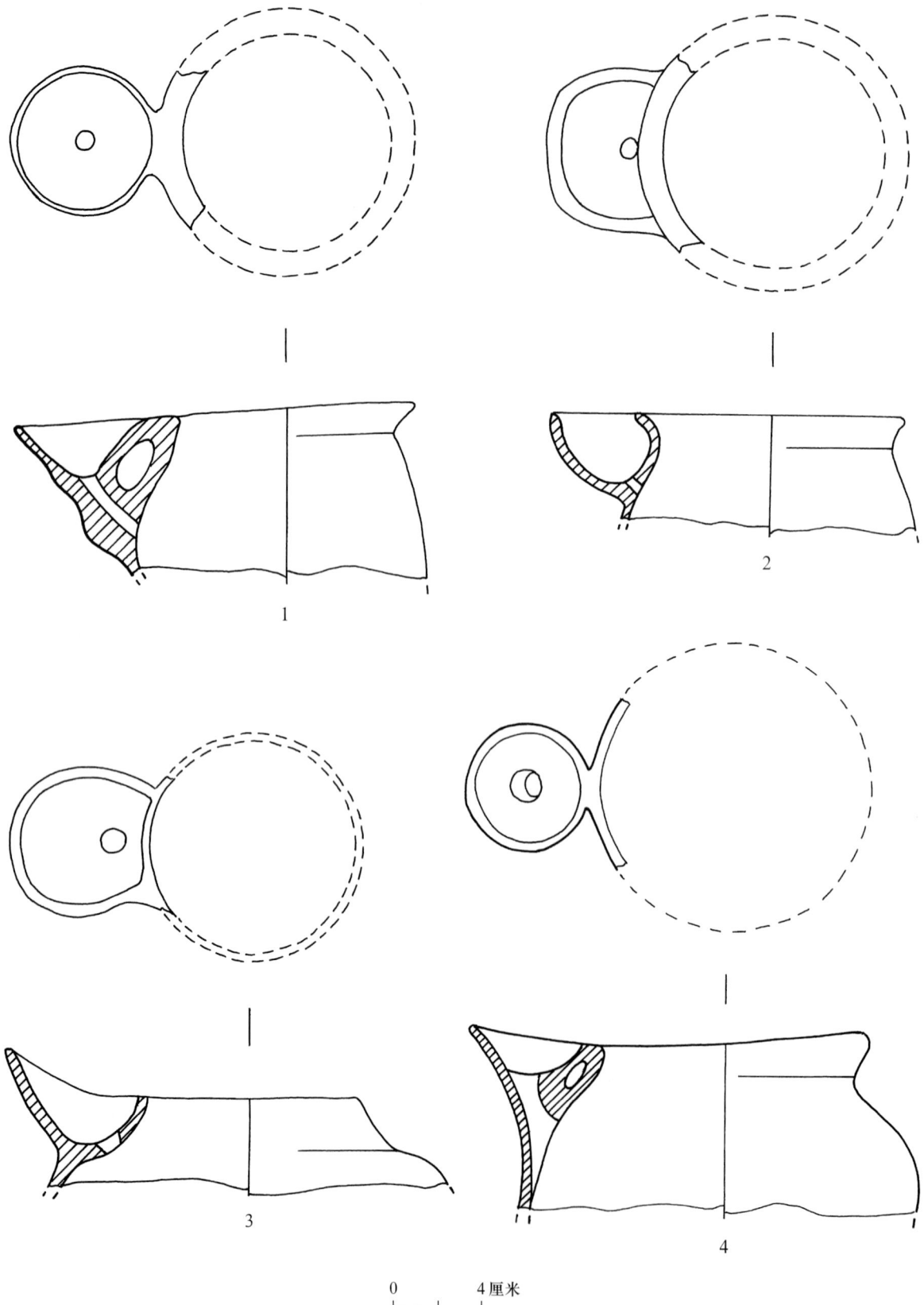

0　　　4厘米

图二〇七　尖山湾遗址新石器时代陶盉

1、4.A 型盉(T16④: 35、T24④: 36)　　2、3.B 型陶盉(T24④: 38、T24④: 39)

2.石器

共67件。除文化层出土物，还有极少采集品。大部分通体磨光，制作精细，少部分利用卵石条稍经加工而成。主要有锛、斧、钺、镞、砺石等。

锛　31件。完整12件。制作规范，除标明外均为长条形。分两型。

A型　15件。有段。分两亚型。

Aa型　3件。正锋。标本T15⑤：74，表面疤痕明显，弧顶。长8.6、残宽2.7、厚1.5～2.4厘米（图二〇八，8）。标本T24⑤：75，完整。形体宽扁肥厚，平顶，直刃圆钝。长6.5、宽3.5、厚2.1厘米（图二〇八，1；图版三一，1）。标本采：9，完整。平顶，弧尖刃锋利。长4.6、宽2.3～2.9、厚0.5～1.1厘米（图二〇八，7）。

Ab型　12件。偏锋。标本T15⑤：76，平顶，钝刃。长8.2、残宽2.8、厚1.8～2.2厘米（图二〇八，3）。标本T24④：68，平顶，直刃。长5.7、残宽1.5～3.2厘米（图二〇八，6）。标本T24④：69，体肥，平顶，直刃锋利。长5.8、残宽1.6～3.2、厚1.1～1.3厘米（图二〇八，2）。标本T25⑤：77，平顶直刃。长8、残宽1.8～2.4、厚1.4～1.6厘米（图二〇八，5）。标本T25⑤：78，完整。略肥，平顶，刃较钝。长8、宽1.8～2.4、厚1.5～1.8厘米（图二〇九，4；图版三三，1）。标本T25⑤：79，顶残，体肥，刃钝。长7.1、宽2.5～3.3、厚2.2厘米（图二〇九，9）。标本T25⑤：80，平顶，直背，尖锋，刃残。长10、宽5.6～6、厚1～1.2厘米（图二〇九，4；图版三三，2）。标本T25⑤：81，平顶，弧背，刃钝。长7、宽2.2～2.8、残厚2.4厘米（图二〇九，2）。标本T25⑤：82，体肥，顶微凹，刃钝。长6.9、宽2.6～2.8、残厚2.3厘米（图二〇九，8）。标本25⑤：83，平顶直背，尖刃，刃残。长10、宽5.4～5.8、厚1～1.2厘米（图二〇九，5）。标本T25③：1，完整。平顶弧背，利刃。长6.6、宽3.3～3.6、厚1.5～1.9厘米（图二〇九，3；图版三一，2）。标本采：7，完整。磨制光滑，体瘦长扁薄。平顶，边有疤痕。长6.8、宽2～2.5、厚0.6～0.8厘米（图二〇九，7）。

B型　16件。无段。分两亚型。

Ba型　7件。正锋，标本T15⑤：84，完整。平顶，弧背，尖刃，表有疤痕。长5、宽2.2～2.5、厚1.3厘米（图二〇九，1）。标本T24⑤：85，完整。弧背，刃微残，圆钝。长6.8、宽3～3.7、厚1.4～1.5厘米（图二一〇，8；图版三三，3）。标本T24⑤：86，平顶，直背，表面布满疤痕。长8.2、残宽2～4、厚0.8厘米（图二一〇，2）。标本T24④：70，完整。近方形，平顶，弧背，两角微残。长3.6、宽2.7～2.9、厚0.8～1.1厘米（图二一〇、4）。采：3完整。平顶，弧背。长9.2、宽3.6～3.8、厚2.2厘米（图二一〇，3；图版三一，3）。采：4，完整。平顶，弧背，刃钝，角残。长10.4、宽3～3.8、厚3.2厘米（图二一〇，7）。采：5，平顶，弧背，刃圆钝，角残。长6.4、宽3～3.3、厚2厘米（图二一〇，5）。

Bb型　9件。偏锋。标本T15④：11，完整。近方形，直背，弧刃。长3、宽2.1～2.5、厚0.3～0.5厘米（图二一〇，6；图版三三，4）。标本T16⑤：87，顶、刃残，弧背。长8、宽5、厚2厘米（图二一〇，1）。标本T26③：1，凹顶，弧背。利尖，角残。长5.8、宽2.2～2.4、厚1.1～1.3厘米（图二一一，4）。标本T35③：1，完整。表略有疤痕，弧顶，直背，尖刃。长12、宽4.8～5.2、厚1.8厘米（图二一一，5）。标本T24④：71，薄片状，平顶，直背，刃锋利。长4.9、宽2.9～3.2、厚0.2厘米（图二一一，1；图版三一，4）。标本T25⑤：88，弧顶，刃残锋利。长3.7、宽2.5～2.6、厚0.6厘米（图二一

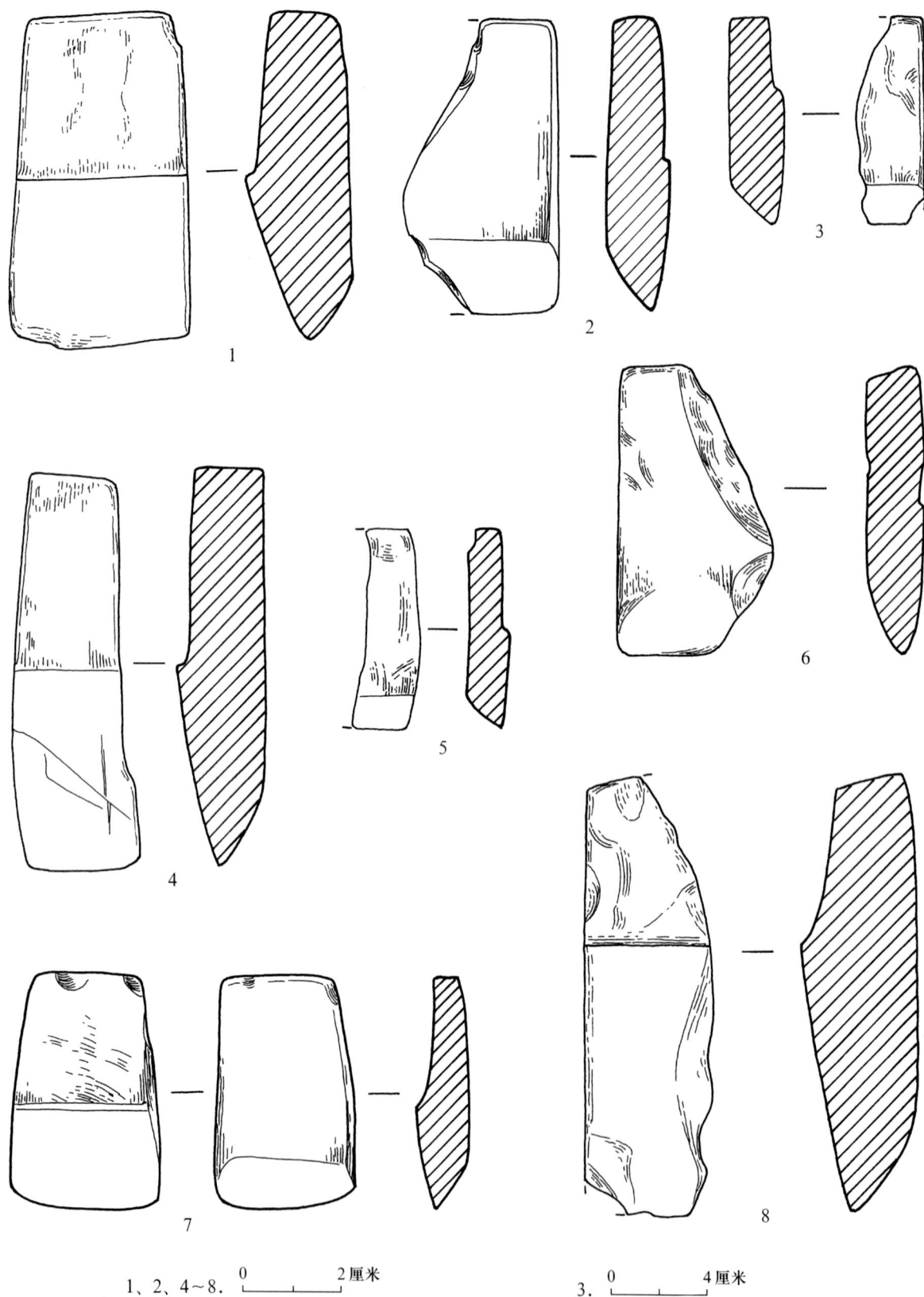

图二〇八　尖山湾遗址新石器时代石锛

1、7、8.Aa 型石锛（T24⑤: 75、采: 9、T15⑤: 74）　2~6.Ab 型
石锛（T24④: 69、T15⑤: 76、T25⑤: 78、T25⑤: 77、T24④: 68）

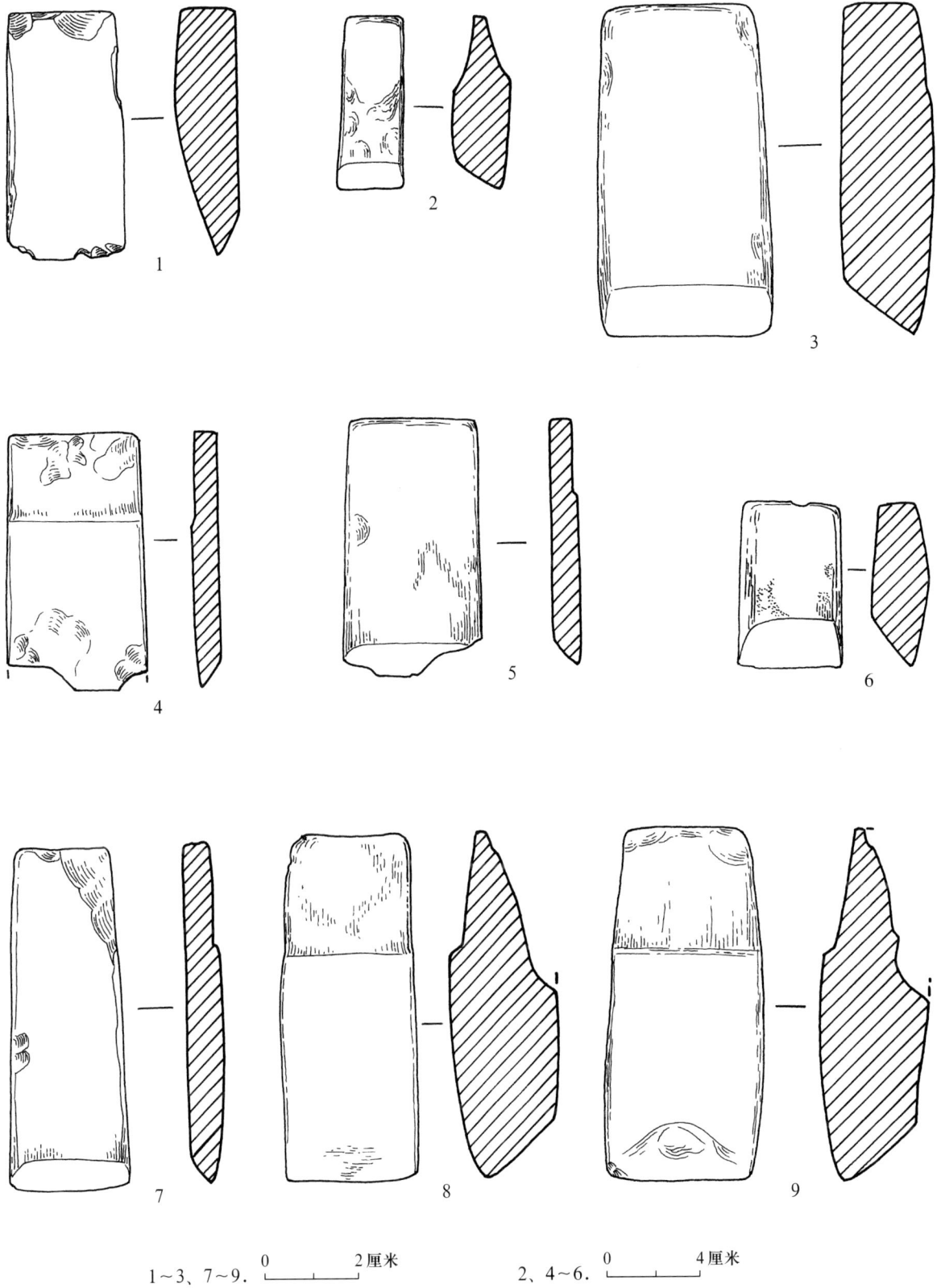

图二〇九 尖山湾遗址新石器时代石锛
1.Ba 型锛（T15⑤：84） 2~5、7~9.Ab 型锛（T25⑤：81、T25③：1、T25⑤：80、
T25⑤：83、采：7、T25⑤：82、T25⑤：79） 6.Bb 型锛（T25⑤：89）

1~3、7~9. 0 ├──┤ 2厘米   2、4~6. 0 ├──┤ 4厘米

二，6；图版三三，5）。标本 T25⑤：89，完整。平顶、弧背。长6.8、宽4.2、厚2.4厘米（图二〇九，6；图版三一，5）。标本 T25④：72，顶残，尖刃。残长5.4、宽3.6、厚0.6厘米（图二一一，2）。标本 T26⑥：23，仅存一角。直刃圆钝。残长5.4、残宽2.2、厚2.2厘米（图二一二，4）。

斧　7件。完整5件，长条形，正锋。分两型。

A型　1件。体瘦长。标本 T14④：1，完整。顶微弧，残刃圆钝。长24.4、宽5～7.2、厚5.2～5.8厘米（图二一一，3；图版三二，5）。

B型　6件。较肥矮。标本 T14④：2，完整。弧顶，斜刃。长16、宽6.6、厚2.2厘米（图二一二，3；图版三二，1）。标本 T15②：4，完整。顶凹弧。长12.6、宽5、厚4厘米（图二一二，2；图版三二，

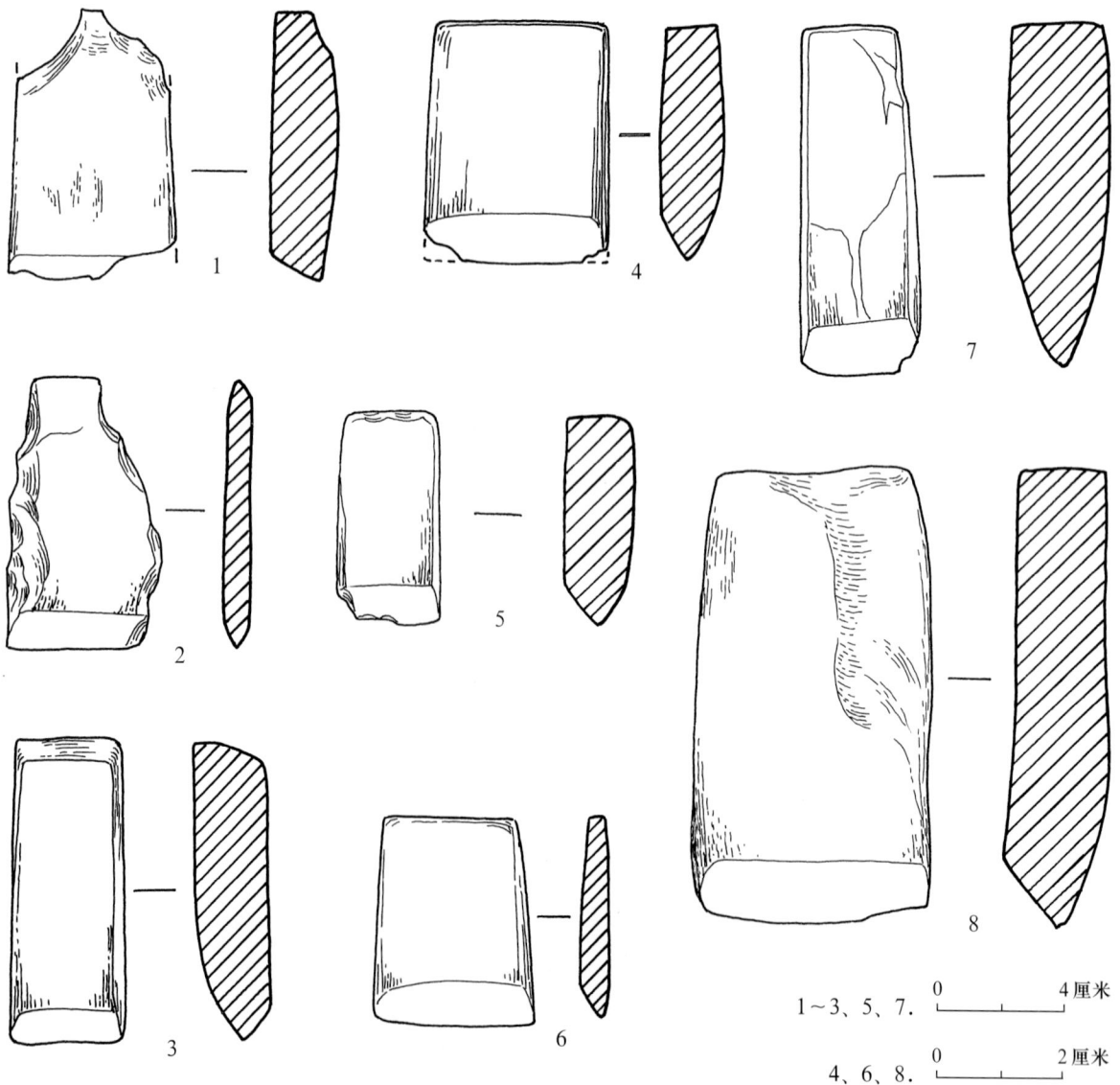

图二一〇　尖山湾遗址新石器时代石锛

1、6.Bb型锛（T16⑤：87、T15④：11）　　2～5、7～8.Ba型锛

（T24⑤：86、采：3、T24④：70、采：5、采：4、T24⑤：85）

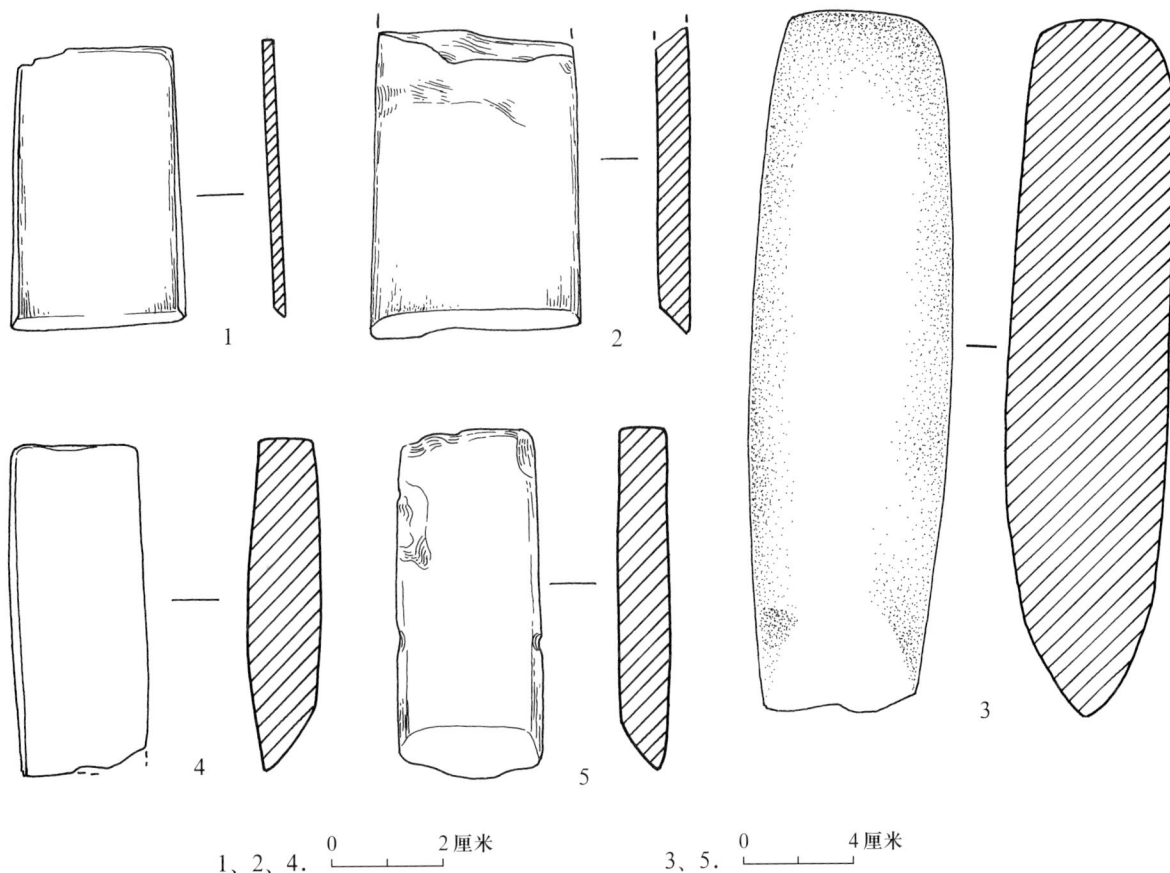

图二一一　尖山湾遗址新石器时代石锛、石斧

1、2、4、5.Bb 型锛（T24④：71、T25④：72、T26③：1、T35③：1）　3.A 型斧（T14④：1）

3）。标本 T16⑤：90，完整。平顶，弧背，弧刃圆钝。长 14.8、宽 6、厚 3.4 厘米（图二一二，8；图版三二，4）。标本 T24④：73，仅存下部，正锋较尖。残长 7.2、宽 7.4、厚 5 厘米（图二一二，5）。标本 T36③：1，完整。弧顶，刃圆钝。长 10.8、宽 5~6、厚 4~4.2 厘米（图二一二，7；图版三二，2）。标本采：2，刃圆钝多已残，弧背。长 11、宽 5.4、厚 2.6~3.6 厘米（图二一二，1；图版三二，8）。

钺　1件。完整。标本采：16，长条形，平顶，正锋，刃稍宽于上顶。刃残锋利，有崩裂痕。近顶有一透孔，双面钻，内小外大。长 12.2、宽 7.5~8、厚 1 厘米（图二一二，9；图版三一，6）。

镞　21件。完整 2件。除标明外刃截面均为菱形，中脊隆起。分两型。

A型　13件。柳叶形。分两亚型。

Aa型　5件。铤部不明显，截面扁圆。标本 T24④：74，完整。刃略残。长 7.2、宽 2、厚 1 厘米（图二一三，7；图版三三，6）。标本 T14④：75，残长 6.9、宽 1.9、厚 0.7 厘米（图二一三，2；图版三三，7）。标本采：10，尖残，刃部有疤痕。残长 4.8、宽 1.9、厚 0.4 厘米（图二一四，4）。标本采：12，尖残，截面多边形。残长 5.8、宽 1.9、厚 0.5 厘米（图二一三，6）。标本采：15，尖残。残长 4.9、宽 1.6、厚 0.7 厘米（图二一三，5）。

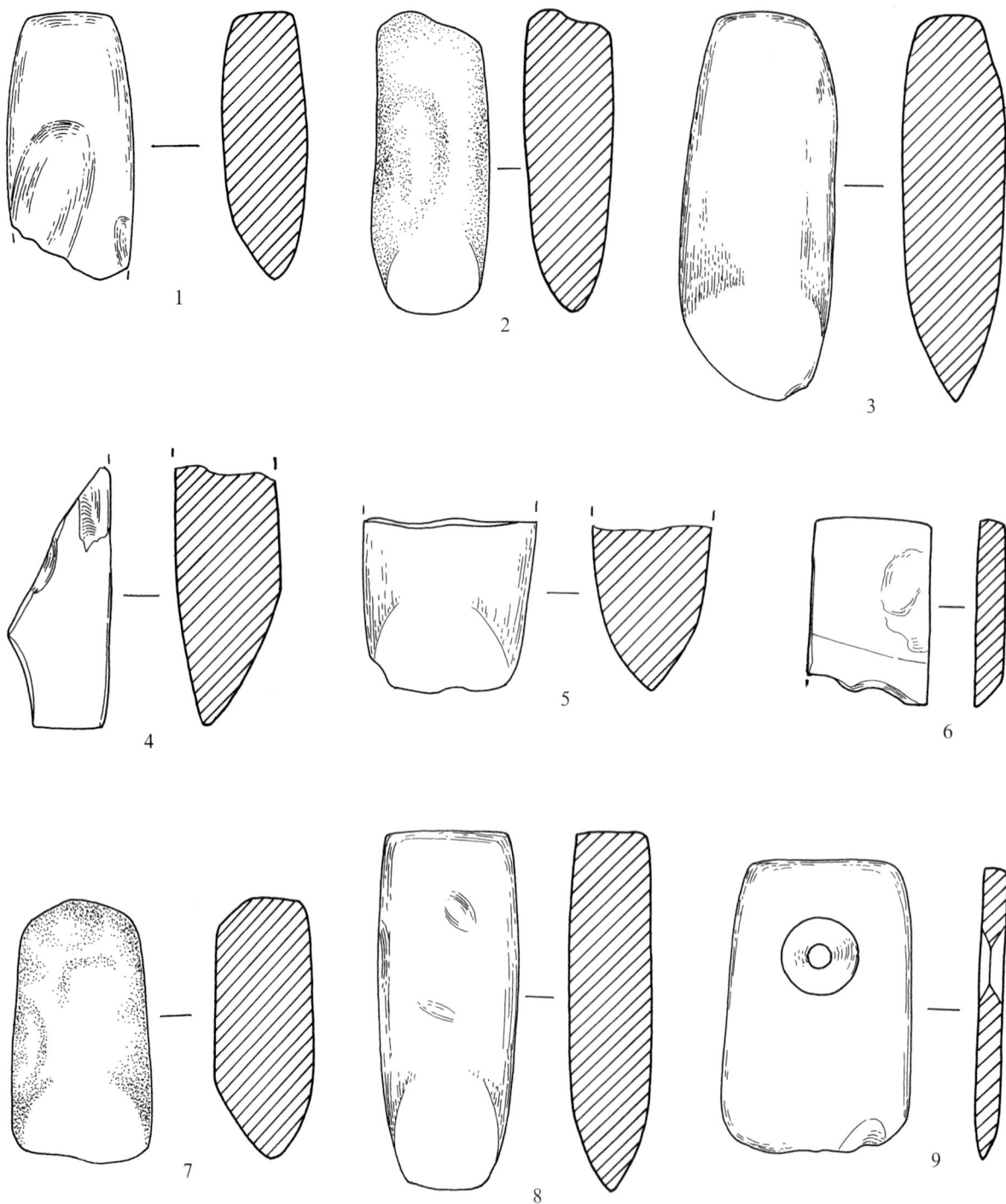

1~3、5、7~9.　　0 ⊢——⊣ 4厘米　　　　4、6.　0 ⊢——⊣ 2厘米

图二一二　尖山湾遗址新石器时代石锛、石斧

1~3、5、7、8.B型斧（采：2、T15②：4、T14④：2、T24④：73、T36③：1、
T16⑤：90）　4、6.Bb锛（T26⑥：23、T25⑤：88）　9.钺（采：16）

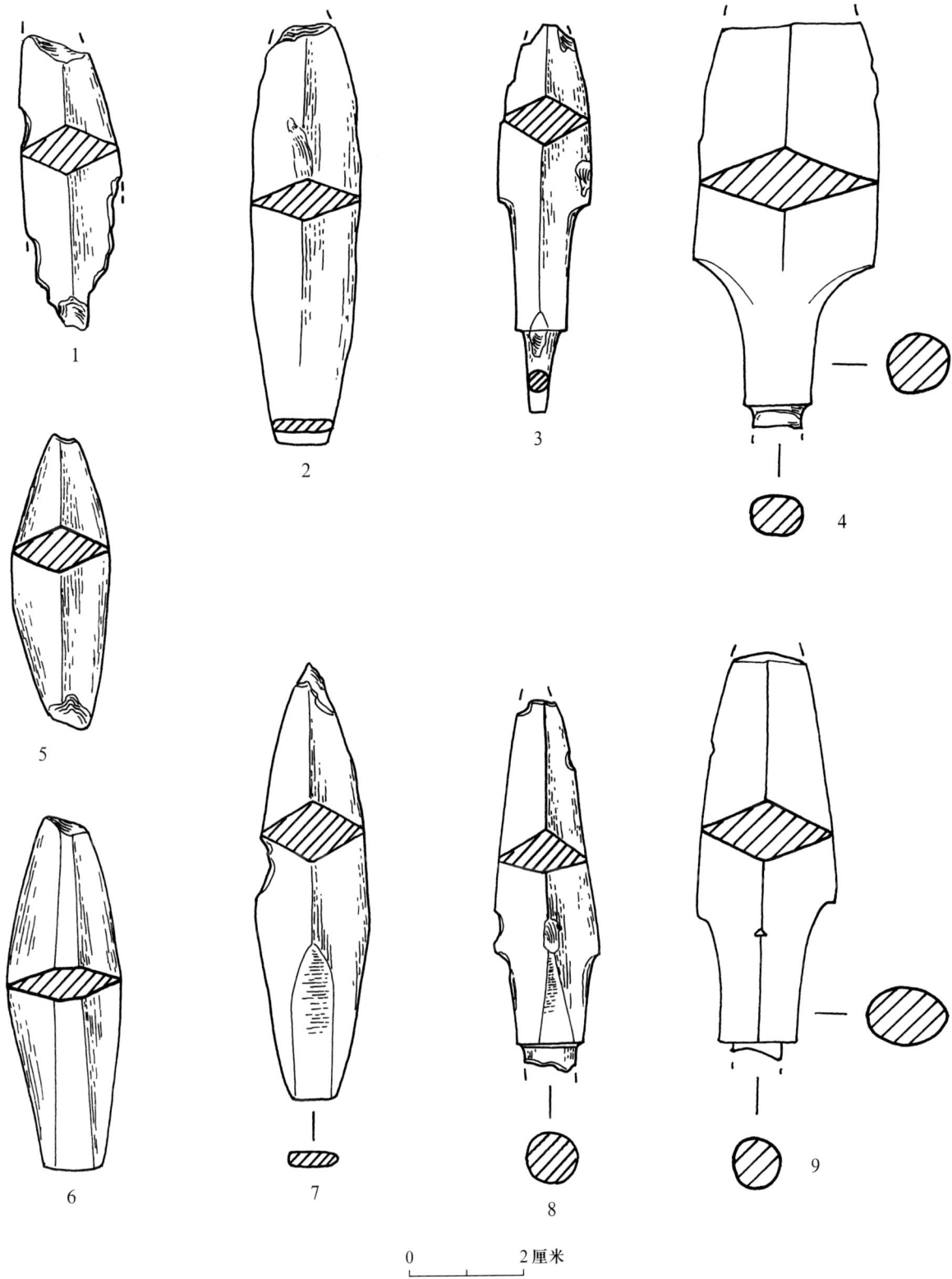

图二一三 尖山湾遗址新石器时代石镞

1、3、4、8、9.Ab 型镞（T15③：2、T15③：1、T24④：76、T15②：3、T14④：76）

2、5~7.Aa 型镞（T14④：75、采：15、采：12、T24④：74）

Ab型　8件。铤部明显，截面圆或椭形。标本T24④：76，两端残。残长6.6、宽3.1、厚1厘米（图二一三，4）。标本T15③：1，尖残。残长6.4、宽1.6、厚0.8厘米（图二一三，3；图版三二，12）。标本T15③：2，尖残，周边有疤痕。残长4.9、残宽1.7、厚0.8厘米（图二一三，1）。标本T15②：3，两端残。残长6、宽1.8、厚0.7厘米（图二一三，8；图版三二，10）。标本T14④：76，两端残。残长6.7、宽2.4、厚1厘米（图二一三，9）。标本T24⑥：22，尖残。残长6.1、宽1.8、厚0.8厘米（图二一四，6）。标本T24④：77，尖残，周边布满疤痕。残长5.9、宽1.4、厚0.8厘米（图二一四，9）。标本T25④：78，两端残。残长5.9、宽1.7、厚0.5厘米（图二一四，7）。

B型　6件。桂叶形。铤截面扁圆。标本T14④：79，尖铤残。残长5.9、宽3、厚0.5厘米（图二一四，10）。标本T15②：2，铤棱锥状。残长4.2、宽1.7、厚0.6厘米（图二一四，5）。标本T15④：80，完整。刃局部残。长7.2、宽2.3、厚0.7厘米（图二一四，12；图版三二，6）。标本T15④：81，铤截面椭圆形。长6.8、宽2.2、厚0.6厘米（图二一四，1；图版三二，7）。标本T35④：82，下残，周边略有缺口。残长5、宽2.5、厚0.5厘米（图二一四，3）。标本采：11，尖残。残长5.5、宽2.3、厚0.6厘米（图二一四，8）。

其他　2件。尖特短，脊扁平，脊横截面多边形，缺铤。标本采：13，残长4.3、宽1.7、厚0.3厘米（图二一四，11）。标本采：14，残长5.9、宽2.1、厚0.5厘米（图二一四，2；图版三二，9）。

砺石　8件。除标明外均长条形。完整。分两型。

A型　3件。单磨面。标本T26④：83，不规则多边形近方，磨面微凹，背面微鼓。长15～18.2、宽15、厚5～6.2厘米（图二一五，4）。标本T15⑤：91，长10.8、宽6.2、厚3.6～4.6厘米（图二一五，2）。标本T24⑤：92，残片状，磨面微凹。残长3.6、宽3.8、厚0.5～0.6厘米（图二一五，5）。

B型　5件。多磨面。一般微凹。标本T36④：84，磨面下凹呈束腰形。长19.6、宽6～9、厚2.6～6.8厘米（图二一六，5；图版三三，8）。标本T24④：85，近方形。长8.2、宽6.8、厚2.2～2.6厘米（图二一五，1）。标本T24④：86，长11.6、宽6.2、厚2～3厘米（图二一五，3）。标本T24⑤：92不规则近方形。长15.8、宽10～13.6、最厚7厘米（图二一六，4）。标本T24④：87，不规则形。长9.8、宽6、厚2.4～2.6厘米（图二一六，1）。

毛坯石料　3件。长条形，有明显加工痕迹。标本T25④：88，下端打制成尖状，其余为天然砾石面。长20、宽3.6～4.6、厚2.4～3.6厘米（图二一六，7）。标本采：8，已粗加工成方形坯料。长3、宽2.6～2.7、厚1.1～1.2厘米（图二一六，2）。标本采：17，一端打制成尖状，其余为规整的天然砾石面。长16.4、宽6～6.4、厚2.8～3厘米（图二一六，6）。

3.玉器

仅1件。

玉管。标本T15④：89，残。体小，磨制精细，筒状，内孔对镂而成。孔径0.4～0.7、长1.9、宽1、通高2.2厘米（图二一六，3；图版三二，11）。

4.竹（苇）器

共计出土二十多件。挑选标本12件。

篮　2件。标本遗迹A：71，残件。口部用细篾穿绕填充致密，沿圈内固以较粗木骨。腹部编为六

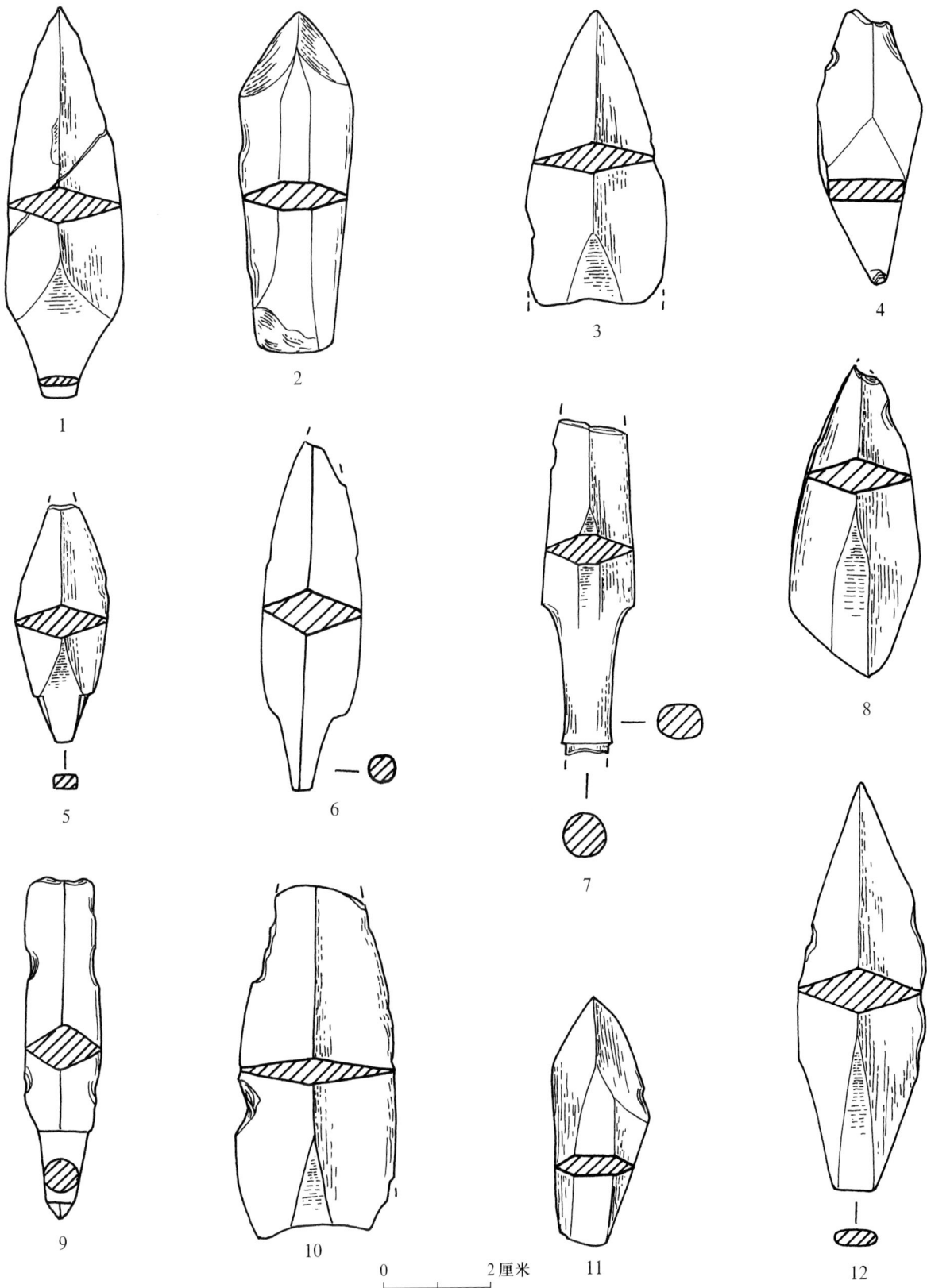

图二一四 尖山湾遗址新石器时代石镞

1、3、5、8、10、12.B型镞 T15④:81、T35④:82、T15②:2、采:11、T14④:79、T15④:80) 2、11.其他型镞（采:14、采:13） 4.Aa型镞（采:10） 6、7、9.Ab型镞（T24⑥:22、T25④:78、T24④:77）

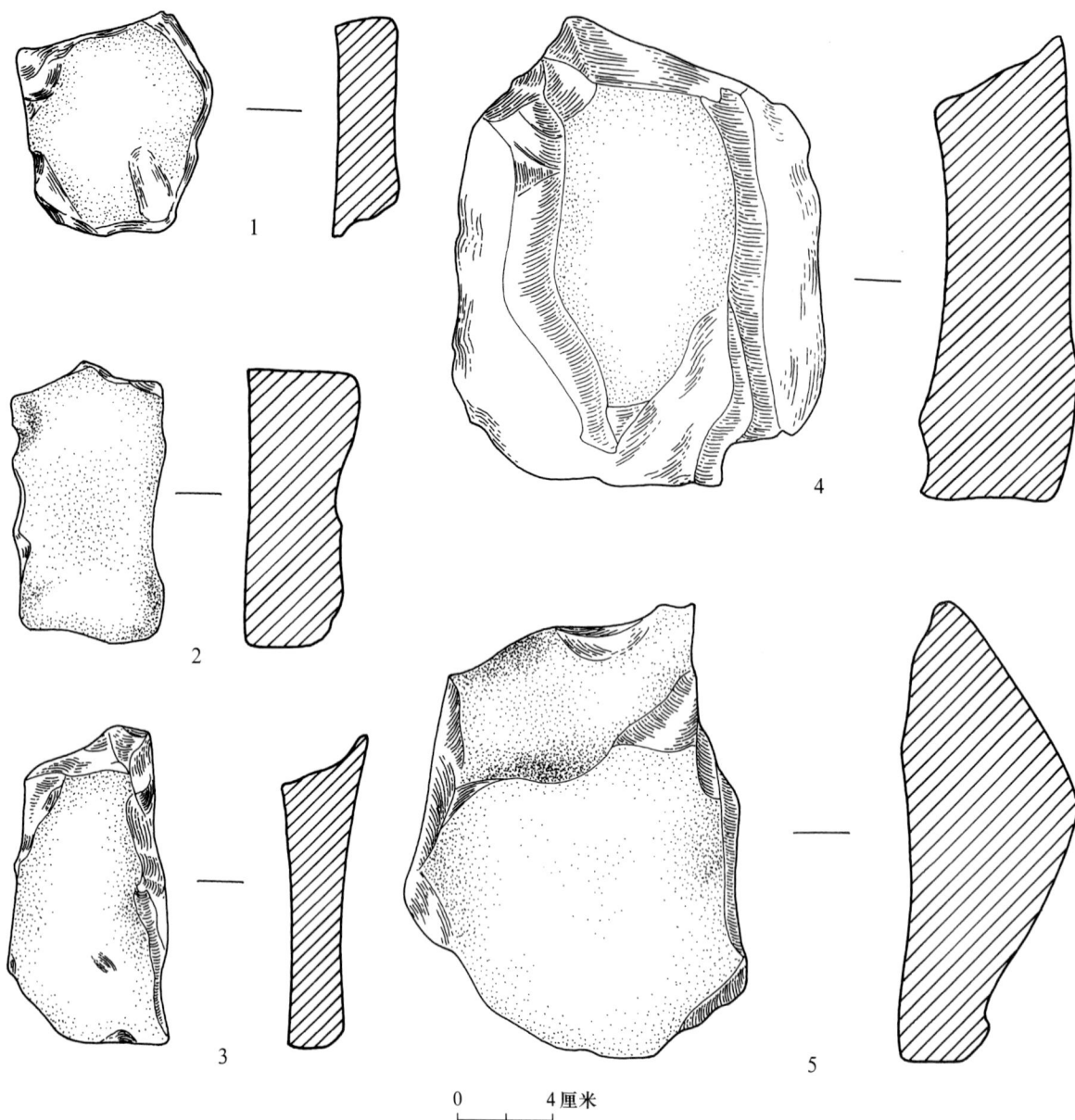

图二一五　尖山湾遗址新石器时代砺石

1、3.B 型砺石（T24④：85、T24④：86）　　2、4、5.A 型砺石（T15⑤：91、T26④：83、T24⑤：92）

角形梅花眼，篾线均为斜向，间隔压挑而成网状。残高 13、残宽 11 厘米（图二一七，1；彩版二五，1）。标本遗迹 A：8，残存部口，比较凌乱，隐见梅花格编法。残高 17、残宽 11 厘米（图二一七，2；彩版二五，2）。

筐　3 件。经疏纬密。经双股，纬篾窄薄，单股。一潜一浮法编织。近口部纬篾较窄较密。口沿以辫状收边。标本遗迹 A：50，残件，扁压叠折。器身局部复以稀疏的梅花大孔。残长 29、残宽 17 厘米（图二一八；彩版二六，1）。标本遗迹 A：25，残件。上腹经纬篾线窄而紧。残长 25、残宽 24 厘米（图二一九；彩版二六，2）。标本遗迹 B：21，残件。残高 10、残宽 9.5 厘米（图二二〇，1；彩版二七，1）。

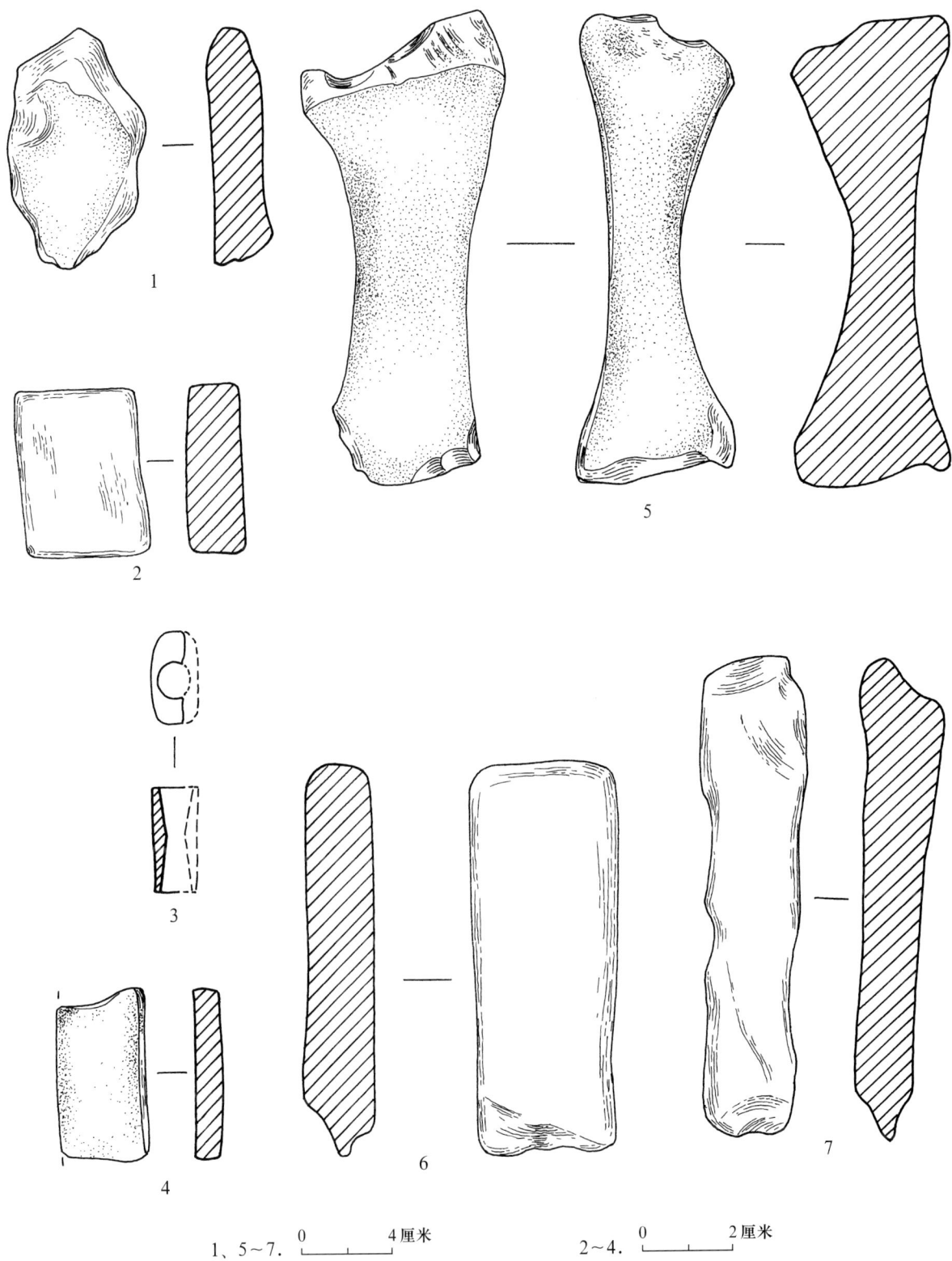

图二一六　尖山湾遗址新石器时代石器、玉器

1、4、5.B 型砺石（T24④：87、T24⑤：92、T36④：84）　2、6、
7.毛坯石料（采：8、采：17、T25④：88）　3.玉管（T15④：89）

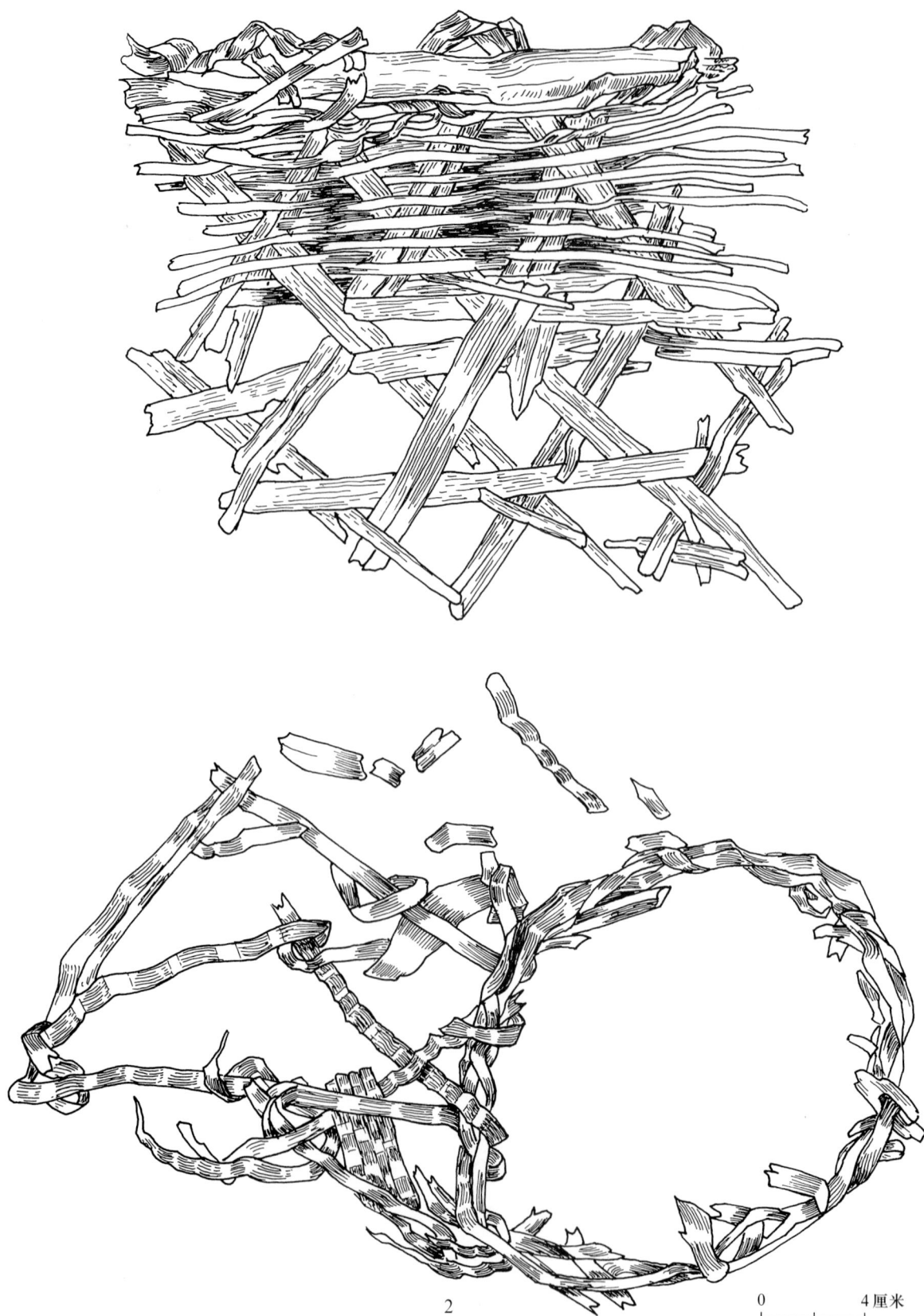

0　　　　　4厘米

2

图二一七　尖山湾遗址新石器时代竹（苇）篮
1、2.(遗迹 A：71、遗迹 A：8)

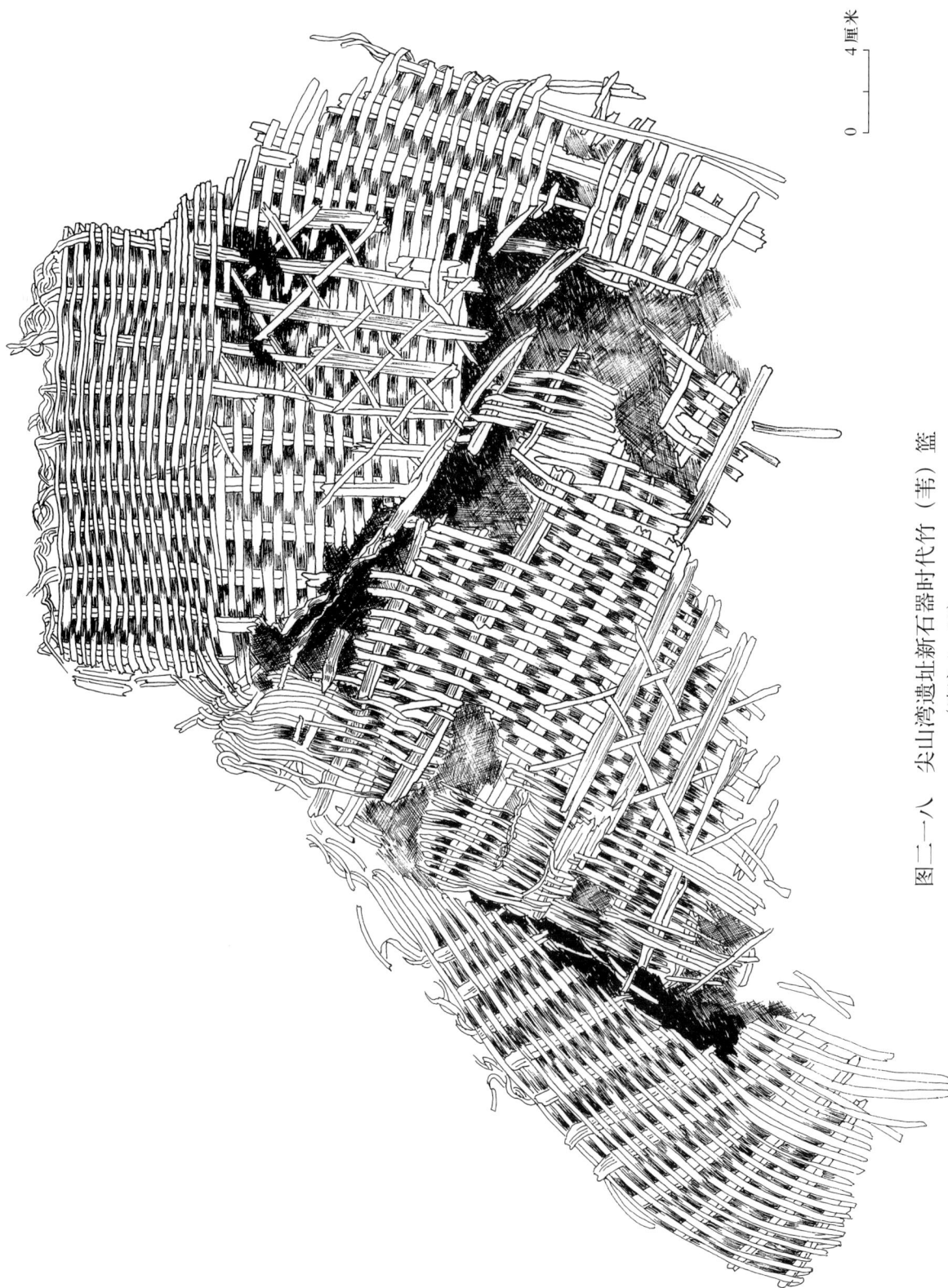

图三一八　尖山湾遗址新石器时代竹（苇）篮

（遗迹 A：50）

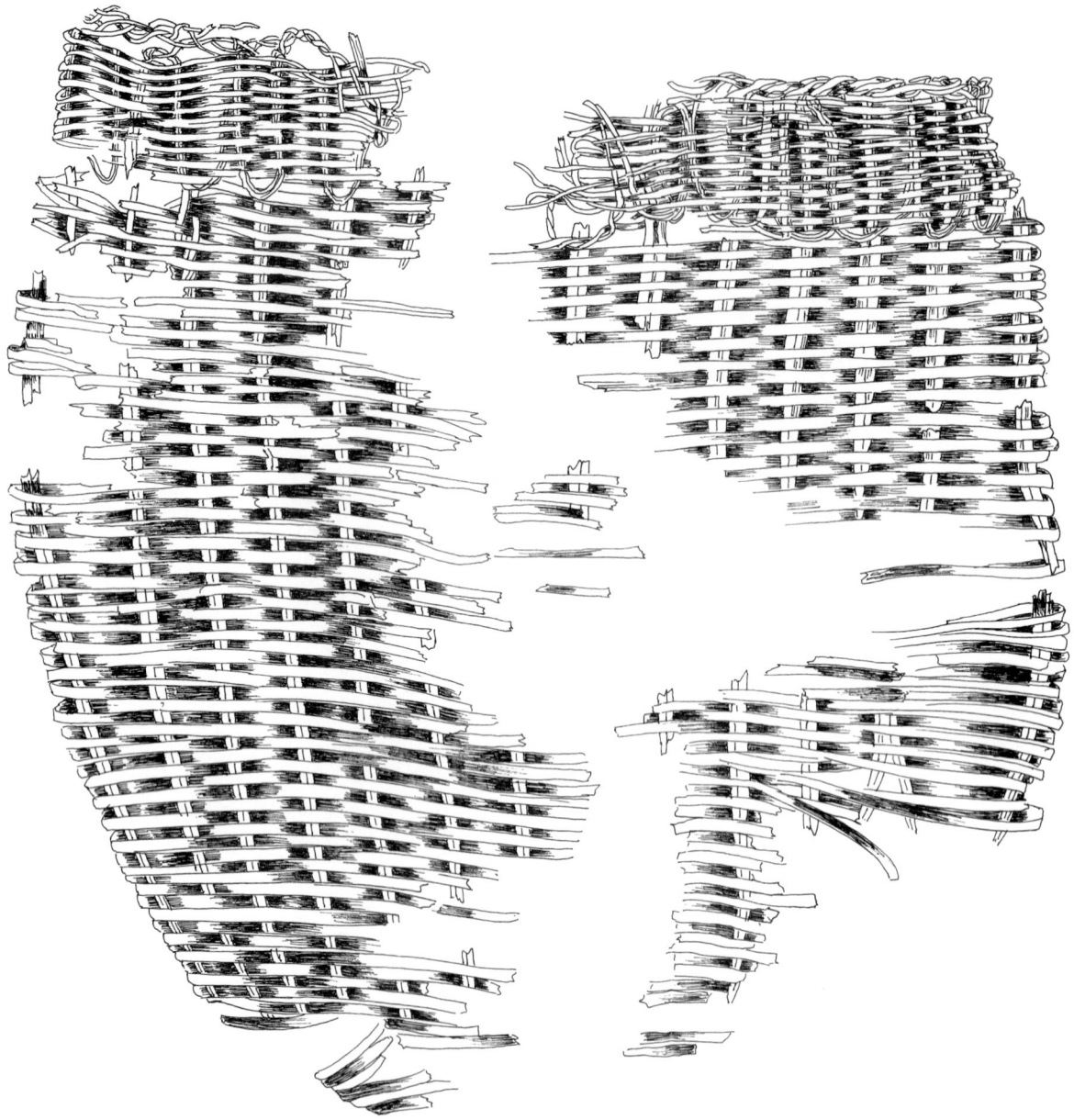

0 ⊢———⊣ 4厘米

图二一九　尖山湾遗址新石器时代竹（苇）筐

（遗迹 A：25）

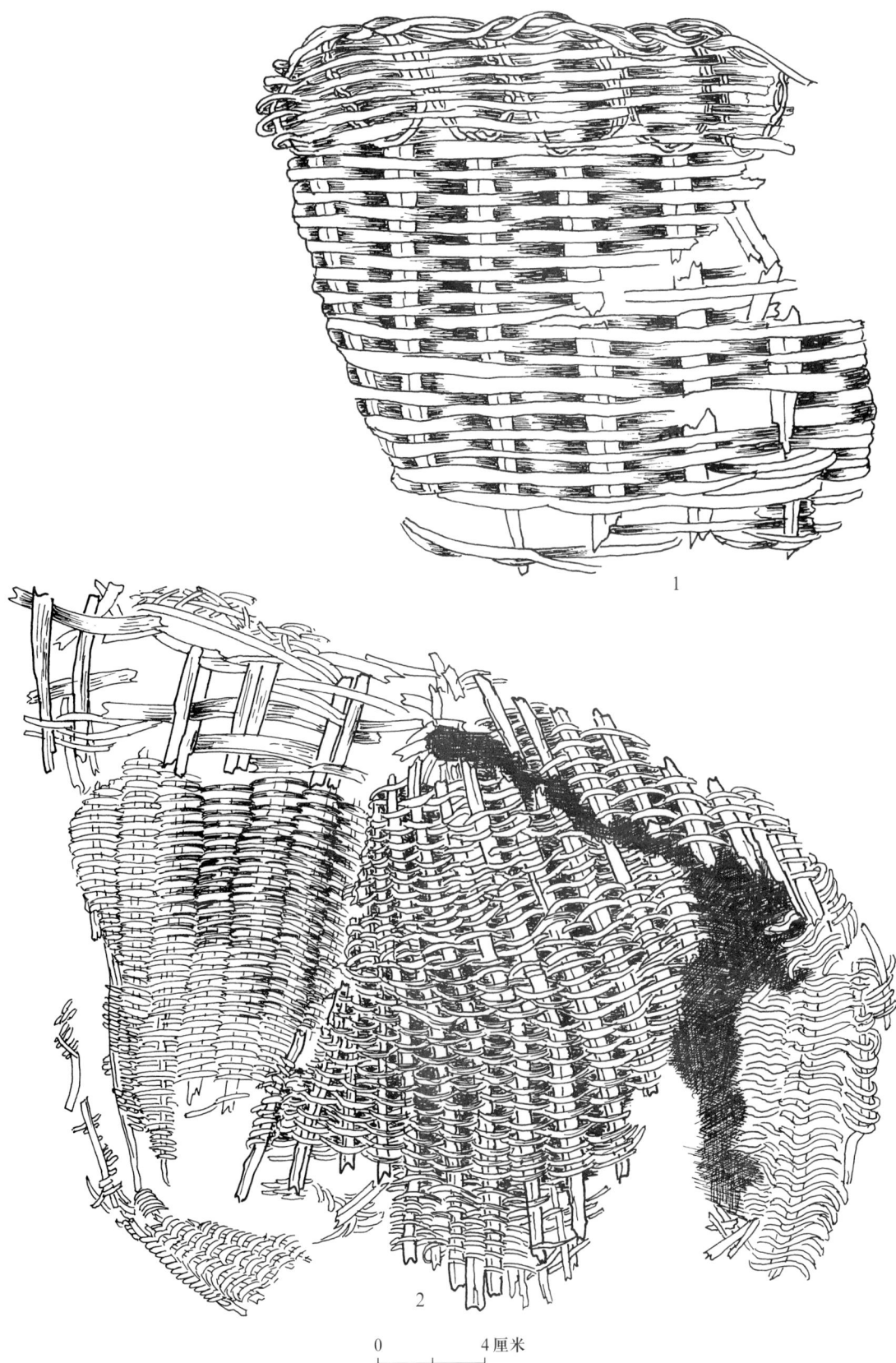

图二二〇　尖山湾遗址新石器时代竹（苇）器
1.筐（遗迹 B：21）　　2.畚箕（遗迹 B：74）

箕畚　1件。标本遗迹B：74，经篾粗实、双股，纬篾细软、单股。纬篾潜一浮一地穿绕经篾。纵向坚挺，横向弯曲成器。残长17、残宽12厘米（图二二〇，2；彩版二七，2）。

竹篓　3件。做法相同，纬篾上下一压一跳。残存面较大。标本遗迹A：41，经篾宽厚双股，纬篾略薄单枝，坚挺有力不易弯曲，残长29、残宽25厘米（图二二一；彩版二八，1）。标本遗迹B：68，经篾疏，纬篾密，均为单枝，纬篾条条靠拢，间隔潜浮。两端纬篾较密。结构松散，残长37、残宽28厘米（图二二二；彩版二八，2）。标本遗迹A：48，竹篾残迹凌乱，残长17、残宽11厘米（图二二三，1）。

篾席　3件。席篾宽窄相同，薄厚均匀，质地柔软。采用三潜三浮的编织方法，条条靠拢，不留空隙，特征是结构紧密不易散乱。标本遗迹A：72，仅存一残角，纹呈"人"字形，经纬均呈45度倾斜。残长15、残宽10厘米（图二二三，2；彩版二九，1）。标本遗迹A：21，纹呈"十"字形，比较散乱。残长27、残宽22厘米（图二二四，彩板二九，2）。标本遗迹A：62较零散，纹呈"十"字形，残长18、残宽12厘米（图二二五；彩版二九，3）。

除上述标本，保存稍差或编法类同的竹编物还有多件（彩版三〇～三二）。

5. 木器　出土多为残件、碎块，其较完整者13件。

木桨　1件。标本遗迹A：28，保存基本完好。长条形，可分桨板、柄两部分。桨板平直光滑，木柄后端略宽微弧上翘。通长134厘米，桨板长54、宽13.8～16.2、厚1.2～4.8厘米，柄长80、宽4.2～9、厚3～5.4厘米（图二二七，1；彩版三三，1）。

有柄木器　3件。一端有柄。标本遗迹A：15，方块状，由首、柄（榫头）组成。首为器的主体，长方形。长13.6、宽10、厚5.6厘米。柄（榫头）条形，长3.6、宽2.8、厚2厘米。通体长17.2厘米（图二二七，5；彩版三六，1）。标本遗迹A：44，长条形，可分铣板、柄两部分。铣板面微下凹，柄部手握处两侧有凹窝。通长33.2厘米，铣板长20、宽13.6、厚0.8～3.2厘米，柄长13.2、宽2、厚2～3厘米（图二二七，4；彩版三六，2）。标本遗迹A：91，仅存柄部。顶端镂成梯形环孔，中部微曲截面圆形，制作比较规整（图二二七，2；彩版三六，3）。

带榫卯构件　2件。标本遗迹B：32，长条形，一端近20厘米被加工成锥状，另一端做成长6、宽4、厚2.8厘米的长方体榫头。通长42厘米（图二二八，2；彩版三三，2）。标本遗迹B：30，块状。顶面一侧加工成斜坡状，另一侧残断。底面光滑，中部刻有燕尾形卯槽。通体长40、宽18、厚10厘米。卯槽长10、宽10、深1.2厘米（图二二八，3；彩版三三，3）。

铣板状木器　1件。标本遗迹A：87，残。片状，刃部较薄，两角磨损较多，另一端残缺不详。残长24、宽16、厚0.4～1.2厘米（图二二七，3；图版三四，1）。

盆形器　3件。残。长条形，敞口，弧壁，平底。标本遗迹B：100，残长20、残高8、厚0.8厘米，底长12、残宽4厘米（图二二六，4；图版三四，2）。标本遗迹B：23，残长40、残宽12、残高5.2、厚1.6厘米，底残长32、残宽8厘米（图二二六，3；图版三四，3）。标本遗迹B：63，平沿。长54、残宽8、厚2、高8.8厘米，底长20、残宽5.6厘米（图二二六，6；图版三四，4、5）。

玩具　3件。较完整，均为陀螺。圆锥状，平顶。标本遗迹A：58，尖圆钝，加工痕迹明显，形体较大，光滑，尖部稍长，一侧破裂有修补痕迹，顶截面椭圆形。长8、宽7、通高11.6厘米（图二二六，

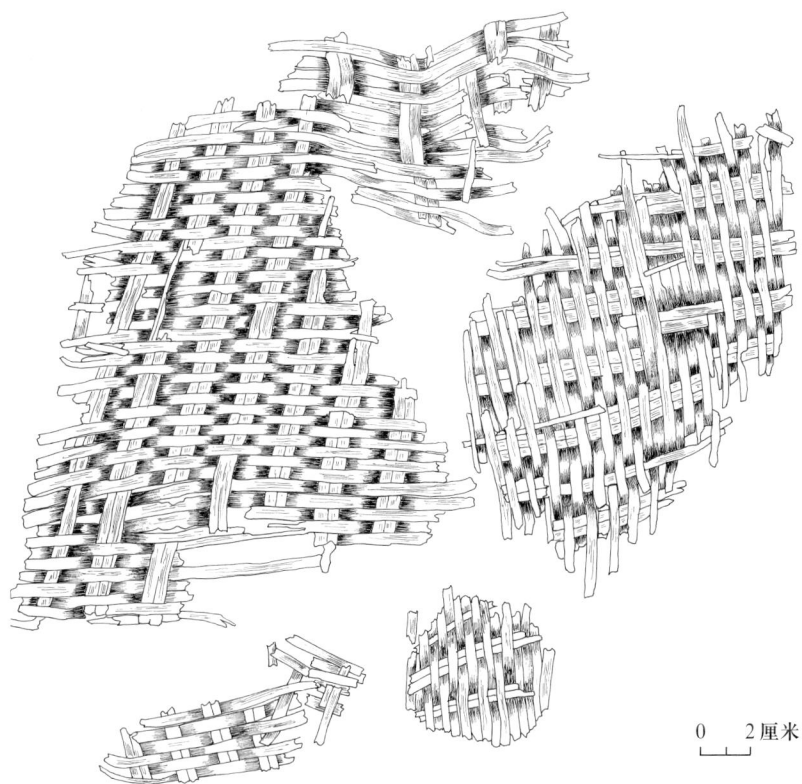

图二二一 尖山湾遗址新石器时代竹（苇）篓
（遗迹 A：41）

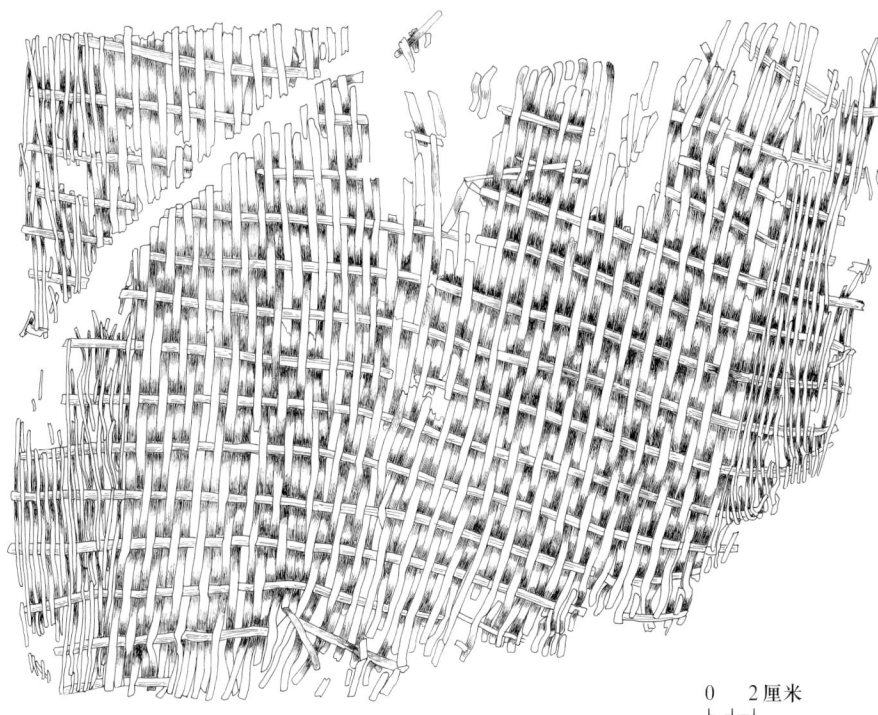

图二二二 尖山湾遗址新石器时代竹（苇）篓
（遗迹 B：68）

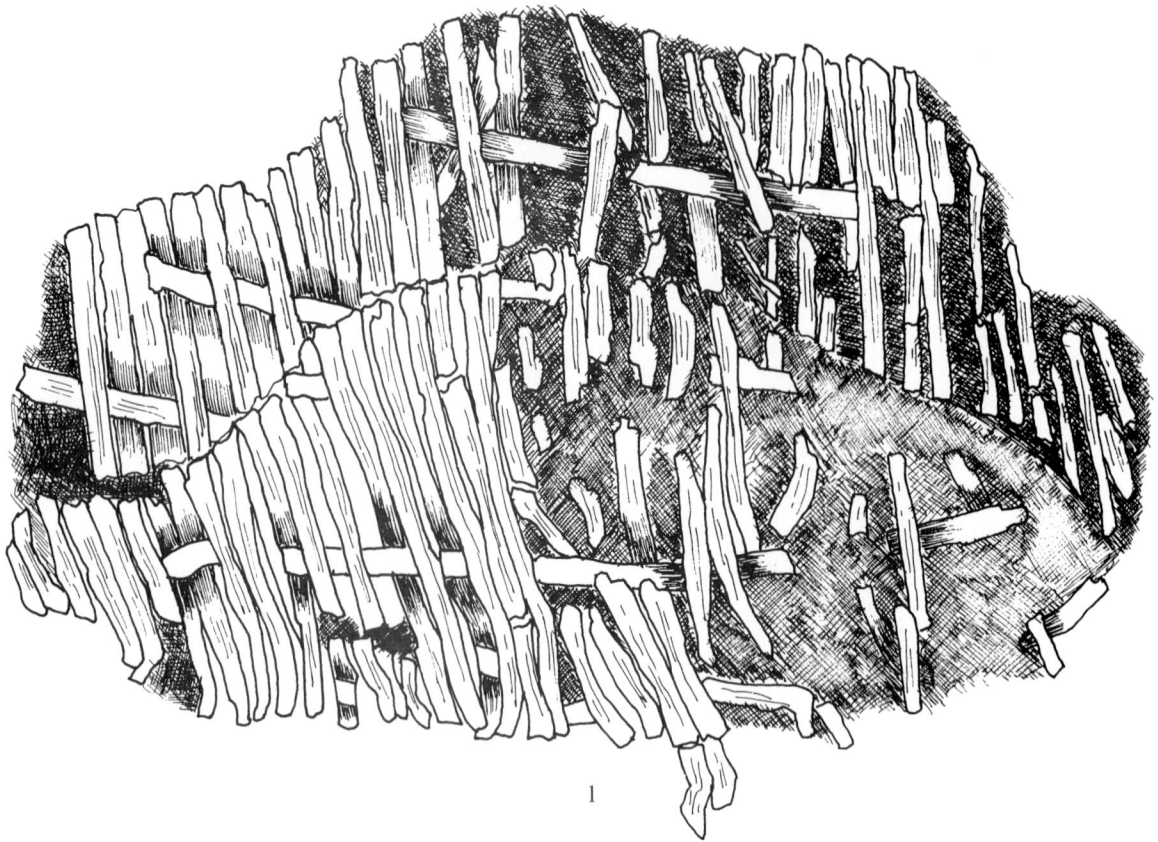

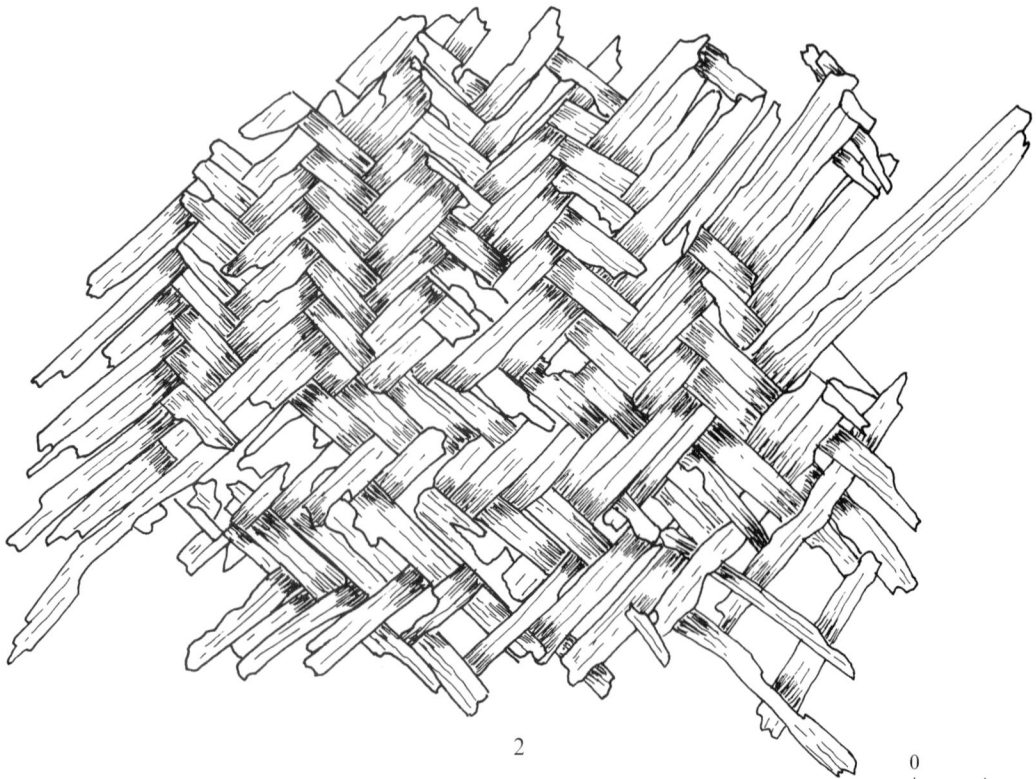

图二二三　尖山湾遗址新石器时代竹器

1.竹（苇）篓（遗迹 A∶48）　2.篾席（遗迹 A∶72）

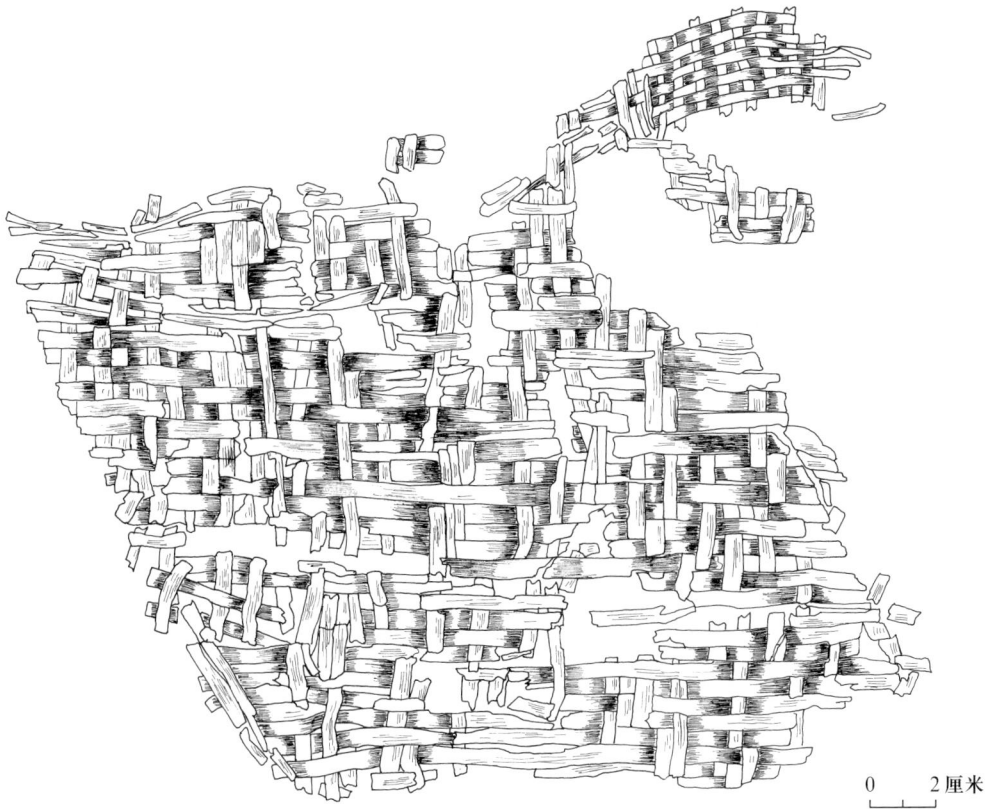

0　　2 厘米

图二二四　尖山湾遗址新石器时代篾（苇）席
（遗迹 A∶21）

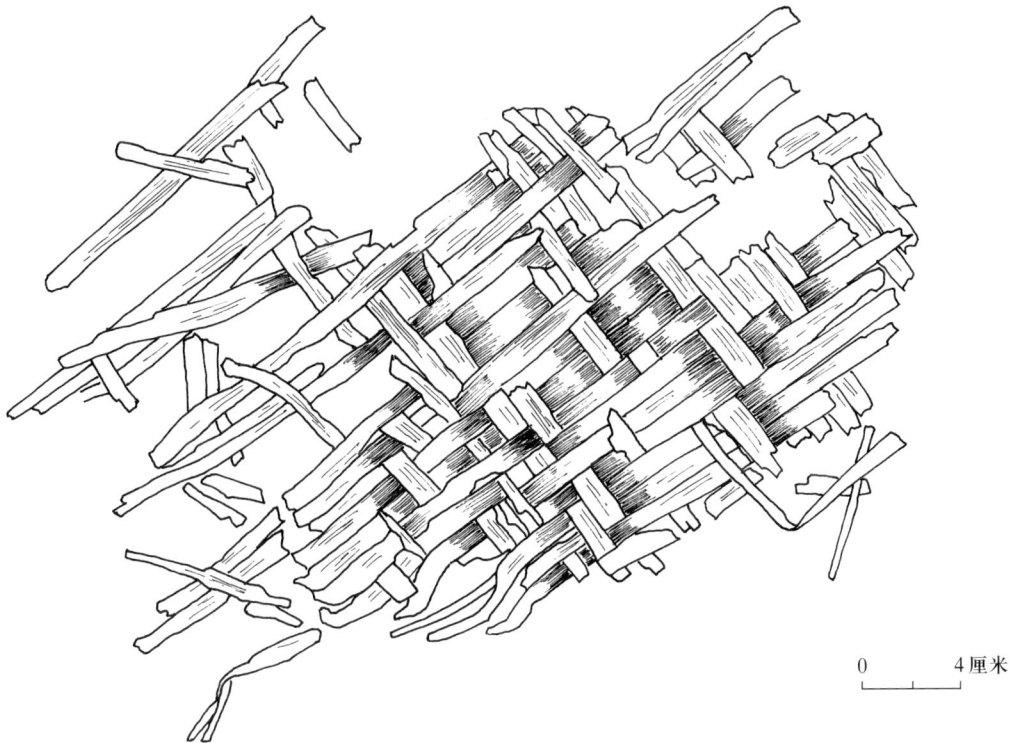

0　　4 厘米

图二二五　尖山湾遗址新石器时代篾（苇）席
（遗迹 A∶62）

1；彩版三六，5）。标本遗迹 A：82，体较小，裂缝数处，木质极差。顶截面椭圆形。长5、宽3.4、通
高7厘米（图二二六，2；彩版三六，6）。标本遗迹 B：50，完整。体小，保存较好。顶截面近圆形。
长4、宽3.6、通高6厘米（图二二六，5；彩版三六，7）。

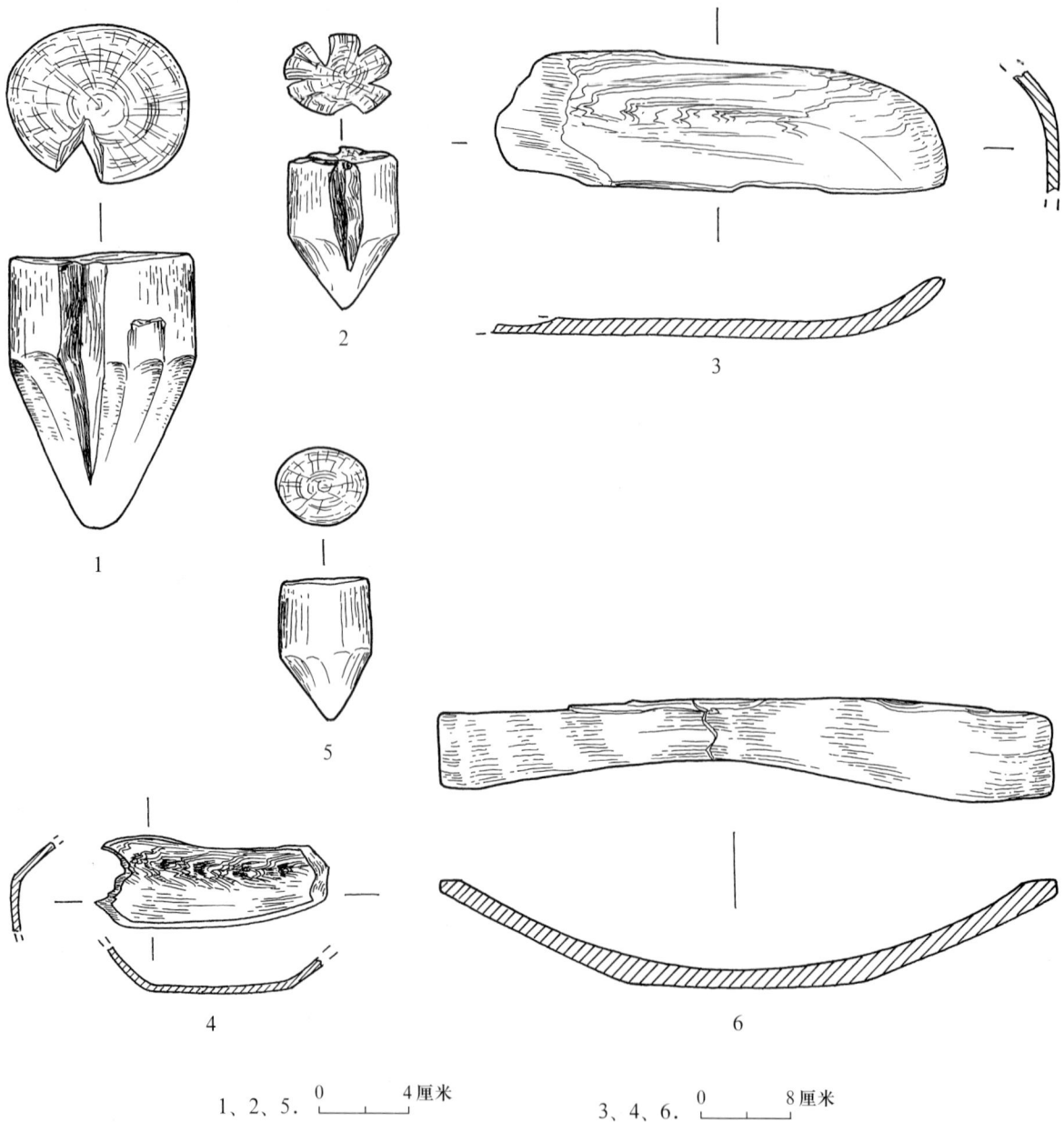

图二二六　尖山湾遗址新石器时代木器
1、2、5.陀螺（遗迹 A：58、82，遗迹 B：50）
3、4、6.盆形器（遗迹 B：23、100、63）

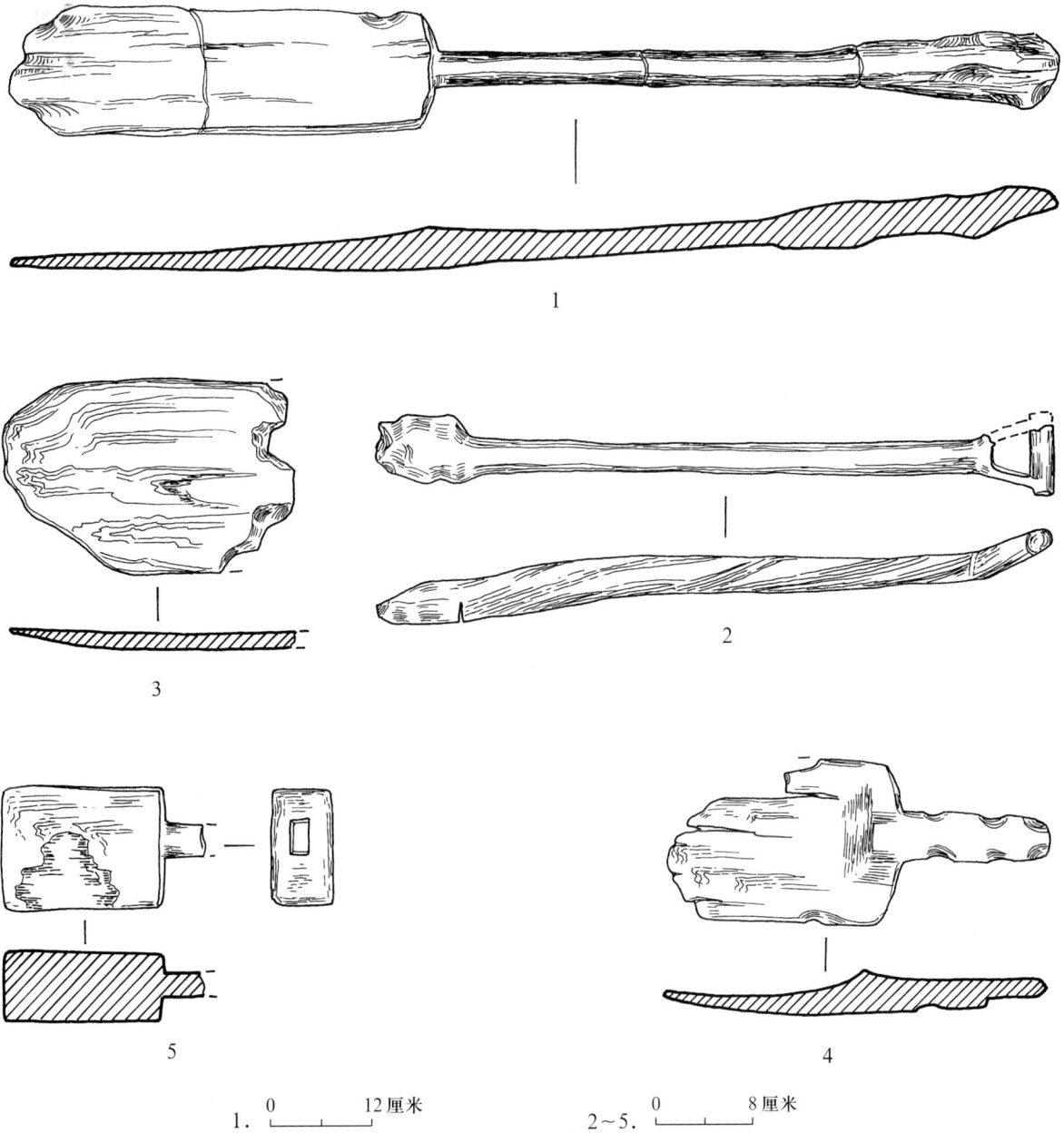

1.　　0　　12厘米　　　　　2～5.　　0　　8厘米

图二二七　尖山湾遗址新石器时代木器

1.木桨（遗迹A∶28）　2、4、5.有柄木器（遗迹A∶91、
遗迹A∶44、遗迹A∶15）　3.铣板状木器（遗迹A∶87）

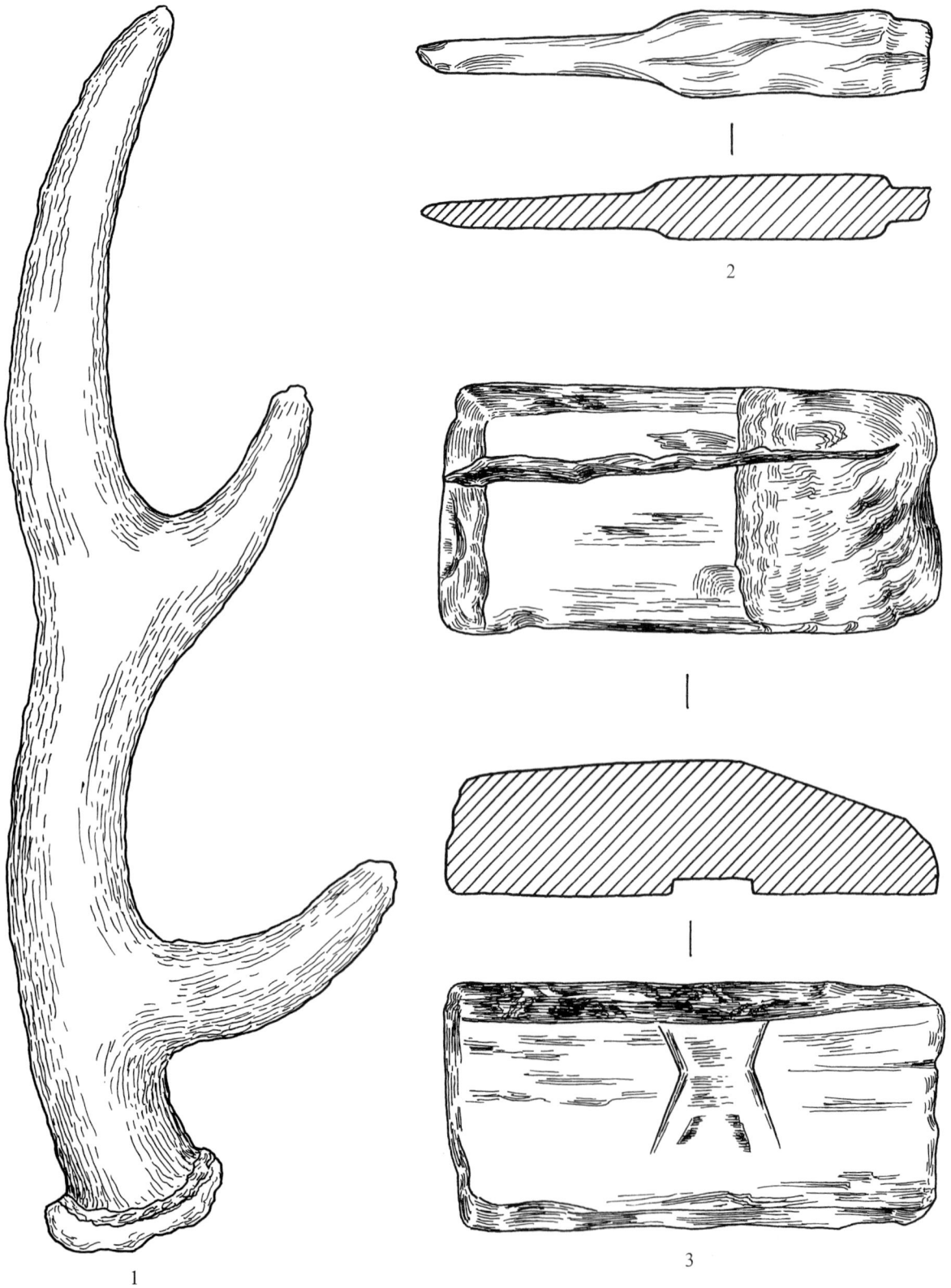

1. 0 ___ 4厘米　　　　　2、3. 0 ___ 8厘米

图二二八　尖山湾遗址新石器时代鹿角、木器
1.鹿角（遗迹 B：122）　2、3.带榫卯木构件（遗迹 B：32、30）

二、文化性质与年代问题

尖山湾新石器时代文化遗存的年代处在晚于良渚文化、早于商周文化的阶段。

在钱塘江以南地区，发现、发掘的良渚文化遗址数量相对较少，尚不足以与太湖地区良渚文化进行全面比较，但良渚文化遗址在这一地区的存在是确定无疑的事实。即使在浦阳江流域，近些年已经发现了萧山茅草山、金山等遗址和列入本报告的楼家桥遗址、茬塘山背墓地。这些遗址中明显带有良渚文化特征的器物对于鉴别这一阶段的遗址性质具有标签式的意义，其中最典型的器物为鱼鳍形足（包括 T 形足）鼎，即使鼎身不能复原，鼎足（残块）也成了良渚文化的一种器物学象征。尖山湾遗址没有发现良渚文化典型的鱼鳍足（T 形足）鼎。遗址出土大量泥质灰黑陶豆、盘、罐等器物，陶质硬实、陶色泛白，火候较高，显然不早于良渚文化。在浙江原始文化遗址中，晚于良渚文化的阶段习惯定为商周时期的印纹陶文化，即以印纹陶的普遍存在为最大特色，但尖山湾遗址又不见印纹陶，因此肯定早于商周时期。马桥文化提出后，商周文化又向前接了一段，其早期出现了一个相当于夏的文化时期。马桥文化已经出现了印纹陶，可见尖山湾遗址要早于马桥文化。

近几年，对晚于良渚、早于马桥阶段文化类型的探索已出现新的进展，最典型的有上海的广富林文化遗存[1]、浙江的钱山漾文化遗存[2]和好川遗址[3]。通过与这三个遗址的比较，我们可以认为，尖山湾遗址的年代与之相近，属于一种后良渚阶段的新石器时代末期文化。

尖山湾遗址陶器陶质以夹砂灰陶、夹砂红陶居多，泥质灰陶（或施黑衣）、泥质红陶次之，纹饰以刻划纹为主，篮纹、瓦楞纹、绳纹、凹弦纹、附加堆纹、弦断绳纹等，这些特征与广富林遗址、钱山漾遗址基本一致。下面对具体器物做些比较。

钱山漾遗址。钱山漾类型一期大鱼鳍形足（与良渚文化鱼鳍形足有区别）鼎数量最多，到二期变稀少。与此比较，尖山湾遗址的大鱼鳍形足（A 型足）数量并不多，情形与钱山漾类型二期相近。尖山湾数量最多的长体三角侧扁足（B、C 型），在钱山漾二期也流行，凿形足也具有相似的特征。另外，钱山漾一期大鱼鳍足鼎的垂腹特征也不见于尖山湾的残件中。从这个意义上，尖山湾遗址与钱山漾二期接近。但从钱山漾一期开始少量出现、流行于二期的足跟内侧带凹窝鼎，在尖山湾遗址基本不见；钱山漾一期出现的鸭嘴状凿形足、捏口袋足鬶在尖山湾也有发现。石器方面，尖山湾 Ab 型镰锭、身分段的特征在钱山漾一期出现。由于尖山湾遗址文化特征在地层中没有体现出早晚的变化，我们只能说尖山湾遗址与钱山漾文化类型可以进行比较，有较多的共同点，但不能与具体的期别对应起来。

广富林遗址和好川遗址。广富林遗址与钱山漾遗址有诸多共同点，因此与尖山湾遗址的比较也有共同性，如大鱼鳍形足、侧扁足等。广富林的垂棱豆，在尖山湾也出现（Bb 型豆盘）。垂棱豆出现最多的是好川墓地（F 型、H 型豆），存在时间在四段前期到五段。尖山湾豆的形态与好川有更多可比较之处，例如，尖山湾 B 型豆把的底部呈喇叭形外折敞开，这一特征与好川晚期四段的 A 型豆相似，把

① 周丽娟：《广富林遗址良渚文化末期遗存》，《浙江省文物考古研究所学刊》第八辑，科学出版社，2006 年。
② 丁品：《钱山漾遗址第三次发掘与"钱山漾类型文化遗存"》，《浙江省文物考古研究所学刊》第八辑，科学出版社，2006 年。
③ 浙江省文物考古研究所、遂昌县文物管理委员会：《好川墓地》，文物出版社，2001 年。

柄上的圆镂空也近似。共同的特征还有捏口袋足鬹等。

　　尖山湾还具有不同于钱山漾、广富林和好川的特点，突出体现在折颈折腹的 A 型鼎上。尖山湾 A 型鼎从特征上明显是良渚文化盆形鼎的变化形态，另外 A 型喇叭形豆柄，A B 型鼎形盉等与良渚文化有密切联系。钱山漾文化类形中大鱼鳍足鼎被认为继承了良渚文化的因素，与之比较，尖山湾遗址与良渚文化的关系似乎更密切些。这很可能与地域的相对偏僻、受外来文化冲击较弱有关，因为广富林文化类型一般认为受到北边龙山文化王油坊类型的影响。另外，尖山湾矮圈足器丰富，圈足外卷翻出的特征和罐、盆类器形也具有自身的特点。

三、动植物遗存

（一）树木遗存

　　尖山湾遗址文化层中残存数量较多的树木遗存，以及一些先民的生产、生活木制器具（图版三四；彩版三六）。根据目前已有的对新石器时代社会经济形态和生产力发展水平认识，基本可以判断这些树木遗存和加工木制器具的材料是从遗址周围森林中采伐来的。因此，遗址中出土的树木遗存和木制器的树木种类不仅能够反映遗址周围的古森林植被，而且还能对我们进一步分析遗址的自然环境以及先民对环境的适应等方面提供比较可靠的实证数据。

　　通过对遗址文化层中 113 点树木遗存的横切面、径切面、弦切面的显微镜微观鉴定发现，遗址的树木遗存分属 19 科 27 属 31 种，记述如下（彩版三四、三五）：

　　（1）单子叶植物

　　　　　　　　　禾本科（Gramineae）

　　　　　　　　　　　竹亚科（Bambusoideae）

　　（2）双子叶植物

　　　　裸子植物

　　　　　　　　　松科（Pinaceae）

　　　　　　　　　　　马尾松（*Pinus massoniana*）

　　　　　　　　　杉科（Taxodiaceae）

　　　　　　　　　　　杉树（*Cunninghamia lanceolata*）

　　　　　　　　　柏科（Cupressaceae）

　　　　　　　　　　　柏树（*Platycladus sp.*）

　　　　　　　　　银杏科（Ginkgoaceae）

　　　　　　　　　　　银杏（*Ginkgo biloba*）

　　　　被子植物

　　　　　　　　　壳斗科（Fagaceae）

　　　　　　　　　　　栎属（*Qercus sp.*）

麻栎　(*Quercus acutissima*)

枹栎　(*Quercus serrata*)

栗树　(*Castanea seguinii*)

甜槠　(*Castanopsis sclerophylla*)

苦槠　(*Castanopsis eyrei*)

红锥　(*Castanopsis hystrix*)

青冈　(*Cyclobalanopsis glauca*)

水青冈　(*Fugas sp.*)

桦木科（Betulaceae）

桤木　(*Alnus cremastogyne*)

榆科（Ulmaceae）

榆树　(*Ulmus pumila*)

山茱萸科（Cornaceae）

灯台树　(*Cornus controversa*)

杨柳科（Salicaceae）

柳树　(*Salix babylonica*)

木兰科（Magnoliaceae）

木兰　(*Magnolia sp.*)

柿树科（Ebenaceae）

柿树　(*Diospyros sp.*)

桑科（Moraceae）

桑树　(*Morus sp.*)

柘木　(*Cudrania tricuspidata*)

山茶科（Theaceae）

山茶　(*Camellia sp.*)

杨桐　(*Adinandra sp.*)

胡桃科（Juglandaceae）

化香树　(*Platycarya sp.*)

枫杨　(*Pterocarya stenoptera*)

豆科（Leguminosae）

合欢　(*Albizzia julibrissin*)

黄檀　(*Dalbergia hupeana*)

槭树科（Aceraceae）

槭树　(*Acer sp.*)

漆树科（Anacarabiaceae）

盐肤木（*Rhus chinensis*）

樟科（Lauraceae）

擦树（*Sasafras randaiense*）

　　遗址出土的树木遗存既有阔叶树也有针叶树。如图二二九所示，遗址树木遗存以阔叶树木为主，有105点，占树木遗存总数的95.5%，分属于14科22属26种；针叶树木极少，只有5点，仅占树木遗存总数的4.5%，分属于4科4属4种。在阔叶树木中，以落叶阔叶树木占多数，有83点，占阔叶树木遗存总数的78.1%；常绿阔叶树木有23点，占阔叶树木遗存总数的21.9%（图二二九）。

　　树木遗存中阔叶树木以壳斗科植物为主，有栲、青冈等常绿树，也有麻栎、枹栎、栗、水青冈等落叶树，而且以落叶树占多数；除壳斗科外，有樟科、山茶等常绿树木；有木兰、榆树、桑树、化香、柳树、黄檀、山茱萸、合欢、盐肤木、槭树等落叶树，还有常绿的竹子，整体表现出较典型的常绿与落叶树种的混交林特点。常绿落叶阔叶混交林是落叶阔叶林和常绿阔叶林的过渡森林类型，森林群落内物种丰富，结构复杂。

　　树木遗存中有桑树6点，占遗存总数的5.7%，遗存表明遗址周围植被中有丰富的桑树种群。桑树叶片是家蚕的饲料，遗址中出现数量较多的桑树暗示尖山湾先民可能已经采桑养蚕。

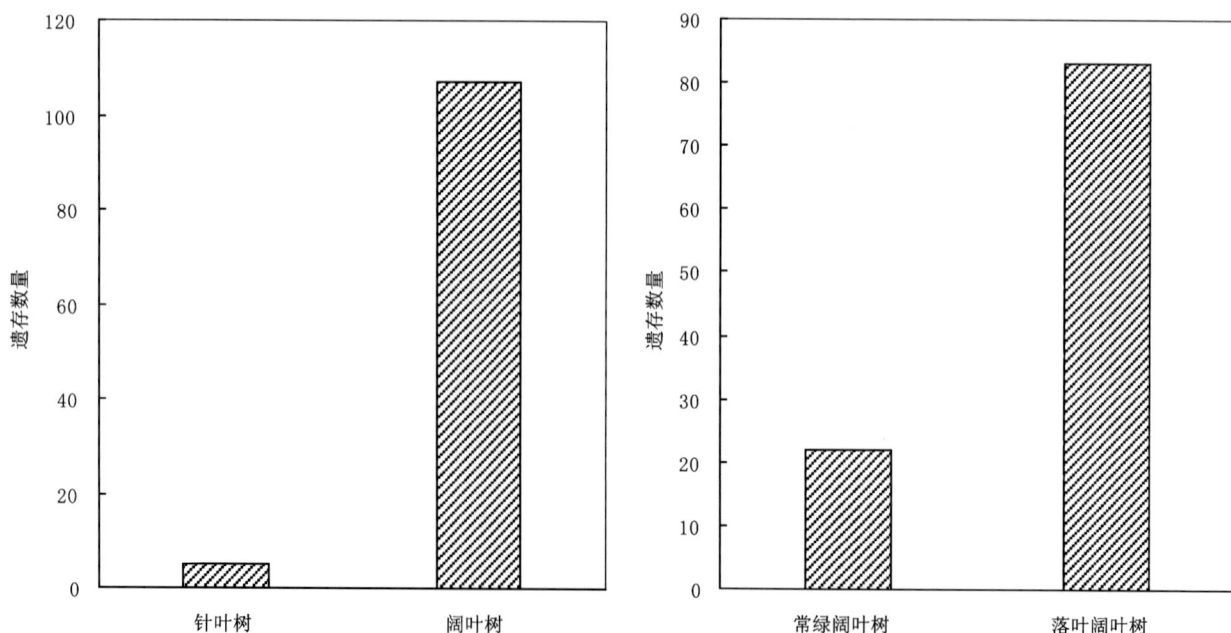

图二二九　树木遗存中的种类构成示图

（二）植物种子遗存

　　用水洗方法，对遗址 T24 和 T25 两个探方的第⑤层（文化层）土壤中的种子进行了调查，发现了禾本科、葡萄科、蔷薇科、蓼科、大戟科、芸香科、唇形花科、漆树科等8科9种植物的果核和种子。

　　稻（Oryza sativa）：稻谷；稻米。

野葡萄 *(Vitis sp.)*：种子

桃 *(Prunus sp.)*：果核

悬钩子 *(Rubus sp.)*：种子

南酸枣 *(Choerospondias axillaris)*：果核（彩版三七，5）

狭叶蓼 *(Polygonum angustifolium)*：种子

山靛 *(Mercurialis leiocarpa)*：种子

臭常山 *(Orixa japonica)*：种子

紫苏 *(Perilla sp.)*：种子

其中稻是长江下游地区新石器时代先民的主要粮作物，也是遗址植物遗存中数量最多的。此次共收集稻谷（米）4269粒，占种子总数量的98.86%，说明尖山湾遗址先民的食物主要来自栽培水稻；葡萄、桃、南酸枣等树木果实可能被先民作为水果利用；悬钩子也可以作为水果利用，现在一些山区农村还可偶见农民的采食。其他几种植物虽然也有经济价值，但目前还没有充分证据说明先民有目的地利用了这些植物。

另外，在晚期地层中还发现一真菌类灵芝标本（彩版三七，4、6）。

（三）稻米的形态特征

遗址中出土有炭化米和炭化稻谷（彩版三七，3）。由于出土稻谷暴露在空气中后，进一步氧化脱水，外面颖壳加速炭化脱落，所以能保存下来完整的炭化谷粒不多，遗存以炭化米居多。对遗址 T25 探方中出土稻谷和稻米随机抽取形状保持完整的进行长、宽、厚等 3 个形状参数测量，结果如下图所示（图二三〇）。

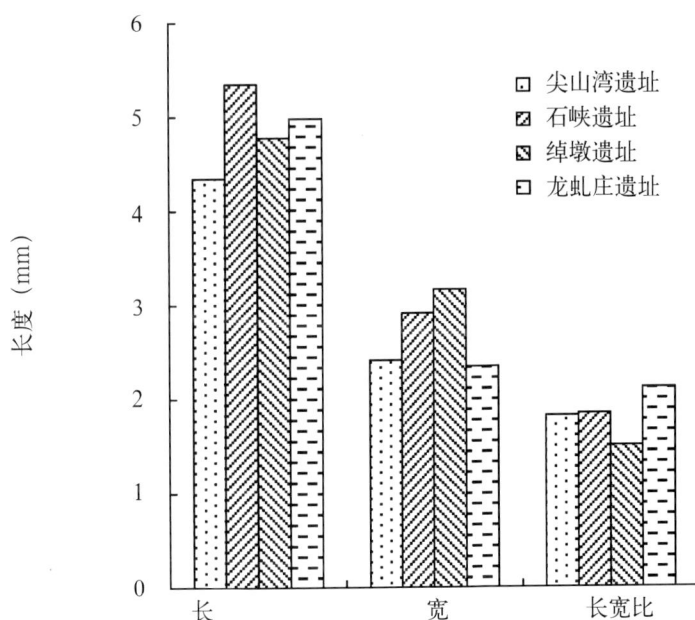

图二三〇　出土稻米形状比较图

　　遗址出土的炭化稻谷（米）可以说是已知新石器时代遗址出土炭化稻谷（米）中最短小的籽粒，与广东曲江县马坝镇新石器时代晚期石峡遗址出土的稻米相比，长度短19.1%，宽度小17.2%，长宽比相近[1]；与江苏昆山市正仪镇马家浜文化晚期绰墩遗址出土稻米相比，长度短10.3%，宽度小31.7%，长宽比值大17.0%[2]；与距今7000～5500年的江苏高邮市龙虬庄遗址出土稻米相比，长度小13.1%，宽度相近，长宽比值小13.7%[3]。

　　栽培稻（Oryza sativa）是从普通野生稻（O. rufipogon))驯化而来的，现代栽培稻与野生稻之间在长宽比方面也存在着一定的区别。对现代栽培稻和野生稻的粒型调查结果显示，栽培稻的长宽比较小，野生稻的长宽比较大，可以用3.50作为野生稻和栽培稻的分界线[4]，尖山湾遗址出土稻谷和稻米长宽比明显不同于普通野生稻，是经过人工驯化的栽培稻。在现代栽培稻中有籼粳两个亚种或变种。从谷粒形态看，籼亚种瘦长，粳亚种短圆，一般籼亚种稻谷的长宽比大于2，约为2～3（高的可达3以上），粳亚种稻谷的长宽比小于2，约为1.6～2.3，两者存在交叉现象[5]。尖山湾遗址出土的稻谷和稻米的长宽比分别为2.08和1.82，小于2.3，应该都属于粳稻。对遗址T25和T24两个探方第⑤层土壤中稻硅酸体的长宽厚形状系数等四个形状特征参数分别为42.51、35.21、33.83、0.83μm和42.89、33.96、31.37、0.78μm，根据硅酸体籼粳亚种判别值函数[6]：

$$Z = 0.4947VL-0.2994HL+0.1357LL-3.8154b/a-8.9567$$

　　求得的判别值分别为3.37和2.94，判别为粳亚种。由此可见遗址出土短小稻谷属于粳稻。

　　普通野生稻的穗属圆锥花序，散生，穗颈较长，一般6～20厘米，穗长10～30厘米；支梗很少，一般没有二次支梗，每穗粒数不多，约有20～60粒；结实率低，只有30%；千粒重为19～22克。现代栽培稻通常都在25克左右，大粒的超过30克，最重的是三粒寸品种，高达42.6克[7]。尖山湾遗址出土的短小稻米，估计其千粒重不到20克[8]。

　　综合遗址出土稻谷（米）形态特征，我们有理由相信，遗址出土的短小（谷）米粒，它们在稻穗上的着粒密度，不是疏松，而是稠密，它们不易落粒。这些着粒甚密千粒重低的密穗品种的生育特点是耐瘠、耐旱、耐寒、晚熟，谷粒一般都有芒（有利于抗鸟兽取食）。

　　密穗小粒稻品种历史非常悠久，在2000多年前的《管子·地员》篇中就有记载，并且世世代代继承流传下来，宋代、明清时期的地方志中也有记载，浙江省1960年代收集的农家水稻品种中也有不少密穗型品种[8]。尖山湾遗址稻米的发现揭示了古代密穗小粒稻的源头，把栽培密穗小粒稻的历史上溯了2000多年。

　　普通野生稻是栽培稻的祖先，是大形长粒散穗型的，每穗的粒数不多，具有自然杂交的特性。尖

---

[1] 杨式挺：《谈谈石峡发现的栽培稻遗迹》，《文物》1978年第7期。

[2] 游修龄、郑云飞：《从历史文献看考古出土的小粒炭化稻米》，《中国农史》，2006（25），第1期。

[3] 汤凌华、张敏：《高邮龙虬庄遗址的原始稻作》，《作物学报》，1996年第5期。

[4] 王象坤：《中国稻作起源研究中几个主要问题的研究新进展》；王象坤、孙传清：《中国栽培稻起源与演化研究专集》，中国农业大学出版社，1996年，第2～7页。

[5] 游修龄：《对河姆渡遗址第四文化层出土稻谷和骨耜的几点看法》，《文物》1976年第8期。

[6] 王才林、宇田津撤朗、藤原宏志：《中国イネの亚种判别における机动细胞珪酸体の形状と秆の形态生理形质の关系について》，《育种学杂志》，1996，46（1）：61-66。

[7] 中国农科院主编：《中国稻作学》，农业出版社，1986年，第46页。

[8] 游修龄、郑云飞：《从历史文献看考古出土的小粒炭化稻米》，《中国农史》，2006（25），第1期。

山湾遗址古稻是密穗小粒的，反映了稻自栽培驯化以来几千年间所发生的变异，同时也使我们进一步深入考虑栽培稻的起源和驯化过程，只有把普通野生稻和栽培稻之间的一个过渡种——一年生野生稻 (O. nivara) 所扮演的角色纳入到我们视线，才能解释密穗型小粒种的来源。

一年生野生稻的穗型除散生型外，还有密集型和中等型，三型并存；它的穗一般较大，粒数较多；育性有高度不育、半不育的不同；花粉有败育型，也有花粉正常的、结实率高、籽粒饱满的；芒有长、中、短的不同；谷粒有狭长、椭圆、宽卵型的。总之，表现出多型性的特点。原始先民最初是采集多年生的野生稻为食，随着他们的迁徙，他们把采集来的野生稻种子带到新的定居点，施行用播种的方式进行繁殖，这样收获的稻谷发芽后，仍旧是多年生的类型，由于存在着自然杂交的可能性，在反复采集播种繁殖的过程中，人们有机会选择到直立型的、分蘖比较整齐的植株，稻穗着粒较密、不易脱落的单穗，种子休眠短、播种后容易发芽的种子，作为留种种子。在这个过程中，那些保持普通野生稻原有形状的植株，总是遭到淘汰，那些合乎上述各种要求的植株，总是优先保留，其初步结果便是产生一年生或半驯化型的稻株，继续不懈的选择，就会获得驯化型的稻株。

另外，遗址还出土鹿颌骨、鹿角等动物遗骸（图二二八，1；彩版三七，1、2）。

第三节　两晋——宋代文化遗存

一、遗迹与遗物

（一）遗　迹

1.灰坑

仅见一个，编号H1。该灰坑位于T14北部，部分深入隔梁内。开口于第②层之下。口大底小，呈圆锥状，弧壁内收，壁面规整。直径100~105厘米，深85厘米（图二三一）。填土较硬，含砂略多，浅灰色。内出带盖内盛清水样液体的瓷坛以及瓷碗等。

2.墓葬

1座，编号M1。位于遗址北面约300米的山顶上。清理之前，地表已被推土机揭去一层，开口层位不清。此墓是一东西向砖室墓，砖块已经暴露。残长556、宽76~144厘米，墓口距地表约30厘米，墓底距地表170厘米。方向270度。基本结构如下。

甬道：位于墓室西端已被破坏。残长148、宽76、残高30厘米。南北两壁采用长条砖错缝平砌三层，间隔砌顶砖一层的方式。砖有纹饰的一侧向内，铺地砖已扰乱。

墓室：平面呈长方形顶已塌跨，长390、东宽144、西宽130厘米。北壁残高52~140厘米，南壁残高55~140厘米，东壁残高55~120厘米。周壁砌法同甬道。南北两壁砌至75厘米处开始起券。券顶采用顺砖错缝内楦的形式做成。铺底采用单层直行错缝平砌。

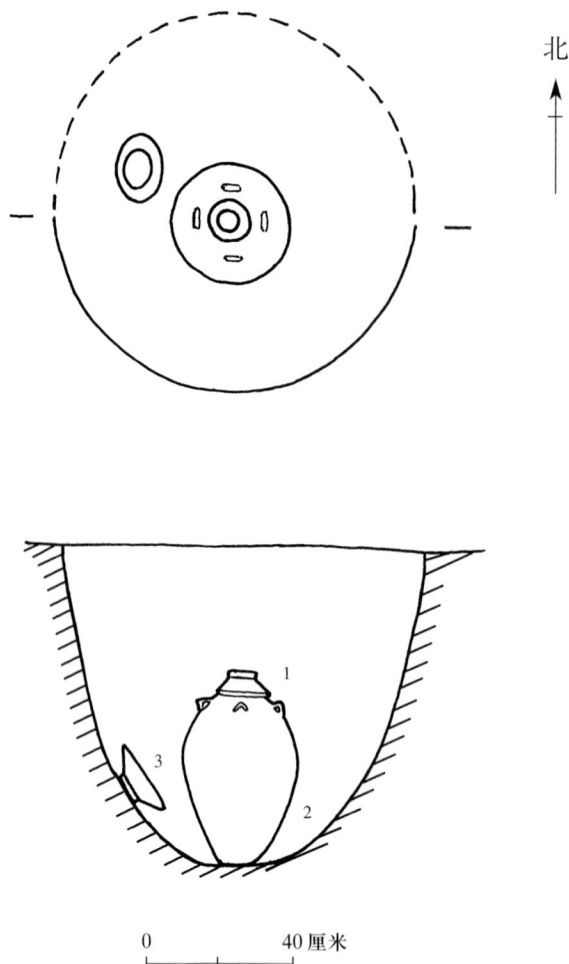

图二三一　尖山湾遗址宋代 H1 平、剖面图
1、3.青瓷碗　2.青瓷四系罐

砖室之外为竖穴土圹，四壁略直，长 556、宽 116～174、深 50～116 厘米。之间空隙 3～10 厘米。内填红褐色黏土及残砖块。随葬品仅出瓷碗 1 件，置于甬道近墓室处（图二三二）。

3.护坡遗迹

分布于 T35、T36 的中部，暴露在第③层之下，由木桩、木构件和树桩两部分组成。现择其 T36 内一段。介绍如下（图二三三；彩版三八）。

木构件遗迹，呈东北—西南走向分布。分布面积残长 8.25、宽 0.5～0.6 米。由三部分组成。

横木　两根。平压在石块之上。横木 1，残长 210、残宽 10～18、厚 15～21 厘米。横木 2，残长 125、残宽 10～20、厚 10～15 厘米（图二三三，a、b）。

垫石　6 块。被压在横木之下，以防止横木下沉。垫石 1：正压于横木之下。宽 15、厚 10 厘米。垫石 2：正压于横木之下。宽 20、厚 10 厘米。垫石 3：正压于横木之下。宽 12、厚 8 厘米。垫石 4：正压于横木之下。宽 20、厚 8 厘米。垫石 5：偏压于横木之下。宽 15、厚 12 厘米。垫石 6：被横木覆盖正压其下。宽 17、厚 14 厘米（图二三三，10～15）。

木桩　共 9 根。位于横木南侧。木桩 1：偏撑于横木之下。残长 40、残径 13 厘米。木桩 2：偏撑

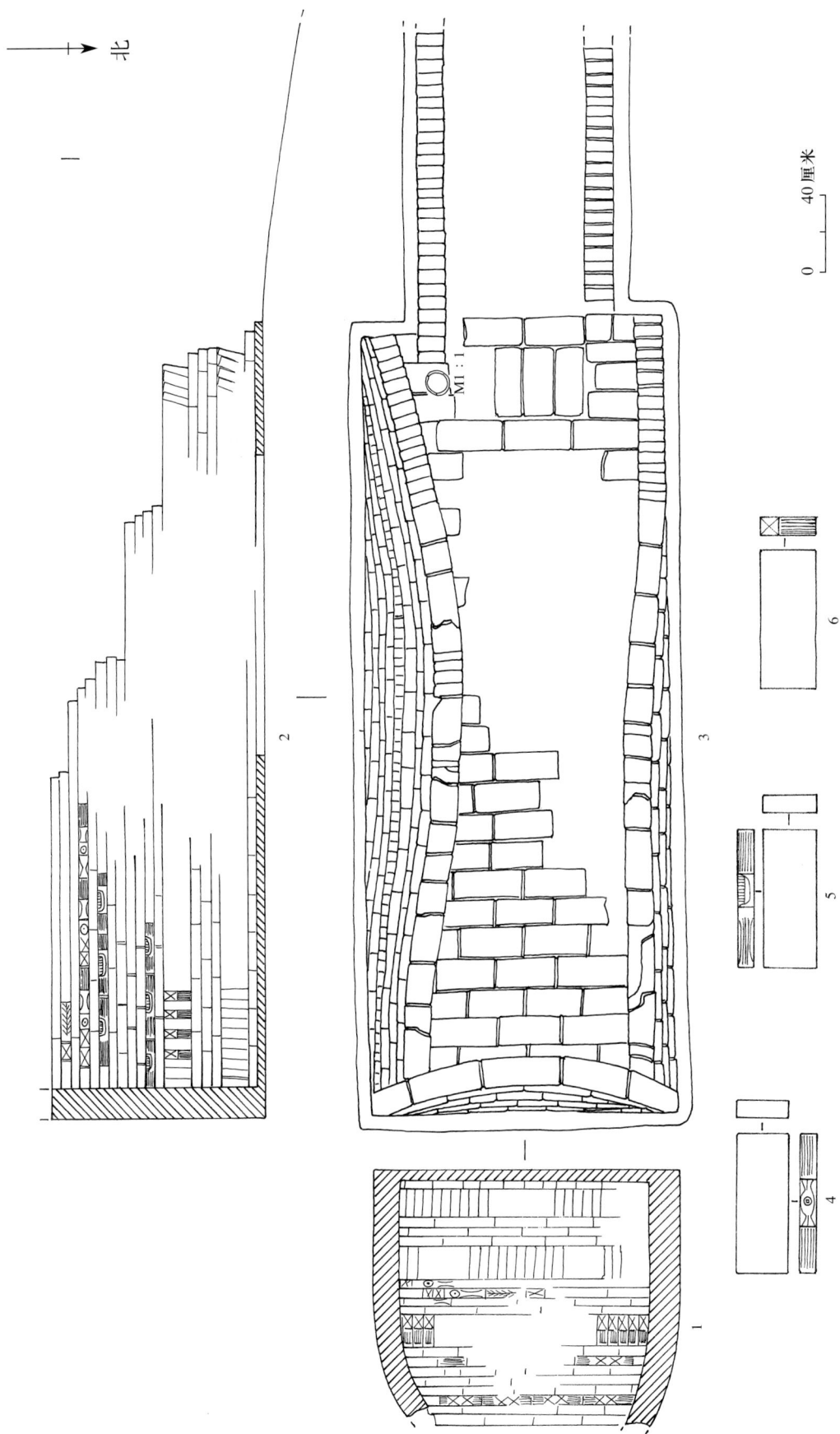

图二三二　尖山湾遗址东晋时期 M1 平、剖面图

1. M1 横剖面　2. M1 纵剖面　3. M1 总平面　4~6. 砖标本（M1:2, M1:3, M1:4）

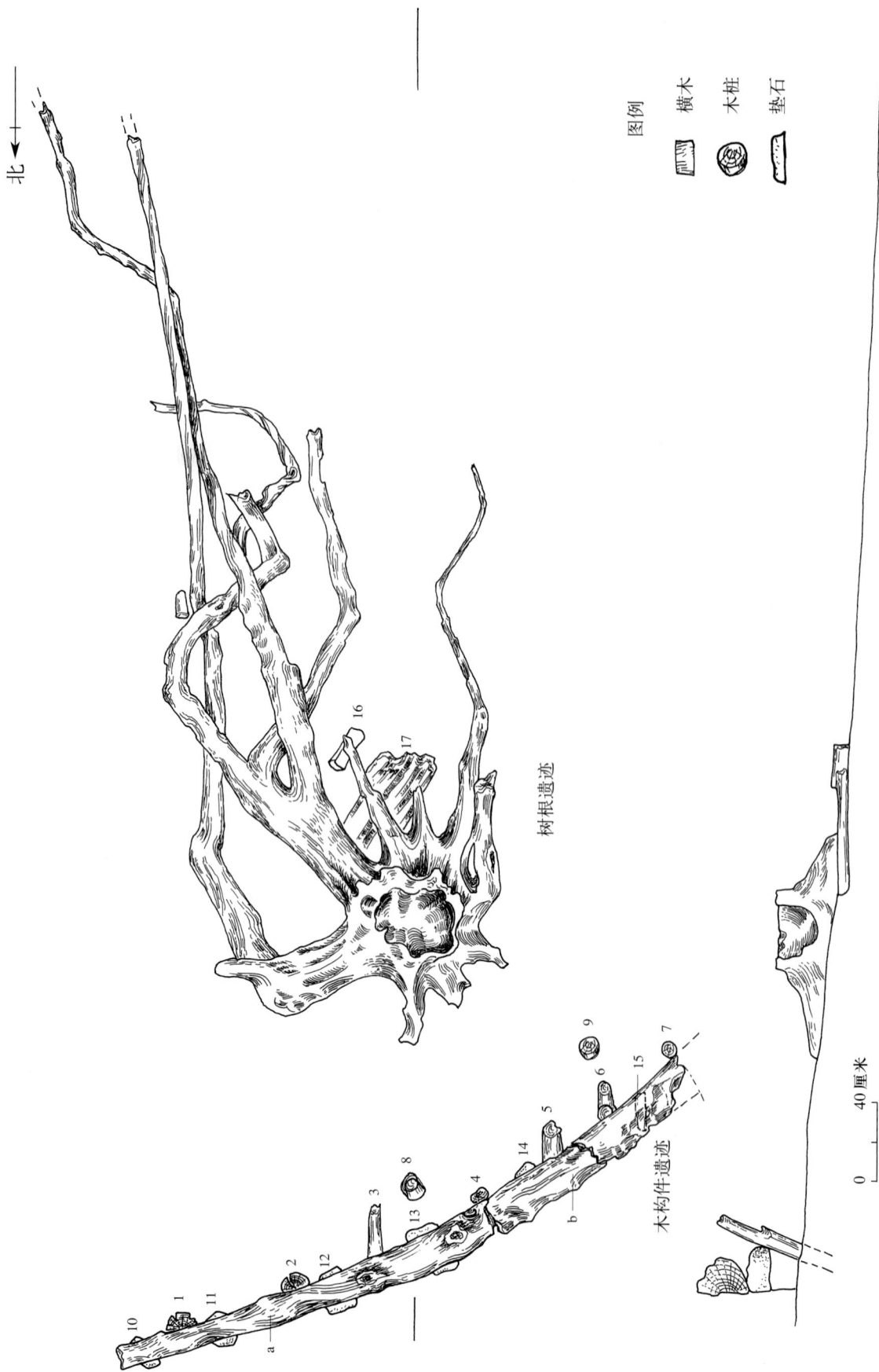

北

图例

横木
木桩
垫石

树根遗迹

木构件遗迹

16
17

a
10
1
11
2
12
3
13
8
4
14
5
15
6
9
7
b

0　　　　40厘米

图二三三　尖山湾遗址宋代木护坡遗迹平、剖面图
a、b.横木　1~9.木桩　10~15.垫石　16.砺石　17.木板

于横木之下。残长62、残径12厘米。木桩3：斜撑于横木顶端外斜。残长60、残径8厘米。木桩4：斜撑横木。残长50、残径8厘米。木桩5：斜撑横木顶端外斜。残长60、残径10厘米。木桩6：斜撑横木顶端外倾。残长70、残径8厘米。木桩7：仅靠横木。残径8、残长50厘米。木桩8：距横木稍远倾斜状。直径8~12、残高60厘米。木桩9：距横木稍远略有倾斜。直径10、残高50厘米（图二三三，1~9）。

树桩遗迹位于木构件之南约60~90厘米处。残长490、宽240厘米。树桩主根偏北，次根偏南部比较发达。根下有木板和砺石（图二三三，16、17）。木构件和树桩紧靠在一起，能起到更好的牢固（护坡）作用。

（二）遗 物

1.陶器 共5件。

砖 3件。

砖块 长36、宽15、厚5厘米。均为青灰色，一侧面有纹饰，纹饰有三种。标本M1：3，侧面图案，由中部半圆形篦纹和两侧五道突起横线组成（图二三二，5）。标本M1：2，侧面图案，由中部变形鱼纹和两侧五道突起横线组成（图二三二，4）。标本M1：4，顶端图案，由十字对角线和五道突起短线组成（图二三二，6）。

陶房模型 2件。

由屋顶和墙体两部分组成。屋顶为"人"字形坡，向背对称。标本T35③：F1，瓦正反相扣，龙尾状高脊两端翘起，与两山墙高脊相连，外边有横向琉璃瓦，从沿至脊首，替代了歇肩，迎面有封沿设置。四壁和基座同体，面阔27、进深20、高26.5厘米。面墙由规整的线条划分和装饰，中间为一"开间"阔门，门楣弓起，竖线勾画门框。基座长32、宽26、高2厘米。山墙周边饰等距凹线，正中有竖线两线直通端顶，两侧各镂空一圆形壁窗。壁厚1.6厘米。通体灰蓝色，火色较高（图二三四；彩版三三，4）。标本T35③：F2，形如小亭，造工粗糙，脊首已残。通高28、长28、宽26厘米。屋顶残高约11、长28、宽26厘米。瓦背鼓起高出山墙边沿，一侧山墙有随意形刻划纹。屋顶内有一长18、宽16、高6厘米的弧状凹坑，以便与墙体吻合，整体较为厚重。墙体同基座连为一体。通高16、间阔及进深均为18、壁厚约在2.4厘米左右。面墙有一异形阔门，高8、宽10厘米。门楣为云形。四壁边角均为皮棱。基座为一长22厘米的方形。整体为浅土灰色，火候不足（图二三五；彩版三三，5）。

2.瓷器

共 11件。有罐、钵、杯、碗等。

罐 2件。1件完整。分两型。

A型 1件。单耳罐。标本T35③：2，残。斜直口，圆唇，广肩，一侧附扁耳。肩饰两个柱状卯钉，形弯曲，端上翘。器表施酱黄色釉。口径10.8、残高6.8厘米（图二三六，4）。

B型 1件。四系罐。标本H1：2，完整。圆唇，敛口，矮颈，溜肩对称饰四系，斜弧腹下收，平

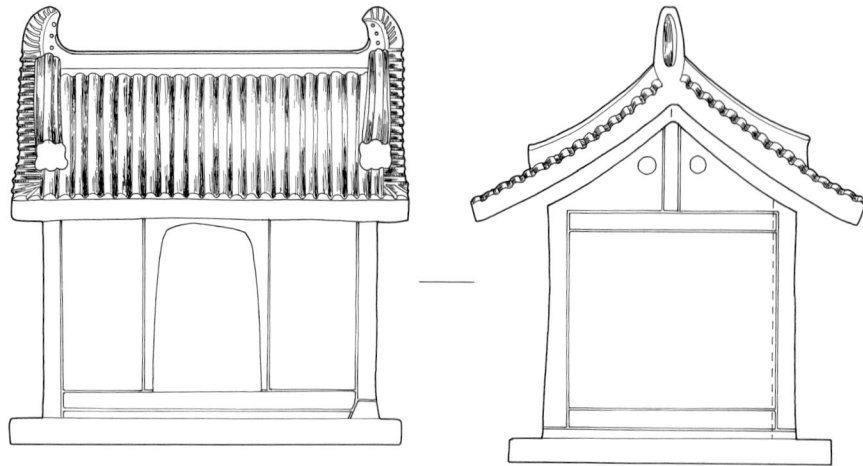

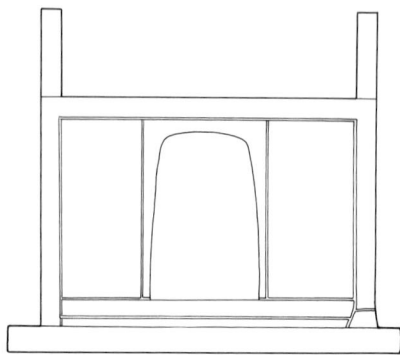

0 ————— 6厘米

图二三四　尖山湾遗址宋代陶房F1
(T35③: F1)

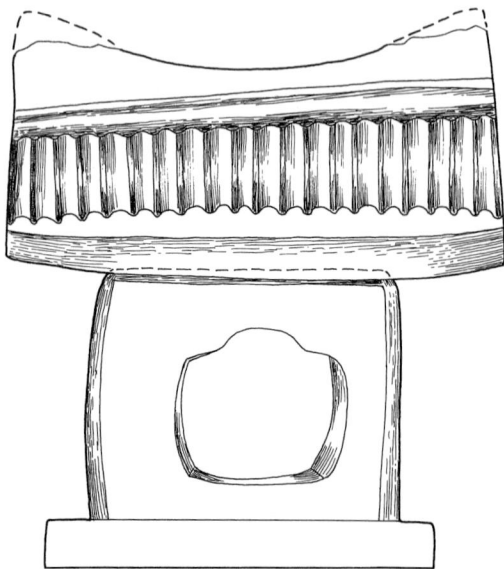

0 ————— 6厘米

图二三五　尖山湾遗址宋代陶房F2
(T35③: F2)

底。器表上部施青釉。口径15.2、通高44.8厘米（图二三六，2）。

钵　1件。标本T35③：7，完整。敛口，斜弧腹，圜底，饼足。表施不及底青釉。口径12.4、通高5厘米（图二三六，1）。

杯　1件。标本T35③：3，完整。腹微鼓，平底，高圈足。器外施青釉。口径9.4、足高9.4、厚0.4~1、通高7.4厘米（图二三六，3）。

碗　7件。均完整。尖唇，矮圈足。外器表均施青釉。分两型。

A型　4件。敞口，唇外撇，斜弧壁。标本T35③：1，圜底，釉不及外底。口径15.2、足径6.6、通高5.4厘米（图二三七，1）。标本T35③：4，圜底。口径19.6、足径9.2、通高5.4厘米（图二三七，6）。标本T35③：5，底凹。口径16.6、足径5.6、通高6.2厘米（图二三七，2）。标本T35③：6，腹略深，平底微凸。口径17.4、足径5.8、通高7.5厘米（图二三七，4）。

B型　3件。撇口，斜直壁。标本H1：1，圜底。口径16、足径6、通高6厘米（图二三七，5）。标本H1：3，底微凹。口径19.8、足径10、通高8厘米（图二三七，7）。标本M1：1，圜底，釉不及外底。口径12、足径5.6、通高4厘米（图二三七，3）。

3.铜器

仅1件

熨斗。标本T14③：1，完整。精制，光亮如初。头呈盆状。口径21.6、高5.5、底径16.5厘米。敞

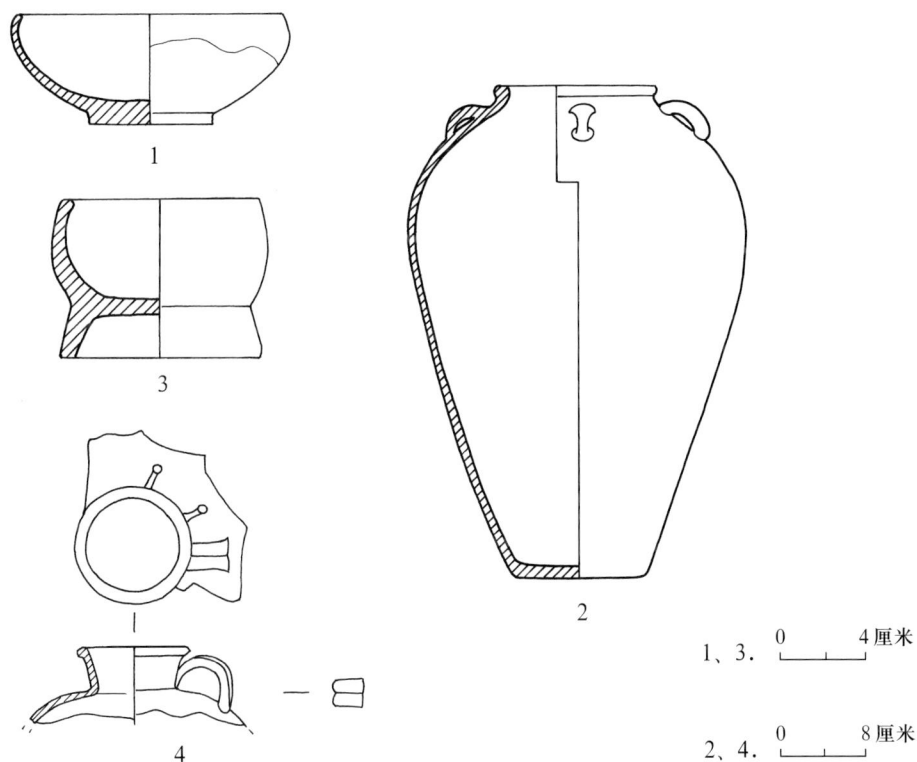

图二三六　尖山湾遗址宋代瓷器

1.钵（T35③：7）　2.B型罐（H1：2）　3.杯（T35③：3）　4.A型罐（T35③：2）

口，斜直沿，沿宽3.2厘米。直腹，平底，便于置放燃料；柄呈扁平条形。长29、宽3.2、厚0.4厘米。柄上端外弧，下端与熨斗头之间为一云形式瓣连结，式瓣长14、宽0.8厘米，柄体上斜25度，便于熨烫操作（图二三八；彩版三六，4）。

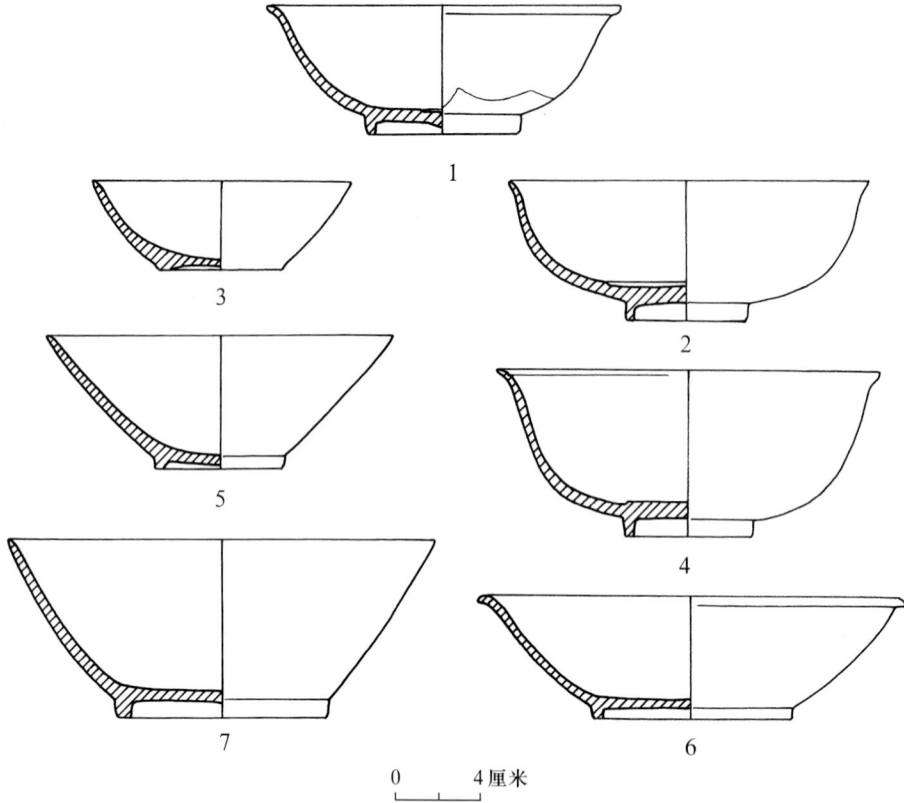

图二三七　尖山湾遗址东晋——宋代瓷器
3、5、7.B型碗（M1：1、H1：1、3）　1、2、4、6.A型碗（T35③：1、5、6、4）

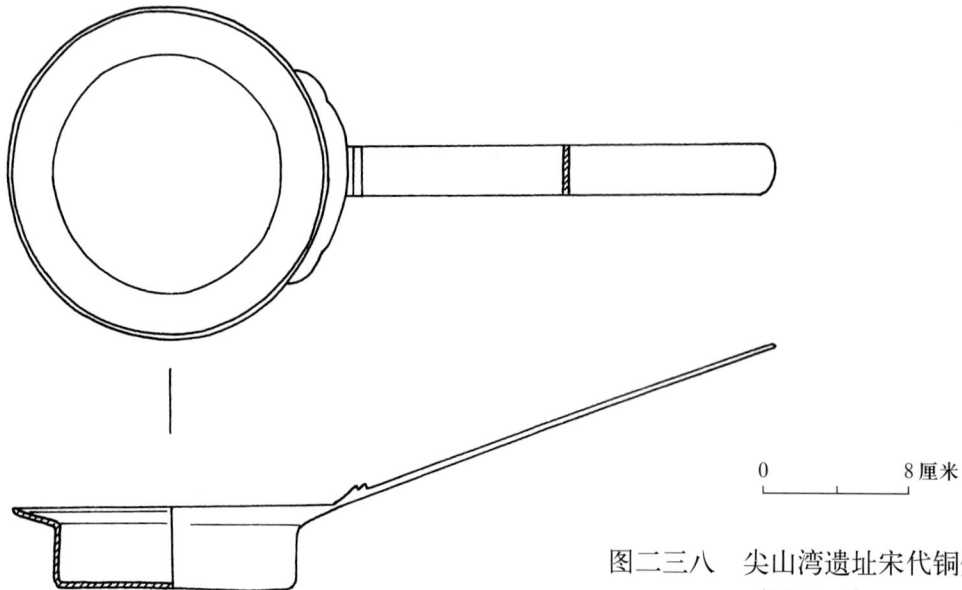

图二三八　尖山湾遗址宋代铜熨斗
（T14③：1）

二、小　结

尖山湾第二阶段遗存内容比较单薄。遗址第③层及打破第③层的 H1 属于宋代遗存，其中的四系罐、碗类器可以与寺龙口窑址标本作比较[①]。碗类器质粗釉薄，为民窑所烧造。发掘区完整或较完整器物较多，这些遗物并不属于墓葬、窑址或窖藏等特殊遗迹，是一种比较特殊的发现，当为村落特定功能区。F1、F2 两件陶屋模型，尤为珍贵，对这一时期的建筑形式研究很有帮助，但尚不能明确其建筑类型。

M1 位于遗址之外，与发掘区缺少地层联系，从墓葬结构及砖块纹饰、形制看，为东晋墓葬。

① 浙江省文物考古研究所等：《寺龙口越窑址》，文物出版社，200 年。

第五章　综　论

第一节　浙江新石器时代考古中的"二元论"问题

这是一本考古报告集，除了跨湖桥遗址、上山遗址之外，浦阳江流域这些年的考古发掘成果已经基本集中在这里。因此，关于该项考古工作的阶段性总结，在这里展开较为适当。

浦阳江流域考古工作的初衷，是为了打破浙江省境内史前考古以河姆渡文化、马家浜—良渚文化为本位的延续了数十年的理论模式。这样说或许有些夸张，因为在这之前，遂昌好川墓地[①]已经发掘，仙居下汤[②]等遗址的特殊性也为广袤的浙南山区史前遗址的分布特点、文化面貌提供了模糊的判断依据。但跨湖桥遗址被冷置十年，说明旧的思维模式根深蒂固。这里最值得分析的是马家浜文化、河姆渡文化"并驾齐驱"的二元观的形成与发展。回顾历史使我们懂得，当下的考古探索离不开过去，并必然在对过去的解构中获得前进的动力。浦阳江流域新石器时代遗址的考古工作，正是为了梳理、清理二元观，试图从边缘突破而开展起来的。

马家浜文化提出于1975年，略早于河姆渡文化的命名。但其内涵在20世纪50年代已经被初步认识。1957年，考古工作者在吴兴邱城遗址[③]找到了后来被逐渐明确的马家浜文化、崧泽文化、良渚文化和商周时期文化的四叠层，影响浙江史前文化数十年的时间标杆基本树立。后来马家浜文化的内涵随着嘉兴马家浜遗址[④]、海盐彭城遗址、常州圩墩遗址[⑤]、苏州越城遗址[⑥]、青浦崧则遗址[⑦]、吴县草鞋山遗址[⑧]的发现得到充实与加强。1977年夏鼐的《碳－14测定和中国史前考古学》[⑨]是碳—14年代测定技术系统介入中国考古学的开篇之作，也对浙江新石器时代考古的谋篇布局产生了重要的影响。在这篇文章中，明确提出"邱城的数据较早，在公元前4700年～4800年间，相当于半坡类型仰韶文化的年代"，也公布了河姆渡遗址约为公元前5000年的年代数据。从数据的对比看，邱城下层年代相当于河姆渡遗

---

① 浙江省文物考古研究所、遂昌县文物管理委员会：《好川墓地》，文物出版社，2000年。
② 浙江省文物考古研究所发掘资料。
③ 梅福根：《浙江吴兴邱城遗址发掘简介》，《考古》1959年第9期。
④ 姚仲源、梅福根：《浙江嘉兴马家浜新石器时代遗址的发掘》，《考古》1961年第7期。
⑤ 南京博物院：《江苏常州圩墩村新石器时代遗址的调查与试掘》，《考古》1974年第2期。
⑥ 南京博物院：《江苏越城遗址发掘》，《考古》1982年第5期。
⑦ 上海市文物管理委员会：《青浦县崧泽遗址第二次发掘》，《考古学报》1980年第1期。
⑧ 南京博物院：《江苏吴县草鞋山遗址》，《文物资料丛刊》三，文物出版社，1980年。
⑨ 夏鼐：《碳—14测定年代和中国史前考古学》，《考古》1977年第4期。

址的四层，但这一点在浙江乃至太湖地区新石器时代考古的有关史论中一直没有得到强调。从邱城的年代看，钱塘江两岸"并驾齐驱"的观念在更早的时间里应该提出来了，为什么要等到罗家角遗址的发掘呢？是因为对邱城的年代有怀疑吗？应该不是。2005年发表的《浙江省湖州邱城遗址第三、四次发掘报告》[①]中，将邱城一期的年代定在"相当于罗家角三层"，没有否定早先的测定年代。但在这中间的一段时间里，邱城的年代问题似乎有意无意的被忽略。如《河姆渡遗址第一期发掘报告》中认为河姆渡遗址"第二层的时代和文化面貌相当于嘉兴马家浜和邱城下层……"[②]，实际上，河姆渡遗址第二层的年代不早于距今6000年。牟永抗《浙江新石器时代文化的初步认识》一文中，对杭嘉湖地区的分期是"罗家角第四层和马家浜下层属早期……，马家浜上层、罗家角一、二、三层、圩墩下层……属中期……"[③]，没有提到邱城。陈晶的《马家浜文化两个类型的分析》也首先分列了马家浜文化不同阶段的代表性遗址[④]，不见邱城。上述三篇文章的写作与发表时间应该都晚于夏鼐的《碳－14测定和中国史前考古学》，为什么对邱城的测定年代视而不见呢？牟文与陈文中反而添加了没有经过碳－14测定的马家浜下层。从时间上看，《河姆渡遗址第一期发掘报告》发表最早，而且报告的重要结论是河姆渡文化（河姆渡遗址第④、③层遗存）早于马家浜文化（相当于河姆渡遗址第②层）。可以推测，当时的目的是为浙江新石器时代构建河姆渡文化向马家浜文化发展的序列，邱城的年代不符合这一构架，所以没有采纳。后来罗家角遗址确立了马家浜文化独立的发展体系，因马家浜遗址下层的内涵与罗家角四层有可比之处，而邱城下层文化面貌却与罗家角遗址有差距（后被归到吴家埠—邱城类型，近年骆驼墩等遗址的发现[⑤]，为这一文化类型的追踪，也为马家浜文化的研究视野打开了新的角度），根据中国考古学地层学、类型学优先的原则，经过年代测定的邱城下层反而没有排到马家浜文化早期的遗址行列。

我们曾多次提及罗家角遗址的发掘对确立钱塘江两岸新石器时代文化二元观的决定性作用，但过去主要着眼于河姆渡文化，是为了分析河姆渡文化概念从狭义到广义演变的认识背景[⑥]。从邱城的情况看，在构建浙江史前文化发展的逻辑序列中，钱塘江南北两翼都做出了让步与调整：先是为搭建河姆渡文化向马家浜文化的演进序列，邱城在年代上作了模糊化处理；后是为搭建河姆渡文化、马家浜文化各自发展的独立体系，河姆渡遗址二层的文化性质"被迫"拉开了与马家浜文化的距离。这是一种历史让位于逻辑的调整，在这种调整的背后，可以看出我们对考古学文化的定位与考古学家的认识能力、主观愿望总是纠缠在一起的。历史的发展固然有内在的逻辑，但未必是人们在短时间里能够认识的简单逻辑。我们先设定河姆渡文化——马家浜文化的演变关系，后确定钱塘江两岸独立的发展序列，这说明我们的认识是跟着考古资料走的，但为了使认识成果更富有逻辑性，我们总是有意无意地在消解那些非逻辑的资料。这是认识过程中必然出现的矛盾。这一矛盾因跨湖桥遗址成为必须解决的问题。

① 浙江省文物考古研究所：《浙江湖州市邱城遗址第三、四次发掘报告》，《马家浜文化》，浙江摄影出版社，2004年。
② 浙江省文物管理委员会、浙江省博物馆：《河姆渡遗址第一期发掘报告》，《考古学报》1978年第1期。
③ 牟永抗：《浙江新石器时代文化的初步认识》，《中国考古学会第三次年会论文集》，文物出版社，1984年。
④ 陈晶：《马家浜文化两个类型的分析》，《中国考古学会第三次年会论文集》，文物出版社，1984年。
⑤ 南京博物院考古研究所：《江苏宜兴市骆驼墩新石器时代遗址的发掘》，《马家浜文化》，浙江摄影出版社，2004年。
⑥ 蒋乐平：《浙江史前文化演进的形态与轨迹》，《南方文物》1996年第4期。

1990年，跨湖桥遗址发现并进行了第一次发掘。众所周知，跨湖桥遗址的文化内涵十分陌生，偏离了由河姆渡文化——马家浜文化构建起来的浙江新石器时代文化基本框架[①]。因此，尽管1988年浙江省文物考古研究所成立"河姆渡文化课题组"，受长江中游已发现彭头山等更早期新石器时代遗址的激励，也将"先河姆渡文化"的探索列入重点，但当年代侧定数据早达8000多年的跨湖桥遗址真的摆到面前时，却犹豫了。因为跨湖桥遗址中看不到早于河姆渡文化的原始影子。"先河姆渡文化"概念显然有两个假设前提，一是年代早于河姆渡遗址，二是文化上是河姆渡文化的鼻祖。从某种意义上，第二个前提条件更具有学术性，关乎"二元"史观的逻辑延伸。跨湖桥遗址文化内涵、特别是陶器上表现出来的"进步"特征，似乎不符合第二个前提条件。因此，质疑就出现了[②]。另外，跨湖桥遗址文化层过分单纯，缺乏与其他文化遗存的叠压关系，这种"孤独"现象也成为证据上的软肋。实际上，跨湖桥遗址年代的争论到今天还不能算停止，虽然上山遗址、小黄山遗址均发现了上山文化与跨湖桥文化的直接叠压关系，但由于上山文化的年代也受质疑，这一地层关系的启示性意义依然受到漠视。牟永抗先生在论及碳－14年代测定对于河姆渡文化的意义时曾感叹："但历史的事实证明，碳－14年代测定技术的应用，确确实实地引发了中国史前考古研究新视野的到来。不难想象，如果没有碳－14测年技术的引进，就无法摆脱'发展不平衡'理论的巢穴，以黄河为中心的传播学说可能至今还可以主宰着我们的头脑。"[③]值得欣喜的是，楼家桥、上山遗址无论从年代学、地层学还是从文化类型学的角度都对跨湖桥遗址作出了实质性的支持，证明我们又成功摆脱了好不容易从"黄河中心论"摆脱出来的河姆渡文化、马家浜文化"二元论"的束缚。

从认识论的角度，楼家桥遗址与跨湖桥遗址是互为推动的关系。如果没有跨湖桥遗址，对楼家桥的执著或会有所减弱；没有楼家桥遗址，浦阳江流域的考古工作就不会在21世纪初开展起来；没有浦阳江流域的考古调查，跨湖桥遗址和上山遗址可能就没有发掘的机会，也就不可能在上山遗址中确立上山文化、跨湖桥文化、楼家桥文化类型的三叠层关系，也就难以在地层学上证明跨湖桥遗址的年代。这一过程说明，只有不停止的探索，才能出现被拉长的探索之路。

第二节　楼家桥文化类型

一、早期的鼎、釜和年代问题

在楼家桥遗址早期遗存中，最具有震撼性对比意义的是鼎与釜的共存关系。这一判断需要足够的解释才能明白。因为，鼎与釜的共存在新石器时代遗址中比比皆是，为什么在楼家桥遗址中的意义不

---

① 浙江省文物考古研究所、萧山博物馆：《跨湖桥》，文物出版社，2004年。
② 王海明：《二论跨湖桥新石器时代文化遗存》，《东方博物》第四辑，浙江大学出版社，1999年。
③ 牟永抗：《再论河姆渡文化》，《二十一世纪的中国考古学——纪念佟柱臣先生八十五华诞学术文集》，文物出版社，2006年。

一样？这就涉及两个前提：年代，以及鼎、釜所具有的文化属性。

先谈第二点，即釜、鼎的文化属性。楼家桥遗址早期釜的特征是夹炭黑陶，侈沿、颈微束，颈下有数周刻划纹，中腹带一周不宽的脊沿，圜底施绳纹。学术界一般将这种类型的陶釜叫有脊釜或带脊釜，在楼家桥遗址之前，出现这类釜的遗址只有余姚河姆渡遗址和桐乡罗家角遗址。在河姆渡遗址中，最具特色的釜为折敛口或盘口，也有侈口的，但颈沿弧度较大（G型釜）[1]，不似楼家桥遗址短而外侈的口沿。共同点是夹炭、带脊、颈下的刻划、脊下的绳纹。河姆渡三、四层均有带脊釜，但三层多具有矮身倾向，从这点上看，楼家角早期釜的特征更接近河姆渡四层。罗家角遗址直接将这类釜叫带脊釜，最近似楼家桥的是Ⅳb式釜。Ⅳ式釜多见于罗家角遗址的第三层，报告中举例的这件釜出土于H5，但未说明其层位[2]。楼家桥遗址中，除复原的两件有脊釜，另有一些残破的带沿（比脊更宽）釜片，宽沿釜是罗家角发现的更普遍的陶釜类型，从这一角度看，楼家桥与罗家角更接近些。这牵连出这些文化因素的传播路径问题，我们曾提出这些因素的源头是河姆渡文化，罗家角和楼家桥的相关因素是河姆渡文化的边缘化现象，这或许也能解释罗家角与楼家桥更接近的问题。无论如何，在陶釜的特征上，河姆渡、罗家角和楼家桥具有不可否认的共性特征。

在有脊釜存在阶段，河姆渡、罗家角遗址中是不见鼎的。确切地说，在罗家角、河姆渡遗址的早期，鼎尚未被发明。河姆渡—马家浜文化的构架中，鼎出现在距今6000年前后，分期序列中的位次在马家浜晚期、河姆渡二层。鼎的特征是足尖略外撇的（扁）圆锥或圆柱形，足跟一般还有并排的戳孔，分单孔、双孔、多孔，以双孔为多，习称双目式鼎足。由于遗址中鼎的复原较困难，简报中鼎的完整器发表不多，马家浜[3]、草鞋山[4]、圩墩[5]、大坟塘[6]、吴家埠[7]、广福村[8]、绰墩[9]、三星村[10]、彭祖墩[11]等遗址均出土了鼎，草鞋山、绰墩等报告中提到了双目式鼎，但报告中以线图或照片形式发表的鼎多不是典型的鼎。从田野考古的实际情况看，数量多的器物往往不容易修复，因此我们情愿相信见诸报告的完整陶鼎并不是典型器。相反，双目、多目足鼎在宁绍平原的马家浜晚期阶段地层中发现普遍，如塔山遗址[12]、名山后遗址[13]、河姆渡遗址[14]等。

鼎在太湖—杭州湾地区为什么较晚出现，没有引起更多的关注，但釜的出现早于鼎，是个基本事

[1] 浙江省文物考古研究所：《河姆渡——新石器时代遗址考古发掘报告》，文物出版社，2003年。
[2] 罗家角考古队：《桐乡罗家角遗址发掘报告》，《浙江省文物考古所学刊》，文物出版社，1981年。
[3] 浙江省文物管理委员会：《浙江嘉兴马家浜新石器时代遗址的发掘》，《考古》1961年第7期。
[4] 南京博物院：《江苏吴县草鞋山遗址》，《文物资料丛刊》（三），文物出版社，1980年。
[5] 常州市博物馆：《1985年江苏常州圩墩遗址的发掘》，《考古学报》2001年第1期。
[6] 葛金根：《嘉兴平湖大坟塘遗址及其他》，《马家浜文化》，浙江摄影出版社，2004年。
[7] 浙江省文物考古研究所：《余杭吴家埠新石器时代遗址》，《浙江省文物考古研究所学刊》，科学出版社，1993年。
[8] 苏州博物馆、吴江市文物陈列室：《江苏吴江广福村遗址发掘简报》，《文物》2001年第5期。
[9] 苏州博物馆、昆山市文物管理所等：《江苏昆山绰墩遗址第一至五次发掘简报》，《东南文化》2003年增刊1。
[10] 江苏省三星村联合考古队：《江苏金坛三星村新石器时代遗址》，《文物》2004年第2期。
[11] 南京博物院、无锡市博物馆等：《无锡彭祖墩马家浜文化层》，《马家浜文化》，浙江摄影出版社，2004年。
[12] 浙江省文物考古研究所等：《象山县塔山遗址第一、二次发掘》，《浙江省文物考古研究所学刊》，长征出版社，1997年。
[13] 名山后遗址考古队：《奉化名山后遗址第一期发掘主要收获》，《浙江省文物考古研究所学刊》，科学出版社，1993年。
[14] 浙江省文物考古研究所：《河姆渡——新石器时代遗址考古发掘报告》，文物出版社，2003年。

实。比如，草鞋山第⑩层没有鼎，第⑨层出现了；吴家埠第④层没有鼎，第③层出现了；河姆渡第③层不见鼎，第②层出现了。出现的时间均在距今6000年之际。因此，上限始于距今6000年遗址的最下层就出现了鼎，而下限终于6000年前的遗址则见不到鼎，如罗家角遗址、骆驼墩遗址、祁头山遗址等。这一规律终于有了例外，这就是楼家桥遗址。

如果将楼家桥早期的年代定在距今6500年之前，那么楼家桥遗址出土的鼎恐怕是长江下游地区出现的最早的鼎了。为澄清这一事实的重要性，或许我们有必要对"鼎"这一概念作适当的说明。鼎是煮食文化最重要的炊器之一，从早期的陶质到后来的青铜、铁质，功能也从纯粹的炊器向祭器、礼器转化，良渚陶鼎被认为是礼器化的开始，可见鼎在长江下游地区新石器时代文化中的重要意义。从时间上说，中国大陆最早出现的成熟鼎是在黄河下游苏北、鲁南地区的北辛文化，距今7000年前；但三足器在黄河流域的新石器时代文化中具有更广阔的背景，黄河中游的裴李岗文化、上游的大地湾文化均发现早于7000年的三足器，但足偏矮。鉴于北辛文化的后继者大汶口文化与太湖地区新石器时代文化有密切关系，后者出现鼎是受前者——或者笼统点，是受黄河流域——的影响，应该是一种符合逻辑的推断，尽管在联系上尚缺乏宁（南京）镇（镇江）地区过渡，但太湖地区的鼎早于宁绍地区的鼎，这一现象符合从北向南的传播逻辑。楼家桥遗址的发现证明了这种逻辑关系的不完全性，或者证明其逻辑途径没有想象中的简单。从文化关系上看，它证明除河姆渡文化、马家浜文化外，浙江地区可能存在着另一个文化传统。由于我们至今尚未完全弄清楚上山文化、跨湖桥文化与距今6000年纪浙江地区新石器时代诸文化的关系，釜鼎之辩对阐明这三种文化传统具有现实的考古学研究价值。现在我们唯一需要确定的是楼家桥遗址的年代。

楼家桥遗址早期遗存的年代证据有三。

第一，当然是碳－14测定年代。楼家桥遗址下层共有两个测定年代，其中一个可达距今6700年～6500年，另一个距今6500年～6300年。分别处在河姆渡遗址第④、第③层的年代范围。

第二，楼家桥遗址早期的鼎，与上山新石器时代遗址上层足底呈较宽平面的柱状足鼎有相似特征，后者的碳－14测定年代距今6500年，可作援证。特别值得一提的是，上山遗址存在着一条从上山文化、跨湖桥文化向楼家桥类型文化发展的地层叠压关系。[①]

第三，楼家桥遗址第②层为潮汐作用下形成的水淹沉积层，将楼家桥文化类型遗存分为早晚两期，晚期的夹砂陶折沿侈口绳纹釜、泥红陶喇叭形圈足豆等与河姆渡遗址晚期、塔山下层十分接近，具有明确的河姆渡文化、马家浜文化晚期特征，这就从地层学上支持了楼家桥早期年代相当于河姆渡文化早期的判断。

年代问题一旦解决，釜、鼎所喻示的多元文化传统也就呼之欲出。最值得关注的一点是上山遗址发现了相当于楼家桥文化类型的文化层，这就向我们指出了文化"第三元"的方向可能是浙中地区。浙中地区已经明确是上山文化的分布区，也是钱塘江—杭州湾和太湖地区最早出现新石器时代文化曙光的地区；不唯如此，从上山、小黄山遗址的发现看，跨湖桥文化的分布方向也是浙中地区，但这一地区新石器时代文化承续关系的具体细节，包括河姆渡、马家浜文化阶段这一地区的历史面

---

① 蒋乐平、盛丹平：《上山遗址与上山文化》，《环境考古研究》第四辑，北京大学出版社，2007年。

貌，因考古工作没有深入展开，还是一个谜。这是一个极具魅力的历史文化之谜，浙江省文物考古研究所已经将浙中地区的新石器时代考古作为一个重点课题来抓。我们相信，作为浦阳江流域新石器时代考古课题成果的逻辑延伸，我们将在浙中地区开辟一片继杭嘉湖、宁绍之后的新的考古热土。"第三元"的概念当然也不再是"二元"观的简单扩展，多元因素的相互作用是复杂化历史还原的本质问题，距今6000年纪可以称为中国新石器时代文化"轴心"阶段，我们相信浙中地区的新石器时代考古工作，将对客观全面揭示史前中国"以太湖——钱塘江为中心的东南地区"的历史文化面貌，作出积极的贡献。

二、"龙"纹及其他

楼家桥文化类型陶器上的堆塑、刻划纹饰特别发达，特别是动物（人）造型的堆塑和刻画。这一点，在浙江新石器时代文化发展史上具有时代意义。

上山文化、跨湖桥文化陶器不见动物造型的刻划、堆塑，这在已经发现、发掘的遗址中已经得到反复的证明。上山文化更早，暂且不提。我们说跨湖桥文化与河姆渡文化、马家浜文化之间缺少承传，其中十分重要的内容就表现在陶器装饰方面的动植物内容上，前者没有，后者则流行。艺术的表现形式具有更为深刻的文化或宗教上的意义，跨湖桥文化比河姆渡文化早，现有的年代数据表明两者在年代上是相互衔接的，但文化内涵中表现出来的反差反映出距今7000年之际钱塘江—杭州湾地区新石器时代文化传统的突变。这种突变不但发生在距跨湖桥遗址以东百公里之外的河姆渡遗址，而且发生在向南方向、距离不足30公里的楼家桥遗址。

比较河姆渡、罗家角和楼家桥三遗址的陶器装饰特征，除拍印纹、简单刻划纹外，共同点、区别点表现为：河姆渡、罗家角均在早期就出现了植物的刻划纹样，如罗家角的三叶纹，河姆渡的谷粒纹、叶纹，而楼家桥尚未发现；共同点是都存在动物装饰，其中河姆渡和楼家桥均发现刻划和堆塑，罗家角未报道刻划的动物纹样。堆塑类动物造型，河姆渡、罗家角均出现了明确的猪，楼家桥不明确，但那件我们命名的"兔头"堆塑很可能也是猪；河姆渡遗址更为丰富，还发现鸟禽、牛、羊的堆塑；三遗址均发现人和蜥蜴的造型；楼家桥的猴头装饰具有鲜明的个性特征。刻划类，河姆渡有猪、鹿、鸟类，楼家桥则出现特殊的"龙"形图案。

所谓"龙"形刻划图案，具有一定的拟想性、假设性。

我们是这样描述这件刻划在陶盆外腹壁上的"龙身"造型的：头似兽、圆睛、长角（耳？）、突吻大嘴；躯干似爬行动物，长身、四足、曳尾，作腾越状，线条流畅，栩栩如生。判断的重要依据之一是该动物的头部与尾部的特征，它的臀、尾是连体的（尾巴较粗而长，线条直接从背部向后曳出，缺少臀部的分断环节），这是爬行动物的特征；但它的头部却有角（耳），这是哺乳动物的特征。这两大特征怪异地统一到一个造型中了，怎么解释呢？我们将这一不存在的动物与"龙"联系起来了。由于楼家桥动物堆塑中确实存在蜥蜴类爬行动物和猪、猫类哺乳动物，于是联系也具备了一定的依据。

关于龙的起源，学术界有不同的说法。或认为早期龙是一种头上长角的蛇，或认为龙头很像猪，龙身则与蛇相同，或认为龙是由鳄鱼蜕变而成。考古发现的"龙"，则有河南濮阳的蚌砌龙[①]、红山文化的玉猪龙[②]、陶寺的蛇龙[③]等。一般性的认识是，龙是多种动物的综合体，是原始社会图腾崇拜的标志。从造型看，龙是动物的一种异化，异化的动物增加了神秘感，而神秘的力量是无限的，能够满足无所不能的"神"的塑造需要。原始人确有将神秘的自然力量动物化的例子，如将晨出暮落、高翔长天的太阳解释为鸟，但这种鸟显然非世俗界所能有，于是成了有三只足的神鸟——"三足乌"；其皮能制鼓转而化为乐官的夔只有"一足"；能够明判人间是非的独角獬豸，都应是为增加神异性的动物异化。后来的龙被描述为"马头、鬣尾、鹿角、狗爪、鱼鳞"的综合，或有牵强，但其内核符合将动物异化、神秘化的神造要求。

楼家桥遗址的"龙"具备将动物复合化、神秘化的造神特征，虽有孤例之险，但不失为探讨龙之起源的重要资料。

三、楼家桥文化类型

在上述分析的前提下，我们提出楼家桥文化类型的概念。楼家桥文化类型与河姆渡文化、马家浜文化大致同处一个历史阶段，陶器中的绳纹釜（早期为有脊釜，晚期为侈口釜）、泥质红陶豆、牛鼻耳罐、单（扁）耳罐、异形鬶等均可在河姆渡遗址、罗家角遗址中找到同类器，但作为最重要炊器的鼎、带隔档器及陶器上的动物头部堆饰、刻划"龙"纹却代表了楼家桥遗址特有的文化内容。作为距今7000年至6000年纪浙江地区最具亲缘关系的三个遗址，楼家桥遗址、河姆渡遗址、罗家角遗址分居西、东、北三个不同的方位，代表三个不同方向文化交融的历史节点。上山遗址也发现了距今6500年的陶鼎，与楼家桥遗址指示的方向一致，说明楼家桥文化类型是一种存在于浙东平原与浙中山地过渡地带、兼容河姆渡文化与浙中山区未知文化（这种未知文化可能与上山文化、跨湖桥文化的传承有直接关系）的一种新的考古学文化类型。楼家桥文化类型在深烙下河姆渡文化印记的同时，也对浙东沿海地区的新石器时代文化产生了不可忽视的影响。象山塔山遗址下层发现了锯齿扉棱足鼎[④]，这种鼎在过去或许会被视作另类而一笔带过，楼家桥文化类型赋予了它特殊的文化意义。

楼家桥文化类型分为两期，可将这两期的年代与内涵作如下的概括。

早期年代上限不晚于距今6500年，下限早于距今6000年。文化遗物以陶器为主，另有少量的玉管、骨锥、骨凿、象牙小罐。石质工具见有石锛，数量较少。陶器有圆柱足（部分跟部外侧贴有凸脊）鼎、带隔（敞口内侧有一周3~4厘米宽的隔沿）档器、深腹钵式豆、有脊釜、双錾(耳)罐、扁环把钵、腰沿釜、圈足盆等。陶系以夹炭红衣陶、夹炭黑衣陶为主，夹砂红衣陶次之。纹饰流行堆贴、刻划纹。堆贴以环圈装饰为多，亦见细泥条塑贴的网格纹，往往与刻划纹配合。另外还见近似蜥蜴的堆塑纹样。刻划以水波纹、弦纹最为常见，并发现有"龙"纹等。绳纹仅见与有脊釜的底腹，数量很少。

① 濮阳市文化管理委员会等：《河南濮阳西水坡遗址发掘简报》，《文物》1988年第3期。
② 张星德：《红山文化研究》，中国社会科学出版社，2005年。
③ 解希恭：《襄汾陶寺遗址研究》，科学出版社，2007年。
④ 浙江省文物考古研究所考古发掘资料。

居址为依山面水的干栏式木构建筑。

晚期年代可参照河姆渡遗址第②层的测定数据，约距今6000年至5800年。陶器继承了早期文化特点，鼎足跟部的凸脊刻印成锯齿状，发展为颇有特色的扁棱足鼎，成为该阶段的主要炊器；带隔档器数量增多，引人注目——这两类是楼家桥遗址最典型的器物。夹砂陶数量增加，泥质红陶亦有一定比例。器形有侈口凹沿釜、泥红喇叭形圈足豆、侈口釜、多角沿盘、异形鬶等。纹饰仍以堆贴、刻划为主，环形堆纹往往与动物的头部造型配合，很有特色，绳纹减少。石质生产工具大增，有锛、穿孔釜、凿、刀等种类。装饰品有玉玦、玉环等，遗迹有灰坑、柱洞、石器制造场。

值得一提的是，象牙小罐在河姆渡第③层和罗家角遗址第②层中有过发现。从目前所能掌握的资料看，楼家桥、河姆渡、罗家角也是这类特殊形态的象牙器出现的仅有的三个遗址。罗家角报告中称其为端饰，第②层的年代未有测年数据，从相关论述看，可能偏晚，这件端饰的内孔呈圆形，与河姆渡遗址、楼家桥遗址同类器有别；河姆渡报告中称其为盖帽形器，内孔方而深，特征与楼家桥遗址的这件同类器物有共性，年代或更接近些。

第三节 良渚文化和"后"良渚文化问题

一、钱塘江以南的良渚文化

良渚文化以太湖为中心分布，是长江下游地区一支重要的新石器时代晚期的考古学文化。以反山、瑶山高等级墓地的发掘和近年来"古城"遗址的发现为标志，良渚文化已成为中华（国家）文明起源研究的重要实例，是这一地区史前文明发展的一座高峰。良渚文化的分布范围是否越过钱塘江，进入宁绍地区？这是20世纪80年代开始提出的一个问题。问题的背景除考古发现的基本材料，还与前面提到的浙江史前文化"二元"论有关。

最早提出这一问题的是牟永抗。他根据一些考古线索，认为"在宁绍地区继河姆渡四期文化之后，似乎还存在着相当于良渚文化的第五期文化。"[1]提出这一观点的时间是在罗家角遗址发现、浙江存在钱塘江南北平行发展的两支新石器时代文化这一学术基调基本确立以后，"第五期"的概念本身已反映出对宁绍地区考古学文化独立性、区域性的思考。随着绍兴马鞍遗址[2]、仙人山遗址[3]、宁波慈湖遗址[4]、奉化名山后遗址[5]、象山塔山遗址[6]的发现，这一阶段的文化面貌逐渐清晰、丰富，刘军、王海明率先

---

[1] 牟永抗：《浙江新石器时代文化的初步认识》，《中国考古学会第三次年会论文集》（1981年），文物出版社，1984年。
[2] 《绍兴马鞍新石器时代遗址》，《中国考古学年鉴》，文物出版社，1985年。
[3] 浙江省文物考古研究所发掘资料。
[4] 浙江省文物考古研究所等：《宁波慈湖遗址发掘简报》，《浙江省文物考古研究所学刊》，科学出版社，1992年。
[5] 名山后遗址考古队：《奉化名山后遗址第一期发掘主要收获》，《浙江省文物考古研究所学刊》，科学出版社，1993年。
[6] 浙江省文物考古研究所等：《象山县塔山遗址第一、二次发掘》，《浙江省文物考古研究所学刊》，长征出版社，1997年。

提出宁绍平原良渚文化的命名问题，认为这一地区在良渚文化阶段的文化面貌已经发生质的变化，与杭嘉湖地区的良渚文化相比虽然有所区别，但更"有着惊人的一致性"，建议直接命名为良渚文化江南类型[①]或名山后类型[②]。近二十年来，相当于良渚文化时期（晚期为主）的遗址还在不断增加，如北仑沙溪遗址[③]、余姚鲻山遗址[④]、萧山金山遗址[⑤]、茅草山遗址[⑥]、诸暨楼家桥遗址等。这些新石器时代末期遗址中，鼎、豆、壶等良渚文化典型陶器已经普遍出现，名山后遗址还发现人工堆筑的土台遗迹以及建立在土台之上的良渚文化墓葬，虽然没发现玉礼器，但名山后遗址确实出土过成套的石钺。如何判断这种文化的共性现象？是一种文化之间的浅层次的相互影响和交流，还是已经达到一种融熔和凝聚？这些问题的回答实际上对良渚文明性质的确定都是至关重要的。

　　蚕塘山背遗址的发现，证明良渚文化的分布，已向浙中、浙西地区延伸。如何在更恰当的角度定义良渚文化，需要在更高的层面上作建构性的思考。蚕塘山背墓地、特别是M24至少在如下几个方面对良渚文化研究提出了启发性思考。

　　第一，M24的结构与内涵可以成为良渚中心区高等级墓地的参照。比如这种方框建构能否成为祭坛的一种对应？"合葬"与"共坛"是否体现同样的意义？蚕塘山背墓地是一个地方性的氏族墓地，M24无论从墓穴规模还是从随葬品的数量上都称得上是"大墓"，墓主身份当为族长之属。另人惊讶的是，该墓采取了合葬的形式，可能说明"族长"们在血统上的特殊关系，这对良渚文化更为高级的政体形式的研究，是一个极为重要的启示。关于反山[⑦]、瑶山[⑧]、汇观山[⑨]等良渚显贵墓地的性质，研究者提出过"很可能只是一个贵族家族的墓地"的推测[⑩]，蚕塘山背M24对这一推测提供了强大的支持，而且这一家族单位可能还很小，很可能已出现某种形式的家族继承的传统。

　　第二，蚕塘山背墓地从葬式上分三个等级。第一等为合葬、独木棺葬具、玉器随葬品；第二等为单葬、独木棺葬具、陶器随葬品；第三等为无葬具的竖穴土坑、单件陶器随葬品或无随葬品。在良渚文化中心分布区，大致也分为三个等级，随葬品的数量是蚕塘山背墓地无法比拟的，暂且略去；从葬具上说，第一等为贵族墓，多有木棺、木椁，第二等习见独木棺，小型墓多不见葬具[⑪]。从社会分层的角度，蚕塘山背M24放在良渚文化的中心区至多只能是第二等，因此只能用独木棺，且没有使用独立的墓地。但由于属于偏远地区氏族首领，为显示其不同一般的家族地位（以族长继承制为基础），就采用了合葬的形式（当为二次葬）。诚如是，则伴随物质文化形态（器物）向钱塘江以南、浦阳江上游地区的渗透，良渚文明的社会等级观念亦同步扩张，这说明良渚文明物质文化形态与观念文化形态的分布是基本重合的。

① 浙江省文物考古研究所等：《宁波慈湖遗址发掘简报》，《浙江省文物考古研究所学刊》，科学出版社，1992年。
② 刘军、王海明：《宁绍平原良渚文化初探》，《东南文化》1993年第1期。
③ 浙江省文物考古研究所等：《北仑沙溪遗址发掘简报》，《南方文物》2005年第1期。
④ 浙江省文物考古研究所等：《浙江余姚鲻山遗址发掘简报》，《考古》2001年第10期。
⑤ 孙国平等：《杭金衢高速公路萧山段新石器时代至明清时期遗址》，《中国文物报》1999年7月。
⑥ 本报告附录。
⑦ 浙江省文物考古研究所：《浙江余杭反山良渚墓地发掘简报》，《文物》1988年第1期。
⑧ 浙江省文物考古研究所：《余杭瑶山良渚文化祭坛发掘简报》，《文物》1988年第1期。
⑨ 浙江省文物考古研究所：《浙江余杭汇观山良渚文化祭坛发掘简报》，《文物》1997年第7期。
⑩ 苏秉琦主编：《中国通史》第二卷，上海人民出版社，1994年。
⑪ 林华东：《良渚文化研究》，浙江教育出版社，1998年。

钱塘江两岸地区的新石器时代文化交流，从距今 6000 年的马家浜文化晚期（河姆渡遗址第②层）开始就已经有了融合的趋向。具体的方式是以北方文化的强势特征突入钱塘江以南地区（目前比较清楚的是宁绍平原），对共同开发这一地区起到非常重要的作用。考古遗存上的表现形式除文化因素的趋同外，还有遗址数量的突然增加及分布范围的迅速扩大。但一直到相当于崧泽文化晚期的塔山遗址中层墓地，这种南北部之间同中有异的现象依然存在。钱塘江以南尚未发现明确的良渚早期遗存，中晚期开始普遍起来。针对这一现象，也有研究者从文化分级的角度分析了良渚文化中心区与边缘区的相互关系[①]。从本质上说，相关研究还需要建立一个新的前提条件，那就是对良渚文化与国家文明的关系问题的判断。如果是肯定的，那么必然需要调整考古学的思考方式，纯粹意义上的类型学观察能够看到事物的变化，但不能判断事物变化的性质。在良渚文化的时空研究上，"分布范围"的概念与河姆渡文化的"分布范围"、马家浜文化的"分布范围"是等质的，不能准确描述良渚文化的（原始）国家文明特质，因而也就过于空洞。

畚塘山背墓地，特别是 M24 的葬制及随葬品反映了良渚文化不但在物质文化上，而且在等级观念形态上都渗透到了钱塘江南岸的浦阳江上游地区。特别是在良渚文化中最具意识形态特征的玉器，成为这一地区身份的一种象征。这几件器形简单、工艺上完全雷同于良渚中心区、明显磨（残）损的实用玉器，应该是通过交换或赏赐而来。用作随葬品反映的是一种文化的认同和皈依现象。这一事实说明这一地区已不仅应该是良渚文化的分布范围，而且已经是良渚文明的控制范围。或许，我们可以用具有特定政治含义的"势力领地"替代笼统的文化"分布范围"的概念。

在另一个层面上，良渚文化跨过钱塘江仅仅是一个显而易见的文化现象，而没有回答更需要解释的"元问题"，即怎样从学术的角度认识与清理杭嘉湖和宁绍地区文化发展体系的区域性特点及相互关系问题。前一节我们已经讨论了浙江新石器时代文化"一元"、"二元"论，在复杂化的历史现象中，提取"一"或"二"并不是一件轻松的事情，而"多元"的"多"更具有包容性、辩证性，符合阶段性的认识水平。既然浙中乃至浙西地区可能存在不同的文化传统，而这些地区发展到晚期新石器时代均步入良渚文化阶段，或许我们已经不能从固有的思路、从狭隘考古学文化的角度认识之，区系类型说中有"以太湖为中心的东南地区"一块，随着钱塘江早期新石器时代遗址的集中发现，或许可以调整为"以钱塘江—太湖为中心的东南地区"。这一判断的文化标志，就是良渚文化的普遍存在，因此，这一地区存在一个"良渚时代"。用"良渚时代"的概念，或许更能表述这一地区史前文化发展的阶段性特征，也符合良渚文化超越一般考古学文化概念的历史特征。

二、"后"良渚文化问题

尖山湾遗址和茅草山遗址均出现"后"良渚文化的遗存特征，我们认为，这个阶段与上海广富林文化类型、湖州钱山漾文化类型遗存处在同一个发展阶段，文化面貌上具有广泛的共性特征。2000 年对尖山湾遗址进行调查试掘，发现这个既不见印纹陶，又缺乏良渚文化典型器，但显然又不能早到崧

---

① 朔知：《良渚文化的范围——兼论考古学文化共同体》，《南方文物》1998 年第 2 期。

泽、马家浜的遗存现象，我们感到惊诧。其时适逢上海广富林遗址发掘有了具体的成果。有机会到广富林遗址现场参观，马上直觉到尖山湾遗址的文化面貌与之相似，认为发现意义非常重要。

最近十年良渚文化研究的突破性成果，第一要推"广富林遗存"概念的提出及其后来被深化的"广富林文化"、"钱山漾文化"概念。良渚文化——或称之为是良渚文明——衰落，曾是良渚文化研究的重要内容之一，原因的解释有军事征服说、洪灾说、瘟疫说等，但多嫌空泛，推测多于实证。广富林文化的概念则具体地支持了军事征服说。陈杰认为，广富林文化来源复杂，但其主体受到了以王油坊类型为主的中原龙山文化的影响。一种外来文化因素，对本地土著的良渚文化几乎是快速而全方位的取代，这种文化现象在文化传播理论中称之为"文化置换"，是一种军事征服的结果[①]。丁品则根据钱山漾遗址的分期材料，一方面支持了太湖以南地区存在着一种晚于良渚、早于马桥文化的独立性质的考古学文化遗存；另一方面，又订正了这种"文化置换"的具体时间和过程，认为广富林文化类型相当于钱山漾文化类型的第二期，"文化置换"在第一期已经开始。关于钱山漾文化类型一期的文化面貌，丁品认为对本地良渚文化的继承性因素还是不可忽略[②]。但不管是广富林文化概念还是钱山漾文化概念，都得承认龙山因素的介入是进行新颖考古学文化命名的核心价值所在。这不但为良渚文化的衰落原因提供了直接的证据，更为中原文化优势在夏商之际的全面建立提供了十分重要的历史铺垫。近年发现的"良渚古城"尚未公布具体的年代，一般断为良渚文化晚期。由于良渚文化下限至今仍有分歧性意见，我们尚不得知古城"晚"到什么时候。"良渚古城"当然应该属于良渚文化，规模浩大的"古城"的存在证明良渚文明一直到良渚晚期并没有衰落，至少在保持着强大的人力物资的动员能力，那么良渚文化的迅速消失并为钱山漾、广富林文化取代，军事征服确实是一个最符合逻辑的解释。

尖山湾遗址不但偏离良渚文化的中心区域，而且已经进入南部山区，这证明以"龙山时代"为背景的、来自中原地区的军事和文化征服是大规模和全方位的，几乎在所有的良渚文化分布区，均完成了这种"文化置换"。尽管不同区域依然存在自身特征，如浙南好川文化类型。尖山湾同样具备值得研究的自身特点，如从大鱼鳍形鼎数量少、侧扁三足数量多的情况看，年代相当于钱山漾二期，与广富林年代相近；但广富林发现的凹圜底的印纹陶器，并不见于尖山湾遗址，鼎足跟部也几乎不见凹窝。

钱山漾或广富林文化类型发现与研究的历史还短，经过正式考古发掘的遗址数量不多，遗址分期并不能代替文化分期，尖山湾遗址将成为钱山漾、广富林文化研究的重要资料。

第四节　遗址记录的几次洪水事件及其意义

楼家桥文化类型早晚期的地层之间存在着一层间歇层，即遗址的第㉔层，土质纯净、细软、无包含

---

① 陈杰：《广富林文化初论》，《南方文物》，2006年第4期。

② 丁品：《浙江湖州钱山漾遗址第三次发掘带来的新思考》，《南方文物》2006年第4期。

物，属自然淤积。这一自然淤积层将遗址分为早晚两期。我们根据遗址所在的环境特点，将这一层自然淤泥层定性为（海）潮相沉积，这是根据遗址现在的地理位置以及其他遗址曾经出现过的堆积状况推定的。

遗址位于凰桐江畔，凰桐江是浦阳江的支流，浦阳江是钱塘江的支流。钱江潮水举世闻名，其潮汐的神秘力量一直可以将江水涌托到遗址位置。遇到暴雨季节，上游的洪水受下游潮水顶托，水位的上涨高度可以超过一米多——这是时间进入21世纪的境况。如果历史上遇到特殊的气候灾变，人类生活因洪水灾害影响而迁徙生活居所的可能性当然存在，实际上在距今6000年前，这一情况确实发生了。

我们已经在浦阳江下游地区发现并发掘了多处海潮条件下出现在遗址中的淤泥沉积，如跨湖桥遗址、茅草山遗址、新坝遗址等。这些遗址的年代从距今7000年到4000年之际或者更晚的阶段，都出现了因水患导致遗址淹没的情况，最典型的是跨湖桥遗址，跨湖桥遗址在其末期显然受到全新世海侵背景下潮水致命侵袭，导致遗址被彻底淹没。我们没有确切的证据演说新石器时代发生了几次这种较大规模的洪潮以及这些洪潮对人类生存情况的影响，但已有的这几个遗址无一例外都出现了水患导致人类生活中断的现象，新坝遗址发生在良渚文化期与春秋战国文化期之间；茅草山遗址发生在良渚文化晚期与后良渚文化期间（约距今4200年左右）。茅草山遗址和新坝遗址的现在位置均在浦阳江干流河滩或其边缘，当初离河流的距离也不会远，因此很容易受到洪、潮并袭。

从调查情况看，跨湖桥遗址之上的海侵层分布范围十分广大，遍及萧山中南部地区。楼家桥、茅草山、新坝遗址中发现的间歇层的分布规模如何，没有确切的调查数据，但可以肯定的有两点，一是茅草山遗址、新坝遗址主要发掘区在现在的浦阳江河道内，调查证明这两个遗址的间歇层均延伸到堤外。我们不能用现在受到人工堤坝约束的河道推定当初的河流分布，但间歇层所记录的洪、潮规模及其对人类生活的灾难性影响可能是十分严重的。二是楼家桥遗址、茅草山遗址的两次间歇性中断均造成文化面貌的较大变化，前者的客观后果是造成楼家桥文化类型早晚分期，后者更促成良渚文化向"后"良渚文化更替的事件。我们不能将这一历史的变迁简单归因于我们理解尚不深入的自然灾害，但自然灾害是否成为历史变迁的原因之一，是我们必须加以关注的。

附 录

杭州市萧山区茅草山遗址发掘报告^①

浙江省文物考古研究所　萧山区文管会

一、位　置

茅草山遗址位于萧山区进化镇泥桥头村西南侧茅草山的东、南侧，浦阳江从遗址的西侧斜穿而过。遗址部分可能已被江水所破坏。进化镇位于萧山区南端，再往南不远为诸暨县境，为会稽山脉的余脉，因此境内低山起伏，山间盆地中河网较密，极适合于古人的生存。为了配合03省道萧山东复线工程建设，2000年下半年由浙江省文物考古研究所与萧山区文管会进行试掘，确定为一处新石器时代遗址，并于2001年下半年正式进行发掘。

二、地　层

此次发掘主要位于浦阳江大堤内侧的河边滩地上，从发掘情况看，遗址共分九层。

①层：表土层。厚5～45厘米，红棕色，为原来的河滩地。

②层：扰乱层。灰色土，深5～45、厚1～75厘米。

③层：浅黄色土，土质极细、纯、紧密。深15～100、厚1～95厘米。东边，即靠近浦阳江的一边土层极厚；越往西，即越远离浦阳江土层越薄，甚至在部分探方的西边已经消失。包含物极少。

④层：浅黄色土，但较③层为深，土质纯、细、软。深70～120、厚1～25厘米。包含物以陶片为主，有少量石器。陶器主要为陶鼎。

⑤层，灰黑色，土质细腻、紧密、偏硬，夹有少量石块。深20～140、厚约1～50厘米。含陶片极多，器形有鼎、豆、圈足盘等。石器有刀、有段石锛和石锛等。

⑥层：浅黄色土，略带淤积性，土质细、紧、软，较纯。深90～150、厚约1～35厘米。包含物有少量陶片，主要为鼎。

⑦层：灰黑色土，土质较硬，夹有较多小石块与红烧土块。深15～135、厚约1～55厘米。含陶片

---

① 原载《东南文化》2003年第9期。

极多，器形主要有鼎、豆、甗、捏口鬶、假圈足器等。

　　⑧层：浅灰色土，夹有少量石块，土质较硬。深约75~135、厚约1~40厘米。包含少量陶片。

　　⑨层：棕黄色砂层，夹有大量小石粒，土质较硬且纯。深12~150、厚约1~15厘米。不见陶片等包含物。

三、遗　迹

　　均为灰坑，共发现九个，分别叠压于第⑤、⑥层下，形状、底、壁多不规则，且较浅，填土多为浅灰色，较纯，包含物较少。

　　H1：位于T3的西北部，灰坑北壁压于北隔梁下。从所整理的部分看应为"7"字形，弧壁平底，南北长170、最深约40厘米。其开口于⑤层下，打破⑥、⑦两层及H2。填土呈紫黑色，土质细腻、紧密、偏硬，且有较多的小石块。包含物主要为陶片，以夹砂红陶为主，少量泥质灰陶及泥质红掏，陶片较碎，未见复原器，残片中有鼎、甗、豆等。以鼎为主，口沿均为圆唇或尖圆唇，中领，圆肩。鼎足有鱼鳍形、圆锥形、扁圆形等，鱼鳍形足面刻划交叉斜线构成菱形纹。豆均为泥质红陶，内外均施红衣，有瘦长喇叭形圈足与粗矮喇叭形圈足两种。此外发现石器一件，H1∶1，弧背锛，青灰色较硬，长方形。

　　H9：叠压于第⑥层下，打破生土。呈南北向不规则长条形，坑平面自西南向东北倾斜，壁弧斜，底不规则形，亦由西南向东北倾斜。东西长约350、南北最宽约170、最深约36厘米。灰坑内填浅棕色土，土质细软，包含物较少，有少量陶片，主要为夹砂红陶鱼鳍形足鼎（足面刻划纵向凹弦纹数道），泥质红陶瘦长喇叭形豆柄等。石器发现一件，斜柄破土器，斜柄内凹，中部有两个圆形镂孔，单面刃，刃长34、厚1.8厘米。

四、遗　物

　　遗物以陶器为主，其次为石器，极少量玉器。

（一）陶　器

　　陶器以夹砂红陶为主，少量泥质灰陶与泥质红陶。素面占绝大多数，夹砂红陶偶见弦纹与镂孔，弦纹有凹弦纹与凸弦纹两种，主要见于器物肩或腹部，鼎足多有刻划纹饰，极少量素面，刻划纹饰以足面纵向刻划数道凹弦纹最为常见，少量由交叉凹弦纹构成菱形纹，偶见剔刺纹与短斜线纹。镂孔多见于圈足器的圈足处，为圆形小孔。泥质灰陶偶见黑皮，部分喇叭形圈足豆上有圆形镂孔。泥质红陶偶见红衣。器形夹砂红陶主要以鼎为主，还有矮圈足器、平底器及少量假圈足器、澄滤器、捏口鬶、喇叭形纽盖、桥形纽盖、盆类器、小盏、鸡冠錾、牛鼻耳等。鼎口沿分四种，大翻折沿与侈口中领器较为常见，少量侈口卷沿器与翻折沿沿面内弧器。鼎足可分成四种类型：鱼鳍形、扁圆形、"T"字形和圆锥形，以前两者为主，其中"T"字形足仅见于④、⑤两层，不见早于⑤层的各层，圆锥形足虽然各层均有发现，但数量极少。鱼鳍形足最为常见，各层均有较多出土，扁圆形足主要见于④、⑤两层，早于⑤层的各层偶见。泥质灰陶以矮圈足盘与瘦长喇叭形圈足豆为主，少量圈足小杯、高领器、假圈足器、平底杯类、喇叭形纽盖、捏口鬶、袋足器、甗、扁半环形把手等。泥质红陶数量较少，有瘦长喇叭形圈足豆、粗矮喇叭形圈足豆、圈足盘、盘类、假圈足器、平底小杯、牛鼻耳等。

1.夹砂红陶类

鼎，基本为残片，主要是各型鼎足与口沿。口沿可分成四型。

A型：主要器形之一，圆唇，翻折沿，沿面弧凸，圆肩。TS1⑦：4，略垂腹，三扁圆形足，口径20.9、高31.1厘米（图一，1）；T2⑤：12，圜底帖附三扁圆形足，足面一侧有纵向凹弦纹一道，口径16.8、残高12厘米（图一，10）；T3⑦：6，口径32、残高厘米（图一，11）。

B型：主要器形之一，圆唇，侈口，中领或高领，圆肩，有的唇较厚，有的内唇沿有凹弦纹一道。T3⑤：5，尖圆唇下坦，内唇沿有凹弦纹一道，中领圆肩，口径24.8、残高6厘米（图一，9）；T4⑤：4，圆唇较厚，中领圆肩，口径30、残高7厘米（图一，3）；T1⑥：2，方唇，中领圆肩，口径17.2、残高6.6厘米（图一，12）；T3⑦：7，尖圆唇外撇，中领圆肩，口径8、残高5.2厘米（图一，6）。

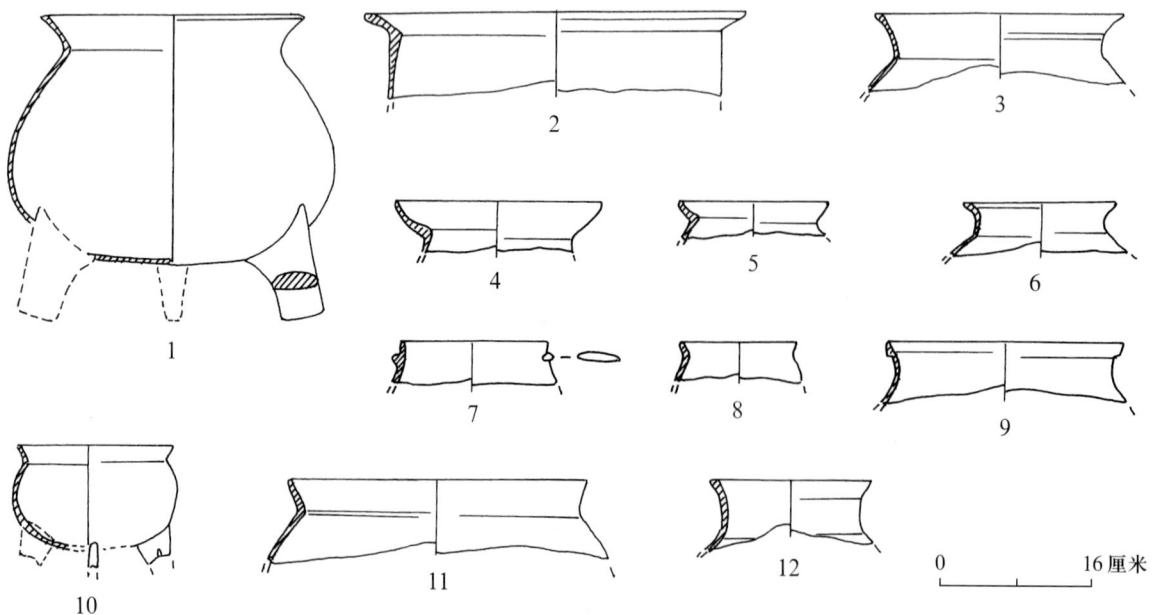

图一　茅草山遗址陶鼎

1、10、11.A型（TS1⑦：4、T2⑤：12、T3⑦：6）　2、4、5.D型（T2⑦：1、T1⑥：1、T3⑤：4）

3、6、9、12.B型（T4⑤：4、T3⑦：7、T3⑤：5、T1⑥：2）　7、8.C型（T3⑦：8、9）

C 型：较少，侈口，卷沿，圆肩，鼓腹。T3⑦：8，近口沿处有舌形小鋬一个，圆唇，口径、15.6、残高4厘米（图一，7）；T3⑦：9，圆唇，口径12.4、残高4厘米（图一，8）。

D 型：极少，尖圆唇，翻折沿，沿面内弧。T3⑤：4，沿面较窄，口径16、残高3.6厘米（图一，5）；T1⑥：1，大翻折沿内弧，口径22、残高5厘米（图一，4）。T2⑦：1，方唇，口径41、残高8.8厘米（图一，2）。

T2⑦：1，方唇，口径41、残高8.8厘米（图一，2）。

鼎足，可分成四型。

A 型：鱼鳍形足，以此型最为常见，从早到晚各地层均有出土，器形扁薄而较大，足面常见刻划纵向凹弦纹数道，少则四五道，多则近十道。少量刻划由斜线纹构成的菱形纹，偶见短线纹与素面。T1⑤：10，足尖斜直，足面两侧各刻划交叉凹弦纹数道，残长12.4厘米（图二，6）；T1⑤：11，尖足，足面刻划"↑"与凹弦纹组合纹，长13.6厘米（图二，5）；T3⑥：3，近舌形，足面刻划交叉斜线四、五道，长10.6厘米（图二，7）；T1⑥：4，器形极大，足尖尖圆，足面刻划交叉斜线与短斜线纹，长18厘米（图二，1）；T3⑦：10，近舌形，足面刻划纵向凹弦纹，一面四道，一面五道，长15厘米（图二，2）；T3⑦：11，与T3⑦：10基本相同，长16.4厘米（图二，4）；T1⑧：2，近舌形，足面两侧各刻划有短线纹，残长15厘米（图二，3）。

B 型：扁圆形，主要见于④、⑤层，⑥层也有少量发现，早于⑥层则未见，是④、⑤层的主要器形。扁圆形向足端渐收成一个小椭圆形面，有的两侧足面略内弧，少量一侧足面刻有纵向凹弦纹一道，以

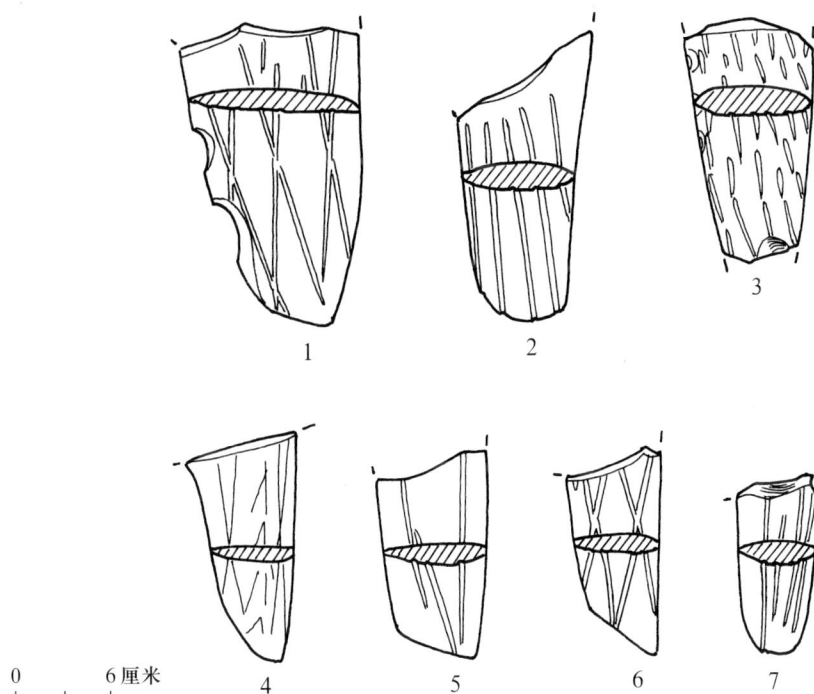

图二　A型鼎足
1.（T1⑥：4）　2.（T3⑦：10）　3.（T1⑧：2）　4.（T3⑦：11）
5.（T1⑤：11）　6.（T1⑤：10）　7.（T3⑥：3）

素面为主。T3④：1，较瘦长，长14厘米（图三，5）；T2⑤：14，器形瘦长，长17.2厘米（图三，6）；T2⑤：16，较粗短，足面一侧有刻划纹饰，残长10.8厘米（图三，9）；T3⑤：7，足面一侧有纵向凹弦纹一道，长11.2厘米（图三，8）；T1⑥：3，较细短，长10.2厘米（图三，2）；T2⑥：2，足面一侧有刻划纹，近似于商周时期的席纹，残长7.2厘米（图三，11）。

C型："T"字形足，主要见于⑤层。"T"字的横面相当发达，本应是主体的竖面则有的甚至弱化成一道脊，器形厚大。T3⑤：6，竖面弱化成一道脊，足根横面有鸡冠状堆塑一道，横面纵向有细凹弦纹数道，但较细浅，长15.8厘米（图三，1）；T2⑤：13，竖面相对较发达，一侧近足尖有纵向短凹弦纹两道，长11.8厘米（图三，10）。

D型：圆锥形足，虽然早晚各层均有，但数量极少，器形瘦长。T2④：2，瘦长，长14.4厘米（图三，4）；T1⑥：4，瘦长，长14.4厘米（图三，3）；TS1⑩：3，方扁形，两侧有凹窝，长8.2、宽6厘米（图三，7）。

圈足器从早到晚均有一定数量，圈足粗壮而低矮，略外撇，部分甚至变成底略内弧，近似假圈足形。T2⑤：19，底径12.9、残高5.2厘米（图四，5）；T2⑤：20，底径8.8、残高2.8厘米（图四，4）。

平底器从早到晚均有一定数量，底较大，底腹间折棱明显，偶见用夹炭陶制成。

缸形器发现较少，器形较大，胎壁厚重，直口、直腹。T1⑤：14，方唇外突，直口直腹，腹饰浅

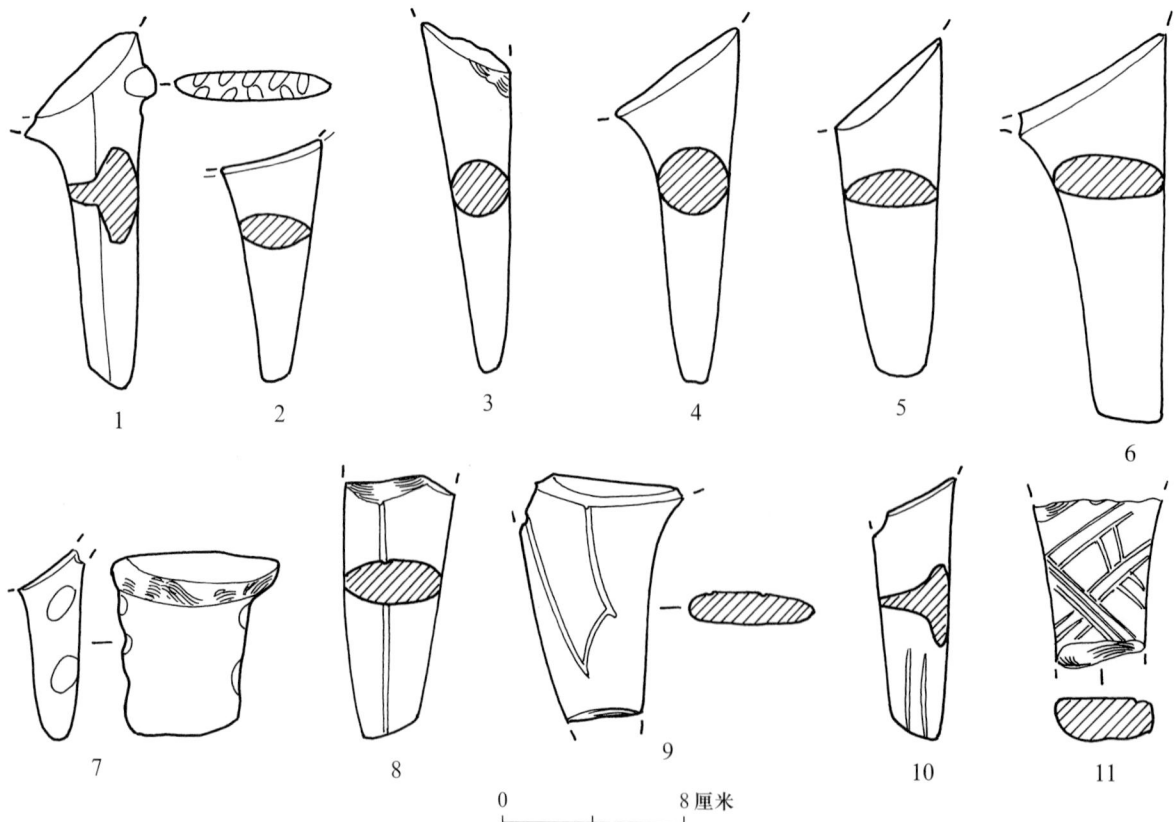

图三　茅草山遗址陶鼎足

1、10.C型（T3⑤：6、T2⑤：13）　2、5、6、8、9、11.B型（T1⑥：3、T3④：1、T2⑤：14、T3⑤：7、T2⑤：16、T2⑥：2）　3、4.D型（T1⑥：4、T2④：2）　7.方扁形（TS1⑩：3）

斜篮纹，口径42、残高20厘米（图四，2）；T1⑥：5，侈口，直腹，口径56、残高9.6厘米（图四，1）。

捏口鬶数量较少，捏口细长颈，此外还有少量袋足发现，形似羊乳形。T1⑤：13，残高7.6厘米（图四，6）。

澄滤器数量较少，敞口，浅弧腹，带流，平底，内腹刻划凹弦纹。T3⑤：12，敞口，浅弧腹，有流。

甗少量发现，均为残片，鬲部多直腹，内腹有隔档，隔档有的较宽，有的近似一道脊。此外还有少量箅孔发现。

器盖有一定数量发现，早晚各层均有发现，以喇叭形小纽为主，偶见桥形纽与蘑菇形纽，盖体呈覆浅盘形。T1⑤：12，直口杯形纽，盖体呈覆碗形，中部有凸棱一道，口径12、高3.8厘米（图四，3）。

另外还偶见牛鼻耳、细长鸡冠錾、粗壮舌形錾和管状流等。

2．泥质灰陶

圈足盘最主要器形，圆唇或尖圆唇，弧腹浅坦，矮圈足略向外撇。敞口少数方唇或窄平沿，有的沿面有方形戳印纹。T3⑤：10，敞口浅坦腹，外腹有一凸棱，圈足极矮，口径22、底径18.4、高3.5

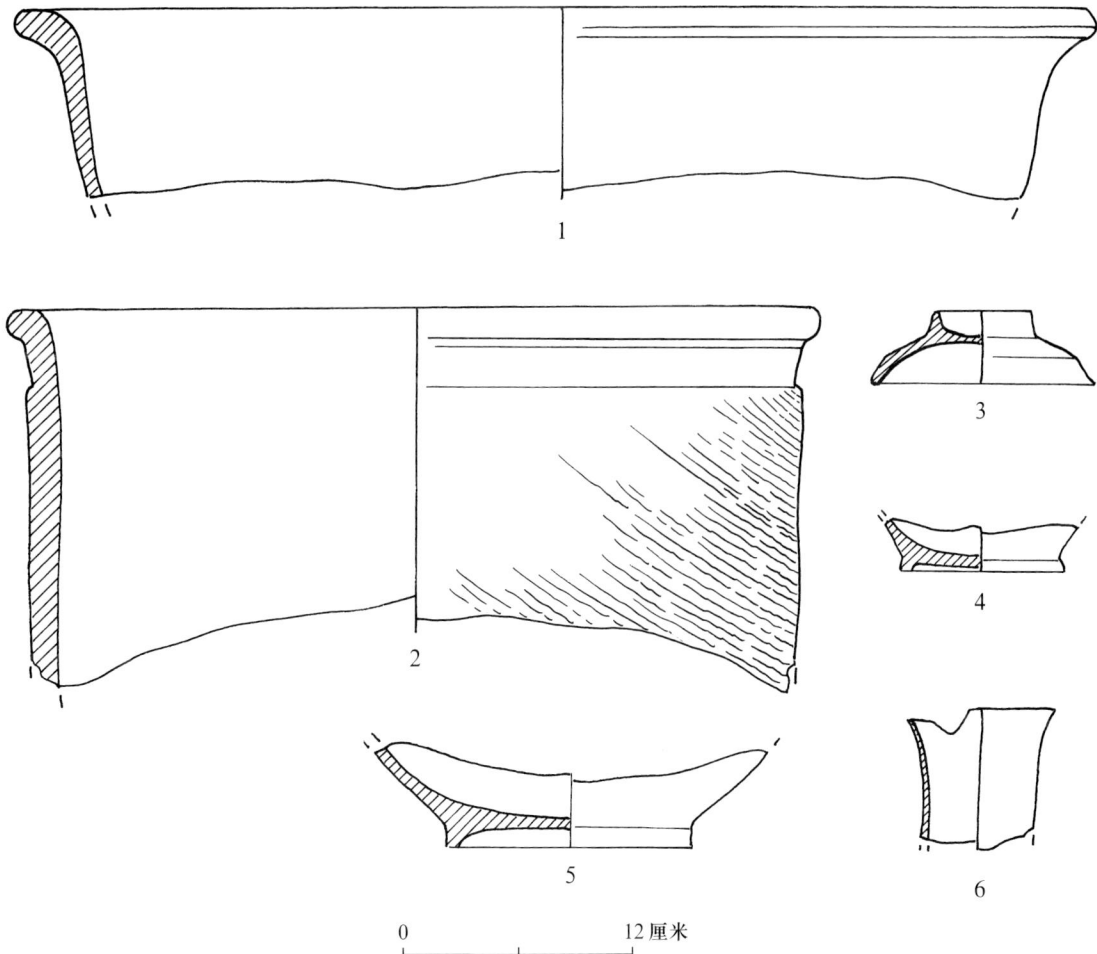

图四 茅草山遗址夹砂陶器

1、2.缸形器（T1⑥：5、T1⑤：14） 3.器盖（T1⑤：12） 4、5.圈足器（T2⑤：20、19） 6.捏口鬶（T1⑤：13）

厘米（图五，9）；T3⑤：9，圆唇敞口，弧腹略深，底近平，外腹中部有不明显凹弧一道，圈足略高，口径28、高6.4、底径22.6厘米（图五，6）；T1⑥：7，敞口，浅坦腹，外腹中部有不明显凹弧一道，圈足极矮，口径22、底径16、高1.9厘米（图五，8）；T1⑥：6，敞口浅坦腹，外腹中部有不明显凹弧一道，口径28、底径20、残高5厘米（图五，10）；T3⑦：14，敞口，弧腹较浅，矮圈足，口径18、底16、高3.4厘米（图五，12）；T3⑦：15，尖圆唇，敞口浅坦腹，外腹有一凸棱，矮圈足，口径18、底径14、高2.2厘米（图五，4）；T3⑧：1，方唇内勾，浅坦腹，口径20、残高4.8厘米（图五，11）。

豆　豆盘发现较少，主要是豆柄，主要器形之一，以瘦长喇叭形圈足为主，少量粗矮圈足，与竹节形豆柄，有的豆柄内部呈竹节形，可能是泥条盘筑留下的痕迹。常见镂孔装饰，主要为圆形镂孔，也有三角形的，或相对两边纵向各镂两孔，或圆形与三角形相间装饰几圈，或满布三角形孔数圈。瘦长形圈足下端呈喇叭形向外撇，近足端再向下折，形成近似覆漏斗状。TS1⑧：3，折敛口，浅弧腹，节状圈足，弧凸上有圆形镂孔，口径20.8厘米（图五，1）；T2⑤：22，较粗大，下端呈喇叭形外撇，足端残，相对两边纵向各镂两个圆形孔，较大，残高9厘米（图五，2）；T2⑤：23，仅剩足端，覆漏斗状，底径14、残高3.2厘米（图五，5）；T2⑤：24，仅剩足端，覆漏斗状，有圆形镂孔，底径10、残高3.6厘米（图五，3）。

圈足杯　TS1⑧：4，斜直腹，圈足向外弧撇，口径5.5、高5.4厘米（图六，2）；TS1⑦：2，敞口，近直腹，圈足外斜，口径8.4、高8.8厘米（图六，3）；TS1⑥：9，口残，直腹，喇叭形圈足外撇（图六，1）。

平底杯　少量，早晚各层均有发现，已残，直腹，平底，底腹间折棱明显。T3⑦：16，底径6.6、残高6厘米（图六，4）。

假圈足器　有一定数量发现，早晚各层均有发现，均残，平底、假圈足，器形有直腹杯形、盆形或盘形。T3⑥：5，杯形（图五，13）。

捏口鬶　有少量发现，早晚均有，捏口，细长颈，此外还有袋足发现，呈羊乳形。

罐　数量极少，可分两型。

A型：高领罐，T2⑦：3平沿外坦，沿面剔刺细密水波纹，高领上饰细凹弦纹数道口径22、残高6.4厘米（图六，6）。

B型：中领罐，T2④：3，尖圆唇，中领，圆肩，口径36、残高5.4厘米（图六，7）。

凹圜底器，主要见于⑤层，均残，陶质较细，火候较高，鼓腹，凹圜底。

另有少量有低矮喇叭形纽与桥形纽两种器盖及扁半环形把手和管状流。

3．泥质红陶

数量最少，以豆为主，其他器物少见。

豆　常见内外施红衣，豆盘浅坦，喇叭形圈足瘦长。少量粗矮喇叭形圈足。T3⑦：3,瘦长喇叭形圈足，内外均施红衣，口径22、残高4厘米。

假圈足器，偶见，但早晚均有，可能为罐类，T2⑥：3,底径10、残高2厘米（图五，14）。

罐类，偶见，中领圆肩。

牛鼻耳，1件，位于器口沿，牛鼻平直。

另外还偶见中领罐和管状流。

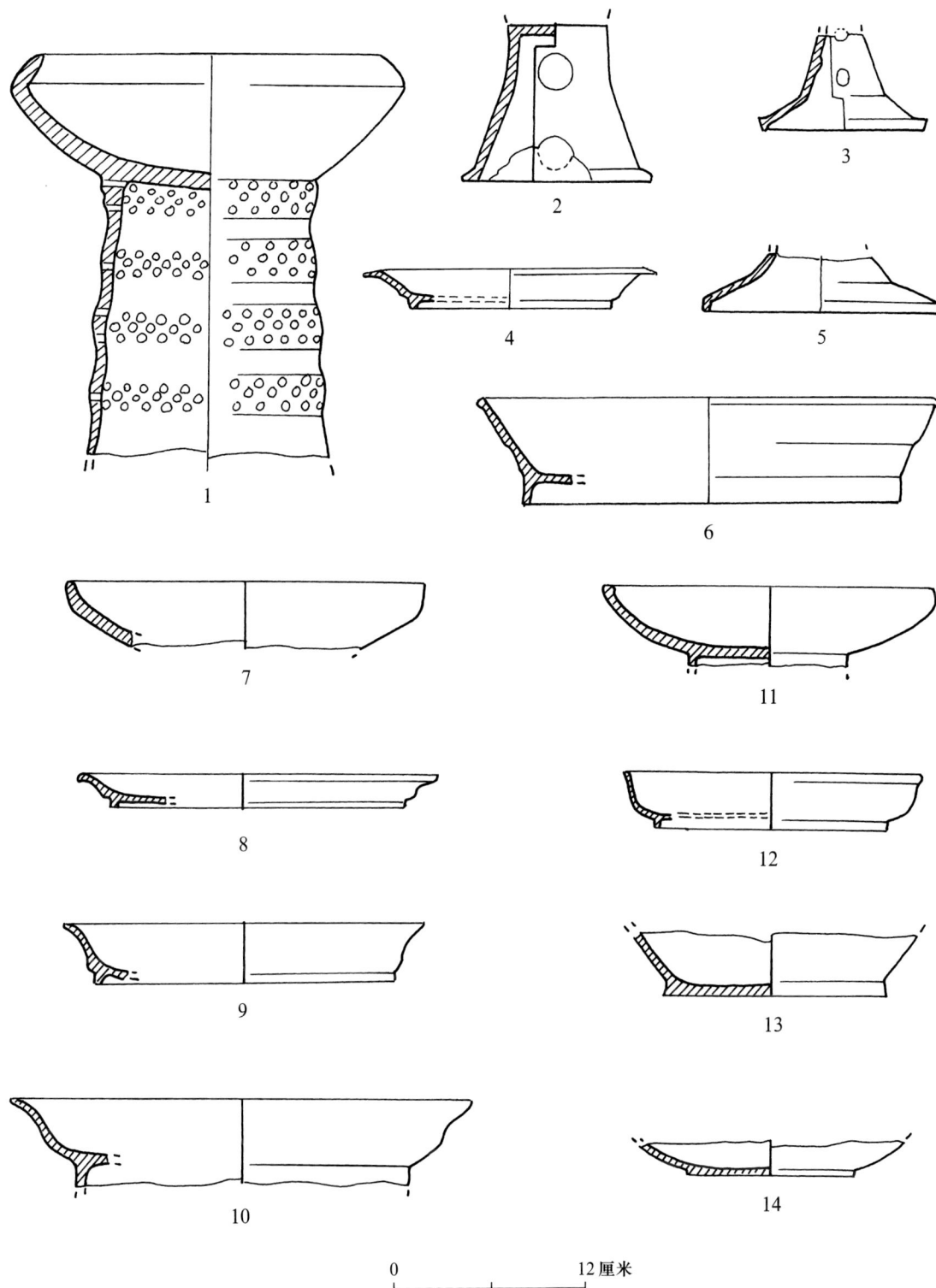

图五　茅草山遗址泥质陶器

1、2、3、5.豆（TS1⑧：3、T2⑤：22、24、23）　　4、6、8～12.圈足盘（T3⑦：15、T3⑤：
9、T1⑥7、T3⑤：10、T1⑥：6、T3⑧：1、T3⑦：14）　　13、14.假圈足器（T3⑥：5、T2⑥：3）

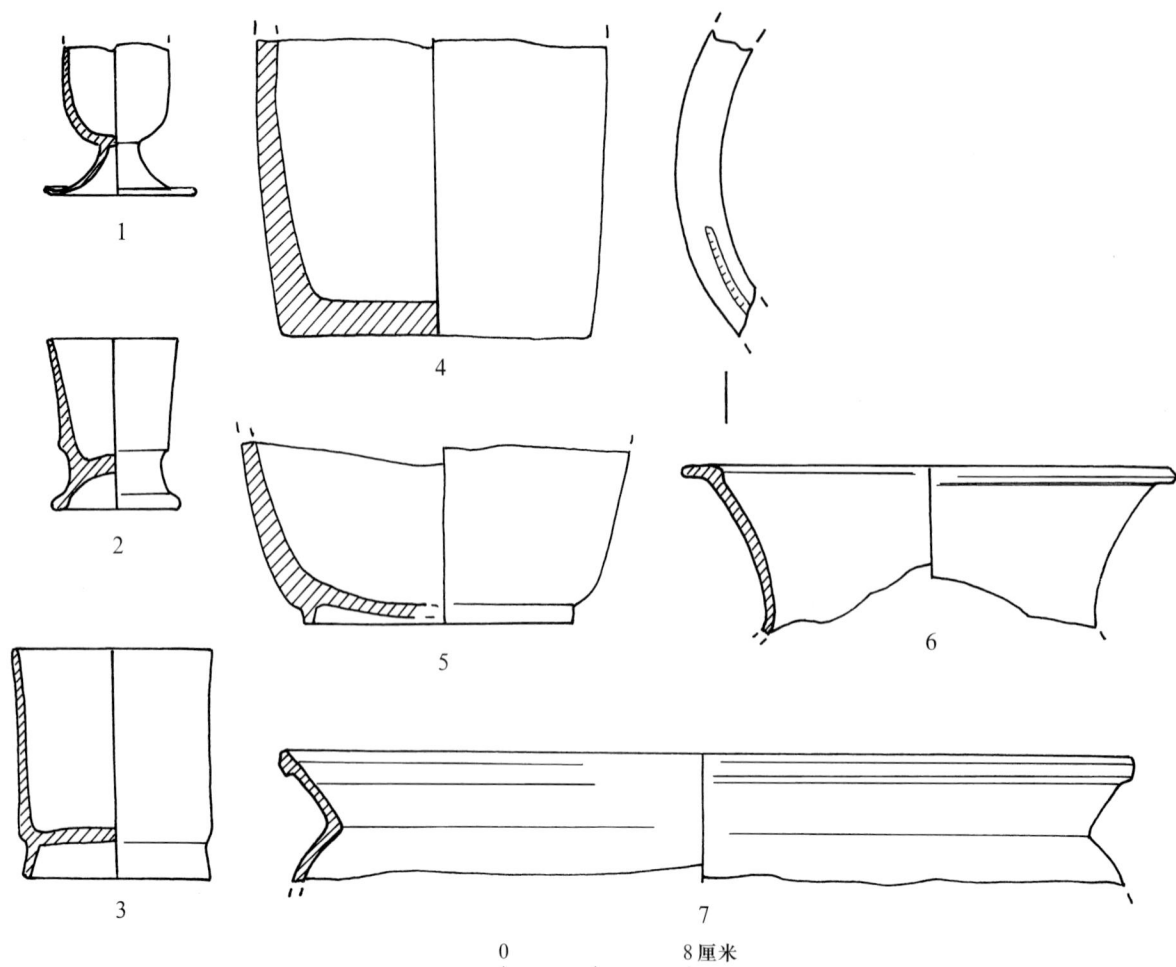

图六　茅草山遗址泥质陶器

1、2、3.圈足杯（TS1⑥：9、TS1⑧：4、TS1⑦：2）　4.平底
杯（T3⑦：16）　6.A型罐（T2⑦：3）　7.B型罐（T2④：3）

（二）石　器

发现较少，且主要见于⑤、⑦层，以石锛和石镞为主，此外还有少量石刀、石球、破土器、砂轮等器物。

石锛　最主要器形之一，可分成四型。

A型：有段锛，多作长方形，脊位偏下，也有长条形脊位偏上者。浅绿色石质。T1⑤：8，段位偏上，但不明显，长5.9、宽4厘米（图七，12）；T3⑤：2，段位位呈直角，位于中部，长3、宽3.2厘米（图七，9）；T1⑤：9，段位呈直角偏下，长4.8、宽3.2厘米（图七，7）；T1⑦：4，段位偏下，长4.6、宽2.3厘米（图七，2）；T3⑦：5，段位偏上，长4.8、宽1.6厘米（图七，8）。

B型：弧背锛，长方形。T3④：1，浅绿色石质，段位不明显，长5、宽5.1厘米（图七，10）；T3⑤：3，浅绿色石质，长方形，长3.9、宽2.5厘米（图七，11）；T3⑧：2，紫红色较硬石质，长方形，长5.5、残宽3.1厘米（图七，5）。

C型：平背锛，长方形。T2⑤：2，浅绿色石质，长方形，一面起刃处较宽，一面起刃处较窄，残长5.1、宽3.8、厚1.1厘米（图七，3）；T3⑧：1，浅绿色石质，长方形，扁平，长7、宽3.1、厚0.9厘米（图七，1）。

D型：有脊锛，见于④、⑤层，长方形。T4④：2，浅绿色石质，弧背，脊位偏上，长4.8、宽2.8厘米（图七，6）；T4⑤：2，浅绿色石质，弧背，脊位偏上，长3.3、宽2.2厘米（图七，4）。

石镞 最主要器形之一。

0   5厘米

图七 茅草山遗址石锛

1、3.C型（T3⑧：1、T2⑤：2） 2、7、8、9、12.A型（T1⑦：4、T1⑤：9、T3⑦：5、T3⑤：2、T1⑤：8） 5、10、11.B型（T3⑧：2、T3④：1、T3⑤：3） 4、6.D型（T4⑤：2、T4④：2）

A型：数量较多，锋呈三角形，截面呈四棱形，体向后呈尖角状斜收，横截面呈扁形，尾端平。T2⑤：9，墨绿色石质，残长6.2厘米（图八，2）；T2⑤：6，紫红色较硬石质，残长7.6厘米（图八，1）。

B型：柳叶形，形体较长，数量较少。T1⑤：2，浅绿色石质，长6.6厘米（图八，4）。

C型：双翼式。T2⑤：11，棕黄色较硬石质，体铤分离，双翼与铤呈90度，长8.8厘米（图八，3）。

尖状器　1件，T4⑥：1，紫红色较硬石质，尖首向一侧弯斜，顶端一侧有凹槽一道，横截面呈椭圆形，长约5.5厘米（图八，6）。

石刀　数量较少，多残破。T1⑤：7，青灰色石质，尖首，弧背，平刃，单面刃，残长7.1、厚0.5厘米（图九，3）。

石球　1件，T4④：4，浅黄色粉性岩，琢制，中间有细凹槽一道，并在一侧琢出凹窝一个，直径8.6厘米，用途不明（图九，2）。

砂轮形器　1件，T3⑥：2，石料近似于现代之砂轮，外圈斜直，内圈中间有一凸脊，上、下面平，厚4.6厘米（图九，4）。

斜柄破土器　1件，H9：1，完整，灰色粉性岩，石质较差，三角形，一角有短柄，柄端有凹槽缺，

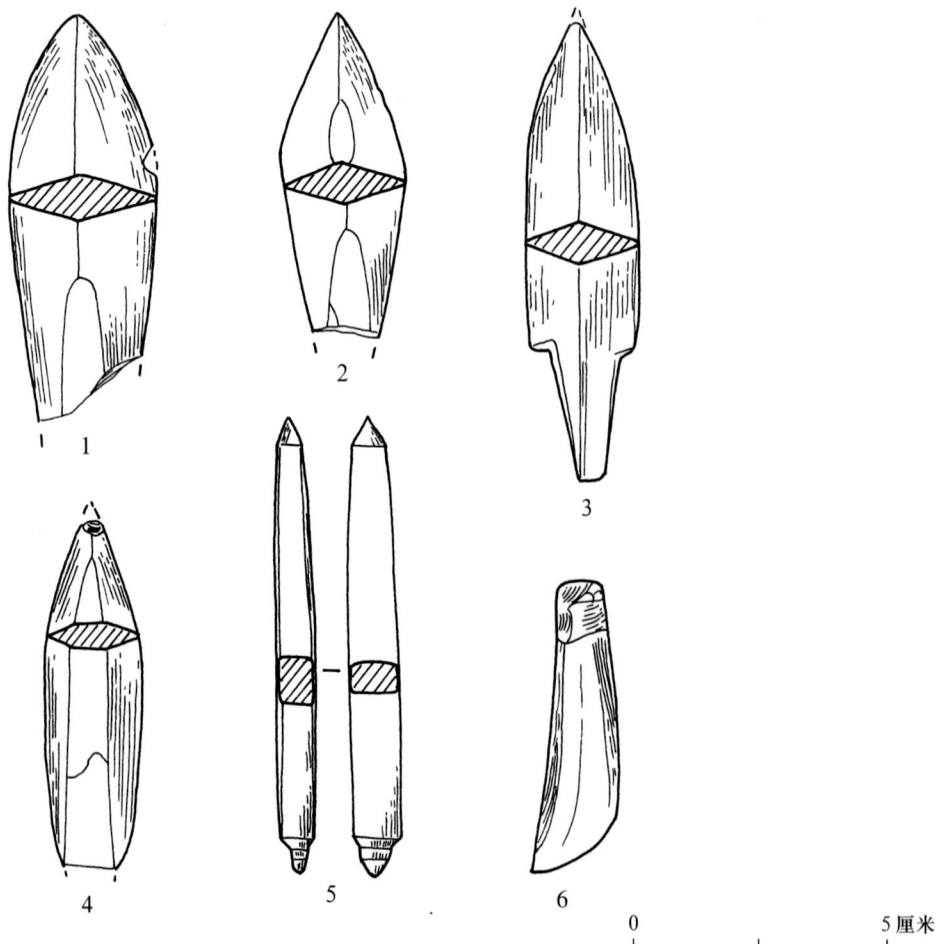

图八　茅草山遗址玉、石器

1、2.A型石镞（T2⑤：6、9）　3.C型石镞（T2⑤：11）　4.B型石镞（T1⑤：2）　5.玉锥形饰（T3⑤：10）　6.尖状石器（T4⑥：1）

单面刃，中部对穿两较大圆孔，刃长 34、厚 1.8 厘米（图九，5）。

石斧 1件，H8：1，墨绿色石质，制作粗糙，形体较大，截面椭圆形，刃端残。

此外采集了约七八件石器。手斧一件，采：1，紫黑色较硬石质，长条形，横截面呈椭圆形，磨制较精，握手痕明显，长约 19.2 厘米（图九，1）。

（三）玉 器

1件，T3⑤：10，玉锥形饰，青玉质，扁长方体，较宽两面有纵向不明显切割痕，尾端未穿孔，长 8.75 厘米（图八，5）。

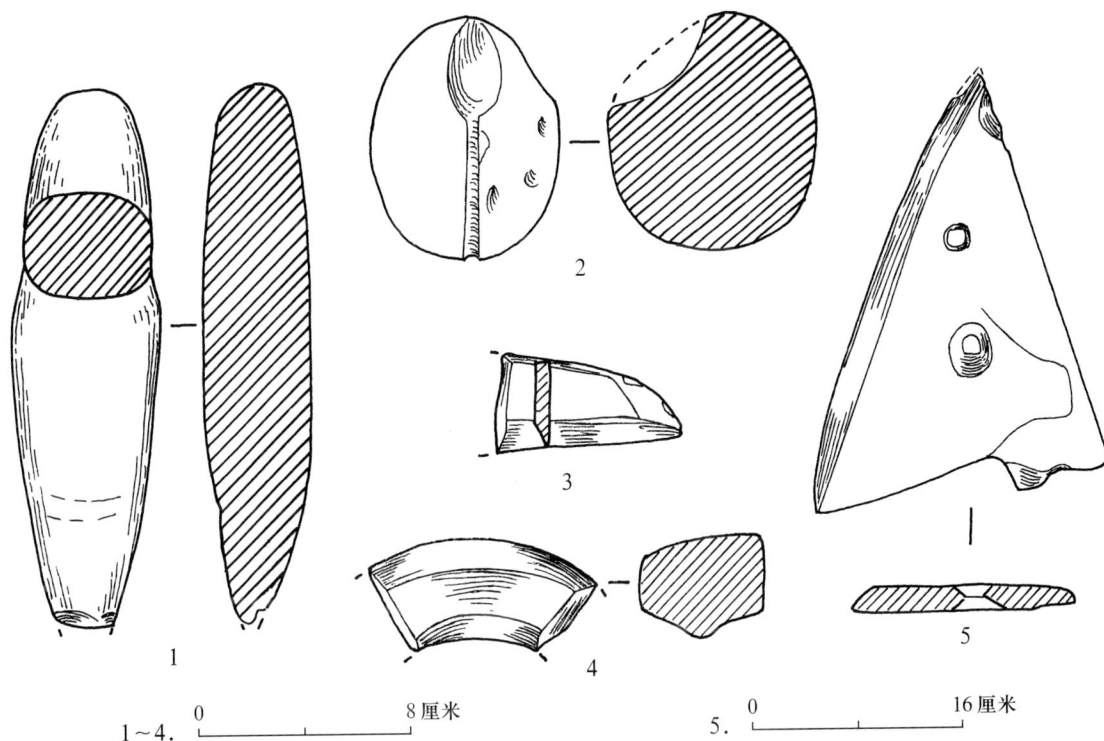

图九 茅草山遗址石器

1.手斧（采：1） 2.石球（T4④：4） 3.石刀（T1⑤：7） 4.砂轮形器（T3⑥：2） 5.斜柄破土器（H9：1）

六、余 论

（一）分期与年代

整个遗址的器物以⑥层为界，可分成两组，A组包括⑥、⑦、⑧、⑨四层，主要器物有夹砂红陶鼎、圈足器、平底器、瓶、澄滤器，泥质灰陶圈足盘、瘦长喇叭形圈足豆，泥质红陶少量瘦长喇叭形圈足豆。石器有少量锛、砂轮形器、破土器等。B组包括④、⑤两层，主要器物有夹砂红陶鼎，泥质灰陶圈足盘、瘦长喇叭形圈足豆、泥质红陶瘦长喇叭形圈足豆等；石器有石锛、石镞、石刀等。A、B两组在器物组合存在较为明显的区别，根据地层叠压关系将其分别分为早、晚两期。早期的特点是鱼鳍形足鼎占据绝对优势，鼎口沿以侈口卷沿与侈口折沿两种；圈足盘矮圈足外撇，浅腹外坦，豆瘦长形圈足下端呈喇叭形向外撇，近足端再向下折，形成近似覆漏斗状。晚期特点是鼎口沿有侈口卷沿与侈口折沿两种，鼎足除鱼鳍形足外，扁圆形足大量出现，在数量上甚至超过鱼鳍形足成为最主要的鼎足形式，并出现少量"T"字形足，圈足盘浅坦腹、矮圈足，豆瘦长形圈足下端呈喇叭形向外撇，近足端再向下折，形成近似覆漏斗状，石锛有弧背锛、有段锛、有脊锛，石镞分柳叶形与桂叶形两种。

　　鱼鳍形足与良渚文化晚期形式相同，扁圆形足形体较鱼鳍形足窄小而厚重，介于商周扁圆锥形足与鱼鳍形足之间。良渚文化圈足盘，朔知先生将其分成两型，其中A型圈足盘圈足从高而内敛到矮而外撇，盘体从弧腹到近折腹浅坦[1]，而茅草山的圈足盘圈足更矮而外撇，盘体折腹更浅坦，此类盘应从良渚文化圈足盘发展而来。"T"字形足"T"字的横面相当发达，本应是主体的竖面则有的甚至弱化成一道脊，器型厚大。

　　横剖面呈扁方形的玉锥形器有人研究认为是良渚文化晚期之物，本遗址出土的玉锥形器为青玉质，横剖面呈扁方形，尾无孔，当为良渚文化晚期以后的器物，而尾无孔的作法与好川[2]、花厅[3]出土同类器物相似，一般认为是良渚文化中心区之外的作法。好川墓地的年代为良渚文化晚期后段至夏末商初。

　　据此推测遗址相对年代早期为良渚文化晚期，晚期则要较良渚文化晚期更晚，应介于良渚文化与江浙历史时期文化之间。

（二）关于遗址的文化性质与发掘的意义

　　良渚文化的下限，一般认为距今4300年左右，中原地区在距今4000多年进入文明，考虑到江南地区进入文明时间可能要晚于中原地区，因此在良渚文化与江浙历史时期文化之间存在一段空白，有的学者认为晚于良渚文化应该还存在一种原始文化，只是多年来一直未有实物与地层上证据。茅草山遗址的此次发掘可能处于遗址的边缘，发掘面积较小，出土器物不甚丰富，不能全面认识该遗址的文化面貌，然而本次发掘揭示了以其晚期遗存为代表的独特的文化面貌。它的早期无论是陶器还是石器，在形态上均与浙北的良渚文化相似，可归入良渚文化范畴。而它的以扁圆形足与"T"字形足鼎为代表的晚期文化面貌，既不同于良渚文化，也不同于浙江历史时期文化，是一种全新的文化，它在时代上应介于良渚文化与江浙历史时期文化之间，可能是浙江目前所知最晚的史前文化。

---

① 朔知：《良渚文化的初步分析》，《考古学报》2000年第4期。

② 浙江省文物考古研究所等：《好川墓地》，文物出版社，2001年12月。

③ 南京博物院：《1989年江苏新沂花厅遗址的发掘》，《东方文明之光》，海南国际新闻出版中心，1996年9月。

（三）关于"T"字形鼎足

"T"字形鼎足一般认为从鱼鳍形足发现而来，林华东将良渚文化分成三期，每期又分成前后两段，他认为鱼鳍形在早期后外侧边加厚，到中期逐渐由窄边发展成宽边的"T"字形足，但中期不甚流行，直到晚期才流行[1]。本遗址"T"字形足均见于晚期，早期不仅不见"T"字形足及鱼鳍形向"T"字形足的过渡形式，连外侧边加厚的现象也不曾发现。这就存在两种可能，其一，"T"字形足非本地起源，而是从北面浙北的良渚文化中心在该文化的晚期传播而来，并且变异成横部特别发达而竖部弱化成一道脊的"喧宾夺主"形式。鱼鳍形鼎足是浙北地区良渚文化的典型器物，此地的鱼鳍形鼎足作为主要鼎足形式贯穿遗址始终，并且与浙北地区良渚文化鱼鳍形鼎足在形态上基本一致，两者应有其渊源关系。但是浙北地区"T"字形足在良渚文化中期即已出现并在中期偏晚已较为普遍，如果两地存在密切交流的话，那"T"字形足的发展趋势两地亦应相同，但茅草山出现的时代要晚，这预示着当时两地的交流囿于交通等原因，并非是全程性的，而是时断时续的阶段性的；其二，"T"字形足的发展并非如许多人所认为的具有如此明确的规律性，此地"T"字形足完全是当时的匠人们灵光一现之作，它们与扁圆形鼎足等器物一起构成了本地文化的独特面貌。

（四）关于扁圆形鼎足

此类鼎足目前在浙江的史前遗址中较为少见，型式亦较为特殊，据笔者所知此类鼎足目前在下列遗址中有少量发现。

浙江桐乡新地里良渚文化遗址、墓地[2]

在一个灰坑中发现有少量此类鼎足，型式基本与茅草山一致，在新地里遗址现场学术研讨会期间，许多学者对其性质争议较多，有人认为是北方龙山文化的因素。

上海广富林遗址[3]

在较晚的地层中发现了一定比例的此类鼎足，基本型式与茅草山一致，其在近足尖部位内捏，足尖略外撇。发掘者亦认为是龙山文化因素。

诸暨璜山尖山湾遗址[4]

该遗址位于浦阳江流域中游，原作为县文保点，2000年下半年对浦阳江流域进行全面的史前遗址调查、试掘时，对该遗址进行了试掘，出土了包括陶器、石器在内的一批珍贵资料。遗址文化层不厚，文化面貌较为单一，应属于同一个时期。陶器以夹砂红陶为主，少量泥质灰陶。夹砂红陶质较粗，器形有鼎、厚胎大口近尖底缸、凹圜底罐等，鼎足即为扁圆形足，形体较大，为浙江其他遗址所未见。而

① 林华东：《良渚文化研究》，浙江教育出版社，1998年11月。
② 浙江省文物考古研究所资料。
③ 上海博物馆资料。
④ 浙江省文物考古研究所资料。

从凹圜底罐器物来看，其时代应较晚，但试掘材料中未见硬陶，应是早于商周时期，初步推测为新石器时代晚期，可能晚于良渚文化，可能是浙江目前所知最晚的史前文化。

此类鼎足在新地里与广富林特别是新地里引起了较多的争议，许多外省专家认为是龙山文化因素，此种争论一方面除了说明其为外来因素的可能性外，更主要的可能还是它显示了在浙江一种全新的文化面貌，茅草山与尖山湾可能即是此类文化的代表。

（五）关于遗址的废弃

茅草山遗址是典型的依山傍水居住形式，现在的浦阳江从遗址的边缘而过，并已将遗址部分破坏。浦阳江在历史上有几次大的改道，推测当时离遗址还要远，否则经常泛滥的江水对先民的生活是一个极大的威胁。遗址第三层为浅黄色土，土质极细、纯、紧密，在分布上，东边即靠近浦阳江的一边土层极厚，越往西即越远离浦阳江土层越薄，甚至在部分探方的西边已经消失，包含物极少，为间歇层。该地层应是水浸以后所形成的淤积层，东边由于江水的涨落较剧而土层较厚，越往西去则越薄。从堆积上看，该地层直接叠压于文化层之上，两者之间包括西边较薄处未见晚期堆积，东边部分地层已被江水所破坏，推测遗址被改道的江水所破坏从而导致遗址废弃的可能性较大。

（六）历史时期的遗迹

水井发现一口，编号J1，位于T2的东部中间。叠压于②下，打破③、④、⑤、⑥及生土。距地表深度105厘米，井的深度为184厘米。井口基本呈南北向椭圆形，最大径为120厘米，最小径为90厘米。井底较平，近圆，最大径约为104厘米，最小径为85厘米。井壁较平直，加工痕迹不明显。井内填灰色淤土，较纯，包含物较少，近井底处出一青瓷小碗，直口、直腹，浅圜底，假圈足略内弧。此外还发现一些竹编物，已腐烂，形状不明。从青瓷小碗等器物的形态上看，该水井的年代应为六朝至隋时期。由于水井打破③层及更早的地层，表明它的开挖应在③层形成之后，而其下限为六朝至隋代，也就是说浦阳江的改道至少在六朝至隋代以前就已完成，它为研究历史时期古浦阳江河道变迁提供了考古学上的证据。

领　　队：蒋乐平

发掘人员：蒋乐平、孟国平、郑建明、胡少波

绘　　图：胡少波、夏朝日

执　　笔：郑建明、蒋乐平

附表一　茅草山遗址陶质、陶色统计表

陶质、陶色 地层单位	夹砂红陶	夹炭黑陶	泥质灰陶		泥质红陶	
④	130	5	5	3	8	1
⑤	1260	7	446		29	
⑥	234		19	1	8	1
⑦	1666	41	278		66	
⑧	590		28	4	32	2

附表二　茅草山遗址夹砂红陶器形统计表

地层单位 器　类	④	⑤	⑥	⑦	⑧
鱼鳍形鼎足	10	64	33	231	93
圈足		2	5	23	8
喇叭形纽盖			1		13
盆类	1	2	3	2	16
錾沿	4	6	5	33	24
卷沿	6	46	7	52	36
錾沿沿面内凹		7	2	2	2
小錾		1	1	1	2
扁圆形鼎足	2	76	2	14	3
圆锥形鼎足	2	5		8	1
平底器	2	7		7	1
"T"字形鼎足	1	8			
牛鼻耳					2
鸡冠錾					1
澄滤器		1		3	2
甗		1		8	

附表三　茅草山遗址泥质红陶器形统计表

地层单位 器　类	④	⑤	⑥	⑦	⑧
假圈足器		1	2		
豆盘			3		4
瘦长喇叭形圈足				4	3
粗矮喇叭形圈足		1			1
圈足器		1			1
牛鼻耳		1			1
盘类				3	
圈足小杯				1	
圈足盘				2	
平底小杯				1	

附表四　茅草山遗址泥质灰陶器形统计表

器　类 ＼ 地层单位	④	⑤	⑥	⑦	⑧
盘类		8	1	9	5
凹圜底类		1	1	1	
圈足盘	1	29		17	2
瘦长喇叭形足		15		18	2
圈足小杯		4			
高领器		5			
翻折沿高领器		6			
袋足		2		2	
假圈足		1		2	
扁半环形把手		3			
平底杯类				2	
喇叭形纽盖				2	
捏口鬶				1	

附表五　茅草山遗址夹砂红陶纹饰统计表

纹　饰 ＼ 地层单位	④	⑤	⑥	⑦	⑧
纵向凹弦纹鼎足	8	56	4	217	3
交叉凹弦纹鼎足	1	8	28	10	3
素面鼎足			1		2
剔刺短线					2
剔刺纹				4	
瓦楞纹			1		
凸弦纹				1	3
凹弦纹					1
扁圆形足一面纵向刻凹弦纹一道		6			

附表六　茅草山遗址泥质红陶纹饰统计表

纹　饰 ＼ 地层单位	④	⑤	⑥	⑦	⑧
凹弦纹					3

附表七　茅草山遗址泥质灰陶纹饰统计表

纹　饰 ＼ 地层单位	④	⑤	⑥	⑦	⑧
盘口沿戳印纹			1		
镂孔		2		1	
瓦楞纹				1	

后 记

浦阳江流域新石器时代考古的系统性工作始自1999年春。一眨眼，已过去整十一年了。十一年间，我们发现了浦江上山遗址，发掘了萧山跨湖桥遗址，命名了上山文化、跨湖桥文化，使浙江早期新石器时代考古取得了里程碑式的突破。但不能忘记的是，这项工作发端于楼家桥遗址的发掘，正是楼家桥与河姆渡之间既有联系又有区别的文化属性，我们才试图将"浦阳江流域"从一个地理概念向一个文化、学术概念转化。

在大约二十多年的时间里，二元的河姆渡文化与马家浜文化一直被视为浙江新石器时代的结构性存在。楼家桥遗址的意义在于动摇了这二元结构的稳定性。至少在距今6500年前，浦阳江下游已经出现一种别有所源的异质文化因素，这向我们指出了一个新的探索方向。如果说楼家桥遗址是一扇"窗口"，那么，貉塘山背遗址则引出了一个"通道"的概念。因为貉塘山背墓地的良渚文化性质，也因为考古研究的实证性学科特征，良渚文化向华南乃至岭南地区扩张的具体路线问题随之提了出来。浦阳江流域会是良渚文化传播的西南通道吗？我们尚未来得及朝这个学术方向再进一步。"通道"是必然存在的，沿着浦阳江，我们已经穿过了"跨湖桥"、抵达了"上山"，浙中抑或成为继杭嘉湖、宁绍后又一片史前考古的热土，我们未必就不能踩上良渚人的步履。"通道"是一连串足迹的延伸，"通道"的入口在心灵之间。我们的探索脚步不会就此停止。

因为跨湖桥、上山遗址的发掘工作费时较多，我们耽搁了对楼家桥遗址、貉塘山背遗址、尖山湾遗址发掘资料的整理和研究，且必然地影响到整理的质量与研究的深度。但值得高兴的是，这三个遗址终于能够结集出版了。报告的重点尽量多地放在客观资料的介绍上，我们期望资料的价值能够得到更多有识之士的关注，然后一起努力，从这扇打开的窗口走向一个更加真实的远古世界。

从楼家桥遗址的发掘到报告的最后出版，前后经历了刘军、曹锦炎、李小宁三任所长，他们都十分重视这项工作。陈元甫、王明达、牟永抗等先生和考古研究所的其他同事也对这项工作给予真诚的关心与帮助，这对一项探索性课题的成长和深入是不可忽视的动力。当然，更要感谢诸暨市、浦江县文化（文物）部门的领导和具体参加工作的同志，他们将浦阳江流域考古视为自己的工作。实际上，这项工作的确也是他们几十年文物考古工作的一种延续。浦阳江的文明史不断延展、丰富，生于斯、长于斯的这片厚土回报了我们付出的努力，舍此，我们还能追求什么呢？

编 者

2009 年 11 月 5 日

Abstract

This volume is a collection of reports on the archaeological work conducted by the Zhejiang Provincial Institute of Relics and Archaeology between 1999 and 2005 in the region of the Puyang River which is a major branch of the Qiantang River. It concentrates on three sites at Loujiaqiao, Kuotangshanbei and Jianshanwan, and also includes some previously published archaeological materials and the preliminary study result of the Maocaoshan site.

The Loujiaqiao site is located at the Loujiaqiao village, Ciwu Town of Zhuji City, 120?13'43" E longitude, and 29° 56'31" N latitude. The site is at the foot of the Miaohou Hill, about 21.3 meters above the sea level. Its northeast side faces the Huangtong River, a branch of the Puyang River. It was discovered in 1996, and excavated twice in 1999 and 2000. The Loujiaqiao site contains cultural deposits of two periods, the Neolithic and the Shang-Zhou dynasties. The Neolithic remains belong to the Loujiaqiao Culture Type and the Liangzhu Culture; the Shang-Zhou remains consist of the Maqiao Culture, Western Zhou and early Spring and Autumn periods.

The Loujiaqiao Culture Type is the major content at the site. Dated between 6500 and 5800 BP, this assemblage shares many common features with those of the Hemudu Culture and the Luojiajiao Culture. However, the remains show their own regional characteristics, such as the appearance of the ding tripod at the early period, while such cooking vessels did not exist in the Hemudu and Majiabang Cultures. Furthermore, the appliqu é s of "monkey head" decoration and the incised "dragon" motif on potteries also display its unique characteristics. Clues discovered from the Shangshan site indicate that the distribution of the Loujiaqiao Culture Type is the middle region of Zhejiang Province. Artifacts include ceramic, stone, jade, and ivory objects, and archaeological features include stone tool workshops, and the "diaojiaolou" style pile-dwellings. It has already entered the rice cultivation period.

The site of Kuotangshanbei is located at the Qunan Village, Huangzhai Town of Pujiang County, in the middle of the basin in the upper Puyang River, 119?58'25" E longitude, and 29° 27'36" N latitude. The site was a cemetery, containing 44 burials belonging to the Liangzhu Culture, making it the first relatively complete cemetery in the region south of the Qiantang River. The corpses were placed with their heads to the east, and grave goods are mainly pottery, with a few jade (stone) artefacts. Tomb No.24 has revealed an unusual multi-interment burial. This tomb is a 4x4 m2 square shaft, but divided into four long pits in the area 30cm below the ground leve. It is suggested, not only by the tomb's size, but also by the number of grave goods, that this tomb is a "grand tomb", whose occupant should have been the head of the linage. Both the structure and the burial goods of Tomb No. 24 can be the reference to the high level cemetery in the center of the Liangzhu Culture. For example, can the square shaped tomb structure correspond to the ritual altar of the Liangzhu Culture? Does the "multi-interment burial" have the same significance as the "communal altar" . It is a very important enlightenment to the study of the high-level political system of the Liangzhu Culture.

The Jianshanwan site is located at the Shata Village, Chenzhai Town of Zhuji City, in the valley of the Jianshan mountain, 120?20'01" E longitude, and 29° 32'15" N latitude. The major cultural remains date to the late Neolithic, which belong to the Qianshanyang Cultural Type or Guangfulin Culture Type. This type is believed to have been derived from the late Liangzhu Culture, based on recent study. It inherited the Liangzhu Culture's tradition, but received influences from surrounding cultures, especially those of the Longshan Culture from the north. Pottery, stone and wooden implements have been unearthed at the site. A large quantity of small-size rice grains have been obtained from the floatation of the debris from the cultural layers, suggesting that the rice production had become the major economic mode. Other important archaeological materials, such as models of houses of the Song Dynasty (AD 10-13 century), have also been unearthed in the later strata.

The excavations at the sites of Loujiaqiao, Kuotangshanbei and Jianshanwan are significant breakthroughs in prehistorical and historical archaeological work in the Qiantang River valley.

概　　要

　　本考古研究報告は、楼家橋、蚤塘山背および尖山湾などの三つの遺跡を含み、浙江省文物考古研究所が、1999年から2005年にかけて銭塘江の支流－浦陽江の流域において考古発掘を行った報告集である。また、すでに掲載された茅草山遺跡の発掘調査資料およびその研究も付録された。

　　楼家橋遺跡は、諸曁市次塢鎮楼家橋村にあり、東経120°13′43″、北緯29°56′31″である。該遺跡は、海抜21.3mの廟後山の麓に位置し、北東に浦江支流－凰桐江に面する。該遺跡は、1996年に発見され、1999年から2000年にかけて発掘を行った。該遺跡は、新石器時代と商周時代の両時期の文化遺物を含む。そのなか、新石器時代が楼家橋文化と良渚文化、商周時代が馬橋、西周および春秋時代早期のものがある。楼家橋文化は、年代が今まで6500から5800までであり、河姆渡文化、羅家角文化と多くの面で似ているが、地域特徴も著しい。たとえば、楼家橋文化早期に炊具の鼎が現れたことや土器に“猴頭”状隆起を貼り付けたことや“龍”状彫刻文様を施することなどが地域的で、姆渡文化と羅家角文化と異なる。上山遺跡の発掘資料から見ると、楼家橋文化が、浙江省中部に拡散していたことが可能である。該遺跡では、土器、石器、玉器、象牙器などの文化遺物が出土し、石器製作場、高床建築などの跡が発見された。また、遺跡の土壌や土器片から稲プラント　・オパールが大量に検出されたことから、その時、稲作発展時期に入ったことがわかった。

　　蚤塘山背遺跡は、東経119°58′25″、北緯29°27′36″であり、浦江県黄宅鎮渠南村にあり、浦江陽上流域における河谷盆地の中央に位置する。該遺跡では、良渚文化の墓地が発見され、44基の墓が発掘された。該遺跡も、今まで銭塘江の南部流域で始めて発見された比較的に完全的な良渚文化墓地である。墓がすべて東向きであり、副葬品が土器を主に、少量の玉、石器がある。M24墓は、辺の長さが4メートルである正方形で、また、現存した墓坑上部から30センチ以下が四つの長方形坑に分割された稀な合葬墓である。墓穴の大きさでも副葬品の数でも、M24墓は、高等的な墓と見られ、墓の主人も氏族首領はずであると考えられる。M24墓の構造及び副葬品が、良渚文化中心区域における高等的な墓地の参照になる。例えば、墓の方形構造が、良渚文化の祭壇に対応しているかどうか、合葬が、祭壇葬と同じ意味を持つかどうか、これらの問題は、良渚文化の高等的政体形式に関する研究における重要な課題である。

尖山湾遺跡は、東経120°20′01″、北緯29°32′15″であり、諸暨市陳宅鎮沙塔村にあり、尖山という山の谷間に位置する。該遺跡は、新石器時代末期のもので、文化特性が、良渚文化を踏襲したと同時に、外来文化、特に北の龍山文化の影響を受けた銭山漾文化または広富林文化に属する。遺址から土器、石器、木器などが出土した。また、文化土層から多量の小粒的炭化米が水洗されたことから、稲作がすでに主な経済活動になつた。なお、該遺跡の有史時代地層から宋代の建物の土器模型など、重要な考古遺物が出土した。

要するに、楼家橋、蚕塘山背、尖山湾遺跡の発掘は、銭塘江流域における新石器時代及び有史時代の考古で重要な突破であると考えられる。

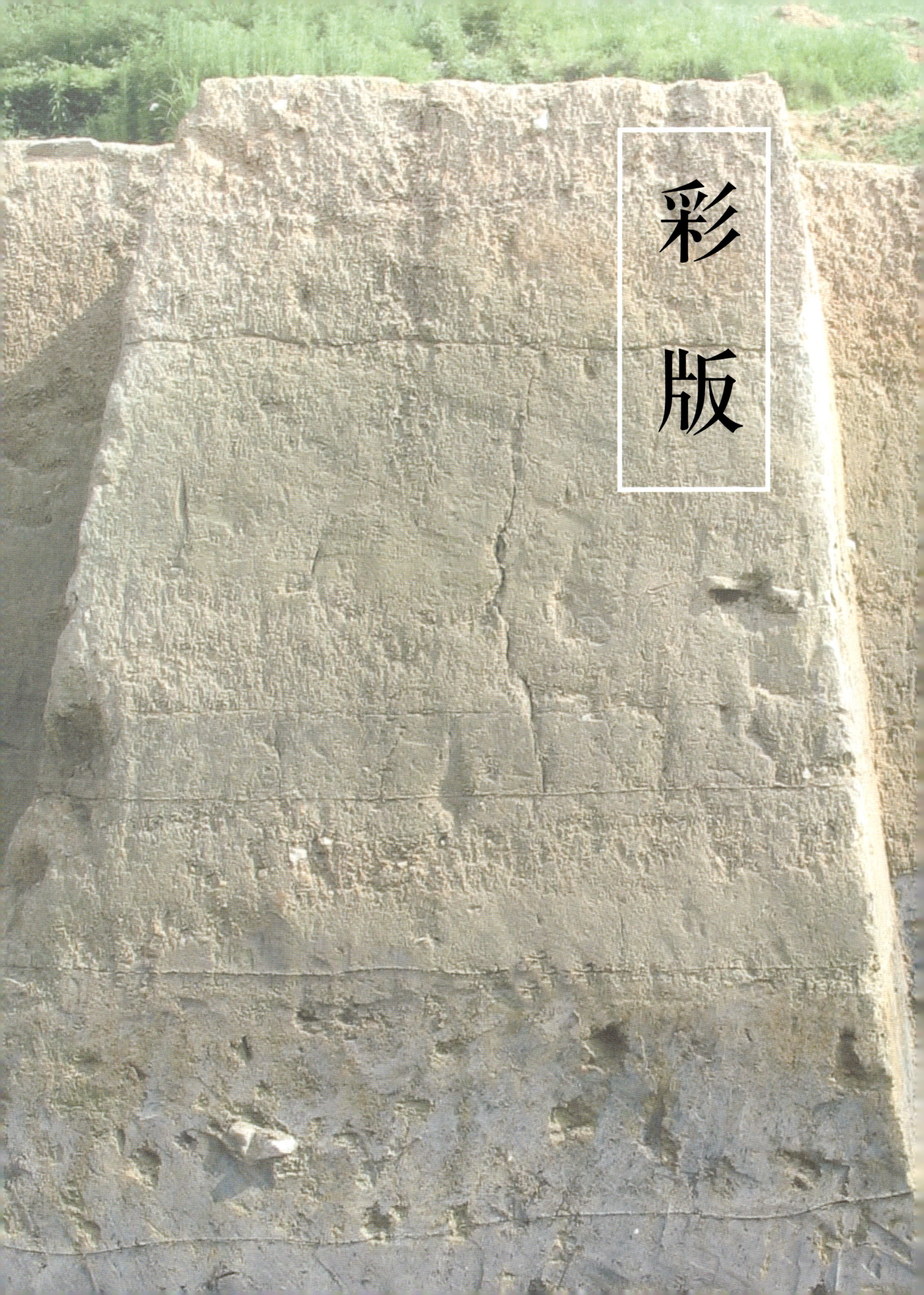

彩版

1. 遗址周围环境（西北－东南）

2. 遗址东区地貌（东南－西北）

楼家桥遗址地貌环境

1. 东区发掘现场

2. 遗址地层堆积（局部）

楼家桥遗址发掘现场和地层堆积

1. F2

2. H20

3. G2

楼家桥遗址 F2、H20、G2

1．龙形图案头部（T0809⑰：1）

2．龙形图案尾部（T0809⑰：1）

3．猴头堆饰（T0607⑱：13）

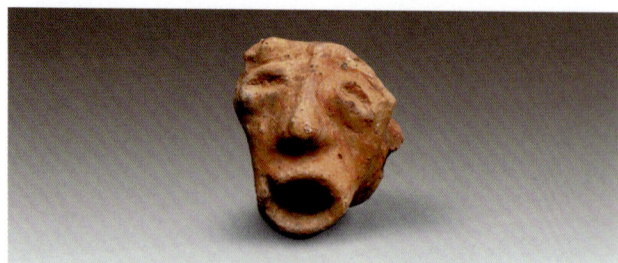

4．流（T0607⑤A：1）正面

5．流（T0607⑤A：1）（侧面）

6．动物残件

7．动物形残件

8．石轮（T0809⑭A：6）（外侧）

9．石轮（T0809⑭A：6）（内侧）

楼家桥遗址出土龙形纹陶片、陶堆塑、石轮

1. BI式鼎足
（T0707㉔A：2）

2. BII式鼎足
（T0708⑲A：3）

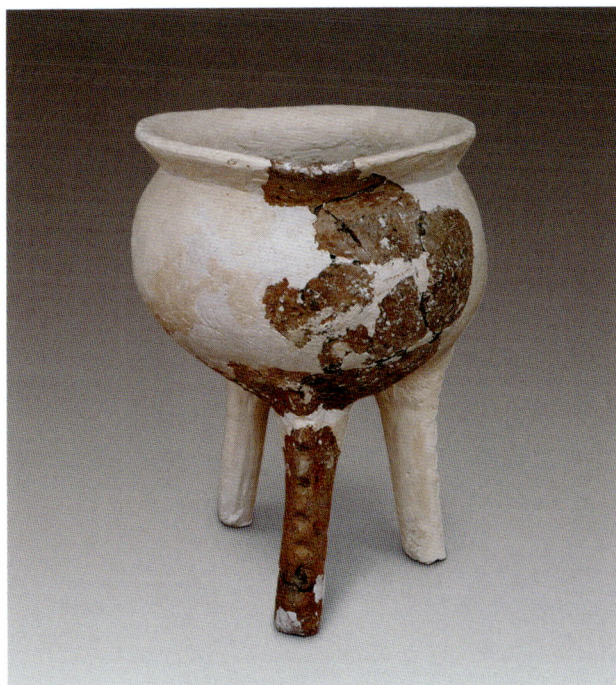

3. AaⅡ式陶鼎（T0810⑲A：17）

4. Aa型釜（T0808㉖：5）

6. DI式盆 T0810㉑A：3

5. C型釜（T0808⑰A：10）

7. F型盆（T2⑧：7）

楼家桥遗址出土陶器

1. A 型钵（T0709㉔A：7）

2. Ca 型式钵（T0809㉖：1）

3. Cb 型钵（T0811⑱：1）

4. Ab 型豆（T0709㉕A：3）

5. Ga 型钵（T0809㉖：2）

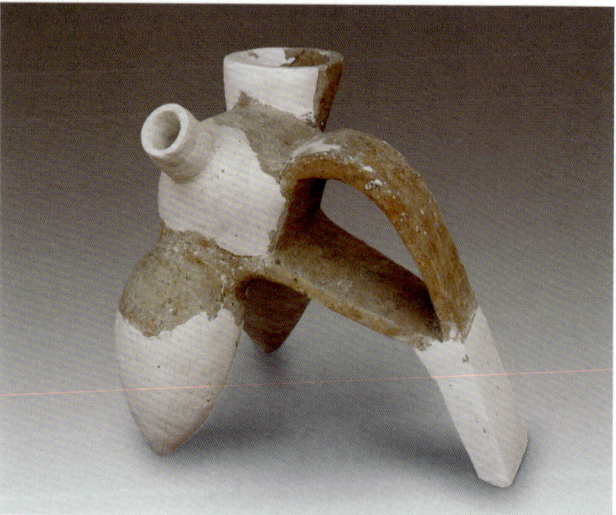

6. 异形鬶（T0707⑯：4）

7. AI 式带隔裆器（T0809㉑：26）

楼家桥遗址出土陶器

1. 陶罐（釜）（H28：1）

2. 石凿（T0710⑱：5）　　3. B 型石锛（T0710②A：3）

4. C 型石锛（T0810②A：1）　　5. 玉玦（T0811㉔A：9）　　6. 穿孔石器（T0709㉒：6）

7. 象牙小罐（T0808㉔：19，腹底）　　8. 象牙小罐（T0808㉔：19）

楼家桥文化遗址出土陶器、石器、玉器、象牙小罐

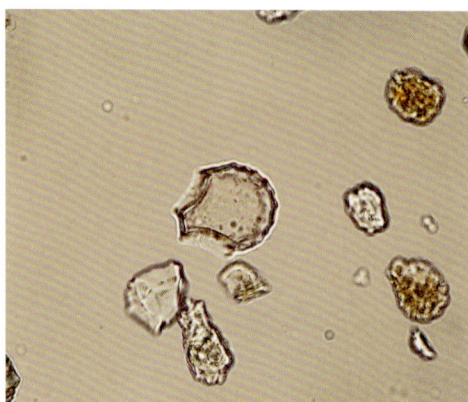

1

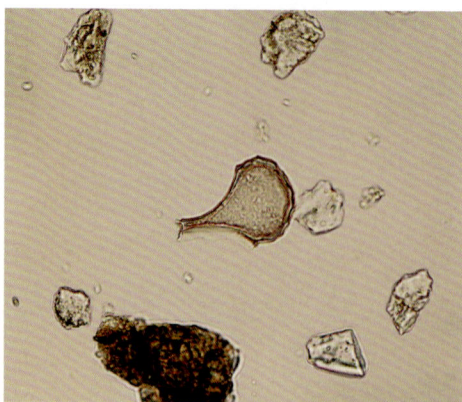

2

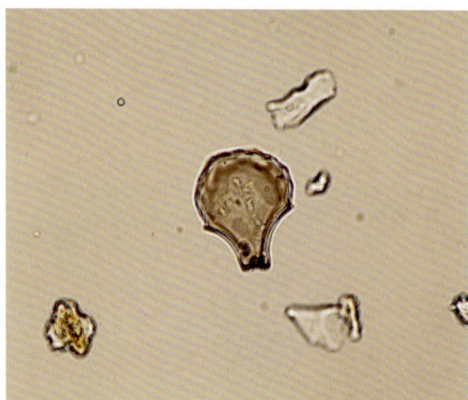

3

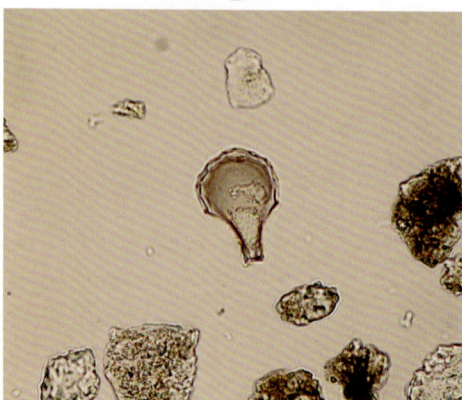

4

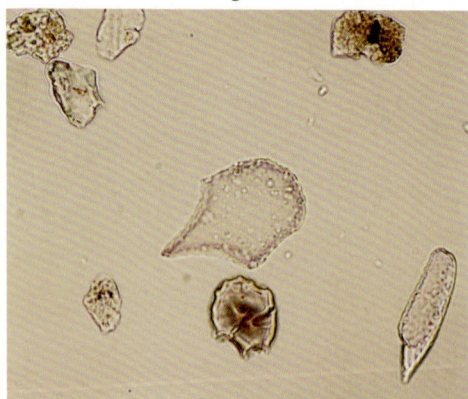

5

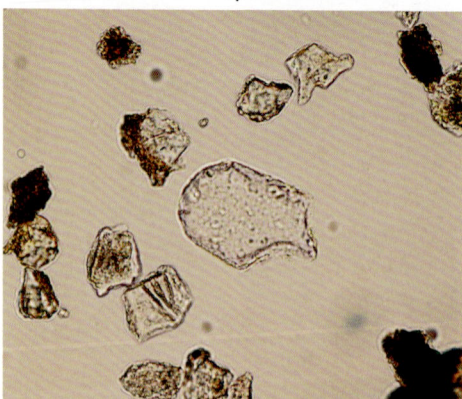

6

7

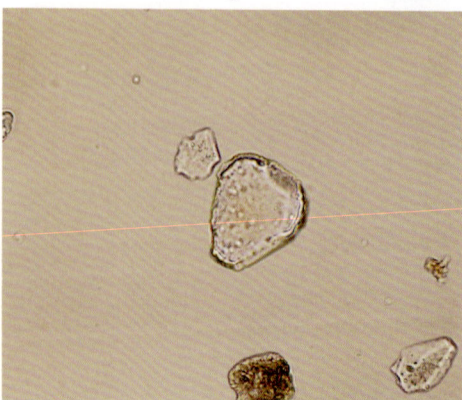

8

楼家桥遗址土壤和陶片中的植物硅酸体

塘

雷

香塘山背墓地环境（西南－东北）

1. 墓地全景（南-北）

2. 北部墓区（西-东）

査塘山背墓地

1. M24

2. M24-1、M24-2随葬品（局部）

3. M24随葬品（局部）

查塘山背墓地 M24

1. M10

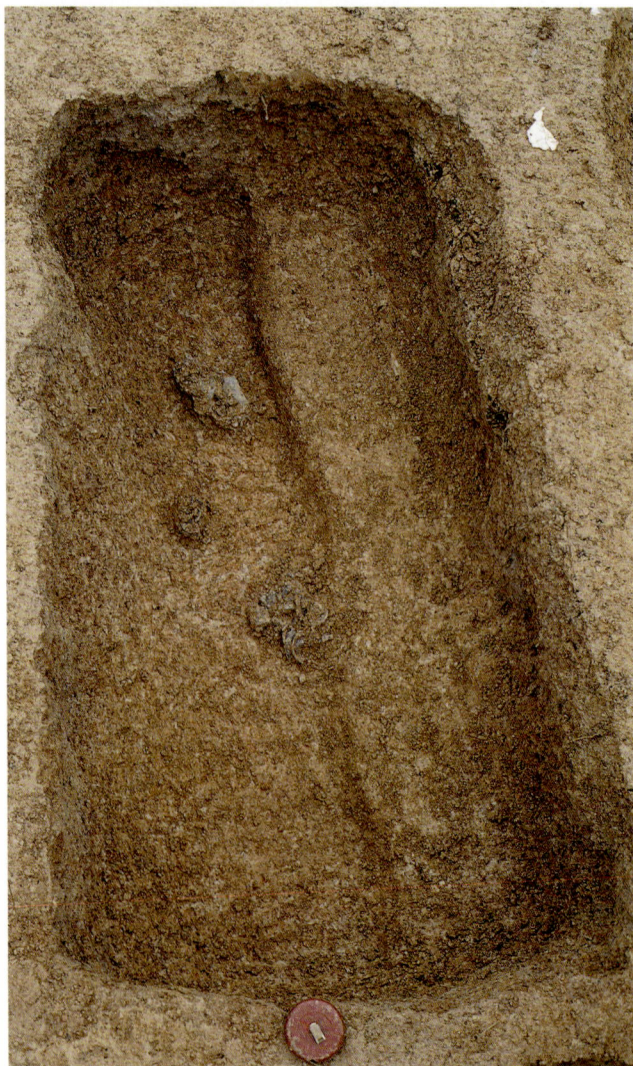

2. M11

歪塘山背墓地 M10、M11

1. E型鼎（M1：2）

2. F型鼎（M36：1）

3. AI式鼎、B型器盖组合（M24-2：12+11）

4. AI式鼎、B型器盖组合（M24-2：20+17）

5. AII式鼎、甗组合（M10：1+3）

6. D型鼎、B型器盖组合（M24-1：18+25）

7. AII式豆、Aa型器盖组合（M14：3+2）

8. AII式豆、Aa型器盖组合（M14：8+7）

査塘山背墓地出土陶器

1. Aa 型簋 (M24-1：15)

2. A 型簋 (M24-2：1)

3. A 型簋 (M24-2：14)

4. Aa 型簋 (M24-4：4)

5. Cb 型罐 (M24-3：8)

6. Cb 型罐 (M9：2)

7. Cb 型罐 (M24-4：8)

8. C 型簋 (M24-1：16)

1．C型圈足盘（M1：4）

2．AⅡ式圈足盘（M6：2）

3．AI式圈足盘（M10：4）

4．AI式圈足盘（M15：3）

5．AI式圈足盘（M17：1）

6．AI式圈足盘（M31：1）

7．B型圈足盘（M7：3）

8．B型圈足盘（M43：2）

查塘山背墓地出土陶器

1. Aa 型罐（M23：2）

2. Aa 型罐（M24-1：9）

3. Ab 型罐（M24-1：11）

4. Ab 型罐（M24-2：7）

5. Ab 型罐（M24-2：16）

6. B 型罐（M1：7）

7. B 型罐（M33：1）

8. A 型釜（M17：2）

盉塘山背墓地出土陶器

1. A 型尊 (M24-1：13)

2. B 型尊 (M24-4：7)

3. A 型盉(M24-2：6)

4. B 型盉(M15：5)

5. B 型盉(M24-1：20)

6. B 型盉(M24-2：15)

7. Ca 型盉(M27：3)

8. Cb 型盉(M43：1)

查塘山背墓地出土陶器

1. 玉锥形器（M24-1：1）　　2. 玉锥形器（M24-1：2）

3. 玉锥形器（M24-2：4）　　4. 玉锥形器（M24-2：3）

   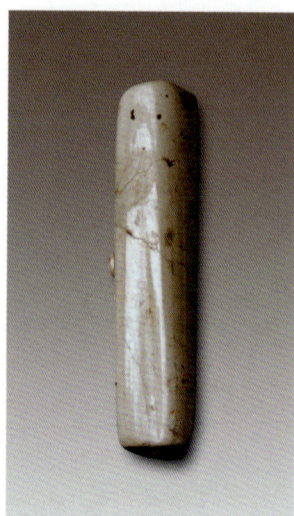

7. 玉管（M24-4：5）　　8. 玉管（M24-1：7）

5. 玉锥形器（M24-3：10）　　6. 玉粒饰（M24-1：29）

9. 石钺（M24-2：8）　　10. A Ⅱ式双鼻壶（M44：4）

查塘山背墓地出土玉器、石钺、陶双鼻壶

1．尖山湾自然环境（东南－西北）

2．尖山湾遗址发掘区地貌（北－南）

尖山湾遗址环境与地貌

1. 尖山湾遗址探方布局

2. 尖山湾遗址 T24 北壁剖
   面（东隔梁）地层

尖山湾遗址探方布局和地层堆积

1. 遗迹 A 全景

2. 遗迹 A 局部

尖山湾遗址遗迹 A

1. 遗迹 B 全景

2. 遗迹 B 局部

尖山湾遗址遗迹 B

1. T35④出土

2. T24⑤出土

尖山湾遗址出土新石器时代陶片

1. T14④出土

2. T24⑤出土

尖山湾遗址出土新石器时代陶片

1. 篮（遗迹 A：71）

2. 篮（遗迹 A：8）

尖山湾遗址出土竹（苇）器遗迹

1. 篓（遗迹 A：50）

2. 筐（遗迹 A：25）

尖山湾遗址出土竹（苇）器遗迹

1. 筐（遗迹 B：21）

2. 箕畚（遗迹 B：74）

尖山湾遗址出土竹（苇）器遗迹

1. 篓（遗迹 A∶41）

2. 篓（遗迹 B∶68）

尖山湾遗址出土竹（苇）篓遗迹

1. 篾席（遗迹 A：72）

2. 篾席（遗迹 A：21）

3. 篾席（遗迹 A：62）

尖山湾遗址出土竹（苇）器遗迹

1. 筐（建筑 B∶11）

2. 筐（建筑 A∶55）

3. 筐（建筑 A∶7）

尖山湾遗址出土竹（苇）器遗迹

1. 篓（遗迹 A：113）

2. 筐（遗迹 B：2）

尖山湾遗址出土竹（苇）器遗迹

1. 筐（遗迹 A：99）

2. 篾片（遗迹 B：27）

尖山湾遗址出土竹（苇）器遗迹

1. 木桨（遗迹A：28）

2. 木榫头构件（遗迹B：32）

3. 木卯槽构件（遗迹B：30）

4. 陶房F1（T35③：F1）

5. 陶房F2（T35③：F2）

尖山湾遗址出土新石器时代木器、宋代陶房

1. 松

2. 银杏

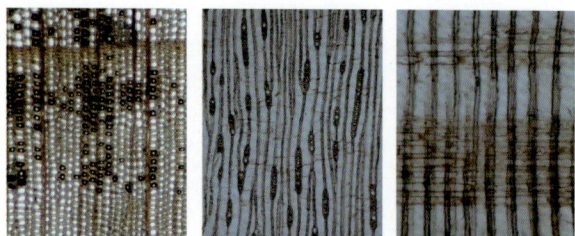

3. 柏

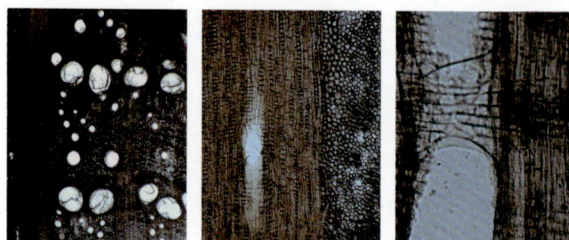

4. 麻栎

5. 杉

6. 苦槠

7. 青冈

8. 榆树

9. 红椎

10. 桤木

11. 水青冈

12. 木兰

尖山湾遗址出土树木切面显微图像

1. 桑

2. 枫杨

3. 柘

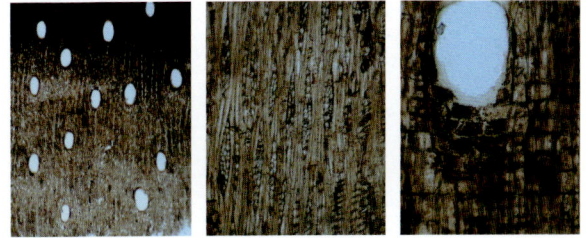

4. 槭树

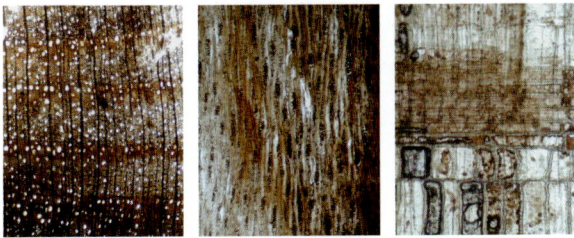

5. 山茶属

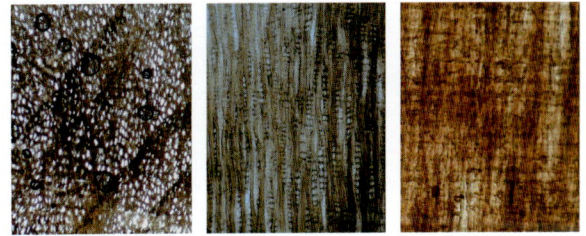

6. 柳树

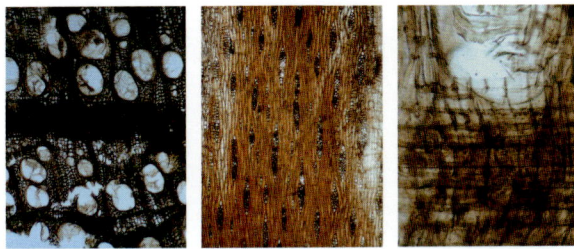

7. 黄合欢

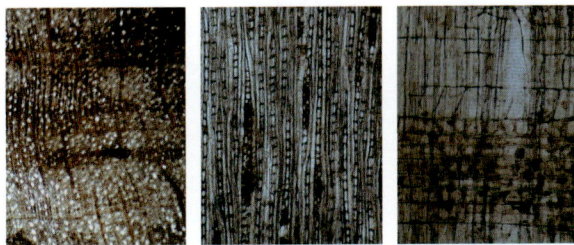

8. 杨桐

9. 黄檀

尖山湾遗址出土树木切面显微图像

1. 有柄木器（遗迹 A：15）

2. 有柄木器（遗迹 A：44）

5. 木陀螺（遗迹 A：58）

3. 有柄木器
（遗迹 A：91）

4. 铜熨斗（T14 ③：1）

6. 木陀螺
（遗迹 A：82）

7. 木陀螺
（遗迹 B：50）

尖山湾遗址出土木器、铜熨斗

1．鹿颌骨（T24㉖）

2．鹿角（遗迹 B：122）

3．淘洗出的炭化米粒（T24 ⑤）

4．灵芝（T26 ⑤，正面）

5．酸枣（T25 ⑤：1）

6．灵芝（T26 ⑤，背面）

尖山湾遗址出土动、植物遗存

1. 护坡和树根

2. 护坡和树根
（局部）

尖山湾遗址木构护坡和树根遗迹

图版

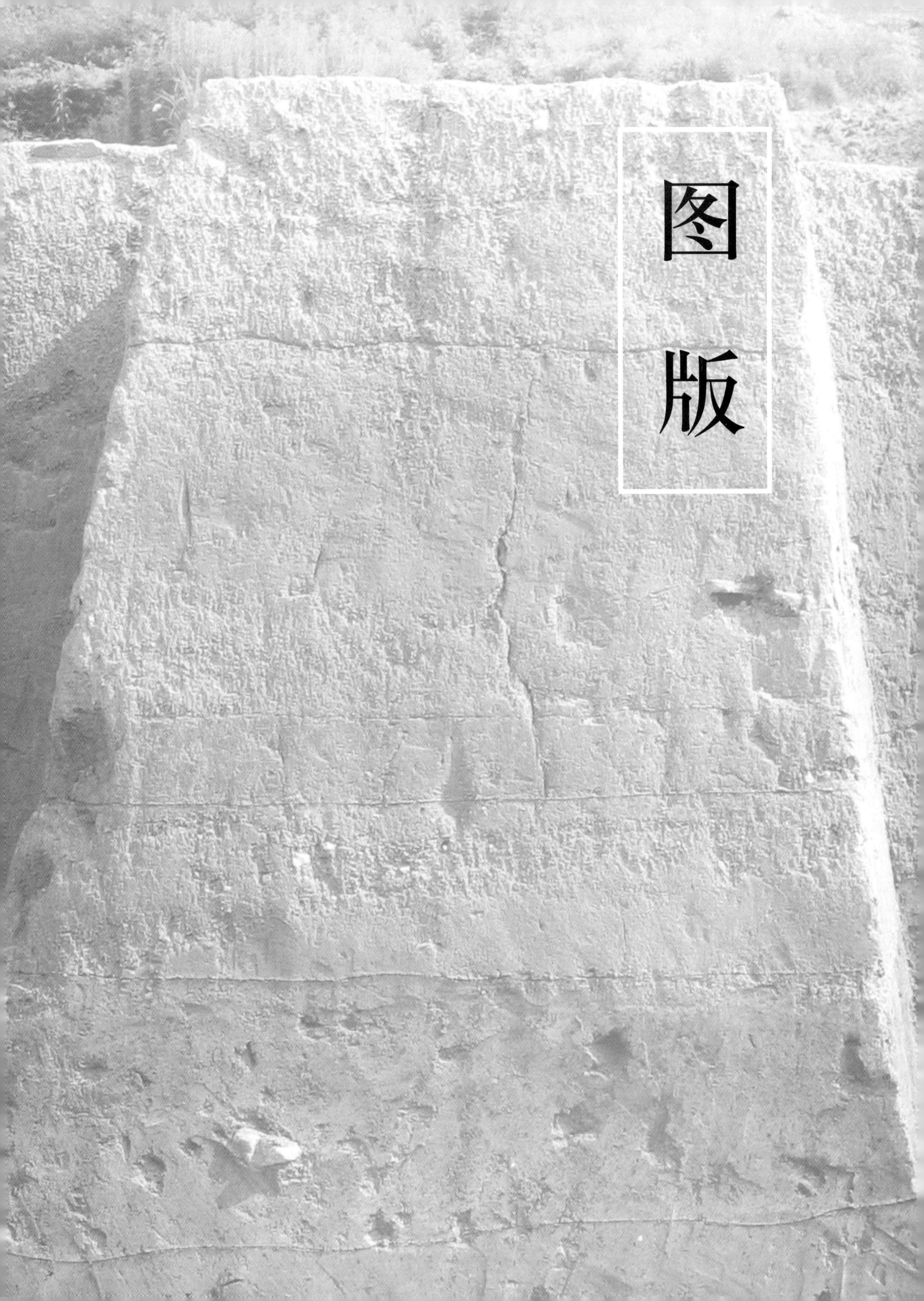

1. F1（T0709）

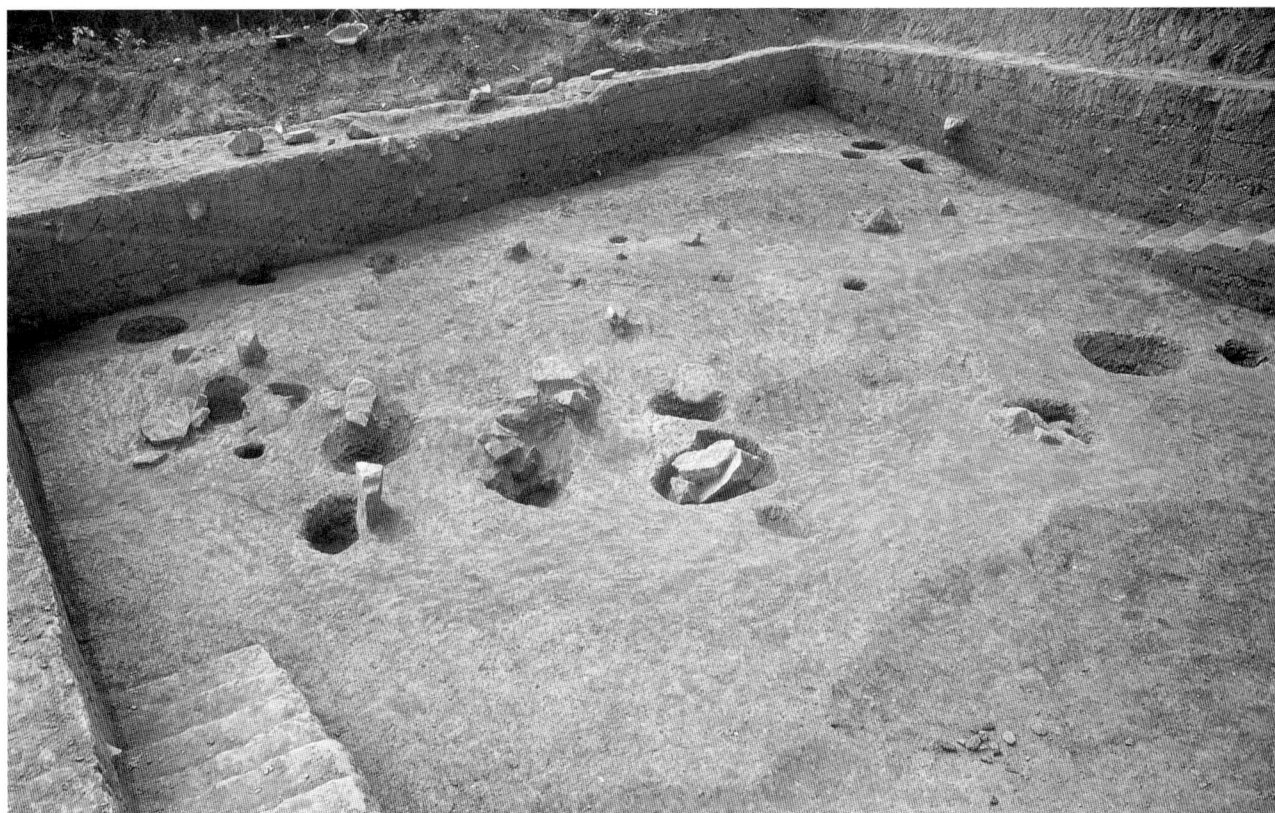

2. 遗迹 F3（T0811）

楼家桥遗址 F1、F3 遗迹

1. 石器作坊（T0807 局部）

2. H25

3. H5

楼家桥遗址石器作坊、灰坑遗迹

1. 蜥蜴堆塑（T0808⑯：1）

2. 猴头堆塑（T0809⑰A：1）

3. 猴头堆塑（T0809㉑A：16）

4. 猴头堆塑（T0809㉑A：17）

5. 人头堆塑
（T0811⑮：3）

6. 人头堆塑
（T0811⑮：3，侧）

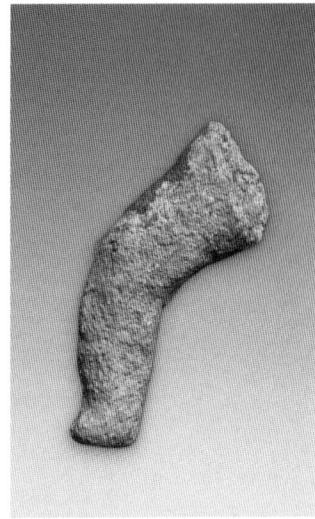

7. 陶人腿

8. 猫头堆塑（T0809⑰A：1）

9. 兔头堆塑（T0707⑲A：6）

10. 双环节堆饰（T0707⑲B：13）

楼家桥遗址出土陶堆塑装饰

1. DI式盆（T2⑨：1）

2. F型豆（T0808㉖：7）

3. A型器盖（T0810⑱：11）

5. E型器盖（T0808㉕A：1）

4. D型器盖（T0809㉖：23）

6. E型器盖（T0808⑭A：5）

7. 把手（T0707⑲A：1）

8. 流（T0810⑮：6）

楼家桥遗址出土陶器

1．Cb 型石锛（T0807⑲A：7）

2．Cc 型石锛（T0811⑱：4）

3．Cc 型石锛（T0807⑲A：5）

4．Bb 型石斧（T0709⑰C：5）

5．石凿（T0708㉖：2）

7．石轮（T0708⑰A：1）

6．砺石（石器作坊：1）

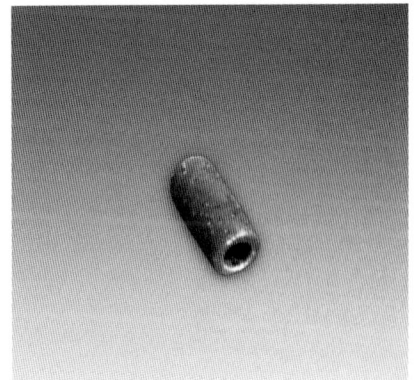

8．玉管（T0808⑯：2）

10．石镰（T0707⑬A：4）

9．玉坠饰（T0808⑪A：1）

楼家桥遗址出土石器、玉器

1. B 型硬陶三足盘（T08070⑦：8）

2. B 型三足盘（T0807⑦：3）

3. A 型泥质陶豆（H5：2）

4. C 型硬陶钵（T0707②A：7）

5. A 型甗（T0807⑧：9）

6. 泥质陶三足盘（H5：5）

楼家桥遗址出土陶器、硬陶器

1. B 型石镞（T0810②B：1）

2. 石铚（T0809⑥A：2）

3. 石铚（T0809②B：5）

4. Aa 型石刀（T0807⑦：4）

5. Aa 型石刀（T0708②B：1）

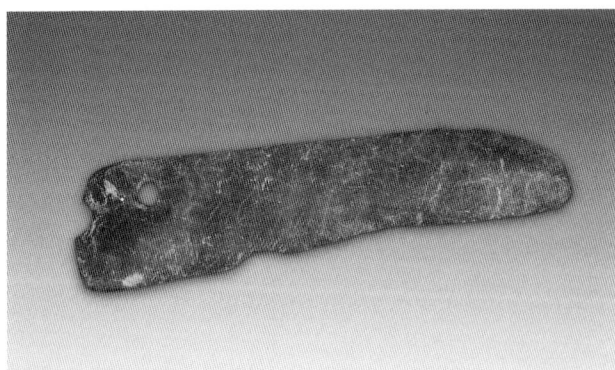

6. Ac 型石刀（T0810⑦：1）

7. Da 型石刀（T0810②A：10）

8. 玉璜（T0710②B：1）

楼家桥遗址出土石器、玉器

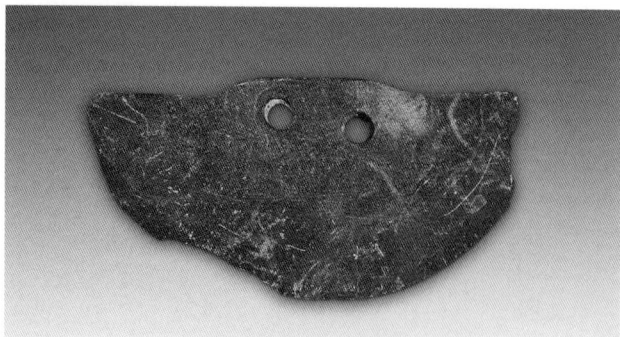

1. A 型半月形石刀 （T0707②A：5）

2. B 型半月形石刀 （采 3：1）

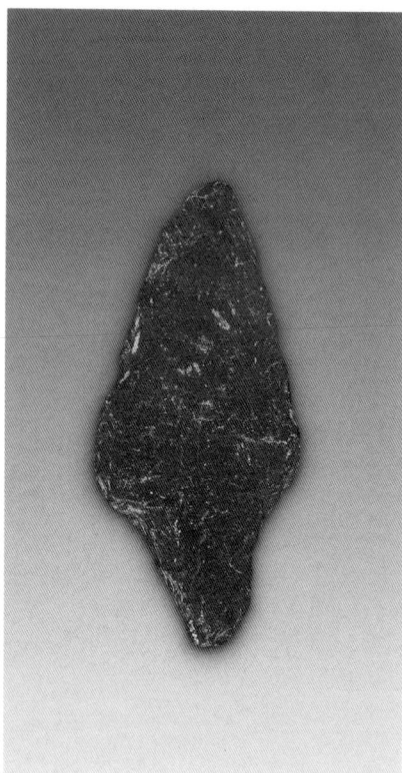

5. 三角形石器 （T0810②A：17）

6. 玉管帽 （T0809⑦：14）

3. 石矛 （T1⑥：2）

4. 石矛 （T0811②B：9）

7. B 型石犁 （T0809⑦A：16）

8. B 型石犁 （T0807⑦：16）

楼家桥遗址出土石器、玉器

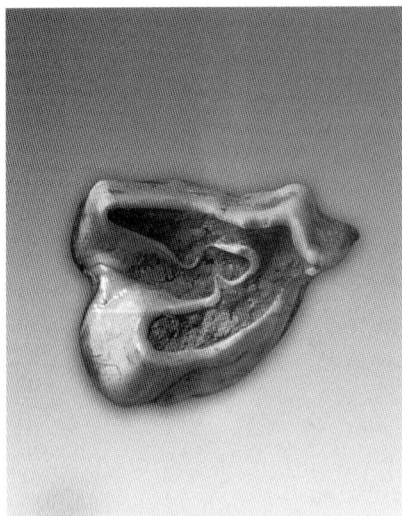

1. 犀牛上臼齿（T0809㉖: 23）

2. 犀牛下颌骨（T0807㉕: 37）

3. 亚洲象白齿（T0807㉕: 19）

4. 鹿下颌骨（T0809㉓: 1）

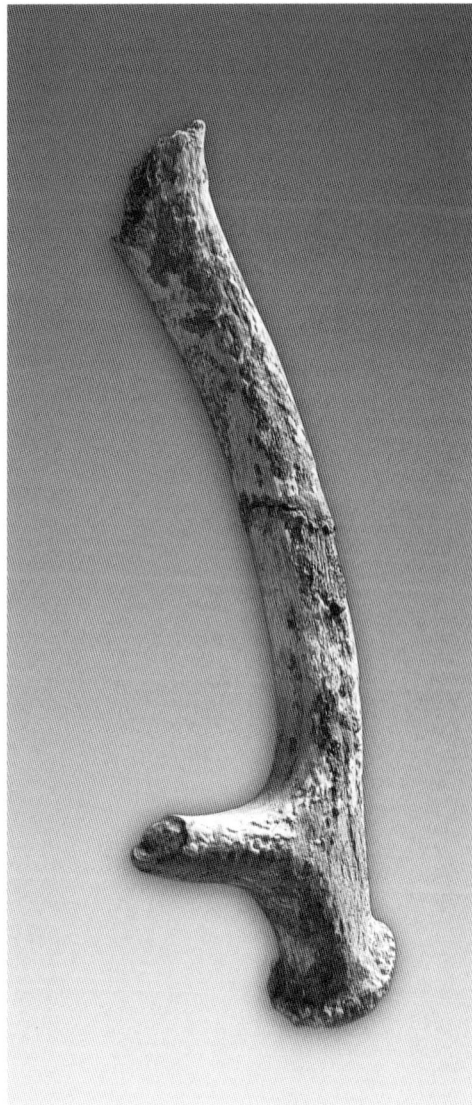

4. 鹿角（T0808㉓: 2）

楼家桥遗址出土动物骨骼

1. 鹿头骨（T0808㉖：35）

2. 牛环椎（T0807㉓：4）

3. 鼋（T0809㉖：51）

4. 家猪头骨（T0807㉖：49）

楼家桥遗址出土动物骨骼

1. M1

2. M13

亘塘山背墓葬

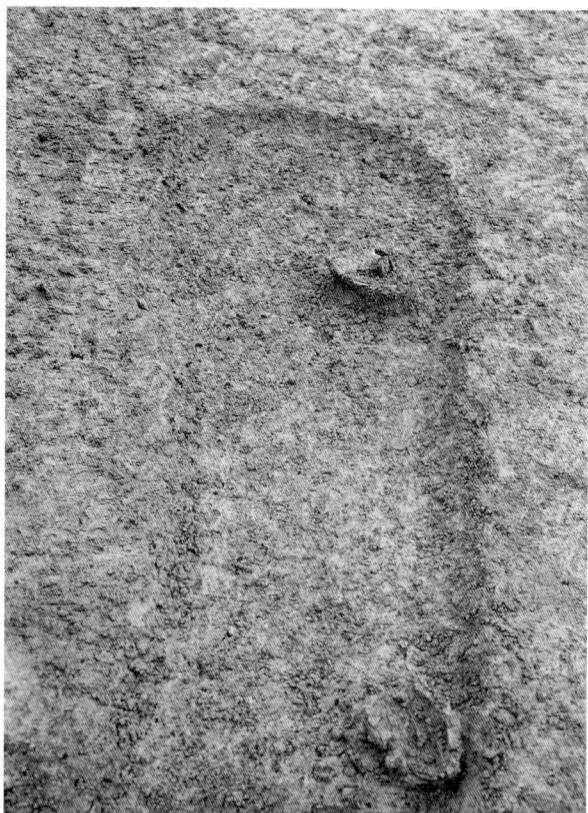

1. M12

2. M14

3. M15

4. M16

盉塘山背墓葬

1. M20

2. M22

3. M23

查塘山背墓葬

1．M25

2．M25

3．M26

歪塘山背墓葬

1. M27

2. M31

4. M34

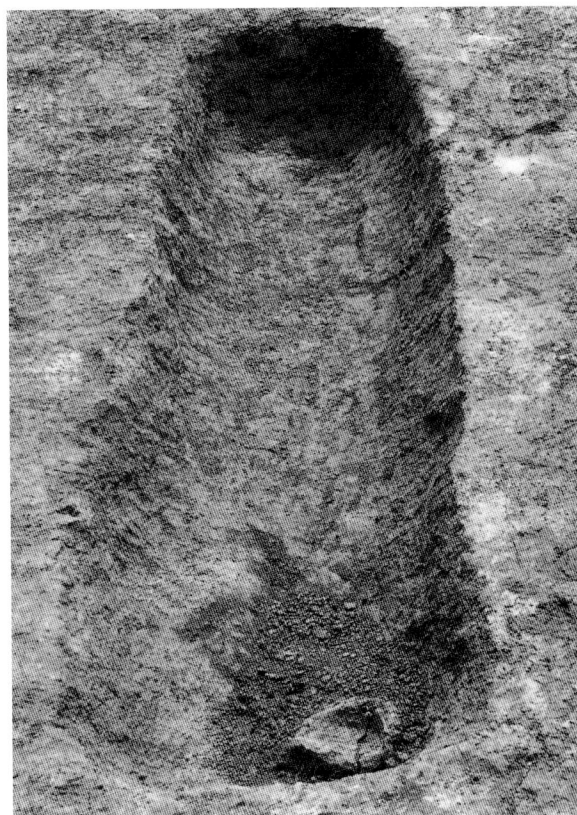
3. M32

萱塘山背墓葬

1. M35

2. M40

3. M41

4. M43

盉塘山背墓葬

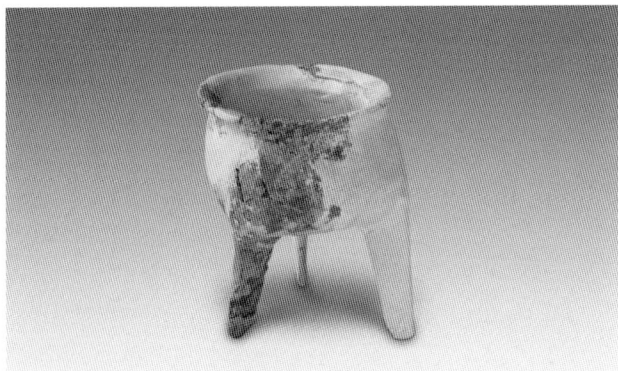

1. AI式鼎（M17：3）

2. AI式鼎（M20：2）

3. AI式鼎（M22：2）

4. AI式鼎（M24-2：20）

5. AI式鼎（M24-2：12）

6. AI式鼎（M35：3）

7. C型鼎（M14：4）

8. C型鼎（M24-3：1）

查塘山背墓葬出土陶器

1. A Ⅱ式鼎（M4∶4）

2. A Ⅱ式鼎（M10∶1）

3. A Ⅱ式鼎（M10∶2）

4. A Ⅱ式鼎（M14∶5）

5. A Ⅱ式鼎（M15∶4）

6. A Ⅱ式鼎（M24-3∶3）

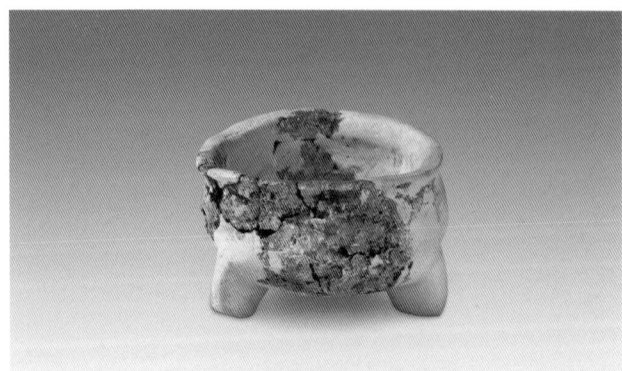

7. A Ⅱ式鼎（M26∶3）

8. A Ⅳ型鼎（M34∶1）

盉塘山背墓葬出土陶器

1. AⅢ式鼎 (M2：1)

2. AⅢ式鼎 (M14：6)

3. AⅡ式鼎 (M15：1)

4. AⅢ式鼎 (M23：1)

5. AⅢ式鼎 (M31：2)

6. AⅢ式鼎 (M44：1)

7. B型鼎 (M24-1：22)

8. D型鼎 (M24-1：18)

斝塘山背墓葬出土陶器

1. Ca 型罐 (M26:2)

2. Ca 型罐 (M32:1)

3. B 型簋 (M24-1:6)

4. B 型簋 (M24-1:3)

5. C 型簋 Aa 型器盖组合 (M24-1:16+17)

6. Aa 型簋、Aa 型器盖组合 (M24-1:15+26)

7. Ae 型簋 Aa 型器盖组合 (M24-2:1+2)

8. Aa 型簋、Aa 型器盖组合 (M24-2:14+19)

盉塘山背墓葬出土陶器

1. Cb 型罐 Ab 型器盖组合 (M24-3：8＋9)

2. Aa 型罐 Ab 型器盖组合 (M24-1：9＋27)

3. Ab 型罐 Aa 型器盖组合 (M24-1：11＋21)

4. Ab 型罐 Aa 型器盖组合 (M24-2：7＋18)

5. AⅡ式圈足盘 (M23：3)

6. AⅡ式圈足盘 (M25：1)

7. AⅡ式圈足盘 (M44：3)

8. D 型圈足盘 (M10：5)

畚塘山背墓葬出土陶器

1. AⅡ式圈足盘（M2：2）

2. AⅡ式圈足盘（M44：2）

3. AⅠ式豆（M24-2：9）

4. AⅡ式豆（M4：2）

5. AⅡ式豆（M6：1）

6. AⅡ式豆（M13：1）

7. AⅡ式豆（M14：8）

8. AⅡ式豆（M20：1）

盃塘山背墓葬出土陶器

1. AⅡ式豆（M9∶3）

2. AⅡ式豆（M14∶3）

3. AⅡ式豆（M22∶1）

4. AⅡ式豆（M24-1∶10）

5. AⅡ式豆（M24-2∶10）

6. AⅡ式豆（M24-3∶5）

7. AⅡ式豆（M35∶2）

8. Bc型豆（M41∶2）

盉塘山背墓葬出土陶器

1. Ba 型豆 (M4：5)

2. Bb 型豆 (M24-2：13)

3. Bb 型豆 (M24-3：4)

4. Ba 型豆 (M27：1)

5. Ba 型豆 (M1：6)

6. Bb 型豆 (M1：9)

7. 甑 (M10：3) 侧视

8. 甑 (M10：3) (底视)

盂塘山背墓葬出土陶器

1．AⅡ式双鼻壶（M24-1：5）

2．AⅡ式双鼻壶（M24-2：5）

3．AⅡ式双鼻壶（M24-1：6）

4．AⅢ式双鼻壶（M4：1）

5．AⅢ式双鼻壶（M41：1）

6．BI式双鼻壶（M13：2）

7．BI式双鼻壶（M24-1：4）

8．BI式双鼻壶（M35：1）

1. B II式双鼻壶（M24-3：6）

2. B II式双鼻壶（M27：2）

3. B III式双鼻壶（M11：1）

4. B III式双鼻壶（M14：1）

5. B IV式双鼻壶（M11：3）

6. B III式双鼻壶、Ad 型器盖组合（M11：1＋2）

7. B II式双鼻壶、Ad 型器盖组合（M24-3：6＋10）

8. B II式双鼻壶、Ad 型器盖组合（M27：2＋4）

盉塘山背墓葬出土陶器

1. 开膛三足器（M15：2）

2. A型开膛三足器（M44：5）

3. A型釜（M4：3）

4. A型釜（M25：3）

5. A型釜（M25：4）

6. B型釜（M7：4）

7. B型釜（M8：1）

8. B型釜（M9：4）

查塘山背墓葬出土陶器

1. Aa 型器盖（M14：2）

2. Aa 型器盖（M14：7）

3. Aa 型器盖（M24-1：17）

4. Aa 型器盖（M24-1：21）

5. Aa 型器盖（M24-1：26）

6. Aa 型器盖（M24-2：19）

7. Aa 型器盖（M24-4：2）

8. Aa 型器盖（M24-4：3）

盉塘山背墓葬出土陶器盖

1. Aa 型器盖（M24-2：2）

2. Aa 型器盖（M24-2：18）

3. Ab 型器盖（M24-1：24）

4. Ab 型器盖（M24-1：27）

5. Ab 型器盖（M24-3：9）

6. B 型器盖（M24-1：25）

7. B 型器盖（M24-2：11）

8. B 型器盖（M24-2：17）

臿塘山背墓葬出土陶器盖

1. Ad 型器盖（M11：2）

2. Ad 型器盖（M11：4）

3. Ad 型器盖（M24-3：11）

4. Ad 型器盖（M27：4）

5. 双鼻壶（T1013 ③：1）

6. 圈足盘（T1013 ③：2）

盎塘山背墓葬出土陶器

1. Aa 型石锛 (T24 ⑤：75)

2. Ab 型石锛 (T25 ③：1)

3. Ba 型石锛 (采：3)

4. Bb 型石锛 (T24 ④：71)

5. Bb 型石锛 (T25 ⑤：88)

6. 石钺 (采：16)

尖山湾遗址出土石器

1．B 型石斧（T14 ④：2）

2．B 型石斧（T36 ⑤：1）

3．B 型石斧（T15 ②：4）

4．B 型石斧（T16 ⑤：90）

5．A 型石斧（T14 ②：1）

6．B 型石镞（T15 ④：80）

7．B 型石镞（T15 ④：81）

8．B 型石斧（采：2）

9．其他型石镞（采：14）

10．Ab 型石镞（T15 ②：81）

11．玉管（T15 ④：89）

12．Ab 型石镞（T15 ③：1）

尖山湾遗址出土石器、玉器

1．Ab 型石锛（T25 ⑤：78）

2．Ab 型石锛（T25 ⑤：80）

3．Ba 型锛（T24 ⑤：85）

4．Bb 型石锛（T15 ④：11）

5．Bb 型（T25 ⑤：88）

6．Aa 型石镞（T24 ④：74）

7．Aa 型石镞（T14 ④：75）

8．B 型砺石（T36 ④：84）

尖山湾遗址出土石器

图版三四

1. 铣板状木器（遗迹 A：87）

2. 木盆形器（遗迹 B：100）

3. 木盆形器（遗迹 B：23）

4. 木盆形器（遗迹 B：63，俯视）

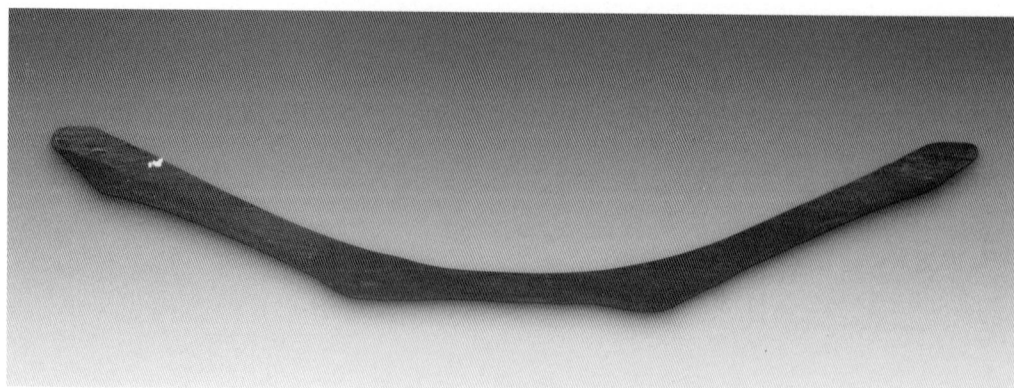

5. 木盆形器（遗迹 B：63，侧视）

尖山湾遗址出土木器